U0621293

法律注释书系列

民事诉讼法
适用指引与典型案例

尚晓茜　刘　衍／编著

中国法制出版社
CHINA LEGAL PUBLISHING HOUSE

序言
PREFACE

2023 年 9 月 1 日，第十四届全国人民代表大会常务委员会第五次会议表决通过《关于修改〈中华人民共和国民事诉讼法〉的决定》，自 2024 年 1 月 1 日起施行。《中华人民共和国民事诉讼法》（以下简称《民事诉讼法》）作为规范民事诉讼程序的基本规则，条文内容丰富，涵盖面广泛，在保护当事人诉讼权利、保障人民法院公正高效审理民事纠纷方面发挥着重要作用。

此次修法亮点频现。首先对涉外民事诉讼程序予以完善，对于平等保护中外当事人合法权益，营造一流营商环境，维护国家主权、安全、发展利益具有重要意义。同时，针对社会普遍关注、司法实践反映集中、各方能够形成高度共识的内容也作了相应修改。如在特别程序中新增指定遗产管理人案件，对此类案件与《中华人民共和国民法典》的衔接及程序性事项的处理等作出规定。此外，针对虚假诉讼的问题，本次修改对单方捏造民事案件基本事实形成的虚假诉讼予以规制，从而更好地维护了司法秩序与司法权威并保障了国家利益、社会公共利益及他人合法权益。

本书即针对《民事诉讼法》上述特点、亮点、重点，从"法律注释书"的定位出发，以逐条解读 2023 年《民事诉讼法》全文法条内容，并以规范与理论、实践相结合的方式呈现了对该法的适用全解。围绕条文适用指引、关联规定以及典型案例三个维度展开，从对条文的适用理解，延伸至关联规范的梳理，再以典型案例的方式体现裁判的观点，从理论到实务层层推演。

本书具体呈现出以下特点：

1. **立足审判实务，提供适用指引**。本书作者长期从事民商事审判实务工作，以最新修改的《民事诉讼法》基本架构作为框架，以具体规定作为主条文，从司法裁判的角度对《民事诉讼法》每一条文进行精细解析。【适用指引】主要从司法实践中的重点难点疑点问题出发，全面涵盖主旨归纳、条文理解与适用要点提示。具体对条文内涵及引申出的实务观点加以阐释，以期更好地帮助法律实务人员准确理解条文原意，提示适用要点，从这个意义上说，这是一本"司法实务研习指南"。

2. **精心梳理关联规定，帮助读者快速查找。**【关联规定】是将现行相关法律法规及司法解释以主条文为线索进行编纂，便于深入对主条文的理解以及全面对照检索适用。从这个意义上说，这是一本"法律法规速查手册"。

3. **精选典型案例，以案释法说理。**【典型案例】围绕法条规定对最高人民法院指导性案例、公报案例或典型裁判等重点案例进行编写，突出从司法实践角度解读条文规定要点及统一案件裁判尺度。从这个意义上说，这是一本"司法裁判案例释解"。

概言之，本书作者将司法裁判工作中长期积累的实践经验融入到了《民事诉讼法》最新的法条解析当中，相信本书的出版可以为读者提供一本内容全面详实、要点准确清晰、查阅直观便利、案例典型普适的民事诉讼研、学、用指引。

肖建国

中国法学会民事诉讼法学研究会副会长、
中国人民大学法学院教授、博士生导师
2023 年 9 月

目录
CONTENTS

第一编 总 则

第二编　审判程序

第三编　执行程序

第四编　涉外民事诉讼程序的特别规定

中华人民共和国民事诉讼法

（1991 年 4 月 9 日第七届全国人民代表大会第四次会议通过　根据 2007 年 10 月 28 日第十届全国人民代表大会常务委员会第三十次会议《关于修改〈中华人民共和国民事诉讼法〉的决定》第一次修正　根据 2012 年 8 月 31 日第十一届全国人民代表大会常务委员会第二十八次会议《关于修改〈中华人民共和国民事诉讼法〉的决定》第二次修正　根据 2017 年 6 月 27 日第十二届全国人民代表大会常务委员会第二十八次会议《关于修改〈中华人民共和国民事诉讼法〉和〈中华人民共和国行政诉讼法〉的决定》第三次修正　根据 2021 年 12 月 24 日第十三届全国人民代表大会常务委员会第三十二次会议《关于修改〈中华人民共和国民事诉讼法〉的决定》第四次修正　根据 2023 年 9 月 1 日第十四届全国人民代表大会常务委员会第五次会议《关于修改〈中华人民共和国民事诉讼法〉的决定》第五次修正）

第一编　总　则

第一章　任务、适用范围和基本原则

第一条　【立法依据】[1] 中华人民共和国民事诉讼法以宪法为根据，结合我国民事审判工作的经验和实际情况制定。

◆ **适用指引**[2]

本条是关于《民事诉讼法》立法依据的规定。

---

[1] 编者注：条文主旨为编者所加，下同。
[2] 编者注：为行文简洁，方便读者阅读，本书【适用指引】部分使用的各种法律规范均为简称，如《中华人民共和国民事诉讼法》简称为《民事诉讼法》，条文序号使用阿拉伯数字。

作为平等主体的公民之间、法人之间、其他组织之间或者他们相互之间因财产关系和人身关系发生纠纷时，可以向人民法院提起民事诉讼，人民法院通过审判、调解、执行等程序解决纠纷以保护当事人合法权益。《民事诉讼法》作为国家基本法之一，既是人民法院审理民事案件的基本依据和操作规范，也是当事人进行民事诉讼的行为规范。权利人能否实现权利，不仅取决于实体法，也取决于民事诉讼程序。《宪法》为民事诉讼法提供基本依据，《民事诉讼法》应贯彻宪法精神，落实宪法原则和制度。同时，《民事诉讼法》也结合我国民事审判工作经验和实际情况制定。

第二条　【立法目的】中华人民共和国民事诉讼法的任务，是保护当事人行使诉讼权利，保证人民法院查明事实，分清是非，正确适用法律，及时审理民事案件，确认民事权利义务关系，制裁民事违法行为，保护当事人的合法权益，教育公民自觉遵守法律，维护社会秩序、经济秩序，保障社会主义建设事业顺利进行。

◆ **适用指引**

本条是关于《民事诉讼法》立法任务的规定。

1. 保护当事人行使诉讼权利。当事人行使诉讼权利对于民事诉讼有重要影响，民事诉讼法的首要任务就是要为当事人行使诉讼权利提供法律保障。

2. 保证人民法院查明事实，分清是非，正确适用法律，及时审理民事案件。人民法院审理民事案件，查清事实、分清是非是首要职责，也是以事实为依据的基本要求。要查清事实，必须按照《民事诉讼法》规定职责，运用《民事诉讼法》规定的程序，对需要查明的案件事实进行分析判断并作出结论。正确适用法律要求人民法院在查清事实基础上，客观公正适用法律，既包括民事实体法，也包括民事程序法。审理民事案件要及时审结，按照《民事诉讼法》规定的审理期限推进审判进程。

3. 确认民事权利义务关系，制裁民事违法行为，保护当事人的合法权益。人民法院审理民事案件首先要确认当事人之间的权利义务关系。民事活动中时常发生民事违法行为，人民法院要对民事违法行为给予制裁，以保护当事人的合法权益。

4. 教育公民自觉遵守法律。《民事诉讼法》的任务之一就是告诉公民法律保护什么、支持什么、提倡什么，以及法律反对什么、抵制什么、制裁什么。实现这一任务，一是通过具体民事案件审理和裁判向当事人、其他诉讼参与人和人民群众进行法治教育；二是通过公开审判及媒体报道，使人民群众了解法律，增强法治观念，自觉遵守法律，预防纠纷，减少诉讼。

5. 维护社会秩序、经济秩序，保障社会主义建设事业顺利进行。《民事诉讼法》通过完成前述四个任务，维护社会经济秩序，保障社会主义建设事业顺利进行。

第三条 【适用范围】人民法院受理公民之间、法人之间、其他组织之间以及他们相互之间因财产关系和人身关系提起的民事诉讼，适用本法的规定。

◆ **适用指引**

本条是关于《民事诉讼法》适用范围的规定。

本条所称公民，是指具有中华人民共和国国籍并享有我国法律规定权利，履行我国法律规定义务的自然人。法人，是指具有民事权利能力和民事行为能力，依法独立享有民事权利和承担民事义务的组织。其他组织，是指尚不具备法人资格的团体组织，但合法成立且有一定组织机构和财产，《民事诉讼法》赋予其民事诉讼权利能力，能够成为诉讼当事人。民事诉讼法对事效力，是指人民法院主管范围。明确主管范围，既有利于当事人寻求救济途径，也有利于人民法院正确解决纠纷。财产关系，是指具有经济内容的社会关系，包括由民法调整的物权关系、债权关系、知识产权关系、侵权关系；由商法调整的商事关系；由经济法调整的经济关系中属于民事性质的关系以及由劳动法调整的劳动关系等。人身关系，是指基于人格和身份形成的相互关系，如因姓名权、名誉权而产生的民事关系以及婚姻、收养、继承等家庭关系。此外，本法规定的特别程序案件虽在性质上不属于民事诉讼案件，但也属于人民法院主管范围。

第四条 【空间效力】凡在中华人民共和国领域内进行民事诉讼，必须遵守本法。

◆ **适用指引**

本条是关于民事诉讼法空间效力的规定。

本条是我国属地管辖权的体现，表示我国对本国领域内的一切人、物和所发生的事件，除国际法公认的豁免者外，都有管辖权。本条所指的领域包括我国的领陆、领海和领空。中华人民共和国领域还包括一部分延伸意义上的领土，如航行于国外的中华人民共和国船舶和飞行器、我国驻外国使领馆。根据本条规定，只要在我国领域内进行民事诉讼，不论该民事纠纷是否发生在我国领域内，也不论诉讼主体是中国公民、法人和其他组织，还是外国人、无国籍人、外国企业和组织，都必须遵守本法。同时，如果我国缔结或参加的国际条约有不同规定，应当适用该国际条约的规定，但我国声明保留的条款除外。另外，本条不适用于在我国领域内享有外交特权与豁免权的外国人、外国组织或国际组织，但是，如果其主动放弃外交特权或者豁免权起诉或应诉的除外。

需要注意的是，少数民族地区有其特殊情况和特殊需要，故民族自治地方的人民代表大会可以根据《宪法》和本法的原则，结合当地民族具体情况，制定变通或补充规定；特别行政区根据特别行政区基本法的规定亦不适用本法。

第五条　【同等原则和对等原则】 外国人、无国籍人、外国企业和组织在人民法院起诉、应诉，同中华人民共和国公民、法人和其他组织有同等的诉讼权利义务。

外国法院对中华人民共和国公民、法人和其他组织的民事诉讼权利加以限制的，中华人民共和国人民法院对该国公民、企业和组织的民事诉讼权利，实行对等原则。

◆ **适用指引**

本条是关于涉外民事诉讼适用同等原则和对等原则的规定。

1. 同等原则。所谓同等原则，是指在我国法院起诉、应诉的外国人、无国籍人、外国企业和组织，享有同我国公民、法人和其他组织同等的民事诉讼权利并承担相同的民事诉讼义务。同等原则也称国民待遇原则，即国家在一定范围内给予外国人与本国公民同等待遇。同等原则只是赋予外国人等主体在本国法上与本国人平等的法律地位，不等于其在本国诉讼中能够获得与其母国同等的诉讼待遇。

2. 对等原则。外国法院对中华人民共和国公民、法人和其他组织的民事诉讼权利加以限制的，我国法院对该国公民、企业和组织的民事诉讼权利也实行同等限制，即对等原则。对等原则又称互惠原则，是指一国给予外国国民某种权利、利益或者优遇须以该外国给予本国国民同等的权利、利益或优遇为前提。

第六条　【独立审判原则】民事案件的审判权由人民法院行使。
人民法院依照法律规定对民事案件独立进行审判，不受行政机关、社会团体和个人的干涉。

◆ **适用指引**

本条是关于民事案件审判权由人民法院行使和人民法院独立对民事案件行使审判权的规定。民事案件审判权，是指人民法院代表国家依法审理和裁判民事案件的权力。

1. 关于民事案件审判权由人民法院统一行使原则。

（1）民事案件审判权只能由人民法院行使。民事案件审判权是国家权力的重要组成部分，体现国家强制力，只能由人民法院行使。（2）人民法院以外的其他任何机关、团体和个人都无权行使民事案件审判权。民事案件审判权关系民事主体的人身权利、财产权利和其他权利的实现，只能由人民法院行使，其他任何机关、团体和个人无权行使。（3）民事案件审判权必须严格遵守法定程序行使。人民法院行使民事案件审判权必须按《民事诉讼法》规定的民事诉讼程序进行。

2. 关于人民法院独立行使民事案件审判权原则。该原则是司法公正的重要保证，对于保证人民法院正确行使审判权，排除非法干预、依法客观公正处理案件具有重要意义。（1）人民法院对具体案件行使审判权应严格依照法律规定进行。（2）任何行政机关、社会团体或个人不得干涉人民法院对具体案件的审判工作。

第七条　【以事实为根据，以法律为准绳原则】人民法院审理民事案件，必须以事实为根据，以法律为准绳。

◆ **适用指引**

本条规定人民法院审理民事案件应以事实为根据，以法律为准绳。

以事实为根据、以法律为准绳是我国法律的一项基本原则，是司法公正的重要体现。在民事诉讼程序中，以事实为根据体现为以下几个方面：

1. 对于当事人及其诉讼代理人因客观原因不能自行收集的证据或者人民法院认为审理案件需要的证据，人民法院应调查收集。

2. 人民法院应按照法定程序全面、客观审查核实证据。

3. 证据应在法庭上出示并由当事人互相质证、辩论，经人民法院审查属实后才能作为定案根据。以法律为准绳，是指人民法院对案件进行处理必须以法律为标准并正确适用法律，核心要求是依法行使民事案件审判权。以事实为根据、以法律为准绳相互关联、有机统一，查明事实是适用法律的基础和前提，法律是正确裁判的唯一标准和依据。

第八条　【诉讼权利平等原则】民事诉讼当事人有平等的诉讼权利。人民法院审理民事案件，应当保障和便利当事人行使诉讼权利，对当事人在适用法律上一律平等。

◆ **适用指引**

本条是关于当事人民事诉讼权利平等原则的规定。

诉讼权利平等，是指当事人在民事诉讼中享有平等诉讼权利，人民法院审理民事案件应平等保障当事人行使诉讼权利。民事纠纷是平等民事主体之间的纠纷，当事人在民事法律关系中的法律地位平等，其在民事诉讼中的法律地位也平等。民事诉讼当事人有平等的诉讼权利，是指各方当事人在诉讼中地位平等，享有诉讼权利和承担诉讼义务对等。当事人诉讼权利平等体现为双方当事人享有相同诉讼权利并享有对等诉讼权利。适用的主体上，诉讼权利平等原则适用于在人民法院进行民事诉讼的所有当事人。适用的程序上，除特别程序、督促程序、公示催告程序等非诉讼程序外，诉讼程序均适用诉讼权利平等原则。同时，诉讼权利平等原则适用于审理民事案件的各级人民法院和各专门人民法院。保障当事人行使诉讼权利，是指审理民事案件时要确保当事人诉讼权利能切实行使。便利当事人行使诉讼权利，是指审理民事案件时要给当事人提供必要便利条件，以便行使诉讼权利。对当事人在适用法律上一律平等，是指审理民事案件，对于一切当事人在适用实体法和程序法上一律平等，不允许有任何特权。

第九条　【法院调解原则】人民法院审理民事案件，应当根据自愿和合法的原则进行调解；调解不成的，应当及时判决。

◆ **适用指引**

本条是关于人民法院调解原则的规定。

调解是在民事诉讼中，当事人在法官或者其他人员组织下，就案件争议问题进行协商并解决纠纷。

1. 人民法院调解应坚持自愿原则。自愿包含程序自愿和实体自愿，程序自愿是指当事人主动申请人民法院以调解方式解决民事纠纷或者同意人民法院做调解工作；实体自愿是指调解达成的协议必须是当事人互谅互让、自愿协商的结果。调解的基础是当事人对自己权利的处分权。调解的正当性和有效性来源于当事人调解的意思自治，要保障当事人自由表达真实意思，必须在调解中坚持自愿原则。

2. 人民法院调解应坚持合法原则。合法原则是指调解必须符合法律规定，包括调解程序合法和调解协议合法。调解程序启动、调解方式、调解程序进行、调解协议确认和调解书生效、执行等必须依照法定程序进行；同时，调解协议的内容应符合法律、法规规定，不得违反法律、行政法规的禁止性规定，不得侵害国家利益、社会利益和他人合法权益。

3. 调解不成，人民法院应及时判决。调解虽能以当事人协商并达成调解协议的方式解决纠纷，但不得强制协商，调解不成时，当事人无法接受协商结果，无法继续调解的，应及时判决以解决纠纷。需要注意的是，调解虽有利于解决纠纷，但不是所有案件都适用调解，适用特别程序、督促程序、公示催告程序的案件、婚姻等身份关系确认案件以及其他根据案件性质不能进行调解的案件不得调解。

第十条　【合议、回避、公开审判、两审终审制度】人民法院审理民事案件，依照法律规定实行合议、回避、公开审判和两审终审制度。

◆ **适用指引**

本条是关于审理民事案件实行合议、回避、公开审判和两审终审制度的规定。

根据本条的规定，民事诉讼基本制度包括合议、回避、公开审判和两审终审。合议制度，是指由三名以上审判员或审判员与人民陪审员组成审判集体行使审判权。合议制度的组织形式是合议庭，合议制相对于独任制。合议庭按照民主集中制原则活动，评议案件少数服从多数，多数人意见为合议庭意见，少数人意见允许保留。

回避制度，是指审判人员及其他有关人员在其审理的案件中遇有法律规定情形时退出该案审理。公开审判制度，是指人民法院审理民事案件的过程和裁判结果应依法向社会公开。除涉及国家秘密、个人隐私或者法律另有规定外，应一律公开审理，离婚案件和涉及商业秘密案件，当事人申请不公开审理的，可以不公开。两审终审制度，是指一案经过两级人民法院审判就宣告终结。民事案件由第一审法院审理并作出裁判后，当事人不服的，可依法向上一级法院提起上诉，第二审法院对上诉案件作出的裁判是发生法律效力的裁判。最高人民法院是我国最高审判机关，其审理第一审民事案件所作裁判是发生法律效力的裁判。

第十一条 【使用本民族语言文字原则】各民族公民都有用本民族语言、文字进行民事诉讼的权利。

在少数民族聚居或者多民族共同居住的地区，人民法院应当用当地民族通用的语言、文字进行审理和发布法律文书。

人民法院应当对不通晓当地民族通用的语言、文字的诉讼参与人提供翻译。

◆ **适用指引**

本条是关于诉讼参与人有权使用本民族语言文字进行民事诉讼的规定。

《宪法》第 139 条规定，各民族公民都有用本民族语言文字进行诉讼的权利。人民法院和人民检察院对于不通晓当地通用的语言文字的诉讼参与人，应当为他们翻译。在少数民族聚居或者多民族共同居住的地区，应当用当地通用的语言进行审理；起诉书、判决书、布告和其他文书应当根据实际需要使用当地通用的一种或者几种文字。

本条承袭了《宪法》前述精神和原则并作出内容基本相同的规定。使用本民族语言文字进行民事诉讼原则的内涵包括：（1）使用本民族语言文字进行民事诉讼的权利；（2）人民法院使用当地通用语言文字的义务；（3）人民法院提供翻译的义务。对于人民法院审理民事案件而言，要求：（1）应当使用当地民族通用语言、文字审理案件；（2）使用当地民族通用语言发布法律文书；（3）对不懂当地民族通用语言、文字的诉讼参与人，应当为其提供翻译。

第十二条 【辩论原则】 人民法院审理民事案件时，当事人有权进行辩论。

◆ **适用指引**

本条是关于辩论原则的规定。

辩论原则，是指当事人在民事诉讼活动中有权就案件争议事实和法律问题，在人民法院主持下进行辩论、各自陈述自己的主张和根据、互相进行反驳与答辩，以争取有利诉讼结果，维护自己的合法权益。人民法院通过当事人辩论查明案件事实，审查证据能否作为认定案件事实的依据。辩论是当事人在诉讼中享有的诉讼权利。当事人对自己的诉讼请求或反请求，有权收集、提供证据并举出事实、说明理由。人民法院审理民事案件必须充分保障当事人的辩论权利，未经法庭辩论、质证的事实和证据，不能作为认定案件事实的根据。辩论原则以当事人地位平等为基础，同时也是平等法律地位的具体体现。民事诉讼当事人具有平等的民事法律地位和诉讼法律地位，当事人可以各自提出并坚持自己的主张以及相互辩驳。

贯彻本条规定的辩论原则，需要注意：（1）当事人既可通过口头方式辩论，也可通过书面方式辩论；既可自行辩论，也可委托诉讼代理人辩论。（2）当事人既可对案件事实辩论，也可对法律适用问题辩论，还可对诉讼程序问题辩论。（3）辩论原则贯穿于民事诉讼全过程。除特别程序外，辩论原则适用于民事诉讼所有程序，包括一审、二审和审判监督程序。判决作出前，当事人均可通过法定形式展开辩论。（4）审判人员在诉讼中应当保障当事人充分辩论。人民法院审理案件时，首先要切实保障当事人充分辩论的权利，为当事人提供均等辩论机会；其次要积极引导，使辩论活动始终围绕诉讼核心，避免辩论脱离中心；同时，人民法院应当维持辩论秩序，及时制止与诉讼无关的争论以及人身攻击侮辱的行为。审判人员在当事人辩论过程中应避免发表倾向性意见，更不应介入争论。

第十三条 【诚信原则和处分原则】民事诉讼应当遵循诚信原则。

当事人有权在法律规定的范围内处分自己的民事权利和诉讼权利。

◆ **适用指引**

本条是关于民事诉讼诚信原则和当事人处分原则的规定。

民事主体从事民事活动，应当遵循诚信原则，秉持诚实，恪守承诺。民事诉讼中，法院评价当事人的诉讼行为应以明确的程序性法律规范为依据。当事人行使诉讼权利，只要符合法律规定，就能产生期待的法律后果。如果诉讼法律关系主体违反诚信进行诉讼，将有损司法公正。诚信原则应贯穿民事诉讼活动全过程，违反诚信原则，应承担相应法律责任。民事诉讼强调诚信原则，有利于维护诉讼秩序，也有利于保证裁判及时实现以保护当事人的合法权益。处分原则，是指民事诉讼当事人在法律规定范围内，有权依照其意志支配其民事权利和诉讼权利，自行决定是否行使或如何行使其民事权利和诉讼权利。有处分权的主体是当事人和相当于当事人的人。行使处分权范围包括对程序利益和实体利益的处分。程序上，当事人对诉讼开始、进行和终结有决定权；实体上，当事人自主决定审理对象和范围。需要说明的是，当事人处分民事权利和诉讼权利必须在法律规定的范围内进行，否则将承担相应法律责任。

第十四条 【检察监督原则】人民检察院有权对民事诉讼实行法律监督。

◆ **适用指引**

本条是关于检察监督原则的规定。

检察监督原则，是指人民检察院有权对人民法院诉讼活动和执行活动进行监督。《民事诉讼法》规定的检察监督是检察院对法院的监督，监督对象主要包括法院的民事审判活动以及审判人员的审判与执行行为，监督过程中可能也会涉及当事人和诉讼代理人。具体而言，人民检察院对民事诉讼实行法律监督应当包括对人民法院判决、裁定、调解书的监督，对违法审判行为的监督以及对执行活动的监督。检察监督有利于保证人民法院依法行使职权，防止滥用权力，维护法律的权威和统一，维护当事人合法民事权益。

第十五条　【支持起诉原则】机关、社会团体、企业事业单位对损害国家、集体或者个人民事权益的行为，可以支持受损害的单位或者个人向人民法院起诉。

◆ **适用指引**

本条是关于支持起诉原则的规定。

支持起诉，是指机关、社会团体、企事业单位对损害国家、集体或者个人民事权益的行为可以支持受损害的单位或个人向法院提起民事诉讼。作为申请法律救济的权利，当事人在知识、年龄、健康等方面无法满足其诉诸法律程序的要求时，由有关机关、社会团体、企事业单位作为支持者来维护其合法权益尤为重要，这是贯彻司法为民理念、延伸法律监督职能的重要体现。实践中，机关、社会团体、企事业单位支持起诉主要包括原告为弱势群体和被告损害社会公共利益，如在收集证据、提起诉讼方面能力不足的个人及群体。

适用支持起诉原则应注意正确理解独立行使审判权和支持起诉的关系。法院独立行使审判权和支持起诉是我国民事诉讼法的两个不同原则，两者并行不悖、相辅相成。实施支持起诉原则，可以帮助受害者更好地保护自己的权益，同时也有利于法院实现民事诉讼法的任务。因此，不能将支持受害者起诉与非法干涉法院审判混为一谈。这两者在性质上是完全不同的。支持受害者起诉是对违法行为的干预，它的目的是保护国家、集体和个人的合法权益不受损害，维护社会主义法治；而非法干涉法院审判是对合法行为的干预，其目的是维护个人的私利，破坏社会主义法治。

第十六条　【在线诉讼法律效力】经当事人同意，民事诉讼活动可以通过信息网络平台在线进行。

民事诉讼活动通过信息网络平台在线进行的，与线下诉讼活动具有同等法律效力。

◆ **适用指引**

本条是关于在线诉讼活动的规定。

根据本条规定，民事诉讼活动应当经当事人同意才可以通过信息网络平台在线进行，不得强制或者变相强制当事人适用在线诉讼。通过信息网络平台进行在线诉讼活动应遵循处分原则，以当事人同意为前提。经当事人同意是通过信息网络平台进行民事诉讼活动的前提，当事人有权自主选择线上或者线下诉讼，不得不当干预和影响其他诉讼主体的选择权，部分当事人同意适用在线诉讼，部分当事人不同意，则相应诉讼环节可采取线上线下相结合的方式进行。根据本条规定，通过信息网络平台在线进行民事诉讼活动与线下诉讼活动具有同等法律效力。线上诉讼缩短诉讼主体之间的时空距离，方便当事人参与诉讼活动，节约诉讼成本，提高诉讼效率。在法律层面为人民法院在线立案、在线诉讼以及在线调解等线上诉讼服务提供制度依据，有利于推动民事诉讼制度在互联网时代转型升级，也为进一步深化在线诉讼司法实践提供法律支撑。信息网络平台在线民事诉讼活动包括从立案到执行的各个民事诉讼环节，无论是全部诉讼环节在线，还是部分诉讼环节在线，或者部分当事人线上、部分当事人线下，都属于民事诉讼活动通过信息网络平台在线进行。

第十七条　【民族自治地方的变通或者补充规定】民族自治地方的人民代表大会根据宪法和本法的原则，结合当地民族的具体情况，可以制定变通或者补充的规定。自治区的规定，报全国人民代表大会常务委员会批准。自治州、自治县的规定，报省或者自治区的人民代表大会常务委员会批准，并报全国人民代表大会常务委员会备案。

◆ **适用指引**

本条规定我国民族自治地方可以制定变通或者补充规定。

国家立法面向全国，民族自治地方具有其鲜明的民族性和区域性，某些具体规定可能不能完全适用于民族自治地方。为更好贯彻实施，本法允许民族自治地方结合当地特点，在不违反《宪法》和本法基本原则的前提下对某些条款进行变通或者补充规定。需要注意的是，立法变通的主体是民族自治地方人民代表大会，行使立法变通权要符合相应程序。民族自治地方的人民代表大会是立法变通权的唯一主体。根据本条规定，自治区的规定报全国人民代表大会常务委员会批准；自治州、自治县的规定报省或者自治区人民代表大会常务委员会批准并报全国人民代表大会常务委员会备案。民族自治地方行使立法变通权不得违反《宪法》并坚持本法基本原则，民族自治地方人民代表大会可以通过自治条例和单行条例变通本法中不适宜在当地适用的条款，该自治条例和单行条例只在本民族自治地方有效并在本民族自治地方有优先适用效力。

第二章 管 辖

第一节 级别管辖

第十八条 【基层法院管辖】基层人民法院管辖第一审民事案件，但本法另有规定的除外。

◆ **适用指引**

本条是关于基层人民法院的级别管辖规定。管辖权，是指每一个具体案件由哪一级人民法院和哪个地方的人民法院受理、审判的问题。审判权是管辖权的前提，只有属于人民法院审判权范围，人民法院才有管辖权；相应地，只有案件管辖权得到落实，审判权才能实现。

第一审民事案件原则上由基层人民法院管辖。民事纠纷案件的发生地、当事人住所地或者争议财产所在地，直至宣判后的执行活动，都与基层人民法院辖区相联系，因此，由基层人民法院作为第一审法院既方便当事人诉讼，又方便查明相关案件事实。

1. 根据各地不同情况，各省、自治区及直辖市的基层人民法院管辖的第一审民事案件不同。根据最高人民法院批准的各高级人民法院辖区内各级人民法院级别管辖标准的规定，基层人民法院的级别管辖标准是不同的。

2. 婚姻、继承、家庭、物业服务、人身损害赔偿、交通事故、劳动争议等案件，一般由基层人民法院管辖。

3. 国务院批准设立的经济技术开发区人民法院可以管辖下列案件：涉外合同和侵权纠纷案件，信用证纠纷案件，申请撤销、承认与强制执行国际仲裁裁决的案件，审查有关涉外民商事仲裁条款效力的案件，申请承认和强制执行外国法院民商事判决、裁定的案件。

第十九条 【中级法院管辖】中级人民法院管辖下列第一审民事案件：

（一）重大涉外案件；

（二）在本辖区有重大影响的案件；

（三）最高人民法院确定由中级人民法院管辖的案件。

◆ **适用指引**

本条是关于中级人民法院级别管辖的规定。中级人民法院审理下列案件：（1）法律规定由其管辖的第一审案件。（2）基层人民法院报请审理的第一审案件。（3）上级人民法院指定管辖的第一审案件。（4）对基层人民法院判决和裁定的上诉、抗诉案件。（5）按照审判监督程序提起的再审案件。

1. 重大涉外案件。涉外案件，是指当事人一方或双方是外国人、无国籍人、外国企业或组织，或者当事人之间民事法律关系的设立、变更、终止的法律事实发生在外国，或者诉讼标的物在外国的案件。涉外案件是指民事法律关系的主体、内容、客体三者其中之一含有所谓的涉外因素的民事案件。重大涉外案件，是指居住在国外的当事人人数众多或者当事人分属多国国籍，或者案情复杂，或者争议标的额较大等的涉外民事案件。需要注意的是，涉外合同和侵权纠纷案件，信用证纠纷案件，申请撤销、承认与强制执行国际仲裁裁决的案件，审查有关涉外民商事仲裁条款效力的案件，申请承认和强制执行外国法院民商事判决、裁定的案件基本亦由最高人民法院指定的中级人民法院管辖。

2. 在本辖区有重大影响的案件。中级人民法院管辖的有重大影响的案件，是指案情复杂、涉及范围广、诉讼标的金额较大的案件。实践中，判断案件是否在本辖区具有重大影响，考虑的因素主要有：（1）案情的繁简程度。（2）诉讼标的金额大小。（3）在该地区的影响等情况。

3. 最高人民法院确定由中级人民法院管辖的案件。最高人民法院指定由中级人民法院管辖的主要有以下案件：（1）海事海商案件，海事法院均为中级人民法院。（2）专利纠纷案件，该类案件由各省、自治区及直辖市人民政府所在地的中级人民法院和最高人民法院指定的中级人民法院管辖。（3）著作权民事纠纷案件，由各高级人民法院根据本辖区的实际情况，可以确定若干基层人民法院管辖第一审著作权民事纠纷案件。（4）商标民事纠纷第一审案件，由各高级人民法院根据本辖区的实际情况，经最高人民法院批准，可以在较大城市确定

1~2个基层人民法院受理第一审商标民事纠纷案件。（5）涉及域名的侵权纠纷案件，由侵权行为地或者被告住所地的中级人民法院管辖。（6）虚假陈述证券民事赔偿案件，由省、直辖市及自治区人民政府所在的市、计划单列市和经济特区中级人民法院管辖。（7）对于仲裁协议的效力有异议请求法院作出裁决的，由中级人民法院管辖。（8）申请撤销仲裁裁决的，由仲裁委员会所在地的中级人民法院管辖。

◆ **关联规定**①

《最高人民法院关于适用〈中华人民共和国民事诉讼法〉的解释》（2022年4月1日）

第一条 民事诉讼法第十九条第一项规定的重大涉外案件，包括争议标的额大的案件、案情复杂的案件，或者一方当事人人数众多等具有重大影响的案件。

◆ **典型案例**②

某物资公司诉某石油公司纵向垄断协议纠纷案③

某物资公司向内蒙古自治区呼和浩特市中级人民法院起诉，主张某石油公司协调组织的经销商投标行为属于分割销售市场的垄断协议和/或固定或者变更商品价格的垄断协议，请求法院确认某石油公司协调组织经销商投标，构成横向垄断协议侵权。某石油公司在提交答辩状期间提出管辖权异议，一审法院裁定驳回管辖权异议，某石油公司不服提起上诉，认为本案应移送北京知识产权法院审理且由北京市高级人民法院审理更为适当。

最高人民法院经审查认为，两个或者两个以上原告因同一垄断行为向有管辖权的不同法院分别提起诉讼的，后立案的法院在得知有关法院先立案的情况后，应当在七日内裁定将案件移送先立案的法院；受移送的法院可以合并审理。被告应当在答辩阶段主动向受诉人民法院提供其因同一行为在其他法院涉诉的相关信息。《中华人民共和国民事诉讼法》第十八条规定："中级人民法院

---

① 编者注：本书【关联规定】中所列法律规范均为现行有效的法律规范，所列时间为法律文件的公布时间或最后一次修正、修订的公布时间。下文不再特别说明。另为方便读者阅读，本书关联规定中所涉《民事诉讼法》条文序号有变化的以脚注形式进行了对应说明，未特别说明的，读者可直接参阅2023年《民事诉讼法》对应条文序号。

② 编者注：本书【典型案例】适用的法律法规等条文均为案例裁判当时有效，下文不再对此进行提示。案例下未特别注明案号的，为作者结合工作实际经验，为说明相关法律问题，编辑加工而得。

③ 为便于读者进一步了解案件情况，本书注明了案号，未特别说明来源的，均来自中国裁判文书网，以下不再特别说明。最高人民法院（2019）最高法知民辖终46号民事裁定书。

管辖下列第一审民事案件：（一）重大涉外案件；（二）在本辖区有重大影响的案件；（三）最高人民法院确定由中级人民法院管辖的案件。"本案中，北京知识产权法院已受理的山西某实业公司诉某石油公司滥用市场支配地位一案与本案诉争垄断行为并非同一垄断行为，不符合应予移送合并审理的条件；同时，某石油公司也未提供本案具有重大影响应移送高级人民法院审理的有效证据。因此，在原审法院对本案具有管辖权的基础上，本案不宜移送至其他人民法院审理。

第二十条 【高级法院管辖】高级人民法院管辖在本辖区有重大影响的第一审民事案件。

◆ **适用指引**

本条是关于高级人民法院级别管辖的规定。

高级人民法院审理下列案件：（1）法律规定由其管辖的第一审案件。（2）下级人民法院报请审理的第一审案件。（3）最高人民法院指定管辖的第一审案件。（4）对中级人民法院判决和裁定的上诉、抗诉案件。（5）按照审判监督程序提起的再审案件。（6）中级人民法院报请复核的死刑案件。因此，高级人民法院的主要任务是对全省、自治区、直辖市内的基层人民法院和中级人民法院民事审判工作实行监督，总结和交流民事审判工作的经验并指导本辖区内的基层人民法院和中级人民法院审判工作；同时，还要审判不服中级人民法院判决、裁定依法提起上诉的第二审民事案件等。本条规定的本辖区，即省、自治区和直辖市所辖地区，只有在此辖区有重大影响的案件才由高级人民法院作为第一审案件管辖法院。

在本辖区有重大影响的案件，一般是指案情重大、复杂，涉及面广、影响面大的案件，主要是在省、自治区、直辖市有重大影响的案件，如诉讼标的特别大，跨多个地区，或者在政治上有重大影响等。

◆ **关联规定**

《中华人民共和国人民法院组织法》（2018 年 10 月 26 日）

第二十一条 高级人民法院审理下列案件：

（一）法律规定由其管辖的第一审案件；

（二）下级人民法院报请审理的第一审案件；

（三）最高人民法院指定管辖的第一审案件；

（四）对中级人民法院判决和裁定的上诉、抗诉案件；

（五）按照审判监督程序提起的再审案件；

（六）中级人民法院报请复核的死刑案件。

◆ **典型案例**

Y 公司诉 K 公司、Q 公司、Q 集团公司
建设工程设计合同纠纷案

2001 年 5 月 18 日，J 公司及 Q 公司与 K 公司签订《合作开发协议》，K 公司与 Y 公司签订《建设工程设计合同》《补充协议》。2007 年 6 月 1 日，Y 公司以 K 公司、Q 公司及 J 公司为被告向山东省高级人民法院提起诉讼，请求判令 K 公司支付设计费及违约金，Q 集团公司和 Q 公司对上述债务承担连带责任。J 公司在提交答辩状期间对本案管辖权提出异议，认为本案应移送山东省烟台市中级人民法院审理。山东省高级人民法院裁定驳回 J 公司对本案管辖权提出的异议。J 公司及 Q 公司均提起上诉，请求撤销一审裁定，将本案移送山东省烟台市中级人民法院审理。

最高人民法院经审查认为，民事诉讼管辖，首先应考虑级别管辖，在确定级别管辖后，才考虑被告住所地、合同履行地等因素。山东省高级人民法院受理的第一审民事案件，争议金额不得低于 3000 万元。本案诉讼标的金额为 38092963.92 元。因此，山东省高级人民法院根据 Y 公司诉讼请求的依据及诉讼请求数额，认定本案为民事案件纠纷性质并确定对本案享有管辖权，并无不当。本案中，《建设工程设计合同》签订的目的在于房地产开发经营。建设工程设计合同纠纷为建设工程合同纠纷范围，属于房地产开发经营过程中发生的民事权益争议。最高人民法院根据《中华人民共和国民事诉讼法》第二十条的规定，明确了各高级人民法院管辖在本辖区有重大影响的第一审民事案件的种类和范围，对各高级人民法院具有约束力，应作为确定各高级人民法院管辖第一审民事案件的依据。本案争议金额已超过 3000 万元且被告住所地、合同履行地均在山东省高级人民法院辖区内，故山东省高级人民法院依法对本案具有管辖权。

第二十一条　【最高法院管辖】最高人民法院管辖下列第一审民事案件：

（一）在全国有重大影响的案件；

（二）认为应当由本院审理的案件。

◆ **适用指引**

本条是关于最高人民法院管辖第一审民事案件的规定。最高人民法院审理下列案件：（1）法律规定由其管辖的和其认为应当由自己审判的第一审案件。（2）对高级人民法院判决和裁定的上诉、抗诉案件。（3）按照全国人民代表大会常务委员会的规定提起的上诉、抗诉案件。（4）按照审判监督程序提起的再审案件。（5）高级人民法院报请核准的死刑案件。

根据本条规定，最高人民法院管辖的第一审民事案件包括：（1）在全国有重大影响的案件，处理结果关系重大，不仅对全社会有重大影响，而且对全国各级人民法院审判工作也起到指导作用，最高人民法院适宜审理在全国有重大影响的案件以保证审判质量。（2）认为应当由本院审理的案件。法律赋予国家最高审判机关关于管辖的特殊权力，只要最高人民法院认为某个案件应当由其审判，不论法律有无明确规定或者是否属于在全国范围内有重大影响的案件，其即具有对该案的管辖权。这样可以使具有代表性的典型案件通过最高人民法院的审判取得经验，以指导地方各级人民法院和专门法院审判工作。

最高人民法院作为最高审判机关，其主要任务是对全国地方各级人民法院和军事法院等专门人民法院实行审判监督，通过总结审判工作经验，作出有关适用法律、法规的批复、指示或者司法解释，对全国地方各级人民法院和军事法院等专门人民法院的审判工作进行指导，还要审判不服高级人民法院判决、裁定的上诉案件。

◆ **关联规定**

《中华人民共和国人民法院组织法》（2018 年 10 月 26 日）

第十六条　最高人民法院审理下列案件：

（一）法律规定由其管辖的和其认为应当由自己管辖的第一审案件；

（二）对高级人民法院判决和裁定的上诉、抗诉案件；

（三）按照全国人民代表大会常务委员会的规定提起的上诉、抗诉案件；

（四）按照审判监督程序提起的再审案件；

（五）高级人民法院报请核准的死刑案件。

第二节　地域管辖

第二十二条　【一般地域管辖】对公民提起的民事诉讼，由被告住所地人民法院管辖；被告住所地与经常居住地不一致的，由经常居住地人民法院管辖。

对法人或者其他组织提起的民事诉讼，由被告住所地人民法院管辖。

同一诉讼的几个被告住所地、经常居住地在两个以上人民法院辖区的，各该人民法院都有管辖权。

◆ **适用指引**

本条是关于人民法院地域管辖的规定。

地域管辖，是指按照人民法院的主管范围和当事人住所地来划分同级人民法院之间审判第一审民事案件的权限。地域管辖根据不同民事案件的特点来确定。级别管辖只是确定民事案件第一审由哪一级法院审判，地域管辖是在级别管辖确定后，再确定由哪个地方的人民法院管辖。因此，只有根据地域管辖的规定，才能最终确定案件由哪一个地方的人民法院受理和审判。一般地域管辖即普通管辖，是指以当事人住所地和法院辖区的关系确定管辖法院。一般地域管辖的原则是"原告就被告"，民事诉讼由被告所在地人民法院管辖。

1. 公民的住所地是指公民的户籍所在地。户籍应以户籍管理机关登记的正式户口为准，是指长期户口，不是指临时户口。随着经济发展，公民流动日益频繁，不少公民长期离开住所地，其主要活动地点并非在住所地，故将其经常居住地视为住所地，被告住所地与经常居住地不一致的，由经常居住地人民法院管辖。经常居住地，是指公民离开住所地至起诉时连续居住一年以上的地方，但公民住院就医的地方除外。认定为经常居住地必须同时具备三个条件：（1）经常居住地是住所地以外的地方。（2）经常居住地具有连续性，连续性主要体现在居住时间上的持续。公民只有在某一地连续居住一年以上，该地才能被认定为经常居住地。如果只是偶尔居住，即便前后所跨时间超过一年，也不能认定该地为经常居住地。（3）经常居住地是住所地以外，最后连续居住一年以上的地方。

公民在住所地以外连续居住超过一年的地方可能不止一个，只有离开住所地最后连续居住满一年以上的地方才能认定为经常居住地。

2. 法人或者其他组织的住所地是指其主要营业地或者主要办事机构所在地。如果被告是不具有法人资格的其他组织形式，又没有办事机构的，则应当由被告注册登记地人民法院管辖。法人以其主要办事机构所在地为住所，其主要营业地或其主要办事机构所在地为该法人或者组织的住所。主要营业地，是指法人主要营业的处所。如果法人只有一个营业地，该地就是其住所地，如果法人有多处营业地，其中最大的营业地或者经营额最多的营业地为其主要营业地。主要办事机构所在地，是法人首脑机构或最大办事机构所在地。如果该法人只有一个办事机构，该办事机构所在地就是该法人的主要办事机构所在地；如果该法人有数个办事机构，应以其首脑机构所在地或者最大的办事机构所在地作为主要办事机构所在地。主要营业地和主要办事机构所在地都是法人的住所地，当一个法人的主要营业地和主要办事机构所在地不是在同一地域时，这些地区的人民法院都可以依法人住所地在本辖区而实施管辖权。

个体工商户、个人合伙属于公民范畴，当其在生产经营活动中发生纠纷作为被告时，如该个体工商户、个人合伙有固定经营场所或办事机构，应由其经营场所或办事机构所在地人民法院管辖。

3. 关于共同管辖。公民、法人或者其他组织属于同一诉讼中的几个被告，其住所地、经常居住地不在同一人民法院辖区的，前述各人民法院对该案均有管辖权，当事人可以选择其中一个人民法院起诉，由最先立案的人民法院管辖。

◆ **关联规定**

《最高人民法院关于适用〈中华人民共和国民事诉讼法〉的解释》（2022 年 4 月 1 日）

第三条 公民的住所地是指公民的户籍所在地，法人或者其他组织的住所地是指法人或者其他组织的主要办事机构所在地。

法人或者其他组织的主要办事机构所在地不能确定的，法人或者其他组织的注册地或者登记地为住所地。

第四条 公民的经常居住地是指公民离开住所地至起诉时已连续居住一年以上的地方，但公民住院就医的地方除外。

第五条 对没有办事机构的个人合伙、合伙型联营体提起的诉讼，由被告注册登记地人民法院管辖。没有注册登记，几个被告又不在同一辖区的，被告住所地的人民法院都有管辖权。

第六条 被告被注销户籍的，依照民事诉讼法第二十三条规定确定管辖；原告、被告均被注销户籍的，由被告居住地人民法院管辖。

第七条 当事人的户籍迁出后尚未落户，有经常居住地的，由该地人民法院管辖；没有经常居住地的，由其原户籍所在地人民法院管辖。

第二十三条 债权人申请支付令，适用民事诉讼法第二十二条规定，由债务人住所地基层人民法院管辖。

◆ **典型案例**

案例1：吴某柏诉卓某兴损害股东利益纠纷案①

吴某柏与卓某兴共同出资300万元在乌鲁木齐市注册成立某商贸公司。2014年3月，吴某柏向新疆维吾尔自治区高级人民法院起诉称卓某兴拒绝按约定支付利润，请求判令卓某兴返还侵占原告的款项及利息。卓某兴在一审提交答辩状期间对本案管辖权提出异议，认为本案应当由其经常居住地的北京市高级人民法院管辖。新疆维吾尔自治区高级人民法院裁定驳回卓某兴对本案管辖权提出的异议。卓某兴提出上诉，请求撤销一审裁定，将本案移送北京市高级人民法院审理。

最高人民法院经审查认为，《中华人民共和国民事诉讼法》第二十一条是确定民事案件管辖的一般原则，在法律有特别规定的情况下，应从其特别规定。本案中，吴某柏主张获得与卓某兴共同设立的某商贸公司在T医院等16家公司中应当分得的利润，是基于吴某柏作为原某商贸公司的股东和某商贸公司在新疆投资或合作开办16家公司的事实，吴某柏作为原商贸公司股东提起本案诉讼属于与公司有关的纠纷，一审裁定确定本案属于损害股东利益责任纠纷正确。公司有关的纠纷应由公司住所地人民法院管辖。尽管某商贸公司已注销，但不影响本案管辖权的确定。因此，原某商贸公司住所地新疆维吾尔自治区高级人民法院依法对本案具有管辖权。

案例2：K科技公司诉L科技公司侵害实用新型专利权纠纷案②

K科技公司认为S科技公司大量制造、使用、销售、许诺销售其享有实用新型

---

① 最高人民法院（2014）民二终字第177号民事裁定书。
② 最高人民法院（2021）最高法知民辖终126号民事裁定书。

专利权的背夹电池产品，T 科技公司、L 科技公司销售前述背夹电池，构成侵权。K 科技公司向广州知识产权法院提起诉讼，请求：（1）S 科技公司立即停止制造、使用、销售、许诺销售侵犯 K 科技公司享有实用新型专利权的背夹电池产品。（2）T 科技公司、L 科技公司立即停止许诺销售、销售侵犯 K 科技公司享有实用新型专利权的背夹电池产品。（3）S 科技公司、T 科技公司、L 科技公司赔偿 K 科技公司损失 40 万元及为制止侵权行为所支付的合理开支 10 万元。L 科技公司在提交答辩状期间对管辖权提出异议，请求将本案移送广东省深圳市中级人民法院。广州知识产权法院裁定驳回 L 科技公司对本案管辖权提出的异议。L 科技公司提起上诉，请求撤销原审裁定，将本案移送广东省深圳市中级人民法院审理。

最高人民法院经审查认为，《最高人民法院关于审理专利纠纷案件适用法律问题的若干规定》（2020 年修正）第二条规定的销售行为地原则上包括不以网络购买者意志为转移的网络销售商主要经营地、被诉侵权产品储藏地、发货地或者查封扣押地等，但网络购买方可以随意选择的网络购物收货地通常不宜作为网络销售行为地。根据《中华人民共和国民事诉讼法》第二十一条第三款和第三十五条的规定，同一诉讼的几个被告住所地、经常居住地在两个以上人民法院辖区的，各该人民法院都有管辖权；两个以上人民法院都有管辖权的诉讼，原告可以向其中一个人民法院起诉。本案中，被诉侵权产品通过邮政快递的东莞市某镇大宗收寄处理班收件，故可合理推断被诉侵权产品的发货地为广东省东莞市，因此可以认定广东省东莞市为上述被诉侵权产品的销售地。根据《最高人民法院关于北京、上海、广州知识产权法院案件管辖的规定》第一条、第二条以及《最高人民法院关于同意广东省深圳市两级法院继续管辖专利等知识产权案件的批复》的规定，原审法院对广东省内（除深圳市外）第一审专利民事案件实行跨区域管辖。本案被诉侵权产品的销售行为地位于广东省东莞市，属于原审法院辖区，故原审法院对本案具有管辖权。L 科技公司住所地、其他销售被诉侵权产品的行为地等其他管辖连结点的存在，不影响原审法院对本案行使管辖权。

第二十三条　【特别规定】下列民事诉讼，由原告住所地人民法院管辖；原告住所地与经常居住地不一致的，由原告经常居住地人民法院管辖：

（一）对不在中华人民共和国领域内居住的人提起的有关身份关系的诉讼；

（二）对下落不明或者宣告失踪的人提起的有关身份关系的诉讼；

（三）对被采取强制性教育措施的人提起的诉讼；

（四）对被监禁的人提起的诉讼。

◆ **适用指引**

本条是关于一般地域管辖的例外规定。一般地域管辖的"原告就被告"原则，在某些特殊情况下无法适用或者适用后将对原告、法院极为不便。为此，本条规定了几种例外情况由原告住所地人民法院管辖；原告的住所地与经常居住地不一致的，由经常居住地人民法院管辖。

1. 对不在中华人民共和国领域内居住的人提起的有关身份关系的诉讼。身份关系是个人之间发生的与人身有关的法律关系。如因婚姻、血缘等产生的夫妻关系、亲子关系或者收养关系等。身份关系具有严格人身属性，不可替代、不能转让。对于不在中国领域内居住、与身份有关的诉讼案件，由原告住所地或者经常居住地人民法院管辖。

2. 对下落不明或者宣告失踪的人提起的有关身份关系的诉讼。在被告下落不明或者已经宣告失踪的情况下，根本无法确定其住所地或者经常居住地，由原告住所地或者经常居住地人民法院管辖，可以方便原告行使诉权。根据《民法典》① 第40条的规定，公民下落不明，即无人知其去向、杳无音信，满2年的，其利害关系人，即父母、养父母、配偶、子女和债权人等，可依法向人民法院申请宣告该公民失踪。由于被申请人失踪前的经常居住地申请人无法掌握，故由原告即申请人住所地人民法院管辖，当住所地与经常居住地不一致时，由经常居住地人民法院管辖。

3. 对正在被采取强制性教育措施的人提起的诉讼。被采取强制性教育措施的人由于离开了住所地或者经常居住地，集中在特定场所接受强制性教育措施，人身自由受到一定限制。如果向采取强制性教育措施地人民法院起诉，对原告来说十分不便，故由原告住所地或者经常居住地人民法院管辖。

4. 对被监禁的人提起的诉讼。被监禁的人是指在监狱、看守所等被关押失去人身自由的人，如已捕未决人员、已判刑人员。这些人的人身自由已被依法剥夺，脱离了住所地或者经常居住地，对上述人员提起诉讼，原告很难知道其地

---

① 编者注：《民法典》已于2021年1月1日起施行，同日《婚姻法》《继承法》《民法通则》《收养法》《担保法》《合同法》《物权法》《侵权责任法》《民法总则》同时废止。下文不再对上述法律的时效性进行特别说明。

址，无法或者不便向被告住所地人民法院起诉，要求向监禁地人民法院起诉，不仅不便原告向监禁地人民法院起诉，而且由被告监禁地人民法院管辖很可能造成其工作量过大，法律规定原告住所地或者经常居住地人民法院有管辖权。

◆ **关联规定**

《最高人民法院关于适用〈中华人民共和国民事诉讼法〉的解释》（2022 年 4 月 1 日）

第八条 双方当事人都被监禁或者被采取强制性教育措施的，由被告原住所地人民法院管辖。被告被监禁或者被采取强制性教育措施一年以上的，由被告被监禁地或者被采取强制性教育措施地人民法院管辖。

第九条 追索赡养费、扶养费、抚养费案件的几个被告住所地不在同一辖区的，可以由原告住所地人民法院管辖。

第十条 不服指定监护或者变更监护关系的案件，可以由被监护人住所地人民法院管辖。

第十二条 夫妻一方离开住所地超过一年，另一方起诉离婚的案件，可以由原告住所地人民法院管辖。

夫妻双方离开住所地超过一年，一方起诉离婚的案件，由被告经常居住地人民法院管辖；没有经常居住地的，由原告起诉时被告居住地人民法院管辖。

第十三条 在国内结婚并定居国外的华侨，如定居国法院以离婚诉讼须由婚姻缔结地法院管辖为由不予受理，当事人向人民法院提出离婚诉讼的，由婚姻缔结地或者一方在国内的最后居住地人民法院管辖。

第十四条 在国外结婚并定居国外的华侨，如定居国法院以离婚诉讼须由国籍所属国法院管辖为由不予受理，当事人向人民法院提出离婚诉讼的，由一方原住所地或者在国内的最后居住地人民法院管辖。

第十五条 中国公民一方居住在国外，一方居住在国内，不论哪一方向人民法院提起离婚诉讼，国内一方住所地人民法院都有权管辖。国外一方在居住国法院起诉，国内一方向人民法院起诉的，受诉人民法院有权管辖。

第十六条 中国公民双方在国外但未定居，一方向人民法院起诉离婚的，应由原告或者被告原住所地人民法院管辖。

第十七条 已经离婚的中国公民，双方均定居国外，仅就国内财产分割提起诉讼的，由主要财产所在地人民法院管辖。

◆ **典型案例**

石某诉陆某离婚纠纷案①

石某向上海市静安区人民法院起诉称，因双方感情破裂，要求与陆某离婚。上海市静安区人民法院认为陆某目前下落不明，裁定将案件移送江苏省如东县人民法院处理。江苏省高级人民法院认为上海市静安区人民法院裁定将案件移送江苏省如东县人民法院的处理不当，报请最高人民法院指定管辖。

最高人民法院经审查认为，本案为离婚纠纷，陆某在起诉前已在上海市闵行区连续居住超过一年，上海市闵行区为陆某的经常居住地。根据《中华人民共和国民事诉讼法》第二十一条的规定，上海市闵行区人民法院对案件有管辖权。上海市静安区人民法院以被告下落不明为由将案件移送江苏省如东县人民法院，此与陆某一直居住在上海市的情况不符，且石某起诉时选择被告户籍地即上海市静安区人民法院作为管辖法院，并未选择向其住所地法院即江苏省如东县人民法院提起诉讼，不宜根据《最高人民法院关于适用〈中华人民共和国民事诉讼法〉的解释》第十二条第一款关于"夫妻一方离开住所地超过一年，另一方起诉离婚的案件，可以由原告住所地人民法院管辖"的规定，确定由原告住所地人民法院管辖。综上，上海市静安区人民法院将案件移送江苏省如东县人民法院处理不当。

第二十四条 【合同纠纷管辖】 因合同纠纷提起的诉讼，由被告住所地或者合同履行地人民法院管辖。

◆ **适用指引**

本条是关于因合同纠纷提起诉讼的管辖规定。

特殊地域管辖是与一般地域管辖相对应的概念，一般地域管辖以原告就被告为原则，根据被告所在地确定管辖法院。特殊地域管辖，是指将当事人所在地、诉讼标的、诉讼标的物和法律事实等因素综合起来，以这些因素与法院之间的隶属关系为标准所确定的管辖。特殊地域管辖不排除一般地域管辖的适用，即此类纠纷也可由被告住所地法院管辖。本条规定是确定一般合同纠纷管辖法院的基本规则，之所以规定因合同纠纷提起的诉讼可由合同履行地法院管辖，一方面是有

---

① 最高人民法院（2021）最高法民辖24号民事裁定书。

些情形由合同履行地法院查明案情更为便利，另一方面是有些情形合同履行地同时也是被告财产所在地，合同履行地法院采取财产保全措施更及时有效。司法实践中，本条适用重点在于合同履行地的确定。合同履行地，是指履行合同所确定义务的地点。合同履行地的确定可分为三种情形：

1. 合同约定了履行地点且实际履行地点与该约定履行地点一致，则合同约定的履行地点即为合同履行地。

2. 合同并未约定履行地点或约定不明确的，依据《民法典》第510条的规定，当事人可以协议补充，不能达成补充协议的，按照合同相关条款或者交易习惯确定。仍不能确定的，根据《民法典》第511条第3项的规定，给付货币的，在接受货币一方所在地履行，交付不动产的，在不动产所在地履行，其他标的，在履行义务一方所在地履行。

3. 合同约定的履行地点与实际履行地点不一致且合同当事人对合同履行地点的变更一致认可，此时应以合同的实际履行地点作为合同履行地。

◆ **关联规定**

《中华人民共和国民法典》（2020年5月28日）

第六百五十条　供用电合同的履行地点，按照当事人约定；当事人没有约定或者约定不明确的，供电设施的产权分界处为履行地点。

《最高人民法院关于适用〈中华人民共和国民事诉讼法〉的解释》（2022年4月1日）

第十八条　合同约定履行地点的，以约定的履行地点为合同履行地。

合同对履行地点没有约定或者约定不明确，争议标的为给付货币的，接收货币一方所在地为合同履行地；交付不动产的，不动产所在地为合同履行地；其他标的，履行义务一方所在地为合同履行地。即时结清的合同，交易行为地为合同履行地。

合同没有实际履行，当事人双方住所地都不在合同约定的履行地的，由被告住所地人民法院管辖。

第十九条　财产租赁合同、融资租赁合同以租赁物使用地为合同履行地。合同对履行地有约定的，从其约定。

第二十条　以信息网络方式订立的买卖合同，通过信息网络交付标的的，以买受人住所地为合同履行地；通过其他方式交付标的的，收货地为合同履行地。合同对履行地有约定的，从其约定。

◆ **典型案例**

某特钢公司诉杨某平股权转让纠纷案①

2015 年 5 月 21 日，某特钢公司与黄某签订《隐名出资协议》，黄某为某特钢公司代持其在某焦化公司中 60% 的股份。2016 年 9 月 9 日，黄某与杨某平签订《股权转让协议》，黄某将其代持的某焦化公司中的 15% 股份以 3000 万元的价格转让给杨某平并于次日办理工商登记变更。因杨某平未如约支付股权转让款，某特钢公司以其为股权实际所有人为由向其所在地宁夏回族自治区高级人民法院提起诉讼，请求杨某平支付股权转让款及利息并赔偿损失。杨某平提出管辖权异议，认为本案应由被告住所地法院管辖，请求将本案移送至北京市第三中级人民法院审理。宁夏回族自治区高级人民法院裁定驳回杨某平对本案管辖权提出的异议。杨某平提起上诉。

最高人民法院经审查认为，因合同纠纷提起的诉讼，由被告住所地或者合同履行地人民法院管辖。当事人没有约定管辖时，根据标的性质，《最高人民法院关于适用〈中华人民共和国民事诉讼法〉的解释》第十八条第二款分别依据标的物所在地、行为地、权利义务的主体所在地确定了合同履行地。根据该规定，争议标的为给付货币的，接收货币一方所在地为合同履行地。这里的"一方"应当指合同一方，即合同权利义务主体，而非任何其他依据合同主张权利的非合同当事人。如允许非合同当事人适用前述规则，合同履行地会陷入随时变动状态。本案中，某特钢公司作为非合同当事人主张给付货币，若另有第三人也主张该合同权利，合同履行地将出现多个或无法确定的情况，这显然不符合逻辑。因此，《最高人民法院关于适用〈中华人民共和国民事诉讼法〉的解释》第十八条所规定的"一方"应仅指合同当事人。非合同一方作为原告依据合同提起给付货币的诉讼，不应以其所在地作为合同履行地确定地域管辖。此种情况下应如何确定地域管辖更为适当，最高人民法院在类似情况下有一贯处理原则，可予参考。如，《最高人民法院关于适用〈中华人民共和国合同法〉若干问题的解释（一）》第十四条规定，债权人依照合同法第七十三条的规定提起代位权诉讼的，由被告住所地人民法院管辖。又如，《最高人民法院关于审理涉及金融资产管理公司收购、管理、处置国有银行不良贷款形成的资产的案件适用法律若干问题的规定》②第三条规定，金融资产管理公司向债务人提起诉讼的，应当由被告

---

① 最高人民法院（2019）最高法民辖终 195 号民事裁定书。
② 已废止。

住所地人民法院管辖。原债权银行与债务人有协议管辖约定的，如不违反法律规定，该约定继续有效。上述代位权诉讼、债权受让人向债务人提起诉讼与本案实际出资人直接起诉股权受让人支付股权转让款的情形，均系非合同当事人诉请合同当事人给付货币。据此，形式上案涉双方缺乏直接的合同法律关系，由被告住所地人民法院管辖更为适当。

第二十五条 【保险合同纠纷管辖】 因保险合同纠纷提起的诉讼，由被告住所地或者保险标的物所在地人民法院管辖。

◆ **适用指引**

本条是关于因保险合同纠纷的管辖规定。保险，是指投保人根据合同约定，向保险人支付保险费，保险人对于合同约定的可能发生的事故因其发生所造成的财产损失承担赔偿保险金责任，或者当被保险人死亡、伤残、疾病或者达到合同约定的年龄、期限等条件时承担给付保险金责任的商业保险行为。保险合同是投保人与保险人约定保险权利义务关系的协议，分为人身保险合同和财产保险合同。保险标的物，是投保人和保险人订立的保险合同所指向的对象，如财产、人身健康或者生命等。因保险合同纠纷提起的诉讼，不仅可依据一般地域管辖原则由被告住所地法院管辖，亦可由保险标的物所在地法院管辖。本条适用的重点在于确定保险标的物所在地。因财产保险合同纠纷提起的诉讼，如果保险标的物是运输工具或者运输中的货物，可以由运输工具登记注册地、运输目的地、保险事故发生地人民法院管辖。因人身保险合同纠纷提起的诉讼，可以由被保险人住所地人民法院管辖。

◆ **关联规定**

《最高人民法院关于适用〈中华人民共和国民事诉讼法〉的解释》（2022 年 4 月 1 日）

第二十一条 因财产保险合同纠纷提起的诉讼，如果保险标的物是运输工具或者运输中的货物，可以由运输工具登记注册地、运输目的地、保险事故发生地人民法院管辖。

因人身保险合同纠纷提起的诉讼，可以由被保险人住所地人民法院管辖。

◆ **典型案例**

某木制品厂诉某保险公司浙江分公司责任保险合同纠纷案①

2020 年 7 月 29 日，某木制品厂与某保险公司浙江分公司签订雇主责任保险协议，约定雇工死亡赔偿责任限额为 80 万元，该厂员工徐某华在保单附件的人员名单中。2020 年 8 月 14 日，徐某华在上班途中发生交通事故死亡。某木制品厂向某保险公司浙江分公司提出理赔申请，某保险公司浙江分公司以事故地点不属于保险责任赔偿范围为由拒赔。某木制品厂向江苏省沭阳县人民法院提起诉讼，请求判令某保险公司浙江分公司支付保险赔偿金 80 万元。江苏省沭阳县人民法院将本案移送原杭州市下城区人民法院处理。原杭州市下城区人民法院认为移送管辖错误，遂层报浙江省高级人民法院。浙江省高级人民法院报请最高人民法院指定管辖。

最高人民法院经审查认为，本案系责任保险合同纠纷。《中华人民共和国民事诉讼法》第二十五条规定，因保险合同纠纷提起的诉讼，由被告住所地或者保险标的物所在地人民法院管辖。保险标的物，是指投保人与保险人订立的保险合同所指向的对象，如财产、人身健康或者生命等。本案中，某木制品厂作为投保人，与保险人某保险公司浙江分公司签订保险合同，投保以某木制品厂为被保险人的雇主责任险。案涉责任保险合同指向的是被保险人的雇员可能发生死亡或伤残时的财产赔偿责任，该财产赔偿责任虽然无形，但承担财产赔偿责任的主体是具体的，承担赔偿责任、给付财产的形式也是具体的。被保险人作为承担财产赔偿责任的主体，其住所地可以认定为保险标的物所在地。同时，以被保险人住所地作为责任保险合同保险标的物所在地，也便于人民法院查明事实和当事人参与诉讼。本案中，江苏省沭阳县人民法院作为案涉责任保险标的物所在地的人民法院，对本案具有管辖权，在先行立案的情况下，将本案移送原杭州市下城区人民法院处理不当。

第二十六条 【票据纠纷管辖】因票据纠纷提起的诉讼，由票据支付地或者被告住所地人民法院管辖。

◆ **适用指引**

本条是关于票据纠纷的管辖规定。票据，是指由出票人签发的、写明在一

---

① 最高人民法院（2022）最高法民辖 126 号民事裁定书。

定的时间、地点由本人或者指定他人按照票面所载文义，向持票人无条件支付一定金额的有价证券。票据分为汇票、本票和支票三类。汇票是出票人签发的，委托付款人在见票时或者在指定日期无条件支付确定的金额给收款人或者持票人的票据。汇票分为银行汇票和商业汇票。本票即银行本票，是出票人签发的，承诺自己在见票时无条件支付确定的金额给收款人或者持票人的票据。支票是出票人签发的，委托办理支票存款业务的银行或者其他金融机构在见票时无条件支付确定的金额给收款人或者持票人的票据。票据纠纷，是指因行使票据权利或者《票据法》上的非票据权利而引起的纠纷。因票据纠纷提起的诉讼，不仅可以依据一般地域管辖原则由被告住所地法院管辖，亦可以由票据支付地所在地法院管辖。

本条适用的重点在于票据支付地的确定。票据支付地，是指票据上载明的票据付款地。票据载明付款地的，票据纠纷可由票据上载明的付款地法院管辖；票据未载明付款地的，根据不同情形，可由汇票付款人或者代理付款人的营业场所、住所或者经常居住地，本票出票人的营业场所，支票付款人或者代理付款人的营业场所所在地法院管辖。

◆ **关联规定**

《中华人民共和国票据法》（2004 年 8 月 28 日）

第二十三条第三款 汇票上未记载付款地的，付款人的营业场所、住所或者经常居住地为付款地。

第七十六条第二款 本票上未记载付款地的，出票人的营业场所为付款地。

第八十六条第二款 支票上未记载付款地的，付款人的营业场所为付款地。

《最高人民法院关于审理票据纠纷案件若干问题的规定》（2020 年 12 月 29 日）

第六条 因票据纠纷提起的诉讼，依法由票据支付地或者被告住所地人民法院管辖。

票据支付地是指票据上载明的付款地，票据上未载明付款地的，汇票付款人或者代理付款人的营业场所、住所或者经常居住地，本票出票人的营业场所，支票付款人或者代理付款人的营业场所所在地为票据付款地。代理付款人即付款人的委托代理人，是指根据付款人的委托代为支付票据金额的银行、信用合作社等金融机构。

◆ **典型案例**

某银行诉某信用社票据追索权纠纷案①

某银行于 2018 年 3 月 22 日根据执行法院要求向 B 银行长春分行支付执行款本息、诉讼费和执行费共计 176171300 元。某银行向 B 银行长春分行清偿债务后，根据涉案汇票背书，向某信用社等其他汇票债务人行使再追索权未果，故向福建省高级人民法院提起诉讼，请求判令某信用社立即向某银行支付 176171300 元及利息。某信用社在答辩期间提出管辖权异议，一审法院裁定驳回，某信用社不服一审裁定，提起上诉，请求依法撤销一审裁定并将本案移送具有管辖权的吉林省高级人民法院管辖。

最高人民法院经审查认为，因票据纠纷提起的诉讼，由票据支付地或者被告住所地人民法院管辖。《最高人民法院关于审理票据纠纷案件若干问题的规定》第六条第二款规定，票据支付地是指票据上载明的付款地，票据上未载明付款地的，汇票付款人或者代理付款人的营业场所、住所或者经常居住地，本票出票人的营业场所，支票付款人或者代理付款人的营业场所所在地为票据付款地。代理付款人即付款人的委托代理人，是指根据付款人的委托代为支付票据金额的银行、信用合作社等金融机构。据此，汇票上未载明付款地的，票据支付地确定的连结点应为"汇票付款人或者代理付款人的营业场所、住所或者经常居住地"。本案中，案涉两张商业承兑汇票并未明确记载付款地，但明确载明：付款人为 C 公司，账号为××，开户银行为 B 银行福州温泉支行；付款人开户行行号为××，地址为福州市鼓楼区××。案涉商业承兑汇票上载明的开户行，可以认定为案涉商业承兑汇票的代理付款人。原审裁定依据案涉商业承兑汇票载明的代理付款人 B 银行福州温泉支行的营业地址，认定本案的票据支付地在福建省福州市，进而根据《最高人民法院关于调整高级人民法院和中级人民法院管辖第一审民商事案件标准的通知》的相关规定，依法确定原审法院对本案具有管辖权，有相应的事实和法律依据。

第二十七条 【公司诉讼管辖】 因公司设立、确认股东资格、分配利润、解散等纠纷提起的诉讼，由公司住所地人民法院管辖。

---

① 最高人民法院（2019）最高法民辖终 11 号民事裁定书。

◆ **适用指引**

本条是关于公司诉讼管辖的规定。根据本条规定，因公司设立、确认股东资格、分配利润、解散等纠纷提起的诉讼由公司住所地人民法院管辖，不由被告住所地法院管辖。审理此类案件往往需要调阅公司的注册登记信息以及与争议有关的财务会计凭证、董事会决议、股东会决议等其他相关公司资料。此类纠纷由公司住所地法院管辖，便于及时查明案件事实，也便于后续执行。本条适用的重点在于公司住所地的认定和公司诉讼范围的确定。

1. 关于公司住所地的认定。法人以其主要办事机构所在地为住所。依法需要办理法人登记的，应当将主要办事机构所在地登记为住所。公司以其主要办事机构所在地为住所。公司住所地是指公司主要办事机构所在地。公司办事机构所在地不明确的，由其注册地人民法院管辖。因此，公司的主要办事机构所在地为其住所地，办事机构所在地不明确的，则以其注册地为住所地。办事机构所在地，是指执行公司业务活动、决定和处理组织事务的机构所在地。主要办事机构所在地，则指统率公司业务的机构所在地。当公司只设一个办事机构时，该办事机构所在地即为公司住所地；当公司设有多个办事机构时，则以其主要办事机构所在地为公司住所地，如总公司所在地、总行所在地等。

2. 关于公司诉讼范围的确定。并非与公司有关的诉讼都可归于本条规定的公司诉讼范围，而由公司住所地法院管辖，譬如股权转让诉讼、股东代表诉讼就不应适用本条来确定管辖法院。因此，有必要明确本条规定的适用范围。因股东名册记载、请求变更公司登记、股东知情权、公司决议、公司合并、公司分立、公司减资、公司增资等纠纷提起的诉讼，均由公司住所地法院管辖。解散公司诉讼案件和公司清算案件由公司住所地法院管辖。至于未明确列明的与公司有关的诉讼是否由公司住所地法院管辖，则要结合纠纷是否涉及公司利益、对该纠纷的审理是否适用《公司法》等多方面因素进行综合分析判断。

◆ **关联规定**

《中华人民共和国民法典》（2020 年 5 月 28 日）

第六十三条 法人以其主要办事机构所在地为住所。依法需要办理法人登记的，应当将主要办事机构所在地登记为住所。

《中华人民共和国公司法》（2018 年 10 月 26 日）

第十条 公司以其主要办事机构所在地为住所。

《最高人民法院关于适用〈中华人民共和国公司法〉若干问题的规定（二）》（2020 年 12 月 29 日）

第二十四条　解散公司诉讼案件和公司清算案件由公司住所地人民法院管辖。公司住所地是指公司主要办事机构所在地。公司办事机构所在地不明确的，由其注册地人民法院管辖。

基层人民法院管辖县、县级市或者区的公司登记机关核准登记公司的解散诉讼案件和公司清算案件；中级人民法院管辖地区、地级市以上的公司登记机关核准登记公司的解散诉讼案件和公司清算案件。

《最高人民法院关于适用〈中华人民共和国民事诉讼法〉的解释》（2022 年 4 月 1 日）

第二十二条　因股东名册记载、请求变更公司登记、股东知情权、公司决议、公司合并、公司分立、公司减资、公司增资等纠纷提起的诉讼，依照民事诉讼法第二十七条规定确定管辖。

◆ 典型案例

某生化公司、某药业公司诉宁某安、H 市国资委、某科技公司与公司有关的纠纷案①

某生化公司、某药业公司认为宁某安担任某药业公司董事期间，在明知 H 市国资委所持的 609 万股股票转让时应当解决职工遗留问题的情况下，利用职务之便与某科技公司恶意串通促成案涉股票转让，严重侵犯某生化公司、某药业公司合法权益，故向山西省高级人民法院提起诉讼，请求宁某安、H 市国资委与某科技公司承担赔偿责任。

最高人民法院经审查认为，双方当事人关于管辖权异议的争议焦点为，本案由原告公司住所地人民法院管辖是否错误。从当事人诉请内容看，作为原审原告的某生化公司、某药业公司起诉时的主要诉请为知情权及其他合法权益被侵害。当事人诉请与公司股份转让导致其合法权益受损相关。公司设立、确认股东资格、分配利润、解散、股东名册记载、请求变更公司登记、股东知情权、公司决议、公司合并、公司分立、公司减资、公司增资等纠纷应由公司住所地人民法院管辖。本案中，案涉公司股权的转让会对某生化公司的股权架构产生影响，从而影响某生化公司利益，属于上述规定的与公司相关纠纷范围，可以适用上述

---

① 最高人民法院（2018）最高法民辖终 199 号民事裁定书。

规定。至于上诉人 H 市国资委、某科技公司上诉称宁某安不是适格的被告且其经常居住地应在湖南，缺乏事实和法律依据，亦不影响本案管辖权的确定，故本案由某生化公司住所地人民法院管辖，并无不当。原审认为本案为股东知情权和其他合法权益被侵害的侵权之诉，表述不准确，但确定案由及管辖权适用法律并无错误。

第二十八条　【运输合同纠纷管辖】 因铁路、公路、水上、航空运输和联合运输合同纠纷提起的诉讼，由运输始发地、目的地或者被告住所地人民法院管辖。

◆ **适用指引**

本条是关于因铁路、公路、水上、航空运输和联合运输合同纠纷提起诉讼的管辖规定。运输目的地是指旅客或者货物的最终到达地，不能将中转地视为运输目的地。另外，因铁路运输合同纠纷提起的诉讼应由铁路运输法院专门管辖，因海上、通海水域的运输合同纠纷提起的诉讼应由海事法院专门管辖。

◆ **关联规定**

《中华人民共和国海事诉讼特别程序法》（1999 年 12 月 25 日）

第六条第一款　海事诉讼的地域管辖，依照《中华人民共和国民事诉讼法》的有关规定。

第六条第二款　下列海事诉讼的地域管辖，依照以下规定：

……

（二）因海上运输合同纠纷提起的诉讼，除依照《中华人民共和国民事诉讼法》第二十八条的规定以外，还可以由转运港所在地海事法院管辖；

……

◆ **典型案例**

进出口公司诉某物流管理公司海上货物运输合同纠纷案①

进出口公司基于其与某物流管理公司签订的海上货物运输合同，向上海海事

---

① 上海市高级人民法院（2022）沪民辖终 118 号民事裁定书。

法院提起诉讼。某物流管理公司提出管辖权异议，认为涉案纠纷应由天津海事法院管辖。一审法院裁定某物流管理公司对本案管辖权提出的异议成立，本案移送天津海事法院。进出口公司提起上诉，请求依法撤销一审裁定，裁定本案继续由上海海事法院审理。

上海市高级人民法院经审查认为，海上货物运输合同，是指承运人收取运费，负责将托运人托运的货物经海路由一港运至另一港的合同。而托运人包括本人或者委托他人以本人名义或者委托他人为本人与承运人订立海上货物运输合同的人，以及本人或者委托他人以本人名义或者委托他人为本人将货物交给与海上货物运输合同有关的承运人的人。根据进出口公司的诉讼主张及现有证据，可以初步证明其实际托运人的法律地位，系海上货物运输合同的当事人。本案中，进出口公司以海上货物运输合同纠纷提起诉讼，系当事人对自己诉讼主张的选择。该请求权基础的选择是否准确，影响的是其实体权利最终能否得到支持，并不影响人民法院基于其选择确定案件的管辖权。涉案纠纷属于海事法院专门管辖，根据《中华人民共和国民事诉讼法》第二十八条的规定，因铁路、公路、水上、航空运输和联合运输合同纠纷提起的诉讼，由运输始发地、目的地或者被告住所地人民法院管辖。涉案货物运输的起运港为中国上海，属于上海海事法院管辖范围。因此，上海海事法院对本案具有管辖权。

第二十九条　【侵权纠纷管辖】 因侵权行为提起的诉讼，由侵权行为地或者被告住所地人民法院管辖。

◆ 适用指引

本条是关于因侵权行为提起诉讼的管辖规定。此类纠纷可依据一般地域管辖原则由被告住所地法院管辖，也可由侵权行为地法院管辖，侵权行为地法院可以更加便捷地查明侵权事实，及时化解纠纷。

本条适用的重点是侵权行为地的认定。侵权行为地不仅指侵权行为实施地，还包括侵权结果发生地，前者是指侵权人实施侵权行为的地点，后者是指因侵权行为造成的损害后果出现的地点。一般情形下，侵权行为实施地与侵权结果发生地重合，但在二者不一致的情况下，两地法院均有管辖权。

◆ 关联规定

《最高人民法院关于适用〈中华人民共和国民事诉讼法〉的解释》（2022 年 4 月 1 日）

第二十四条 民事诉讼法第二十九条规定的侵权行为地，包括侵权行为实施地、侵权结果发生地。

第二十五条 信息网络侵权行为实施地包括实施被诉侵权行为的计算机等信息设备所在地，侵权结果发生地包括被侵权人住所地。

第二十六条 因产品、服务质量不合格造成他人财产、人身损害提起的诉讼，产品制造地、产品销售地、服务提供地、侵权行为地和被告住所地人民法院都有管辖权。

第二十七条 当事人申请诉前保全后没有在法定期间起诉或者申请仲裁，给被申请人、利害关系人造成损失引起的诉讼，由采取保全措施的人民法院管辖。

当事人申请诉前保全后在法定期间内起诉或者申请仲裁，被申请人、利害关系人因保全受到损失提起的诉讼，由受理起诉的人民法院或者采取保全措施的人民法院管辖。

◆ 典型案例

吴某刚诉某特产批发商行产品责任纠纷案[①]

吴某刚认为其购买的某特产批发商行销售的"正品吉林梅花鹿鹿茸片红粉片干片散装鹿场直销批发"是食用农产品，不是网络销售时描述的成分中含有梅花鹿鹿茸的产品，某特产批发商行不能提供梅花鹿鹿茸标识，涉案梅花鹿鹿茸没有动物检疫合格证明，属于有缺陷、不符合食品安全标准的梅花鹿鹿茸，故向浙江省温州市洞头区人民法院起诉请求某特产批发商行退还涉案货款，赔偿涉案货款 10 倍的金额。浙江省温州市洞头区人民法院裁定将本案移送吉林省长春市宽城区人民法院审理，长春市宽城区人民法院认为浙江省温州市洞头区人民法院移送错误，遂层报吉林省高级人民法院。吉林省高级人民法院与浙江省高级人民法院协商未果，报请最高人民法院指定管辖。

---

① 最高人民法院（2021）最高法民辖 31 号民事裁定书。

最高人民法院经审查认为，民事案件案由反映民事案件所涉及的民事法律关系的性质，在起诉阶段，应当依据当事人主张的民事法律关系的性质来确定案由。同一诉讼中涉及两个以上的法律关系的，应当依当事人诉争的法律关系的性质确定案由。在请求权竞合的情形下，人民法院应当按照当事人自主选择行使的请求权，根据当事人诉争的法律关系的性质，确定相应的案由。本案中，吴某刚起诉时名义上主张其与某特产批发商行存在网络购物合同纠纷，但从诉讼请求看，吴某刚要求某特产批发商行支付 10 倍货款的赔偿金。消费者向经营者请求赔偿，固然存在买卖合同，但其提起的惩罚性赔偿诉讼请求，请求权基础为侵权赔偿责任，故吴某刚的起诉应认定为侵权责任纠纷之下的产品责任纠纷，本案应当依照产品责任纠纷而不是网络购物合同纠纷确定管辖。因侵权行为提起的诉讼，由侵权行为地或者被告住所地人民法院管辖。因产品、服务质量不合格造成他人财产、人身损害提起的诉讼，产品制造地、产品销售地、服务提供地、侵权行为地和被告住所地人民法院都有管辖权。本案中，作为被告的某特产批发商行的住所地在吉林省长春市宽城区，虽然吴某刚与某特产批发商行约定的网络购物收货地在浙江省温州市洞头区，但不能就此认定浙江省温州市洞头区为吴某刚就本案起诉主张的侵权法律关系的侵权行为地，也不能将该地认定是案涉产品的制造地、销售地，浙江省温州市洞头区人民法院对本案没有管辖权，本案应由吉林省长春市宽城区人民法院审理。

第三十条　【交通事故管辖】 因铁路、公路、水上和航空事故请求损害赔偿提起的诉讼，由事故发生地或者车辆、船舶最先到达地、航空器最先降落地或者被告住所地人民法院管辖。

◆ **适用指引**

本条是关于因铁路、公路、水上和航空事故请求损害赔偿提起诉讼的管辖规定。事故发生地不仅指事故发生的地点，还应包括造成损害结果的地点。车辆、船舶最先到达地是指事故发生后车辆第一个停靠站、船舶第一个停靠港，航空器最先降落地是指事故发生后航空器第一次降落或者坠落地点。另外，因铁路事故请求损害赔偿提起的诉讼应由铁路运输法院专门管辖，因海上、通海水域事故请求损害赔偿提起的诉讼应由海事法院专门管辖。

◆ **关联规定**

《最高人民法院关于审理道路交通事故损害赔偿案件适用法律若干问题的解释》（2020 年 12 月 29 日）

第二十二条第二款 人民法院审理道路交通事故损害赔偿案件，当事人请求将承保商业三者险的保险公司列为共同被告的，人民法院应予准许。

◆ **典型案例**

张某莲诉某汽车销售公司杭州分公司、某汽车销售公司北京分公司侵权责任纠纷案[①]

张某莲认为某汽车销售公司北京分公司未向其提供行车数据，向北京市大兴区人民法院提起诉讼，要求某汽车销售公司杭州分公司、某汽车销售公司北京分公司提供行车数据并赔礼道歉。某汽车销售公司杭州分公司请求将本案移送杭州市西湖区人民法院或杭州市萧山区人民法院管辖。

北京市第二中级人民法院经审查认为，管辖权是民事程序运行的前提，管辖权异议案件解决的是受诉法院对案件有无管辖权的问题，未进入案件实体审理。在管辖权审理阶段对被告是否适格进行审查时，一般情况下只需有初步证据证明被告与案涉事实存在形式上的关联性，即达到可争辩的程度即可，无须对被告是否构成侵权或违约、是否需要承担法律责任等实体内容进行审查。本案中，某汽车销售公司北京分公司作为《汽车订购协议》约定的销售方，与本案诉争事实具有形式上的可争辩性，满足审查被告适格性的形式关联性要求。因此，在管辖权审理阶段，某汽车销售公司杭州分公司关于某汽车销售公司北京分公司不是本案适格被告的主张不成立。本案属于因侵权行为提起的诉讼，应按法律有关侵权行为的特殊地域管辖规定确定管辖法院。因某汽车销售公司北京分公司住所地位于北京市大兴区，属北京市大兴区人民法院辖区范围，故北京市大兴区人民法院依法对本案有管辖权。

第三十一条 【海损事故管辖】 因船舶碰撞或者其他海事损害事故请求损害赔偿提起的诉讼，由碰撞发生地、碰撞船舶最先到达地、加害船舶被扣留地或者被告住所地人民法院管辖。

[①] 北京市第二中级人民法院（2022）京 02 民辖终 599 号民事裁定书。

◆ **适用指引**

本条是关于海事损害事故赔偿纠纷特殊地域管辖的规定。

船舶碰撞，是指船舶在航行中发生接触，使船舶、船上货物、船上人员受到损害，船舶营运造成损失的事故。其他海事损害事故，是指船舶在航行过程中发生除船舶碰撞之外的其他事故，包括触礁、触岸、搁浅、浪损、失火、爆炸、沉没、失踪、遭遇自然灾害等。船舶因操纵不当或者不遵守航行规章，虽然实际上没有同其他船舶发生碰撞，但是使其他船舶以及船上的人员、货物或者其他财产遭受损失的，适用船舶碰撞的规定。碰撞发生地，是指船舶碰撞发生的具体地点，属于侵权行为发生地。碰撞船舶最先到达地，是指船舶碰撞发生后，受损船舶首先停泊的港口或者码头，属于侵权行为发生地的延伸。如果船舶发生沉没，则船舶沉没地为最先到达地。加害船舶被扣留地，是指船舶碰撞后，加害船舶离开事故发生地的情况下，其被扣留的地点。因船舶登记港为船籍港，船籍港一般由船舶所有人依据其住所或主营业所所在地就近选择，故在海事损害赔偿诉讼中，被告住所地一般是加害船舶的船籍港所在地。

◆ **典型案例**

A 市公路局诉某船务公司船舶触碰损害责任纠纷案[①]

A 市公路局以某船务公司所属 B 轮于航行中触碰莲溪大桥、造成损失为由提出诉前海事请求保全申请，请求扣押 B 轮并责令某船务公司提供 2179 万元担保。一审法院裁定准许 A 市公路局的诉前海事请求保全申请并对 B 轮实施扣押。后，A 市公路局在指定期限内提起诉讼。某船务公司请求将本案移送武汉海事法院审理。

广东省高级人民法院经审查认为，本案为船舶触碰损害责任纠纷，属于海事侵权纠纷案件，应由海事法院管辖。法律未就船舶触碰损害责任纠纷的地域管辖作出特殊规定，根据《中华人民共和国海事诉讼特别程序法》第六条第一款的规定，本案应按照《中华人民共和国民事诉讼法》的有关规定来确定地域管辖。因船舶碰撞或者其他海事损害事故请求损害赔偿提起的诉讼，由碰撞发生地、碰撞船舶最先到达地、加害船舶被扣留地或者被告住所地人民法院管辖。涉案触碰事故发生于广东省 A 市××区××大桥河段，且事故发生后，一审法院根据 A 市公

---

① 广东省高级人民法院（2017）粤民辖终 471 号民事裁定书。

路局申请，于事故附近水域将肇事船舶 B 轮扣押。上述触碰事故发生地、加害船舶被扣留地均位于广东省 A 市，处于一审法院辖区范围之内，一审法院作为专门管辖涉案类型海事侵权纠纷案件的法院，依法对本案具有管辖权。

第三十二条　【海难救助费用管辖】因海难救助费用提起的诉讼，由救助地或者被救助船舶最先到达地人民法院管辖。

◆ 适用指引

本条是关于海难救助费用纠纷特殊地域管辖的规定。

海难救助，是指对遭遇海难的船舶或者船舶运载的货物、人员以及其他财产，由外来力量进行救助的行为。实施救助的外来力量可以是从事海上救助业务的专业单位，也可以是临近或过往的船只。实施救助的一方有权根据救助事实和救助效果，请求被救助方给付一定的报酬，该报酬称为救助费用。对于海难救助的法律性质，理论界一般认为属于无因管理，但与民法中的无因管理有所不同。民法中的无因管理，财产所有人有义务向管理人支付必要的费用或管理人因管理事务而遭受的财产损失，但管理人无权要求报酬，而海难救助中的救助人有报酬请求权。海难救助费用纠纷，既可能发生在救助方和被救助方之间，也可能在多个救助方之间因救助费用的分配而产生。因海难救助费用纠纷提起的诉讼，救助地或者被救助船舶最先到达地的海事法院均有管辖权。

救助地，是指对遇难船舶实施救助行为的地点，或者救助结果发生的地点。被救助船舶最先到达地，是指遇难的船舶经过救助脱离危险以后首先停泊的港口或者码头。海难救助有可能发生在我国管辖海域范围内也有可能发生在我国管辖海域范围外。如果海难救助发生在我国管辖海域范围外，甚至发生在公海，不属于任何国家管辖海域，此时救助方可以向被救助船舶最先到达地法院提起诉讼。

◆ 关联规定

《最高人民法院关于适用〈中华人民共和国海事诉讼特别程序法〉若干问题的解释》（2008 年 12 月 16 日）

第九条　因海难救助费用提起的诉讼，除依照民事诉讼法第三十二条的规定确定管辖外，还可以由被救助的船舶以外的其他获救财产所在地的海事法院管辖。

◆ **典型案例**

某拖轮分公司诉某保险公司东莞分公司海难救助合同纠纷案①

某拖轮分公司诉某保险公司东莞分公司海难救助合同纠纷一案，某保险公司东莞分公司提出管辖权异议，认为本案应当移送广州海事法院审理。

海南省高级人民法院经审查认为，因海难救助费用提起的诉讼，由救助地或者被救助船舶最先到达地人民法院管辖。本案中，涉案船舶A轮在海南八所港发生爆炸事故，救助地在海南八所港，一审法院作为海难救助地的法院，对本案具有管辖权。参与救助A轮的各民事主体就救助费用提起诉讼的诉讼标的属于同一种类，故某拖轮分公司提起的本案诉讼与其他参与救助的民事主体就救助费用提起的诉讼不是必要共同诉讼，普通共同诉讼的合并审理应以当事人同意为前提。某拖轮分公司向一审法院提起本案诉讼是其真实意思表示且符合法律规定的起诉条件，故一审法院对本案有管辖权。

第三十三条 **【共同海损管辖】** 因共同海损提起的诉讼，由船舶最先到达地、共同海损理算地或者航程终止地的人民法院管辖。

◆ **适用指引**

本条是关于共同海损纠纷特殊地域管辖的规定。

共同海损，是指在同一海上航程中，船舶、货物和其他财产遭遇共同危险，为了共同安全，有意地合理地采取措施所直接造成的特殊牺牲、支付的特殊费用。共同海损应当由受益方按照各自的分摊价值的比例分摊。共同海损是海商法上的一个特有制度，要分摊共同海损，需满足共同风险、措施有意而合理、特殊的牺牲和费用、共损行为最终有效四个条件。船舶因发生意外、牺牲或者其他特殊情况而损坏时，为了安全完成本航程，驶入避难港口、避难地点或者驶回装货港口、装货地点进行必要的修理，在该港口或者地点额外停留期间所支付的港口费，船员工资、给养，船舶所消耗的燃料、物料，为修理而卸载、贮存、重装或者搬移船上货物、燃料、物料以及其他财产所造成的损失、支付的费用，应当列入共同海损。

---

① 海南省高级人民法院（2017）琼民辖终21号民事裁定书。

因共同海损纠纷提起的诉讼，船舶最先到达地、共同海损理算地或者航程终止地的海事法院均有管辖权。船舶最先到达地，是指共同海损发生后船舶继续航行，首先停泊的港口或者码头，其属于侵权行为发生地的延伸。共同海损理算，是指由国家认可的具有法定资格的专业机构或人员，按照理算规则，对共同海损的损失和费用、各受益方的分摊价值以及各方应分摊共同海损的数额所进行的审理和计算工作。共同海损理算地点，一般是船舶航程终止地，也可以是当事人约定的其他地方。我国的共同海损理算机构是中国国际贸易促进委员会，地点在北京。根据中国国际贸易促进委员会关于共同海损理算的具体规定，理算地点通常为北京。航程终止地，是指船舶于航次结束时，到达港口或码头所在地，亦即该航次的目的地。

◆ **典型案例**

某船务公司、某物流公司、某海运公司诉某船舶代理公司共同海损纠纷案①

A 轮在航程中因舵效消失致船舶失控且无法恢复，东海救助局派拖轮将 A 轮从事发黄某海域拖至上海长江口，产生救助费用 4413836 元，A 轮因维修产生修理费 1113352.82 元，上述费用由某船务公司实际支付。某船务公司以其所付费用是共同海损为由起诉请求相关主体向某船务公司、某物流公司与某海运公司分摊共同海损产生的施救费用 3578120.34 元。某船舶代理公司提出管辖权异议，认为本案应由大连海事法院管辖。

上海市高级人民法院经审查认为，本案系共同海损纠纷。某船舶代理公司与某船务公司签订的《水路货物运输合同》虽有管辖条款，但该管辖条款的效力无法及于本案共同海损纠纷所涉所有当事人。因共同海损提起的诉讼，由船舶最先到达地，共同海损理算地或者航程终止地的人民法院管辖。本案中，涉案航程终止地为上海，故上海海事法院对本案行使管辖权于法有据。

第三十四条 【专属管辖】 下列案件，由本条规定的人民法院专属管辖：

（一）因不动产纠纷提起的诉讼，由不动产所在地人民法院管辖；

（二）因港口作业中发生纠纷提起的诉讼，由港口所在地人民法院管辖；

---

① 上海市高级人民法院（2014）沪高民四（海）终字第 104 号民事裁定书。

（三）因继承遗产纠纷提起的诉讼，由被继承人死亡时住所地或者主要遗产所在地人民法院管辖。

◆ **适用指引**

本条是关于专属管辖的规定。专属管辖，是指由法律直接规定某些特定类型的案件只能由特定的法院管辖，其他法院均无权管辖，当事人也不得通过协议变更管辖法院。专属管辖的案件，不适用一般地域管辖和特殊地域管辖的规定。专属管辖具有强制性和排他性的特点。

1. 因不动产纠纷提起的诉讼，由不动产所在地人民法院专属管辖。不动产，是指不能移动或移动后会降低乃至丧失其性能或价值的财产，一般是土地及土地上的附着物。

2. 因港口作业中发生纠纷提起的诉讼，由港口所在地人民法院专属管辖。港口作业，是指货物的装卸、驳运、仓储、理货等。港口作业中发生的纠纷，主要有两类：一类是与港口作业有联系的纠纷，如货物装卸、驳运、货物保管等纠纷；另一类是在港口作业中发生的侵权纠纷，如损坏港口设施、违章操作等行为造成一定的损害而发生的纠纷。

3. 因继承遗产纠纷提起的诉讼，由被继承人死亡时住所地或者主要遗产所在地人民法院专属管辖。遗产，是指自然人死亡时遗留的个人合法财产。继承遗产纠纷，是指继承人或者受遗赠人之间因为遗产继承而发生的纠纷，包括法定继承纠纷、遗嘱继承纠纷、被继承人债务清偿纠纷、遗赠纠纷、遗赠扶养协议纠纷、遗产管理纠纷等，其纷争有的在于有无继承权，有的在于遗产分割。即使继承遗产纠纷中主要遗产是不动产，因不动产纠纷仅限于不动产物权纠纷和几类特殊合同纠纷，故仍应按照继承遗产纠纷来确定管辖法院，而不是作为不动产纠纷由不动产所在地法院管辖。

◆ **关联规定**

《最高人民法院关于适用〈中华人民共和国民事诉讼法〉的解释》（2022 年 4 月 1 日）

第二十八条 民事诉讼法第三十四条第一项规定的不动产纠纷是指因不动产的权利确认、分割、相邻关系等引起的物权纠纷。

农村土地承包经营合同纠纷、房屋租赁合同纠纷、建设工程施工合同纠纷、政策性房屋买卖合同纠纷，按照不动产纠纷确定管辖。

不动产已登记的，以不动产登记簿记载的所在地为不动产所在地；不动产未登记的，以不动产实际所在地为不动产所在地。

◆ **典型案例**

案例 1：於乙、於甲诉金甲法定继承纠纷案[①]

於乙系被继承人金乙之夫，於甲系金乙之子，金甲系金乙之父，金乙之母朱某于 2014 年 2 月 2 日亡故。2020 年 1 月 27 日，金乙因发生意外身故，现於乙、於甲与金甲因遗产继承问题无法达成一致，向上海市浦东新区人民法院起诉请求依法分割、继承被继承人名下遗产。上海市浦东新区人民法院裁定本案移送上海市黄浦区人民法院处理。上海市第二中级人民法院以上海市浦东新区人民法院对本案有管辖权为由报请指定管辖。

上海市高级人民法院经审查认为，本案系法定继承纠纷。因继承遗产纠纷提起的诉讼，由被继承人死亡时住所地或者主要遗产所在地人民法院管辖。本案中被继承人金乙死亡时的户籍地是上海市浦东新区，故上海市浦东新区人民法院作为被继承人死亡时住所地法院，对本案具有管辖权，本案由上海市浦东新区人民法院审理。

案例 2：某文化传播公司诉某创意公司建设工程施工合同纠纷案[②]

某文化传播公司与某创意公司签订《展厅施工合同》和《展厅软件影片制作及硬件设备采购安装合同》。某文化传播公司认为双方完成项目竣工验收，某创意公司到期未付工程款 290360 元，起诉请求某创意公司支付拖欠合同款项及逾期付款违约金。某创意公司提起反诉认为某文化传播公司未按约定履行义务，某文化传播公司远程锁住软件系统，限制使用，给某创意公司和项目单位造成巨大损失，请求某文化传播公司交付全部源文件并将设施设备修复至正常使用状态、支付违约金、解除对软件系统的远程控制并赔偿损失 10 万元。拱墅区法院裁定将本案移送临淄区法院处理，临淄区法院认为移送不当，层报山东省高级人民法院。山东省高级人民法院经与浙江省高级人民法院协商未果，报请最高人民法院指定管辖。

最高人民法院经审查认为，因不动产纠纷提起的诉讼由不动产所在地人民

---

① 上海市高级人民法院（2022）沪民辖 34 号民事裁定书。
② 最高人民法院（2022）最高法民辖 77 号民事裁定书。

法院管辖，建设工程施工合同纠纷按照不动产纠纷确定管辖。本案中，某文化传播公司依据《展厅施工合同》和《展厅软件影片制作及硬件设备采购安装合同》提起诉讼，两份合同针对同一工程项目且同时履行，存在关联关系。《展厅施工合同》属于建设工程施工合同，故本案应按不动产纠纷确定管辖，由不动产所在地人民法院专属管辖。本案工程项目位于山东省淄博市临淄区，临淄区法院对本案有管辖权。尽管拱墅区法院对本案进行了开庭审理且某创意公司提出反诉，但因拱墅区法院管辖本案违反应当按照不动产所在地确定管辖的规定，不能视为拱墅区法院对本案有管辖权，故本案应由山东省淄博市临淄区人民法院审理。

第三十五条　【协议管辖】 合同或者其他财产权益纠纷的当事人可以书面协议选择被告住所地、合同履行地、合同签订地、原告住所地、标的物所在地等与争议有实际联系的地点的人民法院管辖，但不得违反本法对级别管辖和专属管辖的规定。

◆ **适用指引**

本条是关于协议管辖的规定。

协议管辖又称合意管辖或者约定管辖，是指双方当事人在纠纷发生前后，以书面协议的方式约定管辖法院。协议管辖体现当事人意愿以及对当事人处分权的尊重。协议管辖应当符合下列条件：

1. 协议管辖案件的范围应当是合同或者其他财产权益纠纷。因协议管辖体现了当事人的处分权，故只有当事人具有处分权的财产权益纠纷才能适用协议管辖，如因物权、知识产权中的财产权而产生的纠纷。对于身份关系，当事人没有处分权，由此引发的纠纷也不能适用协议管辖，例如劳动争议案件涉及的法律关系具有人身属性，不适用协议管辖的有关规定。

2. 只能协议选择与争议有实际联系的地点的人民法院管辖，具体包括被告住所地、合同履行地、合同签订地、原告住所地、标的物所在地等。与争议有实际联系的地点可以是注册登记地、主要办事机构所在地、营业地、侵权行为地等。

3. 只能通过书面协议方式选择管辖法院。根据《民法典》第 469 条第 2 款、第 3 款的规定，书面形式是合同书、信件、电报、电传、传真等可以有形地表现所载内容的形式，以电子数据交换、电子邮件等方式能够有形地表现所载内容，并可以随时调取查用的数据电文，视为书面形式。因协议管辖必须通过书面协议形式，故口头约定管辖法院无效。

4. 不得违反本法对级别管辖和专属管辖的规定。协议管辖不能变更级别管辖，也不能变更专属管辖，而只能选择地域管辖。例如，当事人不能约定把基层人民法院管辖的案件提交中级人民法院审理。又如，因不动产分割产生纠纷，由不动产所在地的人民法院专属管辖，当事人不能约定由不动产所在地以外的被告住所地人民法院管辖。

当事人约定管辖法院的书面协议，对双方当事人和管辖法院均有拘束力。首先，约定管辖的协议对当事人的效力。原告在提起诉讼时须遵守管辖协议的约定，只能向协议约定的管辖法院起诉。如果原告违反管辖协议提起诉讼，被告有权提出管辖权异议。同样，只要原告向协议约定的管辖法院提起诉讼，被告就应当接受该法院的管辖，提出管辖权异议无法得到支持。其次，约定管辖的协议对法院的效力。当事人协议约定的管辖法院具有对该纠纷的管辖权，不能无故拒绝受理，也不得无故移送案件。同样，其他法院不再对该纠纷案件享有管辖权，该纠纷案件只能由协议约定的法院管辖。

当事人协议约定管辖法院的纠纷案件，只能是第一审民事案件。对于二审案件，只能向法律规定的上诉审法院上诉，而不能协议变更第二审法院。对于再审案件和执行案件，当事人也不能通过协议约定管辖。

◆ **关联规定**

《最高人民法院关于适用〈中华人民共和国民事诉讼法〉的解释》（2022 年 4 月 1 日）

第二十九条 民事诉讼法第三十五条规定的书面协议，包括书面合同中的协议管辖条款或者诉讼前以书面形式达成的选择管辖的协议。

第三十条 根据管辖协议，起诉时能够确定管辖法院的，从其约定；不能确定的，依照民事诉讼法的相关规定确定管辖。

管辖协议约定两个以上与争议有实际联系的地点的人民法院管辖，原告可以向其中一个人民法院起诉。

第三十一条 经营者使用格式条款与消费者订立管辖协议，未采取合理方式提请消费者注意，消费者主张管辖协议无效的，人民法院应予支持。

第三十二条 管辖协议约定由一方当事人住所地人民法院管辖，协议签订后当事人住所地变更的，由签订管辖协议时的住所地人民法院管辖，但当事人另有约定的除外。

第三十三条 合同转让的，合同的管辖协议对合同受让人有效，但转让时受让人不知道有管辖协议，或者转让协议另有约定且原合同相对人同意的除外。

第三十四条 当事人因同居或者在解除婚姻、收养关系后发生财产争议，约定管辖的，可以适用民事诉讼法第三十五条规定确定管辖。

◆ **典型案例**

某科技公司诉某置业公司、某实业公司买卖合同纠纷案①

某科技公司与某商贸公司签订《木地板供货及安装合同》，约定某科技公司为某商贸公司供应木地板及安装服务。后，某科技公司、某置业公司及某商贸公司签订《权利义务转让协议》，约定某商贸公司到期债务由某置业公司受让。某置业公司未履行付款义务，其为一人公司，某实业公司持有其100%股权。某科技公司向成都市金牛区人民法院起诉请求某置业公司支付合同款及利息、某实业公司承担连带清偿责任。成都市金牛区人民法院裁定将本案移送至江苏省苏州市吴江区人民法院处理。苏州市吴江区人民法院认为移送不当，层报江苏省高级人民法院，经与四川省高级人民法院协商未果，报请最高人民法院指定管辖。

最高人民法院经审查认为，本案主要是基于某科技公司与某商贸公司签订的《木地板供货及安装合同》及某科技公司、某商贸公司、某置业公司签订的《权利义务转让协议》产生的纠纷，某科技公司以某置业公司未偿还受让债务为由请求某置业公司支付合同款，以财产混同为由，一并请求某实业公司对某置业公司债务承担连带清偿责任，故本案可以按照合同纠纷确定管辖。合同或者其他财产权益纠纷的当事人可以书面协议选择被告住所地、合同履行地、合同签订地、原告住所地、标的物所在地等与争议有实际联系的地点的人民法院管辖，但不得违反级别管辖和专属管辖的规定。《权利义务转让协议》明确约定争议发生、协商不成时向协议签订地具有管辖权的人民法院提起诉讼并约定该协议签订地点为成都市金牛区。因此，前述协议管辖条款约定明确且未违反级别管辖和专属管辖的规定，应认定为合法有效，成都市金牛区人民法院作为当事人约定的协议签订地人民法院，对本案具有管辖权，裁定将本案移送至苏州市吴江区人民法院处理不当。

---

① 最高人民法院（2022）最高法民辖129号民事裁定书。

第三十六条 【共同管辖】两个以上人民法院都有管辖权的诉讼，原告可以向其中一个人民法院起诉；原告向两个以上有管辖权的人民法院起诉的，由最先立案的人民法院管辖。

◆ **适用指引**

本条是关于共同管辖的规定。

共同管辖是指根据法律规定，两个或者两个以上的人民法院对同一案件都有管辖权。这种情况可能因诉讼主体或诉讼客体原因而发生。例如同一诉讼的几个被告住所地、经常居住地在两个以上人民法院辖区的，各该人民法院都有管辖权，也可能因法律直接规定而发生，例如因侵权行为提起的诉讼，侵权行为地人民法院和被告住所地人民法院都有管辖权。在管辖权存在冲突的情况下，就有选择管辖的问题。法律赋予原告选择权，可以向其中任一法院起诉，如果原告向两个以上有管辖权的人民法院起诉，由最先立案的人民法院管辖。共同管辖和选择管辖实际是同一个问题。从两者关系来看，共同管辖是选择管辖的前提，只有一个案件存在共同管辖时，当事人才能从中选择一个法院起诉。

◆ **关联规定**

《最高人民法院关于适用〈中华人民共和国民事诉讼法〉的解释》（2022 年 4 月 1 日）

第三十六条 两个以上人民法院都有管辖权的诉讼，先立案的人民法院不得将案件移送给另一个有管辖权的人民法院。人民法院在立案前发现其他有管辖权的人民法院已先立案的，不得重复立案；立案后发现其他有管辖权的人民法院已先立案的，裁定将案件移送给先立案的人民法院。

◆ **典型案例**

某解码公司诉某通信技术公司、某贸易公司侵害发明专利权纠纷案[①]

某解码公司认为某通信技术公司实施制造侵权产品的行为，某贸易公司实施销售侵权产品的行为，故向福建省厦门市中级人民法院提起诉讼。某通信技术公司提出管辖权异议，福建省厦门市中级人民法院裁定驳回某通信技术公司的异

[①] 最高人民法院（2022）最高法知民辖终 182 号民事裁定书。

议，某通信技术公司上诉请求将本案移送至北京知识产权法院审理。

最高人民法院经审查认为，本案系侵害发明专利权纠纷管辖权争议，因某解码公司系美国公司，本案具有涉外因素。评判原审法院对本案是否具有管辖权，原则上应适用原审法院决定立案受理时施行的《中华人民共和国民事诉讼法》（2017 年修正）及相关司法解释。本院二审审理中对如何处理原审裁定，原则上适用《中华人民共和国民事诉讼法》（2021 年修正）及相关司法解释。《中华人民共和国民事诉讼法》（2017 年修正）第二十八条规定，因侵权行为提起的诉讼，由侵权行为地或者被告住所地人民法院管辖。《最高人民法院关于审理专利纠纷案件适用法律问题的若干规定》（2020 年修正）第二条规定，因侵犯专利权行为提起的诉讼，由侵权行为地或者被告住所地人民法院管辖。侵权行为地包括：被诉侵犯发明、实用新型专利权的产品的制造、使用、许诺销售、销售、进口等行为的实施地；专利方法使用行为的实施地，依照该专利方法直接获得的产品的使用、许诺销售、销售、进口等行为的实施地；外观设计专利产品的制造、许诺销售、销售、进口等行为的实施地；假冒他人专利的行为实施地。上述侵权行为的侵权结果发生地。该司法解释第三条第一款规定，原告仅对侵权产品制造者提起诉讼，未起诉销售者，侵权产品制造地与销售地不一致的，制造地人民法院有管辖权；以制造者与销售者为共同被告起诉的，销售地人民法院有管辖权。《中华人民共和国民事诉讼法》（2017 年修正）第三十五条规定，两个以上人民法院都有管辖权的诉讼，原告可以向其中一个人民法院起诉；原告向两个以上有管辖权的人民法院起诉的，由最先立案的人民法院管辖。根据上述法律和司法解释的规定，因侵害发明专利权行为提起的诉讼，被诉侵权产品的制造、销售、许诺销售、进口等行为的实施地以及实施者的住所地法院均具有管辖权，原告可以择一提起诉讼。本案中，某解码公司以某通信技术公司和某贸易公司为共同被告提起专利侵权诉讼，主张某通信技术公司实施制造被诉侵权产品的行为，某贸易公司实施销售被诉侵权产品的行为并针对其诉讼请求，向原审法院提供其在某贸易公司位于福建省厦门市的销售店铺内购买被诉侵权产品的证据，初步证明厦门市为被诉侵权产品销售行为的实施地且某贸易公司的住所地亦位于福建省厦门市。根据《最高人民法院关于同意福建省厦门市中级人民法院内设专门审判机构跨区域管辖知识产权案件并调整福州知识产权法庭管辖范围的批复》第二条的规定，发生在福建省厦门市、漳州市、泉州市、龙岩市辖区内的专利第一审知识产权民事案件由福建省厦门市中级人民法院管辖。因此，福建省厦门市中级人民法院对本案行使管辖权具有事实和法律依据。

第三节　移送管辖和指定管辖

第三十七条　【移送管辖】人民法院发现受理的案件不属于本院管辖的，应当移送有管辖权的人民法院，受移送的人民法院应当受理。受移送的人民法院认为受移送的案件依照规定不属于本院管辖的，应当报请上级人民法院指定管辖，不得再自行移送。

◆ **适用指引**

本条是关于移送管辖的规定。

移送管辖是指没有管辖权的人民法院受理原告起诉以后，发现该案件不属于自己管辖，将案件移送给有管辖权的法院进行审理。移送管辖不是管辖权的移送，接受案件移送的法院基于法律规定本来就享有对案件的管辖权，而不是因为接受案件移送而产生管辖权。移送管辖的目的是避免因案件管辖不明或管辖错误造成审理拖延，从而影响当事人的合法权益，保证民事案件依法及时得到审理。移送管辖需具备三个条件：

1. 案件已经受理。受理是指民事案件的原告向法院递交起诉状，经法院审查，符合起诉条件，在规定时间内予以立案的行为。案件受理是移送管辖的前提，如果案件还没有受理，就不存在移送问题。根据法律规定，法院在审查原告起诉状时，如果发现案件不属于本院管辖的，应当告知原告向有管辖权的人民法院起诉。

2. 受理案件的法院依照法律规定对移送案件没有管辖权。

3. 受移送法院对移送案件有管辖权。

移送管辖可能发生在同级法院之间，属于地域管辖范围；也可能发生在上下级法院之间，属于级别管辖的范围。

依启动原因不同，移送管辖可分为因当事人提出管辖权异议成立而移送以及法院自己发现没有管辖权而主动移送，具体包含以下几种情形：

1. 因管辖权异议成立而移送管辖。管辖权异议是人民法院受理案件后，当事人依法提出该人民法院对本案无管辖权的主张和意见，这是《民事诉讼法》规定的当事人的一项重要诉讼权利。管辖是人民法院在庭前程序阶段需要解决的问题,只有在管辖法院已经确定的情况下,受诉法院对案件才有合法有效的管辖权,才能对案件进行实体审理。因此,必须在实体审理之前就明确案件管辖权。

2. 因法院依职权发现而移送管辖。第一种是当事人超期提出管辖权异议的情形。对于答辩期外提出的管辖权异议,并不必然进入人民法院的审查程序,但可以作为人民法院依职权发现管辖权问题的来源之一。当事人超期提出的管辖权异议,人民法院可以不予审查、不作答复,但可依职权决定是否将案件移送有管辖权的人民法院审理。第二种是当事人未在答辩期内提出管辖权异议亦未应诉及提出实体答辩意见的情形。对此,人民法院同样具有依职权进行审查的职权。

移送管辖应当注意以下几个问题:

1. 注意区分管辖权异议裁定和移送管辖裁定。对于当事人提出的管辖权异议,人民法院应当以裁定形式进行答复。管辖权异议裁定为可争议、可上诉的裁定,管辖权异议,申请再审和申诉期间,不构成阻止案件进入实体审理程序的理由。根据一审或二审生效管辖权异议裁定,有管辖权的人民法院可以继续对案件进行实体审理。移送管辖的裁定属于不可诉裁定,不符合《民事诉讼法》第157条第1项至第3项情形。

2. 尊重当事人的管辖选择权。人民法院移送案件时发现有数个其他人民法院有管辖权的,应尊重原告意见,保障原告的选择权。只有当原告拒绝选择时,才由法院依职权决定。

3. 移送管辖只能进行一次。受移送法院认为自己没有管辖权,不能再行移送或退回,移送法院应当按照管辖权争议处理程序报请共同上级人民法院指定管辖。

4. 不得重复立案。人民法院在立案前发现其他有管辖权的人民法院已经先立案的,不得重复立案;立案后发现其他有管辖权的人民法院已先行立案的,裁定将案件移送给先立案的人民法院。

◆ **关联规定**

《最高人民法院关于适用〈中华人民共和国民事诉讼法〉的解释》(2022 年4 月1 日)

第三十七条 案件受理后,受诉人民法院的管辖权不受当事人住所地、经常居住地变更的影响。

第三十八条　有管辖权的人民法院受理案件后，不得以行政区域变更为由，将案件移送给变更后有管辖权的人民法院。判决后的上诉案件和依审判监督程序提审的案件，由原审人民法院的上级人民法院进行审判；上级人民法院指令再审、发回重审的案件，由原审人民法院再审或者重审。

◆ **典型案例**

杨某诉某投资公司等不当得利纠纷案①

杨某与某投资公司签订《工程内包责任合同》，约定杨某分包部分工程。后，杨某向某投资公司支付管理费 400 万元，与实际承包方 L 公司另行签订合同。某投资公司收取 400 万元后，但杨某未承包相关工程。杨某向贵州省贵阳市南明区人民法院起诉请求：（1）确认《工程内包责任合同》无效。（2）某投资公司退还管理费 400 万元。（3）D 公司、D 公司第四分公司、H 公司作为某投资公司股东，在未出资范围内承担责任。贵州省贵阳市南明区人民法院裁定将本案移送至云南省保山市昌宁县人民法院处理。云南省保山市昌宁县人民法院认为移送不当，报请云南省高级人民法院。云南省高级人民法院经与贵州省高级人民法院协商未果，报请最高人民法院指定管辖。

最高人民法院经审查认为，本案系不当得利纠纷。从一审起诉情况看，本案不涉及不动产纠纷的权利确认、分割等问题且案涉合同约定的工程分包未实际履行，故本案不适用不动产纠纷确定管辖。《最高人民法院关于适用〈中华人民共和国民事诉讼法〉的解释》第三十五条规定，当事人在答辩期间届满后未应诉答辩，人民法院在一审开庭前，发现案件不属于本院管辖的，应当裁定移送有管辖权的人民法院。从上述规定看，受案人民法院发现案件不属于本院管辖，应当在开庭前将案件移送有管辖权的人民法院；在案件开庭审理之后，除非发现受理案件违反法律关于级别管辖和专属管辖的规定，不得以不具有一般地域管辖权为由移送案件。本案中，贵阳市南明区人民法院作为被告 D 公司和被告 H 公司住所地的人民法院，对本案具有一般地域管辖权且受理本案并不违反法律对级别管辖和专属管辖的规定，在已经进行开庭审理的情况下，贵阳市南明区人民法院裁定将本案移送保山市昌宁县人民法院处理不当，本案应由贵州省贵阳市南明区人民法院审理。

---

① 最高人民法院（2022）最高法民辖 73 号民事裁定书。

第三十八条　【指定管辖】有管辖权的人民法院由于特殊原因，不能行使管辖权的，由上级人民法院指定管辖。

人民法院之间因管辖权发生争议，由争议双方协商解决；协商解决不了的，报请它们的共同上级人民法院指定管辖。

◆ **适用指引**

本条是上级法院指定管辖的相关规定。

指定管辖是法律赋予上级人民法院特殊情况下变更或确定案件的管辖法院的职权，以保证案件及时公正审理。指定管辖是对法定管辖的补充。指定管辖分三种具体情形：

1. 存在特殊原因，有管辖权的人民法院不能行使管辖权。特殊原因既包括法律上的原因，如有管辖权的人民法院全体审判人员与本案有利害关系，当事人申请回避或应当自行回避而无法履行审判职能，又包括事实上的原因，如自然灾害、战争、突发性公共卫生事件等。这种情况下应当由有管辖权的法院报请上级法院。

2. 人民法院发生管辖权争议且无法协商解决的。管辖权争议主要指两个以上人民法院由于管辖区域不明，或者有共同管辖权的案件、多种地域管辖连结点并存的案件，或者对管辖法律规定、协议管辖条款产生不同理解，引起争抢管辖权或推诿管辖权的争议。发生管辖权争议且经协商仍无法解决的，应当由争议法院报请共同的上级法院指定管辖。

3. 受移送法院对移送案件没有管辖权，应当由受移送法院报请上级法院指定管辖。

指定管辖应当注意的问题：

第一，上级法院指定管辖的裁定不可上诉。指定管辖是对法定管辖的补充，目的是确保人民法院早日明确管辖权，及时审判，避免当事人之间的争议久拖不决、合法权益难以得到及时救济。上级法院的指定管辖裁定是针对存在管辖权争议的下级法院通过报请程序而作出的，不属于《民事诉讼法》第157条第1项至第3项规定的情形，不能上诉。

第二，指定管辖只能撤销处理管辖争议期间作出的抢先判决。处理管辖争议期间是指下级法院报请上级法院指定处理期间，对该期间以外作出的裁定和判决，应当通过审判监督程序解决。

◆ **关联规定**

《最高人民法院关于适用〈中华人民共和国民事诉讼法〉的解释》（2022 年 4 月 1 日）

第四十条 依照民事诉讼法第三十八条第二款规定，发生管辖权争议的两个人民法院因协商不成报请它们的共同上级人民法院指定管辖时，双方为同属一个地、市辖区的基层人民法院的，由该地、市的中级人民法院及时指定管辖；同属一个省、自治区、直辖市的两个人民法院的，由该省、自治区、直辖市的高级人民法院及时指定管辖；双方为跨省、自治区、直辖市的人民法院，高级人民法院协商不成的，由最高人民法院及时指定管辖。

依照前款规定报请上级人民法院指定管辖时，应当逐级进行。

第四十一条 人民法院依照民事诉讼法第三十八条第二款规定指定管辖的，应当作出裁定。

对报请上级人民法院指定管辖的案件，下级人民法院应当中止审理。指定管辖裁定作出前，下级人民法院对案件作出判决、裁定的，上级人民法院应当在裁定指定管辖的同时，一并撤销下级人民法院的判决、裁定。

◆ **典型案例**

某小额贷款公司诉王某等借款合同纠纷案①

某小额贷款公司与某网络科技公司、何某签订《授信合同》和《最高额保证合同》，约定某网络科技公司、何某就其推荐的借款人向某小额贷款公司借款所形成的全部债务承担最高额 3000 万元的连带保证责任。某小额贷款公司与王某等数十名自然人签订借款合同及《补充协议》，约定某小额贷款公司出借数额不等的款项给借款人，某网络科技公司、何某作为连带保证人对借款承担连带保证责任。《补充协议》对于争议解决方式约定为，由合同签订地即北京市房山区有管辖权的法院管辖。后，某小额贷款公司出借款项，王某等未及时还款，某小额贷款公司向北京市房山区人民法院提起诉讼。北京市房山区人民法院裁定将本案移送沈阳市和平区人民法院处理。辽宁省高级人民法院经与北京市高级人民法院协商未果，报请最高人民法院指定管辖。

最高人民法院经审查认为，合同或者其他财产权益纠纷的当事人可以书面协

---

① 最高人民法院（2021）最高法民辖 18 号民事裁定书。

议选择被告住所地、合同履行地、合同签订地、原告住所地、标的物所在地等与争议有实际联系的地点的人民法院管辖，但不得违反本法对级别管辖和专属管辖的规定。两个以上人民法院都有管辖权的诉讼，先立案的人民法院不得将案件移送给另一个有管辖权的人民法院。人民法院在立案前发现其他有管辖权的人民法院已先立案的，不得重复立案；立案后发现其他有管辖权的人民法院已先立案的，裁定将案件移送给先立案的人民法院。本案中，《补充协议》约定"发生争议由本合同签订地即北京市房山区有管辖权的人民法院管辖"。该约定明确具体，不违反级别管辖和专属管辖规定，合法有效。借款人未抗辩借款合同及补充协议非本人所签，北京市房山区人民法院仅根据何某个人陈述认定案涉合同非借款人本人所签，非借款人真实意思表示，进而否定协议管辖效力，依据不足。北京市房山区人民法院在先行立案的情况下，将本案移送沈阳市和平区人民法院处理不当，本案应由北京市房山区人民法院审理。

第三十九条 **【管辖权转移】**上级人民法院有权审理下级人民法院管辖的第一审民事案件；确有必要将本院管辖的第一审民事案件交下级人民法院审理的，应当报请其上级人民法院批准。

下级人民法院对它所管辖的第一审民事案件，认为需要由上级人民法院审理的，可以报请上级人民法院审理。

◆ **适用指引**

本条是关于管辖权转移的规定。

管辖权的转移是指上下级人民法院之间相互转移管辖权的行为，上级人民法院将自己管辖的案件转交由下级人民法院审理或经上级人民法院决定或同意，下级人民法院将案件转交由上级人民法院审理。管辖权转移是对级别管辖的补充和变通。

管辖权转移与移送管辖都是受理法院将案件移交给别的法院审理，但二者存在明显区别：

1. 移交条件不同，管辖权转移是对案件有管辖权的法院将案件转移给原来没有管辖权的法院审理，移送管辖是对案件没有管辖权的法院将案件移送给有管辖权的法院审理。

2. 法院之间的关系不同，管辖权转移发生在上下级法院之间且双方存在隶属关系，移送管辖通常发生在同级法院之间，仅有少量情况发生在上下级法院之间且不一定具有隶属关系。

管辖权转移存在下放管辖和上调管辖两种情形。

1. 下放管辖。下放管辖，是指上级法院认为确有必要时，经报请其上级法院批准后，将由其管辖的第一审民事案件交由下级法院。下放管辖具备以下几个条件：第一，从下放案件类型看，移转的案件必须是上级法院管辖的第一审民事案件，且上级法院认为确有必要时才能下放转移。第二，从下放程序来看，人民法院交由下级法院审理前，必须报请其上级人民法院批准，未经批准，不能径行交由下级人民法院审理，通常认为报请应采用书面形式。第三，从下放方式来看，人民法院下放管辖权必须采用裁定方式，目的是避免管辖权的转移由上级法院和受诉法院单边操作，剥夺当事人参与权和知情权。采用裁定方式必须符合法律文书的送达及公开要求，能够更好地保障当事人的程序权利，同时便于社会对管辖权转移的监督。管辖权转移的裁定不属于《民事诉讼法》第157条第1项至第3项规定的情形，不能上诉。

2. 上调管辖。上调管辖具体包含两种情形：一是上级法院认为下级法院管辖的第一审民事案件应由自己审理更为合适而提级管辖；二是下级法院对其管辖的第一审民事案件认为需要由上级法院审理更为合适而报请上级法院审理。同意审理的，下级法院要及时向上级法院移送相关案卷材料，上级法院不同意审理的，则继续由下级法院审理。

管辖权转移是级别管辖的例外，应当注意对实体标准和程序规定的严格适用。特别对于下放管辖要注意：一是实体标准，要严格把握下放管辖的必要性；二是程序规定，要严格遵守报请规定，未经上级法院批准直接将应由本级法院审理的民事案件交由下级法院审理的，上级法院发现后应坚决制止并加以纠正，设置报请批准制度一定程度上防止随意下放管辖权，保证级别管辖制度的严肃性和规范性。

◆ **关联规定**

《最高人民法院关于适用〈中华人民共和国民事诉讼法〉的解释》（2022年4月1日）

第四十二条 下列第一审民事案件，人民法院依照民事诉讼法第三十九条第一款规定，可以在开庭前交下级人民法院审理：

（一）破产程序中有关债务人的诉讼案件；

（二）当事人人数众多且不方便诉讼的案件；

（三）最高人民法院确定的其他类型案件。

人民法院交下级人民法院审理前，应当报请其上级人民法院批准。上级人民法院批准后，人民法院应当裁定将案件交下级人民法院审理。

第二百条 破产程序中有关债务人的民事诉讼案件，按照财产案件标准交纳诉讼费，但劳动争议案件除外。

◆ **典型案例**

某财务咨询公司诉某新材料科技公司借款合同纠纷案①

某财务咨询公司与谈某战签订《借款合同》，约定谈某战向某财务咨询公司借款 600 万元，并约定"本合同签订地和履行地为青岛市城阳区""因本合同发生任何争议，应协商解决。协商不成则提交本合同签订地青岛市城阳区人民法院诉讼解决"。某新材料科技公司、苏某娟、青岛某玩具公司、临清某玩具公司共同出具《不可撤销的独立担保书》，承诺为上述借款提供担保。后因还款产生纠纷，某财务咨询公司向山东省青岛市中级人民法院提起诉讼，请求判令谈某战、某新材料科技公司、苏某娟、青岛某玩具公司、临清某玩具公司共同偿还借款本金 600 万元及利息以及其他费用。某新材料科技公司请求将该案指定由山东省胶州市人民法院审理。

山东省高级人民法院经审查认为，该案系企业借贷纠纷。涉案合同载明本合同签订地和履行地为青岛市城阳区，故合同关于提交合同签订地青岛市城阳区人民法院诉讼解决的约定符合法律规定，该约定体现了缔约人选择合同履行地法院地域管辖的意思表示。该案诉讼标的额超过 500 万元且一方当事人住所地不在山东省青岛市，属于原审法院受理第一审民商事案件的级别管辖范围。某财务咨询公司根据协议管辖约定向原审法院提起诉讼，原审法院根据级别管辖规定作为合同约定的合同签订地青岛市城阳区人民法院的上一级法院，对该案具有管辖权。根据法律规定，确有必要将本院管辖的第一审民事案件交由下级人民法院审理的，应当报请其上级人民法院批准。原审法院未报请上级法院批准即将该案指定由青岛市城阳区人民法院审理不当，本案应由青岛市中级人民法院管辖。

---

① 山东省高级人民法院（2014）鲁民辖终字第 485 号民事裁定书。

第三章 审判组织

第四十条 【一审审判组织】人民法院审理第一审民事案件，由审判员、人民陪审员共同组成合议庭或者由审判员组成合议庭。合议庭的成员人数，必须是单数。

适用简易程序审理的民事案件，由审判员一人独任审理。基层人民法院审理的基本事实清楚、权利义务关系明确的第一审民事案件，可以由审判员一人适用普通程序独任审理。

人民陪审员在参加审判活动时，除法律另有规定外，与审判员有同等的权利义务。

◆ **适用指引**

本条是关于第一审民事案件的审判组织和陪审员权利的规定。

本条第 1 款规定了合议制，合议制是集体审判案件的制度。人民陪审员可以参与审理的案件类型，由人民法院根据案件的实际情况确定。人民陪审员和法官组成合议庭审判案件，由法官担任审判长，可以组成三人合议庭，也可以由法官三人与人民陪审员四人组成七人合议庭。

本条第 2 款规定了独任制。独任制是指由审判员一人对案件进行审理和裁判的制度。人民法院审理民事案件应以合议制为原则，但对简单的案件可以适用独任制。普通程序可以适用独任制。

本条第 3 款规定了人民陪审员的权利义务。实行人民陪审员制度，对于加强审判民主、公正、合法具有重要意义，也是人民群众审判工作进行监督的有效渠道。2023 年《民事诉讼法》在本款人民陪审员参加审判活动时与审判员有同等权利义务的规定中，增加了"除法律另有规定外"的限制性内容，该条修订旨在与《人民陪审员法》进一步衔接，该法对不同情形下人民陪审员参与庭审活动的权利义务规定有所不同。如第 22 条规定："人民陪审员参加七人合议庭审判案件，对事实认定，独立发表意见，并与法官共同表决；对法律适用，可以发表意见，但不参加表决。"该条即规定，人民陪审员在参加七人合议庭时对法律适用不参与表决，此情况下显然与审判员的权利义务有所不同。因此《民事诉讼法》的修订使人民陪审员参与诉讼权利义务的表述更为完善，如与审判员权利义务有所不同之处，亦可以指向《人民陪审员法》等其他法律的规定。人民陪审员的权利义务概括而言包括在参加审判活动期间，有权查阅全部案件材料，有权参加案件调查、参加开庭审判和对案件评议，同时也有义务依法办案。人民陪审员从符合条件的候选人名单中随机抽选确定，具体案件中哪位人民陪审员可以参加案件审理，亦是随机抽取确定。

◆ **关联规定**

《最高人民法院关于规范合议庭运行机制的意见》（2022 年 10 月 26 日）

一、合议庭是人民法院的基本审判组织。合议庭全体成员平等参与案件的阅卷、庭审、评议、裁判等审判活动，对案件的证据采信、事实认定、法律适用、诉讼程序、裁判结果等问题独立发表意见并对此承担相应责任。

二、合议庭可以通过指定或者随机方式产生。因专业化审判或者案件繁简分流工作需要，合议庭成员相对固定的，应当定期轮换交流。属于"四类案件"或者参照"四类案件"监督管理的，院庭长可以按照其职权指定合议庭成员。以指定方式产生合议庭的，应当在办案平台全程留痕，或者形成书面记录入卷备查。

合议庭的审判长由院庭长指定。院庭长参加合议庭的，由院庭长担任审判长。

合议庭成员确定后，因回避、工作调动、身体健康、廉政风险等事由，确需调整成员的，由院庭长按照职权决定，调整结果应当及时通知当事人，并在办案平台标注原因，或者形成书面记录入卷备查。

法律、司法解释规定"另行组成合议庭"的案件，原合议庭成员及审判辅助人员均不得参与办理。

◆ **典型案例**

郑某、薛某林诉某房地产公司、郑某洪建设工程施工合同纠纷案①

某房地产公司不服新疆维吾尔自治区高级人民法院伊犁哈萨克自治州分院（2021）新 40 民终 2291 号民事判决，申请再审称，一审法院未向某房地产公司

----

① 新疆维吾尔自治区高级人民法院（2022）新民申 2149 号民事裁定书。

送达应诉通知书、举证通知书、告知审判人员通知书等有关诉讼文书，在明显不满足法定答辩期和举证期限条件的情况下，于立案后第二天便开庭，没有给予某房地产公司提交答辩、提出管辖权异议、提供证据的法定期限和行使辩论权的机会，剥夺某房地产公司的辩论权利。二审法院未向某房地产公司送达举证通知书、开庭传票、告知合议庭组成人员通知书等有关诉讼文书，程序违法。

新疆维吾尔自治区高级人民法院经审查认为，一审法院案卷材料虽载明于2021年7月11日立案，但送达回证载明该院于2021年6月15日即向某房地产公司送达传票、权利义务通知书、举证通知书等，某房地产公司的委托诉讼代理人葛某祥签收。一审法院传票记载开庭时间为2021年7月12日，当日开庭时各方当事人均到庭，虽然庭审记录记载"今天依法适用普通程序""本案由审判员苏某珍独任审理"，但从庭审过程看，并未影响当事人对案件采用简易程序进行审理的认知，某房地产公司由其委托诉讼代理律师出庭且未提出异议，亦未申请审判人员、书记员回避。庭审中，某房地产公司进行答辩、举证质证并发表辩论意见，不存在一审法院违反法律规定剥夺其辩论权利的情况。一审案卷载明郑某于2021年7月12日缴纳案件受理费4417元，未反映郑某存在逾期缴费的情况，某房地产公司申请再审称郑某、薛某林逾期预交案件受理费无依据。二审法院虽未向某房地产公司送达举证通知书、开庭传票、告知合议庭组成人员通知书等有关诉讼文书，但已将某房地产公司上诉状送达对方当事人并召集双方进行调查询问、举证质证，充分保障双方当事人诉讼权利的行使。经二审法院询问，各方当事人均同意法庭调查、法庭辩论一并进行，故某房地产公司申请再审认为二审法院程序违法不成立。

第四十一条　【二审、重审、再审审判组织】人民法院审理第二审民事案件，由审判员组成合议庭。合议庭的成员人数，必须是单数。

中级人民法院对第一审适用简易程序审结或者不服裁定提起上诉的第二审民事案件，事实清楚、权利义务关系明确的，经双方当事人同意，可以由审判员一人独任审理。

发回重审的案件，原审人民法院应当按照第一审程序另行组成合议庭。

审理再审案件，原来是第一审的，按照第一审程序另行组成合议庭；原来是第二审的或者是上级人民法院提审的，按照第二审程序另行组成合议庭。

◆ **适用指引**

本条是关于第二审民事案件、重审和再审案件审判组织的规定。根据本条第1款规定，第二审民事案件的合议庭组成人员只能是审判员。第二审合议庭一般由三名审判员组成，特殊情况下，人数可以增加，但必须为单数。

本条第2款规定第二审民事程序可以适用独任制的情形。

本条第3款规定重审案件的审判组织。发回重审案件的合议庭与第一审合议庭组成方式相同，既可以由审判员组成，也可以由审判员和人民陪审员组成，但是，组成人员不能相同。对于发回重审案件合议庭的组成，应当依照第一审程序另行组成合议庭，不得再由原来的合议庭进行审理，不能适用简易程序独任审判，也不能适用普通程序独任审判。

本条第4款规定了再审案件的审判组织，原来是第一审的，按照第一审程序另行组成合议庭；原来是第二审的，按照第二审程序另行组成合议庭。上级人民法院发现下级人民法院已经发生法律效力的判决、裁定、调解书错误的，可以直接提审，按照第二审程序另行组成合议庭。

第二审民事程序适用独任制需满足以下三个条件：（1）适用的案件类型是对第一审适用简易程序审理结案或者不服民事裁定提起上诉的第二审民事案件。适用普通程序独任制审理结案的上诉案件不能再适用独任制。对一审裁定不服提起上诉的案件可以适用独任制，不以该裁定一审时是否为简易程序审理为前提。（2）案件需要满足事实清楚、权利义务关系明确，标准和本法第40条第2款的规定一致。（3）需经双方当事人同意。

第四十二条 【**不得适用独任制的案件**】人民法院审理下列民事案件，不得由审判员一人独任审理：

（一）涉及国家利益、社会公共利益的案件；

（二）涉及群体性纠纷，可能影响社会稳定的案件；

（三）人民群众广泛关注或者其他社会影响较大的案件；

（四）属于新类型或者疑难复杂的案件；

（五）法律规定应当组成合议庭审理的案件；

（六）其他不宜由审判员一人独任审理的案件。

◆ **适用指引**

　　本条是关于不得适用独任制审理的规定。不得适用独任制的六种情形主要包括案件可能涉及国家利益、社会公共利益的情形，涉及群体性纠纷的情形，人民群众广泛关注或者其他社会影响较大的情形以及属于新类型或者案情疑难复杂的情形等。前4项属于具体明确情形，第5项强调法律规定应当组成合议庭审理的案件不得适用独任制，第6项从兜底角度规定了其他不宜由审判员一人独任审理的情形。需要注意的是，重大、疑难、复杂、敏感的；涉及群体性纠纷或者引发社会广泛关注，可能影响社会稳定的；与本院或者上级人民法院的类案裁判可能发生冲突的；有关单位或者个人反映法官有违法审判行为的案件，前述四类案件不得适用独任制审理，应当依法组成合议庭，一般由院庭长担任审判长。

　　第四十三条　**【向合议制转换】**人民法院在审理过程中，发现案件不宜由审判员一人独任审理的，应当裁定转由合议庭审理。

　　当事人认为案件由审判员一人独任审理违反法律规定的，可以向人民法院提出异议。人民法院对当事人提出的异议应当审查，异议成立的，裁定转由合议庭审理；异议不成立的，裁定驳回。

◆ **适用指引**

　　本条是关于独任制转合议制的规定。独任制转合议制由人民法院按照案件性质和情况决定，当事人可以提出异议，但是异议是否成立由法院审查，审查结果为终局。

　　本条规定了独任制转合议制的两种方式。人民法院发现案件不宜由审判员一人独任审理的，应当裁定转由合议庭审理。独任审理转合议庭审理可由独任法官提出，也可由院庭长依个案监督职权提出。人民法院发现案件不宜由审判员一人独任审理的，应按内部程序报批后裁定转由合议庭审理，在审理期限届满前作出裁定并将合议庭组成人员及相关事项书面通知双方当事人。当事人认为案件由审判员一人独任审理违反法律规定的，也可以向人民法院提出异议，人民法院对当事人提出的异议应当进行审查，异议成立的，裁定转由合议庭审理；异议不成立的，裁定驳回。

◆ **关联规定**

《最高人民法院关于适用简易程序审理民事案件的若干规定》（2020 年 12 月 29 日）

第三条 当事人就适用简易程序提出异议，人民法院认为异议成立的，或者人民法院在审理过程中发现不宜适用简易程序的，应当将案件转入普通程序审理。

第十三条 当事人一方或者双方就适用简易程序提出异议后，人民法院应当进行审查，并按下列情形分别处理：

（一）异议成立的，应当将案件转入普通程序审理，并将合议庭的组成人员及相关事项以书面形式通知双方当事人；

（二）异议不成立的，口头告知双方当事人，并将上述内容记入笔录。

转入普通程序审理的民事案件的审理期限自人民法院立案的次日起开始计算。

第四十四条 【审判长】合议庭的审判长由院长或者庭长指定审判员一人担任；院长或者庭长参加审判的，由院长或者庭长担任。

◆ **适用指引**

本条是关于担任合议庭审判长的规定。院长、副院长、庭长、副庭长参加合议庭审理案件，依法担任审判长，与其他合议庭成员享有平等的表决权。院长、副院长参加合议庭评议时，多数人的意见与院长、副院长的意见不一致的，院长、副院长可以决定将案件提交审判委员会讨论。合议庭成员中的非审判委员会委员应当列席审判委员会。实践中，合议庭审判长有固定审判长和不固定审判长两种形式。固定审判长模式下，审判长由院长或者庭长按照程序指定并作为合议庭负责人管理合议庭日常审判工作。院长或者庭长参加审判的，由院长或者庭长担任审判长。院庭长担任审判长的案件一般是典型、疑难、复杂或社会影响大、关注度高的案件。院庭长不对合议庭日常事务进行管理，合议庭其他成员一般是个案产生，没有固定合议庭成员。随着司法改革深入推进，很多人民法院采取员额法官团队模式审理案件，承办人为审判长，不设置固定审判长管理合议庭，作为"让审理者裁判，由裁判者负责"的具体体现，实现权责统一。

◆ **关联规定**

《最高人民法院关于规范合议庭运行机制的意见》（2022 年 10 月 26 日）

三、合议庭审理案件时，审判长除承担由合议庭成员共同承担的职责外，还应当履行以下职责：

（一）确定案件审理方案、庭审提纲，协调合议庭成员庭审分工，指导合议庭成员或者审判辅助人员做好其他必要的庭审准备工作；

（二）主持、指挥庭审活动；

（三）主持合议庭评议；

（四）建议将合议庭处理意见分歧较大的案件，依照有关规定和程序提交专业法官会议讨论或者审判委员会讨论决定；

（五）依法行使其他审判权力。

审判长承办案件时，应当同时履行承办法官的职责。

第四十五条 　**【评议原则】**合议庭评议案件，实行少数服从多数的原则。评议应当制作笔录，由合议庭成员签名。评议中的不同意见，必须如实记入笔录。

◆ **适用指引**

本条是关于合议庭评议的规定。合议庭评议案件实行少数服从多数的原则，合议庭成员都可以充分发表自己的意见，对于少数意见，必须如实记入笔录，然后由合议庭成员签名。判决、裁定要按合议庭多数意见制定。合议庭评议案件不公开，合议庭成员独立自主评议案件，除书记员参加记录外，其他人员不得参加评议或旁听。同时，评议笔录对外保密，不得向当事人或者其他诉讼参与人泄露，合议庭笔录属于案件副卷材料，不对外公开，当事人无权查阅。

◆ **关联规定**

《最高人民法院关于规范合议庭运行机制的意见》（2022 年 10 月 26 日）

六、合议庭应当在庭审结束后及时评议。合议庭成员确有客观原因难以实现线下同场评议的，可以通过人民法院办案平台采取在线方式评议，但不得以提交书面意见的方式参加评议或者委托他人参加评议。合议庭评议过程不向未直接参加案件审理工作的人员公开。

合议庭评议案件时，先由承办法官对案件事实认定、证据采信以及适用法律等发表意见，其他合议庭成员依次发表意见。审判长应当根据评议情况总结合议庭评议的结论性意见。

审判长主持评议时，与合议庭其他成员权利平等。合议庭成员评议时，应当充分陈述意见，独立行使表决权，不得拒绝陈述意见；同意他人意见的，应当提供事实和法律根据并论证理由。

合议庭成员对评议结果的表决以口头形式进行。评议过程应当以书面形式完整记入笔录，评议笔录由审判辅助人员制作，由参加合议的人员和制作人签名。评议笔录属于审判秘密，非经法定程序和条件，不得对外公开。

七、合议庭评议时，如果意见存在分歧，应当按照多数意见作出决定，但是少数意见应当记入笔录。

合议庭可以根据案情或者院庭长提出的监督意见复议。合议庭无法形成多数意见时，审判长应当按照有关规定和程序建议院庭长将案件提交专业法官会议讨论，或者由院长将案件提交审判委员会讨论决定。专业法官会议讨论形成的意见，供合议庭复议时参考；审判委员会的决定，合议庭应当执行。

第四十六条　【依法办案】 审判人员应当依法秉公办案。

审判人员不得接受当事人及其诉讼代理人请客送礼。

审判人员有贪污受贿，徇私舞弊，枉法裁判行为的，应当追究法律责任；构成犯罪的，依法追究刑事责任。

◆ **适用指引**

本条是关于审判人员应当依法办案的规定。审判人员应当依法秉公办案，是对审判人员行使审判职能的基本要求。依法秉公办案，是指审判人员在审理民事案件的过程中，必须严格遵守程序法和有关实体法律规定，公平合法办理案件，不允许违反法律规定，滥用职权，以权谋私、贪污受贿、徇私舞弊。审判人员不得接受当事人及其诉讼代理人请客送礼，是为确保审判人员在审理案件过程中坚持中立、客观立场。审判人员有贪污受贿，徇私舞弊，枉法裁判行为的，应当追究法律责任，这里的法律责任包括行政责任；构成犯罪的，由司法机关依法追究刑事责任。

依法秉公办案包括以下含义：（1）审判人员审理民事案件，在任何时候，任何情况下，都必须严格遵守程序法和其他法律的相关规定，在每一个案件中做到以法律为准绳。（2）审判人员在诉讼活动中，不仅要严格遵守程序法的基本原则，而且要严格遵守具体诉讼程序以及各项具体规定，切实保障诉讼当事人在平等基础上行使诉讼权利，履行诉讼义务。（3）在诉讼过程中，审判人员要在依法办事方面作出榜样，使参加诉讼活动的当事人和其他诉讼参与人严格遵守和执行法律。（4）审判人员必须合法、公正处理民事案件，应当一视同仁，绝不允许利用法律弹性规定办人情案、关系案。

第四章　回　　避

第四十七条　【回避情形】审判人员有下列情形之一的，应当自行回避，当事人有权用口头或者书面方式申请他们回避：

（一）是本案当事人或者当事人、诉讼代理人近亲属的；

（二）与本案有利害关系的；

（三）与本案当事人、诉讼代理人有其他关系，可能影响对案件公正审理的。

审判人员接受当事人、诉讼代理人请客送礼，或者违反规定会见当事人、诉讼代理人的，当事人有权要求他们回避。

审判人员有前款规定的行为的，应当依法追究法律责任。

前三款规定，适用于法官助理、书记员、司法技术人员、翻译人员、鉴定人、勘验人。

◆ **适用指引**

本条是关于回避制度的基本规定。民事诉讼的回避制度，是指在民事诉讼中，审判人员以及其他可能影响案件公正审理的有关人员，在遇有法律规定的回避情形时，不得参与案件的审理，已经参与的要退出该案诉讼程序的制度。

根据本条规定，民事诉讼中的回避主体包括审判人员、书记员、翻译人员、鉴定人员和勘验人员。本次《民事诉讼法》修订在原有回避主体基础上增加了法官助理和司法技术人员，回应了司法实践的实际情况。审判人员包括参与本案审理的人民法院院长、副院长、审判委员会委员、庭长、副庭长、审判员和人民陪审员。执行员也适用审判人员回避的有关规定。除审判人员外，回避主体还包括法官助理、书记员、司法技术人员、翻译人员、鉴定人、勘验人。

《人民法院组织法》在法院人员构成方面不再规定助理审判员，但是增加法官助理。法官助理是在法官指导下负责审查案件材料、草拟法律文书等审判辅助事务的人员，还担负证据的审查定等职责，故法官助理同样掌握一定的审判权力，应当适用回避规定，如上所述，2023 年《民事诉讼法》增加了法官助理作为回避主体。书记员是人民法院负责法庭审理记录等审判辅助事务的工作人员，工作内容包括开庭时核查出庭人员以及宣布法庭纪律，庭审时做好审判时的记录，庭审结束后整理装订归档各项材料等；《人民法院组织法》第 51 条规定："人民法院根据审判工作需要，可以设司法技术人员，负责与审判工作有关的事项。"从事与审判工作有关事项的技术人员也具有影响案件公正审理的可能，因此增加为回避主体；翻译人员是人民法院委托或者指定从事案件翻译工作的人员，包括对国内本民族语言的翻译、涉外翻译、盲聋哑人的翻译等；鉴定人员是经人民法院指定运用自己的专业知识进行鉴定活动并向人民法院提出全面鉴定意见的人员；勘验人员是人民法院的工作人员或者指定的其他人员，是对一定的事进行勘验、检验并制作勘验笔录的人员。另外，人民法院特邀调解员亦属于回避主体，人民检察院办理民事诉讼监督案件时，检察人员以及检察机关的助理、书记员、检察技术人员、翻译人员、鉴定人、勘验人也属于回避的主体。

1. 因特定关系回避的情形。（1）因亲属关系而回避。由亲属关系引发的回避是最传统、最常见的情形。审判人员等不仅与当事人存在一定亲属关系应当回避，而且与诉讼代理人存在亲属关系也要回避，近亲属包括与审判人员有夫妻、直系血亲、三代以内旁系血亲及近姻亲关系的亲属。（2）因利害关系而回避。利害关系是比较宽泛的概念，考虑到实践中的复杂情况，对利害关系的认定应当根据具体情况分析。实践中，应当由有权决定回避的主体结合具体案件情形以该利害关系是否可能影响案件公正审理作为标准进行个案判断。（3）因存在其他可能影响案件公正审理的关系而回避。另外，由于诉讼代理人在诉讼中代表当事人的利益，故与当事人属同一利益阵营，为保证审判公正，防止司法腐败，审判人员等与诉讼代理人有其他关系可能影响对案件公正审理时，应当回避。

2. 因特定行为回避的情形。（1）审判人员等有不当行为而回避。不得接受当事人、诉讼代理人的请客送礼，指审判人员不得以任何理由接受当事人或者诉讼代理人请客吃饭、请客唱歌、请客旅游等；不得接受所送礼品，无论礼品贵重与否、钱多钱少，只要是特定人送的都不得接受。不得违反规定会见当事人、诉讼代理人，关键在于私自会见。审判人员等因审理案件需要会见当事人、诉讼代理人是正常活动，但应符合有关规定。法官会见当事人或者其代理人，一般应当在工作场所、工作时间且因工作需要。（2）参与过其他程序而回避。审判人员担任过本案证人、鉴定人、辩护人、诉讼代理人、翻译人员的，应当回避。在一个审判程序中参与过本案审判工作的审判人员，不得再参与该案其他程序的审判。需要注意的是，发回重审的案件，在一审法院作出裁判后又进入第二审程序的，原第二审程序中的合议庭组成人员不受前述规定限制。

◆ **关联规定**

《最高人民法院关于适用〈中华人民共和国民事诉讼法〉的解释》（2022 年 4 月 1 日）

第四十三条 审判人员有下列情形之一的，应当自行回避，当事人有权申请其回避：

（一）是本案当事人或者当事人近亲属的；

（二）本人或者其近亲属与本案有利害关系的；

（三）担任过本案的证人、鉴定人、辩护人、诉讼代理人、翻译人员的；

（四）是本案诉讼代理人近亲属的；

（五）本人或者其近亲属持有本案非上市公司当事人的股份或者股权的；

（六）与本案当事人或者诉讼代理人有其他利害关系，可能影响公正审理的。

第四十四条 审判人员有下列情形之一的，当事人有权申请其回避：

（一）接受本案当事人及其受托人宴请，或者参加由其支付费用的活动的；

（二）索取、接受本案当事人及其受托人财物或者其他利益的；

（三）违反规定会见本案当事人、诉讼代理人的；

（四）为本案当事人推荐、介绍诉讼代理人，或者为律师、其他人员介绍代理本案的；

（五）向本案当事人及其受托人借用款物的；

（六）有其他不正当行为，可能影响公正审理的。

第四十五条 在一个审判程序中参与过本案审判工作的审判人员，不得再参与该案其他程序的审判。

发回重审的案件，在一审法院作出裁判后又进入第二审程序的，原第二审程序中审判人员不受前款规定的限制。

第四十六条 审判人员有应当回避的情形，没有自行回避，当事人也没有申请其回避的，由院长或者审判委员会决定其回避。

第四十七条 人民法院应当依法告知当事人对合议庭组成人员、独任审判员和书记员等人员有申请回避的权利。

第四十八条 民事诉讼法第四十七条所称的审判人员，包括参与本案审理的人民法院院长、副院长、审判委员会委员、庭长、副庭长、审判员和人民陪审员。

第四十九条 书记员和执行员适用审判人员回避的有关规定。

◆ **典型案例**

案例1：某实业公司诉某科技公司侵害实用新型专利权纠纷案①

某实业公司系涉案专利的专利权人，该专利权目前处于有效状态。某实业公司发现某科技公司未经其许可制造并在其天猫网店公开销售、许诺销售侵权产品，严重损害某实业公司合法权益。某实业公司起诉请求某科技公司立即停止制造、销售、许诺销售侵害涉案专利权产品的行为并赔偿经济损失及支付维权合理费用共计30万元，某实业公司不服一审判决提起上诉。

最高人民法院经审查认为，本案二审争议焦点之一为第47号司法鉴定意见书可否用于本案侵权判定。《司法鉴定程序通则》第二十条第二款规定，司法鉴定人曾经参加过同一鉴定事项鉴定的，或者曾经作为专家提供过咨询意见的，或者曾被聘请为有专门知识的人参与过同一鉴定事项法庭质证的，应当回避。本案中，某实业公司主张第47号司法鉴定的鉴定人李某曾参与第28号司法鉴定，就被诉侵权产品同类产品是否落入涉案专利权进行鉴定，属于参与过同一鉴定事项的情形，应自行申请回避本案鉴定，故第47号司法鉴定意见书不应被采信，亦不应用于本案侵权判定。本案被诉侵权产品与第28号司法鉴定产品并非同一产品，虽然第47号司法鉴定与第28号司法鉴定均是对麦克风产品是否落入涉案专利权保护范围作出的鉴定，但两者检材不同，不应认定为是对同一事项进行的鉴定。因此，某实业公司提出的第47号司法鉴定意见书不应被采纳的主张，不能成立。

案例2：胡某发诉L实业公司、R实业公司股权转让纠纷案②

胡某发不服广东省高级人民法院（2020）粤民终368号民事判决，向最高人民法院申请再审称，本案二审主办法官存在《最高人民法院关于审判人员在诉讼活动中执行回避制度若干问题的规定》第一条第一款第五项应该回避的情形而没有回避。本案二审主办法官也是原二审程序中的主办法官，存在应当回避的情形而没有回避。

最高人民法院经审查认为，胡某发申请再审主张二审主办法官符合《最高人民法院关于审判人员在诉讼活动中执行回避制度若干问题的规定》第一条第一款第五项关于"与本案当事人之间存在其他利害关系，可能影响案件公正审理的"

---

① 最高人民法院（2021）最高法知民终1465号民事判决书。
② 最高人民法院（2021）最高法民申7241号民事裁定书。

的规定情形，应当自行回避而未回避。该规定第三条规定："凡在一个审判程序中参与过本案审判工作的审判人员，不得再参与该案其他程序的审判。但是，经过第二审程序发回重审的案件，在一审法院作出裁判后又进入第二审程序的，原第二审程序中合议庭组成人员不受本条规定的限制。"本案是经二审法院发回重审又上诉的案件，主办法官作为原二审合议庭成员担任二审承办人符合上述规定，且胡某发并无证据证明主办法官与本案当事人存在利害关系，存在可能影响案件公正审理的情形，故胡某发该项申请再审事由不能成立。

第四十八条　【回避申请】当事人提出回避申请，应当说明理由，在案件开始审理时提出；回避事由在案件开始审理后知道的，也可以在法庭辩论终结前提出。

被申请回避的人员在人民法院作出是否回避的决定前，应当暂停参与本案的工作，但案件需要采取紧急措施的除外。

◆ **适用指引**

本条是关于当事人申请回避的规定。根据本条规定，当事人原则上应在案件开始审理时提出回避申请；如果回避事由在案件开始审理后才知道的，也可以在法庭辩论终结前提出。除紧急情况外，在回避决定作出前，原则上应当暂停相关人员的工作。需要注意的是，除审判人员自行回避和当事人申请回避外，还有依职权回避。审判人员有应当回避的情形，没有自行回避，当事人也没有申请其回避的，由院长或者审判委员会决定其回避。

当事人申请回避的前提是对审判人员等相关人员信息有所了解。为保障当事人知情权，人民法院应将审判人员等主体的基本情况，如姓名、工作单位、职务职称等信息告知当事人并告知其申请回避的权利。在法庭辩论后提出回避申请的，由于已超过申请期限，此时不作为当事人申请回避处理。但是，如果审判人员或其他人员确实符合回避条件，其应自行回避或者依职权回避。对于已发生的诉讼程序，要视情况采取更换承办人、重新开庭等补救措施。第二审人民法院认为第一审人民法院的审理违反回避制度的，应当裁定撤销原判，发回原审人民法院重审。当事人的回避申请应当经人民法院审查，审查后，根据审查情况作出是否同意相关人员回避的决定。被申请回避的人员，在作出是否回避的决定前，应暂停参与本案工作，但是案件需要采取紧急措施的除外。

◆ **关联规定**

《最高人民法院关于审判人员在诉讼活动中执行回避制度若干问题的规定》（2011 年 6 月 10 日）

第二条　当事人及其法定代理人发现审判人员违反规定，具有下列情形之一的，有权申请其回避：

（一）私下会见本案一方当事人及其诉讼代理人、辩护人的；

（二）为本案当事人推荐、介绍诉讼代理人、辩护人，或者为律师、其他人员介绍办理该案件的；

（三）索取、接受本案当事人及其受托人的财物、其他利益，或者要求当事人及其受托人报销费用的；

（四）接受本案当事人及其受托人的宴请，或者参加由其支付费用的各项活动的；

（五）向本案当事人及其受托人借款，借用交通工具、通讯工具或者其他物品，或者索取、接受当事人及其受托人在购买商品、装修住房以及其他方面给予的好处的；

（六）有其他不正当行为，可能影响案件公正审理的。

第五条　人民法院应当依法告知当事人及其法定代理人有申请回避的权利，以及合议庭组成人员、书记员的姓名、职务等相关信息。

第六条　人民法院依法调解案件，应当告知当事人及其法定代理人有申请回避的权利，以及主持调解工作的审判人员及其他参与调解工作的人员的姓名、职务等相关信息。

◆ **典型案例**

金某祥诉某房地产公司、某建设公司建设工程施工合同纠纷案①

金某祥依据其与某建设公司签订的《经济责任承包合同》《建设工程施工合同》《补充协议》向湖南省高级人民法院起诉请求某建设公司向其支付工程款及利息、某房地产公司在欠付工程款及利息范围内承担责任。金某祥、某房地产公司均不服一审判决，提起上诉。后，某房地产公司不服（2019）最高法民终 379号民事判决，申请再审称，原判决存在程序违法：（1）原判决在审理过程中对

---

① 最高人民法院（2020）最高法民申 3929 号民事裁定书。

依法应当回避的审判人员没有回避，影响案件公正审判。（2）原判决违反法律规定，剥夺当事人辩论权利。

最高人民法院经审查认为，当事人提出回避申请，应当说明理由，在案件开始审理时提出；回避事由在案件开始审理后知道的，也可以在法庭辩论终结前提出。本案二审开庭时，法院当庭已告知当事人对审判人员及书记员有申请回避的权利，各方当事人均表示不申请回避。因此，某房地产公司主张其在庭审后提出申请回避，不符合上述规定。关于某房地产公司主张原审程序中剥夺其辩论权，但二审审理过程中组织双方当事人经过四次开庭及询问，某房地产公司均出席法庭并发表辩论意见，故某房地产公司主张剥夺其辩论权，无事实依据。

第四十九条　【回避决定权人】院长担任审判长或者独任审判员时的回避，由审判委员会决定；审判人员的回避，由院长决定；其他人员的回避，由审判长或者独任审判员决定。

◆ **适用指引**

本条是关于回避决定权的规定。

本条根据不同的回避主体对回避决定权作了不同规定。根据本条规定，审判人员的回避，由院长决定；其他人员的回避，如法官助理、书记员、鉴定人员等，在合议制下由审判长决定，在独任制下由独任审判员决定；院长担任审判长或者独任审判员时的回避，由审判委员会决定。

关于审判委员会委员的回避问题。审判委员会虽然不直接开庭审理案件，但有权对案件讨论并作出决定，审判委员会所作决定具有权威性，合议庭必须执行。因此，审判委员会讨论决定案件同样属于行使审判权力，应当属于回避主体。实践中，非合议庭组成人员的审判委员会委员参与案件讨论的，一般适用自行回避或依职权回避，如果审判委员会委员参加合议庭的，当事人可以依法申请回避。

◆ **关联规定**

《最高人民法院关于审判人员在诉讼活动中执行回避制度若干问题的规定》（2011年6月10日）

第四条　审判人员应当回避，本人没有自行回避，当事人及其法定代理人也没有申请其回避的，院长或者审判委员会应当决定其回避。

　　第五十条　**【回避申请决定程序】**人民法院对当事人提出的回避申请，应当在申请提出的三日内，以口头或者书面形式作出决定。申请人对决定不服的，可以在接到决定时申请复议一次。复议期间，被申请回避的人员，不停止参与本案的工作。人民法院对复议申请，应当在三日内作出复议决定，并通知复议申请人。

◆ **适用指引**

　　本条是关于回避申请决定程序及复议的规定。根据本条规定，人民法院应当在当事人申请回避 3 日内作出决定，以减少对诉讼程序的影响。原则上，违反法定程序的行为应当认定无效；需要重新进行的，应当重新进行；有剥夺或限制当事人诉讼权利行为的，应当予以纠正并给予当事人重新行使诉讼权利的机会。如果被决定回避的人员是合议庭成员，应当重新组织开庭；如果被决定回避的人员是鉴定人，其鉴定意见不管是否符合真实，均不得作为证据，应重新组织鉴定。但也需要避免个别当事人利用回避制度拖延诉讼。若被决定回避的人员没有对诉讼活动产生实质影响，不宜将所有原诉讼活动推倒重来，如合议庭组成人员通知书中的某一位合议庭成员符合回避情形，但该案由承办人自行组织调查、听证，该合议庭成员尚未参与，后来该合议庭成员也因及时回避没有参与后续合议等事项，在这种情况下，原调查、听证活动的效力不宜受影响。对于未生效的一审案件，应当回避的审判人员未回避的，属于严重违反法定程序，应发回重审。对于已生效的案件，依法应当回避的审判人员没有回避的，应当再审。

第五章　诉讼参加人

第一节　当　事　人

第五十一条　【诉讼当事人】公民、法人和其他组织可以作为民事诉讼的当事人。

法人由其法定代表人进行诉讼。其他组织由其主要负责人进行诉讼。

◆ **适用指引**

本条是关于民事诉讼当事人的规定。民事诉讼中的当事人，是指因民事权利义务发生争议，以自己名义进行诉讼，要求法院裁判调解的人以及相对人。当事人具有三个特征：（1）以自己名义实施起诉、应诉等诉讼行为。（2）与案件有直接利害关系。（3）受人民法院裁判拘束。一审程序中，狭义上的当事人仅指原告和被告；广义上的当事人则包括原告、被告、共同诉讼人、第三人。当事人还包括形式上的当事人（程序性权利以及义务归属）、实质上的当事人（实体利害关系）。形式上的当事人，与实体法律关系或者实体权利义务归属没有联系，只是纯粹诉讼法上的概念；实质上的当事人是从实体法角度出发，作为诉讼标的民事法律关系主体，即正当当事人。民事诉讼中通常使用的"适格当事人""当事人适格"等表述，均是对正当当事人的认定和评判。根据本条规定，民事诉讼当事人包括公民、法人和其他组织。

公民是最常见的当事人类型。公民成为当事人仅需满足具有诉讼权利能力这一项条件，该项能力始于出生终于死亡。法人和其他组织均为某种形式的组织或者团体。这些组织、团体不具有自然人基于心理过程的意思决定，只能是以法律手段拟制意思表示，须由其法定代表人、主要负责人代表其进行诉讼。依照法律或者法人章程的规定，代表法人从事民事活动的负责人，为法人的法定代表人。非法人组织不具有法人资格，但能够以自己的名义从事民事活动，这类能够成为民事诉讼当事人的组织就是其他组织。

其他组织，是指合法设立，有一定的组织机构和财产，但又不具备法人资格的组织，具有四个方面的法律特征：（1）合法成立。必须是依照法律规定程序和条件成立，法律予以认可的组织。如果未经依法成立，则不具有其他组织的资格，不属于民事诉讼当事人，应由直接责任人承担民事责任。例如法人非依法设立的分支机构或者虽依法设立，但未领取营业执照的分支机构，应以设立该分支机构的法人为当事人。（2）必须具有一定的组织机构，有能保证该组织正常活动的机构。例如有名称、场所、负责人和一定的职能部门及工作人员。（3）应当有一定的财产，即必须有能单独支配的、与其经营规模和业务内容、范围相适应的财产。（4）不具有法人资格，即不具备法人设立条件，法律上没有取得法人资格。

自然人的权利能力始于出生，胎儿尚未与母体分离，不是独立的自然人，不能依据民事权利能力的一般规定予以保护，但《民法典》对胎儿利益的保护作出特别规定。对此类情形，应当肯定胎儿具有诉讼权利能力。相应地，自然人的权利能力终于死亡，死者不再享有人格权，但死者的人格利益应受法律保护。死者人格利益是人格权的延伸保护，为强化和全面保护人格利益，充分体现维护人格尊严的理念，对自然人死亡后的人格利益仍予保护。对此类情形，死者的近亲属为当事人。

法定代表人和主要负责人的诉讼行为是以法人和其他组织的名义进行的，对法人和其他组织具有拘束力。诉讼过程中，法定代表人和主要负责人更换的，由变更后的法定代表人或主要负责人参加诉讼并出具身份证明文件，原法定代表人或者主要负责人已经进行的诉讼行为仍然有效。需要注意的是，法人、其他组织如果处于清算或者破产过程中，其涉及的民事诉讼则应以清算组或者破产管理人为当事人。

其他组织虽然可以作为民事主体进行必要的民事活动，也可以作为民事诉讼主体以自己的名义参加民事诉讼，但其毕竟不是独立的民事责任主体。因此，在其财产不足以单独承担民事责任时，对其他组织负责的法人就要代其承担民事责任或者由行为人承担民事责任。

◆ **关联规定**

《最高人民法院关于适用〈中华人民共和国民事诉讼法〉的解释》（2022 年 4 月 1 日）

第五十条　法人的法定代表人以依法登记的为准，但法律另有规定的除外。依法不需要办理登记的法人，以其正职负责人为法定代表人；没有正职负责人的，以其主持工作的副职负责人为法定代表人。

法定代表人已经变更，但未完成登记，变更后的法定代表人要求代表法人参加诉讼的，人民法院可以准许。

其他组织，以其主要负责人为代表人。

第五十一条 在诉讼中，法人的法定代表人变更的，由新的法定代表人继续进行诉讼，并应向人民法院提交新的法定代表人身份证明书。原法定代表人进行的诉讼行为有效。

前款规定，适用于其他组织参加的诉讼。

第五十二条 民事诉讼法第五十一条规定的其他组织是指合法成立、有一定的组织机构和财产，但又不具备法人资格的组织，包括：

（一）依法登记领取营业执照的个人独资企业；

（二）依法登记领取营业执照的合伙企业；

（三）依法登记领取我国营业执照的中外合作经营企业、外资企业；

（四）依法成立的社会团体的分支机构、代表机构；

（五）依法设立并领取营业执照的法人的分支机构；

（六）依法设立并领取营业执照的商业银行、政策性银行和非银行金融机构的分支机构；

（七）经依法登记领取营业执照的乡镇企业、街道企业；

（八）其他符合本条规定条件的组织。

第五十三条 法人非依法设立的分支机构，或者虽依法设立，但没有领取营业执照的分支机构，以设立该分支机构的法人为当事人。

第五十六条 法人或者其他组织的工作人员执行工作任务造成他人损害的，该法人或者其他组织为当事人。

第五十七条 提供劳务一方因劳务造成他人损害，受害人提起诉讼的，以接受劳务一方为被告。

第六十一条 当事人之间的纠纷经人民调解委员会或者其他依法设立的调解组织调解达成协议后，一方当事人不履行调解协议，另一方当事人向人民法院提起诉讼的，应以对方当事人为被告。

第六十二条 下列情形，以行为人为当事人：

（一）法人或者其他组织应登记而未登记，行为人即以该法人或者其他组织名义进行民事活动的；

（二）行为人没有代理权、超越代理权或者代理权终止后以被代理人名义进行民事活动的，但相对人有理由相信行为人有代理权的除外；

（三）法人或者其他组织依法终止后，行为人仍以其名义进行民事活动的。

第六十四条 企业法人解散的，依法清算并注销前，以该企业法人为当事人；未依法清算即被注销的，以该企业法人的股东、发起人或者出资人为当事人。

第六十八条 居民委员会、村民委员会或者村民小组与他人发生民事纠纷的，居民委员会、村民委员会或者有独立财产的村民小组为当事人。

第六十九条 对侵害死者遗体、遗骨以及姓名、肖像、名誉、荣誉、隐私等行为提起诉讼的，死者的近亲属为当事人。

◆ **典型案例**

案例1：曹某海诉于某波生命权、健康权、身体权纠纷案[①]

曹某海因与于某波生命权、健康权、身体权纠纷一案，不服哈尔滨市中级人民法院（2019）黑01民终7087号民事判决，向黑龙江省高级人民法院申请再审称本案不存在被告主体不适格的问题。

黑龙江省高级人民法院经审查认为，用人单位的工作人员因执行工作任务造成他人损害的，由用人单位承担侵权责任。法人或其他组织的工作人员执行工作任务造成他人损害的，该法人或者其他组织为当事人。本案中，于某波作为某村党支部书记，在工作过程中与曹某海发生冲突，属于于某波在履行工作职务时致人损害的不当行为，对于曹某海的损害后果，应当由某村委会承担赔偿责任，曹某海以于某波为主体主张权利，被告主体不适格。

案例2：秦某英诉某黄金公司、J珠宝公司、Y珠宝公司民间借贷纠纷案[②]

秦某英依据其与J珠宝公司签订的《黄金家业务协议》起诉请求J珠宝公司偿还借款，Y珠宝公司承担连带保证责任。某黄金公司不服河南省高级人民法院（2017）豫民终284号民事判决，申请再审称，Y珠宝公司已于2016年选举韩某峰为新的法定代表人，但二审法院对韩某峰的出庭请求不予准许，导致Y珠宝公司在诉讼中不做任何抗辩，诉讼权益受到损害。

最高人民法院经审查认为，法人的法定代表人以依法登记为准。法定代表人已经变更，但未完成登记，变更后的法定代表人要求代表法人参加诉讼的，人民法院可以准许。刘某强作为案涉业务发生时的法定代表人，有利于案件事实的查

---

① 黑龙江省高级人民法院（2020）黑民申398号民事裁定书。
② 最高人民法院（2019）最高法民申4160号民事裁定书。

明。某黄金公司主张刘某强损害 Y 珠宝公司的利益，可以通过诉讼等救济途径予以解决，原审准许刘某强代表 Y 珠宝公司诉讼更利于查明事实，故并无不当。

案例3：某科技公司诉某投资管理公司、K 科技中心、刘某祥侵害计算机软件著作权纠纷案①

某科技公司诉某投资管理公司、K 科技中心、刘某祥侵害计算机软件著作权纠纷一案，北京知识产权法院裁定驳回某科技公司的起诉，某科技公司提出上诉，请求撤销原审裁定，指令北京知识产权法院审理本案。

最高人民法院经审查认为，本案争议焦点问题之一为 B 公司在诉讼过程中注销是否影响本案的继续审理。企业法人解散的，依法清算并注销前，以该企业法人为当事人；未依法清算即被注销的，以该企业法人的股东、发起人或者出资人为当事人。本案中，B 公司虽然已经在诉讼过程中注销，但北京知识产权法院应当变更 B 公司的股东、发起人或者出资人等为本案当事人继续审理本案。北京知识产权法院以某科技公司不符合起诉条件为由驳回其起诉，法律适用错误，依据某科技公司变更被告的申请，将本案被诉主体变更为某投资管理公司、K 科技中心、刘某祥。

第五十二条　【诉讼权利义务】 当事人有权委托代理人，提出回避申请，收集、提供证据，进行辩论，请求调解，提起上诉，申请执行。

当事人可以查阅本案有关材料，并可以复制本案有关材料和法律文书。查阅、复制本案有关材料的范围和办法由最高人民法院规定。

当事人必须依法行使诉讼权利，遵守诉讼秩序，履行发生法律效力的判决书、裁定书和调解书。

◆ **适用指引**

本条是关于诉讼权利与诉讼义务的规定。当事人在民事诉讼中享有的诉讼权利主要包括：（1）委托诉讼代理人的权利。（2）申请回避的权利。（3）收集、提供证据的权利。（4）进行辩论的权利。（5）请求调解的权利。（6）提起上诉的权利。（7）向人民法院申请强制执行生效法律文书的权利。（8）查阅并复制

---

① 最高人民法院（2020）最高法知民终 232 号民事裁定书。

本案有关材料和法律文书的权利。

当事人应当履行的诉讼义务包括：（1）依法行使诉讼权利。（2）遵守诉讼秩序。（3）履行发生法律效力的判决书、裁定书和调解书。

第五十三条 【和解】双方当事人可以自行和解。

◆ **适用指引**

本条是关于和解的规定。和解，是指双方当事人在进入诉讼程序后，就诉讼标的的主张自主协商，达成合意以解决纠纷。诉讼和解是意思自治原则在民事诉讼程序中的体现。要注意区分诉讼外的和解与诉讼中的和解。诉讼外的和解，是民事主体在诉讼外进行的民事行为，不具有诉讼上的意义和效力；诉讼中的和解，是指当事人在诉讼进行中自行协商，达成协议。诉讼中，当事人双方可以自行和解，人民法院同意当事人和解的，可以通过撤诉的方式结束诉讼程序。另外，还要注意区分诉讼和解与诉讼调解。

诉讼和解与诉讼调解都以解决纠纷、终结诉讼为目的，但二者存在三个方面的区别：

1. 主体方面。诉讼调解有人民法院的参与和主持；诉讼和解一般只有双方当事人自行协商，达成和解协议后当事人向人民法院申请撤诉。

2. 程序方面。诉讼调解必须依照《民事诉讼法》规定的程序进行；诉讼和解没有特别的程序规定，灵活性更强，更体现当事人的意思自治。

3. 法律效果方面。诉讼调解一旦达成，可以直接终结诉讼，民事调解书具有强制执行的法律效力；诉讼和解不是结案方式，不能直接终结诉讼，应由当事人申请撤诉，经人民法院裁定准许后结束诉讼，和解协议靠当事人自愿履行，不能作为强制执行依据。

◆ **典型案例**

黄某伟诉某房地产公司、某汽车工贸公司、某橡塑公司、芮某新、芮某民间借贷纠纷案[①]

黄某伟与某房地产公司签订《借款合同》、与某汽车工贸公司签订《抵押合

---

① 最高人民法院（2017）最高法民申 4946 号民事裁定书。

同》并与某橡塑公司、芮某新、芮某分别签订《担保合同》，某汽车工贸公司向其出具《关于租赁租金收益的承诺》。黄某伟起诉请求：（1）某房地产公司偿还借款本金及利息、违约金、实现债权费用。（2）黄某伟对某汽车工贸公司抵押房产在第一项诉请范围内享有优先受偿权。（3）某橡塑公司、芮某新、芮某对某房地产公司第一项诉请中的债务承担连带清偿责任。（4）某汽车工贸公司以抵押物租金对某房地产公司第一项诉请中的债务承担连带清偿责任。某房地产公司、某汽车工贸公司、某橡塑公司、芮某新、芮某不服福建省高级人民法院（2016）闽民终1401号民事判决，申请再审。理由：黄某伟已于2015年12月16日与芮某新及本案各当事人签订《协议书》，同意免除某橡塑公司的担保责任。

最高人民法院经审查认为，黄某林、黄某伟与某房地产公司、某汽车工贸公司、某橡塑公司、芮某新、芮某于2015年12月16日达成《协议书》，约定：某橡塑公司于2016年1月15日前向黄某林归还（2015）榕民初字第568号案件中债务1200万元整，黄某林收到上述款项后，（1）免除某橡塑公司（2015）榕民初字第568号中剩余担保责任。（2）黄某伟自愿免除某橡塑公司在本案中的担保责任并向人民法院撤回对某橡塑公司的起诉。《协议书》签订后，双方当事人曾在法院主持下调解，但未根据《协议书》达成调解书，黄某伟也未申请撤回对某橡塑公司的起诉。因此，《协议书》的性质为双方当事人在诉讼中自行和解达成的协议。当事人通过自行和解所达成的协议，由于纠纷系属于法院，其生效要件除须具备合同法等实体法所规定的要件外，还须具备诉讼法上的特别要件。这一特别生效要件除由法院制作调解书加以确认外，还可以通过原告撤回起诉消灭诉讼系属，在终结本案诉讼的同时，使双方当事人的自行和解成为实体法上的和解协议。本案中，未依据《协议书》内容制作调解书，也没有通过撤回对某橡塑公司起诉的方式消灭诉讼系属，故《协议书》关于免除某橡塑公司本案担保责任的约定未生效。原审法院根据当事人诉请和查明事实判令某橡塑公司对某房地产公司所欠债务承担保证责任，符合本案实际情况，某房地产公司、某汽车工贸公司、某橡塑公司、芮某新、芮某根据《协议书》内容要求免除某橡塑公司保证责任的申请理由，缺乏事实和法律依据。

第五十四条　【诉讼请求、反诉】原告可以放弃或者变更诉讼请求。被告可以承认或者反驳诉讼请求，有权提起反诉。

◆ **适用指引**

本条是关于诉讼请求和反诉的规定。诉，是指当事人向人民法院提出的，请求特定人民法院就特定法律主张或者权利主张（诉讼上的请求）进行裁判的诉讼行为。诉讼请求，是指原告通过人民法院以诉讼标的为基础对被告提出的实体权利请求。诉是起诉的基础内容；起诉是实现诉的具体方式和形式，功能是启动审判程序，使诉的目的得以实现。根据诉的性质和内容可将诉分为确认之诉、给付之诉和形成之诉。这三种诉不是绝对分离，如原告请求支付货款（给付之诉），前提是确认双方之间的供货关系有效（确认之诉）。

原告放弃或者变更诉讼请求，是民事诉讼处分原则的具体体现。但该项权利的行使不得违反法律，不得损害国家、集体和他人利益，否则，人民法院可不予准许。原告可以放弃诉讼请求，是指原告起诉后，可以通过法院放弃对被告的具体实体权利请求，原告可以全部放弃，也可以部分放弃。原告全部放弃诉讼请求的，人民法院可以终止案件的审理；部分放弃诉讼请求的，人民法院对放弃部分的实体权利，可以不予审理、不予裁判。原告也可以变更诉讼请求，是指原告起诉后，在法定期限内可以增加或者减少已经提出的实体权利请求。本条规定的变更，既包括量的变更，如增加赔偿数额，也包括质的变更，如将主张侵权责任变更为违约责任。原告变更诉讼请求的，人民法院应当对变更后的请求进行审理和裁判。

被告承认诉讼请求，是指被告认可原告提出的具体实体权利请求。这是被告的诉讼权利。针对被告作出的承认诉讼请求的诉讼行为，人民法院应当审查，判断双方当事人是否存在串通损害国家、集体和他人合法权益的情形并决定是否采纳该承认作为定案根据。被告反驳诉讼请求，则是指被告提出证据或者理由反对原告的具体实体权利请求。这是被告维护自身权利的诉讼手段，是辩论原则的具体体现。被告既可以提出实体上的反驳，也可以提出程序上的反驳。被告提起反诉，是针对原告提起的本诉而言。反诉，是指在正在进行的诉讼中，被告针对原告提起的诉讼。本诉原告在反诉中称为反诉被告，本诉被告在反诉中称为反诉原告。反诉的目的在于抵消、排斥或者吞并本诉的诉讼请求。因此，反诉与本诉具有关联，人民法院可以将反诉与本诉合并审理，以节省诉讼成本，提高诉讼效率；同时，反诉与本诉又具有独立性，本诉被告（反诉原告）享有原告的诉讼权利，反诉不因本诉撤回而终结，反诉撤回亦不影响本诉继续审理。

反诉在本质上属于一个独立的诉，故本诉被告提起反诉仍应当提供符合起诉条件的相应证据。原告增加诉讼请求、被告提出反诉，应在法庭辩论结束前，而非一审举证期限内。当事人增加、变更诉讼请求或者提出反诉的，人民法院应当根据案件具体情况重新确定举证期限。需要说明的是，反诉包括以下几个方面的构成条件：

1. 实质要件，是指反诉与本诉之间必须具有牵连关系。所谓牵连关系，是指反诉标的及请求与本诉标的及请求存在事实上或者法律上的牵连关系。实践中主要表现为：（1）诉讼请求是基于相同法律关系。（2）诉讼请求之间具有因果关系。（3）本诉与反诉的诉讼请求建立在相同事实基础上。

2. 程序要件，具体包括：（1）提起反诉的主体仅限于本诉当事人，禁止第三人提起反诉。（2）反诉须符合起诉条件且在法庭辩论结束前提起。（3）反诉只能向受理本诉的同一人民法院提起且不能违反法律关于专属管辖的规定。（4）反诉与本诉应当适用同种诉讼程序，不包括非诉程序。

3. 反诉与本诉可以合并审理的，应当合并审理，包括但不限于反诉与本诉的请求产生于同一法律关系或者同一法律事实。此类反诉与本诉联系紧密，在事实查明和责任认定等方面交叉重叠，合并审理有利于统一裁判并提高诉讼效率。

◆ **关联规定**

《最高人民法院关于适用〈中华人民共和国民事诉讼法〉的解释》（2022 年 4 月 1 日）

第二百三十三条 反诉的当事人应当限于本诉的当事人的范围。

反诉与本诉的诉讼请求基于相同法律关系、诉讼请求之间具有因果关系，或者反诉与本诉的诉讼请求基于相同事实的，人民法院应当合并审理。

反诉应由其他人民法院专属管辖，或者与本诉的诉讼标的及诉讼请求所依据的事实、理由无关联的，裁定不予受理，告知另行起诉。

◆ **典型案例**

L 公司诉某投资公司、某商贸公司、某实业公司侵权纠纷案[①]

L 公司与某实业公司签订《股权转让协议》和《还款协议》，约定双方确认某实业公司应付股权转让款 2 亿元。双方还签订《股权质押合同》，约定某实业公司将其持有的某商贸公司 100% 股权出质给 L 公司并办理了股权出质登记手续。因某实业公司未支付剩余部分股权转让款，L 公司起诉请求：（1）确认某商贸公

[①] 最高人民法院（2018）最高法民终 281 号民事判决书。

司、某实业公司转让股权的行为无效并恢复原状。（2）确认某商贸公司增加注册资本并吸收股东的行为无效并恢复原状。一审庭审中，L公司撤回第一项诉请，变更第二项诉请为确认某商贸公司、某实业公司及某投资公司、H投资公司增资扩股行为无效。后，某投资公司、某商贸公司、某实业公司不服（2016）津民初84号民事判决，向最高人民法院提出上诉。

最高人民法院经审查认为，二审争议焦点之一为L公司作为一审原告是否适格。L公司因出让某商贸公司股权而对某实业公司享有债权，L公司是某实业公司所持某商贸公司100%股权的质押权人，有权以该部分股权在其债权范围内优先受偿。L公司对某商贸公司的股权具有法律上的利益，案涉增资扩股行为与L公司之间存在直接利害关系，L公司就该股增资扩股行为提起诉讼，符合法律规定的起诉条件。本案中，L公司一审两项诉讼请求原为确认某商贸公司、某实业公司转让股权的行为无效并恢复原状以及确认某商贸公司增加注册资本并吸收股东的民事行为无效并恢复原状。一审庭审法庭调查阶段，经法庭释明，L公司放弃第一项诉讼请求，变更原第二项诉讼请求为确认案涉增资扩股行为无效。一审法院根据查明案件事实释明后，L公司变更诉讼请求，符合法律规定，某投资公司、某商贸公司、某实业公司主张L公司无权变更诉讼请求、一审法院违法受理，缺乏法律依据。

第五十五条 【共同诉讼】 当事人一方或者双方为二人以上，其诉讼标的是共同的，或者诉讼标的是同一种类、人民法院认为可以合并审理并经当事人同意的，为共同诉讼。

共同诉讼的一方当事人对诉讼标的有共同权利义务的，其中一人的诉讼行为经其他共同诉讼人承认，对其他共同诉讼人发生效力；对诉讼标的没有共同权利义务的，其中一人的诉讼行为对其他共同诉讼人不发生效力。

◆ **适用指引**

本条是关于共同诉讼的规定。一个诉讼中，包括或者超过三名当事人时，就属于共同诉讼，即数名原告或者被告参与一个诉讼程序的诉讼形态。共同诉讼属于诉讼主体的合并（诉的主观合并），意义在于简化诉讼程序，节省诉讼时间和费用，实现诉讼的高效便捷并避免人民法院针对同一事件作出相互矛盾的裁判。

本条对必要的共同诉讼与普通的共同诉讼作出了规定。必要的共同诉讼，是指当事人一方或者双方为二人以上，其诉讼标的是共同的，人民法院必须作为一个案件合并审理的共同诉讼，其特点在于共同诉讼的一方当事人对诉讼标的具有不可分的共同权利义务，因此属于不可分之诉。普通的共同诉讼，是指当事人一方或者双方为二人以上，其诉讼标的为同一种类，人民法院认为可以合并审理并经当事人同意的诉讼，其特点在于共同诉讼的一方当事人对诉讼标的没有共同权利义务，只因其诉讼标的属于同一种类，为审理方便才作为共同诉讼审理，因此属于可分之诉。必要的共同诉讼与普通的共同诉讼有如下区别：

1. 诉讼标的的性质不同。（1）必要的共同诉讼的诉讼标的是共同的或者同一的，共同诉讼人对诉讼标的享有共同权利或者承担共同义务。例如房屋共同共有人对造成房屋损害的侵权人提起的损害赔偿诉讼，共同共有人基于同一所有权提起的诉讼是必要的共同诉讼。（2）普通的共同诉讼的标的是同一种类，共同诉讼人对诉讼标的不具有共同权利或者承担共同义务。比如物业公司对小区多名业主分别提起物业费诉讼，被告业主属于普通的共同诉讼人。

2. 共同诉讼人之间的相关性与独立性不同。（1）必要的共同诉讼人之间采取承认原则，视全体共同诉讼人为一个整体，其中一人的诉讼行为经其他共同诉讼人同意即对其他共同诉讼人发生法律效力。（2）普通的共同诉讼人相互独立，一人的诉讼行为仅对其自身发生法律效力，不及于其他共同诉讼人。

3. 审理方式与裁判结果不同。（1）必要的共同诉讼作为不可分之诉，共同诉讼人必须一同起诉或者一同应诉。如果其中一人不参加诉讼，争议的权利义务关系以及当事人之间的权利义务关系难以确定。例如继承纠纷中，人民法院应当通知所有继承人参加诉讼，必须合并审理并作出裁判。（2）普通的共同诉讼作为可分之诉，共同诉讼人之间没有共同利害关系，既可一同起诉或者一同应诉，也可分别起诉或者分别应诉，人民法院既可合并审理，也可分别审理，但合并审理时须符合条件并经当事人同意。

实践中，判断是必要的共同诉讼还是普通的共同诉讼，主要看是否符合两条标准：其一，是否基于同一物权或者连带债权债务产生；其二，是否基于同一事实和法律上的原因产生。典型的必要的共同诉讼形态包括：

1. 以他人之间的法律关系为对象提起的确认之诉或者形成之诉。此类诉讼中，涉及该法律关系的所有主体须作为共同被告。

2. 三人及以上的主体之间并非按份共有，而是具有不可分的财产共有关系等情形，如果共有人围绕共有财产发生诉讼，原则上共有人都应当成为共同诉讼人。

3. 作为审理对象的法律关系指向的标的物为共有财产或者参加该法律关系的一方主体为共有人。只要诉讼实体内容牵涉不可分的共有财产,共有人原则上都应当成为共同诉讼人。

4. 共同侵权损害赔偿诉讼中,各侵权人原则上应作为共同诉讼人参加诉讼。例外是道路交通事故损害赔偿诉讼,承保机动车强制保险的保险人虽然不是共同侵权人,但由于其在强制保险责任限额范围内承担先行赔偿义务,故应作为共同诉讼人参加诉讼。

5. 诉讼标的共同的扩大情形。主要包括:个体工商户登记的经营者与实际经营者;从事民事活动的挂靠人与被挂靠人;企业法人与分立后的企业;业务介绍信、合同专用章、盖章的空白合同书或者银行账户的出借单位与借用人;相对人针对代理人与被代理人提起的诉讼。

◆ **关联规定**

《最高人民法院关于适用〈中华人民共和国民事诉讼法〉的解释》(2022 年 4 月 1 日)

第五十四条 以挂靠形式从事民事活动,当事人请求由挂靠人和被挂靠人依法承担民事责任的,该挂靠人和被挂靠人为共同诉讼人。

第五十八条 在劳务派遣期间,被派遣的工作人员因执行工作任务造成他人损害的,以接受劳务派遣的用工单位为当事人。当事人主张劳务派遣单位承担责任的,该劳务派遣单位为共同被告。

第五十九条 在诉讼中,个体工商户以营业执照上登记的经营者为当事人。有字号的,以营业执照上登记的字号为当事人,但应同时注明该字号经营者的基本信息。

营业执照上登记的经营者与实际经营者不一致的,以登记的经营者和实际经营者为共同诉讼人。

第六十条 在诉讼中,未依法登记领取营业执照的个人合伙的全体合伙人为共同诉讼人。个人合伙有依法核准登记的字号的,应在法律文书中注明登记的字号。全体合伙人可以推选代表人;被推选的代表人,应由全体合伙人出具推选书。

第六十三条 企业法人合并的,因合并前的民事活动发生的纠纷,以合并后的企业为当事人;企业法人分立的,因分立前的民事活动发生的纠纷,以分立后的企业为共同诉讼人。

第六十五条 借用业务介绍信、合同专用章、盖章的空白合同书或者银行账户的，出借单位和借用人为共同诉讼人。

第六十六条 因保证合同纠纷提起的诉讼，债权人向保证人和被保证人一并主张权利的，人民法院应当将保证人和被保证人列为共同被告。保证合同约定为一般保证，债权人仅起诉保证人的，人民法院应当通知被保证人作为共同被告参加诉讼；债权人仅起诉被保证人的，可以只列被保证人为被告。

第六十七条 无民事行为能力人、限制民事行为能力人造成他人损害的，无民事行为能力人、限制民事行为能力人和其监护人为共同被告。

第七十条 在继承遗产的诉讼中，部分继承人起诉的，人民法院应通知其他继承人作为共同原告参加诉讼；被通知的继承人不愿意参加诉讼又未明确表示放弃实体权利的，人民法院仍应将其列为共同原告。

第七十一条 原告起诉被代理人和代理人，要求承担连带责任的，被代理人和代理人为共同被告。

原告起诉代理人和相对人，要求承担连带责任的，代理人和相对人为共同被告。

第七十二条 共有财产权受到他人侵害，部分共有权人起诉的，其他共有权人为共同诉讼人。

◆ **典型案例**

某化工公司、某技术公司诉 Y 集团、Y 科技公司、
F 公司、傅某根侵害技术秘密纠纷案①

某化工公司与某技术公司向浙江省高级人民法院起诉请求：（1）Y 集团、Y 科技公司、F 公司、傅某根、王某军立即停止侵害某化工公司与某技术公司商业秘密的行为。（2）Y 集团、Y 科技公司、F 公司、傅某根、王某军赔偿经济损失。后，某化工公司、某技术公司、Y 集团、Y 科技公司、F 公司、傅某根不服浙江省高级人民法院（2018）浙民初 25 号民事判决，向最高人民法院提起上诉。

最高人民法院经审查认为，当事人一方或者双方为二人以上，其诉讼标的是共同的，或者诉讼标的是同一种类，人民法院认为可以合并审理并经当事人同意的，为共同诉讼。共同诉讼的一方当事人对诉讼标的有共同权利义务的，其中一人的诉讼行为经其他共同诉讼人承认，对其他共同诉讼人发生效力；对诉讼标的没有共同权利义务的，其中一人的诉讼行为对其他共同诉讼人不发生效力。如果

---

① 最高人民法院（2020）最高法知民终 1667 号民事判决书。

数个民事主体共有民事权利，该共有民事权利被侵害时，该数个民事主体可以作为共同原告提起民事诉讼。本案中，某化工公司与某技术公司主张的技术秘密为乙醛酸法制备香兰素新工艺的生产设备图和工艺管道及仪表流程图。从某化工公司与某技术公司签订的《技术转让合同》相关内容看，某化工公司委托某技术公司在前期香兰素生产新工艺研发的基础上进行工程设计，某技术公司负责交付包括可行性研究报告、工艺流程图、设备布置图、设备一览表、非标设备条件图等全套工程设计文件，项目技术资料由双方共有，技术成果后续改进工作由双方完成，后续改进成果属于双方。涉案设备图主要根据合同约定的条件图来设计，故设备图的技术信息属于合同项下的技术资料，其与工艺流程图均应由某化工公司和某技术公司双方共有。虽然双方签订的《关于企业长期合作的特别合同》约定合作期间的知识产权成果归某化工公司所有，但指向的是该合同履行期间研发的技术成果，与双方之前签署的技术合同履行、结算并无直接关联性，不改变涉案技术秘密的权利归属。因此，某技术公司与某化工公司作为涉案技术秘密的共同权利人，有权共同提起本案诉讼。

第五十六条　【人数确定的代表人诉讼】当事人一方人数众多的共同诉讼，可以由当事人推选代表人进行诉讼。代表人的诉讼行为对其所代表的当事人发生效力，但代表人变更、放弃诉讼请求或者承认对方当事人的诉讼请求，进行和解，必须经被代表的当事人同意。

◆ 适用指引

本条是关于人数众多且确定的代表人诉讼的规定。本条规定的人数众多且确定的代表人诉讼，是指诉讼标的是同一种类，当事人一方人数众多且起诉时人数可以确定的共同诉讼。为保证诉讼有序进行，当事人可以推选代表人进行诉讼。需要注意的是，当事人必须推选他们之中的人作为代表进行诉讼，不能推选当事人之外的人，即推选出的代表人兼具当事人与诉讼代表人双重身份。不同意推选代表人或者不愿意由代表人代表的当事人，可以自行参加诉讼。一旦推选并产生代表人，其诉讼行为对其所代表的当事人发生效力，主要体现在两个层面：

1. 程序性事项。代表人实施的提出管辖权异议、申请证据保全、申请顺延诉讼期间、提供证据、进行法庭辩论等不涉及实体权利的诉讼行为，对其所代表的当事人发生效力。

2. 实体权利处分。涉及当事人实体权利的行为，如变更、放弃诉讼请求或者承认对方当事人的诉讼请求、进行和解，必须经被代表的当事人同意。未经当事人同意，代表人的前述行为对未经同意的当事人不发生效力。

人数确定的代表人诉讼构成条件包括：

1. 当事人一方人数众多，一般指 10 人以上。

2. 起诉时，当事人的人数能够确定。如果当事人一方人数众多在起诉时还不能够确定的，则不适用代表人诉讼。

3. 根据诉讼标的同一或者同一种类，代表人诉讼既可是必要的共同诉讼，也可是普通的共同诉讼。在必要的共同诉讼情形下，不愿意推选代表人的当事人可以自己名义参加诉讼；在普通的共同诉讼情形下，不愿意推选代表人的当事人，既可以自己名义参加诉讼，也可另行起诉。

4. 人数众多的一方当事人可以推选 2 人至 5 人作为代表人，每名代表人可以委托 1 人至 2 人作为诉讼代理人。

◆ **关联规定**

《最高人民法院关于适用〈中华人民共和国民事诉讼法〉的解释》（2022 年 4 月 1 日）

第七十五条 民事诉讼法第五十六条、第五十七条和第二百零六条①规定的人数众多，一般指十人以上。

第七十六条 依照民事诉讼法第五十六条规定，当事人一方人数众多在起诉时确定的，可以由全体当事人推选共同的代表人，也可以由部分当事人推选自己的代表人；推选不出代表人的当事人，在必要的共同诉讼中可以自己参加诉讼，在普通的共同诉讼中可以另行起诉。

第七十八条 民事诉讼法第五十六条和第五十七条规定的代表人为二至五人，每位代表人可以委托一至二人作为诉讼代理人。

◆ **典型案例**

李某等诉业委会业主撤销权纠纷案②

业委会与物业公司签订《物业服务合同》，李某等向成都市金牛区人民法院提起诉讼，请求：（1）撤销业委会与物业公司签订的《物业服务合同》。（2）业

---

① 对应 2023 年《民事诉讼法》第 210 条。
② 四川省高级人民法院（2019）川民申 3629 号民事裁定书。

委会公示案涉小区全部共有物业项目及其经营单位、经营合同、收益账目。成都市金牛区人民法院作出判决后，李某等提起上诉，成都市中级人民法院判决驳回上诉，维持原判。李某等不服二审判决，申请再审。

四川省高级人民法院经审查认为，当事人一方人数众多的共同诉讼，可以由当事人推选代表人进行诉讼。当事人一方人数众多在起诉时不确定的，由当事人推选代表人。当事人推选不出的，可以由人民法院提出人选与当事人协商；协商不成的，也可以由人民法院在起诉的当事人中指定代表人，代表人为2人至5人，每位代表人可以委托1人至2人作为诉讼代理人。本案中，李某、曹某能等一方人数众多，故二审法院指定其中二人作为诉讼代表人，符合法律规定，不属于剥夺当事人辩论权利的情形。李某、曹某能等如果认为二审庭审笔录未录入其真实意思，可以要求书记员在笔录中做补充或修改，该情况亦不属于违反法律规定剥夺当事人辩论权利的情形。

第五十七条 【人数不确定的代表人诉讼】 诉讼标的是同一种类、当事人一方人数众多在起诉时人数尚未确定的，人民法院可以发出公告，说明案件情况和诉讼请求，通知权利人在一定期间向人民法院登记。

向人民法院登记的权利人可以推选代表人进行诉讼；推选不出代表人的，人民法院可以与参加登记的权利人商定代表人。

代表人的诉讼行为对其所代表的当事人发生效力，但代表人变更、放弃诉讼请求或者承认对方当事人的诉讼请求，进行和解，必须经被代表的当事人同意。

人民法院作出的判决、裁定，对参加登记的全体权利人发生效力。未参加登记的权利人在诉讼时效期间提起诉讼的，适用该判决、裁定。

◆ **适用指引**

本条是关于人数不确定的代表人诉讼的规定。

人数不确定的代表人诉讼，是指诉讼标的为同一种类，当事人一方人数众多但起诉时人数尚未确定的共同诉讼，也称为集团诉讼。由于起诉时人数不能够确定，人民法院受理该诉讼后，可以发出公告，说明案件情况及诉讼请求，通知权利人在一定期限内向人民法院登记。具体期限长短由人民法院酌情决定，但公告期不得少于 30 日。需要注意的是，如果权利人在此期间未登记，不等于该权利人丧失权利。

向人民法院登记的权利人可以推选代表人进行诉讼。当事人推选不出的，可以由人民法院提出人选与参加登记的当事人协商。协商不成的，也可以由人民法院在起诉的当事人中指定代表人。代表人的诉讼行为对其所代表的当事人发生效力，但涉及实体权利处分的事项须经被代表的当事人同意。由于该类诉讼的诉讼标的属于同一种类，一方众多当事人之间存在相同种类的权利或者义务，故对已在人民法院登记的当事人以及尚未登记的权利人而言，适用判决效力的扩张，即人民法院对集团诉讼作出的判决、裁定，不仅约束代表人和依法登记的权利人，还对虽为同一情形但未参加诉讼的其他权利人发生法律效力。

实践中，本条规定的集团诉讼对于解决产品责任、环境污染、消费者权益等侵权行为而引发的群体性纠纷具有重要意义。具体适用时需要注意以下几个方面：（1）集团诉讼的诉讼标的是同一种类，属于普通的共同诉讼，是可分之诉。（2）集团诉讼起诉时，当事人人数不确定。如果人数已经确定，就应适用人数确定的代表人诉讼制度。（3）向人民法院登记的权利人应当举证证明其与对方当事人的法律关系以及所受损害。人民法院据此审查该权利人的申请是否符合诉讼标的为同一种类的条件，能够证明的，权利人即可成为该集团诉讼的当事人，否则不予登记，权利人可以另行起诉。（4）同意代表人参加诉讼的当事人无须自己参加庭审等后续诉讼程序。（5）人数众多的一方当事人可以推选 2 人至 5 人作为代表人，每名代表人可以委托 1 人至 2 人作为诉讼代理人。（6）未参加登记的权利人须在诉讼时效期间向人民法院提起诉讼，才可适用判决、裁定。（7）判决、裁定效力扩张，是指适用该判决、裁定中人民法院认定的事实、理由以及确定的确认、给付原则和计算方法，具体确认、给付多少，须根据权利人的具体情况决定。

◆ **关联规定**

《最高人民法院关于适用〈中华人民共和国民事诉讼法〉的解释》（2022 年 4 月 1 日）

第七十五条 民事诉讼法第五十六条、第五十七条和第二百零六条①规定的人数众多，一般指十人以上。

---

① 对应 2023 年《民事诉讼法》第 210 条。

第七十七条　根据民事诉讼法第五十七条规定，当事人一方人数众多在起诉时不确定的，由当事人推选代表人。当事人推选不出的，可以由人民法院提出人选与当事人协商；协商不成的，也可以由人民法院在起诉的当事人中指定代表人。

第七十八条　民事诉讼法第五十六条和第五十七条规定的代表人为二至五人，每位代表人可以委托一至二人作为诉讼代理人。

第七十九条　依照民事诉讼法第五十七条规定受理的案件，人民法院可以发出公告，通知权利人向人民法院登记。公告期间根据案件的具体情况确定，但不得少于三十日。

第八十条　根据民事诉讼法第五十七条规定向人民法院登记的权利人，应当证明其与对方当事人的法律关系和所受到的损害。证明不了的，不予登记，权利人可以另行起诉。人民法院的裁判在登记的范围内执行。未参加登记的权利人提起诉讼，人民法院认定其请求成立的，裁定适用人民法院已作出的判决、裁定。

第一百九十四条　依照民事诉讼法第五十七条审理的案件不预交案件受理费，结案后按照诉讼标的额由败诉方交纳。

◆ **典型案例**

某铝业公司贵州分公司职工、某铝厂职工诉
某铝业公司贵州分公司、某铝厂财产权纠纷案①

某铝业公司贵州分公司职工、某铝厂退休干部职工主张某铝业公司贵州分公司、某铝厂无故停发工资、养老金，侵犯其合法权益，提起诉讼。后，某铝业公司贵州分公司、退休干部职工因不服贵州省贵阳市中级人民法院作出的民事裁定，向贵州省高级人民法院申请再审。

贵州省高级人民法院经审查认为，诉讼标的是同一种类、当事人一方人数众多在起诉时人数尚未确定的，人民法院可以发出公告，说明案件情况和诉讼请求，通知权利人在一定期间向人民法院登记。本案中，起诉状列明的起诉人是某铝业公司贵州分公司、某铝厂万名退休干部职工，主体不明确、具体，不符合民事诉讼法的规定，且在起诉状中请求确认某铝业公司贵州分公司、某铝厂履行法定职责、停止侵权、确认退休干部职工依法享有存量、增量补贴权利。但住房存量、增量补贴待遇是否发放、何时发放、发放标准系由国家相关政策予以规范和

---

① 贵州省高级人民法院（2016）黔民申 866 号民事裁定书。

调整，属于国家政策执行问题，不属于人民法院管辖范畴。因此，某铝业公司贵州分公司、某铝厂万名退休干部职工提起的诉讼不符合法律规定，一、二审法院对该案裁定不予受理并无不当。

第五十八条 　**【民事公益诉讼】**对污染环境、侵害众多消费者合法权益等损害社会公共利益的行为，法律规定的机关和有关组织可以向人民法院提起诉讼。

人民检察院在履行职责中发现破坏生态环境和资源保护、食品药品安全领域侵害众多消费者合法权益等损害社会公共利益的行为，在没有前款规定的机关和组织或者前款规定的机关和组织不提起诉讼的情况下，可以向人民法院提起诉讼。前款规定的机关或者组织提起诉讼的，人民检察院可以支持起诉。

◆ **适用指引**

本条是关于民事公益诉讼的规定。公益诉讼，是指为保护或者实现公共利益而提起的诉讼。公益诉讼的主要目的是维护公共利益，所保护的公共利益既是私益的集合体，与私益相关联，但又不同于私益，有时具有宏观性、抽象性等特点。公益诉讼的原告不要求一定与纠纷有法律上的直接利害关系。公益诉讼纠纷涉及的损害往往具有广泛性、严重性和长期性，特别是涉及环境污染侵权的公益诉讼，损害可能是隐形的，要经过几年甚至几十年才呈现出来，因此评估鉴定在公益诉讼中运用广泛。公益诉讼案件原则上由侵权行为地或者被告住所地中级人民法院管辖。

◆ **关联规定**

《最高人民法院关于适用〈中华人民共和国民事诉讼法〉的解释》（2022 年 4 月 1 日）

第二百八十二条 　环境保护法、消费者权益保护法等法律规定的机关和有关组织对污染环境、侵害众多消费者合法权益等损害社会公共利益的行为，根据民事诉讼法第五十八条规定提起公益诉讼，符合下列条件的，人民法院应当受理：

（一）有明确的被告；

（二）有具体的诉讼请求；

（三）有社会公共利益受到损害的初步证据；

（四）属于人民法院受理民事诉讼的范围和受诉人民法院管辖。

第二百八十三条 公益诉讼案件由侵权行为地或者被告住所地中级人民法院管辖，但法律、司法解释另有规定的除外。

因污染海洋环境提起的公益诉讼，由污染发生地、损害结果地或者采取预防污染措施地海事法院管辖。

对同一侵权行为分别向两个以上人民法院提起公益诉讼的，由最先立案的人民法院管辖，必要时由它们的共同上级人民法院指定管辖。

第二百八十四条 人民法院受理公益诉讼案件后，应当在十日内书面告知相关行政主管部门。

第二百八十五条 人民法院受理公益诉讼案件后，依法可以提起诉讼的其他机关和有关组织，可以在开庭前向人民法院申请参加诉讼。人民法院准许参加诉讼的，列为共同原告。

第二百八十六条 人民法院受理公益诉讼案件，不影响同一侵权行为的受害人根据民事诉讼法第一百二十二条规定提起诉讼。

第二百八十七条 对公益诉讼案件，当事人可以和解，人民法院可以调解。

当事人达成和解或者调解协议后，人民法院应当将和解或者调解协议进行公告。公告期间不得少于三十日。

公告期满后，人民法院经审查，和解或者调解协议不违反社会公共利益的，应当出具调解书；和解或者调解协议违反社会公共利益的，不予出具调解书，继续对案件进行审理并依法作出裁判。

第二百八十八条 公益诉讼案件的原告在法庭辩论终结后申请撤诉的，人民法院不予准许。

第二百八十九条 公益诉讼案件的裁判发生法律效力后，其他依法具有原告资格的机关和有关组织就同一侵权行为另行提起公益诉讼的，人民法院裁定不予受理，但法律、司法解释另有规定的除外。

《最高人民法院关于审理食品安全民事纠纷案件适用法律若干问题的解释（一）》（2020 年 12 月 8 日）

第十三条 生产经营不符合食品安全标准的食品，侵害众多消费者合法权益，损害社会公共利益，民事诉讼法、消费者权益保护法等法律规定的机关和有关组织依法提起公益诉讼的，人民法院应予受理。

《最高人民法院关于审理环境民事公益诉讼案件适用法律若干问题的解释》（2020 年 12 月 29 日）

第一条 法律规定的机关和有关组织依据民事诉讼法第五十五条、环境保护法第五十八条等法律的规定，对已经损害社会公共利益或者具有损害社会公共利益重大风险的污染环境、破坏生态的行为提起诉讼，符合民事诉讼法第一百一十九条①第二项、第三项、第四项规定的，人民法院应予受理。

第二条 依照法律、法规的规定，在设区的市级以上人民政府民政部门登记的社会团体、基金会以及社会服务机构等，可以认定为环境保护法第五十八条规定的社会组织。

第三条 设区的市，自治州、盟、地区，不设区的地级市，直辖市的区以上人民政府民政部门，可以认定为环境保护法第五十八条规定的"设区的市级以上人民政府民政部门"。

第四条 社会组织章程确定的宗旨和主要业务范围是维护社会公共利益，且从事环境保护公益活动的，可以认定为环境保护法第五十八条规定的"专门从事环境保护公益活动"。

社会组织提起的诉讼所涉及的社会公共利益，应与其宗旨和业务范围具有关联性。

第五条 社会组织在提起诉讼前五年内未因从事业务活动违反法律、法规的规定受过行政、刑事处罚的，可以认定为环境保护法第五十八条规定的"无违法记录"。

◆ **典型案例**

A 市环保联合会诉某化工公司、某农化公司、M 公司、S 公司、F 公司、Z 公司环境污染侵权赔偿纠纷案②

某化工公司不服江苏省高级人民法院（2014）苏环公民终字第 00001 号民事判决，向最高人民法院申请再审称：A 市环保联合会不具有提起本案环境民事公益诉讼的主体资格，二审判决认定其具有本案原告主体资格错误。

最高人民法院经审查认为，关于二审判决认定 A 市环保联合会具有本案原告主体资格是否有法律依据的问题。对污染环境、侵害众多消费者合法权益等损害社会公共利益的行为，法律规定的机关和有关组织可以向人民法院提起诉讼。本

---

① 对应 2023 年《民事诉讼法》第 122 条。
② 最高人民法院（2015）民申字第 1366 号民事裁定书。

案中，A 市环保联合会是 2014 年 2 月 25 日在泰州市民政局登记设立的社会组织，其宗旨是围绕可持续发展战略，贯彻落实科学发展观，围绕实现泰州市环境保护目标和维护公众环境权益，发挥政府与社会之间的桥梁和纽带作用，推动泰州市及全人类环境保护事业的进步与发展。其业务范围是提供环境决策建议、维护公众环境权益、开展环境宣传教育、政策技术咨询服务等。因此，A 市环保联合会于 2014 年 8 月 4 日提起本案环境民事公益诉讼，有充分的法律依据，某化工公司关于 A 市环保联合会不具有本案原告主体资格的主张，没有事实与法律依据。

第五十九条　【诉讼第三人，第三人撤销之诉】 对当事人双方的诉讼标的，第三人认为有独立请求权的，有权提起诉讼。

对当事人双方的诉讼标的，第三人虽然没有独立请求权，但案件处理结果同他有法律上的利害关系的，可以申请参加诉讼，或者由人民法院通知他参加诉讼。人民法院判决承担民事责任的第三人，有当事人的诉讼权利义务。

前两款规定的第三人，因不能归责于本人的事由未参加诉讼，但有证据证明发生法律效力的判决、裁定、调解书的部分或者全部内容错误，损害其民事权益的，可以自知道或者应当知道其民事权益受到损害之日起六个月内，向作出该判决、裁定、调解书的人民法院提起诉讼。人民法院经审理，诉讼请求成立的，应当改变或者撤销原判决、裁定、调解书；诉讼请求不成立的，驳回诉讼请求。

◆ **适用指引**

本条是关于第三人和第三人撤销之诉的规定。

根据本条第 1 款的规定，有独立请求权的第三人能够以提起诉讼的方式参加到已经形成的诉讼中。本款规定的"诉讼标的"指的是既有诉讼中原告、被告之间争议的实体内容。"有独立请求权"，一方面，是指第三人主张的权益均不同于原告、被告，是具有自己独立性的权利主张；另一方面，这种权利主张本身构成第三人与原告、被告之间争议的实体内容，从而使诉讼程序呈现出包含诉的主客观合并和三方结构的复杂形态。有独立请求权的第三人参加诉讼，实际上是将两个诉讼，即原告与被告之间的本诉、第三人与本诉当事人之间的诉讼合并审理。人民法院将两个诉讼合并审理，便于查明案情，一次性解决纠纷，也利于避免出现相互矛盾的裁判。

本条第 2 款规定的是无独立请求权的第三人。无独立请求权的第三人，是指他人之间诉讼（本诉）的结果可能会牵涉其在法律上的利害关系，因此其有权申请或者经人民法院通知有义务参加诉讼的准当事人。如果此类第三人被人民法院判决承担一定的民事责任，准当事人就转变为案件的当事人并具有当事人的一切诉讼权利义务。无独立请求权的第三人参加诉讼有两种方式：一是自己申请参加；二是经人民法院通知参加。此类第三人参加诉讼，实际上是将原告与被告之间已经开始的诉讼与一个今后可能发生的潜在诉讼合并审理。因此，无独立请求权的第三人参加诉讼的前提在于原告与被告之间诉讼裁判结果可能对该第三人此后的权利义务或者法律地位产生实质影响，即案件处理结果同他有法律上的利害关系。

根据本条第 3 款的规定，第三人提起撤销之诉应当满足三个条件：（1）因不能归责于自身的事由未参加诉讼。（2）有证据证明发生法律效力的判决、裁定、调解书的部分或者全部内容错误，损害其民事权益。（3）第三人须自知道或者应当知道其民事权益受到损害之日起六个月内提起撤销之诉。

关于第三人参加诉讼的具体方式。（1）原告在起诉状中直接列明第三人的，视为原告申请人民法院追加该第三人参加诉讼，由人民法院审查决定是否通知第三人参加诉讼。（2）有独立请求权的第三人具有原告的诉讼地位，其经人民法院传票传唤，无正当理由拒不到庭，或者未经法庭许可中途退庭的，按撤诉处理。（3）有独立请求权的第三人参加本诉后，原告申请撤诉，人民法院在准许原告撤诉后，第三人作为另案原告，原诉原告、被告作为另案被告，诉讼继续进行。（4）原告、被告、第三人均提起上诉的，均列为上诉人。人民法院可以依职权确定二审程序中当事人的诉讼地位。（5）第一审程序中未参加诉讼的第三人，申请参加第二审程序的，人民法院可以准许，对于必须参加诉讼的有独立请求权的第三人，一审程序中未参加诉讼，二审法院可以根据当事人自愿的原则予以调解，调解不成的，发回重审。

◆ **关联规定**

《最高人民法院关于适用〈中华人民共和国民事诉讼法〉的解释》（2022 年 4 月 1 日）

第八十一条 根据民事诉讼法第五十九条的规定，有独立请求权的第三人有权向人民法院提出诉讼请求和事实、理由，成为当事人；无独立请求权的第三人，可以申请或者由人民法院通知参加诉讼。

第一审程序中未参加诉讼的第三人，申请参加第二审程序的，人民法院可以准许。

第八十二条 在一审诉讼中，无独立请求权的第三人无权提出管辖异议，无权放弃、变更诉讼请求或者申请撤诉，被判决承担民事责任的，有权提起上诉。

第二百二十二条 原告在起诉状中直接列写第三人的，视为其申请人民法院追加该第三人参加诉讼。是否通知第三人参加诉讼，由人民法院审查决定。

第二百九十条 第三人对已经发生法律效力的判决、裁定、调解书提起撤销之诉的，应当自知道或者应当知道其民事权益受到损害之日起六个月内，向作出生效判决、裁定、调解书的人民法院提出，并应当提供存在下列情形的证据材料：

（一）因不能归责于本人的事由未参加诉讼；

（二）发生法律效力的判决、裁定、调解书的全部或者部分内容错误；

（三）发生法律效力的判决、裁定、调解书内容错误损害其民事权益。

第二百九十三条 民事诉讼法第五十九条第三款规定的因不能归责于本人的事由未参加诉讼，是指没有被列为生效判决、裁定、调解书当事人，且无过错或者无明显过错的情形。包括：

（一）不知道诉讼而未参加的；

（二）申请参加未获准许的；

（三）知道诉讼，但因客观原因无法参加的；

（四）因其他不能归责于本人的事由未参加诉讼的。

第二百九十四条 民事诉讼法第五十九条第三款规定的判决、裁定、调解书的部分或者全部内容，是指判决、裁定的主文，调解书中处理当事人民事权利义务的结果。

第二百九十五条 对下列情形提起第三人撤销之诉的，人民法院不予受理：

（一）适用特别程序、督促程序、公示催告程序、破产程序等非讼程序处理的案件；

（二）婚姻无效、撤销或者解除婚姻关系等判决、裁定、调解书中涉及身份关系的内容；

（三）民事诉讼法第五十七条规定的未参加登记的权利人对代表人诉讼案件的生效裁判；

（四）民事诉讼法第五十八条规定的损害社会公共利益行为的受害人对公益诉讼案件的生效裁判。

第二百九十六条 第三人提起撤销之诉，人民法院应当将该第三人列为原告，生效判决、裁定、调解书的当事人列为被告，但生效判决、裁定、调解书中没有承担责任的无独立请求权的第三人列为第三人。

第二百九十八条 对第三人撤销或者部分撤销发生法律效力的判决、裁定、调解书内容的请求，人民法院经审理，按下列情形分别处理：

（一）请求成立且确认其民事权利的主张全部或部分成立的，改变原判决、裁定、调解书内容的错误部分；

（二）请求成立，但确认其全部或部分民事权利的主张不成立，或者未提出确认其民事权利请求的，撤销原判决、裁定、调解书内容的错误部分；

（三）请求不成立的，驳回诉讼请求。

对前款规定裁判不服的，当事人可以上诉。

原判决、裁定、调解书的内容未改变或者未撤销的部分继续有效。

◆ **典型案例**

案例 1：某建设工程公司诉某银行深圳分行合同纠纷案[1]

某银行深圳分行、某建设工程公司不服广东省高级人民法院（2018）粤民终1960号民事判决，向最高人民法院申请再审。

最高人民法院经审查认为，本案系申请再审案件，应当围绕再审申请人的再审申请事由是否成立进行审查。本案中，某银行深圳分行和某建设工程公司均提出再审申请。当事人对已经发生法律效力的判决、裁定，认为有错误的，可以向上一级人民法院申请再审。对当事人双方的诉讼标的，第三人认为有独立请求权的，有权提起诉讼。对当事人双方的诉讼标的，第三人虽然没有独立请求权，但案件处理结果同他有法律上的利害关系的，可以申请参加诉讼，或者由人民法院通知他参加诉讼。人民法院判决承担民事责任的第三人，有当事人的诉讼权利义务。因此，未被人民法院判决承担民事责任的第三人，无权对已经发生法律效力的裁判提出再审申请。本案中，某建设工程公司虽以第三人身份参加一、二审诉讼，但其并非案涉两份保函的开立人或受益人，一、二审法院亦未判决其承担民事责任，因此，某建设工程公司无权对本案申请再审。

---

[1] 最高人民法院（2021）最高法民申5896号民事裁定书。

案例2：李某上诉某建筑公司、Z公司第三人撤销之诉案①

李某上借用某建筑公司资质与Z公司签订《建设工程施工合同》。某建筑公司在未告知李某上的情况下起诉Z公司主张工程价款，云南省高级人民法院作出（2017）云民终1116号民事判决，判令Z公司支付某建筑公司工程价款。李某上认为其对某建筑公司诉Z公司建设工程施工合同纠纷案的诉讼标的享有独立请求权，故该案处理结果与李某上具有利害关系，李某上应作为第三人参加诉讼，故其向云南省高级人民法院提起第三人撤销之诉，请求撤销（2017）云民终1116号民事判决。后，李某上因不服（2019）最高法民终1508号民事裁定，向最高人民法院申请再审。

最高人民法院经审查认为，提起第三人撤销之诉的主体条件为有独立请求权的第三人和无独立请求权的第三人。本案中，李某上借用某建筑公司施工资质，以某建筑公司名义与Z公司签订《建设工程施工合同》并依其与某建筑公司签订的《补充协议》实际施工。没有资质的实际施工人借用有资质的建筑施工企业名义，《建设工程施工合同》无效；建设工程施工合同无效，但建设工程经竣工验收合格，承包人请求参照合同约定支付工程价款的，应予支持。以挂靠形式从事民事活动，当事人请求由挂靠人和被挂靠人依法承担民事责任的，该挂靠人和被挂靠人为共同诉讼人。因此，李某上与某建筑公司应当为必要共同诉讼人，而非有独立请求权的第三人，李某上不符合提起第三人撤销之诉的主体条件，不具备提起第三人撤销之诉的主体资格，其应以必要共同诉讼人的诉讼地位对云南省高级人民法院（2017）云民终1116号民事判决申请再审，而非以有独立请求权的第三人和无独立请求权的第三人的诉讼地位提起第三人撤销之诉。

案例3：某建筑装饰公司诉某银行粤秀支行、林某武、陈某平、某装饰公司广州分公司第三人撤销之诉案②

林某武与某银行粤秀支行签订《个人借款／担保合同》。某装饰公司广州分公司出具《担保函》，为林某武在某银行粤秀支行的贷款提供连带责任保证。后因林某武欠付款项，某银行粤秀支行向法院起诉林某武、某装饰公司广州分公司等，请求林某武偿还欠款本息，某装饰公司广州分公司承担连带清偿责

---

① 最高人民法院（2020）最高法民申396号民事裁定书。
② 最高人民法院指导案例149号，广东省高级人民法院（2018）粤民终1151号民事裁定书。

任。此案经广东省广州市天河区人民法院一审、广州市中级人民法院二审，判令林某武清偿欠付本金及利息等，其中一项为判令某装饰公司广州分公司对林某武的债务承担连带清偿责任。某建筑装饰公司向广州市中级人民法院提起第三人撤销之诉，请求：1. 撤销广州市中级人民法院（2016）粤01民终15617号民事判决；2. 变更广州市中级人民法院（2016）粤01民终第15617号民事判决第一项为"判决某装饰公司广州分公司所出具的《担保函》无效，某装饰公司广州分公司不承担连带保证责任"。某建筑装饰公司不服一审裁定，提起上诉。

法院经审查认为，某建筑装饰公司以第三人的身份提起撤销之诉，请求撤销（2016）粤01民终15617号民事判决。根据争议双方提出的事实和理由，本案争议焦点为某建筑装饰公司是否具备第三人撤销之诉的主体资格。《中华人民共和国民事诉讼法》第五十六条规定："对当事人双方的诉讼标的，第三人认为有独立请求权的，有权提起诉讼。对当事人双方的诉讼标的，第三人虽然没有独立请求权，但案件处理结果同他有法律上的利害关系的，可以申请参加诉讼，或者由人民法院通知他参加诉讼。人民法院判决承担民事责任的第三人，有当事人的诉讼权利义务。前两款规定的第三人，因不能归责于本人的事由未参加诉讼，但有证据证明发生法律效力的判决、裁定、调解书的部分或者全部内容错误，损害其民事权益的，可以自知道或者应当知道其民事权益受到损害之日起六个月内，向作出该判决、裁定、调解书的人民法院提起诉讼……"依据上述法律规定，提起第三人撤销之诉的"第三人"是指有独立请求权的第三人，或者案件处理结果同其有法律上的利害关系的无独立请求权第三人，但不包括当事人双方。

在已经生效的（2016）粤01民终15617号案件中，被告分公司系某建筑装饰公司的分支机构，不是法人，但其依法设立并领取了工商营业执照，具有一定的运营资金和在核准的经营范围内经营业务的行为能力，根据《中华人民共和国民法总则》第七十四条第二款"分支机构以自己的名义从事民事活动，产生的民事责任由法人承担；也可以先以该分支机构管理的财产承担，不足以承担的，由法人承担"的规定，某建筑装饰公司在（2016）粤01民终15617号案件中，属于承担民事责任的当事人，其诉讼地位不是《中华人民共和国民事诉讼法》第五十六条规定的第三人。因此，某建筑装饰公司以第三人的主体身份提出本案诉讼不符合第三人撤销之诉的法定适用条件。

第二节 诉讼代理人

> **第六十条** 【法定代理人】无诉讼行为能力人由他的监护人作为法定代理人代为诉讼。法定代理人之间互相推诿代理责任的，由人民法院指定其中一人代为诉讼。

◆ **适用指引**

本条是关于法定诉讼代理人的规定。

法定诉讼代理人，是指根据法律规定，代理无诉讼行为能力的当事人进行民事活动的人。具有完全民事行为能力的公民才具有诉讼行为能力。成年人为完全民事行为能力人，可以独立实施民事法律行为。十六周岁以上的未成年人，以自己的劳动收入为主要生活来源的，视为完全民事行为能力人。八周岁以上的未成年人、不满八周岁的未成年人、不能辨认自己行为的成年人、不能辨认自己行为的八周岁以上的未成年人、不能完全辨认自己行为的成年人属于无民事行为能力人或者限制民事行为能力人。因此，前述五类主体无诉讼行为能力，其诉讼活动需要通过法定代理人代为实施。无民事行为能力人、限制民事行为能力人的监护人是其法定代理人。实体法上的监护权是法定诉讼代理的权限来源，实体上的监护与被监护的关系是这种权利义务的基础。实践中存在法定代理人相互推诿的现象，此时人民法院必须依职权在法定代理人中指定一人代为诉讼，以保障被代理人的诉讼权利和实体权利。法定诉讼代理人是全权代理，可以以自己的意志代理被代理人实施所有诉讼行为，包括代为诉讼行为和代为受讼行为，前者如起诉、放弃或变更诉讼请求、提出事实与法律主张、提出证据、进行调解、提起反诉等，后者如应诉等。

《民法典》第27条规定，父母是未成年子女的监护人。未成年人的父母已经死亡或者没有监护能力的，由下列有监护能力的人按顺序担任监护人：（一）祖父母、外祖父母；（二）兄、姐；（三）其他愿意担任监护人的个人或者组织，但是须经未成年人住所地的居民委员会、村民委员会或者民政部门同意。第28条规定，无民事行为能力或者限制民事行为能力的成年人，由下列有监护能力的人按顺序担任监护人：（一）配偶；（二）父母、子女；（三）其他近亲属；

（四）其他愿意担任监护人的个人或者组织，但是须经被监护人住所地的居民委员会、村民委员会或者民政部门同意。人民法院应当依照前述规则为无诉讼行为能力人确定法定诉讼代理人。当事人前述规定的监护人，可以根据《民法典》第 32 条的规定指定有关组织担任诉讼中的法定代理人，即由民政部门或具备履行监护职责条件的被监护人住所地的居民委员会、村民委员会担任诉讼代理人。

◆ **关联规定**

《最高人民法院关于适用〈中华人民共和国民事诉讼法〉的解释》（2022 年 4 月 1 日）

第八十三条 在诉讼中，无民事行为能力人、限制民事行为能力人的监护人是他的法定代理人。事先没有确定监护人的，可以由有监护资格的人协商确定；协商不成的，由人民法院在他们之中指定诉讼中的法定代理人。当事人没有民法典第二十七条、第二十八条规定的监护人的，可以指定民法典第三十二条规定的有关组织担任诉讼中的法定代理人。

◆ **典型案例**

某科技公司诉夏某均、宋某彬、姚某英、夏某霖工伤保险待遇纠纷案①

某科技公司职工夏某全因交通事故身亡，重庆市北碚区人力资源和社会保障局认定夏某全的死亡为工伤。夏某霖以夏某全女儿的身份要求某科技公司向其支付供养亲属抚恤金等工伤保险待遇，夏某全的父亲夏某均自愿作为夏某霖在本案中的法定代理人参加诉讼。某科技公司不服重庆市第一中级人民法院（2014）渝一中法民终字第 06235 号民事判决，申请再审，称二审法院未通知严某菊参加本案诉讼，也未对严某菊是否具备监护能力进行审查，属于程序错误。

重庆市高级人民法院经审查认为，本案争议焦点是夏某均能否担任夏某霖的法定代理人。无诉讼行为能力人由他的监护人作为法定代理人代为诉讼。法定代理人之间互相推诿代理责任的，由人民法院指定其中一人代为诉讼。本案中，夏某霖系无民事行为能力人，夏某霖的母亲严某菊在一审法庭辩论终结时尚未满十八周岁，且本案中无证据表明严某菊能够以自己的劳动收入为主要生活来源，严某菊在接受一审法院询问时也称其没有稳定工作，暂时没有监护能力，同意夏某

---

① 重庆市高级人民法院（2015）渝高法民申字第 00274 号民事裁定书。

均在本案中作为夏某霖的法定代理人。夏某全的母亲宋某彬以及夏某全的继母（有抚养关系）姚某英对夏某均作为夏某霖的法定代理人均无异议。因此，一审法院确定夏某均作为夏某霖的法定代理人参加本案诉讼，二审法院予以维持，并无不当。

第六十一条　【委托代理人】当事人、法定代理人可以委托一至二人作为诉讼代理人。

下列人员可以被委托为诉讼代理人：

（一）律师、基层法律服务工作者；

（二）当事人的近亲属或者工作人员；

（三）当事人所在社区、单位以及有关社会团体推荐的公民。

◆ **适用指引**

本条是关于委托诉讼代理人的规定。委托诉讼代理人，是指经当事人或其法定代理人授权代为实施诉讼行为的人。本条第 1 款规定委托诉讼代理人的人数为 1 至 2 人，这种限制有利于诉讼进行并节省时间和费用。本条第 2 款限定了可以作为委托诉讼代理人的主体范围：

1. 律师、基层法律服务工作者。律师是依法取得律师执业证书，接受委托或者指定，为当事人提供法律服务的执业人员，能帮助当事人恰当解决法律问题。基层法律服务工作者，是指符合《基层法律服务工作者管理办法》规定的执业条件，经司法行政机关核准取得《基层法律服务工作者执业证》，在基层法律服务所执业，为社会提供法律服务的人员。基层法律服务工作者和律师的工作近似，二者都可称为专业代理。

2. 当事人的近亲属或者工作人员。当事人的近亲属，包括夫妻、直系血亲、三代以内旁系血亲、近姻亲关系以及其他有抚养、赡养关系的亲属。当事人的工作人员，是指与当事人有合法劳动人事关系的职工。

3. 当事人所在社区、单位以及有关社会团体推荐的公民。当事人所在社区一般是指当事人住所地的居民委员会或村民委员会所在区域。当事人所在单位指参加诉讼的主体的工作机构。社会团体推荐的公民担任代理人，须满足的条件包括：（1）社会团体属于依法登记设立或者依法免予登记设立的非营利性法人组织。（2）被代理人属于该社会团体的成员或者当事人一方住所地位于该社会团体的活动地域。（3）代理事务属于该社会团体章程载明的业务范围。（4）被推荐的公民是该社会团体的负责人或者与该社会团体有合法劳动人事关系的工作人员。

委托代理的适用前提是经当事人或其法定代理人授权，无授权不能代替当事人实施诉讼活动。关于授权的事项属于人民法院依职权审查的对象，若无授权，不准予相关主体参加诉讼。此外，相关主体还需向人民法院提交相关材料，包括：（1）律师应当提交律师执业证、律师事务所证明材料。（2）基层法律服务工作者应当提交法律服务工作者执业证、基层法律服务所出具的介绍信以及当事人一方位于本辖区内的证明材料。（3）当事人的近亲属应当提交身份证件和与委托人有近亲属关系的证明材料。（4）当事人的工作人员应当提交身份证件和与当事人有合法劳动人事关系的证明材料。（5）当事人所在社区、单位推荐的公民应当提交身份证件、推荐材料和当事人属于该社区、单位的证明材料。（6）有关社会团体推荐的公民应当提交身份证件和符合规定条件的证明材料。

◆ **关联规定**

《最高人民法院关于适用〈中华人民共和国民事诉讼法〉的解释》（2022 年 4 月 1 日）

第八十四条 无民事行为能力人、限制民事行为能力人以及其他依法不能作为诉讼代理人的，当事人不得委托其作为诉讼代理人。

第八十五条 根据民事诉讼法第六十一条第二款第二项规定，与当事人有夫妻、直系血亲、三代以内旁系血亲、近姻亲关系以及其他有抚养、赡养关系的亲属，可以当事人近亲属的名义作为诉讼代理人。

第八十六条 根据民事诉讼法第六十一条第二款第二项规定，与当事人有合法劳动人事关系的职工，可以当事人工作人员的名义作为诉讼代理人。

第八十七条 根据民事诉讼法第六十一条第二款第三项规定，有关社会团体推荐公民担任诉讼代理人的，应当符合下列条件：

（一）社会团体属于依法登记设立或者依法免予登记设立的非营利性法人组织；

（二）被代理人属于该社会团体的成员，或者当事人一方住所地位于该社会团体的活动地域；

（三）代理事务属于该社会团体章程载明的业务范围；

（四）被推荐的公民是该社会团体的负责人或者与该社会团体有合法劳动人

事关系的工作人员。

专利代理人经中华全国专利代理人协会推荐，可以在专利纠纷案件中担任诉讼代理人。

◆ **典型案例**

唐某娟诉盖某华、刘某晖、刘某萍、刘某云、刘某吉民间借贷纠纷案①

唐某娟向北京市第四中级人民法院起诉请求：（1）刘某吉偿还借款本金50万元并支付相应利息。（2）刘某晖、刘某萍、盖某华、刘某云承担连带责任。后，盖某华、刘某晖、刘某萍、刘某云不服一审判决，向北京市高级人民法院提出上诉，理由：一审法院允许唐某娟的表弟唐某作为其委托诉讼代理人参加诉讼属于程序违法。

北京市高级人民法院经审查认为，当事人、法定代理人可以委托一至二人作为诉讼代理人。下列人员可以被委托为诉讼代理人：（1）律师、基层法律服务工作者；（2）当事人的近亲属或者工作人员；（3）当事人所在社区、单位以及有关社会团体推荐的公民。与当事人有夫妻、直系血亲、三代以内旁系血亲、近姻亲关系以及其他有抚养、赡养关系的亲属，可以当事人近亲属的名义作为诉讼代理人。本案中，唐某系唐某娟的表弟，故其作为唐某娟的委托诉讼代理人参加本案诉讼，不违反法律及司法解释的规定，一审法院审理程序合法。

第六十二条 【委托程序】委托他人代为诉讼，必须向人民法院提交由委托人签名或者盖章的授权委托书。

授权委托书必须记明委托事项和权限。诉讼代理人代为承认、放弃、变更诉讼请求，进行和解，提起反诉或者上诉，必须有委托人的特别授权。

侨居在国外的中华人民共和国公民从国外寄交或者托交的授权委托书，必须经中华人民共和国驻该国的使领馆证明；没有使领馆的，由与中华人民共和国有外交关系的第三国驻该国的使领馆证明，再转由中华人民共和国驻该第三国使领馆证明，或者由当地的爱国华侨团体证明。

---

① 北京市高级人民法院（2019）京民终1617号民事判决书。

◆ **适用指引**

本条是关于委托诉讼代理人授权手续的规定。授权委托书是证明诉讼代理人有代理权的书面文件。委托诉讼代理人基于授权委托书所授予的权限和范围代为实施诉讼活动。

本条第 1 款规定授权委托书的形式要件，应当有书面的委托人签名或盖章，以证明委托人的真实委托意思。本条第 2 款规定授权委托书须记载委托事项和权限。委托事项表明代理人应在何种范围内从事诉讼代理活动，超越委托事项实施的诉讼行为属于无权代理，由此产生的后果由无权代理人承担。委托代理的权限分为一般授权和特别授权。一般授权指向的事项与当事人的实体权利无密切关系，一般是涉及纯粹的诉讼权利，如起诉、应诉、举证、质证、申请回避等。特别授权与当事人的实体权利相关，如全部或部分承认对方诉讼请求、撤诉、和解、调解等。本条第 3 款规定侨居国外的中国公民委托诉讼代理人的手续。

如为特别授权，应写明授权"代为承认、放弃、变更诉讼请求，进行和解，提起反诉或者上诉"中的一项或几项，仅写"全权代理"而无具体授权的，视为一般授权。当事人委托诉讼代理人参加诉讼，除授权委托书明确排除的事项外，诉讼代理人的自认视为当事人的自认；当事人在场对诉讼代理人的自认明确否认的，不视为自认。由于诉讼代理关系建立在委托诉讼代理人与被代理人之间相互信任的基础上，具有严格的人身性质，故未经被代理人同意，代理人不能转委托。委托代理人后，当事人仍可实施诉讼行为，当事人与代理人的诉讼行为不一致时，应以当事人的诉讼行为为准。如当事人在场对代理人的自认明确否认的，不视为自认。当事人可以对代理人作出的关于事实上的陈述予以撤销或更正，代理人所实施的该诉讼行为不产生效力。另外，授权委托书应在开庭审理前提交给人民法院，经审查后，代理人才可代为实施诉讼行为。

◆ **关联规定**

《最高人民法院关于适用〈中华人民共和国民事诉讼法〉的解释》（2022 年 4 月 1 日）

第八十八条　诉讼代理人除根据民事诉讼法第六十二条规定提交授权委托书外，还应当按照下列规定向人民法院提交相关材料：

（一）律师应当提交律师执业证、律师事务所证明材料；

（二）基层法律服务工作者应当提交法律服务工作者执业证、基层法律服务所出具的介绍信以及当事人一方位于本辖区内的证明材料；

（三）当事人的近亲属应当提交身份证件和与委托人有近亲属关系的证明材料；

（四）当事人的工作人员应当提交身份证件和与当事人有合法劳动人事关系的证明材料；

（五）当事人所在社区、单位推荐的公民应当提交身份证件、推荐材料和当事人属于该社区、单位的证明材料；

（六）有关社会团体推荐的公民应当提交身份证件和符合本解释第八十七条规定条件的证明材料。

第八十九条 当事人向人民法院提交的授权委托书，应当在开庭审理前送交人民法院。授权委托书仅写"全权代理"而无具体授权的，诉讼代理人无权代为承认、放弃、变更诉讼请求，进行和解，提出反诉或者提起上诉。

适用简易程序审理的案件，双方当事人同时到庭并径行开庭审理的，可以当场口头委托诉讼代理人，由人民法院记入笔录。

◆ **典型案例**

陈某杰诉某门市部侵害外观设计专利权纠纷案①

某门市部不服广东省高级人民法院（2019）粤民终1545号民事判决，向最高人民法院申请再审称，本案二审卷宗中的授权委托书上加盖的印章系伪造。

最高人民法院经审查认为，委托他人代为诉讼，必须向人民法院提交由委托人签名或者盖章的授权委托书。本案一审诉讼中，律师向一审法院提交某门市部的委托材料，包括盖有某门市部印章的营业执照复印件、法定代表人（负责人）身份证明书原件和授权委托书原件以及某门市部经营者李某琴的身份证复印件、律师事务所函原件、代理律师证复印件等材料。二审诉讼中，该律师向二审法院提交加盖某门市部印章的营业执照复印件、法定代表人（负责人）身份证明书原件、上诉状及授权委托书原件。首先，某门市部的营业执照复印件、代理权限为一般代理的委托材料等加盖有某门市部印章，已表明委托诉讼代理人是当事人的意思表示，该形式未违反法律规定。其次，二审诉讼材料加盖的某门市部印章与一审材料加盖的某门市部印章无明显差异。再次，某门市部为证明前述印章系

伪造，提交了印章备案记录，但该印章备案记录显示申请刻制日期为 2019 年 10 月 30 日，晚于本案二审判决书落款日期 2019 年 7 月 25 日。最后，某门市部申请再审称其将本案纠纷交给法律工作者私下协调处理，但本案一、二审卷宗中有某门市部诸多委托材料，包括某门市部经营者李某琴的身份证复印件等，某门市部现主张对委托情况不知情，却未作出合理解释。因此，综合以上情况，某门市部关于一、二审诉讼中相关材料加盖的某门市部印章系伪造、授权委托书系伪造的主张，证据不足。

第六十三条　【代理权变更、解除】 诉讼代理人的权限如果变更或者解除，当事人应当书面告知人民法院，并由人民法院通知对方当事人。

◆ **适用指引**

本条是关于变更或者解除代理权限的规定。委托关系成立后，当事人或其法定代理人可以单独或与诉讼代理人经协商后对诉讼代理人的权限予以变更，包括缩小或扩大诉讼代理人的权限范围，也可以解除对诉讼代理人的授权。变更和解除委托影响诉讼行为效力和对方当事人的利益，故应以书面形式告知法院并由法院通知对方当事人。需要注意的是，诉讼代理权限变更或解除前已实施的诉讼行为不因变更或解除而失效，诉讼代理权的解除情形包括诉讼代理人主动辞去委托以及被代理人解除委托。

第六十四条　【诉讼代理人权利】 代理诉讼的律师和其他诉讼代理人有权调查收集证据，可以查阅本案有关材料。查阅本案有关材料的范围和办法由最高人民法院规定。

◆ **适用指引**

本条是关于诉讼代理人权利的规定。根据本条规定，诉讼代理人有两项权利：（1）调查收集证据。当事人通常不具备专业法律知识和诉讼经验，未必能准确收集证据，故赋予诉讼代理人调查收集证据的权利具有必要性。（2）查阅本案有关材料。本案材料一般是指起诉状、答辩状、代理意见、证据材料以及庭审笔录等，诉讼代理人查阅有关材料，可以保障诉讼活动顺利开展。

◆ **关联规定**

《最高人民法院关于诉讼代理人查阅民事案件材料的规定》（2020 年 12 月 29 日）

第一条 代理民事诉讼的律师和其他诉讼代理人有权查阅所代理案件的有关材料。但是，诉讼代理人查阅案件材料不得影响案件的审理。

诉讼代理人为了申请再审的需要，可以查阅已经审理终结的所代理案件有关材料。

第六十五条 【离婚诉讼代理】离婚案件有诉讼代理人的，本人除不能表达意思的以外，仍应出庭；确因特殊情况无法出庭的，必须向人民法院提交书面意见。

◆ **适用指引**

本条是关于离婚案件诉讼代理的特别规定。一般财产类案件中，当事人委托诉讼代理人后可以不出庭，但离婚案件属于特殊的身份关系案件，当事人除不能表达意思外，仍应出庭。离婚案件的待证事实为"感情确已破裂"，对于具体生活事实，诉讼代理人往往不能同当事人一样进行陈述、辩论和说明。当事人本人出庭更有利于查明是否具备离婚的条件。此外，人民法院审理离婚案件时应当进行调解，当事人本人到庭有利于达成调解。同时，本条也规定确因特殊情况无法出庭时，当事人本人必须向人民法院提交书面意见。需要注意的是，无民事行为能力人的离婚案件由其法定代理人进行诉讼，法定代理人与对方达成协议要求发给判决书的，可根据协议内容制作判决书，限制民事行为能力人、完全民事行为能力人的离婚案件经调解后，应制作调解书，不能作出判决书。

第六章 证 据

第六十六条 **【证据类型】**证据包括:

(一)当事人的陈述;

(二)书证;

(三)物证;

(四)视听资料;

(五)电子数据;

(六)证人证言;

(七)鉴定意见;

(八)勘验笔录。

证据必须查证属实,才能作为认定事实的根据。

◆ **适用指引**

本条是关于民事诉讼证据种类的规定。

民事诉讼证据,是指能够证明民事案件真实情况的各种资料。在民事诉讼中,人民法院根据证据认定案件事实,依法作出裁判,即证据裁判主义。证据包含两层含义,一是作为案件相关信息载体的证据材料,二是作为证明案件事实的证据方法。只有将证据材料和证据方法相结合,才能正确、全面理解证据三性特征和不同证据种类。证据三性,一是真实性,又称客观性,包括证据本身的形成过程客观真实的与证据反映的内容真实,只有查证属实的证据材料才能作为定案依据。二是关联性,证据与待证事实之间应当具有一定关联性,包括但不限于因果联系、时间联系、空间联系、条件联系等。与待证事实没有联系的证据材料,不能作为定案依据。三是合法性,包括主体合法、形式合法以及来源合法。根据本条规定,我国民事诉讼证据包括以下几类:

1. 当事人的陈述。当事人的陈述,是指当事人在诉讼中就与案件有关的事实向人民法院所作的陈述，但不同于对诉讼请求、法律适用、程序事项等所作的陈述。在民事诉讼中，双方当事人处于对立地位，对于同一事实可能存在不同陈述。基于趋利避害的特性，当事人的陈述易夹带虚假成分，为了追求胜诉，当事人可能作出不真实陈述，需要人民法院结合其他证据综合判断，从而决定哪些陈述可以作为认定事实的依据。

2. 书证。书证，是指以文字、符号、图形等所记载的内容或表达的思想内容对案件事实起证明作用的证据，如合同、信函、票据、笔记等。书证具有真实性较强、不易伪造、能直接证明案件基本事实的特点。

3. 物证。物证，是指以其外形、质量、数量、性状、规格等客观存在来证明案件事实的物品。如产品质量纠纷中的产品、建设工程纠纷中的建筑物等。

4. 视听资料。视听资料，是指利用录音、录像或者电子计算机储存的录音资料和影像资料来证明案件事实的证据。

5. 电子数据。电子数据即电子证据，狭义的电子数据仅指数字式电子数据，广义的电子数据还包括模拟式电子数据。电子数据具有以下特点：一是技术依赖性，电子数据的产生、存储、传输以及调取、分析、再现等都必须依赖现代电子技术设备和技术手段；二是隐蔽性，电子数据以电磁等形式存在于介质上，缺乏物理存在感，只有经专门设备和技术才能使其再现；三是易于变造性，保存于磁性介质上的电子数据是可擦写的数据，在存储、传输和使用过程中极易遭到截取、篡改、删除等破坏且可做到不留痕迹；四是可恢复性，对于传统书证而言，一旦原件遭到毁损则无法复原，电子数据可以借助计算机取证技术恢复被删除和修改的问题件。

6. 证人证言。证人证言，是指了解案件情况的证人以口头或者书面形式向人民法院所作的对案件事实的陈述。证人所作陈述可以是自己直接听到、看到的，也可以是从其他人、其他地方间接得知的。出庭作证的证人应当客观陈述其亲身感知的事实，不得使用猜测、推断或评论性语言。

7. 鉴定意见。鉴定意见，是指在民事诉讼中对于一些专业性很强的问题，经当事人申请、人民法院委托或人民法院依职权委托的专门鉴定机构或人员，运用专业知识或设备分析鉴定后出具的专门意见。鉴定意见一般具有科学性和较强证明力，成为人民法院对专业问题判断的最重要依据。

8. 勘验笔录。勘验笔录，是指人民法院对于与案件事实有关的现场或者不能、不便拿到人民法院的物证，进行现场分析、勘察、检验后所作的记录。勘验笔录是对客观事物的书面反映，也是司法亲历性的表现。

证据必须查证属实，具备真实性、合法性和关联性，才能作为认定事实的根据。在民事诉讼中，双方当事人往往站在自己的立场提出有利于实现自己诉讼请求的证据。这些证据在查证属实前，只是证据材料或者说证据来源。当事人提交的证据，人民法院必须认真、细致审查三性及证据能力并通过判断证据证明力强弱来认定案件事实。

◆ **关联规定**

《最高人民法院关于民事诉讼证据的若干规定》（2019 年 12 月 25 日）

第八十六条 当事人对于欺诈、胁迫、恶意串通事实的证明，以及对于口头遗嘱或赠与事实的证明，人民法院确信该待证事实存在的可能性能够排除合理怀疑的，应当认定该事实存在。

与诉讼保全、回避等程序事项有关的事实，人民法院结合当事人的说明及相关证据，认为有关事实存在的可能性较大的，可以认定该事实存在。

◆ **典型案例**

某科技公司诉某石业公司侵害实用新型专利权纠纷案①

某石业公司向某科技公司购买一台涉案专利产品，双方签订设备购销合同，某科技公司依约交付。某石业公司在明知某科技公司设备已获专利授权的情况下，对某科技公司专利产品进行仿制、使用。某科技公司向福建省厦门市中级人民法院提起诉讼，请求：（1）某石业公司停止侵害涉案专利权的行为。（2）某石业公司停止制造、使用被诉侵权产品，销毁所有被诉侵权产品。（3）某石业公司赔偿经济损失，支付惩罚性赔偿以及维权的合理费用。某石业公司不服一审判决，向最高人民法院提起上诉。

最高人民法院经审理认为，某石业公司主张原审法院不是专业鉴定机构，其勘验不能作为认定被诉侵权产品落入涉案专利保护范围的依据。证据包括：（1）当事人的陈述；（2）书证；（3）物证；（4）视听资料；（5）电子数据；（6）证人证言；（7）鉴定意见；（8）勘验笔录。证据必须查证属实，才能作为认定事实的根据。勘验物证或者现场，勘验人必须出示人民法院的证件，并邀请当地基层组织或者当事人所在单位派人参加。当事人或者当事人的成年家属应当到场，拒不到场的，不影响勘验的进行。有关单位和个人根据人民法院的通知，

---

① 最高人民法院（2022）最高法知民终 1689 号民事判决书。

有义务保护现场，协助勘验工作。勘验人应当将勘验情况和结果制作笔录，由勘验人、当事人和被邀参加人签名或者盖章。现场勘验后制作的勘验笔录为证据种类之一。本案中，原审法院已依法组织某石业公司与某科技公司进行现场勘验并制作勘验笔录，勘验笔录记载 A 字架为 96°，某石业公司对勘验笔录进行确认，没有异议，且明确表示不需要进行委托鉴定。因此，二审期间某石业公司再次提出鉴定申请，理由不足。

第六十七条 　**【举证责任】**当事人对自己提出的主张，有责任提供证据。

当事人及其诉讼代理人因客观原因不能自行收集的证据，或者人民法院认为审理案件需要的证据，人民法院应当调查收集。

人民法院应当按照法定程序，全面地、客观地审查核实证据。

◆ **适用指引**

本条是关于举证责任、人民法院依职权调查收集证据以及审核证据的规定。

举证责任又称证明责任，是指当事人对自己提出的主张有提供证据进行证明的责任。具体包含行为意义上的举证责任和结果意义上的举证责任两层含义：行为意义上的举证责任是指当事人对自己提出的主张有提供证据的责任；结果意义上的举证责任是指当待证事实真伪不明时由依法负有证明责任的人承担不利后果的责任。

本条第 1 款规定了"谁主张，谁举证"原则，侧重于举证的行为意义。双方当事人对于自己提出的主张各自负有举证责任。原告对自己的诉讼请求所依据的事实，被告对自己答辩或者反诉所依据的事实，第三人对自己提出的请求所依据的事实等都应当提供证据。没有证据或者证据不足以证明其提出的事实主张的，该方当事人将承担对自己不利的后果，承担败诉风险。

我国民事诉讼举证责任分配采用法律要件分类说。具体而言：

1. 合同纠纷案件中，主张合同关系成立并生效的当事人对合同订立和生效事实承担举证责任；主张合同关系变更、解除、终止、撤销的当事人对引起合同关系变动的事实承担举证责任。对合同是否履行发生争议的，由负有履行义务的当事人承担举证责任。对代理权发生争议的，由主张有代理权的一方当事人承担举证责任。

2. 一般侵权纠纷案件中，主张损害赔偿的权利人应当对损害赔偿请求权产生的要件事实加以证明，即侵害事实、侵害行为与侵害事实之间存在因果关系、行为具有违法性及行为人存在过错。免责事由属于妨碍权利产生的事实，如受害人故意造成损害事实，应当由行为人加以证明。

3. 劳动争议纠纷案件中，因用人单位作出开除、除名、辞退、解除劳动合同、减少劳动报酬、计算劳动者工作年限等决定而发生劳动争议的，由用人单位负举证责任。

4. 一些特殊案件适用举证责任倒置。举证责任倒置并未脱离法律要件说的范畴，只是法律将某些特殊案件的部分要件事实的举证责任分配给了另外一方。例如，生态环境损害赔偿、医疗责任损害赔偿、缺陷产品致人损害赔偿等特殊类型的侵权案件，根据《民法典》规定，可以适用举证责任倒置。

5. 法律没有明确规定时，人民法院可以通过公平原则和诚信原则，综合当事人举证能力等因素，对待证事实进行考量，从而将其纳入法律、司法解释规定的某一规范所对应的事实，再决定举证责任的承担。

本条第 2 款规定了人民法院职权探知主义。民事诉讼案件以当事人主义为原则，职权探知主义为例外和补充。人民法院调查收集证据包括以下两种情形：

1. 当事人及其诉讼代理人因客观原因不能自行收集证据。

2. 人民法院认为审理案件需要依职权调取的证据。

任何证据都要经过人民法院依照法定程序，全面、客观审核后才能成为定案依据。无论是当事人提供的证据、鉴定机构出具的鉴定意见还是人民法院依职权调查取得的证据，都要经过当事人质证和人民法院审查认定程序。对于当事人提供的证据，要充分听取其他当事人意见，从多角度分析认证，综合认定证据的客观性、合法性和关联性，进而为认定事实提供准确依据；对于严重侵犯他人合法权益或明显有违社会公序良俗等取得的证据，应当予以排除；对于人民法院委托形成的鉴定意见，要防止以鉴代审。

本条需要注意以下几个问题：

第一，举证责任是一种不利后果，体现的是结果意义上的举证责任。这种后果只有在主要事实真伪不明时才能发生作用，能够查明事实的，不能通过举证责任让一方当事人承担不利后果。通过举证责任认定的事实是一种拟制事实，审判实践中应尽量不予适用，只有穷尽所有证据方法后才能适用，能够查明事实或者对待证事实能够通过证明标准予以认定的，不应以举证责任方式认定事实。

第二，真伪不明的事实一般指作为裁判依据的基本事实，不涉及间接事实和辅助事实。基本事实即实体法规范的要件事实，对基本事实存在与否作出认定即可作出裁判。例外的是，即使作为间接事实，文书真实性仍需加以证明。书证真实性应由提供者证明，需要进行鉴定的，提供者负有提出鉴定申请的义务。

第三，对于特定的待证事实，证明责任为单方责任，即由哪一方当事人承担是法律预先设定，诉讼中不存在对某一待证事实的举证责任在不同当事人之间转移的问题，举证责任的不利后果也只能由一方承担，无法由双方分担或共担。

第四，不负有举证责任的当事人对相关事实也可提供相应证据进行反驳，以使该事实处于确定状态，而不是被动地让事实处于真伪不明状态，即使该事实无法确定，该当事人也不承担不利后果。不负有举证责任的当事人为反驳而提供证据，可以起到证明防御的作用，使负有举证责任的当事人所举证据的证明力下降。

◆ **关联规定**

《最高人民法院关于适用〈中华人民共和国民事诉讼法〉的解释》（2022 年 4 月 1 日）

第九十条 当事人对自己提出的诉讼请求所依据的事实或者反驳对方诉讼请求所依据的事实，应当提供证据加以证明，但法律另有规定的除外。

在作出判决前，当事人未能提供证据或者证据不足以证明其事实主张的，由负有举证证明责任的当事人承担不利的后果。

第九十一条 人民法院应当依照下列原则确定举证证明责任的承担，但法律另有规定的除外：

（一）主张法律关系存在的当事人，应当对产生该法律关系的基本事实承担举证证明责任；

（二）主张法律关系变更、消灭或者权利受到妨害的当事人，应当对该法律关系变更、消灭或者权利受到妨害的基本事实承担举证证明责任。

第九十二条 一方当事人在法庭审理中，或者在起诉状、答辩状、代理词等书面材料中，对于己不利的事实明确表示承认的，另一方当事人无需举证证明。

对于涉及身份关系、国家利益、社会公共利益等应当由人民法院依职权调查的事实，不适用前款自认的规定。

自认的事实与查明的事实不符的，人民法院不予确认。

第九十三条 下列事实，当事人无须举证证明：

（一）自然规律以及定理、定律；

（二）众所周知的事实；

（三）根据法律规定推定的事实；

（四）根据已知的事实和日常生活经验法则推定出的另一事实；

（五）已为人民法院发生法律效力的裁判所确认的事实；

（六）已为仲裁机构生效裁决所确认的事实；

（七）已为有效公证文书所证明的事实。

前款第二项至第四项规定的事实，当事人有相反证据足以反驳的除外；第五项至第七项规定的事实，当事人有相反证据足以推翻的除外。

第九十四条 民事诉讼法第六十七条第二款规定的当事人及其诉讼代理人因客观原因不能自行收集的证据包括：

（一）证据由国家有关部门保存，当事人及其诉讼代理人无权查阅调取的；

（二）涉及国家秘密、商业秘密或者个人隐私的；

（三）当事人及其诉讼代理人因客观原因不能自行收集的其他证据。

当事人及其诉讼代理人因客观原因不能自行收集的证据，可以在举证期限届满前书面申请人民法院调查收集。

第九十五条 当事人申请调查收集的证据，与待证事实无关联、对证明待证事实无意义或者其他无调查收集必要的，人民法院不予准许。

第九十六条 民事诉讼法第六十七条第二款规定的人民法院认为审理案件需要的证据包括：

（一）涉及可能损害国家利益、社会公共利益的；

（二）涉及身份关系的；

（三）涉及民事诉讼法第五十八条规定诉讼的；

（四）当事人有恶意串通损害他人合法权益可能的；

（五）涉及依职权追加当事人、中止诉讼、终结诉讼、回避等程序性事项的。

除前款规定外，人民法院调查收集证据，应当依照当事人的申请进行。

第一百零四条 人民法院应当组织当事人围绕证据的真实性、合法性以及与待证事实的关联性进行质证，并针对证据有无证明力和证明力大小进行说明和辩论。

能够反映案件真实情况、与待证事实相关联、来源和形式符合法律规定的证据，应当作为认定案件事实的根据。

第一百零五条 人民法院应当按照法定程序，全面、客观地审核证据，依照法律规定，运用逻辑推理和日常生活经验法则，对证据有无证明力和证明力大小进行判断，并公开判断的理由和结果。

第一百零六条 对以严重侵害他人合法权益、违反法律禁止性规定或者严重违背公序良俗的方法形成或者获取的证据，不得作为认定案件事实的根据。

第一百零七条 在诉讼中，当事人为达成调解协议或者和解协议作出妥协而认可的事实，不得在后续的诉讼中作为对其不利的根据，但法律另有规定或者当事人均同意的除外。

第一百零八条 对负有举证证明责任的当事人提供的证据，人民法院经审查并结合相关事实，确信待证事实的存在具有高度可能性的，应当认定该事实存在。

对一方当事人为反驳负有举证证明责任的当事人所主张事实而提供的证据，人民法院经审查并结合相关事实，认为待证事实真伪不明的，应当认定该事实不存在。

法律对于待证事实所应达到的证明标准另有规定的，从其规定。

第一百零九条 当事人对欺诈、胁迫、恶意串通事实的证明，以及对口头遗嘱或者赠与事实的证明，人民法院确信该待证事实存在的可能性能够排除合理怀疑的，应当认定该事实存在。

第一百一十条 人民法院认为有必要的，可以要求当事人本人到庭，就案件有关事实接受询问。在询问当事人之前，可以要求其签署保证书。

保证书应当载明据实陈述、如有虚假陈述愿意接受处罚等内容。当事人应当在保证书上签名或者捺印。

负有举证证明责任的当事人拒绝到庭、拒绝接受询问或者拒绝签署保证书，待证事实又欠缺其他证据证明的，人民法院对其主张的事实不予认定。

《最高人民法院关于民事诉讼证据的若干规定》（2019 年 12 月 25 日）

第一条 原告向人民法院起诉或者被告提出反诉，应当提供符合起诉条件的相应的证据。

第二条 人民法院应当向当事人说明举证的要求及法律后果，促使当事人在合理期限内积极、全面、正确、诚实地完成举证。

当事人因客观原因不能自行收集的证据，可申请人民法院调查收集。

第三条 在诉讼过程中，一方当事人陈述的于己不利的事实，或者对于己不利的事实明确表示承认的，另一方当事人无需举证证明。

在证据交换、询问、调查过程中，或者在起诉状、答辩状、代理词等书面材料中，当事人明确承认于己不利的事实的，适用前款规定。

第四条 一方当事人对于另一方当事人主张的于己不利的事实既不承认也不否认，经审判人员说明并询问后，其仍然不明确表示肯定或者否定的，视为对该事实的承认。

第五条 当事人委托诉讼代理人参加诉讼的，除授权委托书明确排除的事项外，诉讼代理人的自认视为当事人的自认。

当事人在场对诉讼代理人的自认明确否认的，不视为自认。

第六条 普通共同诉讼中，共同诉讼人中一人或者数人作出的自认，对作出自认的当事人发生效力。

必要共同诉讼中，共同诉讼人中一人或者数人作出自认而其他共同诉讼人予以否认的，不发生自认的效力。其他共同诉讼人既不承认也不否认，经审判人员说明并询问后仍然不明确表示意见的，视为全体共同诉讼人的自认。

第七条 一方当事人对于另一方当事人主张的于己不利的事实有所限制或者附加条件予以承认的，由人民法院综合案件情况决定是否构成自认。

第八条 《最高人民法院关于适用〈中华人民共和国民事诉讼法〉的解释》第九十六条第一款规定的事实，不适用有关自认的规定。

自认的事实与已经查明的事实不符的，人民法院不予确认。

第九条 有下列情形之一，当事人在法庭辩论终结前撤销自认的，人民法院应当准许：

（一）经对方当事人同意的；

（二）自认是在受胁迫或者重大误解情况下作出的。

人民法院准许当事人撤销自认的，应当作出口头或者书面裁定。

第十条 下列事实，当事人无须举证证明：

（一）自然规律以及定理、定律；

（二）众所周知的事实；

（三）根据法律规定推定的事实；

（四）根据已知的事实和日常生活经验法则推定出的另一事实；

（五）已为仲裁机构的生效裁决所确认的事实；

（六）已为人民法院发生法律效力的裁判所确认的基本事实；

（七）已为有效公证文书所证明的事实。

前款第二项至第五项事实，当事人有相反证据足以反驳的除外；第六项、第七项事实，当事人有相反证据足以推翻的除外。

第十八条 双方当事人无争议的事实符合《最高人民法院关于适用〈中华人民共和国民事诉讼法〉的解释》第九十六条第一款规定情形的，人民法院可以责令当事人提供有关证据。

第二十条 当事人及其诉讼代理人申请人民法院调查收集证据，应当在举证期限届满前提交书面申请。

申请书应当载明被调查人的姓名或者单位名称、住所地等基本情况、所要调查收集的证据名称或者内容、需要由人民法院调查收集证据的原因及其要证明的事实以及明确的线索。

第八十七条 审判人员对单一证据可以从下列方面进行审核认定：

（一）证据是否为原件、原物，复制件、复制品与原件、原物是否相符；

（二）证据与本案事实是否相关；

（三）证据的形式、来源是否符合法律规定；

（四）证据的内容是否真实；

（五）证人或者提供证据的人与当事人有无利害关系。

第八十八条 审判人员对案件的全部证据，应当从各证据与案件事实的关联程度、各证据之间的联系等方面进行综合审查判断。

第八十九条 当事人在诉讼过程中认可的证据，人民法院应当予以确认。但法律、司法解释另有规定的除外。

当事人对认可的证据反悔的，参照《最高人民法院关于适用〈中华人民共和国民事诉讼法〉的解释》第二百二十九条的规定处理。

第九十条 下列证据不能单独作为认定案件事实的根据：

（一）当事人的陈述；

（二）无民事行为能力人或者限制民事行为能力人所作的与其年龄、智力状况或者精神健康状况不相当的证言；

（三）与一方当事人或者其代理人有利害关系的证人陈述的证言；

（四）存有疑点的视听资料、电子数据；

（五）无法与原件、原物核对的复制件、复制品。

第九十五条 一方当事人控制证据无正当理由拒不提交，对待证事实负有举证责任的当事人主张该证据的内容不利于控制人的，人民法院可以认定该主张成立。

第九十七条 人民法院应当在裁判文书中阐明证据是否采纳的理由。

对当事人无争议的证据，是否采纳的理由可以不在裁判文书中表述。

◆ **典型案例**

某种业公司诉某农资经销部、某农业科技公司、L公司侵害植物新品种权纠纷案①

某国际公司于 2005 年 5 月 18 日向原农业部申请名称为"先玉 335"的玉米新品种，2010 年 1 月 1 日获得授权，品种权号为 CNA20050280.8。2010 年 6 月，某种业公司经某国际公司授权，有权以自身名义对侵害"先玉 335"植物新品种权的行为单独提起民事诉讼并承担诉讼义务。某种业公司认为某农资经销部、某农业科技公司、L公司未经品种权人许可，为商业目的生产、销售"先玉 335"植物新品种繁殖材料的行为，已严重侵害"先玉 335"植物新品种权，给某种业公司造成极大的经济损失。故向河南省郑州市中级人民法院提起诉讼，请求：（1）某农资经销部、某农业科技公司、L公司立即停止侵害"先玉 335"植物新品种权的行为。（2）某农资经销部、某农业科技公司、L公司连带向某种业公司赔偿经济损失和合理费用共 35 万元。某农资经销部不服一审判决，提起上诉。

法院经审查认为，根据《中华人民共和国民事诉讼法》第六十七条第一款规定，当事人对自己提出的主张，有责任提供证据。本案中，某种业公司为证明某农资经销部销售的被诉侵权种子侵害"先玉 335"植物新品种权，提供了依斯特公司作出的检验报告。该证据不属于民事诉讼法所称的由人民法院经由司法鉴定程序所获得的鉴定意见，但法律并未排除其作为证据的资格，一般可参照法律和司法解释关于鉴定意见的审查规则，准用私文书证的质证规则，结合具体案情，对证明力从严进行审查。涉案被诉侵权种子系某种业公司通过公证保全的方式从某农资经销部经营的店铺购买取得，来源清晰。检验报告后面所附照片显示待测样品由公证处封存。可见，涉案检验报告中涉及的待测样品来源清晰，为公证处保留的被诉侵权种子这一事实具有高度可能性。关于对照样品，虽然没有证据显示对照样品来源于农业农村部保存的标准样品，但在某种业公司已经对待测样品提供了检验报告，且被诉侵权种子在案的情况下，某农资经销部没有向原审法院提出鉴定申请，或者提供其他反证推翻上述证据的证明力，仅对于检验报告提出的异议，本院不予采信。因此，可以认定某种业公司就被诉侵权种子与涉案授权品种"先玉 335"的同一性初步完成了举证责任，某农资经销部没有提出相反证据推翻某种业公司的证据，应承担举证不能的不利后果。

---

① 最高人民法院（2022）最高法知民终 2103 号民事判决书。

第六十八条 **【及时提供证据义务】** 当事人对自己提出的主张应当及时提供证据。

人民法院根据当事人的主张和案件审理情况，确定当事人应当提供的证据及其期限。当事人在该期限内提供证据确有困难的，可以向人民法院申请延长期限，人民法院根据当事人的申请适当延长。当事人逾期提供证据的，人民法院应当责令其说明理由；拒不说明理由或者理由不成立的，人民法院根据不同情形可以不予采纳该证据，或者采纳该证据但予以训诫、罚款。

◆ **适用指引**

本条是关于举证期限以及逾期举证后果的规定。

举证期限制度，是指负有举证责任的当事人应当在法律规定的或者法院指定的期限内提出证据，否则将承担不利的法律后果。这一制度有利于维护当事人平等对抗关系，提高诉讼效率。当事人对自己提出的主张应当及时提供证据，但"及时"是一个较为模糊的期限，立法规定举证具体期限由人民法院根据案情予以确定。举证期限由人民法院确定，并未规定当事人协商并经法院准许的方式。为充分尊重当事人的程序处分权，应当允许举证期限由当事人协商一致，《最高人民法院关于适用〈中华人民共和国民事诉讼法〉的解释》和《最高人民法院关于民事诉讼证据的若干规定》规定了当事人协商并经法院准许的方式来确定举证期限。本条还对举证期限内提供证据确有困难的当事人规定了延长举证期限的救济措施，以保障当事人和其他诉讼参与人的合法权益，体现了举证期限制度的原则性和灵活性。"确有困难"应限于客观障碍，主要包括两种情形：一是指因不可抗力、社会事件等原因，当事人在法定期限内无法完成举证。例如因疫情、山洪、地震、战争等原因交通中断，当事人在法定举证期限内无法完成异地取证等情况，证人外出尚未找到、收集证据材料尚需时间等。二是当事人具有客观上不能举证或难以举证的情形，主要是指需要勘验、鉴定、评估、审计才能证明，需要由当事人提出申请，由人民法院依职权调查收集的，但当事人应在举证期限届满前提出申请。

当事人逾期提供证据的，根据逾期的不同情形分别处理：一是人民法院应责令逾期举证当事人说明逾期理由；二是通过当事人陈述或者再结合相关证据，审查该逾期理由的正当合理性；三是对拒不说明理由或理由不成立的，可以视具体情形不采纳该证据或采纳该证据但予以训诫、罚款。

◆ **关联规定**

《最高人民法院关于适用〈中华人民共和国民事诉讼法〉的解释》（2022 年 4 月 1 日）

第九十九条 人民法院应当在审理前的准备阶段确定当事人的举证期限。举证期限可以由当事人协商，并经人民法院准许。

人民法院确定举证期限，第一审普通程序案件不得少于十五日，当事人提供新的证据的第二审案件不得少于十日。

举证期限届满后，当事人对已经提供的证据，申请提供反驳证据或者对证据来源、形式等方面的瑕疵进行补正的，人民法院可以酌情再次确定举证期限，该期限不受前款规定的限制。

第一百条 当事人申请延长举证期限的，应当在举证期限届满前向人民法院提出书面申请。

申请理由成立的，人民法院应当准许，适当延长举证期限，并通知其他当事人。延长的举证期限适用于其他当事人。

申请理由不成立的，人民法院不予准许，并通知申请人。

第一百零一条 当事人逾期提供证据的，人民法院应当责令其说明理由，必要时可以要求其提供相应的证据。

当事人因客观原因逾期提供证据，或者对方当事人对逾期提供证据未提出异议的，视为未逾期。

第一百零二条 当事人因故意或者重大过失逾期提供的证据，人民法院不予采纳。但该证据与案件基本事实有关的，人民法院应当采纳，并依照民事诉讼法第六十八条、第一百一十八条第一款的规定予以训诫、罚款。

当事人非因故意或者重大过失逾期提供的证据，人民法院应当采纳，并对当事人予以训诫。

当事人一方要求另一方赔偿因逾期提供证据致使其增加的交通、住宿、就餐、误工、证人出庭作证等必要费用的，人民法院可予支持。

第二百三十一条 当事人在法庭上提出新的证据的，人民法院应当依照民事诉讼法第六十八条第二款规定和本解释相关规定处理。

《最高人民法院关于民事诉讼证据的若干规定》（2019 年 12 月 25 日）

第四十九条 被告应当在答辩期届满前提出书面答辩，阐明其对原告诉讼请求及所依据的事实和理由的意见。

第五十条 人民法院应当在审理前的准备阶段向当事人送达举证通知书。

举证通知书应当载明举证责任的分配原则和要求、可以向人民法院申请调查收集证据的情形、人民法院根据案件情况指定的举证期限以及逾期提供证据的法律后果等内容。

第五十一条 举证期限可以由当事人协商，并经人民法院准许。

人民法院指定举证期限的，适用第一审普通程序审理的案件不得少于十五日，当事人提供新的证据的第二审案件不得少于十日。适用简易程序审理的案件不得超过十五日，小额诉讼案件的举证期限一般不得超过七日。

举证期限届满后，当事人提供反驳证据或者对已经提供的证据的来源、形式等方面的瑕疵进行补正的，人民法院可以酌情再次确定举证期限，该期限不受前款规定的期间限制。

第五十二条 当事人在举证期限内提供证据存在客观障碍，属于民事诉讼法第六十五条第二款规定的"当事人在该期限内提供证据确有困难"的情形。

前款情形，人民法院应当根据当事人的举证能力、不能在举证期限内提供证据的原因等因素综合判断。必要时，可以听取对方当事人的意见。

第五十三条 诉讼过程中，当事人主张的法律关系性质或者民事行为效力与人民法院根据案件事实作出的认定不一致的，人民法院应当将法律关系性质或者民事行为效力作为焦点问题进行审理。但法律关系性质对裁判理由及结果没有影响，或者有关问题已经当事人充分辩论的除外。

存在前款情形，当事人根据法庭审理情况变更诉讼请求的，人民法院应当准许并可以根据案件的具体情况重新指定举证期限。

第五十四条 当事人申请延长举证期限的，应当在举证期限届满前向人民法院提出书面申请。

申请理由成立的，人民法院应当准许，适当延长举证期限，并通知其他当事人。延长的举证期限适用于其他当事人。

申请理由不成立的，人民法院不予准许，并通知申请人。

第五十五条 存在下列情形的，举证期限按照如下方式确定：

（一）当事人依照民事诉讼法第一百二十七条①规定提出管辖权异议的，举证期限中止，自驳回管辖权异议的裁定生效之日起恢复计算；

（二）追加当事人、有独立请求权的第三人参加诉讼或者无独立请求权的第三人经人民法院通知参加诉讼的，人民法院应当依照本规定第五十一条的规定为

---

① 对应 2023 年《民事诉讼法》第 130 条。

新参加诉讼的当事人确定举证期限，该举证期限适用于其他当事人；

（三）发回重审的案件，第一审人民法院可以结合案件具体情况和发回重审的原因，酌情确定举证期限；

（四）当事人增加、变更诉讼请求或者提出反诉的，人民法院应当根据案件具体情况重新确定举证期限；

（五）公告送达的，举证期限自公告期届满之次日起计算。

第五十九条 人民法院对逾期提供证据的当事人处以罚款的，可以结合当事人逾期提供证据的主观过错程度、导致诉讼迟延的情况、诉讼标的金额等因素，确定罚款数额。

◆ **典型案例**

J 建设工程公司诉 D 建设工程公司、某乳业公司侵害发明专利权纠纷案①

J 建设工程公司向上海知识产权法院起诉请求：（1）D 建设工程公司立即停止侵害发明专利权的所有行为，D 建设工程公司、D 建设工程公司全体员工和 D 建设工程公司关联人员停止销售和许诺销售根据上述专利技术所制作和完成的产品和已经根据上述专利技术所提供的服务。（2）销毁所有用于实施侵权专利技术所涉及的所有专业工具、制造工具、施工模板、成品、半成品和技术资料。（3）赔偿 J 建设工程公司直接经济损失。（4）某乳业公司停止使用侵犯上述专利权的产品并销毁和拆除由 D 建设工程公司所生产制造和提供的产品，赔偿J 建设工程公司直接经济损失。后，D 建设工程公司不服一审判决，向最高人民法院提起上诉。

最高人民法院经审查认为，关于 D 建设工程公司原审提交的证据十、证据十一，J 建设工程公司认为该两份证据均已超过举证期限，不应被采纳。当事人对自己提出的主张应当及时提供证据。人民法院根据当事人的主张和案件审理情况，确定当事人应当提供的证据及其期限。当事人在该期限内提供证据确有困难的，可以向人民法院申请延长期限，人民法院根据当事人的申请适当延长。当事人逾期提供证据的，人民法院应当责令其说明理由；拒不说明理由或者理由不成立的，人民法院根据不同情形可以不予采纳该证据，或者采纳该证据但予以训诫、罚款。因此，在民事诉讼中，当事人对自己提出的主张应当在举证期限内及时提供证据，逾期提供的，应当考虑是否有正当理由。本案中，D 建设工程公司

---

① 最高人民法院（2021）最高法知民终 1558 号民事判决书。

原审提交的证据十、证据十一属于公证书，考虑到公证程序需要一定时间周期且原审法院亦保障了J建设工程公司质证的权利，J建设工程公司原审中也充分发表了质证意见，故对于J建设工程公司认为因该两份证据均已超过举证期限而不应被采信的主张不予采纳。

第六十九条 【证据收据】人民法院收到当事人提交的证据材料，应当出具收据，写明证据名称、页数、份数、原件或者复印件以及收到时间等，并由经办人员签名或者盖章。

◆ **适用指引**

本条是关于人民法院收到当事人提供的证据材料后处理程序的规定。

收据是人民法院收到当事人提交证据材料的凭证。人民法院收取当事人提交的证据材料应当出具收据，这被称为证据收据制度。实行证据收据制度，体现了人民法院出具证据收据的严肃性，有利于规范人民法院的审判行为，保障当事人的诉讼权利。

根据本条规定，人民法院在收到当事人提交的证据材料后，应当仔细核对证据名称、页数、份数、原件或者复印件等，确认当事人提交证据的时间并在收据上写明上述事项。人民法院对当事人提交的证据材料出具收据是一项法定义务，法院没有履行义务的，提交材料的当事人有权向法院索取收据。人民法院出具的收据可以起到以下证明作用：一是证明当事人已经履行了举证义务；二是证明当事人已经提交过的证据及其形式；三是证明当事人是否在举证期限内提交证据。

◆ **关联规定**

《最高人民法院关于民事诉讼证据的若干规定》（2019 年 12 月 25 日）

第十九条 当事人应当对其提交的证据材料逐一分类编号，对证据材料的来源、证明对象和内容作简要说明，签名盖章，注明提交日期，并依照对方当事人人数提出副本。

人民法院收到当事人提交的证据材料，应当出具收据，注明证据的名称、份数和页数以及收到的时间，由经办人员签名或者盖章。

第七十条 【人民法院调取证据】人民法院有权向有关单位和个人调查取证，有关单位和个人不得拒绝。

人民法院对有关单位和个人提出的证明文书，应当辨别真伪，审查确定其效力。

◆ **适用指引**

本条是关于人民法院调查取证的职权以及对文书的审查义务的规定。

人民法院正确处理民事纠纷，必须运用证据查明案件的事实，审判人员只有掌握了充分的证据，才能在事实清楚的基础上适用法律，对民事案件作出正确的处理。一方面，调取证据是人民法院行使审判权所进行的重要活动，是法律赋予的职权；另一方面，对于单位和个人来说，提供证据则是其应尽的法律义务。人民法院依法调取证据时，任何单位和个人都有义务协助。如果有关单位或个人拒绝或者妨害调查取证，人民法院可以根据《民事诉讼法》第114条和第117条的规定，对其采取妨害民事诉讼的强制措施。调查取证的侧重点在于对证据的发现、提取和固定，是在行为意义上对案件事实进行调查，收集、获取能够证明案件真实情况的证据材料，不包含审查获取证据资料的内容。审查确定文书的效力在于对当事人提交的文书进行审视、查验，从而确定该证据的真实性、关联性、合法性及其证明力。

◆ **关联规定**

《最高人民法院关于适用〈中华人民共和国民事诉讼法〉的解释》（2022年4月1日）

第九十七条 人民法院调查收集证据，应当由两人以上共同进行。调查材料要由调查人、被调查人、记录人签名、捺印或者盖章。

第一百一十四条 国家机关或者其他依法具有社会管理职能的组织，在其职权范围内制作的文书所记载的事项推定为真实，但有相反证据足以推翻的除外。必要时，人民法院可以要求制作文书的机关或者组织对文书的真实性予以说明。

第一百一十五条 单位向人民法院提出的证明材料，应当由单位负责人及制作证明材料的人员签名或者盖章，并加盖单位印章。人民法院就单位出具的证明材料，可以向单位及制作证明材料的人员进行调查核实。必要时，可以要求制作证明材料的人员出庭作证。

单位及制作证明材料的人员拒绝人民法院调查核实，或者制作证明材料的人员无正当理由拒绝出庭作证的，该证明材料不得作为认定案件事实的根据。

《最高人民法院关于民事诉讼证据的若干规定》（2019 年 12 月 25 日）

第十六条 当事人提供的公文书证系在中华人民共和国领域外形成的，该证据应当经所在国公证机关证明，或者履行中华人民共和国与该所在国订立的有关条约中规定的证明手续。

中华人民共和国领域外形成的涉及身份关系的证据，应当经所在国公证机关证明并经中华人民共和国驻该国使领馆认证，或者履行中华人民共和国与该所在国订立的有关条约中规定的证明手续。

当事人向人民法院提供的证据是在香港、澳门、台湾地区形成的，应当履行相关的证明手续。

第二十一条 人民法院调查收集的书证，可以是原件，也可以是经核对无误的副本或者复制件。是副本或者复制件的，应当在调查笔录中说明来源和取证情况。

第二十二条 人民法院调查收集的物证应当是原物。被调查人提供原物确有困难的，可以提供复制品或者影像资料。提供复制品或者影像资料的，应当在调查笔录中说明取证情况。

第二十三条 人民法院调查收集视听资料、电子数据，应当要求被调查人提供原始载体。

提供原始载体确有困难的，可以提供复制件。提供复制件的，人民法院应当在调查笔录中说明其来源和制作经过。

人民法院对视听资料、电子数据采取证据保全措施的，适用前款规定。

第二十四条 人民法院调查收集可能需要鉴定的证据，应当遵守相关技术规范，确保证据不被污染。

第四十四条 摘录有关单位制作的与案件事实相关的文件、材料，应当注明出处，并加盖制作单位或者保管单位的印章，摘录人和其他调查人员应当在摘录件上签名或者盖章。

摘录文件、材料应当保持内容相应的完整性。

第九十一条 公文书证的制作者根据文书原件制作的载有部分或者全部内容的副本，与正本具有相同的证明力。

在国家机关存档的文件，其复制件、副本、节录本经档案部门或者制作原本的机关证明其内容与原本一致的，该复制件、副本、节录本具有与原本相同的证明力。

第九十二条 私文书证的真实性，由主张以私文书证证明案件事实的当事人承担举证责任。

私文书证由制作者或者其代理人签名、盖章或捺印的，推定为真实。

私文书证上有删除、涂改、增添或者其他形式瑕疵的，人民法院应当综合案件的具体情况判断其证明力。

◆ **典型案例**

焦某丽诉某饲料研究所、A区农业局侵害发明专利权纠纷案①

焦某丽认为某饲料研究所擅自把其专利技术变成自己的科研成果与大兴区农委项目合作并推广实施，某饲料研究所的工作人员张某峰、刁某玉擅自使用其专利试验报告发表论文，把焦某丽发明专利技术变成被告一的科研成果，在全国范围内随意无偿使用。焦某丽向北京知识产权法院提起诉讼，请求：（1）某饲料研究所、A区农业局停止对"一种增乳壮牛中药饲料添加剂及制备方法"发明专利的侵权行为。（2）某饲料研究所、A区农业局共同赔偿原告损失。后，焦某丽不服一审判决，向最高人民法院提起上诉，主张一审程序违法，认为一审法院应当依职权调取证据而未调取。

最高人民法院经审查认为，当事人对自己提出的主张，有责任提供证据。当事人及其诉讼代理人因客观原因不能自行收集的证据，或者人民法院认为审理案件需要的证据，人民法院应当调查收集。人民法院应当按照法定程序，全面地、客观地审查核实证据。人民法院有权向有关单位和个人调查取证，有关单位和个人不得拒绝。人民法院对有关单位和个人提出的证明文书，应当辨别真伪，审查确定其效力。本案中，关于一审法院未依职权调取某饲料研究所与A区农业局涉案项目合作资料的问题。原审判决在事实查明部分已明确记载焦某丽提出调查证据申请的事实并就此向A区农业局询问，在充分释明基础上再次要求某饲料研究所、A区农业局提交相关资料。因此，原审法院已经针对焦某丽的申请进行了调查取证程序。关于未能调取前述证据的原因，原审判决亦作了明确说明，系因为某饲料研究所、A区农业局拒不提交。原审法院根据在案证据和某饲料研究所、A区农业局拒不提交合作资料的事实，支持了焦某丽关于某饲料研究所、A区农业局在涉案合作项目中使用了涉案专利的主张。因此，焦某丽关于原审法院未依职权调取相关证据程序违法的主张，与事实不符。

① 最高人民法院（2020）最高法知民终831号民事判决书。

第七十一条　【法庭质证】证据应当在法庭上出示，并由当事人互相质证。对涉及国家秘密、商业秘密和个人隐私的证据应当保密，需要在法庭出示的，不得在公开开庭时出示。

◆ **适用指引**

本条是关于质证的规定。

质证，是指在法庭审理过程中，当事人在审判人员主持下，通过听取、审阅、核对、辨认等方法对提交法庭的证明材料的真实性、关联性和合法性作出判断，无异议的予以认可，有异议的当面质疑和询问的程序。质证与对质、认证相区别，对质是当事人各自申请出庭的具有专门知识的人相互之间就其对案件事实中专门问题的认识进行说明与质辩，认证是指人民法院将经过质证或者当事人认可的证据材料作为认定案件事实依据的过程。

1. 质证是法院审查、认定证据效力的必要前提。除当事人在审理前的准备阶段认可且经审判人员说明的证据外，未经质证的证据不得作为定案依据。

2. 质证是诉讼主体受法律保护的诉讼权利，是诉讼正当程序的标志。

3. 质证对法院查明、认定事实具有重要意义。证明材料是否客观真实反映案件事实，与本案关联程度及其证明力如何等，只有通过当事人对证明材料互相对质，审判人员才能审清、查明，从而正确归纳争议焦点、认定案件事实，维护裁判公正性，保障当事人实体权利与程序权利。

质证的主体为当事人、诉讼代理人、第三人。法院是证据认定的主体，不是质证的主体。质证的对象是当事人提交的和人民法院依当事人申请调查收集的各种证据。法院依职权调查收集的证据不属于当事人质证的对象。法院应当将其依职权调查收集的证据在庭审中予以出示，听取当事人的意见并就调查收集该证据的情况予以说明。基于法院在诉讼中的中立地位，当事人可以就与证据相关的问题提出疑问，但不能同法院质辩，若法院在听取当事人意见后发现所收集的证据存在问题，应当自行撤回该证据。质证的内容是指对证据的哪些方面进行质证。证据材料能否作为认定事实的根据，关键在于该证据材料是否具有真实性、合法性和关联性。因此，质证主要围绕证据的三性展开。

本条规定，对涉及国家秘密、商业秘密和个人隐私的证据应当保密，需要在法庭出示的，不得在公开开庭时出示。国家秘密是指关系国家安全和利益，依照法定程序确定，在一定时间内只限一定范围人员知悉的事项。商业秘密是指不为公众所知悉、具有商业价值并经权利人采取相应保密措施的技术信息、经营信息等商业信息。个人隐私是指个人生活中不愿意公开或为他人知悉的信息。不在公开开庭时出示不等于不出示。涉及国家秘密、商业秘密和个人隐私的证据不得在公开开庭时出示，可以采取其他保密方式出示并由当事人质证。如果案件属于不公开审理范围，则可在法庭上出示该证据并进行质证；如果是公开审理案件，则应采取其他保密方式出示证据并进行质证。

◆ **关联规定**

《最高人民法院关于适用〈中华人民共和国民事诉讼法〉的解释》（2022 年 4 月 1 日）

第一百零三条 证据应当在法庭上出示，由当事人互相质证。未经当事人质证的证据，不得作为认定案件事实的根据。

当事人在审理前的准备阶段认可的证据，经审判人员在庭审中说明后，视为质证过的证据。

涉及国家秘密、商业秘密、个人隐私或者法律规定应当保密的证据，不得公开质证。

第二百二十条 民事诉讼法第七十一条、第一百三十七条、第一百五十九条规定的商业秘密，是指生产工艺、配方、贸易联系、购销渠道等当事人不愿公开的技术秘密、商业情报及信息。

《最高人民法院关于民事诉讼证据的若干规定》（2019 年 12 月 25 日）

第六十条 当事人在审理前的准备阶段或者人民法院调查、询问过程中发表过质证意见的证据，视为质证过的证据。

当事人要求以书面方式发表质证意见，人民法院在听取对方当事人意见后认为有必要的，可以准许。人民法院应当及时将书面质证意见送交对方当事人。

第六十一条 对书证、物证、视听资料进行质证时，当事人应当出示证据的原件或者原物。但有下列情形之一的除外：

（一）出示原件或者原物确有困难并经人民法院准许出示复制件或者复制品的；

（二）原件或者原物已不存在，但有证据证明复制件、复制品与原件或者原物一致的。

第六十二条 质证一般按下列顺序进行：

（一）原告出示证据，被告、第三人与原告进行质证；

（二）被告出示证据，原告、第三人与被告进行质证；

（三）第三人出示证据，原告、被告与第三人进行质证。

人民法院根据当事人申请调查收集的证据，审判人员对调查收集证据的情况进行说明后，由提出申请的当事人与对方当事人、第三人进行质证。

人民法院依职权调查收集的证据，由审判人员对调查收集证据的情况进行说明后，听取当事人的意见。

◆ **典型案例**

某物业管理公司诉某某资产管理公司广东省分公司案外人执行异议之诉案①

广东省佛山市中级人民法院作出（2014）佛中法民二初字第84号民事判决，判决中行顺德分行以某投资公司提供抵押的房产折价或者拍卖、变卖的价款优先受偿。某某资产管理公司广东省分公司以受让债权为由向广东省佛山市中级人民法院申请执行，广东省佛山市中级人民法院经审查后立案执行。案外人某物业管理公司提出执行异议，请求对涉案房产带租约拍卖。广东省佛山市中级人民法院裁定驳回某物业管理公司的异议，某物业管理公司提起诉讼，不服二审判决，向最高人民法院申请再审。

最高人民法院经审查认为，证据应当在法庭上出示，由当事人互相质证。未经当事人质证的证据，不得作为认定案件事实的根据。本案中，某物业管理公司无法证明其与某投资公司存在合法有效的书面租赁合同。某物业管理公司虽提交梁某标与某投资公司签订的《合作协议》和《合作协议补充协议》，但因签订主体梁某标和某投资公司未到庭质证且某某资产管理公司广东省分公司不予认可，故二审法院没有确认其真实性和合法性，符合法律规定，即使其系签订主体的真实意思表示，亦不能作为认定案件事实的根据。

第七十二条　【公证证据效力】经过法定程序公证证明的法律事实和文书，人民法院应当作为认定事实的根据，但有相反证据足以推翻公证证明的除外。

◆ **适用指引**

本条是关于公证证明的法律事实和文书证明效力的规定。

---

① 最高人民法院（2021）最高法民申1201号民事裁定书。

公证本质上是一种证明活动。根据《公证法》第 2 条的规定，公证是公证机构根据自然人、法人或者其他组织的申请，依照法定程序对有法律意义的事实和文书的真实性、合法性予以证明的活动。公证证明是公证机构根据当事人申请，依法定程序对法律事实和文书作出确认其真实性、合法性的证明。由于公证机构会依法定程序对相关法律事实、文书进行审查，故公证机构作出的证明往往具有较高真实性和可靠性。一般情况下，人民法院应当将其作为认定事实的根据，其效力要高于其他种类的证据。一定程度上，公证具有稳定经济秩序、社会秩序，有效预防纠纷的功能，也有助于人民法院查明案件真实情况，高效解决纠纷。公证证明效力，是指公证机构对有法律意义的文书和事实所作出的公证证明在法律上具有的作用与效能。公证证明具有以下法律效力：

1. 公证证明对法院认定案件事实具有约束力。

2. 公证证明对提出公证证明的当事人具有证据预决效力。当事人的事实主张一旦有了公证证明，在未被推翻的情况下，当事人无须再提出证明该争议事实的其他证据。

3. 公证证明在证明力方面具有优越性。公证证明与其他未经公证证明的文书有明显不同，一般书证，如一般单位和个人提供的证明文书，人民法院应当辨别真伪，审查确定其效力，对于公证证明的法律事实和文书，在没有相反证据推翻的情况下，人民法院应当直接认证并作为认定事实的根据。

我国现行法律没有赋予公证绝对的证明效力，只有有效公证文书才具有供人民法院直接采证的证据效力。当事人在诉讼中享有提出其他证据的诉讼权利，对方当事人享有对公证书提出异议的诉讼权利，如果有相反证据足以推翻公证证明，人民法院有权不予采证，但只要没有相反证据或者虽有相反证据但不足以推翻公证证明，人民法院就应当确认其效力。

适用本条规定应当注意以下几个问题：

1. 质证是一般情形下认定证据效力的必经程序，但从法律赋予公证证明较高证明力的立法目的来看，在没有相反证据的情形下，经过我国法定程序公证证明的法律事实和文书可以不再通过质证程序确认。因为质证的本意是揭示证据的真实性、合法性、证明效力及证明作用，而公证证明已经具有这些属性。

2. "有相反证据足以推翻公证证明"一般包括三种情形：一是当事人举证证明公证证明的法律事实和文书与案件事实本身不符，是不真实的；二是当事人举证证明公证文书伪造或变造，不是公证机构的真实意思表示；三是当事人举证证明公证行为违法，如公证证明不符合法定程序要求。对于当事人提出的相反证据，首先，应具有相反性，即该证据与公证证明内容相反。其次，须达到足够程度。由于公证证明具有公信力，故推翻其效力的证据应更加充足，应达到的标准也应高于一般民事诉讼证明标准。再次，该证据本身应具备真实性、合法性及关联性。如果该证据本身具有瑕疵，则其不能推翻公证证明。最后，由于公证文书在法律上被视为有效文书，如当事人欲将其推翻，应承担证明责任。应当注意的是，推翻公证证明的法律效果仅是法院不再受公证证明优越性的约束，即无须直接将其作为认定事实的依据，并不等于对公证证明形式的否定。

3. 当事人、公证事项利害关系人对公证证明有异议，可以向公证机构提出复查，公证机构发现问题的，可以撤销或更正公证书；也可以向人民法院提起民事诉讼，但应当注意的是，当事人或利害关系人不得起诉撤销、变更公证书或确认其无效。当事人和公证事项的利害关系人对公证证明有异议，其实是认为公证证明的事实对其权利义务关系产生了不当影响，如果公证书影响的基础法律关系争议属于民事性质，则当事人、利害关系人可就该争议提起民事诉讼，仅就公证书撤销与否提起诉讼，法院不予受理。

◆ **关联规定**

《中华人民共和国公证法》（2017 年 9 月 1 日）

第三十六条 经公证的民事法律行为、有法律意义的事实和文书，应当作为认定事实的根据，但有相反证据足以推翻该项公证的除外。

第三十九条 当事人、公证事项的利害关系人认为公证书有错误的，可以向出具该公证书的公证机构提出复查。公证书的内容违法或者与事实不符的，公证机构应当撤销该公证书并予以公告，该公证书自始无效；公证书有其他错误的，公证机构应当予以更正。

《最高人民法院关于审理涉及公证活动相关民事案件的若干规定》（2020 年 12 月 29 日）

第二条 当事人、公证事项的利害关系人起诉请求变更、撤销公证书或者确认公证书无效的，人民法院不予受理，告知其依照公证法第三十九条规定可以向出具公证书的公证机构提出复查。

◆ **典型案例**

金某海诉孙某杰侵害发明专利权纠纷案①

金某海向广州知识产权法院提起诉讼，请求：（1）孙某杰立即停止销售侵害涉案专利权的产品。（2）孙某杰赔偿金某海经济损失及合理费用。孙某杰不服广州知识产权法院作出的（2021）粤73知民初865号民事判决，向最高人民法院提起上诉。

最高人民法院经审查认为，孙某杰不认可金某海提供的被诉侵权产品为其销售，称第1508号公证书的公证程序不合法，未完整叙述事实且保全方式不完善。经公证的民事法律行为、有法律意义的事实和文书，应当作为认定事实的根据，但有相反证据足以推翻该项公证的除外。经过法定程序公证证明的法律事实和文书，人民法院应当作为认定事实的根据，但有相反证据足以推翻公证证明的除外。本案中，孙某杰经营的店铺销售被诉侵权产品的行为经公证机构全程参与公证证明，被诉侵权产品在公证员的监督下进行了签封，孙某杰亦认可涉案店铺系其经营且销售了一台清灰机给金某海的代理人和公证人员等，孙某杰否认被诉侵权产品为其销售，未提供相反证据，不能推翻第1508号公证书证明事实。孙某杰上诉称第1508号公证书的公证过程没有按照《公证程序规则》规定程序操作，超出地域管辖相关规定，应认定该公证书无效。根据《中华人民共和国公证法》第二条的规定，公证是公证机构根据自然人、法人或者其他组织的申请，依照法定程序对民事法律行为、有法律意义的事实和文书的真实性、合法性予以证明的活动。根据《公证程序规则》第十三条第三款的规定，公证机构应当在核定的执业区域内受理公证业务。公证机构是否超出核定的执业区域受理公证业务与公证机构出具的公证书所记载的事实是否客观真实，属于两个不同范畴的问题。公证机构违反《公证程序规则》相关行政管理规定并不必然否定公证机构对具有法律意义的事实出具公证书本身的真实性与证明力，加之孙某杰认可金某海曾向其购买过被诉侵权产品，对涉案店铺由其经营的事实亦不持异议且明确第1508号公证书中被诉侵权产品系从案外人机械厂购买并销售给金某海的代理人，诉讼中又否定被诉侵权产品为其销售，前后意思表示相互矛盾且未提供有效证据，故原审法院依据第1508号公证书认定孙某杰存在销售被诉侵权产品的行为并无不当。

---

① 最高人民法院（2022）最高法知民终1568号民事判决书。

第七十三条 【书证、物证】书证应当提交原件。物证应当提交原物。提交原件或者原物确有困难的，可以提交复制品、照片、副本、节录本。

提交外文书证，必须附有中文译本。

◆ **适用指引**

本条是关于优先提交书证原件、物证原物的规定。

原件、原物与某一法律关系的产生、变更、消灭有着千丝万缕的联系，直接表征或见证法律关系的发展过程，或其本身就是法律关系发展的产物，以其来证明案件要件事实最为合适。原件、原物作为案件原始证据，伴随案件事实发生而形成，其关联性毋庸置疑。证据与案件事实关系越直接、越接近，其可靠度就越高，证明力就越强。当其与案件事实的关系被复制、复印、传抄等中间环节所阻隔，其间的失误、偏差、信息损耗、变形，甚至有意变造、篡改等，会使证据失真，不能如实反映案件事实原貌。因此，原件、原物作为原始证据更接近案件事实，其可靠性和证明力大于复制品、照片、副本、节录本，要求当事人提交原件或原物，更有利于证明案件事实。

一般认为，原件又称原本，是指文件制作人以文字、图表等形式初始作成的、能够表达或反映其制作目的的文件。原件必须是初始作成，一般有信件、合同、借条、证件等。实践中，辨别书证是否为原件，应当注意区分以下类型：

1. 正本书证，是指依照原本全文抄录、印制等，内容与原本完全相同，对外与原本具有同等法律效力的文书。除了作成方式不同，正本与原本的另一主要区别是，原本一般由制作人收存或留作存档备查，正本发给受件人保存或使用，故正本可视为原件。

2. 副本书证，是指依照原本全文抄录、印制但不具有正本效力的书证。副本书证的作成旨在告知有关单位或个人了解、知悉原本文书的内容，故书证副本通常发送给主受件人以外的其他有必要了解原本内容的相关单位或个人。副本与正本的制作方法相同，不同之处主要在于副本与正本制作的目的和收存对象不同，副本比正本效力低。

3. 节录本书证，是指制作人摘要抄录、印制原本文书部分内容后或者摘取了其中一部分原本内容后形成的书证。节录本与原本相比，只能反映原本部分内容，制作人采用主观方法对原本加以摘要或节录，在一定程度上影响节录文本客观、全面体现原本内容，也影响原本内容的内在逻辑性以及结构完整性，具有较大主观倾向。由于节录本是就仅需了解原本中某一相关部分而制作，未充分考虑原本的全面、详细而复杂的内容，故节录本有一定的局限性。

4. 影印本书证，是指采用影印技术，将原本或正本通过摄影或复制技术而制作的文书。

原物，是指在民事活动中产生、与民事法律关系密切相关、能够说明民事权益争议事实的物品。例如，缺陷产品致人损害中的缺陷产品、交通事故中的肇事车辆等。由于原物以其客观存在的性能、外形等证明案件事实，其最大特征就是它直接来源和产生于民事法律关系形成、变更和消灭过程中，故其在诉讼过程中的证明作用更直观具体，比其他传来证据更具证明力。

◆ **关联规定**

《最高人民法院关于适用〈中华人民共和国民事诉讼法〉的解释》（2022 年 4 月 1 日）

第一百一十一条 民事诉讼法第七十三条规定的提交书证原件确有困难，包括下列情形：

（一）书证原件遗失、灭失或者毁损的；

（二）原件在对方当事人控制之下，经合法通知提交而拒不提交的；

（三）原件在他人控制之下，而其有权不提交的；

（四）原件因篇幅或者体积过大而不便提交的；

（五）承担举证证明责任的当事人通过申请人民法院调查收集或者其他方式无法获得书证原件的。

前款规定情形，人民法院应当结合其他证据和案件具体情况，审查判断书证复制品等能否作为认定案件事实的根据。

第一百一十二条 书证在对方当事人控制之下的，承担举证证明责任的当事人可以在举证期限届满前书面申请人民法院责令对方当事人提交。

申请理由成立的，人民法院应当责令对方当事人提交，因提交书证所产生的费用，由申请人负担。对方当事人无正当理由拒不提交的，人民法院可以认定申请人所主张的书证内容为真实。

第一百一十三条 持有书证的当事人以妨碍对方当事人使用为目的，毁灭有关书证或者实施其他致使书证不能使用行为的，人民法院可以依照民事诉讼法第一百一十四条规定，对其处以罚款、拘留。

《最高人民法院关于民事诉讼证据的若干规定》（2019 年 12 月 25 日）

第十一条 当事人向人民法院提供证据，应当提供原件或者原物。如需自己保存证据原件、原物或者提供原件、原物确有困难的，可以提供经人民法院核对无异的复制件或者复制品。

第十二条 以动产作为证据的，应当将原物提交人民法院。原物不宜搬移或者不宜保存的，当事人可以提供复制品、影像资料或者其他替代品。

人民法院在收到当事人提交的动产或者替代品后，应当及时通知双方当事人到人民法院或者保存现场查验。

第十三条 当事人以不动产作为证据的，应当向人民法院提供该不动产的影像资料。

人民法院认为有必要的，应当通知双方当事人到场进行查验。

第十七条 当事人向人民法院提供外文书证或者外文说明资料，应当附有中文译本。

第四十五条 当事人根据《最高人民法院关于适用〈中华人民共和国民事诉讼法〉的解释》第一百一十二条的规定申请人民法院责令对方当事人提交书证的，申请书应当载明所申请提交的书证名称或者内容、需要以该书证证明的事实及事实的重要性、对方当事人控制该书证的根据以及应当提交该书证的理由。

对方当事人否认控制书证的，人民法院应当根据法律规定、习惯等因素，结合案件的事实、证据，对于书证是否在对方当事人控制之下的事实作出综合判断。

第四十六条 人民法院对当事人提交书证的申请进行审查时，应当听取对方当事人的意见，必要时可以要求双方当事人提供证据、进行辩论。

当事人申请提交的书证不明确、书证对于待证事实的证明无必要、待证事实对于裁判结果无实质性影响、书证未在对方当事人控制之下或者不符合本规定第四十七条情形的，人民法院不予准许。

当事人申请理由成立的，人民法院应当作出裁定，责令对方当事人提交书证；理由不成立的，通知申请人。

第四十七条 下列情形，控制书证的当事人应当提交书证：

（一）控制书证的当事人在诉讼中曾经引用过的书证；

（二）为对方当事人的利益制作的书证；

（三）对方当事人依照法律规定有权查阅、获取的书证；

（四）账簿、记账原始凭证；

（五）人民法院认为应当提交书证的其他情形。

前款所列书证，涉及国家秘密、商业秘密、当事人或第三人的隐私，或者存在法律规定应当保密的情形的，提交后不得公开质证。

第四十八条 控制书证的当事人无正当理由拒不提交书证的，人民法院可以认定对方当事人所主张的书证内容为真实。

控制书证的当事人存在《最高人民法院关于适用〈中华人民共和国民事诉讼法〉的解释》第一百一十三条规定情形的，人民法院可以认定对方当事人主张以该书证证明的事实为真实。

◆ **典型案例**

某知识产权代理公司诉某科技公司专利代理合同纠纷案①

某知识产权代理公司向浙江省宁波市中级人民法院起诉请求：某科技公司立即支付欠款及逾期利息。某知识产权代理公司不服一审判决，向最高人民法院提起上诉。

最高人民法院经审查认为，书证应当提交原件；物证应当提交原物。提交原件或者原物确有困难的，可以提交复制品、照片、副本、节录本。提交书证原件确有困难，包括下列情形：（1）书证原件遗失、灭失或者毁损的；（2）原件在对方当事人控制之下，经合法通知提交而拒不提交的；（3）原件在他人控制之下，而其有权不提交的；（4）原件因篇幅或者体积过大而不便提交的；（5）承担举证证明责任的当事人通过申请人民法院调查收集或者其他方式无法获得书证原件的。前款规定情形，人民法院应当结合其他证据和案件具体情况，审查判断书证复制品等能否作为认定案件事实的根据。

因此，合同复印件虽不能单独作为认定案件事实的根据，但可结合其他证据和案件具体情况予以审查判断其证据效力。本案中，某知识产权代理公司提交的三份委托代理合同为复印件，理由为原件遗失。某科技公司虽对三份合同复印件真实性不予认可，但对其委托某知识产权代理公司代理申请专利及支付过 10 万元代理费的事实没有异议，仅抗辩称本案应以授权的专利作为结算依据。在此情形下，本案应综合某知识产权代理公司提交的专利申请文件、专利复审文件等证据材料对合同复印件的真实性进行审查确认，不能仅因合同为复

---

① 最高人民法院（2020）最高法知民终 1389 号民事判决书。

印件即否定其真实性。经审查，某知识产权代理公司提交的三份合同复印件为同一版式，均有双方当事人公司印章，形式完备；某知识产权代理公司提交的双方聊天记录显示，某科技公司对某知识产权代理公司截图出示的合同文本没有提出异议，该合同文本与某知识产权代理公司本案提交的合同复印件文本一致；某知识产权代理公司提交的 110 份专利申请文件与三份合同约定的代理申请专利总数相对应，某科技公司亦陈述其有几十万元未付费，此与三份合同约定的未收款 22 万元相对应。因此，某知识产权代理公司提交的上述证据之间相互关联，某知识产权代理公司和某科技公司的实际履约行为与三份合同的约定相符，足以证实三份合同的真实性，某科技公司应依约向某知识产权代理公司支付代理费用，原审法院未综合考虑某知识产权代理公司提交的合同履行其他证据和案件具体情况，以三份合同无原件为由对其真实性不予认定，认定事实有误。

第七十四条 【视听资料】人民法院对视听资料，应当辨别真伪，并结合本案的其他证据，审查确定能否作为认定事实的根据。

◆ **适用指引**

本条是关于视听资料作为证据使用的规定。

视听资料是以模拟信号的方式在介质上进行存储的数据，可以通过声音、图像、储存的数据和资料形象地反映一定的法律事实。作为证据的一种，视听资料是通过现代科学技术手段记录案件的真实情况并能使案件得以再现的证据。作为证据类型的视听资料包括录音资料和录像资料两种形式。录音资料是应用声、光、电和机械等方面的科学技术，把正在进行的有关人员演说、对话以及自然声响等声音如实记录下来，通过播放再现原来的声迹以证明案件真实情况的证据资料；录像资料是应用光电效应和电磁转换原理，将人或事物运动、发展、变化的客观真实情况原原本本地录制下来，再经过播放重新显示原始的形象来证明案件真实情况的证据资料。视听资料具有以下特点：

1. 视听资料表现为具有一定科技含量的载体，更依赖于录音带、录像带等物质载体，是以其记录内容对待证事实发挥证明作用。没有物质载体就不存在视听资料证据，其与书证在这个特征上非常接近。

2. 视听资料具有高度的准确性和动态直观性，在形成过程中一般不受录制人主观因素的影响而造成对案件事实的歪曲，属于客观再现。只要录制对象正确、录制方法得当、录制设备正常，视听资料就能准确记录事实。借助相应技术设备，视听资料就能直接再现一定的案件事实。

3. 对视听资料的收集和审查需要依赖科学技术手段。与传统证据形式相比，视听资料更依赖一定的物质载体并以其记录的内容来对待证事实发挥证明作用。视听资料的形成也需借助录音、录像设备，既可以借助上述设备制作，也可通过裁剪拼接等伪造或篡改。因此，当事人以视听资料作为证据的，应当提供存储该视听资料的原始载体，人民法院对其真实性的检测也要依赖相应科学技术和设备或通过鉴定等手段甄别。

当事人提交的视听资料能否作为认定案件事实的证据，应注意把握以下问题：

1. 应当由当事人提供存储该视听资料的原始载体。借助于现代科技手段，视听资料虽容易形成，但也容易被人为伪造或篡改。因此，当事人提交视听资料，应当提供存储视听资料的原始载体。原始载体对于证明视听资料的客观真实具有重要作用。当事人确实无法提供原始载体，应当说明未提交的原因，如属正当理由，可允许当事人提交复制件，再结合其他在案证据来认定事实。如不属于正当理由，当事人应及时提供原始载体，否则将承担不利的诉讼后果。

2. 应当审查辨别视听资料的真伪。视听资料容易被裁剪、截取、修改、刻意删除、伪造。因此，对于视听资料应当借助科技、信息手段对其客观性、真实性和完整性进行严查以辨别真伪。对于一些专业性质的篡改或者当事人异议较大的内容，必要时，人民法院可以寻求司法鉴定让专业人员对视听资料内容进行甄别。需要注意的是，对于视听资料存在的一些无关内容的删减以及不影响内容的特效处理，不影响对其内容的审查。

3. 应当注意视听资料取证的合法性。对于当事人提交的视听资料，应当要求其说明录制或制作视听资料的环境、过程。要审查视听资料的制作是否违反法律有关规定，是否存在采取非法手段通过特殊设备侵犯公民隐私的情形。未经被录制人同意的私录视听资料能否作为证据使用，要区分不同情况分别认定：对于录制的是自己与对方当事人之间的谈话、行为等活动，如未侵犯对方隐私或商业秘密等，无论对方是否同意，一般可作为认定案件事实的证据；对于录制的内容是具有法律意义的民事活动，是对民事活动的客观再现且未侵犯对方合法权益的，一般可作为认定案件事实的证据；要判断被录制人是否存在被胁迫诱导等情形，即录制内容是否属于未在外界力量干预下的自由表达。

4. 应当结合其他证据综合认定。人民法院认定相关事实时，除视听资料外，还应根据本案书证、物证、证人证言等证据对视听资料进行综合分析判断。只有反映案件真实情况的视听资料，才能作为认定事实的依据。存有疑点的视听资料，不能单独作为认定案件事实的依据。

◆ **关联规定**

《最高人民法院关于适用〈中华人民共和国民事诉讼法〉的解释》（2022 年 4 月 1 日）

第一百一十六条 视听资料包括录音资料和影像资料。

电子数据是指通过电子邮件、电子数据交换、网上聊天记录、博客、微博客、手机短信、电子签名、域名等形成或者存储在电子介质中的信息。

存储在电子介质中的录音资料和影像资料，适用电子数据的规定。

《最高人民法院关于民事诉讼证据的若干规定》（2019 年 12 月 25 日）

第十四条 电子数据包括下列信息、电子文件：

（一）网页、博客、微博客等网络平台发布的信息；

（二）手机短信、电子邮件、即时通信、通讯群组等网络应用服务的通信信息；

（三）用户注册信息、身份认证信息、电子交易记录、通信记录、登录日志等信息；

（四）文档、图片、音频、视频、数字证书、计算机程序等电子文件；

（五）其他以数字化形式存储、处理、传输的能够证明案件事实的信息。

第十五条 当事人以视听资料作为证据的，应当提供存储该视听资料的原始载体。

当事人以电子数据作为证据的，应当提供原件。电子数据的制作者制作的与原件一致的副本，或者直接来源于电子数据的打印件或其他可以显示、识别的输出介质，视为电子数据的原件。

第九十三条 人民法院对于电子数据的真实性，应当结合下列因素综合判断：

（一）电子数据的生成、存储、传输所依赖的计算机系统的硬件、软件环境是否完整、可靠；

（二）电子数据的生成、存储、传输所依赖的计算机系统的硬件、软件环境是否处于正常运行状态，或者不处于正常运行状态时对电子数据的生成、存储、传输是否有影响；

（三）电子数据的生成、存储、传输所依赖的计算机系统的硬件、软件环境是否具备有效的防止出错的监测、核查手段；

（四）电子数据是否被完整地保存、传输、提取，保存、传输、提取的方法是否可靠；

（五）电子数据是否在正常的往来活动中形成和存储；

（六）保存、传输、提取电子数据的主体是否适当；

（七）影响电子数据完整性和可靠性的其他因素。

人民法院认为有必要的，可以通过鉴定或者勘验等方法，审查判断电子数据的真实性。

第九十四条 电子数据存在下列情形的，人民法院可以确认其真实性，但有足以反驳的相反证据的除外：

（一）由当事人提交或者保管的于己不利的电子数据；

（二）由记录和保存电子数据的中立第三方平台提供或者确认的；

（三）在正常业务活动中形成的；

（四）以档案管理方式保管的；

（五）以当事人约定的方式保存、传输、提取的。

电子数据的内容经公证机关公证的，人民法院应当确认其真实性，但有相反证据足以推翻的除外。

◆ **典型案例**

某材料公司诉某环保设备公司买卖合同纠纷案①

某环保设备公司不服山东省东营市中级人民法院（2018）鲁05民终969号民事判决，向山东省高级人民法院申请再审。

山东省高级人民法院经审查认为，视听资料包括录音资料和影像资料。电子数据是指通过电子邮件、电子数据交换、网上聊天记录、博客、微博客、手机短信、电子签名、域名等形成或者存储在电子介质中的信息。存储在电子介质中的录音资料和影像资料，适用电子数据的规定。电子邮件属于法定电子数据证据的范畴，可以作为证据使用。原审庭审中已经查明电子邮件的发送接收邮箱为双方邮箱并对电子邮件由双方进行质证。本案中，某环保设备公司否认电子邮件的真实性，应当举证证明，但其仅提出主张，未提交证据予以支持，在某材料公司主

---

① 山东省高级人民法院（2019）鲁民申2501号民事裁定书。

张电子数据证据真实，对某环保设备公司的主张不予认可的情况下，原判决对某环保设备公司的主张不予支持，采信电子邮件的证明力并据此认定事实，符合法律规定。

第七十五条　**【证人义务、资格】**凡是知道案件情况的单位和个人，都有义务出庭作证。有关单位的负责人应当支持证人作证。

不能正确表达意思的人，不能作证。

◆ **适用指引**

本条是关于证人作证义务和证人资格的规定。

证人享有如下权利：（1）使用本民族语言文字作证的权利。（2）审阅证言和要求补充、更正的权利。（3）费用补偿权，证人因出庭作证而支出的交通费、住宿费、就餐费等合理费用，有权要求获得补偿并有权要求获得误工补贴。上述费用由败诉一方当事人负担。交通、住宿、就餐等必要费用按照机关事业单位工作人员差旅费用和补贴标准计算；误工损失按照国家上年度职工日平均工资标准计算。（4）获得保护权，证人因作证而使自己人身财产安全受到威胁或损害的，有权要求法院予以保护。

证人负有如下义务：（1）出庭作证的义务，证人只有出席法庭接受双方当事人质证和法院询问，才便于法院审查证人证言的真实性、可靠性和证明力。证人出庭义务有下列例外：其一，证人具有法律规定的情形之一的，经人民法院许可，可通过书面证言、视听传输技术或者视听资料等方式作证；其二，证人在人民法院组织双方当事人交换证据时出席陈述证言的，可视为出庭作证。除了上述情形外，证人未出庭所提供的证言，证明力将受到一定影响，无正当理由未出庭作证的证人证言，不能单独作为认定案件事实的依据。（2）如实作证的义务，证人无论是出庭作证还是提交书面证言、视听资料或者通过双向视听传输技术手段作证，都负有如实作证的义务。人民法院在证人出庭作证前，应当告知其如实作证的义务以及作伪证的法律后果并责令其签署保证书，但无民事行为能力人和限制民事行为能力人除外，保证书应当载明据实陈述、如有虚假陈述愿意接受处罚等内容。证人拒绝签署保证书的，不得作证并自行承担相关费用。（3）遵守法庭纪律和诉讼秩序的义务。

证人证言是指证人在诉讼过程中向司法机关陈述的与案件情况有关的内容，

是以证人在法庭上就其亲身经历的案件事实所作的客观陈述作为证明案件事实的资料。以本人所知道的情况对案件事实作证的人，称为证人。按照是否具有某一专门知识对案件争议的事实作出判断，证人分为两种：一种是专家证人，基于其特定的专门学科的有关学识与经验提供意见，其证言被称为意见证言；另一种是非专家证人，也称普通证人。普通证人是依据自己就其感官获得的某种程度上的记忆提供证言，其证言被称为感知证言。《民事诉讼法》将证人证言作为一种证据类型，指的是证人以口头或书面方式向人民法院所作的对案件事实的陈述。证人所作陈述，既可是亲自听到、看到，也可是从其他人、其他地方间接得知。人民法院认定证人证言，可以通过对证人的智力状况、品德、知识、经验、法律意识和专业技能等的综合分析作出判断。

对于本条第 1 款的理解，分为两个层面。一是证人出庭作证的前提以及法定义务。人民法院审理案件，查明事实，必须依靠知道案情的各方面证人。证人因其亲历性等特征，其证言对于查清案件事实具有重要的作用。只有对案件情况了解或知悉内情的单位和个人，才可作为证人。知道案件情况的人应当积极配合人民法院的审理工作。二是证人所在单位应当为其出庭作证提供便利，证人所在单位的负责人应当积极支持证人出庭接受审判人员和当事人的询问。国家机关、社会团体、企业事业单位的负责人，在本单位人员需要出庭作证时，应当给予支持并提供一定的方便，以保证证人能履行好法律规定的义务。《民事诉讼法》规定单位也可作为证人。单位作为证人出庭作证，应由该单位授权的法定代表人或者法人代表出庭作证。经人民法院许可，单位出具的文件可以作为书面证言。在具体审理程序中，证人在法庭审理前的调查、询问程序中陈述的证言具有与庭审陈述同样的可信性。审理前的准备阶段或者法院调查、询问等程序在法院主持下进行，证人也是在双方当事人在场的情况下陈述证言，双方当事人均可就案件有关问题向证人询问，此时证人所作陈述，应当具有与庭审陈述同样的法律效果。

证人资格又称证人能力或证人适格性，是指根据法律规定可以成为诉讼中的证人的法律资格。证人资格即证人的范围，是指哪些人能够作为证人，哪些人不能作为证人。根据本条第 2 款的规定，我国对证人资格的基本原则限制为"不能正确表达意思的人"，除非有不能正确表达意思的情形，所有人均有作为证人的资格。实践中要注意：（1）必须是当事人以外知道案件情况的人，才可作为证人出庭作证。（2）证人必须具有感知能力、判断是非能力和正确表述能力。待证事实与其自身自然状况相适应，即具备相应证人资格，不要求证人必须具有完全民事行为能力。生理上有缺陷的人，只要这种缺陷不会成为其了解一定事实的障碍，仍可作为证人。

◆ **关联规定**

《最高人民法院关于适用〈中华人民共和国民事诉讼法〉的解释》（2022 年 4 月 1 日）

第一百一十九条 人民法院在证人出庭作证前应当告知其如实作证的义务以及作伪证的法律后果，并责令其签署保证书，但无民事行为能力人和限制民事行为能力人除外。

证人签署保证书适用本解释关于当事人签署保证书的规定。

第一百二十条 证人拒绝签署保证书的，不得作证，并自行承担相关费用。

《最高人民法院关于民事诉讼证据的若干规定》（2019 年 12 月 25 日）

第六十七条 不能正确表达意思的人，不能作为证人。

待证事实与其年龄、智力状况或者精神健康状况相适应的无民事行为能力人和限制民事行为能力人，可以作为证人。

◆ **典型案例**

某食品公司诉张某革租赁合同纠纷案①

某食品公司与张某革签订《房屋租赁合同》，某食品公司破产案件受理后，管理人依法解除《房屋租赁合同》并要求张某革缴清房租及房屋占用费，将占用的房屋及附属设施交回管理人。后经管理人多方沟通、催促，张某革未补缴相关费用也未搬离。某食品公司向陕西省咸阳市中级人民法院起诉请求：（1）张某革停止侵害，立即向原告交付占用的房屋及相关附属设施。（2）张某革支付房租及房屋占用费。张某革不服二审生效判决，向最高人民法院申请再审。

最高人民法院经审查认为，陈某祥作为证人出庭作证，其证言具有证明效力，理由在于：（1）凡是知道案件情况的单位和个人，都有义务出庭作证。有关单位的负责人应当支持证人作证。不能正确表达意思的人，不能作证。人民法院对当事人的陈述，应当结合本案的其他证据，审查确定能否作为认定事实的根据。因此，法律对可以出庭作证的证人身份并无限制，亦未当然否定当事人陈述的证明效力，故张某革关于陈某祥不能作为证人出庭作证、其作为当事人所陈述

---

① 最高人民法院（2021）最高法民申 4564 号民事裁定书。

内容不应采信的主张，无法律依据。（2）陈某祥系某食品公司前法定代表人，本案诉讼代表人为某食品公司破产财产管理人，陈某祥与本案当事人之间并不存在完全的利害关系。（3）陈某祥所作证言内容对其自身不利，应当认定其证言具有客观性。（4）原审法院确认混凝土结算款、借款以及转让车辆等基础交易关系的真实性无法认定，进一步印证陈某祥所证相关事实的存在，并未将陈某祥的证言作为唯一认定案件事实的根据。因此，原审法院采信陈某祥的证言，符合法律规定，亦有相应事实根据。

第七十六条　【证人出庭作证】 经人民法院通知，证人应当出庭作证。有下列情形之一的，经人民法院许可，可以通过书面证言、视听传输技术或者视听资料等方式作证：

（一）因健康原因不能出庭的；

（二）因路途遥远，交通不便不能出庭的；

（三）因自然灾害等不可抗力不能出庭的；

（四）其他有正当理由不能出庭的。

◆ **适用指引**

本条是关于证人出庭作证的规定。

证人出庭作证是证人履行作证义务的表现方式。出庭作证是原则，不出庭作证是例外。证人是就其亲身感知的事实向法庭作客观陈述的人，其要证明的内容是其亲身经历的事实，加之其具有不可替代性，故其只能通过正确表达感知来证明案件事实，同时还要接受法官和当事人的询问，诉讼活动才能正常进行，只有出庭作证，才能履行完整意义上的证人义务。

人民法院的通知是证人出庭作证的前提，是证人获准出庭作证的标志。原则上，在没有人民法院通知的情况下，证人不能出庭作证。实践中往往出现证人突袭作证的情形，当事人未在举证期限届满前向人民法院提出申请，而是开庭时径行带证人临时申请作证或者申请的证人与实际到场的证人不一致，既影响庭审严肃性，也无法保障证人证言真实性，对其他当事人也难言公平。因此，要把握证人出庭的前提，即得到人民法院允许并通知其参加诉讼。未经人民法院通知，意味着当事人关于证人作证的申请未提出或未被人民法院允许，也就不存在证人作证的问题。

证人确有困难的，可以不出庭作证。本条主要规定以下几种情形：

1. 对于因健康原因不能出庭作证的。要求年迈体弱或者行动不便的证人必须出庭作证，既不客观也不现实。

2. 对于路途遥远、交通不便不能出庭作证的。要把握路途遥远和交通不便两个条件需同时具备，既确实路途遥远，同时交通也不便利，此种情况下经人民法院许可才可以不出庭作证。如果虽然路途遥远，但考虑到现在各种大众运输技术的飞跃发展，证人所在地与法院所在地间交通便利的，不属于此种情形。

3. 对于因自然灾害等不可抗力不能出庭作证的。不可抗力是证人自身无法避免、无法克服的自然现象和社会现象。证人因不可抗力无法出庭，可以以其他方式作证。

4. 对于其他有正当理由不能出庭的情况，可视为兜底条款，证人应当在书面申请中写明其不能出庭作证的客观原因并提交相应证据予以证明，人民法院经综合考虑，认为证人出庭作证不合理、不可行的，可准许证人不出庭作证。

书面证言是出庭作证之外的最为常见也最为方便的作证方式。证人不能出庭的，可以提交亲笔书写的书面证言，也可以以他人记录的证言笔录的形式作证。视听传输技术是现代科技发展的产物，为相距遥远的人们提供了便捷有效的交流途径，与书面证言和视听资料相比，具有及时性、互动性的优点，能够更为全面地反映证人作证的现场情况并能使质证和询问证人程序及时展开，有利于法庭正确地审核判断证据，从而更好地保障证人证言真实性。随着《人民法院在线诉讼规则》的施行，双向视听传输技术会被更多使用，人民法院根据当事人选择和案件情况可以组织当事人开展在线证据交换，通过同步或者非同步方式在线举证质证，也可以允许证人通过在线方式出庭作证。视听资料相比书面证言也有一定优越性，可较为全面地反映证人作证的环境，更好保证证言可信性，可参照本法第74条关于视听资料的有关规定。

◆ **关联规定**

《最高人民法院关于适用〈中华人民共和国民事诉讼法〉的解释》（2022 年 4 月 1 日）

第一百一十七条 当事人申请证人出庭作证的，应当在举证期限届满前提出。

符合本解释第九十六条第一款规定情形的，人民法院可以依职权通知证人出庭作证。

未经人民法院通知，证人不得出庭作证，但双方当事人同意并经人民法院准许的除外。

《最高人民法院关于民事诉讼证据的若干规定》（2019 年 12 月 25 日）

第六十八条 人民法院应当要求证人出庭作证，接受审判人员和当事人的询问。证人在审理前的准备阶段或者人民法院调查、询问等双方当事人在场时陈述证言的，视为出庭作证。

双方当事人同意证人以其他方式作证并经人民法院准许的，证人可以不出庭作证。

无正当理由未出庭的证人以书面等方式提供的证言，不得作为认定案件事实的根据。

第六十九条 当事人申请证人出庭作证的，应当在举证期限届满前向人民法院提交申请书。

申请书应当载明证人的姓名、职业、住所、联系方式，作证的主要内容，作证内容与待证事实的关联性，以及证人出庭作证的必要性。

符合《最高人民法院关于适用〈中华人民共和国民事诉讼法〉的解释》第九十六条第一款规定情形的，人民法院应当依职权通知证人出庭作证。

第七十条 人民法院准许证人出庭作证申请的，应当向证人送达通知书并告知双方当事人。通知书中应当载明证人作证的时间、地点，作证的事项、要求以及作伪证的法律后果等内容。

当事人申请证人出庭作证的事项与待证事实无关，或者没有通知证人出庭作证必要的，人民法院不予准许当事人的申请。

第七十一条 人民法院应当要求证人在作证之前签署保证书，并在法庭上宣读保证书的内容。但无民事行为能力人和限制民事行为能力人作为证人的除外。

证人确有正当理由不能宣读保证书的，由书记员代为宣读并进行说明。

证人拒绝签署或者宣读保证书的，不得作证，并自行承担相关费用。

证人保证书的内容适用当事人保证书的规定。

第七十二条 证人应当客观陈述其亲身感知的事实，作证时不得使用猜测、推断或者评论性语言。

证人作证前不得旁听法庭审理，作证时不得以宣读事先准备的书面材料的方式陈述证言。

证人言辞表达有障碍的，可以通过其他表达方式作证。

第七十三条 证人应当就其作证的事项进行连续陈述。

当事人及其法定代理人、诉讼代理人或者旁听人员干扰证人陈述的，人民法院应当及时制止，必要时可以依照民事诉讼法第一百一十条的规定进行处罚。

第七十四条　审判人员可以对证人进行询问。当事人及其诉讼代理人经审判人员许可后可以询问证人。

询问证人时其他证人不得在场。

人民法院认为有必要的，可以要求证人之间进行对质。

第七十六条　证人确有困难不能出庭作证，申请以书面证言、视听传输技术或者视听资料等方式作证的，应当向人民法院提交申请书。申请书中应当载明不能出庭的具体原因。

符合民事诉讼法第七十三条规定情形的，人民法院应当准许。

第七十七条　证人经人民法院准许，以书面证言方式作证的，应当签署保证书；以视听传输技术或者视听资料方式作证的，应当签署保证书并宣读保证书的内容。

第七十八条　当事人及其诉讼代理人对证人的询问与待证事实无关，或者存在威胁、侮辱证人或不适当引导等情形的，审判人员应当及时制止。必要时可以依照民事诉讼法第一百一十条、第一百一十一条的规定进行处罚。

证人故意作虚假陈述，诉讼参与人或者其他人以暴力、威胁、贿买等方法妨碍证人作证，或者在证人作证后以侮辱、诽谤、诬陷、恐吓、殴打等方式对证人打击报复的，人民法院应当根据情节，依照民事诉讼法第一百一十一条的规定，对行为人进行处罚。

第九十六条　人民法院认定证人证言，可以通过对证人的智力状况、品德、知识、经验、法律意识和专业技能等的综合分析作出判断。

◆ **典型案例**

某贸易公司诉某石化公司票据付款请求权纠纷案①

某贸易公司收到 Y 公司的商业承兑汇票 5 张，汇票出票人均为某石化公司，收款人均为某能源公司，上述票据均经背书转让给 Y 公司，Y 公司又将票据背书转让给某贸易公司。某贸易公司委托某银行天津市中兴支行向付款人开户行提示付款，某石化公司明确表示拒绝付款并拒绝出具拒绝证明书等相关证明。某贸易公司向宁夏回族自治区高级人民法院起诉请求某石化公司支付商业承兑汇票金额及利息。某贸易公司与某石化公司不服一审判决，向最高人民法院提起上诉。某

---

① 最高人民法院（2018）最高法民终 569 号民事判决书。

石化公司上诉称，某贸易公司提交的《债权转让协议》系某贸易公司伪造、变造，某石化公司提交 Y 公司法定代表人马某文的证人证言。

最高人民法院经审查认为，经人民法院通知，证人应当出庭作证。有下列情形之一的，经人民法院许可，可以通过书面证言、视听传输技术或者视听资料等方式作证：（1）因健康原因不能出庭的；（2）因路途遥远，交通不便不能出庭的；（3）因自然灾害等不可抗力不能出庭的；（4）其他有正当理由不能出庭的。本案中，马某文不属于证人可不出庭作证的情形，故其证人证言不符合证人证言的形式要求，对其证明力依法不予认定。

第七十七条　【证人出庭作证费用承担】证人因履行出庭作证义务而支出的交通、住宿、就餐等必要费用以及误工损失，由败诉一方当事人负担。当事人申请证人作证的，由该当事人先行垫付；当事人没有申请，人民法院通知证人作证的，由人民法院先行垫付。

◆ **适用指引**

本条是关于证人出庭费用负担的规定。

证人出庭作证，必然会耗费一定精力、时间和财力，影响其正常生活和工作。如果证人不在法院所在地，势必还要花费差旅费，使其个人经济利益受损。如果因为履行出庭作证的法定义务而使证人自身经济利益受损，违背权利与义务相对应原则和公平原则。如果不建立证人出庭作证费用补偿机制，补偿证人因出庭作证而产生的经济损失，证人更不愿意配合出庭作证。证人因履行出庭作证义务而支出的必要费用或者因出庭作证而影响其正常收入的，在经济上理应有权获得必要补偿。证人也因此有作证费用请求权。证人出庭作证的义务并非其对当事人应尽的私法上的义务，而是对代表国家司法权的法院应尽的公法上的协助义务。逻辑上法院应当代表国家承担给付义务，但民事诉讼是当事人为了自己的利益请求国家司法机关确定私权之程序，属于国家对于发生私权争执的当事人之特别服务，与国家利益无涉，为此所支出的费用自然不能由全国纳税人负担。民事诉讼采有偿主义，由当事人自己负担诉讼费用，以防止当事人滥用诉权而提起无益诉讼。证人申请人民法院给予出庭费用补偿的前提应是其已履行出庭作证的义务，要满足两个条件，一是证人在法律规定或人民法院指定时间到庭，逾期未到庭不能提出经济补偿要求；二是到庭后如实地陈述其亲身感知的事实，不得使用猜测、推断或者评论性语言，更不能作出虚假陈述。

根据本条规定，证人出庭费用包括证人因履行出庭作证义务而支出的交通、住宿、就餐等必要费用以及误工损失两个部分。证人的出庭费用补偿仅限于其出庭作证所产生的必要费用，包括交通费、住宿费、就餐费以及误工损失。所谓必要费用，是指维持证人正常生活状态和履行出庭作证义务所应当支出的费用。费用的确定标准，交通、住宿、就餐等费用按照机关事业单位工作人员差旅费用和补贴标准计算，误工损失按照国家上年度职工日平均工资标准计算。

关于证人出庭费用的最终承担，考虑到证人出庭费用属于诉讼费用的一部分，从诉讼费用负担原则上看应由败诉方负担。根据"谁主张，谁举证"的举证责任规则，当事人应对己方申请出庭的证人先行垫付相关费用，最终由人民法院在案件审结后按照"谁败诉，谁负担"的原则裁决，由败诉一方当事人负担。需要注意的是，人民法院依职权通知当事人出庭作证的，由法院先行垫付。当事人申请证人作证所需垫付的费用应当缴付给法院，再由法院支付给证人，当事人不能直接向证人支付；证人也不能向当事人请求支付出庭作证费用，未及时支付的，证人应基于公法上的请求权向法院提出请求。

关于证人出庭费用的给付时间，应以庭后给付为原则、事前给付为例外。目前对证人行使经济补偿请求权没有规定明确期限，但从诉讼效率及权利保护角度出发，证人应当在作证结束后尽快提出主张，对于经济确有困难的证人，为保证其能够如期到庭，可在其出庭作证前根据其申请预付差旅费用。

◆ **关联规定**

《最高人民法院关于适用〈中华人民共和国民事诉讼法〉的解释》（2022 年 4 月 1 日）

第一百一十八条 民事诉讼法第七十七条规定的证人因履行出庭作证义务而支出的交通、住宿、就餐等必要费用，按照机关事业单位工作人员差旅费用和补贴标准计算；误工损失按照国家上年度职工日平均工资标准计算。

人民法院准许证人出庭作证申请的，应当通知申请人预缴证人出庭作证费用。

《最高人民法院关于民事诉讼证据的若干规定》（2019 年 12 月 25 日）

第七十五条 证人出庭作证后，可以向人民法院申请支付证人出庭作证费用。证人有困难需要预先支取出庭作证费用的，人民法院可以根据证人的申请在出庭作证前支付。

◆ **典型案例**

胡某理诉某劳务公司劳动争议案①

胡某理不服四川省成都市中级人民法院（2013）成民终字第3991号民事判决，向四川省高级人民法院申请再审。

四川省高级人民法院经审查认为，证人因履行出庭作证义务而支出的交通、住宿、就餐等必要费用以及误工损失，由败诉一方当事人负担。当事人申请证人作证的，由该当事人先行垫付；当事人没有申请，人民法院通知证人作证的，由人民法院先行垫付。本案中，胡某理出示的《领条》载明，胡某理系因朱某全接受成都市人力资源和社会保障局的调查而向朱某全支付800元费用，不符合前述法律规定；同时，胡某理在原审中未提供充分证据证明其损失，故二审判决未支持胡某理诉称的垫支损失费，并无不当。

第七十八条 【当事人陈述】人民法院对当事人的陈述，应当结合本案的其他证据，审查确定能否作为认定事实的根据。

当事人拒绝陈述的，不影响人民法院根据证据认定案件事实。

◆ **适用指引**

本条是关于当事人陈述作为证据的规定。

当事人的陈述，是指案件当事人向人民法院作出的关于案件事实和证明这些事实情况的陈述。当事人的陈述是民事诉讼证据的一种。在民事诉讼中，当事人对于案件的一切事实、证据判断，法律适用以及对对方当事人主张的事实和理由有权表示同意或者提出反驳。由于民事纠纷在当事人之间发生，故当事人最了解争议事实。对于法院来说，当事人的陈述是查明案件事实的重要线索，应当给予重视。但是，当事人在案件中处于对立地位，相互之间存在利害冲突，可能会夸大、缩小甚至歪曲事实。因此，对于当事人的陈述应当客观看待，注意其是否片面和虚假，既不可盲目轻信，也不能忽视其作用。只有把当事人的陈述和案件的其他证据结合起来，综合研究审查，才能确定其是否可以作为认定事实的根据。

当事人就案件事实向法院的陈述有两种情况：一是对案件事实的陈述，即当

---

① 四川省高级人民法院（2013）川民申字第2273号民事裁定书

事人就争议的民事法律关系发生、变更或者消灭的事实的说明。当事人为了胜诉，一般会尽力陈述对自己有利的事实并对对方当事人陈述的不利于自己的事实提出不同的事实根据进行反驳。二是对案件事实的承认，即当事人自认，是指一方当事人对另一方当事人所主张的事实肯定或者认可。当事人的承认可分为审判上的承认和审判外的承认。审判上的承认，是指在案件审理过程中，当事人向法院所作的承认。一方当事人对对方当事人所作的关于案件事实的陈述表示同意，可免除对方当事人的举证责任。审判外的承认，是指当事人在法院外对某些事实所作的承认。这种承认不能作为对方当事人免除举证责任的根据，因其没有法院参与，对法庭不存在拘束力。承认的主体除当事人外，还包括法定监护人、法定代表人、多数人诉讼的代表人和经当事人特别授权的代理人等。自认，是指当事人对不利于自己的事实的承认。依据自认作出的场合，可以区分为诉讼中的自认和诉讼外的自认。诉讼中的自认是指当事人在诉讼过程中就对方当事人主张的不利于己的事实，于诉讼上陈述其为真实，或当事人一方所主张的事实对他方当事人不利，而他方当事人在诉讼上作出承认此项事实的陈述。诉讼外的自认只是影响法官心证的因素，其本身与证明责任无直接关联。

人民法院对于当事人的陈述要保持审慎的态度，要把当事人的陈述与在案客观证据如书证、物证、证人证言等表露的事实进行复位，从而综合分析审查其是否符合案件的真实情况。只有与案件事实有关且符合真实情况的陈述，才能作为认定事实的依据。对于当事人作出的对于己方不利的事实的承认，如人民法院审查其自认的事实与查明的事实不符的，应对此不予确认。实践中，当事人牺牲较小利益作出于己不利的承认以换取更大利益的行为并不鲜见。自认的事实与查明的事实不符，是指当事人于诉讼上自认的事实，与法官依据法律、司法解释规定以及在案证据已经形成内心确信的事实不相符且当事人的陈述不能动摇法官心证的情形。这种情况往往还与虚假诉讼密切相关，在诉讼中如存在一方当事人对于另一方当事人陈述的事实全盘同意，或者对明显于己不利的事实仍旧认可的情形，或者当事人明明亲历案件事实却不能完整准确陈述案件事实或陈述前后矛盾等，极有可能存在虚假诉讼。一旦查实存在虚假诉讼，人民法院应直接判决驳回其诉讼请求，涉嫌犯罪的，应当及时将相关材料移送刑事侦查机关。民事诉讼中，对于当事人的陈述应当根据在案证据确认其是否具备证据效力。如果当事人的陈述和其他证据没有矛盾并且双方当事人的陈述也不存在矛盾，应该承认其证明效力；如果当事人拒绝陈述，人民法院根据在案证据已经对案件事实有大致了解并形成心证，即便没有当事人的陈述，也可根据在案证据认定案件事实。

关于专家辅助人对专门性问题的陈述,其在诉讼中的功能是协助当事人就有关专门问题提出意见或者对鉴定意见进行质证,回答审判人员和当事人的询问,与对方当事人申请的专家辅助人对质等,其发表的意见也是围绕鉴定意见或者对专业问题的意见而展开。因此,专家辅助人是当事人的诉讼辅助人,也是当事人申请人民法院通知其出庭,其在法庭上的活动应视为当事人的活动,其对专门性问题的陈述应视为当事人的陈述。

◆ **关联规定**

《最高人民法院关于民事诉讼证据的若干规定》(2019 年 12 月 25 日)

第六十三条 当事人应当就案件事实作真实、完整的陈述。

当事人的陈述与此前陈述不一致的,人民法院应当责令其说明理由,并结合当事人的诉讼能力、证据和案件具体情况进行审查认定。

当事人故意作虚假陈述妨碍人民法院审理的,人民法院应当根据情节,依照民事诉讼法第一百一十一条①的规定进行处罚。

第六十四条 人民法院认为有必要的,可以要求当事人本人到场,就案件的有关事实接受询问。

人民法院要求当事人到场接受询问的,应当通知当事人询问的时间、地点、拒不到场的后果等内容。

第六十五条 人民法院应当在询问前责令当事人签署保证书并宣读保证书的内容。

保证书应当载明保证据实陈述,绝无隐瞒、歪曲、增减,如有虚假陈述应当接受处罚等内容。当事人应当在保证书上签名、捺印。

当事人有正当理由不能宣读保证书的,由书记员宣读并进行说明。

第六十六条 当事人无正当理由拒不到场、拒不签署或宣读保证书或者拒不接受询问的,人民法院应当综合案件情况,判断待证事实的真伪。待证事实无其他证据证明的,人民法院应当作出不利于该当事人的认定。

◆ **典型案例**

S 科技公司诉 W 科技公司侵害实用新型专利权纠纷案②

S 科技公司于 2013 年 6 月 12 日获得"一种 3D 设备及其 2D 与 3D 自动切换

---

① 对应 2023 年《民事诉讼法》第 114 条。
② 最高人民法院(2020)最高法知民终 750 号民事判决书。

装置"专利权且按时缴纳年费，该专利处于有效法律状态。S科技公司调查发现W科技公司大量制造、销售落入涉案专利权保护范围的产品，故向广东省深圳市中级人民法院提起诉讼，请求：（1）W科技公司停止制造、销售侵权产品，销毁库存成品以及制造侵权产品的模具。（2）赔偿S科技公司经济损失及制止侵权合理费用50万元。W科技公司不服一审判决，向最高人民法院提起上诉。

最高人民法院经审查认为，人民法院对当事人的陈述，应当结合本案的其他证据，审查确定能否作为认定事实的根据。当事人对自己提出的诉讼请求所依据的事实或者反驳对方诉讼请求所依据的事实，应当提供证据加以证明，但法律另有规定的除外。在作出判决前，当事人未能提供证据或者证据不足以证明其事实主张的，由负有举证证明责任的当事人承担不利的后果。当事人拒绝陈述的，不影响人民法院根据证据认定案件事实。本案中，S科技公司主张W科技公司的被诉侵权技术方案落入涉案专利权保护范围，提交实施被诉侵权技术方案的被诉侵权产品并在原审法院主持下，对被诉侵权产品的具体组成构件进行拍照固定，还对被诉侵权技术方案具体内容，结合被诉侵权产品具体组成构件、产品使用说明书进行说明，其已初步完成自己的举证义务。虽然被诉侵权产品对应专利技术方案的部分技术特征表达为信号传输与电路连接关系，不能通过肉眼识别，但根据该产品的具体组成构件内容、彼此之间的连接关系，通过原审法院的现场演示，对该产品实现的技术效果，应用本领域技术人员对电路原理、光学原理的知识，可以确定被诉侵权产品为满足产品功能而采取的技术手段的具体内容。W科技公司若对被诉侵权技术方案的具体内容持有异议，应提供证据予以说明，否则应承担不利的后果。W科技公司在原审比对时仅提出肉眼无法判断相关信号传输的质疑，却未对自己制造、销售产品的技术方案作出详细说明，也未能回应、反驳专利权人的比对意见，其称存在不能对被诉侵权技术方案进行比对的障碍问题不能成立。因此，W科技公司所称未实际制造被诉侵权产品、没有举证被诉侵权技术方案的义务，没有事实和法律依据。

第七十九条 【鉴定程序启动和鉴定人选任】 当事人可以就查明事实的专门性问题向人民法院申请鉴定。当事人申请鉴定的，由双方当事人协商确定具备资格的鉴定人；协商不成的，由人民法院指定。

当事人未申请鉴定，人民法院对专门性问题认为需要鉴定的，应当委托具备资格的鉴定人进行鉴定。

◆ **适用指引**

本条是关于鉴定程序启动方式的规定。

鉴定是鉴定人运用专门的知识和技能，辅之以必要技术手段，对案件中发生争议的专门性问题进行检测、分析、鉴别的活动。鉴定的成果为鉴定意见，属于专家证据的一种形式。随着科学技术的快速发展以及社会化生产大分工的不断衍生，社会生活中出现的难以为公众所掌握的专门性问题越来越多，要对这些专门性问题形成较为全面、正确的认知有赖于极高的专业素养。具体到民事诉讼中，这些专门性问题就体现在需要一定专门知识的案件中，如知识产权纠纷、环境污染纠纷、产品质量纠纷等，这些案件审理过程中往往需要对各式各类专门性问题进行判断。

对专门性问题进行鉴定的人即为鉴定人，他们根据法院委托，利用专门知识对案件中的某些专门性问题进行鉴别、分析、判断，最后提供的结论性意见即为鉴定意见。普通民事诉讼中涉及鉴定的事项主要有医疗损害侵权因果关系、人身损害伤残程度、护理依赖度、劳动能力、房屋或工程质量及修复、产品质量、笔迹及公司印章真伪以及财产评估、建设工程造价评估等。鉴定意见是指具备资格的鉴定人对民事案件中出现的专门性问题，通过鉴别和判断后作出的书面意见，如医学鉴定、指纹鉴定、产品质量鉴定、文书鉴定、会计鉴定等。由于鉴定意见是运用专业知识、专门技术与方法对案件事实涉及的某一专门问题所作出的鉴别和判断，具有科学性，进而对相关专门问题有着较强的证明力，往往成为审查和鉴别其他证据的重要手段。因此，鉴定意见是民事诉讼中十分重要的证据类型，对于涉及专门性问题的案件事实的查明发挥着重要作用。

鉴定人是以法官助手的身份出现在诉讼活动中，故从事司法鉴定职业的鉴定人员必须具备中立性、专业性、公共性和帮助性的职业特征。民事诉讼中，鉴定意见在一定情形下具有其他证据不能替代的作用，对于印证其他证据真实性和可靠性具有重要作用；在一些特定情形下，正确运用鉴定意见可以直接认定案件事实的主要情节或者否定某些主要情节。需要注意的是，由于主观或者客观原因，鉴定意见也有不准确、不可靠的时候，不同的鉴定机构、鉴定人员对于同一专门性问题可能得出相反结论。因此，认定事实不能仅依靠鉴定意见，应当结合在案全部证据进行综合审查判断，从而准确认定案件事实，依法裁判。

1. 正确理解鉴定程序的启动主体。鉴定程序可以因当事人申请启动，也可以由人民法院依职权启动。对于待证事实负有举证责任的当事人，若待证事实涉及专门性问题需要鉴定，该当事人负有申请义务。如果其未申请鉴定导致待证事实无法借助鉴定意见进行判断而真伪不明的，由该当事人承担不利后果。

首先，申请鉴定是当事人的一项权利。除非涉及人民法院依职权启动鉴定的情形，一般情况下，鉴定程序多因当事人申请而启动，这也是强化当事人的举证责任、建立现代民事审判制度的客观要求。人民法院对于当事人申请鉴定的权利应当予以保护。对查明案件事实的专门性问题需要进行鉴定的，当事人有权提出申请。

其次，要发挥人民法院对于是否启动鉴定的审查权作用。对于当事人就专门性问题向人民法院申请启动鉴定的，是否准许由人民法院决定。并非只要当事人提出启动鉴定申请，人民法院就一定会启动鉴定。人民法院经审查认为当事人申请鉴定的专门性问题与待证事实无关联、对于证明待证事实无意义以及其他无鉴定必要的，人民法院可不予准许当事人的申请。在人民法院认为根据在案证据已经能认定事实的情况下，可以不允许启动鉴定。如果认为确有启动鉴定的必要，对双方当事人均申请鉴定或者一方当事人申请、另一方当事人同意的，人民法院应当启动鉴定程序；如果只有一方当事人申请鉴定，鉴定的内容经审查确为查明案件事实的专门性问题，另一方当事人虽然不同意，人民法院一般也应允许启动鉴定。

最后，关于鉴定人的确定。本条规定了确定鉴定人的两种方式，即协商和指定。鉴定人的确定，优先采用当事人协商的方式，在协商不成的情况下，人民法院才可以指定鉴定人。在当事人申请鉴定的情况下，如果直接由法院指定鉴定人，既没有尊重当事人意见，也容易导致当事人对鉴定人产生不信任的情绪，触发重新鉴定问题。

2. 正确理解当事人申请与法院依职权启动鉴定的相关问题。鉴定的启动方式是依当事人申请启动以及法院依职权启动。人民法院依职权启动鉴定，性质上属于人民法院依职权调查收集证据的行为，应当符合依职权调查收集证据的条件，即存在人民法院认为审理案件需要的证据的情形。对于属于当事人举证范围内的相关专门性问题的证明，如果对该待证事实负有举证责任的当事人拒不申请鉴定，如何处理？对待这一问题，应回归鉴定意见的性质。鉴定意见本质上属于证据，申请鉴定是当事人履行举证责任的内容。当事人需要鉴定意见证明自己主张，当然应主动申请鉴定；如拒不申请鉴定，其应就该主张承担举证不能的法律后果，这也可以视为当事人自己对诉讼权利的处分。特殊情形下，当事人不申请鉴定，人民法院经审查认为该专门性问题涉及有损国家利益、社会公共利益或者他人合法权益的事实，不启动鉴定就无法准确认定事实的，人民法院可依职权委托鉴定。

◆ **关联规定**

《最高人民法院关于适用〈中华人民共和国民事诉讼法〉的解释》（2022 年 4 月 1 日）

第一百二十一条 当事人申请鉴定，可以在举证期限届满前提出。申请鉴定的事项与待证事实无关联，或者对证明待证事实无意义的，人民法院不予准许。

人民法院准许当事人鉴定申请的，应当组织双方当事人协商确定具备相应资格的鉴定人。当事人协商不成的，由人民法院指定。

符合依职权调查收集证据条件的，人民法院应当依职权委托鉴定，在询问当事人的意见后，指定具备相应资格的鉴定人。

《最高人民法院关于民事诉讼证据的若干规定》（2019 年 12 月 25 日）

第三十条 人民法院在审理案件过程中认为待证事实需要通过鉴定意见证明的，应当向当事人释明，并指定提出鉴定申请的期间。

符合《最高人民法院关于适用〈中华人民共和国民事诉讼法〉的解释》第九十六条第一款规定情形的，人民法院应当依职权委托鉴定。

第三十一条 当事人申请鉴定，应当在人民法院指定期间内提出，并预交鉴定费用。逾期不提出申请或者不预交鉴定费用的，视为放弃申请。

对需要鉴定的待证事实负有举证责任的当事人，在人民法院指定期间内无正当理由不提出鉴定申请或者不预交鉴定费用，或者拒不提供相关材料，致使待证事实无法查明的，应当承担举证不能的法律后果。

第三十二条 人民法院准许鉴定申请的，应当组织双方当事人协商确定具备相应资格的鉴定人。当事人协商不成的，由人民法院指定。

人民法院依职权委托鉴定的，可以在询问当事人的意见后，指定具备相应资格的鉴定人。

人民法院在确定鉴定人后应当出具委托书，委托书中应当载明鉴定事项、鉴定范围、鉴定目的和鉴定期限。

第四十一条 对于一方当事人就专门性问题自行委托有关机构或者人员出具的意见，另一方当事人有证据或者理由足以反驳并申请鉴定的，人民法院应予准许。

◆ **典型案例**

某重工公司诉某机械制造公司、某矿业公司、
某煤矿侵害实用新型专利权纠纷案①

某重工公司向河北省石家庄市中级人民法院提起诉讼，请求：（1）某机械制造公司立即停止侵害涉案专利权的行为，停止制造、许诺销售、销售侵权产品并销毁已制造的侵权产品及模具。（2）某矿业公司、某煤矿立即停止侵害涉案专利权的行为，停止使用侵权产品。（3）某机械制造公司赔偿某重工公司损失及为制止侵权行为所支付的合理开支。后，某重工公司不服河北省石家庄市中级人民法院（2019）冀01民初452号民事判决，向最高人民法院提起上诉。

最高人民法院经审查认为，第一，当事人可以就查明事实的专门性问题向人民法院申请鉴定。某机械制造公司于原审庭审当天提交对被诉侵权产品与涉案专利权利要求1的技术特征是否构成相同或等同的书面鉴定申请。某机械制造公司申请鉴定的事项与本案待查明的技术事实相关，不违反民事诉讼法关于当事人申请鉴定事项的规定。各方当事人于原审当庭围绕涉案专利权利要求1记载的技术特征并结合公证书所载被诉侵权产品照片，分别发表比对意见。根据比对情况，至少可以确认被诉侵权产品的锁紧机构和液压马达机件设置及运行方式在公证书照片中无法被完整清楚地展示，各方针对被诉侵权产品是否具备相应技术特征存在明显分歧。因此，通过鉴定查明被诉侵权产品是否具备相关争议技术特征这一关键待证事实具有必要性。当事人申请鉴定的，由双方当事人协商确定具备资格的鉴定人；协商不成的，由人民法院指定。依法委托专门鉴定部门对被诉侵权产品进行鉴定。"协商不成"既包括"当事人均同意鉴定，仅对鉴定部门无法协商一致"的情形，还包括"一方当事人申请鉴定，另一方当事人不同意鉴定，导致协商不能"的情形。对于后一种情形，仍然可由人民法院指定有资质的鉴定机构对相关专门性问题进行鉴定。人民法院对专门性问题认为需要鉴定的，应当委托具备资格的鉴定人进行鉴定。在当事人不申请鉴定的情况下，人民法院尚可以根据案件审理需要依职权启动鉴定程序，对于一方当事人提出鉴定申请，仅是另一方当事人不同意鉴定的情形，更不存在鉴定程序无法启动的问题。第二，对需要鉴定的待证事实负有举证责任的当事人，在人民法院指定期间内无正当理由不提出鉴定申请或者不预交鉴定费用，或者拒不提供相关材料，致使待证事实无法

---

① 最高人民法院（2020）最高法知民终624号民事裁定书。

查明的，应当承担举证不能的法律后果。因此，当事人承担举证不能的法律后果须满足如下构成要件：（1）主体要件：当事人对需要鉴定的待证事实负有举证责任。（2）行为要件：当事人在人民法院指定期间内无正当理由不提出鉴定申请、不预交鉴定费用，或者不提供相关材料。（3）后果要件：致使待证事实无法查明。本案情形不符合前述规定构成要件，原审法院以某重工公司不同意鉴定为由即决定终止鉴定，并不妥当，基于审慎稳妥查明案件相关技术事实的需要，原审法院根据某机械制造公司鉴定申请启动鉴定程序是必要的。某机械制造公司提出鉴定申请后，不存在拒绝预交鉴定费用或不提供相关材料的情形，即本案不存在鉴定程序启动后无法推进的法定事由。某重工公司基于自身诉讼策略考量不同意启动鉴定程序，不能成为原审法院无法推进鉴定程序的障碍。如果鉴定报告对某重工公司不利，则可在充分听取某重工公司对鉴定检材、鉴定程序、鉴定结论发表的质证意见基础上，结合某重工公司提交的证据保全公证书记载内容，作出相应认定；如果鉴定报告对某机械制造公司不利并经必要质证程序予以采信，则某机械制造公司自当承受相应不利后果并自行负担鉴定费。因此，原审法院仅以某重工公司不同意鉴定为由即决定终止鉴定程序，进而认定某重工公司应为其不同意鉴定的行为承担举证不能的败诉后果，是对鉴定事项证明责任后果有关规定的不当理解。

第八十条　【鉴定人权利义务】鉴定人有权了解进行鉴定所需要的案件材料，必要时可以询问当事人、证人。

鉴定人应当提出书面鉴定意见，在鉴定书上签名或者盖章。

◆ 适用指引

本条是关于鉴定人权利义务的规定。

司法鉴定是公共法律服务体系的重要组成部分，有法律性与科学性的双重属性，在保障诉讼执行活动中发挥着不可替代的作用，为人民法院依法查明涉及专门性问题的案件事实提供重要的科学依据。为保障鉴定人能够及时、顺利开展鉴定活动，本条规定鉴定人可以因鉴定需要了解相关案件材料，必要时也可以询问当事人、证人。

关于鉴定人的权利。鉴定人的权利是指法律为保障鉴定人正常执业而赋予其在执业时为一定行为的可能性。鉴定人的权利因承担鉴定的任务和鉴定的需要而产生，鉴定人为得出正确结论，有权要求提供与鉴定有关的材料或了解与鉴定有关的案件情况并有权获取鉴定费用。民事诉讼程序上，鉴定人主要享有下列权利：（1）了解、查阅与鉴定事项有关的情况和资料。（2）有权通过询问当事人和证人了解有关情况，有权参加现场勘验。（3）要求委托人无偿提供鉴定所需要的鉴材、样本。（4）拒绝接受不合法、不具备鉴定条件或者超出登记的执业类别的鉴定委托。（5）拒绝解决、回答与鉴定无关的问题。（6）鉴定意见不一致时，保留不同意见。（7）获得合法报酬。

关于鉴定人的义务。民事诉讼程序上，鉴定人主要有下列义务：（1）受所在司法鉴定机构指派按照规定时限独立完成鉴定工作并出具鉴定意见。（2）对鉴定意见负责。（3）依法回避。（4）妥善保管送鉴定的鉴材、样本和资料。（5）保守在执业活动中知悉的国家秘密、商业秘密和个人隐私。（6）依法出庭作证，回答与鉴定有关的询问。

本条规定鉴定人有权了解进行鉴定所需要的案件材料，前提是因鉴定所需要。鉴定人实施鉴定过程中，就鉴定所需的案件材料自然有权了解，否则将导致鉴定无法进行。需要注意的是，如确实为鉴定需要，即使某些材料涉及国家秘密、商业秘密或者个人隐私，经人民法院许可，鉴定人也有权了解。当事人在诉讼中应当根据鉴定人的要求，将其掌握、控制的所有为鉴定活动的开展所必需的有关物证材料或者其他相关材料交与鉴定人。诉讼卷宗和存于法院的证物也应允许鉴定人利用。基于鉴定需要且在必要时，经过人民法院许可，鉴定人也可向当事人、证人询问与鉴定有关的情况。鉴定人询问当事人、证人，应在法庭程序中进行且须得到法院许可，询问内容需与鉴定有关，不允许询问与鉴定无关的内容。

鉴定意见是鉴定活动的最后输出产品，也是鉴定人完成鉴定的标志。鉴定人应当在人民法院确定的时间内完成鉴定并提交书面鉴定意见，且必须在鉴定书上签名或盖章。人民法院委托的鉴定人通过科学鉴定出具的鉴定意见属于广义的法律文书。

1. 鉴定意见必须符合法定形式要求。包括：按照统一格式制作，由 2 名以上司法鉴定人签名（打印文本和亲笔签名）、加注《司法鉴定人执业证》证号，加盖司法鉴定专用章，注明意见书制作时间等。法定的文本格式要求缺一不可，否则将导致鉴定意见因形式上的缺陷而遭致证据能力的缺失。

2. 鉴定意见必须符合文理表达的要求。内容上主要包括：（1）委托鉴定的内容、要求。（2）鉴定所依据的相关材料。（3）鉴定所依据的原理、方法。

（4）对鉴定过程作出的具体说明。（5）给出去伪存真的鉴定意见等。

3. 鉴定意见必须出具承诺书并载明保证客观、公正、诚实地进行鉴定，保证出庭作证，如作虚假鉴定应当承担法律责任等内容。

◆ **关联规定**

《最高人民法院关于民事诉讼证据的若干规定》（2019 年 12 月 25 日）

第三十三条 鉴定开始之前，人民法院应当要求鉴定人签署承诺书。承诺书中应当载明鉴定人保证客观、公正、诚实地进行鉴定，保证出庭作证，如作虚假鉴定应当承担法律责任等内容。

鉴定人故意作虚假鉴定的，人民法院应当责令其退还鉴定费用，并根据情节，依照民事诉讼法第一百一十一条①的规定进行处罚。

第三十四条 人民法院应当组织当事人对鉴定材料进行质证。未经质证的材料，不得作为鉴定的根据。

经人民法院准许，鉴定人可以调取证据、勘验物证和现场、询问当事人或者证人。

第三十五条 鉴定人应当在人民法院确定的期限内完成鉴定，并提交鉴定书。

鉴定人无正当理由未按期提交鉴定书的，当事人可以申请人民法院另行委托鉴定人进行鉴定。人民法院准许的，原鉴定人已经收取的鉴定费用应当退还；拒不退还的，依照本规定第八十一条第二款的规定处理。

第三十六条 人民法院对鉴定人出具的鉴定书，应当审查是否具有下列内容：

（一）委托法院的名称；

（二）委托鉴定的内容、要求；

（三）鉴定材料；

（四）鉴定所依据的原理、方法；

（五）对鉴定过程的说明；

（六）鉴定意见；

（七）承诺书。

鉴定书应当由鉴定人签名或者盖章，并附鉴定人的相应资格证明。委托机构鉴定的，鉴定书应当由鉴定机构盖章，并由从事鉴定的人员签名。

---

① 对应 2023 年《民事诉讼法》第 114 条。

第四十二条 鉴定意见被采信后，鉴定人无正当理由撤销鉴定意见的，人民法院应当责令其退还鉴定费用，并可以根据情节，依照民事诉讼法第一百一十一条的规定对鉴定人进行处罚。当事人主张鉴定人负担由此增加的合理费用的，人民法院应予支持。

人民法院采信鉴定意见后准许鉴定人撤销的，应当责令其退还鉴定费用。

◆ **典型案例**

某建筑工程公司诉某房地产公司建设工程施工合同纠纷案①

某房地产公司不服广西壮族自治区高级人民法院（2019）桂民终772号民事判决，向最高人民法院申请再审。

最高人民法院经审查认为，某房地产公司主张一审法院就鉴定问题不当行使释明权，鉴定意见在资质、形式、依据、范围、内容、程序等方面违反法律规定，该鉴定结论不能作为本案定案依据。当事人对工程造价、质量、修复费用等专门性问题有争议，人民法院认为需要鉴定的，应当向负有举证责任的当事人释明。一审法院认为案涉工程争议部分工程造价属于需要鉴定情形，某建筑工程公司经释明后申请鉴定，符合法律规定。某工程顾问公司提交了具有合法鉴定资质的证明文件。当事人对鉴定意见有异议或者人民法院认定鉴定人有必要出庭的，鉴定人应当出庭作证。本案鉴定人在一审第二次开庭时出庭作证，主要是接受质询以查明涉及专门性问题的相关事实，法律未规定所有鉴定人员均须出庭接受质询。直至本案二审终审，各方当事人均未对鉴定人申请回避，某房地产公司关于剥夺其对鉴定人申请回避权利的主张不能成立。鉴定人应当提出书面鉴定意见，在鉴定书上签名或盖章。某工程顾问公司出具的鉴定意见书及补充意见的函均加盖鉴定单位公章和鉴定人员印章，符合法律规定。本案鉴定结论的依据既包含施工图纸、竣工图纸、变更图纸、工程签证单等反映实际施工情况的材料，也包含质证笔录、庭审笔录、争议说明、现场踏勘记录等双方当事人认可的具有法律效力的书面记录。在某房地产公司和某建筑工程公司均未提供双方认可的搅拌站租金计算标准情形下，鉴定意见按照市场价格确定搅拌站租金并无不当。案涉品牌排水材料未体现在"贵港信息价"中，而"桂林信息价"中有这一品牌排水材料的市场价格，某工程顾问公司采用"桂林信息价"符合《建设工程施工合同》专用条款的约定。某工程顾问公司在出具正式鉴定意见之前，听取了双方争议意

---

① 最高人民法院（2020）最高法民申2767号民事裁定书。

见及提供的新证据材料并作出补充鉴定意见，答复了双方对鉴定意见的异议。二审法院已就补充鉴定意见组织质证并在二审判决中对某房地产公司关于该补充鉴定意见的异议进行回应。因此，二审判决采信鉴定意见认定相关事实，符合法律规定。

第八十一条　【鉴定人出庭作证】 当事人对鉴定意见有异议或者人民法院认为鉴定人有必要出庭的，鉴定人应当出庭作证。经人民法院通知，鉴定人拒不出庭作证的，鉴定意见不得作为认定事实的根据；支付鉴定费用的当事人可以要求返还鉴定费用。

◆ **适用指引**

本条是关于鉴定人出庭作证制度的规定。

鉴定意见是对民事诉讼中涉及的查明事实的专门性问题进行鉴别和判断形成的意见，属于证据的一种，对于案件的定性和走向具有直接影响，因此有必要进行质证，这是对当事人诉讼权利的正当程序保障。鉴定人出庭作证、接受当事人的发问，回答有关鉴定争议的问题并说明鉴定的过程、依据等，是鉴定人的义务，也是保障鉴定意见真实性、合法性和证明力的重要形式。否则，鉴定意见的证明力无从产生，也不得作为认定事实的根据。除本条规定，鉴定人出庭作证制度也可见司法部《关于进一步规范和完善司法鉴定人出庭作证活动的指导意见》（司规〔2020〕2号），该意见以部门规章形式对鉴定人出庭作证制度作出详细规范。

1. 本条明确了鉴定人出庭作证的前提条件，即当事人对鉴定意见有异议或者人民法院认为鉴定人有必要出庭的。鉴定人提出书面鉴定意见后，人民法院应当将鉴定意见及时送达各方当事人，当事人对鉴定意见没有表示异议的，可以在开庭时不再对鉴定意见进行质证即直接认可鉴定意见作为证据的证明效力。如果当事人对鉴定意见有异议，人民法院则需要通知鉴定人出庭参加质证。至于出庭人员，参照司法部规定，如果人民法院出庭通知已指定出庭作证鉴定人，要由被指定的鉴定人出庭作证，未指定出庭作证的鉴定人，则由鉴定机构指定一名或多名在司法鉴定意见书上签名的鉴定人出庭作证。鉴定人员出庭后，要接受当事人的质询和提问并回答相关问题，对有关鉴定情况进行说明。即使各方当事人对鉴定意见均无异议，但人民法院根据案件审理需要认为鉴定人有必要出庭作证，比如鉴定意见可能涉及有损国家利益、社会公共利益或者他人合法权益的情况或者涉及依职权追加当事人等情况。此外，如果案件可能存在虚假诉讼或者恶意串通等情形，有必要让鉴定人出庭接受质证，人民法院可依职权通知鉴定人出庭。

2. 本条明确规定了鉴定人有出庭作证的义务。经人民法院通知拒不出庭作证，需要承担相应法律后果。如鉴定人拒不出庭，又无其他正当理由，后果之一是鉴定意见不得作为认定事实的根据。鉴定意见是对专门性问题进行鉴别和判断形成的专业意见，对于案件事实的查清有直接影响，甚至直接影响诉讼结果。为保障鉴定意见真实合法，避免重复鉴定，提高审判效力，保护当事人正当诉讼权利，让当事人接受鉴定意见从而接受裁判结果，应当在当事人对鉴定意见有争议的情况下促使鉴定人出庭作证。其他证据，比如证人证言对个案来讲是特定的，在诉讼中具有不可替代性，如果证人确有特殊原因不能出庭作证，应当允许其通过其他方式作证，鉴定意见是经法院委托出具，是专业人员根据科学方法和专业知识作出的判断，不具唯一性，具有可更换性或替代性。鉴定人不出庭，人民法院可以另行委托其他鉴定机构提出鉴定意见，故不能像对待普通证人那样为鉴定人设定特殊原因使鉴定人拒绝出庭作证合法化。如果鉴定人确因特殊情况难以出庭，应及时更换鉴定人，重新作出鉴定意见。此外，如果仅规定拒不出庭的鉴定人的鉴定意见不作为认定事实的根据，相当于把鉴定人不出庭作证的不利后果归于当事人，鉴定人无须承担任何责任，故本条规定，经人民法院通知，鉴定人拒绝出庭作证的，支付鉴定费用的当事人可以要求返还鉴定费用。

◆ **关联规定**

《最高人民法院关于民事诉讼证据的若干规定》（2019 年 12 月 25 日）

第三十七条 人民法院收到鉴定书后，应当及时将副本送交当事人。

当事人对鉴定书的内容有异议的，应当在人民法院指定期间内以书面方式提出。

对于当事人的异议，人民法院应当要求鉴定人作出解释、说明或者补充。人民法院认为有必要的，可以要求鉴定人对当事人未提出异议的内容进行解释、说明或者补充。

第三十八条 当事人在收到鉴定人的书面答复后仍有异议的，人民法院应当根据《诉讼费用交纳办法》第十一条的规定，通知有异议的当事人预交鉴定人出庭费用，并通知鉴定人出庭。有异议的当事人不预交鉴定人出庭费用的，视为放弃异议。

双方当事人对鉴定意见均有异议的，分摊预交鉴定人出庭费用。

第三十九条 鉴定人出庭费用按照证人出庭作证费用的标准计算，由败诉的当事人负担。因鉴定意见不明确或者有瑕疵需要鉴定人出庭的，出庭费用由其自行负担。

人民法院委托鉴定时已经确定鉴定人出庭费用包含在鉴定费用中的，不再通知当事人预交。

第四十条 当事人申请重新鉴定，存在下列情形之一的，人民法院应当准许：

（一）鉴定人不具备相应资格的；

（二）鉴定程序严重违法的；

（三）鉴定意见明显依据不足的；

（四）鉴定意见不能作为证据使用的其他情形。

存在前款第一项至第三项情形的，鉴定人已经收取的鉴定费用应当退还。拒不退还的，依照本规定第八十一条第二款的规定处理。

对鉴定意见的瑕疵，可以通过补正、补充鉴定或者补充质证、重新质证等方法解决的，人民法院不予准许重新鉴定的申请。

重新鉴定的，原鉴定意见不得作为认定案件事实的根据。

第七十九条 鉴定人依照民事诉讼法第七十八条①的规定出庭作证的，人民法院应当在开庭审理三日前将出庭的时间、地点及要求通知鉴定人。

委托机构鉴定的，应当由从事鉴定的人员代表机构出庭。

第八十条 鉴定人应当就鉴定事项如实答复当事人的异议和审判人员的询问。当庭答复确有困难的，经人民法院准许，可以在庭审结束后书面答复。

人民法院应当及时将书面答复送交当事人，并听取当事人的意见。必要时，可以再次组织质证。

第八十一条 鉴定人拒不出庭作证的，鉴定意见不得作为认定案件事实的根据。人民法院应当建议有关主管部门或者组织对拒不出庭作证的鉴定人予以处罚。

当事人要求退还鉴定费用的，人民法院应当在三日内作出裁定，责令鉴定人退还；拒不退还的，由人民法院依法执行。

当事人因鉴定人拒不出庭作证申请重新鉴定的，人民法院应当准许。

第八十二条 经法庭许可，当事人可以询问鉴定人、勘验人。

询问鉴定人、勘验人不得使用威胁、侮辱等不适当的言语和方式。

---

① 对应 2023 年《民事诉讼法》第 81 条。

◆ **典型案例**

黄某军诉某汽车公司、某销售公司侵害发明专利权纠纷案①

黄某军向江西省南昌市中级人民法院提起诉讼，请求：（1）某汽车公司、某销售公司停止侵害黄某军发明专利的行为。（2）某汽车公司、某销售公司在《中国汽车报》和《江南都市报》公开向黄某军道歉并连带赔偿黄某军经济损失及为制止侵权行为的合理支出。后，黄某军不服江西省高级人民法院（2016）赣民终 447 号民事判决，向最高人民法院申请再审。

最高人民法院经审查认为，当事人对鉴定意见有异议或者人民法院认为鉴定人有必要出庭的，鉴定人应当出庭作证。经人民法院通知，鉴定人拒不出庭作证的，鉴定意见不得作为认定事实的根据；支付鉴定费用的当事人可以要求返还鉴定费用。本案中，黄某军对鉴定意见有异议并申请鉴定人出庭，鉴定人虽未出庭作证，但是鉴定人针对黄某军的异议提交了书面答复意见，针对该答复意见，法院亦组织了质证，故并未剥夺黄某军的辩论权利。

第八十二条　【专家证人出庭】当事人可以申请人民法院通知有专门知识的人出庭，就鉴定人作出的鉴定意见或者专业问题提出意见。

◆ **适用指引**

本条是关于有专门知识的人出庭制度的规定。

有专门知识的人，即民事诉讼所说的专家辅助人。实践中要把握以下几个问题：

1. 有专门知识的人出庭，需要由当事人在举证期限届满前提出申请，人数为 1 至 2 人。

2. 人民法院根据案件情况以及是否必要决定是否同意当事人关于有专门知识的人出庭的申请。

3. 有专门知识的人的诉讼地位是诉讼辅助人，其出席法庭审理不是作为证人陈述意见，而是作为当事人的诉讼辅助人出庭，其在法庭上的位置应与当事人及其诉讼代理人在法庭上的位置保持一致。

---

① 最高人民法院（2018）最高法民申 4357 号民事裁定书。

4. 由于有专门知识的人系当事人主动申请其出庭帮助自己参与诉讼，故其因出席庭审而负担的相关费用应当由申请其出庭的当事人负担。

5. 有专门知识的人由当事人申请人民法院通知其出庭，其在法庭上的活动应视为当事人的活动，故其对专门性问题的陈述应视为当事人的陈述。

6. 人民法院对于有专门知识的人的资格问题不作审查。

根据本条规定，有专门知识的人出庭，主要是对鉴定人作出的鉴定意见或者专业问题提出意见，其作用体现在以下两方面：

一是对鉴定人作出的鉴定意见提出意见。鉴定意见是具备资格的鉴定人对民事案件中出现的专门性问题，依据科学手段，通过鉴别和判断后作出的书面意见。该书面意见具有极强的专业性和复杂性，让当事人对鉴定意见发表专业质证意见不现实，甚至会导致当事人申请重新鉴定等后果。为保证鉴定意见的科学性、准确性和公正性，真正发挥鉴定意见对于查明案件事实的作用，应由当事人申请人民法院通知有专门知识的人出庭，根据其专业知识，对鉴定意见提出专业意见，包括对鉴定结论是否正确、鉴定方法是否科学、鉴定程序是否合法、鉴定过程是否标准、鉴定材料选材是否适合等方面提出意见。其既可辅助当事人对鉴定意见作出判断，亦在某种程度上辅助法官更好地理解鉴定意见，有助于对案件事实形成更科学的判断，形成内心确信。

二是对专业问题提出意见。民事诉讼中，有些问题涉及某一领域的专门知识，这些专门问题可能无法或者无须通过鉴定解决，但对审理案件、认定事实又具有一定甚至决定性作用。比如某一发明专利是否与另一发明专利采取的方法相类似，建筑、机械、金融或者网络等领域中某一专业词语如何理解等问题。有专门知识的人出庭就专业问题进行说明、回答询问、提出意见，能够帮助法官和当事人对这些专业问题作出适当理解，澄清不当认识，从而使对案件事实的认定建立在对专业人才充分运用的基础上，具备广泛科学性和充分客观性。

◆ 关联规定

《最高人民法院关于适用〈中华人民共和国民事诉讼法〉的解释》（2022 年 4 月 1 日）

第一百二十二条 当事人可以依照民事诉讼法第八十二条的规定，在举证期限届满前申请一至二名具有专门知识的人出庭，代表当事人对鉴定意见进行质证，或者对案件事实所涉及的专业问题提出意见。

具有专门知识的人在法庭上就专业问题提出的意见，视为当事人的陈述。

人民法院准许当事人申请的，相关费用由提出申请的当事人负担。

第一百二十三条 人民法院可以对出庭的具有专门知识的人进行询问。经法庭准许，当事人可以对出庭的具有专门知识的人进行询问，当事人各自申请的具有专门知识的人可以就案件中的有关问题进行对质。

具有专门知识的人不得参与专业问题之外的法庭审理活动。

《最高人民法院关于民事诉讼证据的若干规定》（2019 年 12 月 25 日）

第八十三条 当事人依照民事诉讼法第七十九条①和《最高人民法院关于适用〈中华人民共和国民事诉讼法〉的解释》第一百二十二条的规定，申请有专门知识的人出庭的，申请书中应当载明有专门知识的人的基本情况和申请的目的。

人民法院准许当事人申请的，应当通知双方当事人。

第八十四条 审判人员可以对有专门知识的人进行询问。经法庭准许，当事人可以对有专门知识的人进行询问，当事人各自申请的有专门知识的人可以就案件中的有关问题进行对质。

有专门知识的人不得参与对鉴定意见质证或者就专业问题发表意见之外的法庭审理活动。

◆ **典型案例**

H 生物科技公司诉 N 生物科技公司侵害发明专利权纠纷案②

H 生物科技公司主张 N 生物科技公司侵犯其专利权，向江苏省南京市中级人民法院提起诉讼，请求：（1）N 生物科技公司立即停止使用涉案专利方法及使用依照该方法直接获得产品的行为。（2）N 生物科技公司向 H 生物科技公司支付经济损失 100 万元及律师费、公证费等维权合理开支 15 万元。后，H 生物科技公司不服（2020）最高法知民终 342 号民事判决，向最高人民法院申请再审。

最高人民法院经审查认为，H 生物科技公司主张二审判决遗漏专家辅助人的专业意见，剥夺了当事人的辩论权利，严重违反法定程序。人民法院对当事人的陈述，应当结合本案的其他证据，审查确定能否作为认定事实的根据。当事人可以在举证期限届满前申请一至二名具有专门知识的人出庭，代表当事人对鉴定意见进行质证，或者对案件事实所涉及的专业问题提出意见。具有专门知识的人在法庭上就专业问题提出的意见，视为当事人的陈述。本案中，二审法院结合本案

---

① 对应 2023 年《民事诉讼法》第 82 条。
② 最高人民法院（2022）最高法民申 7893 号民事裁定书。

其他证据审查专家辅助人之意见并确定其是否可以作为认定案件事实的根据，符合法律规定。

第八十三条　【勘验笔录】 勘验物证或者现场，勘验人必须出示人民法院的证件，并邀请当地基层组织或者当事人所在单位派人参加。当事人或者当事人的成年家属应当到场，拒不到场的，不影响勘验的进行。

有关单位和个人根据人民法院的通知，有义务保护现场，协助勘验工作。

勘验人应当将勘验情况和结果制作笔录，由勘验人、当事人和被邀参加人签名或者盖章。

◆ **适用指引**

本条是关于勘验程序的规定。

民事诉讼中，当事人争议的标的物有些无法移动或者难以携带搬运到法院。这些物件有时会成为审理案件的重要证据。在此情况下，人民法院需要对这些物品进行勘验。有些案件争议的标的本身就是现场，如相邻权纠纷中常见的房屋之间是否存在遮挡等问题，也需要勘验人现场查验、测量、辨别。勘验，系指法官以其五官之感觉作用，直接亲自体验物体之性状，从而认识一定人物事况性状事实之存否为证据的调查证据行为。勘验本身不是证据，只是一种调查证据的方法，勘验结果才是证据。勘验结果不仅包括通过勘验制作的笔录，还包括通过勘验留在审理者大脑中的印象。理论界和实务界通常将勘验理解为审判人员在诉讼过程中，为查明一定事实，对与案件争议有关的现场、物品或物体亲自或指定有关人员进行查验、拍照、测量的行为。根据查验情况和结果制成的笔录，称为勘验笔录。《民事诉讼法》明确将勘验笔录规定为证据形式，故勘验中能够作为证据使用的只有体现勘验过程和结果的勘验笔录，至于勘验留在法官大脑中的印象，只是影响法官对待证事实的心证因素，并不作为证据对待。需要注意的是，勘验是法院的职权，既可以根据当事人申请进行勘验，也可以依职权决定进行勘验。

1. 勘验可依当事人申请或依人民法院职权启动。实践中，对于勘验的启动要把握"确有必要"这个原则，再根据当事人的申请或者根据案件情况，由人民法院决定是否同意其申请或者是否需依职权启动勘验。无论当事人申请勘验还是法院依职权进行勘验，都需要满足"有必要进行勘验"的条件。勘验过程中，避免不了要对物证或者现场进行测量、拍照、录音录像，可能涉及人的隐私和尊严，故在勘验的过程中要特别注意保护他人隐私和尊严。

2. 勘验应通知有关当事人到场。人民法院在勘验后形成的勘验笔录对案件事实认定有直接影响，故勘验过程中通知有关当事人到场确有必要；同时，有关单位和个人也有协助人民法院保护好现场、协助法院做好勘验工作的义务。

3. 勘验的产品是勘验笔录。勘验笔录作为证据，是认定案件事实的重要依据。勘验后绘制的现场图，应当注明绘制时间、方位、测绘人姓名、身份等内容。勘验笔录应如实记录物证或现场上一切与案件有关的客观情况。开庭审理时，审判人员应当庭宣读或出示勘验笔录和照片、绘制的图表，使当事人了解勘验情况并听取其意见。当事人要求重新勘验的，可以重新勘验。勘验可能涉及专门性问题，对于这些专门性问题，如果不超过一般人的常识范围，则没有鉴定的必要。如无法通过勘验查明专门性问题，人民法院可以要求鉴定人参与勘验；必要时，可以要求鉴定人在勘验中鉴定。实践中，在鉴定过程中可能会发生需要对物证、现场等进行勘验的情形，从节约诉讼资源、方便案件审理角度出发，应当综合运用勘验和鉴定两种调查收集证据方法，充分发挥专家辅助人制度与鉴定制度相结合的双层专家制度。

◆ **关联规定**

《最高人民法院关于适用〈中华人民共和国民事诉讼法〉的解释》（2022 年 4 月 1 日）

第一百二十四条 人民法院认为有必要的，可以根据当事人的申请或者依职权对物证或者现场进行勘验。勘验时应当保护他人的隐私和尊严。

人民法院可以要求鉴定人参与勘验。必要时，可以要求鉴定人在勘验中进行鉴定。

《最高人民法院关于民事诉讼证据的若干规定》（2019 年 12 月 25 日）

第四十三条 人民法院应当在勘验前将勘验的时间和地点通知当事人。当事人不参加的，不影响勘验进行。

当事人可以就勘验事项向人民法院进行解释和说明，可以请求人民法院注意勘验中的重要事项。

人民法院勘验物证或者现场，应当制作笔录，记录勘验的时间、地点、勘验人、在场人、勘验的经过、结果，由勘验人、在场人签名或者盖章。对于绘制的现场图应当注明绘制的时间、方位、测绘人姓名、身份等内容。

◆ **典型案例**

某光伏公司诉某新能源公司买卖合同纠纷案①

某光伏公司与某新能源公司签订《组件销售合同》，约定某光伏公司购买某新能源公司生产的太阳能电池组件，双方签署《光伏组件技术要求》作为合同附件。后因合同履行产生纠纷，某光伏公司起诉请求：（1）解除《组件销售合同》《光伏组件技术要求》，某新能源公司返还未供货组件货款。（2）某新能源公司对已供货的不合格光伏组件产品，按照约定赔偿损失。（3）某新能源公司赔偿因未提供符合约定产品导致的发电量损失。（4）某新能源公司支付违约金。

某新能源公司反诉请求：（1）某光伏公司支付货款。（2）某光伏公司支付违约金。后，某新能源公司不服河北省高级人民法院（2018）冀民终925号民事判决，向最高人民法院申请再审。

最高人民法院经审查认为，关于一审程序是否违法，某光伏公司主张"鉴定结果出具后，一审法院未进行释明就以某光伏公司未提出重新鉴定申请为由，认定某光伏公司无证据证明货物质量不合格""一审法院在未通知某光伏公司的情况下，单方到某光伏公司施工现场进行实地勘验清点供货数量，程序违法"。当事人对人民法院委托的鉴定部门作出的鉴定结论有异议的，可以向委托鉴定的法院提出重新鉴定申请。因此，是否重新鉴定或补充鉴定，属于异议方主动申请范畴，不属于人民法院释明范围，一审法院没有对是否重新鉴定或补充鉴定进行释明，不违反法定程序。勘验物证或者现场，勘验人必须出示人民法院的证件，并邀请当地基层组织或者当事人所在单位派人参加。当事人或者当事人的成年家属应当到场，拒不到场的，不影响勘验的进行。本案中，从庭审查明事实看，一审法院对某光伏公司施工现场勘查前，已事先通知某光伏公司，但某光伏公司拒绝配合勘验，因第一天没有勘查完毕，第二天继续进行现场勘查。因此，一审法院在某光伏公司拒绝配合的情况下进行现场勘查，符合法律规定。

第八十四条　【证据保全】 在证据可能灭失或者以后难以取得的情况下，当事人可以在诉讼过程中向人民法院申请保全证据，人

---

① 最高人民法院（2020）最高法民再394号民事判决书。

民法院也可以主动采取保全措施。

因情况紧急，在证据可能灭失或者以后难以取得的情况下，利害关系人可以在提起诉讼或者申请仲裁前向证据所在地、被申请人住所地或者对案件有管辖权的人民法院申请保全证据。

证据保全的其他程序，参照适用本法第九章保全的有关规定。

◆ **适用指引**

本条是关于证据保全的规定。

证据保全，是指在证据可能毁损、灭失或者以后难以取得的情况下，人民法院采取措施对证据进行保护，以确保其证明力的一项措施。证据保全有助于保护可能被破坏或灭失的证据，能够保障和落实当事人的证据收集权和证据提出权，有利于诉讼顺利进行和公正裁判，促进纠纷化解。证据保全的意义在于保护证据的证明力，使与案件有关的事实材料不因有关情形的发生而无法取得或丧失证明作用，以此满足当事人证明案件事实和法院查明案件事实的需要。

关于证据保全制度的概念，"固定与保管说"认为，证据保全是指用一定形式将证据固定下来，加以妥善保管，以供司法人员或律师认定案件事实时使用。"确定说"认为，证据保全是指在证据可能灭失或以后难以取得的情况下，人民法院在开庭审理前根据当事人请求或者依职权采取一定措施加以确定的制度。"预先调查说"认为，证据保全是指人民法院或公证机关在法庭审查前对证据预先调查、加以保护的措施，是在诉讼提起前或提起后，在证据调查前，依法预先调查证据以确保证据调查结果的程序。"延伸说"认为，证据保全是对证据的预先调查行为，是法庭调查的向前延伸并对调查的证据加以固定和保管。结合上述四种观点，证据保全是当事人基于民事权利，为维护自身合法权益，自主选择在适当时候向法定机构提起的收集、固定、保管证据以保持其证明力的活动。根据证据保全适用的阶段不同，可分为诉讼证据保全和诉前证据保全。诉讼证据保全是当事人起诉后进行的证据保全；诉前证据保全是当事人起诉前进行的证据保全。诉前证据保全主要发生在知识产权诉讼与海事诉讼中，普通民事诉讼在诉前多依赖诉讼证明地位较高的公证行为保全证据，故诉前证据保全在普通民事诉讼中并不多见。

1. 关于诉讼证据保全的启动。启动证据保全主要有两个途径，即依当事人申请或者人民法院依职权主动采取保全措施。对于是否启动证据保全，人民法院要判断申请保全的证据在形式上对于案件事实的证明是否有意义，即保全的证据与待证事实之间在形式上是否具有关联性。至于实质上是否相关联、证明价值大小，属于证据实质审查的问题，不在审查证据保全申请的考虑之列。

2. 申请证据保全的时间。申请应当在举证期限届满前以书面形式提出。

3. 证据保全的前提是证据存在可能灭失或者以后难以取得的情况。证据可能灭失，可能是客观或主观原因引起。证据以后难以取得，强调的是证据获得的未来不可预测性，即证据现在如不进行保全，有可能在以后流转或灭失，给将来取证带来极大困难。

采取诉前证据保全措施须符合以下几点要求：

1. 在提起诉讼或者申请仲裁前才能采取诉前证据保全措施。在利害关系人提起诉讼或者申请仲裁前进行诉讼证据保全，可以防止证据灭失或者以后难以取得，可以避免后续进行的诉讼或者仲裁举证困难，也可以方便当事人在起诉或者申请仲裁前能收集到相关证据，有助于当事人清楚了解争议事实实际状况，促进调解或者和解，也有利于后续诉讼或者仲裁中当事人对争议焦点及证据的认识，提高诉讼或仲裁效率。

2. 申请的主体是利害关系人。由于案件尚未进入诉讼或仲裁，此时的当事人只能称为利害关系人。这里的利害关系人，是指民事权益可能受到损害或者可能与他人发生民事权益纠纷的人。是否属于利害关系人，应当由人民法院审查判断予以确定。

3. 受理诉前证据保全的管辖法院。证据所在地、被申请人住所地或者对案件有管辖权的人民法院受理当事人关于诉前证据保全的申请。

4. 申请的条件。申请的前提是证据处于紧急状况，不申请保全将可能导致证据灭失或者以后难以取得。相较于诉讼证据保全，诉前证据保全增加的条件为"情况紧急"，考虑到案件尚未进入诉讼或者仲裁，故必须是利害关系人认为情况紧急才可以申请保全，是否允许须由法院根据情况决定，防止利害关系人滥用诉前证据保全程序。

关于证据保全其他程序适用法律的问题，本条规定可以参照适用保全的有关规定。"参照适用"是指拟规范的内容与被引用法条所规范的内容在法律事实上虽然不同，但性质类似，故可将二者同一处理，但在进行法律适用时，需要进行价值判断和裁量选择。本法第九章已对保全作了较为详细的规定。如关于诉前证据保全的具体程序事项，可以参照适用《民事诉讼法》第104条的规定。

关于证据保全的担保。一般情况下，证据保全是对既有证据的调查收集和固定，不会对被保全证据的持有人造成经济损失。但是，如果存在可能对他人造成损失的情况，人民法院应当责令申请证据保全的当事人提供相应担保。

◆ **关联规定**

《最高人民法院关于适用〈中华人民共和国民事诉讼法〉的解释》（2022 年4 月 1 日）

第九十八条 当事人根据民事诉讼法第八十四条第一款规定申请证据保全的，可以在举证期限届满前书面提出。

证据保全可能对他人造成损失的，人民法院应当责令申请人提供相应的担保。

《最高人民法院关于民事诉讼证据的若干规定》（2019 年 12 月 25 日）

第二十五条 当事人或者利害关系人根据民事诉讼法第八十一条①的规定申请证据保全的，申请书应当载明需要保全的证据的基本情况、申请保全的理由以及采取何种保全措施等内容。

当事人根据民事诉讼法第八十一条第一款的规定申请证据保全的，应当在举证期限届满前向人民法院提出。

法律、司法解释对诉前证据保全有规定的，依照其规定办理。

第二十六条 当事人或者利害关系人申请采取查封、扣押等限制保全标的物使用、流通等保全措施，或者保全可能对证据持有人造成损失的，人民法院应当责令申请人提供相应的担保。

担保方式或者数额由人民法院根据保全措施对证据持有人的影响、保全标的物的价值、当事人或者利害关系人争议的诉讼标的金额等因素综合确定。

第二十七条 人民法院进行证据保全，可以要求当事人或者诉讼代理人到场。

根据当事人的申请和具体情况，人民法院可以采取查封、扣押、录音、录像、复制、鉴定、勘验等方法进行证据保全，并制作笔录。

在符合证据保全目的的情况下，人民法院应当选择对证据持有人利益影响最小的保全措施。

第二十八条 申请证据保全错误造成财产损失，当事人请求申请人承担赔偿责任的，人民法院应予支持。

第二十九条 人民法院采取诉前证据保全措施后，当事人向其他有管辖权的

---

① 对应 2023 年《民事诉讼法》第 84 条。

人民法院提起诉讼的，采取保全措施的人民法院应当根据当事人的申请，将保全的证据及时移交受理案件的人民法院。

◆ **典型案例**

赵某新诉某置业公司侵害发明专利权纠纷案①

赵某新以某置业公司未经其许可使用其发明专利，侵害赵某新合法权益为由向北京知识产权法院提起诉讼，请求：（1）某置业公司停止侵权行为，不得再次使用赵某新的发明专利权。（2）某置业公司赔偿赵某新经济损失 60 万元及合理支出 1 万元。后，赵某新不服北京知识产权法院（2018）京 73 民初 219 号民事判决，向最高人民法院提起上诉。

最高人民法院经审查认为，赵某新上诉主张原审法院对其提出的证据保全申请未予答复，也没有进行证据保全，以原告关于被告侵害其涉案专利权的主张缺乏基本事实依据为由驳回其诉讼请求，违反法定程序。在证据可能灭失或者以后难以取得的情况下，当事人可以在诉讼过程中向人民法院申请保全证据，人民法院也可以主动采取保全措施。赵某新提起本案诉讼，主张某置业公司使用涉案专利方法，侵害涉案专利权。对此，赵某新在本案中请求人民法院进行证据保全，至少应当提供初步证据证明被诉侵权人有较大可能实施了被诉侵权行为且属于证据可能灭失或者以后难以取得的情况，但赵某新并未提供初步证据证明涉案建筑外墙彩绘图案系某置业公司使用涉案专利方法制作完成，故本案不属于人民法院必须进行证据保全的情况。

---

① 最高人民法院（2020）最高法知民终 1850 号民事判决书。

第七章　期间、送达

第一节　期　　间

第八十五条　【期间种类、计算】期间包括法定期间和人民法院指定的期间。

期间以时、日、月、年计算。期间开始的时和日，不计算在期间内。

期间届满的最后一日是法定休假日的，以法定休假日后的第一日为期间届满的日期。

期间不包括在途时间，诉讼文书在期满前交邮的，不算过期。

◆ **适用指引**

本条是关于期间种类和期间计算的规定。

本条第3款的法定休假日是指法律规定的全体公民休假的日期。法定休假日的范围要广于法定节假日。《全国年节及纪念日放假办法》第2条规定，全体公民放假的节日：（1）新年，放假1天（1月1日）；（2）春节，放假3天（农历正月初一、初二、初三）；（3）清明节，放假1天（农历清明当日）；（4）劳动节，放假1天（5月1日）；（5）端午节，放假1天（农历端午当日）；（6）中秋节，放假1天（农历中秋当日）；（7）国庆节，放假3天（10月1日、2日、3日）。该办法第6条规定，全体公民放假的假日，如果适逢星期六、星期日，应当在工作日补假。部分公民放假的假日，如果适逢星期六、星期日，则不补假。《国务院关于职工工作时间的规定》第7条第1款规定，国家机关、事业单位实行统一的工作时间，星期六和星期日为周休息日。目前，理论和实务均认为星期六和星期日以及上述法定节假日作为计算期间的法定休假日。需要注意的是，法定休假日是适用于社会不特定公众并为人们所熟知的特定日期，对于特定职业或者特定人员、特定时期的休息日，比如婚丧假、年假等情形因人而异，不属于法定休假日，不能作为计算期间中的法定休假日。

期间，是指当事人、其他诉讼参与人以及人民法院进行民事诉讼或者审理民事案件时应当遵守的时间期限。期日，是指人民法院确定的进行某一诉讼行为的具体时间，如人民法院开庭审理案件的日期、原告与被告交换证据的日期、人民法院宣告判决的日期等。期间和期日有以下几个区别：第一，期间是指一段持续的时间，有开始期与终止期。期日是指某一特定的时间点，只有开始期，没有终止期。第二，期间通常适用于当事人及其他诉讼参与人或者人民法院单方进行某项诉讼行为。期日主要适用于当事人、其他诉讼参与人以及人民法院共同进行某项诉讼行为。第三，期间开始后，并非一定发生某项诉讼行为。期日开始后，通常一定发生某项诉讼行为。第四，期日由人民法院指定，期间有的由法律规定，有的由人民法院指定。第五，期日因特殊情况可以变更，期间有的可以变更，有的不能变更。

1. 以期间是法律规定还是法院指定为标准，可以将期间分为法定期间和指定期间。法定期间，是指由法律直接规定的期间；指定期间，是指人民法院根据案件具体情况，对于进行某项诉讼行为所指定的期间。指定期间是可变期间，是对法定期间的必要补充。指定期间具有灵活性，人民法院可根据具体情况指定某一诉讼行为的实施期间，也可适当延长或者缩短，甚至取消原来指定的期间。人民法院指定期间要注意指定的期间应当明确具体，期间长短要与诉讼行为的要求相适应，且不应与法定期间冲突。

2. 以期间能否变更为标准，可以将期间分为不变期间和可变期间。不变期间，是指在规定期间内，除法律另有规定，不准许法院延长或者缩短，如上诉期间、申请执行法律文书的期间等。在不变期间内应当进行的诉讼行为没有进行，权利人就丧失该项诉讼权利。可变期间，是指人民法院依照法律规定的条件可以变更的期间，指定期间都是可变期间，法定期间依照法律规定可以变更，否则不能变更。

实践中，计算期间时应注意以下几点：

第一，如果期间以月为单位计算，1 月一般按公历中的月份天数计算，不分大月、小月；如果期间以年为单位计算，1 年一般按 365 天计算，不分平年、闰年。以月计算的，期间届满的日期，应当是届满那个月对应于开始月份的那一天；如果没有对应于开始月份的那一天，应当为届满那个月的最后一天。例如，在宣告失踪案件中，人民法院于 2012 年 2 月 28 日公告寻找下落不明人，公告期间 3 个月，公告期届满日期为 2012 年 5 月 28 日，在该日期下落不明的人还未出现，人民法院可以依法判决宣告下落不明的人失踪。

第二，期间届满的最后一日是法定休假日的，以法定休假日后的第一日为期间届满的日期。要注意两点：其一，法律规定的部分公民享有休假权利的节日一般不能作为影响期间计算的日期；其二，法人或者其他组织内部规定的放假或者休息日不属于法定休假日。

第三，期间不包括在途期间，诉讼文书在期限届满前交邮的，不算过期。法定期间和指定期间均不包括在途期间。法定期间届满前交邮是指期间届满日的24时前交邮，期满前是否交邮，应以邮局邮戳为准。

◆ **关联规定**

《中华人民共和国民法典》（2020 年 5 月 28 日）

第二百条 民法所称的期间按照公历年、月、日、小时计算。

第二百零一条 按照年、月、日计算期间的，开始的当日不计入，自下一日开始计算。

按照小时计算期间的，自法律规定或者当事人约定的时间开始计算。

第二百零二条 按照年、月计算期间的，到期月的对应日为期间的最后一日；没有对应日的，月末日为期间的最后一日。

第二百零三条 期间的最后一日是法定休假日的，以法定休假日结束的次日为期间的最后一日。

期间的最后一日的截止时间为二十四时；有业务时间的，停止业务活动的时间为截止时间。

第二百零四条 期间的计算方法依照本法的规定，但是法律另有规定或者当事人另有约定的除外。

《最高人民法院关于适用〈中华人民共和国民事诉讼法〉的解释》（2022 年 4 月 1 日）

第一百二十五条 依照民事诉讼法第八十五条第二款规定，民事诉讼中以时起算的期间从次时起算；以日、月、年计算的期间从次日起算。

◆ **典型案例**

某科技公司诉 J 公司、曾某珲建设用地使用权转让合同纠纷案[①]

J 公司、曾某珲不服广西壮族自治区高级人民法院（2018）桂民终 547 号民

[①] 最高人民法院（2020）最高法民申 1221 号民事裁定书。

事判决，向最高人民法院申请再审。

最高人民法院经审查认为，当事人申请再审，应当在判决、裁定发生法律效力后六个月内提出；有法律规定情形的，自知道或者应当知道之日起六个月内提出。因此，J 公司、曾某珲申请再审，应当在二审判决发生法律效力后六个月内提出。根据原审案卷材料，二审判决于 2019 年 3 月 28 日送达 J 公司、曾某珲。期间届满的最后一日是节假日的，以节假日后的第一日为期间届满的日期。期间不包括在途时间，诉讼文书在期满前交邮的，不算过期。本案申请再审期间应从 2019 年 3 月 29 日开始起算，至 2019 年 9 月 28 日止；又因 2019 年 9 月 28 日是周六，属法定节假日，2019 年 9 月 29 日调休系工作日，故 J 公司、曾某珲申请再审期间至 2019 年 9 月 29 日止。J 公司、曾某珲于 2019 年 9 月 29 日将再审申请书交邮，故 J 公司、曾某珲申请再审未超过六个月的法定期间。

第八十六条　【期间顺延】 当事人因不可抗拒的事由或者其他正当理由耽误期限的，在障碍消除后的十日内，可以申请顺延期限，是否准许，由人民法院决定。

◆ **适用指引**

本条是关于期间耽误和顺延的规定。

期间的耽误，是指当事人在法定期间或者指定期间内没有完成一定的诉讼行为。期间的耽误不仅影响民事诉讼活动的正常进行，还可能导致当事人丧失相应的诉讼权利，从而影响当事人的实体权利。期间耽误的原因多种多样，在不同的案件中有不同的具体表现，可以分为两类：

1. 因当事人主观原因造成。主观原因，是指当事人实施或者不实施某种行为时的主观心理状态。因主观原因造成期间耽误，主要是指当事人主观上存在故意或者过失。故意，是指当事人已经预见到自己实施或者不实施某种行为将会造成期间耽误，却仍然实施或者不实施该行为，从而导致期间耽误。如当事人明明知道不服一审民事判决的上诉期为 15 天，但故意不在上诉期内提出上诉。过失，是指当事人已经预见到自己实施或者不实施某种行为可能会造成期间耽误，但其以为只要稍加小心或者采取某些措施就可以避免，或者当事人应当预见自己实施或者不实施某种行为可能会造成期间的耽误却没有预见到，从而造成了期间耽误。如当事人接到一审民事判决书后，找不同的人商量要不要提出上诉，由于各方面意见不一，犹豫不决，导致错过上诉期。

2. 因不可归责于当事人的原因造成。不可归责于当事人的原因，是指期间耽误的原因不是由于当事人在主观上存在故意或者过失，而是与当事人主观原因无关的其他原因造成的。根据本条规定，不可归责于当事人的原因分为两种：一是不可抗拒的事由。不可抗拒的事由，通常也称为不可抗力，按照《民法典》的规定，是指不能预见、不能避免且不能克服的客观情况。地震、洪水、海啸等自然灾害，都属于不可抗力的范围，即属于当事人不可抗拒的事由。某些人类行为，如战争等，对于当事人来讲也是不可抗拒的事由。二是其他正当理由。其他正当理由，是指造成期间耽误的原因与当事人主观原因无关，而是因为其他客观情况造成。如当事人突发重病入院抢救、诉讼文书被他人延误而未及时收到等。

期间耽误的原因不同，后果也不同。因当事人主观故意或者过失耽误期限的，其原因在于当事人自己，其责任也由当事人自己承担，即不存在顺延期限的问题。因不可抗拒的事由或者其他正当理由耽误期限的，其原因不在当事人，其责任也不应由当事人承担，按照本条规定，在障碍消除后的 10 日内向人民法院申请顺延期限。

第一，顺延期限的申请应在法定期间内提出，即应在障碍消除后的 10 日内提出申请。

第二，顺延申请应向有权作出决定的法院提出。耽误期间的事由既可能发生在一审程序中，也可能发生在二审程序、再审程序中。在哪个程序发生耽误，就应向正在审理案件的法院申请顺延。需要注意的是，如果耽误上诉期间，应向作出裁判的一审法院提出申请，申请再审期间的顺延，应向申请再审的法院提出申请。

第三，顺延申请是否准许，由法院决定。人民法院对当事人提出的顺延期限申请，经审查认为符合法律规定的顺延期限条件的，准许顺延，否则不予准许。

第四，顺延期限的计算需准确把握。人民法院准予顺延期间的，顺延多长时间，因法定期间和指定期间不同而不同。法定期间顺延日期的计算，以实际耽误的时间为准；指定期间顺延日期由法院根据具体情况决定。

◆ **典型案例**

某建设公司诉某保险公司湖南分公司诉中财产保全损害责任纠纷案①

某建设公司不服湖南省高级人民法院（2020）湘民终 1765 号民事判决，向

---

① 最高人民法院（2021）最高法民申 6111 号民事裁定书。

最高人民法院申请再审。

最高人民法院经审查认为，某保险公司主张某建设公司的上诉已超过上诉期限。经查，某建设公司于 2020 年 1 月 21 日收到一审判决书并于 2020 年 2 月 4 日向一审主审法官短信表达上诉意思表示，一审主审法官同意因客观不可抗力原因待法院诉讼服务窗口恢复后办理上诉事宜，并依法依规顺延诉讼期间。本案中，因客观原因相关法院诉讼服务窗口也因此处于关闭状态，某建设公司于收到一审判决书的 15 日内向一审法官表达上诉的意思表示，一审法官表示同意，之后其在法院规定时间内提交上诉状并缴纳上诉费，没有怠于行使上诉权。因此，二审判决认定某建设公司的上诉未超过上诉期限，有相应依据，某保险公司该项主张不能成立。

第二节　送　　达

第八十七条　【送达回证】送达诉讼文书必须有送达回证，由受送达人在送达回证上记明收到日期，签名或者盖章。

受送达人在送达回证上的签收日期为送达日期。

◆ **适用指引**

本条是关于送达回证的规定。

送达，是指法院依照法定方式和程序，将诉讼文书送交当事人和其他诉讼参与人的行为。执行送达任务，向当事人及其他诉讼参与人履行送达义务的人称为送达人；接受法院送达的诉讼文书的当事人或者其他诉讼参与人称为受送达人。送达的意义有两个方面：一是有利于全面保障当事人及诉讼参与人的诉讼权利；二是推动诉讼进程发展。人民法院依法送达后，受送达人无正当理由没有在规定时间内行使诉讼权利、履行诉讼义务，则须承担法律规定的后果。

1. 送达的主体是法院，送达的对象是当事人或者其他诉讼参与人。由法院以外的主体向当事人或其他诉讼参与人送交材料的行为不属于送达。受送达人必须是当事人或其他诉讼参与人。若当事人是无诉讼行为能力的诉讼主体，则应向其法定代理人送达。当事人及其他诉讼参与人之间、法院之间送交诉讼文书的行为以及法院向其他单位或个人送交诉讼文书的行为均不属于送达，不适用《民事诉讼法》关于送达的规定。

2. 送达的内容是各种诉讼文书，如起诉状副本、传票、开庭通知书、判决书、裁定书、调解书等。

3. 送达必须按法定程序和方式进行。送达是法院的职权行为，法律文书一经送达，直接对当事人的诉讼权利和实体权利产生重要的法律意义，因此，只有按照法定程序和方式进行的送达，才是有效送达；送达程序和方式不合法将导致送达无效。

送达回证，是指人民法院制作的用以证明受送达人收到人民法院送达的诉讼文书的书面凭证。送达回证是检查人民法院是否按法定程序和方式送达诉讼文书的标志，是送达人完成送达任务的凭证，不仅能够证明人民法院是否履行了法定职责，完成了送达任务，还是受送达人接受或者拒绝签收送达文书的证明，能够证明当事人是否耽误了诉讼期间，是衡量当事人和其他诉讼参与人诉讼行为是否有效的依据。受送达人在送达回证上的签收日期为送达日期，它是计算期间的主要根据。

根据本条规定，人民法院向当事人或者其他诉讼参与人送达诉讼文书，无论采取何种送达方式，都应有送达回证，受送达人在送达回证上签收，签收日期即是送达日期。但是，实践中存在两种例外情形：一是公告送达无须送达回证，公告期间届满日期即是送达日期；二是邮寄送达，人民法院通常会制作送达回证一并寄送当事人，要求当事人签收后寄回人民法院入卷，但有的当事人收到法律文书后不将送达回证寄回。

◆ **关联规定**

《最高人民法院关于适用〈中华人民共和国民事诉讼法〉的解释》（2022 年 4 月 1 日）

第一百三十七条　当事人在提起上诉、申请再审、申请执行时未书面变更送达地址的，其在第一审程序中确认的送达地址可以作为第二审程序、审判监督程序、执行程序的送达地址。

最高人民法院《关于进一步加强民事送达工作的若干意见》（2017 年 7 月 19 日）

一、送达地址确认书是当事人送达地址确认制度的基础。送达地址确认书应当包括当事人提供的送达地址、人民法院告知事项、当事人对送达地址的确认、送达地址确认书的适用范围和变更方式等内容。

二、当事人提供的送达地址应当包括邮政编码、详细地址以及受送达人的联系电话等。同意电子送达的，应当提供并确认接收民事诉讼文书的传真号、电子信箱、微信号等电子送达地址。当事人委托诉讼代理人的，诉讼代理人确认的送达地址视为当事人的送达地址。

三、为保障当事人的诉讼权利，人民法院应当告知送达地址确认书的填写要求和注意事项以及拒绝提供送达地址、提供虚假地址或者提供地址不准确的法律后果。

四、人民法院应当要求当事人对其填写的送达地址及法律后果等事项进行确认。当事人确认的内容应当包括当事人已知晓人民法院告知的事项及送达地址确认书的法律后果，保证送达地址准确、有效，同意人民法院通过其确认的地址送达诉讼文书等，并由当事人或者诉讼代理人签名、盖章或者捺印。

五、人民法院应当在登记立案时要求当事人确认送达地址。当事人拒绝确认送达地址的，依照《最高人民法院关于登记立案若干问题的规定》第七条的规定处理。

六、当事人在送达地址确认书中确认的送达地址，适用于第一审程序、第二审程序和执行程序。当事人变更送达地址，应当以书面方式告知人民法院。当事人未书面变更的，以其确认的地址为送达地址。

八、当事人拒绝确认送达地址或以拒绝应诉、拒接电话、避而不见送达人员、搬离原住所等躲避、规避送达，人民法院不能或无法要求其确认送达地址的，可以分别以下列情形处理：

（一）当事人在诉讼所涉及的合同、往来函件中对送达地址有明确约定的，以约定的地址为送达地址；

（二）没有约定的，以当事人在诉讼中提交的书面材料中载明的自己的地址为送达地址；

（三）没有约定、当事人也未提交书面材料或者书面材料中未载明地址的，以一年内进行其他诉讼、仲裁案件中提供的地址为送达地址；

（四）无以上情形的，以当事人一年内进行民事活动时经常使用的地址为送达地址。

人民法院按照上述地址进行送达的，可以同时以电话、微信等方式通知受送达人。

九、依第八条规定仍不能确认送达地址的，自然人以其户籍登记的住所或者在经常居住地登记的住址为送达地址，法人或者其他组织以其工商登记或其他依法登记、备案的住所地为送达地址。

十三、可以根据实际情况，有针对性地探索提高送达质量和效率的工作机制，确定由专门的送达机构或者由各审判、执行部门进行送达。在不违反法律、司法解释规定的前提下，可以积极探索创新行之有效的工作方法。

十六、在送达工作中，可以借助基层组织的力量和社会力量，加强与基层组织和有关部门的沟通、协调，为做好送达工作创造良好的外部环境。有条件的地方可以要求基层组织协助送达，并可适当支付费用。

十七、要树立全国法院一盘棋意识，对于其他法院委托送达的诉讼文书，要认真、及时进行送达。鼓励法院之间建立委托送达协作机制，节约送达成本，提高送达效率。

◆ **典型案例**

某电子商务公司诉 A 区土地储备中心、某房地产公司、某工贸公司、王某、王某兰、何某宏、林某平合同纠纷案[①]

最高人民法院经审查认为，直接送达诉讼文书有困难的，可以委托其他人民法院代为送达，或者邮寄送达。本案受送达人 A 区土地储备中心（以下简称 A 区土储中心）住所地在四川省攀枝花市，委托诉讼代理人的联系地址也在四川省攀枝花市，四川省高级人民法院直接送达诉讼文书确有困难，故以邮寄方式送达并无不当。受送达人有诉讼代理人的，人民法院既可以向受送达人送达，也可以向其诉讼代理人送达。本案中，姜某群一审期间代理权限为特别授权，包括"代为递交和签收法律文书"，故一审法院向 A 区土储中心委托诉讼代理人送达，符合法律规定。受送达人指定代收人的，指定代收人的签收视为受送达人本人签收。本案一审法院邮政特快专递的底单载明收件人为姜某群，电话为姜某群预留手机号，地址为姜某群预留的工作单位四川某律师事务所地址，收件人签名虽为段某梅，结合《EMS 查快递》运单跟踪显示"投递并签收，签收人：本人收"和段某梅此后转交邮件的事实，应当认为姜某群委托段某梅代收，段某梅签收视为姜某群本人签收。受送达人在送达回证上的签收日期为送达日期，但该规定显然意指签收日期须为送达实际发生日期，不能在受送达人在送达回证上注明的签收日期与实际送达日期不一致的情况下，以受送达人在送达回证上签署的签收日期否定送达实际发生的日期。结合《EMS 查快递》运单跟踪显示签收时间为"2017-05-17 11：46：03"和段某梅并未否认 5 月 17 日签收的事实，应当认定

---

① 最高人民法院（2017）最高法民终 946 号民事裁定书。

实际送达日期为 2017 年 5 月 17 日。即便按照姜某群在送达回证上签署的日期，认为其迟至 2017 年 5 月 25 日才知悉一审判决，距十五日的上诉期限届至也仍有一周时间，但其迟至 2017 年 6 月 5 日才向一审法院寄出上诉状，不能认为其提起上诉仍在合理期限之内。法律对于期间的规定具有严肃性，诉讼参与人均应严格遵行，随意解释和更改将导致诉讼期间无从确定，侵害其他诉讼参与主体的诉讼权利。综上，A 区土储中心的上诉已超过法律规定的上诉期限。

第八十八条　【直接送达】送达诉讼文书，应当直接送交受送达人。受送达人是公民的，本人不在交他的同住成年家属签收；受送达人是法人或者其他组织的，应当由法人的法定代表人、其他组织的主要负责人或者该法人、组织负责收件的人签收；受送达人有诉讼代理人的，可以送交其代理人签收；受送达人已向人民法院指定代收人的，送交代收人签收。

受送达人的同住成年家属，法人或者其他组织的负责收件的人，诉讼代理人或者代收人在送达回证上签收的日期为送达日期。

◆ **适用指引**

本条是关于直接送达的规定。

直接送达，是指人民法院指派专人包括执行送达任务的书记员、司法警察或者其他工作人员将应当送达的诉讼文书，直接当面交付给受送达人本人签收或者法律明确规定的相关人的送达方式。

根据本条规定，以下情况属于直接送达：（1）受送达人是公民的，应当由本人签收。（2）受送达人是法人或其他组织的，由其法定代表人或主要负责人，或者该法人、组织负责收件的人签收。

视为直接送达：（1）受送达人是公民，但该公民本人不在送达地点的，由其同住成年家属签收。（2）受送达人有诉讼代理人，可以送交其代理人签收。（3）受送达人已向人民法院指定代收人，送交代收人签收。受送达人在送达回证上的签收日期即是送达日期，若送达回证不是受送达人本人签收的，受送达人的同住成年家属、法人或者其他组织的负责收件的人、诉讼代理人或者代收人在送达回证上签收的时间为送达日期。

送达诉讼文书应以直接送达为原则，在《民事诉讼法》规定的各种送达方式中，直接送达是首选方式。只有当直接送达确有困难时，人民法院才可以根据情况选择其他方式进行送达。直接送达最重要的条件是人民法院能够确定受送达人的准确送达地址。受送达人是公民的，送达地址通常是公民的住所地或经常居住地。受送达人是法人或者其他组织的，送达地址通常是法人或其他组织的主要营业地或者主要办事机构所在地。

◆ **关联规定**

《最高人民法院关于适用〈中华人民共和国民事诉讼法〉的解释》（2022 年 4 月 1 日）

第一百三十条第一款 向法人或者其他组织送达诉讼文书，应当由法人的法定代表人、该组织的主要负责人或者办公室、收发室、值班室等负责收件的人签收或者盖章，拒绝签收或者盖章的，适用留置送达。

第一百三十一条 人民法院直接送达诉讼文书的，可以通知当事人到人民法院领取。当事人到达人民法院，拒绝签署送达回证的，视为送达。审判人员、书记员应当在送达回证上注明送达情况并签名。

人民法院可以在当事人住所地以外向当事人直接送达诉讼文书。当事人拒绝签署送达回证的，采用拍照、录像等方式记录送达过程即视为送达。审判人员、书记员应当在送达回证上注明送达情况并签名。

第一百三十二条 受送达人有诉讼代理人的，人民法院既可以向受送达人送达，也可以向其诉讼代理人送达。受送达人指定诉讼代理人为代收人的，向诉讼代理人送达时，适用留置送达。

最高人民法院《关于进一步加强民事送达工作的若干意见》（2017 年 7 月 19 日）

七、因当事人提供的送达地址不准确、拒不提供送达地址、送达地址变更未书面告知人民法院，导致民事诉讼文书未能被受送达人实际接收的，直接送达的，民事诉讼文书留在该地址之日为送达之日；邮寄送达的，文书被退回之日为送达之日。

◆ **典型案例**

王某兰诉张某志、向某蓉、张某 1、张某 2 返还原物纠纷案①

王某兰向北京市门头沟区人民法院提起诉讼，请求张某志、向某蓉、张某

---

① 北京市高级人民法院（2020）京民申 3955 号民事裁定书。

1、张某2返还2301号房屋及房屋钥匙3把、煤气卡、电卡、缴费确认单。后，张某志、向某蓉、张某1、张某2不服北京市第一中级人民法院（2020）京01民终917号民事判决，向北京市高级人民法院申请再审。

北京市高级人民法院经审查认为，关于送达程序是否合法，依据《中华人民共和国民事诉讼法》的规定，受送达人是公民的，本人不在交他的同住成年家属签收。受送达人的同住成年家属，法人或者其他组织的负责收件的人，诉讼代理人或者代收人在送达回证上签收的日期为送达日期。本案中，一审法院按照向某蓉签写的送达地址确认书确认的送达地址给向某蓉邮寄开庭传票，张某志与向某蓉系夫妻关系，作为向某蓉同住成年家属，张某志签收传票的行为应作为送达依据，张某志与向某蓉虽称二人并不共同居住，但无证据支持，故其所述原审送达程序不合法的申请理由不能成立。

第八十九条　【留置送达】 受送达人或者他的同住成年家属拒绝接收诉讼文书的，送达人可以邀请有关基层组织或者所在单位的代表到场，说明情况，在送达回证上记明拒收事由和日期，由送达人、见证人签名或者盖章，把诉讼文书留在受送达人的住所；也可以把诉讼文书留在受送达人的住所，并采用拍照、录像等方式记录送达过程，即视为送达。

◆ **适用指引**

本条是关于留置送达的规定。

留置送达，是指受送达人无正当理由拒绝签收诉讼文书时，送达人依法将送达文书放置在受送达人的住所即产生送达法律效力。送达人在受送达人或者他的同住成年家属拒绝接收诉讼文书的情况下，既可以采用邀请见证人的方式来实现留置送达，也可以选择将诉讼文书留在受送达人住所的同时，采用拍照、录像等记录送达过程的方式来实现留置送达。本条规定赋予了送达人在实现留置送达方式上的选择权，便于送达人根据实际情况，选择不同的实现留置送达的方式。受送达人有诉讼代理人时，送达人既可以向受送达人送达，也可以向其诉讼代理人送达。受送达人指定诉讼代理人为代收人的，向诉讼代理人送达时，适用留置送达。

留置送达是在直接送达不能进行时采取的送达方式，是直接送达的最直接补充，与直接送达具有同等效力。

适用留置送达，应具备相应条件：1. 受送达人或其他法定签收人拒绝接收送达人员的诉讼文书。拒绝接收一般包括两种情况：一是故意躲避，致使送达人员无法寻找到受送达人；二是虽不躲避，但当面拒绝接收送达的诉讼文书或者接收送达的诉讼文书却拒绝签名或盖章。

2. 留置送达地址应是受送达人的住所。送达人只有把送达的诉讼文书留在受送达人的户籍登记或者其他有效身份登记记载的居所或者是经常居所，才能完成留置送达，受送达人的工作地点或者其他地方不能进行留置送达。

3. 留置送达不包括调解书。调解书应当直接送达当事人本人，不适用留置送达。

◆ **关联规定**

《最高人民法院关于适用〈中华人民共和国民事诉讼法〉的解释》（2022 年 4 月 1 日）

第一百三十条第二款　民事诉讼法第八十九条规定的有关基层组织和所在单位的代表，可以是受送达人住所地的居民委员会、村民委员会的工作人员以及受送达人所在单位的工作人员。

◆ **典型案例**

穆某焕诉某矿业公司、某商贸公司、某铁选厂借款合同纠纷案[①]

各方当事人经河北省迁安市人民法院调解达成（2015）安民初字第 1383 号民事调解书，确认某矿业公司给付穆某焕借款本金 1250 万元及相应利息，某铁选厂及某商贸公司承担连带还款责任。河北省唐山市中级人民法院作出（2015）唐执一字第 365 号之四执行裁定书，裁定拍卖被执行人的采矿权。被执行人提出执行异议，后某矿业公司不服河北省高级人民法院（2018）冀执复 189 号执行裁定，向最高人民法院申诉。

最高人民法院经审查认为，关于采矿权评估报告是否送达的问题。人民法院可以在当事人住所地以外向当事人直接送达诉讼文书。当事人拒绝签署送达回证的，采用拍照、录像等方式记录送达过程即视为送达。审判人员、书记员应当在送达回证上注明送达情况并签名。本案中，执行人员于 2016 年 6 月 26 日在迁安

---

① 最高人民法院（2019）最高法执监 179 号执行裁定书。

市传染病医院向某矿业公司法定代表人刘某松直接送达采矿权评估报告，在其拒绝签署送达回证的情况下拍照记录送达过程，所拍照片清晰，可辨认相关过程，相关送达程序符合规定的送达要件，应当视为已经送达。在采矿权评估报告已经送达的情况下，执行人员进一步向某矿业公司的住所地邮寄评估报告，不属于法定送达义务范畴。因此，当事人不能以自己未签收为由主张执行法院未依法送达，更不能以此为由否定前述直接送达的效力。

第九十条　【简易送达】经受送达人同意，人民法院可以采用能够确认其收悉的电子方式送达诉讼文书。通过电子方式送达的判决书、裁定书、调解书，受送达人提出需要纸质文书的，人民法院应当提供。

采用前款方式送达的，以送达信息到达受送达人特定系统的日期为送达日期。

◆ **适用指引**

本条是关于电子送达的规定。

采用电子送达的条件：（1）应经受送达人同意。诉讼文书的送达应当尊重当事人的意愿，允许当事人选择送达方式，充分尊重当事人的程序选择权。电子送达具有便捷性、高效性、经济性的同时，也存在电子送达地址变化快，信息传送、保存过程存在一定风险，对当事人的程序保障构成威胁等问题。（2）采用的方式能够确认受送达人收悉。能够确认受送达人收悉，一方面是指电子送达地址准确，能够让受送达人接收到有关诉讼文书的信息，可以通过由受送达人提供电子送达地址（如常用的电子邮箱、传真号码、即时通信账号等）来实现；另一方面，采取的电子送达方式应能够让受送达人直观、准确知晓有关诉讼文书信息，不需要再借助其他技术手段。电子送达包括通过中国审判流程信息公开网、全国统一送达平台、手机短信、传真、电子邮箱、即时通信账号等多种方式。（3）送达判决书、裁定书、调解书，受送达人需要纸质文书的，人民法院应当提供。

电子送达方式下，诉讼文书以数据电文形式传送，受送达人收到信息和知悉信息内容的时间并不一致。收到信息的时间为数据电文进入受送达人特定系统的时间，知悉信息的时间为受送达人真正阅读该信息的时间。本条第2款未详细列举不同电子送达方式的不同送达日期，而是原则规定以送达信息到达受送达人特定系统的日期为送达日期。

受送达人同意既可是明示同意，也可是默示同意，具体包括：第一，明确表示同意，即受送达人主动提出适用电子送达或者填写送达地址确认书。第二，作出事前约定，即受送达人对于在诉讼中适用电子送达已作出约定，此时需考察送达条款是否属于格式条款，提供制式合同一方未尽到提示说明义务，对方当事人可要求确认该条款无效。第三，作出事中表示行为，即受送达人在提交的起诉状、答辩状中主动提供用于接收送达的电子地址，但未明确是否用于接受电子送达。此时一般应向当事人进一步确认，明确该地址用途和功能是用于联系还是接受送达。第四，作出事后的认可，即受送达人通过回复收悉、参加诉讼等方式接受已经完成的电子送达且未明确表示不同意电子送达。受送达人接受电子送达后又表示不同意电子送达的，应当认定已完成的送达有效，但此后不宜再适用电子送达。人民法院可通过电话确认、诉讼平台在线确认以及线下发送电子送达确认书等方式确认受送达人是否同意电子送达，以及受送达人接收电子送达的具体方式和地址并告知电子送达的适用范围、效力、送达地址变更方式以及其他需告知的送达事项。

电子送达的发出端应当是人民法院统一规范平台，确保送达过程可查询、可验证、可追溯，形成有效电子送达凭证。采用传真、电子邮件方式送达，送达人员应记录传真发送和接收号码、电子邮件发送和接收邮箱、发送时间、送达诉讼文书名称并打印传真发送确认单、电子邮件发送成功网页存卷备查。采用短信、微信等方式送达，送达人员应记录收发手机号码、发送时间、送达诉讼文书名称，并将短信、微信等送达内容拍摄照片存卷备查。对于移动通信工具能够接通但无法直接送达、邮寄送达的，可以采取电话送达的方式，由送达人员告知当事人诉讼文书内容，并记录拨打、接听电话号码、通话时间、送达诉讼文书内容，通话过程应录音以存卷备查。完成有效送达的，应当制作电子送达凭证，电子送达凭证具有送达回证效力。

◆　**关联规定**

《最高人民法院关于适用〈中华人民共和国民事诉讼法〉的解释》（2022 年 4 月 1 日）

第一百三十五条　电子送达可以采用传真、电子邮件、移动通信等即时收悉的特定系统作为送达媒介。

民事诉讼法第九十条第二款规定的到达受送达人特定系统的日期，为人民法院对应系统显示发送成功的日期，但受送达人证明到达其特定系统的日期与人民法院对应系统显示发送成功的日期不一致的，以受送达人证明到达其特定系统的日期为准。

第一百三十六条 受送达人同意采用电子方式送达的，应当在送达地址确认书中予以确认。

最高人民法院《关于进一步加强民事送达工作的若干意见》（2017 年 7 月 19 日）

十、在严格遵守民事诉讼法和民事诉讼法司法解释关于电子送达适用条件的前提下，积极主动探索电子送达及送达凭证保全的有效方式、方法。有条件的法院可以建立专门的电子送达平台，或以诉讼服务平台为依托进行电子送达，或者采取与大型门户网站、通信运营商合作的方式，通过专门的电子邮箱、特定的通信号码、信息公众号等方式进行送达。

十一、采用传真、电子邮件方式送达的，送达人员应记录传真发送和接收号码、电子邮件发送和接收邮箱、发送时间、送达诉讼文书名称，并打印传真发送确认单、电子邮件发送成功网页，存卷备查。

十二、采用短信、微信等方式送达的，送达人员应记录收发手机号码、发送时间、送达诉讼文书名称，并将短信、微信等送达内容拍摄照片，存卷备查。

十四、对于移动通信工具能够接通但无法直接送达、邮寄送达的，除判决书、裁定书、调解书外，可以采取电话送达的方式，由送达人员告知当事人诉讼文书内容，并记录拨打、接听电话号码、通话时间、送达诉讼文书内容，通话过程应当录音以存卷备查。

《人民法院在线诉讼规则》（2021 年 6 月 16 日）

第二十九条 经受送达人同意，人民法院可以通过送达平台，向受送达人的电子邮箱、即时通讯账号、诉讼平台专用账号等电子地址，按照法律和司法解释的相关规定送达诉讼文书和证据材料。

具备下列情形之一的，人民法院可以确定受送达人同意电子送达：

（一）受送达人明确表示同意的；

（二）受送达人在诉讼前对适用电子送达已作出约定或者承诺的；

（三）受送达人在提交的起诉状、上诉状、申请书、答辩状中主动提供用于接收送达的电子地址的；

（四）受送达人通过回复收悉、参加诉讼等方式接受已经完成的电子送达，并且未明确表示不同意电子送达的。

第三十条 人民法院可以通过电话确认、诉讼平台在线确认、线下发送电子送达确认书等方式，确认受送达人是否同意电子送达，以及受送达人接收电子送达的具体方式和地址，并告知电子送达的适用范围、效力、送达地址变更方式以及其他需告知的送达事项。

第三十一条 人民法院向受送达人主动提供或者确认的电子地址送达的，送达信息到达电子地址所在系统时，即为送达。

受送达人未提供或者未确认有效电子送达地址，人民法院向能够确认为受送达人本人的电子地址送达的，根据下列情形确定送达是否生效：

（一）受送达人回复已收悉，或者根据送达内容已作出相应诉讼行为的，即为完成有效送达；

（二）受送达人的电子地址所在系统反馈受送达人已阅知，或者有其他证据可以证明受送达人已经收悉的，推定完成有效送达，但受送达人能够证明存在系统错误、送达地址非本人使用或者非本人阅知等未收悉送达内容的情形除外。

人民法院开展电子送达，应当在系统中全程留痕，并制作电子送达凭证。电子送达凭证具有送达回证效力。

对同一内容的送达材料采取多种电子方式发送受送达人的，以最先完成的有效送达时间作为送达生效时间。

第三十二条 人民法院适用电子送达，可以同步通过短信、即时通讯工具、诉讼平台提示等方式，通知受送达人查阅、接收、下载相关送达材料。

第三十三条 适用在线诉讼的案件，各方诉讼主体可以通过在线确认、电子签章等方式，确认和签收调解协议、笔录、电子送达凭证及其他诉讼材料。

◆ **典型案例**

郭某松诉某商贸中心买卖合同纠纷案①

郭某松通过某商贸中心购买虫草酒，收货后以某商贸中心出售的商品涉嫌食品安全问题为由向北京市海淀区人民法院提起诉讼，请求某商贸中心赔偿损失。后，某商贸中心不服北京市海淀区人民法院（2022）京 0108 民初 30570 号民事判决，向北京市第一中级人民法院申请再审。

---

① 北京市第一中级人民法院（2022）京 01 民申 310 号民事裁定书。

北京市第一中级人民法院经审查认为，某商贸中心主张原审法院违法进行电子送达，剥夺其辩论权。根据《中华人民共和国民事诉讼法》第九十条的规定，经受送达人同意，人民法院可以采用能够确认其收悉的电子方式送达诉讼文书，采用电子方式送达的，以送达信息到达受送达人特定系统的日期为送达日期。本案中，某商贸中心在原审诉讼期间提交的送达地址确认书"电子送达"一栏勾选"同意"选项，同时在"具体电子送达方式"项下"电子邮件"一栏补充手写电子邮箱地址且某商贸中心亦认可该邮箱地址为其本人提供。因此，原审法院按照送达地址确认书所载电子邮箱地址进行电子送达，并无不当。

第九十一条　【委托送达、邮寄送达】 直接送达诉讼文书有困难的，可以委托其他人民法院代为送达，或者邮寄送达。邮寄送达的，以回执上注明的收件日期为送达日期。

◆ **适用指引**

本条是关于委托送达和邮寄送达的规定。诉讼文书原则上应直接送达，但在司法实践中，常常存在直接送达比较困难的情形。根据本条规定，在直接送达比较困难的情况下，可以委托送达或者邮寄送达。委托送达和邮寄送达与直接送达具有同等法律效力。

委托送达，是指受诉人民法院在直接送达诉讼文书有困难的情况下，委托受送达人所在地的人民法院代为送达。委托人必须是受诉人民法院，当事人及其他诉讼参与人无权委托其他人民法院送达诉讼文书。委托送达的前提是受诉人民法院直接送达诉讼文书确有困难。委托法院必须向受托法院出具委托函，将委托事项和要求、受送达人地址明确告知受委托人民法院并附需要送达的诉讼文书和送达回证。受送达人在送达回证上签收的日期为送达日期。

邮寄送达，是指在人民法院直接送达诉讼文书有困难时，通过邮政机构将诉讼文书挂号寄给或者以专递方式交给受送达人。委托送达和邮寄送达均是直接送达的补充方式，是人民法院在直接送达难以实现时的补救性手段。委托送达和邮寄送达在选择上并无先后之分，受诉法院直接送达诉讼文书确有困难时，既可委托送达，也可邮寄送达。邮寄送达应当附有送达回证。挂号信回执或者专递回执上注明的收件日期与送达回证上注明的收件日期不一致的，或者送达回证没有寄回的，以挂号信回执或者专递回执上注明的收件日期为送达日期。因当事人提供的送达地址不准确、拒不提供送达地址、送达地址变更未书面告知人民法院导致民事诉讼文书未能被受送达人实际接收，邮寄送达的，文书被退回之日为送达之日。受送达人能够证明自己向人民法院提供的送达地址准确无误，自己在送达过程中没有过错的，被退回的诉讼文书不能视为送达，亦不产生送达的法律效果，受送达人也不承担送达不能的不利后果，受诉法院应将需要送达的诉讼文书向受送达人重新送达。

◆ **关联规定**

《最高人民法院关于适用〈中华人民共和国民事诉讼法〉的解释》（2022 年4 月 1 日）

第一百三十四条　依照民事诉讼法第九十一条规定，委托其他人民法院代为送达的，委托法院应当出具委托函，并附需要送达的诉讼文书和送达回证，以受送达人在送达回证上签收的日期为送达日期。

委托送达的，受委托人民法院应当自收到委托函及相关诉讼文书之日起十日内代为送达。

《最高人民法院关于以法院专递方式邮寄送达民事诉讼文书的若干规定》（2004 年 9 月 17 日）

第一条　人民法院直接送达诉讼文书有困难的，可以交由国家邮政机构（以下简称邮政机构）以法院专递方式邮寄送达，但有下列情形之一的除外：

（一）受送达人或者其诉讼代理人、受送达人指定的代收人同意在指定的期间内到人民法院接受送达的；

（二）受送达人下落不明的；

（三）法律规定或者我国缔结或者参加的国际条约中约定有特别送达方式的。

第二条　以法院专递方式邮寄送达民事诉讼文书的，其送达与人民法院送达具有同等法律效力。

第三条　当事人起诉或者答辩时应当向人民法院提供或者确认自己准确的送达地址，并填写送达地址确认书。当事人拒绝提供的，人民法院应当告知其拒不提供送达地址的不利后果，并记入笔录。

第四条　送达地址确认书的内容应当包括送达地址的邮政编码、详细地址以及受送达人的联系电话等内容。

当事人要求对送达地址确认书中的内容保密的，人民法院应当为其保密。

当事人在第一审、第二审和执行终结前变更送达地址的，应当及时以书面方式告知人民法院。

第五条 当事人拒绝提供自己的送达地址，经人民法院告知后仍不提供的，自然人以其户籍登记中的住所地或者经常居住地为送达地址；法人或者其他组织以其工商登记或者其他依法登记、备案中的住所地为送达地址。

第六条 邮政机构按照当事人提供或者确认的送达地址送达的，应当在规定的日期内将回执退回人民法院。

邮政机构按照当事人提供或确认的送达地址在五日内投送三次以上未能送达，通过电话或者其他联系方式又无法告知受送达人的，应当将邮件在规定的日期内退回人民法院，并说明退回的理由。

第七条 受送达人指定代收人的，指定代收人的签收视为受送达人本人签收。

邮政机构在受送达人提供或确认的送达地址未能见到受送达人的，可以将邮件交给与受送达人同住的成年家属代收，但代收人是同一案件中另一方当事人的除外。

第八条 受送达人及其代收人应当在邮件回执上签名、盖章或者捺印。

受送达人及其代收人在签收时应当出示其有效身份证件并在回执上填写该证件的号码；受送达人及其代收人拒绝签收的，由邮政机构的投递员记明情况后将邮件退回人民法院。

第九条 有下列情形之一的，即为送达：

（一）受送达人在邮件回执上签名、盖章或者捺印的；

（二）受送达人是无民事行为能力或者限制民事行为能力的自然人，其法定代理人签收的；

（三）受送达人是法人或者其他组织，其法人的法定代表人、该组织的主要负责人或者办公室、收发室、值班室的工作人员签收的；

（四）受送达人的诉讼代理人签收的；

（五）受送达人指定的代收人签收的；

（六）受送达人的同住成年家属签收的。

第十条 签收人是受送达人本人或者是受送达人的法定代表人、主要负责人、法定代理人、诉讼代理人的，签收人应当当场核对邮件内容。签收人发现邮件内容与回执上的文书名称不一致的，应当当场向邮政机构的投递员提出，由投递员在回执上记明情况后将邮件退回人民法院。

签收人是受送达人办公室、收发室和值班室的工作人员或者是与受送达人同住成年家属，受送达人发现邮件内容与回执上的文书名称不一致的，应当在收到邮件后的三日内将该邮件退回人民法院，并以书面方式说明退回的理由。

　　第十一条　因受送达人自己提供或者确认的送达地址不准确、拒不提供送达地址、送达地址变更未及时告知人民法院、受送达人本人或者受送达人指定的代收人拒绝签收，导致诉讼文书未能被受送达人实际接收的，文书退回之日视为送达之日。

　　受送达人能够证明自己在诉讼文书送达的过程中没有过错的，不适用前款规定。

　　最高人民法院《关于进一步加强民事送达工作的若干意见》（2017 年 7 月 19 日）

　　七、因当事人提供的送达地址不准确、拒不提供送达地址、送达地址变更未书面告知人民法院，导致民事诉讼文书未能被受送达人实际接收的，直接送达的，民事诉讼文书留在该地址之日为送达之日；邮寄送达的，文书被退回之日为送达之日。

◆ **典型案例**

金某海诉栗某子侵害发明专利权纠纷案①

　　金某海以其享有"反向地面刨毛机"发明专利权，其经调查发现栗某子销售标有"润田建筑机械"标志的侵权产品，给其造成重大经济损失为由向浙江省杭州市中级人民法院提起诉讼，请求：（1）栗某子立即停止侵犯金某海发明专利权的行为。（2）栗某子赔偿金某海经济损失及合理费用。后，栗某子不服一审判决，向最高人民法院提起上诉。

　　最高人民法院经审查认为，栗某子上诉称其在一审审理过程中未收到起诉状、开庭传票等法律文书，导致其未能在一审中应诉。直接送达诉讼文书有困难的，可以委托其他人民法院代为送达或者邮寄送达。邮寄送达的，以回执上注明的收件日期为送达日期。最高人民法院《关于进一步加强民事送达工作的若干意见》第九条规定，依第八条规定仍不能确认送达地址的，自然人以其户籍登记的住所或者在经常居住地登记的住址为送达地址，法人或者其他组织以其工商登记或其他依法登记、备案的住所地为送达地址。本案中，原审法院将起诉状及证据材料和开庭传票等法律文书等通过 EMS 法院专递方式送达栗某子的户籍登记地址且相关法院专递已被签收，故原审法院已向栗某子送达相关法律文书，未妨碍栗某子行使其诉权，栗某子该项上诉理由不能成立。

---

　　① 最高人民法院（2020）最高法知民终 216 号民事判决书。

第九十二条 **【转交送达】**受送达人是军人的，通过其所在部队团以上单位的政治机关转交。

◆ **适用指引**

本条是关于向军人进行送达的特殊规定。适用本条需注意两点：一是本条所指的军人是现役军人，不包括退伍军人；二是必须通过部队团以上单位的政治机关转交，不得通过团以下的单位转交，也不得通过团以上单位的其他机关转交。

◆ **典型案例**

龚某煊、唐某芬诉龚某明、龚某炜、龚某维、吴某裕、陆某泰生命权、健康权、身体权纠纷案[①]

龚某煊、唐某芬以龚某明、龚某炜、龚某维、吴某裕邀约龚某甲喝酒，未尽到谨慎的安全保障义务，没有及时将其送至最近医院抢救，延误抢救时机，最终造成龚某甲死亡的严重后果为由提起诉讼。后，龚某明、龚某炜、龚某维、吴某裕不服广州市中级人民法院（2014）穗中法民一终字第4781号民事判决，向广东省高级人民法院申请再审称，龚某炜在本案一、二审期间是现役军人，法院向其送达诉讼文书应当通过其所在部队团以上单位的政治机关转交，但是一、二审法院采取公告送达，导致其未收到相关诉讼文书，也未参与诉讼，侵犯了其诉讼权利。

广东省高级人民法院经审查认为，经查，龚某炜于2013年9月至2015年9月在中国人民解放军某部队服兵役，故其在本案一、二审期间属于现役军人。根据法律规定，受送达人是军人的，通过其所在部队团以上单位的政治机关转交。因此，本案一、二审法院向龚某炜公告送达诉讼文书不当，龚某炜该项申请再审理由成立。

第九十三条 **【转交送达】**受送达人被监禁的，通过其所在监所转交。

受送达人被采取强制性教育措施的，通过其所在强制性教育机构转交。

---

① 广东省高级人民法院（2016）粤民申2640号民事裁定书。

◆ **适用指引**

本条是关于被监禁或者被采取强制性教育措施的人送达的特殊规定。

被监禁的人或者被采取强制性教育措施的人，人身自由受到一定的限制或者剥夺，但其民事诉讼权利并没有被剥夺。被监禁的人是指被依法关押的罪犯、被告人、犯罪嫌疑人。被采取强制性教育措施的人的范围，要结合有关法律规定确定。被监禁的人通常被关押在监狱、看守所，被采取强制性教育措施的人被拘束在强制性教育机构。

◆ **典型案例**

某建筑安装公司诉 S 公司、某光电科技公司等民间借贷纠纷案①

某建筑安装公司诉 S 公司、某光电科技公司等民间借贷纠纷一案，S 公司、某光电科技公司、宋某军不服山东省高级人民法院（2014）鲁民一终字第 162 号民事判决，向最高人民法院申请再审。

最高人民法院经审查认为，受送达人被监禁的，通过其所在监所转交。根据《最高人民法院关于以法院专递方式邮寄送达民事诉讼文书的若干规定》第一条、第二条的规定，人民法院直接送达诉讼文书有困难的，可以交由国家邮政机构以法院专递方式邮寄送达，以法院专递方式邮寄送达民事诉讼文书的，其送达与人民法院送达具有同等法律效力。

本案中，二审法院于 2014 年 4 月 23 日通过邮寄方式将本案应诉通知书、举证通知书及开庭传票邮寄送达宋某军被羁押的单县看守所，故本案送达程序符合法律规定。

第九十四条　【转交送达的送达日期】代为转交的机关、单位收到诉讼文书后，必须立即交受送达人签收，以在送达回证上的签收日期，为送达日期。

◆ **适用指引**

本条是关于转交送达送达日期的规定。

---

① 最高人民法院（2015）民申字 2817 号民事裁定书。

由于转交送达周期较长，涉及数个行为做出的时间，包括转交机关单位收到送达回证、受送达人在送达回证上签字、签字后的送达回证交由转交机关单位、送达回证由转交机关单位寄出、送达回证寄回至人民法院等。上述行为做出的时间均与转交送达行为相关联，因此有必要规定，转交送达诉讼文书的送达日期以何种行为完成为准。《民事诉讼法》将受送达人签字确定为转交送达的送达时间，有利于统一适用尺度，也相应缩短了送达的周期。

第九十五条　【公告送达】受送达人下落不明，或者用本节规定的其他方式无法送达的，公告送达。自发出公告之日起，经过三十日，即视为送达。

公告送达，应当在案卷中记明原因和经过。

◆ **适用指引**

本条是关于公告送达的规定。

公告送达，是指在受送达人下落不明或者以其他方式无法送达的情况下，人民法院通过适当的媒介将需要送达的诉讼文书的有关内容进行公告，经过一定时间后视为送达。实践中，常常出现受送达人下落不明或者不能用本法规定的直接送达、委托送达、邮寄送达、转交送达等方式将诉讼文书送达受送达人的情形。为维护当事人的合法利益，使诉讼程序能够及时进行，要求在法律上设置替代送达方式。公告送达的本质为拟制送达，其在信息传播方式上具有推定性，以其他所有送达方式失败为启动要件，只有在受送达人下落不明或以其他送达方式无法送达的情况下才可使用。公告送达具有强制通知功能。这种法律上的送达不等于事实上的送达，但无论受送达人是否知悉公告内容，只要经过法定公告期限即视为完成送达。（1）下落不明，是指受送达人没有音讯，无法以电话、邮寄等方式联系，原因既可能是受送达人确实不知道诉讼情况未能主动联系法院，也可能是由于通信条件等客观原因暂无法与法院联系，还可能是为了逃避诉讼故意不与法院联系或躲避法院工作人员的主动联系。下落不明的状态应具备时间意义上的延展性，只有该状态持续一段时间，才能认定该"下落不明"为法律意义上的下落不明状态。（2）其他方式无法送达，是指除公告送达外的其他法定送达方式均无法送达受送达人。公告送达是在其他送达方式不能送达时方可使用的补充送达方式。

公告送达是一种法定的送达方式，人民法院公开告知的内容经过一定的期间，即产生与其他送达方式相同的法律效果。公告送达生效，不论是在诉讼法律关系上还是在实体上，都会产生相应法律效力。起诉书副本经公告送达后，被告答辩、举证、提起反诉等期间开始计算；开庭传票经公告送达后，被送达人应在传票规定时间到庭应诉，否则将依法作出撤诉处理或作出缺席判决；一审判决书经公告送达后，上诉期间开始计算，经过法定期间，被送达人没有提出上诉，一审判决生效；具有执行内容的裁判文书经送达后，被送达人应在裁判文书规定期限内履行义务，否则相对方可申请法院强制执行。从事实角度看，公告送达与其他送达方式有区别，公告送达的内容可能被受送达人知悉，也可能不被受送达人知悉。但只要公告送达在法律上不存在适用错误或者瑕疵，受送达人就不能以自己没有收到诉讼文书为由提出异议。公告送达不需要受送达人签收，没有送达回证，故应在案卷中记明公告送达的原因和经过。

公告送达可以采取以下形式：（1）在法院公告栏张贴公告。（2）在受送达人原住所地张贴公告。（3）在人民法院报上刊登公告。（4）对公告送达方式有特殊要求的，应按要求方式公告。随着互联网技术的日益普及，推进电子公告，建立统一规范的公告送达平台，充分发挥电子公告覆盖面广、便于查询、精准度高等优势是适应时代发展的要求。法院进行公告，上述方式任选一种即可，公告期满即视为送达。

公告文书在内容上应具备明确性和规范性。首先，公告文书要详细载明受送达人的身份情况，写清受送达人姓名，注明其出生年月、住所地、职业等详细个人资料以及案由、案情、对方当事人基本情况、受送达人在该案中的诉讼地位等，以便相关人员能自我核实。其次，公告文书应尽可能详细记载需送达的诉讼文书内容、启动公告送达原因经过以及送达法律后果。公告送达起诉状或上诉状副本，应说明起诉或上诉要点，受送达人答辩期限及逾期不答辩的法律后果；公告送达传票，应说明出庭地点、时间及逾期不出庭的法律后果；公告送达判决书、裁定书，应说明裁判主要内容，属于一审的，还应说明上诉权利、上诉期限和上诉人民法院。最后，公告文书末尾应将法院名称、公告日期、合议庭组成人员列明并加盖人民法院印章。

刊登公告送达的费用一般由公告申请人先行垫付并交至法院，由法院将公告费连同待公告法律文书一并交至相关媒体。法院对案件作出裁判后，公告费最终由败诉方承担。因此，公告费是否预交是公告送达能否采用的先行条件之一。需要注意的是，公告送达方式直接影响当事人权利义务，应慎重采用，尤其是起诉状、裁判文书等诉讼文书。

◆ **关联规定**

《最高人民法院关于适用〈中华人民共和国民事诉讼法〉的解释》（2022 年 4 月 1 日）

第一百三十八条 公告送达可以在法院的公告栏和受送达人住所地张贴公告，也可以在报纸、信息网络等媒体上刊登公告，发出公告日期以最后张贴或者刊登的日期为准。对公告送达方式有特殊要求的，应当按要求的方式进行。公告期满，即视为送达。

人民法院在受送达人住所地张贴公告的，应当采取拍照、录像等方式记录张贴过程。

第一百三十九条 公告送达应当说明公告送达的原因；公告送达起诉状或者上诉状副本的，应当说明起诉或者上诉要点，受送达人答辩期限及逾期不答辩的法律后果；公告送达传票，应当说明出庭的时间和地点及逾期不出庭的法律后果；公告送达判决书、裁定书的，应当说明裁判主要内容，当事人有权上诉的，还应当说明上诉权利、上诉期限和上诉的人民法院。

最高人民法院《关于进一步加强民事送达工作的若干意见》（2017 年 7 月 19 日）

十五、要严格适用民事诉讼法关于公告送达的规定，加强对公告送达的管理，充分保障当事人的诉讼权利。只有在受送达人下落不明，或者用民事诉讼法第一编第七章第二节规定的其他方式无法送达的，才能适用公告送达。

◆ **典型案例**

某村村委会诉某房地产公司、韩某成、某建材公司等民间借贷纠纷案①

某村村委会诉某房地产公司、韩某成、某建材公司等民间借贷纠纷一案，某房地产公司不服湖北省高级人民法院（2020）鄂民终 664 号民事判决书，向最高人民法院申请再审。

最高人民法院经审查认为，人民法院审理民事案件时，当事人有权进行辩论。受送达人下落不明，或者用本节规定的其他方式无法送达的，公告送达，自

---

① 最高人民法院（2021）最高法民申 7166 号民事裁定书。

发出公告之日起，经过 60 日，即视为送达。本案中，一审法院采用公告方式向某房地产公司送达诉讼文书，二审法院在开庭传票、判决书等诉讼文书无法邮寄送达某房地产公司的情况下，既未采取直接送达等其他方式，也未对其进行公告送达，剥夺了某房地产公司的辩论权利，故程序违法。

第八章　调　　解

第九十六条　【调解原则】人民法院审理民事案件，根据当事人自愿的原则，在事实清楚的基础上，分清是非，进行调解。

◆ **适用指引**

本条是关于民事诉讼调解原则的规定。

1. 诉讼调解自愿原则，是指在民事诉讼过程中，人民法院对案件进行调解，必须充分尊重当事人及其他诉讼参与人的意愿，以当事人自愿为调解活动的前提。程序自愿，是指调解的提出、进行以及终止都应遵循当事人的意愿，以确保当事人之间形成平等的权利义务关系，使调解结果体现各方当事人真实利益追求。实体自愿，是指最终达成的调解协议内容应当是当事人的真实意思表示。

2. 事实清楚、分清是非原则，是指人民法院对案件进行调解，应当以案件事实清楚和分清是非责任为基础。

诉讼调解应注意以下几个问题：

1. 诉讼调解必须遵循合法原则。合法原则，是指诉讼调解活动以及调解协议内容不得违反法律规定。为保障当事人诉讼权益，人民法院主持调解活动必须按照法定程序和要求进行。实体上，当事人达成的调解协议内容不得违反法律禁止性规定，不得损害国家利益、社会公共利益和他人利益。

2. 注意区分事实清楚与查明事实的不同。调解中的事实清楚是相对而言的，只要已经辨明的案件事实能够使法官对于各方当事人的是非有基本判断就已达到事实清楚的标准，不要求对所有事实都水落石出，在细节上无须达到与裁判相同的要求，查明事实是对裁判的要求。

◆ 关联规定

《最高人民法院关于适用〈中华人民共和国民事诉讼法〉的解释》（2022 年 4 月 1 日）

第一百四十二条 人民法院受理案件后，经审查，认为法律关系明确、事实清楚，在征得当事人双方同意后，可以径行调解。

第一百四十三条 适用特别程序、督促程序、公示催告程序的案件，婚姻等身份关系确认案件以及其他根据案件性质不能进行调解的案件，不得调解。

第一百四十五条 人民法院审理民事案件，应当根据自愿、合法的原则进行调解。当事人一方或者双方坚持不愿调解的，应当及时裁判。

人民法院审理离婚案件，应当进行调解，但不应久调不决。

《人民法院在线诉讼规则》（2021 年 6 月 16 日）

第八条 人民法院、特邀调解组织、特邀调解员可以通过诉讼平台、人民法院调解平台等开展在线调解活动。在线调解应当按照法律和司法解释相关规定进行，依法保护国家秘密、商业秘密、个人隐私和其他不宜公开的信息。

◆ 典型案例

陈某鸿诉某港务公司、T 公司码头建造合同纠纷案①

陈某鸿诉某港务公司、T 公司码头建造合同纠纷一案，某港务公司不服广西壮族自治区高级人民法院（2020）桂民终 20 号民事判决，向最高人民法院申请再审。最高人民法院作出（2021）最高法民申 6367 号民事裁定，提审本案。2010 年 9 月 16 日，某港务公司（甲方）与某建设公司（乙方）签订《施工合同》；2020 年 11 月 22 日，双方签订《补充协议》；2020 年 11 月 26 日，某建设公司（甲方）与陈某鸿（乙方）签订《承包合同二》。2012 年 6 月 30 日，某港务公司（发包人）与某建设公司（承包人）签订《施工合同二》。陈某鸿向北海海事法院起诉请求：（1）某港务公司支付工程款 11592215.21 元及逾期付款利息。（2）陈某鸿在前述诉讼请求范围内对天盛二期十万吨级散货码头、天盛三期勒沟码头相关工程处置所得价款优先受偿。（3）T 公司对某港务公司前述债务承担连带责任。

某港务公司反诉请求：（1）陈某鸿、某建设公司共同支付《施工合同》《补

---

① 最高人民法院（2022）最高法民再 207 号民事判决书。

充协议》《施工合同二》《挡煤墙协议》项下延误工期违约金。（2）陈某鸿、某建设公司共同支付利息损失。（3）陈某鸿、某建设公司共同提交前述工程完整竣工资料、竣工验收报告和竣工图并协助某港务公司办理工程竣工验收备案手续。（4）陈某鸿、某建设公司共同提交工程款发票。

最高人民法院经审查认为，在第二审程序中，原审原告增加独立的诉讼请求或者原审被告提出反诉的，第二审人民法院可以根据当事人自愿的原则就新增加的诉讼请求或者反诉进行调解；调解不成的，告知当事人另行起诉。双方当事人同意由第二审人民法院一并审理的，第二审人民法院可以一并裁判。本案中，某港务公司二审变更诉讼请求后主张的损失金额远高于一审主张金额、损失范围远超一审审理范围，该部分事实在一审中未经过审理。因此，在某建设公司、陈某鸿不同意由二审法院一并审理的情况下，二审法院对此不予审理并无不当，某港务公司可以另行起诉。

第九十七条　【调解组织形式】人民法院进行调解，可以由审判员一人主持，也可以由合议庭主持，并尽可能就地进行。

人民法院进行调解，可以用简便方式通知当事人、证人到庭。

◆ **适用指引**

本条是关于诉讼调解程序中的组织形式、地点、通知方式等的规定。

1. 一人主持，即由一名审判人员主持调解，原则上为案件主审法官，可以是独任审理的审判员，也可以是合议庭成员。

2. 合议庭主持。在疑难复杂或者当事人调解方案差距大、矛盾尖锐的案件中，合议庭主持调解的调解效果更佳。

关于调解的地点。调解应尽可能就地进行。例如休庭后，可以直接在开庭地点开展调解，既节约时间，也避免当事人多次到法院或其他地点的不便。

关于调解的方式。相对于审判程序，出于便利、灵活与效率的要求，法律对调解的程序性限制不十分严格。人民法院主持调解，可以用简便方式通知当事人、证人到某一地点进行调解，如打电话、托人带口信等，不必采取传票等正式复杂手续。随着信息化的发展，线上通信、短信通知等方式亦可用于调解中。

◆ **关联规定**

《最高人民法院关于适用〈中华人民共和国民事诉讼法〉的解释》（2022 年
4 月 1 日）

第一百四十六条第一款 人民法院审理民事案件，调解过程不公开，但当事
人同意公开的除外。

第一百四十六条第三款 主持调解以及参与调解的人员，对调解过程以及调
解过程中获悉的国家秘密、商业秘密、个人隐私和其他不宜公开的信息，应当保
守秘密，但为保护国家利益、社会公共利益、他人合法权益的除外。

第一百四十七条 人民法院调解案件时，当事人不能出庭的，经其特别授
权，可由其委托代理人参加调解，达成的调解协议，可由委托代理人签名。

离婚案件当事人确因特殊情况无法出庭参加调解的，除本人不能表达意志的
以外，应当出具书面意见。

《最高人民法院关于人民法院民事调解工作若干问题的规定》（2020 年 12 月
29 日）

第二条第二款 当事人在和解过程中申请人民法院对和解活动进行协调的，
人民法院可以委派审判辅助人员或者邀请、委托有关单位和个人从事协调活动。

第三条 人民法院应当在调解前告知当事人主持调解人员和书记员姓名以及
是否申请回避等有关诉讼权利和诉讼义务。

第五条 当事人申请不公开进行调解的，人民法院应当准许。

调解时当事人各方应当同时在场，根据需要也可以对当事人分别作调解工作。

◆ **典型案例**

某绿化工程公司诉某煤业公司、M 煤矿建设工程施工合同纠纷案[①]

某绿化工程公司向宁夏回族自治区银川市中级人民法院起诉请求：（1）某
煤业公司、M 煤矿向某绿化工程公司支付 M 煤矿场区一期绿化工程剩余工程款
及利息。（2）某煤业公司、M 煤矿向某绿化工程公司支付 M 煤矿场区二期绿化
工程剩余工程款及利息。后，某绿化工程公司不服二审判决，向最高人民法院申
请再审。

最高人民法院经审查认为，某绿化工程公司称二审法官提前泄露判决结果，

---

① 最高人民法院（2021）最高法民申 3956 号民事裁定书。

导致二审调解无法进行，故二审程序严重违法。人民法院审理民事案件，根据当事人自愿的原则，在事实清楚的基础上，分清是非，进行调解。人民法院进行调解，可以由审判员一人主持，也可以由合议庭主持，并尽可能就地进行。调解达成协议，必须双方自愿，不得强迫。调解协议内容不得违反法律规定。因此，根据法律规定，调解是在双方当事人自愿的前提下，自愿或由人民法院主持下达成协议。本案中，某绿化工程公司与某煤业公司虽有调解意愿，但双方当事人并未形成书面内容，最终未达成调解协议。某绿化工程公司虽称二审法官提前泄露二审判决结果影响本案调解且二审法官违反举证原则，但未提供证据证明，故其该项再审理由不能成立。

第九十八条　【协助调解】人民法院进行调解，可以邀请有关单位和个人协助。被邀请的单位和个人，应当协助人民法院进行调解。

◆ 适用指引

本条是关于协助调解及有关单位和个人的协助调解义务的规定。

协助调解是诉调对接的内容之一，属规范性程序措施。诉调对接是一种工作方式，指通过人民调解、行政调解和司法调解的有机结合，使诉讼调解与社会矛盾纠纷大调解这两种纠纷解决机制相互衔接，充分发挥诉讼调解与大调解机制各自的优势，使司法审判与社会力量优势互补，形成合力，促使纠纷以更加便捷、经济、高效的途径得到解决，从而更好地维护社会的和谐与稳定。作为诉调对接的重要内容与表现形式，协助调解体现了诉讼调解与诉讼外调解的结合，是新时代我国法院对依靠群众解决民事纠纷的调解传统的回归。本条中的有关单位，可以是当事人所在单位，也可以是纠纷发生地或者当事人居住地的基层组织，如居民委员会、村民委员会、人民调解委员会等。本条中的个人，可以是当事人的亲友、领导，也可以是当事人的邻居、同事。这些单位和个人对当事人比较了解，也为当事人所信任，可以有针对性地做好当事人的思想工作，有效消除当事人之间的对立情绪，他们提出的调解方案更容易为当事人接受。他们的协助能推动调解工作顺利进行，为调解成功创造良好条件。有关单位和个人经法院邀请，就负有协助调解的义务，不能无故推诿拒绝。协助调解具有如下特征：

1. 协助调解本质上仍为诉讼调解。协助调解的前提是法院已立案受理纠纷并决定对案件进行调解，故其仍然是在诉讼过程中进行的、在法院主持下的诉讼活动。

2. 协助调解以法院作为主持调解的主体。协助调解中主持调解的仍然是人民法院，法院负有决定调解的开始及进行，形成调解方案、审查和批准调解协议、制作调解书等责任。协助人主要是根据法官对案件的判断和意见，帮助法官做当事人工作，促使当事人达成调解协议。

3. 协助人对促成调解有重要作用。关于委托调解。委托调解，是指人民法院对诉至法院的民事纠纷在征得当事人同意后，委托特定组织或个人主持进行调解的纠纷解决方式。委托调解也是诉调对接的重要内容。

◆ **关联规定**

《最高人民法院关于人民法院民事调解工作若干问题的规定》（2020 年 12 月 29 日）

第一条 根据民事诉讼法第九十五条①的规定，人民法院可以邀请与当事人有特定关系或者与案件有一定联系的企业事业单位、社会团体或者其他组织，和具有专门知识、特定社会经验、与当事人有特定关系并有利于促成调解的个人协助调解工作。

经各方当事人同意，人民法院可以委托前款规定的单位或者个人对案件进行调解，达成调解协议后，人民法院应当依法予以确认。

第九十九条 **【调解协议】**调解达成协议，必须双方自愿，不得强迫。调解协议的内容不得违反法律规定。

◆ **适用指引**

本条是关于达成调解协议自愿与调解协议内容合法的规定。

调解协议，是在人民法院主持下，各方当事人平等协商，对自身利益进行综合判断而自愿达成的合意，其主体是当事人，而非人民法院。调解协议与调解书有紧密联系，又不完全等同，调解协议是作为平等主体的当事人之间达成的私法

---

① 对应 2023 年《民事诉讼法》第 98 条。

契约，调解书是由人民法院制作的具有强制执行力的公权力文书。调解协议是人民法院制作调解书的主要依据，也是调解制度不可或缺的重要内容。自愿达成调解协议包含两方面要求：一是当事人都自愿接受调解，都同意人民法院以调解方式解决纠纷，如果有一方或多方不愿调解，人民法院不得强迫；二是当事人为达成调解协议往往对自身民事权益作出处分，大部分情况下是对自身利益的放弃，这种处分与放弃必须是当事人的真实意思表示。

调解是人民法院行使审判权和当事人行使处分权相结合的产物，对调解协议合法性的要求不能机械理解。对调解协议的合法性应当作宽松的理解，允许其有一定的灵活性。人民法院提出调解方案以及对当事人达成的调解协议进行审查时，应当尽量使其与实体法要求相一致。但这并不是说调解协议应当严格按照实体法规定达成，也不意味着应当以符合实体法规定为判断调解协议合法的标准。应当在不违反原则即不违反法律中禁止性规定的前提下，允许当事人在合法范围内行使处分权。人民法院在对调解协议审查时需注意以下几点：

1. 调解协议内容超出诉讼请求并不必然导致调解协议不合法，人民法院可以准许。

2. 人民法院对于调解协议约定一方不履行协议应当承担民事责任的，应予准许。

3. 调解协议约定一方提供担保或者案外人同意为当事人提供担保的，人民法院应当准许。

4. 人民法院依法对调解协议或者和解协议进行审查的内容包括：协议是否违反了法律、行政法规的强制性规定，是否侵害国家利益和社会公共利益；协议内容是否属于当事人处分权的范畴；当事人争议的法律关系是否涉及案外人的权益；协议指定转移的财产上是否存在案外人权利；协议内容是否符合善良风俗和公共道德；调解是否存在明显违背当事人真实意思的情形等。

需要注意的是，调解工作应当严格防范虚假诉讼犯罪。虚假诉讼犯罪，是指行为人单独或者与他人恶意串通，采取伪造证据、虚假陈述等手段，捏造民事案件基本事实，虚构民事纠纷，向人民法院提起民事诉讼，妨害司法秩序或者严重侵害他人合法权益，依照法律应当受刑罚处罚的行为。民事诉讼调解是虚假诉讼犯罪的高发领域。在调解工作中防范虚假诉讼应注意：

1. 对于虚假诉讼高发的案件类型予以重点关注、严格审查调解协议。根据最高人民法院、最高人民检察院、公安部、司法部《关于进一步加强虚假诉讼犯罪惩治工作的意见》第 5 条的规定，民间借贷纠纷案件，涉及房屋限购、机动车配置指标调控的以物抵债案件，以离婚诉讼一方当事人为被告的财产纠纷案件，以已经资不抵债或者已经被作为被执行人的自然人、法人和非法人组织为被告的财产纠纷案件，以拆迁区划范围内的自然人为当事人的离婚、分家析产、继承、房屋买卖合同纠纷案件，公司分立、合并和企业破产纠纷案件，劳动争议案件，涉及驰名商标认定的案件，其他需要重点关注的民事案件，均属于虚假诉讼犯罪易发的民事案件类型，应审慎审理、调解。

2. 对调解过程中当事人行为异常、不符合常理的，应严格审查。根据最高人民法院、最高人民检察院、公安部、司法部《关于进一步加强虚假诉讼犯罪惩治工作的意见》第6条的规定，民事诉讼当事人有下列情形之一的，人民法院、人民检察院在履行职责过程中应当依法严格审查，及时甄别和发现虚假诉讼犯罪：（1）原告起诉依据的事实、理由不符合常理，存在伪造证据、虚假陈述可能的。（2）原告诉请司法保护的诉讼标的额与其自身经济状况严重不符的。（3）在可能影响案外人利益的案件中，当事人之间存在近亲属关系或者关联企业等共同利益关系的。（4）当事人之间不存在实质性民事权益争议和实质性诉辩对抗的。（5）一方当事人对于另一方当事人提出的对其不利的事实明确表示承认，且不符合常理的。（6）认定案件事实的证据不足，但双方当事人主动迅速达成调解协议，请求人民法院制作调解书的。（7）当事人自愿以价格明显不对等的财产抵付债务的。（8）民事诉讼过程中存在其他异常情况的。

3. 要加大对调解协议的审查力度。对双方主动达成调解协议并申请人民法院出具调解书的，应当结合案件基础事实，审查调解协议是否损害国家利益、社会公共利益或者案外人的合法权益；对人民调解协议司法确认案件，要按照民事诉讼法司法解释要求注重审查基础法律关系的真实性。

4. 及时移送处理。调解过程中发现涉嫌虚假诉讼犯罪的，应当及时报告并移送公安机关。

◆ **关联规定**

《最高人民法院关于适用〈中华人民共和国民事诉讼法〉的解释》（2022年4月1日）

第一百四十六条第二款 调解协议内容不公开，但为保护国家利益、社会公共利益、他人合法权益，人民法院认为确有必要公开的除外。

第一百四十八条 当事人自行和解或者调解达成协议后，请求人民法院按照和解协议或者调解协议的内容制作判决书的，人民法院不予准许。

无民事行为能力人的离婚案件，由其法定代理人进行诉讼。法定代理人与对方达成协议要求发给判决书的，可根据协议内容制作判决书。

《最高人民法院关于人民法院民事调解工作若干问题的规定》（2020 年 12 月 29 日）

第二条第一款 当事人在诉讼过程中自行达成和解协议的，人民法院可以根据当事人的申请依法确认和解协议制作调解书。双方当事人申请庭外和解的期间，不计入审限。

第六条 当事人可以自行提出调解方案，主持调解的人员也可以提出调解方案供当事人协商时参考。

第七条 调解协议内容超出诉讼请求的，人民法院可以准许。

第八条 人民法院对于调解协议约定一方不履行协议应当承担民事责任的，应予准许。

调解协议约定一方不履行协议，另一方可以请求人民法院对案件作出裁判的条款，人民法院不予准许。

第九条 调解协议约定一方提供担保或者案外人同意为当事人提供担保的，人民法院应当准许。

案外人提供担保的，人民法院制作调解书应当列明担保人，并将调解书送交担保人。担保人不签收调解书的，不影响调解书生效。

当事人或者案外人提供的担保符合民法典规定的条件时生效。

第十条 调解协议具有下列情形之一的，人民法院不予确认：

（一）侵害国家利益、社会公共利益的；

（二）侵害案外人利益的；

（三）违背当事人真实意思的；

（四）违反法律、行政法规禁止性规定的。

第十一条 当事人不能对诉讼费用如何承担达成协议的，不影响调解协议的效力。人民法院可以直接决定当事人承担诉讼费用的比例，并将决定记入调解书。

◆ 典型案例

某资产管理公司诉某电机厂借款合同纠纷案[①]

某银行道里支行与某电机厂先后签订 34 份流动资金借款合同，某银行道里

---

① 最高人民法院（2017）最高法民再 225 号民事判决书。

支行将某电机厂贷款债权本金及应收利息人民币转让给某资产管理公司，某资产管理公司向黑龙江省哈尔滨市中级人民法院提起诉讼，请求判令某电机厂给付借款本金及利息。该案审理过程中，经黑龙江省哈尔滨市中级人民法院主持调解，双方自愿达成和解协议，黑龙江省哈尔滨市中级人民法院作出（2001）哈经初字第283号民事调解书。后，黑龙江省哈尔滨市中级人民法院作出（2015）哈民再初字第1号民事判决，某资产管理公司不服黑龙江省高级人民法院（2016）黑民终327号民事判决，向最高人民法院申请再审。

最高人民法院再审认为，民事活动应当遵循自愿、公平、等价有偿、诚实信用的原则。调解达成协议，必须双方自愿，不得强迫。调解协议的内容不得违反法律规定。根据《国有资产评估管理办法》第三条的规定，国有资产占有单位有下列情形之一的应当进行资产评估：（1）资产拍卖、转让；（2）企业兼并、出售、联营、股份经营；（3）与外国公司、企业和其他经济组织或者个人开办中外合资经营企业或者中外合作经营企业；（4）企业清算；（5）依照国家有关规定需要进行资产评估的其他情形。本案中，某电机厂作为国有企业，在处置其资产时，为防止国有资产流失，保护企业职工合法权益，确保在偿还所负某资产管理公司债务时能真实反映某电机厂意思，遵循民事活动自愿、公平、等价有偿、诚实信用原则，应当对相关资产进行评估作价，履行相应程序。但是，某资产管理公司在与某电机厂签订案涉民事调解书处置国有资产之前，双方未履行相关上报、评估、备案等程序且（2001）哈经初字第283号民事调解书中关于土地抵偿欠款本息的内容未得到实际履行。因此，黑龙江省高级人民法院依法撤销（2001）哈经初字第283号民事调解书并无不当。

第一百条　**【调解书】**调解达成协议，人民法院应当制作调解书。调解书应当写明诉讼请求、案件的事实和调解结果。

调解书由审判人员、书记员署名，加盖人民法院印章，送达双方当事人。

调解书经双方当事人签收后，即具有法律效力。

◆ **适用指引**

本条是关于民事调解书的制作要求以及送达、效力的规定。

民事调解书是民事案件审理过程中，人民法院根据自愿合法原则，在事实清楚、分清是非的基础上，通过调解促使当事人达成协议，以此为基础制作的记载当事人协议内容的法律文书。

民事调解书与调解协议不同，调解协议是制作民事调解书的前提条件与必经过程，调解协议是民事调解书实质内容的来源。民事调解书是法定的司法文书，必须依据法律要求制作，在格式上必须遵循法律规定与惯例，在文字表述上更为规范。

民事调解书与民事判决书不同，二者虽都具有终结诉讼的效力，但民事调解书具有法律强制力的同时还具有契约性，其在合法前提下，主要体现当事人的意志，民事判决书则体现人民法院意志即国家意志，二者发生法律效力的时间也不同，民事调解书经双方当事人签收后即具有法律效力。

◆ **关联规定**

《最高人民法院关于适用〈中华人民共和国民事诉讼法〉的解释》（2022 年 4 月 1 日）

第一百三十三条 调解书应当直接送达当事人本人，不适用留置送达。当事人本人因故不能签收的，可由其指定的代收人签收。

第一百四十九条 调解书需经当事人签收后才发生法律效力的，应当以最后收到调解书的当事人签收的日期为调解书生效日期。

《最高人民法院关于人民法院民事调解工作若干问题的规定》（2020 年 12 月 29 日）

第十二条 对调解书的内容既不享有权利又不承担义务的当事人不签收调解书的，不影响调解书的效力。

第十三条 当事人以民事调解书与调解协议的原意不一致为由提出异议，人民法院审查后认为异议成立的，应当根据调解协议裁定补正民事调解书的相关内容。

第十四条 当事人就部分诉讼请求达成调解协议的，人民法院可以就此先行确认并制作调解书。

当事人就主要诉讼请求达成调解协议，请求人民法院对未达成协议的诉讼请求提出处理意见并表示接受该处理结果的，人民法院的处理意见是调解协议的一部分内容，制作调解书的记入调解书。

第十五条第一款 调解书确定的担保条款条件或者承担民事责任的条件成就时，当事人申请执行的，人民法院应当依法执行。

◆ **典型案例**

魏某新诉某证券公司、F 公司证券虚假陈述责任纠纷案①

魏某新诉某证券公司、F 公司证券虚假陈述责任纠纷一案，魏某新不服湖南省高级人民法院（2019）湘民终 1591 号民事调解书，向最高人民法院申请再审。

最高人民法院经审查认为，调解书经双方当事人签收后，即具有法律效力。本案中，魏某新未提供证据证明其于 2019 年 12 月 13 日在调解协议上的签字系伪造。案涉调解协议载明"本调解协议自各方授权代理人签字后即发生法律效力"，魏某新主张调解协议未经其授权代理人签字而存在瑕疵，与其签署调解协议时的意思表示相矛盾。调解协议约定授权代理人对调解协议的效力予以认可，是对签字主体范围的扩大，不是排斥本人签字的法律效力。案涉调解协议由魏某新本人签署，欠缺授权代理人的签名不影响调解协议的效力。虽然魏某新在达成调解协议后向二审法院表示反悔，但其签收了二审法院送达的调解书，魏某新签收调解书的行为进一步体现其对调解书的认可。允许当事人在签署调解协议后任意反悔，极易造成司法资源浪费，不利于维护法律权威，不应予以鼓励。因此，魏某新主张二审调解违反自愿原则的再审申请理由不能成立。

第一百零一条 【不制作调解书的情形】 下列案件调解达成协议，人民法院可以不制作调解书：

（一）调解和好的离婚案件；

（二）调解维持收养关系的案件；

（三）能够即时履行的案件；

（四）其他不需要制作调解书的案件。

对不需要制作调解书的协议，应当记入笔录，由双方当事人、审判人员、书记员签名或者盖章后，即具有法律效力。

◆ **适用指引**

本条是关于不需要制作调解书的几类案件及相应程序、效力的规定。

---

① 最高人民法院（2020）最高法民申 3195 号民事裁定书。

一般以调解方式结案的民事案件都应当制作调解书，以表明人民法院对争议法律关系的认定及对纠纷的处理决定。调解书将当事人的调解协议转换为具有强制力的法律文书，不仅约束当事人，还具有对世效力。但存在一些特殊案件，通常不涉及案外人利益，不会对他人权利义务的行使和履行造成影响，也不需要人民法院强制执行或人民法院无法强制执行，如带有感情色彩的离婚案件、收养纠纷案件。这类案件制作调解书既无必要，还可能为纠纷解决带来不良影响。不制作调解书的案件一般应满足以下条件之一：

一是案件系确认、变更之诉，调解结果是维持当事人已有的法律关系，当事人之间的法律关系不会发生变化，调解协议没有给付内容，不需要因一方不履行而采取强制执行措施。

二是虽系有执行内容的财产权益案件，但调解协议约定的给付能够即时履行，不存在需要后续强制执行的问题。

需要注意的是，不制作调解书，必须从严审查是否符合相关条件。一般来说，为避免后续执行不便，财产案件在调解协议达成后不能即时履行的，都应当制作调解书，不属于不需要制作调解书的范围。对不需要制作调解书的民事案件，应当注意完善调解笔录，在调解笔录中应记明调解经过、双方达成协议的内容以及履行情况等，由各方当事人、审判人员、书记员签名或盖章后，才能发生法律效力。

调解协议的效力，是指在不需要制作调解书的案件中，调解协议记入笔录并经各方当事人、审判人员、书记员签名或盖章后其所具有的法律效力。在此情况下，记入调解笔录的调解协议与生效调解书具有同等效力：（1）对当事人的效力，是指对已经发生法律效力的调解协议当事人不能上诉、不得就同一事实另行起诉。（2）对人民法院的效力，是指人民法院非经审判监督程序，不得任意撤销或变更已经生效的调解协议。（3）此类调解协议绝大部分本身无须强制执行，此类案件达成的调解协议多是已经即时履行或不具有强制执行内容的，故不存在强制执行的问题。

◆ **关联规定**

《最高人民法院关于适用〈中华人民共和国民事诉讼法〉的解释》（2022 年 4 月 1 日）

第一百五十一条 根据民事诉讼法第一百零一条第一款第四项规定，当事人各方同意在调解协议上签名或者盖章后即发生法律效力的，经人民法院审查确认后，应当记入笔录或者将调解协议附卷，并由当事人、审判人员、书记员签名或者盖章后即具有法律效力。

前款规定情形，当事人请求制作调解书的，人民法院审查确认后可以制作调解书送交当事人。当事人拒收调解书的，不影响调解协议的效力。

◆ **典型案例**

某资产管理公司诉崔某海、邵某英等借款合同纠纷案①

某资产管理公司诉崔某海、邵某英等借款合同纠纷一案，崔某海、邵某英不服云南省保山市中级人民法院（2019）云05民再3号民事判决，向云南省高级人民法院提出上诉。

云南省高级人民法院经审查认为，下列案件调解达成协议，人民法院可以不制作调解书：（1）调解和好的离婚案件；（2）调解维持收养关系的案件；（3）能够即时履行的案件；（4）其他不需要制作调解书的案件。对于不需要制作调解书的协议，应当记入笔录，由双方当事人、审判人员、书记员签名或者盖章后，即具有法律效力。当事人各方同意在调解协议上签名或者盖章后即发生法律效力的，经人民法院审查确认后，应当记入笔录或者将调解协议附卷，并由当事人、审判人员、书记员签名或者盖章后即具有法律效力。当事人请求制作调解书的，人民法院审查确认后可以制作调解书送交当事人。当事人拒收调解书的，不影响调解协议的效力。本案中，云南省保山市中级人民法院主持调解，当事人达成调解协议，调解协议第七条明确约定"本调解协议经各方当事人或者特别授权代理人签字后生效"，张某国、崔某海、邵某英、闫某、仇某丽本人及其他当事人特别授权的代理人、审判人员、书记员均在笔录上签名确认，故调解协议依法已生效。当事人可以要求出具民事调解书，民事调解书仅作为申请强制执行依据，不需要当事人再签收，送交时已生效。"调解书送达前一方反悔的，人民法院应当及时判决"的适用前提条件是民事调解书未生效。因此，原审判决撤销（2016）云05民初7号民事调解书，适用法律错误。本案系因闫某、仇某丽对已经生效的民事调解书申请再审，从而引发再审程序，原审未依法对（2016）云05民初7号民事调解书是否违反自愿原则或者调解内容是否违反法律强制性规定进行审理，违反法定程序。

---

① 云南省高级人民法院（2020）云民再2号民事裁定书。

第一百零二条 **【调解失败】**调解未达成协议或者调解书送达前一方反悔的，人民法院应当及时判决。

◆ **适用指引**

本条是关于调解不成的处理方式的规定。

在解决纠纷上，调解具有独特优势，比如有利于缓和社会矛盾，能够做到案结事了，节约诉讼成本等。但是调解并非万能，其本身亦有局限性，也无法替代判决。判决与调解都是人民法院审理民事案件的方式，二者并无好坏优劣之分，故应做到调判结合，扬长避短。诉讼过程中，应根据当事人意愿与案件具体情况，抓紧时机做调解工作，对于明显不具有调解基础或无须调解的案件，则应及时判决，以免损害当事人的期限利益，降低诉讼效率。在以下两种情况下，人民法院均应及时作出判决：

1. 调解过程中，当事人无法达成调解协议的，即各方当事人之间就其向人民法院提出的全部诉讼请求的范围无法协商达成统一的意思表示。需要注意的是，仅就部分诉讼请求达成一致意见的不能视为全案调解完成。

2. 调解书生效前，当事人反悔的。一般来说，调解协议系各方当事人自愿达成，当事人能够自觉履行，但司法实践中不乏当事人反悔的情形。以调解结案有两种情况：一是制作调解书，送达各方当事人并由之签收后生效；二是不需要制作调解书的，将调解协议记入调解笔录后由各方当事人、审判人员、书记员签字或盖章即发生法律效力。第一种情况下，调解书在依照法定程序送达当事人后，才发生法律效力。当事人一方或者双方可以通过拒绝签收调解书等方式表达其对调解协议内容的不认可，此种情况下，人民法院应当及时判决。第二种情况下，当事人在调解笔录上签字之前也可以反悔，拒绝签字，请求法院另行调解或及时下判，但当事人一旦签字，则不得再反悔。需要注意的是，调解书应当同时送达第三人。第三人在调解书送达前反悔的，人民法院也要及时判决。但是，如果该第三人对调解书的内容既不享有权利又不承担义务，则不影响调解书的效力。

◆ **关联规定**

《最高人民法院关于适用〈中华人民共和国民事诉讼法〉的解释》（2022 年 4 月 1 日）

第一百五十条 人民法院调解民事案件，需由无独立请求权的第三人承担责任的，应当经其同意。该第三人在调解书送达前反悔的，人民法院应当及时裁判。

◆ **典型案例**

李某夫诉某建筑公司、陈某、朱某民间借贷纠纷案①

李某夫诉某建筑公司、陈某、朱某民间借贷纠纷一案，某建筑公司、陈某不服贵州省高级人民法院（2016）黔民初269号民事调解书，向最高人民法院申请再审。

最高人民法院经审查认为，原审送达回证载明送达时间为2017年3月15日，并非某建筑公司、陈某在再审申请书中所称2018年3月15日。调解未达成协议或者调解书送达前一方反悔的，人民法院应当及时判决。本案中，某建筑公司、陈某主张陈某在原审调解书送达回证上签名并非自愿，但其并未提供证据证明曾向原审法院做出过对调解反悔的意思表示，也没有证据证明原审法院送达调解书的程序有违法之处。因此，原审法院基于双方当事人达成的调解协议制作调解书并送达当事人，符合法律规定。

---

① 最高人民法院（2020）最高法民申3216号民事裁定书。

第九章　保全和先予执行

第一百零三条　【诉讼中保全】人民法院对于可能因当事人一方的行为或者其他原因，使判决难以执行或者造成当事人其他损害的案件，根据对方当事人的申请，可以裁定对其财产进行保全、责令其作出一定行为或者禁止其作出一定行为；当事人没有提出申请的，人民法院在必要时也可以裁定采取保全措施。

人民法院采取保全措施，可以责令申请人提供担保，申请人不提供担保的，裁定驳回申请。

人民法院接受申请后，对情况紧急的，必须在四十八小时内作出裁定；裁定采取保全措施的，应当立即开始执行。

◆ **适用指引**

本条是关于诉讼保全条件、担保及实施的规定。

诉讼保全，是指人民法院在案件受理后、作出判决前的诉讼过程中，为保证当事人民事诉讼目的的实现，根据当事人申请或者依职权采取的一种临时保护措施。债权人提起民事诉讼后，债务人可能对有关财产进行转移、隐匿、毁损、变卖或者继续实施某种侵权行为，为避免债权人判决胜诉后诉讼目的落空，《民事诉讼法》设立保全程序以预先保护债权人权益。诉讼保全必须具备以下条件：

1. 诉讼保全的适用时间必须在案件受理后、尚未作出生效判决前。一审或二审程序中，如果案件尚未审结，都可以申请保全。如果判决已经生效，进入执行程序，当事人只能申请强制执行，不能申请诉讼保全。

2. 诉讼保全的适用前提是可能因当事人一方行为或者其他原因，使判决难以执行或者造成当事人损害，即存在实施保全的客观需要。

3. 诉讼保全既可以是依当事人申请，也可以是人民法院依职权主动进行，但一般应由当事人提交符合法定条件的申请。

4. 诉讼保全可以责令申请人提供相应担保，也可以不要求担保。法律文书生效后进入执行程序前，债权人也可以申请财产保全，此时人民法院可以不要求其提供担保。

5. 人民法院责令申请人提供相应担保，申请人不提供的，应当裁定驳回其申请。是否责令申请人提供担保，由人民法院视情况决定，对于不需要提供担保的，可以不责令，但是一旦人民法院责令申请人提供担保，申请人就必须提供，否则人民法院可以驳回其申请。

6. 情况紧急的诉讼保全申请，人民法院受理后应在 48 小时内作出是否采取诉讼保全的裁定，决定保全的应当立即执行。

本条将行为保全与财产保全设置在一起并作出统一规定。行为保全，是指人民法院为了保护当事人一方的合法权益，保证今后判决或裁定得以顺利执行，避免造成损失或损失扩大，在诉讼前或诉讼过程中，责令另一方当事人作出一定行为或禁止其作出一定行为的强制性措施。行为保全与财产保全都属于诉讼保全制度，都具有保障将来判决执行的目的，都可以在诉前或诉讼中适用，都可视情况要求申请人提供相应的担保以限制滥用，如果事后发现申请错误、被申请人因此遭受损失，申请人应当承担赔偿责任，但二者也有以下差别：

1. 立法目的不同。行为保全除具有保障判决执行的目的外，还具有避免造成损失或损失进一步扩大的目的；财产保全主要从将来判决能有效执行的角度考虑。

2. 适用对象不同。行为保全适用于诉讼请求为非金钱请求的民事案件，保全对象为被申请人的行为；财产保全适用于诉讼请求为金钱请求或可以转化为金钱请求的民事案件，保全对象是被申请人的财产。

3. 保全方式不同。财产保全一般采取查封、扣押、冻结等方式，以防止当事人隐匿、转移、变卖财产；行为保全通过责令被申请人作出一定行为或禁止其作出一定行为暂时满足申请人的现有权益不受被申请人的继续侵害。

4. 执行手段不同。财产保全完全可由法院主动完成或由被申请人、第三方配合完成；行为保全的执行有赖于被申请人的切实履行，当其拒不履行时，人民法院不能直接强制，只能采取替代履行或罚款、拘留等间接强制措施促使其履行。

5. 对反担保的处理方式不同。被申请人在财产保全中提供反担保的，法律规定人民法院应该解除财产保全；行为保全是否因被申请人提供反担保而解除，法律没有规定，实践中一般不应解除，除非申请人自己同意。

关于诉讼保全担保。人民法院根据案件实际情况，充分考虑胜诉的可能性及造成对方损失的可能性，可以要求提供担保，也可以不要求提供担保。如申请人基于追索赡养费、扶养费、抚养费、抚恤金、劳动报酬的案件，当事人申请财产保全的，一般可以不要求提供担保。对于诉讼保全的担保方式，不能仅限于现金，人的担保和其他物的担保也应纳入担保方式。

◆ **关联规定**

《中华人民共和国仲裁法》（2017 年 9 月 1 日）

第二十八条 一方当事人因另一方当事人的行为或者其他原因，可能使裁决不能执行或者难以执行的，可以申请财产保全。

当事人申请财产保全的，仲裁委员会应当将当事人的申请依照民事诉讼法的有关规定提交人民法院。

申请有错误的，申请人应当赔偿被申请人因财产保全所遭受的损失。

《最高人民法院关于适用〈中华人民共和国民事诉讼法〉的解释》（2022 年 4 月 1 日）

第一百五十二条第一款 人民法院依照民事诉讼法第一百零三条、第一百零四条规定，在采取诉前保全、诉讼保全措施时，责令利害关系人或者当事人提供担保的，应当书面通知。

第一百五十二条第三款 在诉讼中，人民法院依申请或者依职权采取保全措施的，应当根据案件的具体情况，决定当事人是否应当提供担保以及担保的数额。

第一百六十一条 对当事人不服一审判决提起上诉的案件，在第二审人民法院接到报送的案件之前，当事人有转移、隐匿、出卖或者毁损财产等行为，必须采取保全措施的，由第一审人民法院依当事人申请或者依职权采取。第一审人民法院的保全裁定，应当及时报送第二审人民法院。

第一百六十二条 第二审人民法院裁定对第一审人民法院采取的保全措施予以续保或者采取新的保全措施的，可以自行实施，也可以委托第一审人民法院实施。

再审人民法院裁定对原保全措施予以续保或者采取新的保全措施的，可以自行实施，也可以委托原审人民法院或者执行法院实施。

第一百六十三条 法律文书生效后，进入执行程序前，债权人因对方当事人转移财产等紧急情况，不申请保全将可能导致生效法律文书不能执行或者难以执行的，可以向执行法院申请采取保全措施。债权人在法律文书指定的履行期间届满后五日内不申请执行的，人民法院应当解除保全。

第一百六十四条 对申请保全人或者他人提供的担保财产，人民法院应当依法办理查封、扣押、冻结等手续。

第一百六十五条 人民法院裁定采取保全措施后，除作出保全裁定的人民法院自行解除或者其上级人民法院决定解除外，在保全期限内，任何单位不得解除保全措施。

第一百六十六条 裁定采取保全措施后，有下列情形之一的，人民法院应当作出解除保全裁定：

（一）保全错误的；

（二）申请人撤回保全申请的；

（三）申请人的起诉或者诉讼请求被生效裁判驳回的；

（四）人民法院认为应当解除保全的其他情形。

解除以登记方式实施的保全措施的，应当向登记机关发出协助执行通知书。

第一百六十八条 保全裁定未经人民法院依法撤销或者解除，进入执行程序后，自动转为执行中的查封、扣押、冻结措施，期限连续计算，执行法院无需重新制作裁定书，但查封、扣押、冻结期限届满的除外。

《最高人民法院关于人民法院办理财产保全案件若干问题的规定》（2020 年 12 月 29 日）

第一条 当事人、利害关系人申请财产保全，应当向人民法院提交申请书，并提供相关证据材料。

申请书应当载明下列事项：

（一）申请保全人与被保全人的身份、送达地址、联系方式；

（二）请求事项和所根据的事实与理由；

（三）请求保全数额或者争议标的；

（四）明确的被保全财产信息或者具体的被保全财产线索；

（五）为财产保全提供担保的财产信息或资信证明，或者不需要提供担保的理由；

（六）其他需要载明的事项。

法律文书生效后，进入执行程序前，债权人申请财产保全的，应当写明生效法律文书的制作机关、文号和主要内容，并附生效法律文书副本。

第三条 仲裁过程中，当事人申请财产保全的，应当通过仲裁机构向人民法院提交申请书及仲裁案件受理通知书等相关材料。人民法院裁定采取保全措施或者裁定驳回申请的，应当将裁定书送达当事人，并通知仲裁机构。

第四条 人民法院接受财产保全申请后，应当在五日内作出裁定；需要提供担保的，应当在提供担保后五日内作出裁定；裁定采取保全措施的，应当在五日内开始执行。对情况紧急的，必须在四十八小时内作出裁定；裁定采取保全措施的，应当立即开始执行。

第五条 人民法院依照民事诉讼法第一百条①规定责令申请保全人提供财产保全担保的，担保数额不超过请求保全数额的百分之三十；申请保全的财产系争议标的的，担保数额不超过争议标的价值的百分之三十。

利害关系人申请诉前财产保全的，应当提供相当于请求保全数额的担保；情况特殊的，人民法院可以酌情处理。

财产保全期间，申请保全人提供的担保不足以赔偿可能给被保全人造成的损失的，人民法院可以责令其追加相应的担保；拒不追加的，可以裁定解除或者部分解除保全。

第六条 申请保全人或第三人为财产保全提供财产担保的，应当向人民法院出具担保书。担保书应当载明担保人、担保方式、担保范围、担保财产及其价值、担保责任承担等内容，并附相关证据材料。

第三人为财产保全提供保证担保的，应当向人民法院提交保证书。保证书应当载明保证人、保证方式、保证范围、保证责任承担等内容，并附相关证据材料。

对财产保全担保，人民法院经审查，认为违反民法典、公司法等有关法律禁止性规定的，应当责令申请保全人在指定期限内提供其他担保；逾期未提供的，裁定驳回申请。

第七条 保险人以其与申请保全人签订财产保全责任险合同的方式为财产保全提供担保的，应当向人民法院出具担保书。

担保书应当载明，因申请财产保全错误，由保险人赔偿被保全人因保全所遭受的损失等内容，并附相关证据材料。

第八条 金融监管部门批准设立的金融机构以独立保函形式为财产保全提供担保的，人民法院应当依法准许。

第九条 当事人在诉讼中申请财产保全，有下列情形之一的，人民法院可以不要求提供担保：

（一）追索赡养费、扶养费、抚育费、抚恤金、医疗费用、劳动报酬、工伤赔偿、交通事故人身损害赔偿的；

（二）婚姻家庭纠纷案件中遭遇家庭暴力且经济困难的；

（三）人民检察院提起的公益诉讼涉及损害赔偿的；

---

① 对应 2023 年《民事诉讼法》第 103 条。

（四）因见义勇为遭受侵害请求损害赔偿的；

（五）案件事实清楚、权利义务关系明确，发生保全错误可能性较小的；

（六）申请保全人为商业银行、保险公司等由金融监管部门批准设立的具有独立偿付债务能力的金融机构及其分支机构的。

法律文书生效后，进入执行程序前，债权人申请财产保全的，人民法院可以不要求提供担保。

◆ **典型案例**

某科技公司诉彭某、某半导体公司侵害技术秘密纠纷案①

2014 年 9 月 1 日，彭某入职某科技公司从事高级系统设计工程师，双方签订《员工保密协议》。彭某在某科技公司工作期间参与技术信息研发工作，后于 2017 年 2 月 15 日离职。诉讼中，某科技公司申请行为保全。

最高人民法院经审查认为，人民法院对于可能因当事人一方的行为或者其他原因，使判决难以执行或者造成当事人其他损害的案件，根据对方当事人的申请，可以裁定对其财产进行保全、责令其作出一定行为或者禁止其作出一定行为；当事人没有提出申请的，人民法院在必要时也可以裁定采取保全措施。人民法院采取保全措施，可以责令申请人提供担保，申请人不提供担保的，裁定驳回申请。人民法院接受申请后，对情况紧急的，必须在四十八小时内作出裁定；裁定采取保全措施的，应当立即开始执行。《最高人民法院关于审查知识产权纠纷行为保全案件适用法律若干问题的规定》第七条规定，人民法院审查行为保全申请，应当综合考量下列因素：（1）申请人的请求是否具有事实基础和法律依据，包括请求保护的知识产权效力是否稳定；（2）不采取行为保全措施是否会使申请人的合法权益受到难以弥补的损害或者造成案件裁决难以执行等损害；（3）不采取行为保全措施对申请人造成的损害是否超过采取行为保全措施对被申请人造成的损害；（4）采取行为保全措施是否损害社会公共利益；（5）其他应当考量的因素。技术秘密可受法律保护的条件之一即在于其秘密性，即"不为公众所知悉"。本案中，某科技公司已提交初步证据证明彭某电脑中存有涉案技术信息，彭某已从某科技公司离职，涉案技术信息确有进一步被披露、使用的较大风险。与不采取行为保全措施对某科技公司造成的损害相比，采取行为保全措施对彭某、某半导体公司造成的损害不会严重失衡。某科技公司申请彭某、某半导体公

---

① 最高人民法院（2020）最高法知民终 1646 号之二民事裁定书。

司在生效判决作出前任何情况下、任何途径不得披露、使用、允许他人使用涉案技术信息，这一行为保全措施是为彭某、某半导体公司设定的禁止性义务。根据查明事实，涉案技术信息部分构成技术秘密的可能性较大，彭某、某半导体公司非法持有、披露、使用涉案技术信息的可能性亦较大，采取行为保全措施对彭某、某半导体公司设定在生效判决作出前不得披露、使用、允许他人使用涉案技术信息的禁止性义务给彭某、某半导体公司带来的损害有限，不采取保全措施，某科技公司的合法权益可能受到难以弥补的损害。另外，本案没有证据表明采取保全措施会损害社会公共利益。因此，某科技公司要求彭某、某半导体公司在生效判决作出前不得披露、使用、允许他人使用涉案技术信息的申请符合法律规定，应予准许。

第一百零四条　【诉前保全】 利害关系人因情况紧急，不立即申请保全将会使其合法权益受到难以弥补的损害的，可以在提起诉讼或者申请仲裁前向被保全财产所在地、被申请人住所地或者对案件有管辖权的人民法院申请采取保全措施。申请人应当提供担保，不提供担保的，裁定驳回申请。

人民法院接受申请后，必须在四十八小时内作出裁定；裁定采取保全措施的，应当立即开始执行。

申请人在人民法院采取保全措施后三十日内不依法提起诉讼或者申请仲裁的，人民法院应当解除保全。

◆ **适用指引**

本条是关于诉前保全的规定。

诉前保全，是指人民法院在民事案件受理前或仲裁申请受理前，因情况紧急，为了不使利害关系人的合法权益受到难以弥补的损害，根据利害关系人的申请，对被申请人的财产进行保全，或者责令被申请人作出一定行为或禁止其作出一定行为的民事强制措施。根据本条规定，诉前保全应具备以下条件：

1. 申请诉前保全的条件。申请诉前保全必须是利害关系人因情况紧急，不立即申请保全将会使其合法权益受到难以弥补的损害，既可申请财产保全，也可申请行为保全。情况紧急，一般是指紧急到申请人来不及起诉，必须立即采取财产保全措施。受到难以弥补的损害，是指被申请人可能随时转移被申请保全的财物，该财物一旦转移，申请人的财产权利就难以实现或不能实现，或指申请人可能继续实施某种行为，这种行为将给申请人造成损失或进一步扩大损失。

2. 申请诉前保全的时间。除了提起诉讼前可申请诉前保全，利害关系人申请仲裁前也可以向人民法院申请诉前保全。

3. 必须由利害关系人提出申请。利害关系人，是指与被申请人发生争议或者认为被申请人侵害其权利的人。

4. 诉前保全申请必须向有关法院提出。被保全财产所在地、被申请人住所地或对案件有管辖权的人民法院均可受理诉前保全申请。

5. 申请诉前保全必须提供担保。

6. 申请人应当在人民法院采取保全措施后 30 日内正式提起诉讼或申请仲裁，否则人民法院将解除保全。

以上条件必须同时具备才能采取财产保全措施。人民法院接受诉前保全申请后，必须在 48 小时内作出裁定；对裁定采取财产保全措施的，应当立即开始执行。诉前保全申请人在采取保全措施后，应当及时与被申请人解决民事纠纷，不能及时解决的，应当在采取保全措施后的 30 日内向人民法院起诉或向仲裁机关申请仲裁。如果在 30 日内不起诉，又不提出解除保全措施的，为保护被申请人的合法权益，人民法院应当依职权解除财产保全，以免被申请人因保全时间过长而扩大损失。

◆ **关联规定**

《最高人民法院关于适用〈中华人民共和国民事诉讼法〉的解释》（2022 年 4 月 1 日）

第一百五十二条第一款 人民法院依照民事诉讼法第一百零三条、第一百零四条规定，在采取诉前保全、诉讼保全措施时，责令利害关系人或者当事人提供担保的，应当书面通知。

第一百五十二条第二款 利害关系人申请诉前保全的，应当提供担保。申请诉前财产保全的，应当提供相当于请求保全数额的担保；情况特殊的，人民法院可以酌情处理。申请诉前行为保全的，担保的数额由人民法院根据案件的具体情况决定。

第一百六十条 当事人向采取诉前保全措施以外的其他有管辖权的人民法院起诉的，采取诉前保全措施的人民法院应当将保全手续移送受理案件的人民法院。诉前保全的裁定视为受移送人民法院作出的裁定。

第一百六十四条 对申请保全人或者他人提供的担保财产，人民法院应当依法办理查封、扣押、冻结等手续。

◆ **典型案例**

某矿业公司诉某资本管理公司诉前财产保全损害责任纠纷案①

某投资公司与某资本管理公司签订《服务合同》，双方后因合同履行产生纠纷，某矿业公司向北京市第二中级人民法院提起诉讼，请求判令某资本管理公司赔偿某矿业公司损失。2018 年 4 月 12 日，某资本管理公司向北京市第二中级人民法院申请诉前财产保全。2018 年 4 月 18 日，北京市第二中级人民法院作出（2018）京 02 财保 10 号民事裁定书，裁定查封、冻结某管理咨询公司、某企业管理公司、某矿业公司、某投资公司的财产，限额为 7900 万元。后，某矿业公司不服一审判决，向北京市高级人民法院提起上诉。

北京市高级人民法院经审查认为，关于某资本管理公司的诉前财产保全申请是否构成错误。申请有错误的，申请人应当赔偿被申请人因保全所遭受的损失。申请保全错误赔偿责任属于一般侵权责任，须以申请人主观存在过错为要件，具体审查时要判断申请人是否尽到合理注意义务，只有申请人在申请保全时未尽到合理注意义务且其诉讼请求与法院生效判决产生不合理的偏差，该差额诉讼请求范围内的保全申请才属于存在错误。利害关系人因情况紧急，不立即申请保全将会使其合法权益受到难以弥补的损害的，可以在提起诉讼或者申请仲裁前向被保全财产所在地、被申请人住所地或者对案件有管辖权的人民法院申请采取保全措施。申请人应当提供担保，不提供担保的，裁定驳回申请。诉前财产保全是在情况紧急时采取的临时性救济措施，具有不确定性和现实紧迫性，财产保全程序的启动没有经过实体法审查，法院仅就申请人提交的证明债权债务存在的初步证明文件进行书面审查。本案中，某稀土材料公司于 2018 年 4 月 8 日向某企业管理公司、某管理咨询公司、某矿业公司、案外人某投资公司支付首笔股权转让款，但某资本管理公司未依约收到服务费，剩余款项将于某稀土材料公司完成工商变更登记即 2018 年 4 月 28 日后 5 日内支付，因情况紧急，某资本管理公司申请诉前财产保全具有不确定性和现实紧迫性。某资本管理公司在申请诉前财产保全时，基于《服务合同》约定以及某投资公司向某资本管理公司出具《授权委托书》认为某矿业公司等四公司应对服务费承担连带责任并以此为据要求保全四公司财产。某资本管理公司对此已提供初步证据，有一定的事实和理由且其提出的保全事项及金额未超出之后起诉的诉讼请求。此外，在某资本管理公司主张某矿

---

① 北京市高级人民法院（2021）京民终 122 号民事判决书。

业公司等四公司应对服务费承担连带责任的前提下，权利人有权请求部分或者全部连带责任人承担责任，故在采取具体保全措施时，保全金额在各被申请人之间如何分配均无不妥。综上，某资本管理公司在申请诉前保全时已尽到合理注意义务。

第一百零五条　【保全范围】保全限于请求的范围，或者与本案有关的财物。

◆ 适用指引

本条是关于保全范围的规定。限于请求的范围，是指保全的财产应当在价值或者对象上与申请人诉讼请求的内容相等或相符。实践中，请求保全的范围可以与诉讼请求的范围重合，也可以小于诉讼请求的范围；如果请求保全的范围超出诉讼请求的范围，则人民法院对超出的部分不予支持。与本案有关的财物，是指保全的财物是本案的诉讼标的物或者是与本案有牵连的其他财物。根据相关规定，对债务人的下列财产可以采取保全措施：

1. 债务人应得的收益。人民法院对债务人到期应得的收益可以采取财产保全措施，第一，要明确采取保全的对象是债务人对其具有资本性质的投资所应获得的利益且期限已至。第二，对到期应得收益采取保全措施是裁定限制债务人支取。第三，以通知书形式通知到期应得收益有关单位予以协助。

2. 债务人的到期债权。保全到期债权须把握以下几点：第一，保全必须由当事人申请。第二，保全的债权必须为债务人依据合同应得的债权利益且已到期，未到期的债权原则上不能保全。第三，他人不得向债务人偿付，只能向人民法院支付或交付，由人民法院提存财物或者价款。

3. 债务人所有的其他人享有抵押权、质押权或留置权的财产。

◆ 关联规定

《最高人民法院关于适用〈中华人民共和国民事诉讼法〉的解释》（2022 年4 月 1 日）

第一百五十七条　人民法院对抵押物、质押物、留置物可以采取财产保全措施，但不影响抵押权人、质权人、留置权人的优先受偿权。

第一百五十八条　人民法院对债务人到期应得的收益，可以采取财产保全措施，限制其支取，通知有关单位协助执行。

第一百五十九条 债务人的财产不能满足保全请求，但对他人有到期债权的，人民法院可以依债权人的申请裁定该他人不得对本案债务人清偿。该他人要求偿付的，由人民法院提存财物或者价款。

《最高人民法院关于人民法院办理财产保全案件若干问题的规定》（2020年12月29日）

第十条 当事人、利害关系人申请财产保全，应当向人民法院提供明确的被保全财产信息。

当事人在诉讼中申请财产保全，确因客观原因不能提供明确的被保全财产信息，但提供了具体财产线索的，人民法院可以依法裁定采取财产保全措施。

第十一条 人民法院依照本规定第十条第二款规定作出保全裁定的，在该裁定执行过程中，申请保全人可以向已经建立网络执行查控系统的执行法院，书面申请通过该系统查询被保全人的财产。

申请保全人提出查询申请的，执行法院可以利用网络执行查控系统，对裁定保全的财产或者保全数额范围内的财产进行查询，并采取相应的查封、扣押、冻结措施。

人民法院利用网络执行查控系统未查询到可供保全财产的，应当书面告知申请保全人。

第十二条 人民法院对查询到的被保全人财产信息，应当依法保密。除依法保全的财产外，不得泄露被保全人其他财产信息，也不得在财产保全、强制执行以外使用相关信息。

◆ **典型案例**

某置业公司诉王某明、王某平、某财产保险公司

诉讼财产保全损害责任纠纷案①

李某杰、汪某玲、翁某裕（甲方）与王某明、王某平（乙方）签订《利润分配协议书》，约定王某明、王某平分得房地产开发利润，后因协议履行产生纠纷。王某明、王某平以李某杰、汪某玲、翁某裕为被告、以某置业公司为第三人向河南省高级人民法院提起诉讼，王某明、王某平申请将某置业公司变更为被告，请求：（1）李某杰、汪某玲、翁某裕、某置业公司给付王某明、王某平房地产开发利润。（2）李某杰、汪某玲、翁某裕与某置业公司承担连带给付责任。

---

① 最高人民法院（2021）最高法民终290号民事判决书。

后，某置业公司起诉请求王某明、王某平与某财产保险公司共同赔偿某置业公司因保全所受损失。某置业公司不服河南省高级人民法院（2021）豫民初1号民事判决，向最高人民法院提起上诉。

最高人民法院经审理认为，王某明、王某平以某置业公司为财产保全的被申请人申请保全与前案有关的财物，符合法律规定，并不存在错误。根据《中华人民共和国民事诉讼法》第一百零五条的规定，保全限于请求的范围，或者与本案有关的财物。本案中，某置业公司作为《利润分配协议书》设立的目标公司并在协议上加盖公章，具体从事案涉房地产项目开发建设工作，且协议一方当事人汪某玲是某置业公司唯一股东，王某明、王某平认为请求分配的投资项目利润与某置业公司具有关联性，依据不足。王某明、王某平将某置业公司列为被告，符合法律规定的起诉条件，其申请保全某置业公司名下的财产，未超出法律规定的保全范围。

第一百零六条 【财产保全措施】 财产保全采取查封、扣押、冻结或者法律规定的其他方法。人民法院保全财产后，应当立即通知被保全财产的人。

财产已被查封、冻结的，不得重复查封、冻结。

◆ 适用指引

本条是关于财产保全措施的规定。

根据本条规定，人民法院裁定财产保全后，可以采取以下保全措施：

1. 查封，是指人民法院将需要保全的财物清点后，加贴人民法院封条，就地封存，不便加贴封条的，应当张贴公告，不准任何单位和个人进行移动和处分。

2. 扣押，一般是把需要保全的财物运到其他便于保存的场所加以扣留，使被申请人不能继续占有、使用和处分。人民法院对扣押的财产可以自行保管，也可以委托其他单位或个人保管。

3. 冻结，是对被申请人的存款、资产、债权、股权等收益采取的保全措施。由人民法院发出协助执行通知书，请银行、信用社和有关单位办理冻结被申请人存款、资产、债权、股权相关手续，不准提取和转移。

4. 法律规定的其他办法，是指上述三种方法之外的其他保全方法，如变卖财物、保存价款等。

需要注意的是，由于保全的方法与措施，与执行程序中的控制性执行措施并无不同，故人民法院采取财产保全的方法和措施依照执行程序相关规定办理。

另外，本条规定财产已被查封、冻结的，不得重复查封、冻结，与司法实践中的轮候查封制度并不冲突，轮候查封是对人民法院已经查封的财产，依次按时间先后在登记机关进行登记，排队等候，待查封依法解除后，在先的轮候查封自动转化为正式查封的制度。因此，轮候查封并非真正意义上的查封，只是将来有可能自动转化为正式查封。

◆ **关联规定**

《最高人民法院关于适用〈中华人民共和国民事诉讼法〉的解释》（2022 年 4 月 1 日）

第一百五十三条 人民法院对季节性商品、鲜活、易腐烂变质以及其他不宜长期保存的物品采取保全措施时，可以责令当事人及时处理，由人民法院保存价款；必要时，人民法院可予以变卖，保存价款。

第一百五十四条 人民法院在财产保全中采取查封、扣押、冻结财产措施时，应当妥善保管被查封、扣押、冻结的财产。不宜由人民法院保管的，人民法院可以指定被保全人负责保管；不宜由被保全人保管的，可以委托他人或者申请保全人保管。

查封、扣押、冻结担保物权人占有的担保财产，一般由担保物权人保管；由人民法院保管的，质权、留置权不因采取保全措施而消灭。

第一百五十五条 由人民法院指定被保全人保管的财产，如果继续使用对该财产的价值无重大影响，可以允许被保全人继续使用；由人民法院保管或者委托他人、申请保全人保管的财产，人民法院和其他保管人不得使用。

第一百五十六条 人民法院采取财产保全的方法和措施，依照执行程序相关规定办理。

《最高人民法院关于人民法院办理财产保全案件若干问题的规定》（2020 年 12 月 29 日）

第十三条 被保全人有多项财产可供保全的，在能够实现保全目的的情况下，人民法院应当选择对其生产经营活动影响较小的财产进行保全。

人民法院对厂房、机器设备等生产经营性财产进行保全时，指定被保全人保管的，应当允许其继续使用。

第十四条 被保全财产系机动车、航空器等特殊动产的，除被保全人下落不明的以外，人民法院应当责令被保全人书面报告该动产的权属和占有、使用等情况，并予以核实。

第十五条 人民法院应当依据财产保全裁定采取相应的查封、扣押、冻结措施。

可供保全的土地、房屋等不动产的整体价值明显高于保全裁定载明金额的，人民法院应当对该不动产的相应价值部分采取查封、扣押、冻结措施，但该不动产在使用上不可分或者分割会严重减损其价值的除外。

对银行账户内资金采取冻结措施的，人民法院应当明确具体的冻结数额。

第十六条 人民法院在财产保全中采取查封、扣押、冻结措施，需要有关单位协助办理登记手续的，有关单位应当在裁定书和协助执行通知书送达后立即办理。针对同一财产有多个裁定书和协助执行通知书的，应当按照送达的时间先后办理登记手续。

第二十条 财产保全期间，被保全人请求对被保全财产自行处分，人民法院经审查，认为不损害申请保全人和其他执行债权人合法权益的，可以准许，但应当监督被保全人按照合理价格在指定期限内处分，并控制相应价款。

被保全人请求对作为争议标的的被保全财产自行处分的，须经申请保全人同意。

人民法院准许被保全人自行处分被保全财产的，应当通知申请保全人；申请保全人不同意的，可以依照民事诉讼法第二百二十五条①规定提出异议。

第二十一条 保全法院在首先采取查封、扣押、冻结措施后超过一年未对被保全财产进行处分的，除被保全财产系争议标的外，在先轮候查封、扣押、冻结的执行法院可以商请保全法院将被保全财产移送执行。但司法解释另有特别规定的，适用其规定。

保全法院与在先轮候查封、扣押、冻结的执行法院就移送被保全财产发生争议的，可以逐级报请共同的上级法院指定该财产的执行法院。

共同的上级法院应当根据被保全财产的种类及所在地、各债权数额与被保全财产价值之间的关系等案件具体情况指定执行法院，并督促其在指定期限内处分被保全财产。

第二十四条 财产保全裁定执行中，人民法院发现保全裁定的内容与被保全财产的实际情况不符的，应当予以撤销、变更或补正。

第二十六条 申请保全人、被保全人、利害关系人认为保全裁定实施过程中的执行行为违反法律规定提出书面异议的，人民法院应当依照民事诉讼法第二百二十五条规定审查处理。

---

① 对应 2023 年《民事诉讼法》第 236 条。

◆ **典型案例**

某建设工程公司与 A 县资规局国内非涉外仲裁裁决案①

湖北省荆门市中级人民法院在执行申请执行人某建设工程公司与被执行人 A 县资规局国内非涉外仲裁裁决一案中，A 县资规局对湖北省荆门市中级人民法院冻结其名下银行账户的行为提出书面异议。后，A 县资规局不服湖北省荆门市中级人民法院（2022）鄂 08 执异 17 号执行裁定，向湖北省高级人民法院申请复议。

湖北省高级人民法院经审查认为，财产保全采取查封、扣押、冻结或者法律规定的其他方法。人民法院保全财产后，应当立即通知被保全财产的人。财产已被查封、冻结的，不得重复查封、冻结。人民法院的查封、扣押财产行为应当严格按照法律规定的程序进行，人民法院已经对被执行人的财产查封、冻结的，任何单位包括其他人民法院不得重复查封、冻结或者擅自解冻。如果两个以上的法院对同一财产实施了查封的，应认定履行了法定查封程序的一方所实施的查封行为有效。本案与另案申某与某建设工程公司、A 县资规局建设工程施工合同纠纷申请执行一案的执行标的均为同一工程项目中的应付工程款，两级法院冻结的财产均为 A 县资规局名下财产，在沙洋县人民法院已经冻结案涉工程款的前提下，湖北省荆门市中级人民法院再次冻结 A 县资规局相应工程款，属于重复查封、冻结，依法应予纠正。因此，湖北省荆门市中级人民法院认定本案不属于重复执行，事实不清且适用法律错误，依法应予纠正。

第一百零七条 **【保全解除】**财产纠纷案件，被申请人提供担保的，人民法院应当裁定解除保全。

◆ **适用指引**

本条是关于被申请人提供担保后解除财产保全的规定。

保全是为今后判决有实现基础。财产纠纷案件中，如果被申请人向人民法院能提供合适的担保，担保数额与案件争议数额相当，将在很大程度上消除将来生效判决不能执行或者难以执行的风险，达到了人民法院根据申请人的申请采取保全措施的目的。因此，这种情况下只要被申请人提供合适的担保，人民法院原来

---

① 湖北省高级人民法院（2022）鄂执复 149 号执行裁定书。

的保全措施就失去了继续存在的价值，故可以解除。根据本条规定，被申请人提供担保解除保全，必须同时具备以下条件：

1. 仅限于财产纠纷案件。只有财产纠纷案件，被申请人提供担保才能解除保全，只要担保符合要求，人民法院就应解除保全。对于侵权纠纷案件等其他案件，被申请人提供担保不一定能解除保全，人民法院要根据案件具体情况确定是否解除保全。

2. 担保必须符合要求。被申请人提供担保的形式有多种，包括保证人担保，现金、有价证券或实物担保等。采取保证人担保的，保证人应向人民法院出具证明担保金额的保证书以及具备担保能力的材料并得到审查认可；提供现金、有价证券或实物担保的，其金额或价值不应低于被保全财产的金额或价值。

◆ **关联规定**

《最高人民法院关于适用〈中华人民共和国民事诉讼法〉的解释》（2022 年 4 月 1 日）

第一百六十七条　财产保全的被保全人提供其他等值担保财产且有利于执行的，人民法院可以裁定变更保全标的物为被保全人提供的担保财产。

《最高人民法院关于人民法院办理财产保全案件若干问题的规定》（2020 年 12 月 29 日）

第二十二条　财产纠纷案件，被保全人或第三人提供充分有效担保请求解除保全，人民法院应当裁定准许。被保全人请求对作为争议标的的财产解除保全的，须经申请保全人同意。

第二十三条第二款　人民法院收到解除保全申请后，应当在五日内裁定解除保全；对情况紧急的，必须在四十八小时内裁定解除保全。

第二十三条第四款　被保全人申请解除保全，人民法院经审查认为符合法律规定的，应当在本条第二款规定的期间内裁定解除保全。

◆ **典型案例**

都某东诉某纸业公司申请诉中财产保全损害责任纠纷案[①]

都某东诉某纸业公司申请诉中财产保全损害责任纠纷一案，都某东不服辽宁省高级人民法院（2015）辽民一终字第 00269 号民事判决，向最高人民法院申请

----

① 最高人民法院（2016）最高法民申 2100 号民事裁定书。

再审。

最高人民法院经审查认为，财产纠纷案件，被申请人提供担保的，人民法院应当裁定解除保全。当事人对保全或者先予执行的裁定不服的，可以申请复议一次。本案中，都某东如果认为某纸业公司可能错误申请查封涉案财产或查封可能导致财产严重贬值，既可以向人民法院申请复议，也可以提供其他担保以解除该财产查封，还可以向人民法院申请出售该财产并以相应价款替换对该财产的查封，但其在涉案财产被查封后，既未申请复议，也未提供其他担保财产以解除查封，即使涉案查封财产因不能及时销售存在贬值损失，也非某纸业公司原因造成，都某东要求某纸业公司承担财产查封期间的贬值损失，依据不足。

第一百零八条　【保全错误补救】 申请有错误的，申请人应当赔偿被申请人因保全所遭受的损失。

◆ 适用指引

本条是关于保全申请有错误的处理规定。

申请人向人民法院申请保全属于当事人的诉讼权利。申请人应当在法律规定框架内申请保全，如其滥用权利给被申请人造成损害，应当承担相应法律责任。

1. 责任主体。本条将错误申请保全的责任主体规定为申请人，仅适用于人民法院依当事人申请采取保全措施的情形。如果被申请人对其损失或扩大存在可归责原因，被申请人也应承担相应责任，从而减轻申请人的赔偿责任。如果被申请人遭受损失除了因申请人错误申请保全，还由于第三人的行为导致损失，第三人也应承担相应赔偿责任。

2. 责任性质。申请人承担责任的方式是赔偿损失，申请人的赔偿责任应通过民事诉讼程序予以确定。申请保全属于申请人的诉讼行为，以产生、变更诉讼法律关系为目的，该诉讼行为在符合法律规定、未给被申请人造成损失的情况下，双方只发生诉讼法律关系。但是，申请保全存在错误并使被申请人遭受损失时，双方则产生实体上的赔偿责任。

3. 申请保全确有错误。一种意见认为，申请有错误可以理解为申请人在申请保全的过程中存在过错，包括主观故意和过失；另一种意见认为，申请有错误不仅包括申请人存在过错，也包括除此以外的其他情形，只要申请人的保全申请不当给被申请人造成损失，申请人就应承担赔偿责任。两种意见在实践中均存在，还需司法解释进一步明确。

4. 被申请人存在遭受损失的事实。被申请人没有遭受损失的，申请人不向被申请人承担赔偿责任，如果给其他主体造成损失，申请人仍可能对其他主体承担民事赔偿责任。损失应如何界定，实践中也有两种意见。一种意见认为，可以对损失作限制解释，将其限定为财产损失，也便于实务操作；另一种意见认为，被申请人的损失通常表现为财产损失，但也应当包括其他损失，申请人的赔偿责任可由法官根据损失种类和程度等具体情况予以衡量。

5. 被申请人的损失与保全申请错误之间存在因果关系。这里的因果关系可以参照侵权责任中的因果关系予以解释。

◆ **关联规定**

《最高人民法院关于人民法院办理财产保全案件若干问题的规定》（2020 年12 月 29 日）

第二十三条第三款 申请保全人未及时申请人民法院解除保全，应当赔偿被保全人因财产保全所遭受的损失。

《最高人民法院关于因申请诉中财产保全损害责任纠纷管辖问题的批复》（2017 年 8 月 1 日）

为便于当事人诉讼，诉讼中财产保全的被申请人、利害关系人依照《中华人民共和国民事诉讼法》第一百零五条①规定提起的因申请诉中财产保全损害责任纠纷之诉，由作出诉中财产保全裁定的人民法院管辖。

◆ **典型案例**

Z 控股公司诉 H 资产管理公司、R 资产管理公司因申请财产保全损害责任纠纷案②

Z 控股公司诉 H 资产管理公司、R 资产管理公司因申请财产保全损害责任纠纷一案，Z 控股公司向广东省高级人民法院提起诉讼，请求：（1）H 资产管理公司赔偿 Z 控股公司因申请财产保全错误造成的损失。（2）R 资产管理公司与 H 资产管理公司对 Z 控股公司因申请财产保全错误造成的损失承担连带赔偿责任。后，Z 控股公司不服一审判决，向最高人民法院提起上诉。

---

① 对应 2023 年《民事诉讼法》第 108 条。
② 最高人民法院（2022）最高法民终 151 号民事判决书。

最高人民法院经审查认为，申请有错误的，申请人应当赔偿被申请人因保全所遭受的损失。保全申请人承担赔偿责任的条件，一是申请保全错误；二是被申请人因保全行为遭受损失；三是二者存在因果关系。本案中，Z控股公司向H资产管理公司主张财产保全损害责任，应由Z控股公司举证证明H资产管理公司因错误申请保全给Z控股公司造成损失。根据查明案件事实，H资产管理公司依据《担保函》申请追加Z控股公司为被告并请求Z控股公司对某贸易公司债务承担连带保证责任。H资产管理公司根据《担保函》起诉Z控股公司，符合法律规定的起诉条件。诉讼中，H资产管理公司申请在诉讼争议标的范围内对Z控股公司银行账户相应金额及财产进行保全，具有一定的合法性及合理性。现有证据难以证明H资产管理公司有恶意保全损害Z控股公司权益的动机和目的。同时，H资产管理公司申请追加Z控股公司为被告后，申请对Z控股公司名下594895830元的财产采取保全措施，其申请保全Z控股公司的财产未超出其诉讼请求范围。保全裁定执行中，Z控股公司亦未就案涉财产保全申请是否适当或错误、是否存在超标的查封等诉求在法定期间内向人民法院提出执行异议并请求解除保全措施；如果Z控股公司因此产生损失，亦与其未及时提出异议避免或减少损失有关。因此，H资产管理公司申请保全具有合法原因和依据，现有证据难以认定H资产管理公司申请保全错误且Z控股公司未证明保全给其带来损害及其借贷、出售股权所受损失与保全行为之间存在因果关系。

第一百零九条　【先予执行】人民法院对下列案件，根据当事人的申请，可以裁定先予执行：

（一）追索赡养费、扶养费、抚养费、抚恤金、医疗费用的；

（二）追索劳动报酬的；

（三）因情况紧急需要先予执行的。

◆ **适用指引**

本条是关于先予执行适用范围的规定。

先予执行，是指人民法院在终审判决作出前，为了解决权利人的生活或者生产经营急需，根据当事人申请，依法裁定一方当事人预先给付另一方当事人一定数额的金钱或其他财物或者立即实施或停止实施某种行为的诉讼制度。先予执行的重要特征是在法院立案受理民事案件后，作出生效裁判前，即责令一方当事人向对方当事人先行履行义务。先予执行制度的目的在于解决某些特殊民事案件当事人生活或生产经营的迫切需要。

1. 根据当事人申请裁定先予执行。先予执行裁定只能由人民法院根据当事人的申请作出，人民法院不能依职权主动裁定先予执行。

2. 先予执行适用的案件范围。裁定先予执行只能在诉讼类型为给付之诉的诉讼中作出。根据本条规定，先予执行适用于以下三类案件：

（1）追索赡养费、扶养费、抚养费、抚恤金、医疗费用。追索赡养费、扶养费、抚养费的案件与当事人之间的身份关系有密切联系，属于婚姻家庭法调整的范畴。此类案件涉及亲属间的纠纷，权利人往往处于弱势地位，难以维持正常生活，如果等人民法院作出生效裁判再予以执行，对弱者的权利难以实现有效保护。追索赡养费的案件，一般是父母、养父母要求子女、养子女履行赡养义务的案件或者是祖父母、外祖父母要求孙子女、外孙子女赡养等此类案件。追索扶养费的案件，包括夫妻之间要求对方扶养的案件，也包括兄弟姐妹之间要求给付扶养费的案件。追索抚养费的案件，通常是子女、养子女要求父母、养父母付给抚养费的案件，或者是符合法定条件的孙子女、外孙子女要求祖父母、外祖父母抚养等案件。抚养费包括生活费、教育费、医疗费等费用。支付抚恤金的案件有多种情况，既可能是军人、国家工作人员等因公牺牲或伤残，由国家有关部门或单位依法向其本人或家属发放抚恤金，也可能是企业、事业单位职工因出现规定事由，由工作单位付给抚恤金。抚恤金对权利人本人或者死者家属具有抚慰、体恤、保障其基本生活的作用，相关单位或部门应依法及时、足额地向权利人发放抚恤金以弥补其受到的伤害和损失。医疗费用系权利人身体受到损害，在治疗过程中产生的住院费、手术费、护理费、医药费等相关费用。医疗费用关系到权利人的人身健康并可能影响治疗效果。追索医疗费用纠纷通常发生在侵权案件中，但不限于侵权纠纷，涉及支付医疗费用的案件，人民法院均可根据案件具体情况决定是否先予执行。

（2）追索劳动报酬。劳动报酬是劳动者应得的劳动收入，具体表现形式可以是工资、劳务费、加班费、奖金、业务提成等。劳动报酬直接关系到劳动者及其供养家属的生活，出于对劳动者维持生活所需的考虑，追索劳动报酬的案件，人民法院可以裁定先予执行。

（3）因情况紧急需要先予执行。该规定需要人民法院结合案件具体情况适用，是否属于情况紧急，由法院裁量认定。情况紧急通常是指如果不立即先予执行将申请人请求的权利实现，将严重影响其生活或者生产经营。

◆ **关联规定**

《最高人民法院关于适用〈中华人民共和国民事诉讼法〉的解释》（2022 年 4 月 1 日）

第一百六十九条 民事诉讼法规定的先予执行，人民法院应当在受理案件后终审判决作出前采取。先予执行应当限于当事人诉讼请求的范围，并以当事人的生活、生产经营的急需为限。

第一百七十条 民事诉讼法第一百零九条第三项规定的情况紧急，包括：

（一）需要立即停止侵害、排除妨碍的；

（二）需要立即制止某项行为的；

（三）追索恢复生产、经营急需的保险理赔费的；

（四）需要立即返还社会保险金、社会救助资金的；

（五）不立即返还款项，将严重影响权利人生活和生产经营的。

第一百七十三条 人民法院先予执行后，根据发生法律效力的判决，申请人应当返还因先予执行所取得的利益的，适用民事诉讼法第二百四十条①的规定。

◆ **典型案例**

某首饰公司诉某珠宝公司、某文化公司房屋租赁合同、保管合同纠纷案②

某首饰公司诉某珠宝公司、某文化公司房屋租赁合同、保管合同纠纷一案，某首饰公司向江苏省南京市玄武区人民法院起诉请求：（1）解除某首饰公司、某珠宝公司之间的商铺承包经营合同。（2）某珠宝公司返还由其保管的某首饰公司货柜及包裹。（3）某珠宝公司赔偿某首饰公司损失。后，某珠宝公司不服江苏省南京市中级人民法院（2016）苏01民终7941号民事判决，向江苏省高级人民法院申请再审。

江苏省高级人民法院经审查认为，人民法院对下列案件，根据当事人的申请，可以裁定先予执行：（1）追索赡养费、扶养费、抚育费、抚恤金、医疗费用的；（2）追索劳动报酬的；（3）因情况紧急需要先予执行的。

裁定先予执行的，应当符合下列条件：（1）当事人之间权利义务关系明确，不先予执行将严重影响申请人的生活或者生产经营的；（2）被申请人有履行能力。本案中，经一审法院现场勘查，金库内三个货柜贴有首饰公司品牌标识且单

---

① 对应 2023 年《民事诉讼法》第 244 条。

② 江苏省高级人民法院（2017）苏民申 2286 号民事裁定书。

独加锁，钥匙只有某首饰公司掌握。上述事实足以证明先予执行的三个货柜内的黄金制品权利义务关系明确，属于某首饰公司所有，且不先予执行将严重影响某首饰公司的生产经营，故一审法院裁定先予执行符合法律规定的条件，并无不当。某珠宝公司提出一审法院先予执行违反法律规定的再审申请理由无事实和法律依据。

第一百一十条 **【先予执行条件】**人民法院裁定先予执行的，应当符合下列条件：

（一）当事人之间权利义务关系明确，不先予执行将严重影响申请人的生活或者生产经营的；

（二）被申请人有履行能力。

人民法院可以责令申请人提供担保，申请人不提供担保的，驳回申请。申请人败诉的，应当赔偿被申请人因先予执行遭受的财产损失。

◆ **适用指引**

本条是关于先予执行条件的规定。

1. 当事人之间的权利义务关系明确。权利义务关系明确，是指案件在法院立案受理到生效裁判作出前，就可以基本判断哪一方该享有权利，哪一方应当履行义务。如果双方对案件事实、证据存在争议，被申请人是否存在给付义务不明确或者双方存在对待给付，被申请人主张抗辩权等，双方权利义务关系并不明确，不宜径行裁定先予执行。

2. 不先予执行将严重影响申请人的生活或者生产经营。该项条件是对先予执行紧迫性与必要性的要求，先予执行应满足申请人生活和生产经营的迫切需要。对申请人生活或者生产经营造成严重影响，是指申请人的生活无法维持，或者其生产经营活动无法继续。

3. 被申请人有履行能力。先予执行，客观上要以被申请人有履行能力为前提。如果被申请人没有履行能力，即使裁定先予执行，也没有实际意义，还可能给被申请人生活或者生产经营活动带来不利影响。被申请人有履行能力，是指被申请人实际上具有给付、返还或者赔偿申请人实体权利请求的能力。

4. 由当事人提出申请。先予执行属于人民法院依当事人申请才能作出的行为，故应由当事人向受诉人民法院以书面形式提出申请。

另外，由于先予执行是在生效裁判作出之前，如果当事人的申请出现错误，导致先予执行裁定的内容和法院生效裁判的内容相矛盾，则需要相应的救济机制进行补救并对被申请人因此遭受的损失予以补偿。因此，本条规定对符合先予执行条件的案件，人民法院可以责令申请人提供担保。需要说明的是，"可以责令"意味着责令提供担保并非必经程序，是否责令申请人提供担保，由法院根据案件具体情况决定。先予执行的目的是在申请人的生活或者生产经营受到严重影响的情况下，将其实体权利提前实现以解决当前生活或者生产经营困难。如果申请人没有提供担保的能力，法院责令其提供担保，申请人难以做到且将加重其生活或者生产经营的困难。

◆ 关联规定

《中华人民共和国老年人权益保障法》（2018 年 12 月 29 日）

第七十五条第三款　人民法院对老年人追索赡养费或者扶养费的申请，可以依法裁定先予执行。

第一百一十一条　【复议】当事人对保全或者先予执行的裁定不服的，可以申请复议一次。复议期间不停止裁定的执行。

◆ 适用指引

本条是关于当事人对保全或先予执行裁定不服的救济程序的规定。

保全裁定和先予执行裁定属于作出即产生法律效力的裁定，当事人不能提起上诉，但为切实保护当事人的合法权益，对保全裁定和先予执行裁定，当事人可以向作出裁定的法院申请复议。

1. 当事人应向作出保全裁定、先予执行裁定的法院申请复议。保全裁定和先予执行裁定的复议由原作出裁定的法院审查处理。这里的复议应与执行程序中，当事人、利害关系人就执行行为合法性向执行法院提出执行行为异议后，不服执行法院的处理结果向上一级法院申请复议的程序区分开来。

2. 当事人应向作出裁定的法院及时申请复议。《民事诉讼法》没有规定当事人申请复议的期限，但当事人不能过分拖延。《最高人民法院关于适用〈中华人民共和国民事诉讼法〉的解释》第 171 条规定，当事人对保全或者先予执行裁定不服的，可以自收到裁定书之日起 5 日内向作出裁定的人民法院申请复议。同时，为便于当事人及时主张权利，人民法院应当在保全和先予执行裁定中载明当事人申请复议的权利。

3. 复议以一次为限。对于当事人的复议申请，人民法院仅审查一次。同一保全或先予执行裁定，当事人再次申请复议的，人民法院不再受理。如果保全裁定或先予执行裁定的内容可分，当事人仅对裁定中的部分内容申请复议后，又对其他内容申请复议的，或者人民法院先后作出多份保全或先予执行裁定，当事人仅对部分裁定申请复议后，又对其他裁定申请复议的，人民法院对于重复申请的部分或者已经复议审查的部分裁定不再审查，对于裁定的其他内容或其他未经复议审查的裁定，仍应在复议程序中作出处理。

4. 复议期间不停止裁定的执行。保全裁定和先予执行裁定均属于一经作出即发生法律效力的裁定，故复议不能对裁定效力造成影响，当事人申请复议，不能阻却生效裁定的执行。

◆ **关联规定**

《最高人民法院关于适用〈中华人民共和国民事诉讼法〉的解释》（2022 年 4 月 1 日）

第一百七十一条 当事人对保全或者先予执行裁定不服的，可以自收到裁定书之日起五日内向作出裁定的人民法院申请复议。人民法院应当在收到复议申请后十日内审查。裁定正确的，驳回当事人的申请；裁定不当的，变更或者撤销原裁定。

第一百七十二条 利害关系人对保全或者先予执行的裁定不服申请复议的，由作出裁定的人民法院依照民事诉讼法第一百一十一条规定处理。

《最高人民法院关于人民法院办理财产保全案件若干问题的规定》（2020 年 12 月 29 日）

第二十五条 申请保全人、被保全人对保全裁定或者驳回申请裁定不服的，可以自裁定书送达之日起五日内向作出裁定的人民法院申请复议一次。人民法院应当自收到复议申请后十日内审查。

对保全裁定不服申请复议的，人民法院经审查，理由成立的，裁定撤销或变更；理由不成立的，裁定驳回。

对驳回申请裁定不服申请复议的，人民法院经审查，理由成立的，裁定撤销，并采取保全措施；理由不成立的，裁定驳回。

◆ **典型案例**

某石化公司诉某天然气公司、某天然气利用公司、

某实业公司、C 公司合同纠纷案①

某石化公司诉某天然气公司、某天然气利用公司、某实业公司、C 公司合同纠纷一案，某石化公司不服重庆市高级人民法院（2017）渝执异 128 号执行裁定，向最高人民法院申请复议。

最高人民法院经审查认为，当事人对保全或者先予执行的裁定不服的，可以申请复议一次。复议期间不停止裁定的执行。因此，当事人对保全裁定不服的救济途径是向人民法院申请复议，申请复议本身并不产生停止裁定执行的效力，在人民法院依法以复议裁定撤销保全裁定之前，保全裁定均为有效。本案中，某石化公司以 H 公司对重庆市第一中级人民法院冻结行为提出过口头异议为由主张该冻结无效，于法无据。人民法院向作为次债务人的第三人发出履行到期债务通知，通知内容为要求第三人直接向债权人履行。在此情况下，如果第三人对其与债务人之间的债务关系提出债务不存在等实体异议的，人民法院不得对该第三人采取强制执行措施，根本原因在于第三人与债务人之间的债务关系如果未经生效法律文书确认，执行程序不应对相关实体异议进行审查，亦不得强制执行，否则极有可能损害第三人的合法权益。但是，对于人民法院冻结到期债权的裁定以及协助执行通知书，因其仅要求第三人不向债务人支付，相关钱款财物仍由第三人保有，一般不会损害第三人的实体权益，故法律未赋予第三人在此种情况下所提异议即可产生直接阻止冻结效力的法律效果。第三人对冻结有异议并要求支付，可以根据法律规定由人民法院提存财物或者价款；第三人对冻结有异议但不要求支付，可以根据法律规定向人民法院申请复议。

---

① 最高人民法院（2019）最高法执复 131 号执行裁定书。

第十章　对妨害民事诉讼的强制措施

第一百一十二条　**【拘传】**人民法院对必须到庭的被告，经两次传票传唤，无正当理由拒不到庭的，可以拘传。

◆ **适用指引**

本条是关于对必须到庭的被告适用拘传的规定。

对妨害民事诉讼的强制措施，是指在民事诉讼中，对有妨害民事诉讼秩序行为的人采用的排除其妨害行为的强制措施。妨害民事诉讼的行为，是指在民事诉讼过程中，行为主体故意破坏和扰乱正常的诉讼秩序，妨害民事诉讼活动正常进行的行为。根据《民事诉讼法》的规定，对妨害民事诉讼强制措施的种类有五种：拘传、训诫、责令退出法庭、罚款、拘留。拘传是指在人民法院开庭审理案件或办理执行案件时，对必须到庭的被告或必须到场的被执行人经过两次传票传唤，在其无正当理由拒不到庭或到场的情况下，人民法院依法强制其到庭参加诉讼活动或者到场接受询问的一种强制措施。民事诉讼程序中对被告适用拘传，必须具备以下条件：

1. 拘传的对象是必须到庭的被告。并不是对所有无正当理由拒不到庭的被告都有必要采取拘传措施，拘传对象只是因案件审理需要必须到庭的被告，对于符合《民事诉讼法》规定的缺席判决条件的被告，可以依法对其缺席判决，不必拘传。

2. 经两次传票传唤。传唤被告的次数不得少于两次，只经一次传唤的，不能适用拘传。传唤方式必须使用传票，口头传唤的，不属于本条规定的传唤形式。没有经过传票传唤或者传票传唤的次数不到两次，不得适用拘传。

3. 被告无正当理由拒不到庭。正当理由，是指当事人无法预见和难以克服的事由，如自然灾害、身染重病、工作生活有某些客观困难等。被告不到庭，人民法院应在没有正当理由的情况下才能对其适用拘传，如其确有正当理由而不能按要求到庭参加诉讼，人民法院可以变更庭审日期，不能随意对被告进行拘传。

◆ **关联规定**

《最高人民法院关于适用〈中华人民共和国民事诉讼法〉的解释》（2022 年 4 月 1 日）

第一百七十四条 民事诉讼法第一百一十二条规定的必须到庭的被告，是指负有赡养、抚育、扶养义务和不到庭就无法查清案情的被告。

人民法院对必须到庭才能查清案件基本事实的原告，经两次传票传唤，无正当理由拒不到庭的，可以拘传。

第一百七十五条 拘传必须用拘传票，并直接送达被拘传人；在拘传前，应当向被拘传人说明拒不到庭的后果，经批评教育仍拒不到庭的，可以拘传其到庭。

◆ **典型案例**

李某中诉某投资公司、郑某辉借款合同纠纷案①

郑某辉与李某中签订《个人借款合同》，某投资公司与李某中签订《个人抵押担保合同》，后因合同履行产生纠纷，李某中向广东省汕头市中级人民法院提起诉讼，请求：（1）郑某辉立即归还李某中借款本金及利息。（2）某投资公司对郑某辉前述债务承担连带清偿责任。后，某投资公司不服广东省高级人民法院（2014）粤高法民二终字第 64 号民事判决，向最高人民法院申请再审。

最高人民法院经审查认为，对于必须到庭的被告，经两次传唤不到庭的，无正当理由拒不到庭的，可以拘传。必须到庭的被告，是指负有赡养、抚育、扶养义务和不到庭就无法查清案情的被告。本案中，有借款合同、转账记录，借款合同和担保合同有律师见证，案件事实清楚。从证据来看，郑某辉不属于必须到庭的被告，一审法院对其缺席判决，于法有据，程序并无违法。某投资公司在本案中未提供有吴某兆、某信用担保公司等担保人存在的证据，即使有该担保人存在，也是李某中对其民事权利和诉讼权利的处分，况且某投资公司在本案中承担的是连带赔偿责任，是否存在其他担保人，不影响其应当承担的责任。因此，一审法院未追加吴某兆、某信用担保公司参加诉讼，程序并无不当。

第一百一十三条 【对妨害法庭秩序的强制措施】诉讼参与人和其他人应当遵守法庭规则。

---

① 最高人民法院（2016）最高法民再 335 号民事判决书。

人民法院对违反法庭规则的人，可以予以训诫，责令退出法庭或者予以罚款、拘留。

人民法院对哄闹、冲击法庭，侮辱、诽谤、威胁、殴打审判人员，严重扰乱法庭秩序的人，依法追究刑事责任；情节较轻的，予以罚款、拘留。

◆ 适用指引

本条是关于对诉讼参与人、其他人违反法庭规则、扰乱法庭秩序的行为采取强制措施直至追究刑事责任的规定。

开庭审理前，书记员应向当事人、其他诉讼参与人以及旁听人员宣布法庭规则。法庭规则是法院开庭审判时，诉讼参与人和其他人应当遵守的纪律与秩序，是开庭审理得以顺利进行的保障。法庭规则宣布后，对违反法庭规则的人，人民法院可以根据其行为的轻重程度，依法采取相应的强制措施，包括予以训诫、责令退出法庭、罚款、拘留。训诫，是指人民法院对妨害民事诉讼行为情节较轻的人，通过批评、教育的方式，指出其行为的违法性和危害性并责令其不得再犯的一种强制措施。责令退出法庭，是指人民法院对于违反法庭规则的人，强制其离开法庭，防止其继续实施妨害民事诉讼行为的强制措施。对行为人采取训诫、责令退出法庭仍不足以制止其妨害民事诉讼秩序行为的，人民法院可以决定对其罚款、拘留。对于扰乱法庭秩序情节严重，构成犯罪的行为人，对妨害民事诉讼的强制措施已不足以制裁其违法行为的，可依法追究其刑事责任。适用本条规定时，应注意以下问题：

1. 法庭规则的主要内容。法庭规则是诉讼参与人和其他人在法院开庭审理案件过程中应当遵守的行为规范。诉讼参与人包括当事人、法定代理人、诉讼代理人、证人、勘验人、鉴定人等参与法庭审判的主体；其他人包括旁听人员等诉讼参与人以外的其他人。

根据最高人民法院颁布的《人民法院法庭规则》第 17 条的规定，全体人员在庭审活动中应当服从审判长或独任审判员的指挥，尊重司法礼仪，遵守法庭纪律，不得实施下列行为：（1）鼓掌、喧哗。（2）吸烟、进食。（3）拨打或接听电话。（4）对庭审活动进行录音、录像、拍照或使用移动通信工具等传播庭审活动。（5）其他危害法庭安全或妨害法庭秩序的行为。检察人员、诉讼参与人发言或提问，应当经审判长或独任审判员许可。旁听人员不得进入审判活动区，不得随意站立、走动，不得发言和提问。媒体记者经许可对庭审活动进行录音、录像、拍照或使用移动通信工具等传播庭审活动，应当在指定的时间及区域进行，不得影响或干扰庭审活动。

该规则第 20 条规定，行为人实施下列行为之一，危及法庭安全或扰乱法庭秩序的，根据相关法律规定，予以罚款、拘留；构成犯罪的，依法追究其刑事责任：（1）非法携带枪支、弹药、管制刀具或者爆炸性、易燃性、放射性、毒害性、腐蚀性物品以及传染病病原体进入法庭。（2）哄闹、冲击法庭。（3）侮辱、诽谤、威胁、殴打司法工作人员或诉讼参与人。（4）毁坏法庭设施，抢夺、损毁诉讼文书、证据。（5）其他危害法庭安全或扰乱法庭秩序的行为。该规则第 26 条规定：外国人、无国籍人旁听庭审活动，外国媒体记者报道庭审活动，应当遵守本规则。

2. 训诫的适用。训诫主要适用于违反法庭规则情节轻微的人。训诫一般应当场进行，以达到纠正行为人违反法庭规则行为的目的。

3. 责令退出法庭的适用。责令退出法庭的适用对象同样是违反法庭规则的人，其严厉程度和制裁力度要强于训诫。对于违反法庭规则、扰乱诉讼秩序的行为人，人民法院可以先对其进行训诫，如果其仍然不停止妨害诉讼的行为，可进一步适用责令退出法庭的强制措施，以维护法庭秩序。《人民法院法庭规则》第 19 条规定，审判长或独任审判员对违反法庭纪律的人员应当予以警告；对不听警告的，予以训诫；对训诫无效的，责令其退出法庭；对拒不退出法庭的，指令司法警察将其强行带出法庭。

4. 罚款、拘留的适用。对于违反法庭规则、扰乱法庭秩序的行为人，适用罚款、拘留是比训诫、责令退出法庭更严厉的强制措施，其违反法庭规则的行为超出了情节轻微的程度，已经严重干扰法庭正常的审判活动，对其采取训诫、责令退出法庭的措施，不能与其违法行为的危害性相适应。这种情形下，人民法院可以决定对行为人实施罚款或拘留。对于哄闹、冲击法庭，侮辱、诽谤、威胁、殴打审判人员等扰乱法庭秩序的行为，情节较轻尚不构成犯罪的，人民法院也应予以罚款、拘留。罚款、拘留可以单独适用，也可以合并适用。

5. 关于刑事责任。对扰乱法庭秩序，侵害审判人员人身权利，情节严重或者造成严重后果的行为，人民法院应依法追究行为人的刑事责任。严重扰乱法庭秩序的行为包括哄闹、冲击法庭，侮辱、诽谤、威胁、殴打审判人员等。

◆ **关联规定**

《最高人民法院关于适用〈中华人民共和国民事诉讼法〉的解释》（2022 年 4 月 1 日）

第一百七十六条 诉讼参与人或者其他人有下列行为之一的，人民法院可以适用民事诉讼法第一百一十三条规定处理：

（一）未经准许进行录音、录像、摄影的；

（二）未经准许以移动通信等方式现场传播审判活动的；

（三）其他扰乱法庭秩序，妨害审判活动进行的。

有前款规定情形的，人民法院可以暂扣诉讼参与人或者其他人进行录音、录像、摄影、传播审判活动的器材，并责令其删除有关内容；拒不删除的，人民法院可以采取必要手段强制删除。

第一百七十七条 训诫、责令退出法庭由合议庭或者独任审判员决定。训诫的内容、被责令退出法庭者的违法事实应当记入庭审笔录。

《人民法院在线诉讼规则》（2021 年 6 月 16 日）

第二十四条 在线开展庭审活动，人民法院应当设置环境要素齐全的在线法庭。在线法庭应当保持国徽在显著位置，审判人员及席位名称等在视频画面合理区域。因存在特殊情形，确需在在线法庭之外的其他场所组织在线庭审的，应当报请本院院长同意。

出庭人员参加在线庭审，应当选择安静、无干扰、光线适宜、网络信号良好、相对封闭的场所，不得在可能影响庭审音频视频效果或者有损庭审严肃性的场所参加庭审。必要时，人民法院可以要求出庭人员到指定场所参加在线庭审。

第二十五条 出庭人员参加在线庭审应当尊重司法礼仪，遵守法庭纪律。人民法院根据在线庭审的特点，适用《中华人民共和国人民法院法庭规则》相关规定。

除确属网络故障、设备损坏、电力中断或者不可抗力等原因外，当事人无正当理由不参加在线庭审，视为"拒不到庭"；在庭审中擅自退出，经提示、警告后仍不改正的，视为"中途退庭"，分别按照相关法律和司法解释的规定处理。

第二十六条 证人通过在线方式出庭的，人民法院应当通过指定在线出庭场所、设置在线作证室等方式，保证其不旁听案件审理和不受他人干扰。当事人对证人在线出庭提出异议且有合理理由的，或者人民法院认为确有必要的，应当要求证人线下出庭作证。

鉴定人、勘验人、具有专门知识的人在线出庭的，参照前款规定执行。

第二十七条 适用在线庭审的案件，应当按照法律和司法解释的相关规定公开庭审活动。

对涉及国家安全、国家秘密、个人隐私的案件，庭审过程不得在互联网上公开。对涉及未成年人、商业秘密、离婚等民事案件，当事人申请不公开审理的，在线庭审过程可以不在互联网上公开。

未经人民法院同意，任何人不得违法违规录制、截取、传播涉及在线庭审过程的音频视频、图文资料。

第二十八条 在线诉讼参与人故意违反本规则第八条、第二十四条、第二十五条、第二十六条、第二十七条的规定，实施妨害在线诉讼秩序行为的，人民法院可以根据法律和司法解释关于妨害诉讼的相关规定作出处理。

◆ **典型案例**

郭某清诉丁某庆劳务合同纠纷案①

郭某清与李某忠签订《雇佣合同》，后因合同履行发生纠纷，郭某清提起诉讼，请求：（1）丁某庆退还多收工程款及利息。（2）丁某庆向郭某清开具工程款发票。（3）丁某庆支付违约金。在江苏省镇江市中级人民法院审理该案二审庭审中，郭某清对丁某庆首先动手进行殴打，经法庭阻止和批评教育后，郭某清再次对丁某庆进行殴打。后，郭某清不服江苏省镇江市中级人民法院（2020）苏11司惩2号罚款决定，向江苏省高级人民法院申请复议。

江苏省高级人民法院经审查认为，诉讼参与人和其他人应当遵守法庭规则。人民法院对违反法庭规则的人，可以予以训诫、拘留。人民法院对哄闹、冲击法庭，严重扰乱法庭秩序的人，依法追究刑事责任；情节较轻的，予以罚款、拘留。本案中，郭某清在诉讼过程中不遵守法庭规则，首先动手对丁某庆进行殴打，经法庭阻止和批评教育后仍不改正，再次对丁某庆进行殴打，严重扰乱法庭秩序，属于妨害民事诉讼的行为，江苏省镇江市中级人民法院据此决定对其采取罚款制裁措施，符合法律规定。郭某清虽然主张系因丁某庆侮辱谩骂和法庭不责令其退出法庭导致其动手殴打，其殴打行为是正常人反应，但是当事人参加庭审活动应当遵守法庭纪律，丁某庆的谩骂行为固然不当，但法庭已经及时制止，郭某清作为诉讼参与人不仅未冷静克制，反而首先动手殴打对方，致使法庭秩序失

---

① 江苏省高级人民法院（2020）苏司惩复8号复议决定书。

控，应对纠纷进一步升级负主要责任，江苏省镇江市中级人民法院对首先将纠纷升级为暴力的郭某清罚款 10000 元，对丁某庆罚款 5000 元，符合客观事实。

第一百一十四条 【对某些妨害诉讼行为的强制措施】诉讼参与人或者其他人有下列行为之一的，人民法院可以根据情节轻重予以罚款、拘留；构成犯罪的，依法追究刑事责任：

（一）伪造、毁灭重要证据，妨碍人民法院审理案件的；

（二）以暴力、威胁、贿买方法阻止证人作证或者指使、贿买、胁迫他人作伪证的；

（三）隐藏、转移、变卖、毁损已被查封、扣押的财产，或者已被清点并责令其保管的财产，转移已被冻结的财产的；

（四）对司法工作人员、诉讼参加人、证人、翻译人员、鉴定人、勘验人、协助执行的人，进行侮辱、诽谤、诬陷、殴打或者打击报复的；

（五）以暴力、威胁或者其他方法阻碍司法工作人员执行职务的；

（六）拒不履行人民法院已经发生法律效力的判决、裁定的。

人民法院对有前款规定的行为之一的单位，可以对其主要负责人或者直接责任人员予以罚款、拘留；构成犯罪的，依法追究刑事责任。

◆ **适用指引**

本条是关于诉讼参与人或者其他人妨害证据收集，非法处置人民法院保全财产，阻拦、破坏司法人员执行职务，拒不执行生效法律文书等妨害民事诉讼行为采取强制措施的规定。

诉讼参与人、其他人妨害民事诉讼的行为不仅表现为扰乱法庭秩序，在证据的收集、保全财产的处理、司法工作人员执行职务、其他诉讼参与人参与诉讼活动等民事诉讼的多个方面，都可能出现妨害诉讼活动正常进行的行为，故有必要对实践中常见多发的妨害民事诉讼行为规定相应制裁措施，以维护正常诉讼秩序，保障诉讼活动顺利进行。

1. 伪造、毁灭重要证据。伪造证据，是指行为人故意制造虚假证据，或者对原有证据加以改造，使其失去证明案件事实的功能和作用，使审判人员对案件事实和证据的判断发生偏差或错误认定案情的行为。毁灭证据，是指行为人对证据进行破坏，造成证据灭失，从而使审判人员无法收集和审查该证据的行为。本条规定的证据应当属于认定案件事实的重要证据，即对案件事实具有重要证明作用的证据或者说对证明案件事实不可或缺的证据。

2. 妨害作证。妨害作证包括两种形式，一是以暴力、威胁、贿买的方法阻止证人作证，即通过向知晓案件事实的人以暴力、威胁的方式逼迫或者向其提供金钱、利益等方式收买，阻止证人向人民法院出庭作证或者提供书面证言；二是指使、贿买、胁迫他人作伪证，即通过支付金钱的方式引诱，或者以其他方式威胁、迫使证人向人民法院提供虚假的证人证言，误导法院裁判。

3. 非法处置人民法院保全的财产。行为人在民事诉讼和执行程序，隐藏、转移、变卖、毁损已被人民法院查封、扣押的财产，或者已被清点并责令其保管的财产，转移已被冻结的财产，人民法院可对其采取罚款、拘留的强制措施。

4. 侮辱、诽谤、诬陷、殴打或者打击报复司法工作人员、诉讼参加人、证人、翻译人员、鉴定人、勘验人、协助执行人。行为人对司法工作人员，当事人、法定代理人、诉讼代理人等诉讼参加人，证人、翻译人员、鉴定人、勘验人、协助执行人等其他诉讼参与人，实施侮辱、诽谤、诬陷、殴打或者打击报复的，人民法院可对其进行罚款、拘留。情节严重构成犯罪的，应根据《刑法》关于侮辱罪、诽谤罪、故意伤害罪、打击报复证人罪等相关规定追究行为人的刑事责任。通过加害证人近亲属的方式报复证人，如果构成犯罪的，也应依法追究刑事责任；尚不够刑事处罚的，依法给予治安管理处罚，或者根据本条规定对其罚款、拘留。

5. 以暴力、威胁或者其他方法阻碍司法工作人员执行职务。司法工作人员包括审判人员、执行人员、书记员、司法警察等。

6. 拒不履行生效判决、裁定。人民法院的判决、裁定发生法律效力后，义务人应当及时、全面履行判决、裁定所确定的义务。义务人拒不履行的，人民法院除了依据《民事诉讼法》第264条的规定责令其承担迟延履行利息或迟延履行金以外，还可以根据本条规定对其采取罚款、拘留的强制措施，以促使其履行义务。

◆ **关联规定**

《最高人民法院关于适用〈中华人民共和国民事诉讼法〉的解释》（2022年4月1日）

第一百八十七条 民事诉讼法第一百一十四条第一款第五项规定的以暴力、

威胁或者其他方法阻碍司法工作人员执行职务的行为，包括：

（一）在人民法院哄闹、滞留，不听从司法工作人员劝阻的；

（二）故意毁损、抢夺人民法院法律文书、查封标志的；

（三）哄闹、冲击执行公务现场，围困、扣押执行或者协助执行公务人员的；

（四）毁损、抢夺、扣留案件材料、执行公务车辆、其他执行公务器械、执行公务人员服装和执行公务证件的；

（五）以暴力、威胁或者其他方法阻碍司法工作人员查询、查封、扣押、冻结、划拨、拍卖、变卖财产的；

（六）以暴力、威胁或者其他方法阻碍司法工作人员执行职务的其他行为。

第一百八十八条　民事诉讼法第一百一十四条第一款第六项规定的拒不履行人民法院已经发生法律效力的判决、裁定的行为，包括：

（一）在法律文书发生法律效力后隐藏、转移、变卖、毁损财产或者无偿转让财产、以明显不合理的价格交易财产、放弃到期债权、无偿为他人提供担保等，致使人民法院无法执行的；

（二）隐藏、转移、毁损或者未经人民法院允许处分已向人民法院提供担保的财产的；

（三）违反人民法院限制高消费令进行消费的；

（四）有履行能力而拒不按照人民法院执行通知履行生效法律文书确定的义务的；

（五）有义务协助执行的个人接到人民法院协助执行通知书后，拒不协助执行的。

第一百八十九条　诉讼参与人或者其他人有下列行为之一的，人民法院可以适用民事诉讼法第一百一十四条的规定处理：

（一）冒充他人提起诉讼或者参加诉讼的；

（二）证人签署保证书后作虚假证言，妨碍人民法院审理案件的；

（三）伪造、隐藏、毁灭或者拒绝交出有关被执行人履行能力的重要证据，妨碍人民法院查明被执行人财产状况的；

（四）擅自解冻已被人民法院冻结的财产的；

（五）接到人民法院协助执行通知书后，给当事人通风报信，协助其转移、隐匿财产的。

◆ **典型案例**

黄某贤与钟某司法惩戒复议案①

复议申请人黄某贤、钟某不服天津市高级人民法院（2018）津司惩 1 号决定，向最高人民法院申请复议。

最高人民法院经审查认为，企业法人解散的，依法清算并注销前，以该企业法人为当事人；未依法清算即被注销的，以该企业法人的股东、发起人或者出资人为当事人。由于在二审审理期间，天津某电气公司被登记注销，天津市高级人民法院在（2018）津民终 85 号民事裁定中认为应变更黄某贤、钟某为被告参加诉讼，该当事人变更是黄某贤、钟某违法行为导致，客观上增加了诉讼程序环节，造成了妨碍案件审理的结果。诉讼参与人或者其他人伪造、毁灭重要证据，妨碍人民法院审理案件的，人民法院可以根据情节轻重予以罚款、拘留；构成犯罪的，依法追究刑事责任。该规定未将强制措施对象限于诉讼参与人。本案中，天津市高级人民法院基于黄某贤、钟某在二审期间虚构债权债务已清理完毕的清算结果、恶意办理公司注销、妨碍审理程序的行为，对二人分别作出罚款 5 万元的决定，符合法律规定。

第一百一十五条　【对虚假诉讼、调解行为的司法处罚】当事人之间恶意串通，企图通过诉讼、调解等方式侵害国家利益、社会公共利益或者他人合法权益的，人民法院应当驳回其请求，并根据情节轻重予以罚款、拘留；构成犯罪的，依法追究刑事责任。

当事人单方捏造民事案件基本事实，向人民法院提起诉讼，企图侵害国家利益、社会公共利益或者他人合法权益的，适用前款规定。

◆ **适用指引**

本条是关于当事人之间恶意串通、单方捏造事实，企图通过诉讼、调解等方式侵害国家利益、社会公共利益、他人合法权益如何处理的规定。实践中，有当事人滥用诉权，制造虚假诉讼、恶意诉讼，企图通过欺骗法院的行为取得有利于

---

① 最高人民法院（2019）最高法司惩复 5 号复议决定书。

自身的裁判，侵犯权益，造成大量司法资源浪费，具有严重的社会危害性。近年来，我国加大了对虚假诉讼的打击力度并在执行程序中设置案外人异议等制度，但仍有相当部分当事人恶意串通，通过虚假案外人异议及异议之诉阻却执行程序进行，导致债权人合法权益无法及时实现。

2023 年修改《民事诉讼法》加大了对虚假诉讼的惩治力度，除原有的当事人之间恶意串通形成的虚假诉讼之外，增加规定了当事人单方捏造民事案件基本事实的虚假诉讼情形。同时将虚假诉讼的侵害客体在原有"他人合法权益"的基础上，增设了"国家利益、社会公共利益"，扩大了侵害对象的适用范围，使社会公共利益乃至国家利益在发生虚假诉讼情况下能够得到更为全面的保护，侵害此类客体时同样追究民事甚至刑事责任。该条修订实现了民事诉讼领域对虚假诉讼更为全面的规范。

本条规定的虚假诉讼具备以下几个条件：第一，适用主体为民事诉讼程序中的当事人。当事人与证人、鉴定人等其他诉讼参与人恶意串通骗取法院裁判的，不属于本条规定范围。

第二，当事人之间有恶意串通的意思表示，或者单方捏造案件基本事实的行为。恶意串通，是指当事人之间在诉讼、调解等过程中为达到逃避依法应当承担的债务，侵犯国家、集体、他人的合法权益或者获取非法利益等目的而合谋实施的违法行为。本条规定的恶意串通有以下特点：一是当事人之间出于故意且这种故意为各当事人之间的合意，目的在于通过损害国家、集体、他人的合法权益等来获取自己的非法利益；二是恶意串通是为获取非法利益。恶意串通往往对国家、集体或者他人的利益造成损害，属于情节恶劣的违法行为，干扰诉讼、调解等合法活动正常进行。单方捏造基本案件事实属于单方行为，无需与其他当事人形成合意，即只要当事人凭空编造了基本案件事实，向人民法院提起诉讼，同样属于虚假诉讼的适用情形。

第三，行为表现为采取诉讼、调解等方式。本条规定的诉讼主要是指民事诉讼活动，包括诉讼活动中的调解等情况，本条规定的调解，则是指诉讼以外的法定调解活动。

第四，行为人的目的是企图侵害国家利益、社会公共利益、他人合法权益。一是侵害对象是诉讼外的不特定对象，而非诉讼相对方；二是他人合法权益包括财产性和非财产性权益；三是不以对权益造成实际侵害为要件，行为人即使未能实现其侵害目的，也应受到处罚。合法权益主要是指案外人的合法权益、国家利益和社会公共利益。

需要注意的是，根据本条规定，人民法院对当事人间恶意串通、单方捏造案件基本事实，企图通过诉讼、调解等方式侵害他人合法权益的行为作如下处理：

1. 人民法院应当驳回其请求并根据情节轻重予以罚款、拘留。需要把握两点：一是驳回其请求是人民法院的一项法定义务，即人民法院经过审理发现有本条规定的行为，应当驳回其请求；二是予以罚款、拘留由人民法院根据情节轻重决定。

2. 构成犯罪的，依法追究刑事责任。需要注意两点：一是是否构成犯罪要符合《刑法》的规定；二是追究刑事责任要依据《刑事诉讼法》以及《刑法》的规定追究当事人的刑事责任。

◆ **关联规定**

《最高人民法院关于适用〈中华人民共和国民事诉讼法〉的解释》（2022 年4 月 1 日）

第一百四十四条 人民法院审理民事案件，发现当事人之间恶意串通，企图通过和解、调解方式侵害他人合法权益的，应当依照民事诉讼法第一百一十五条的规定处理。

第一百九十条 民事诉讼法第一百一十五条规定的他人合法权益，包括案外人的合法权益、国家利益、社会公共利益。

第三人根据民事诉讼法第五十九条第三款规定提起撤销之诉，经审查，原案当事人之间恶意串通进行虚假诉讼的，适用民事诉讼法第一百一十五条规定处理。

第一百九十一条 单位有民事诉讼法第一百一十五条或者第一百一十六条规定行为的，人民法院应当对该单位进行罚款，并可以对其主要负责人或者直接责任人员予以罚款、拘留；构成犯罪的，依法追究刑事责任。

◆ **典型案例**

某生物科技公司诉某置业公司企业借贷纠纷案①

某生物科技公司以其与某置业公司签订九份《借款合同》，某置业公司在借期届满时未能依约偿还借款本息为由向辽宁省高级人民法院提起诉讼，请求：某置业公司返还借款本金 8650 万元及利息并承担本案诉讼费用。后，某生物科技

---

① 最高人民法院（2015）民二终字第 324 号民事判决书。

公司不服辽宁省高级人民法院（2012）辽审二民再字第13号民事判决，向最高人民法院提起上诉。

最高人民法院经审查认为，人民法院保护合法借贷关系，对于恶意串通进行虚假诉讼意图损害他人合法权益的行为，应当进行制裁。在当事人存在关联关系的情况下，为防止恶意串通提起虚假诉讼，损害他人合法权益，人民法院对其之间是否存在真实借款法律关系，必须严格审查。本案中，无论某生物科技公司还是某置业公司，对某置业公司与申诉人谢某及其他债权人的债权债务关系是明知的。从案涉判决执行过程看，某生物科技公司申请执行之后，对查封房产不同意由法院拍卖，而是继续允许该公司销售，某置业公司每销售一套，某生物科技公司即申请法院解封一套。接受询问时，某生物科技公司对某置业公司销售了多少查封房产、偿还了多少债务叙述不清，表明其提起本案诉讼并非为实现债权，而是通过司法程序进行保护性查封以阻止其他债权人对某置业公司的财产受偿，以虚构债权而兴讼不止。从某生物科技公司与某置业公司人员混同、银行账户同为王某新控制的事实可知，某生物科技公司与某置业公司已经失去了公司法人具有的独立人格，两公司既同属一人，以一人而充任两造，恶意之勾连不证自明。当事人之间恶意串通，企图通过诉讼、调解等方式侵害他人合法权益的，人民法院应当驳回其请求，并根据情节轻重予以罚款、拘留；构成犯罪的，依法追究刑事责任。因此，申诉人谢某认为某生物科技公司与某置业公司之间恶意串通提起虚假诉讼损害其合法权益的意见以及对有关当事人和相关责任人进行制裁的请求，于法有据，应予支持。

第一百一十六条 【对恶意串通逃避执行行为的司法处罚】 被执行人与他人恶意串通，通过诉讼、仲裁、调解等方式逃避履行法律文书确定的义务的，人民法院应当根据情节轻重予以罚款、拘留；构成犯罪的，依法追究刑事责任。

◆ **适用指引**

本条是关于被执行人与他人恶意串通，通过诉讼、仲裁、调解等方式逃避履行法律文书确定的义务如何处理的规定。实践中，一些有履行能力的被执行人通常采取各种手段规避执行，与他人恶意串通，通过虚假诉讼或者仲裁手段转移财产、虚构优先债权参与分配等，而且手段日趋隐蔽，直接损害了债权人的合法权益，浪费司法资源，极大地损害了司法权威，必须采取有效手段加以阻止，必要时要依法运用刑罚手段严厉打击。对本条理解，应掌握以下要素：第一，适用主体是针对已经进入强制执行程序的被执行人。第二，行为表现是被执行人与他人恶意串通，通过诉讼、仲裁、调解等方式。恶意串通的理解应与上条一致，但是本条增加了通过仲裁的这一方式。第三，行为人的目的是逃避履行生效法律文书确定的义务。第四，处罚措施方面，一般应首先考虑对被执行人适用罚款、拘留措施，对于被执行人逃避义务情节严重，涉嫌触犯刑法的行为，要依法追究刑事责任。根据本条规定，人民法院对当事人间恶意串通，企图通过诉讼、调解等方式侵害他人合法权益的行为作如下处理：

1. 人民法院应当根据情节轻重予以罚款、拘留。一是予以罚款、拘留是人民法院的一项法定义务；二是予以罚款、拘留由人民法院根据情节轻重决定。

2. 构成犯罪的，依法追究刑事责任。一是是否构成犯罪要符合《刑法》的规定；二是追究刑事责任要依据《刑事诉讼法》以及《刑法》的规定。

◆ **关联规定**

《最高人民法院关于适用〈中华人民共和国民事诉讼法〉的解释》（2022 年 4 月 1 日）

第一百九十一条 单位有民事诉讼法第一百一十五条或者第一百一十六条规定行为的，人民法院应当对该单位进行罚款，并可以对其主要负责人或者直接责任人员予以罚款、拘留；构成犯罪的，依法追究刑事责任。

◆ **典型案例**

某贸易公司诉某钛业公司买卖合同纠纷案①

某贸易公司与某钛业公司买卖合同纠纷一案，河南省高级人民法院经审理作出（2014）豫法民二终字第 260 号民事判决。判决生效后，某贸易公司申请强制执行。执行中，河南省漯河市中级人民法院冻结某钛业公司银行存款 350 万元并扣划至该院执行款账户。后，河南省漯河市中级人民法院作出（2019）豫 11 破 7 号决定书，指定河南某律师事务所为某钛业公司管理人。某钛业公司管理人向河南省漯河市中级人民法院发出《关于中止执行程序并将执行款项划转至管理人账户之告知函》，要求将前述 350 万元执行款划转至管理人账户，河南省漯河市

---

① 最高人民法院（2021）最高法执监 112 号执行裁定书。

中级人民法院作出《关于某钛业公司破产管理人有关中止执行以及将执行款划转至管理人账户的复函》，认为不应将上述款项予以协助划转至破产管理人，某钛业公司管理人提出异议。河南省漯河市中级人民法院作出（2020）豫11执异8号执行裁定，驳回某钛业公司管理人的异议。某钛业公司管理人不服，向河南省高级人民法院申请复议，河南省高级人民法院作出（2020）豫执复131号执行裁定，驳回某钛业公司管理人的复议申请，维持河南省漯河市中级人民法院（2020）豫11执异8号执行裁定。某钛业公司管理人不服上述复议裁定，向最高人民法院申诉请求撤销（2020）豫执复131号执行裁定与（2020）豫11执异8号执行裁定并裁定河南省漯河市中级人民法院将案涉350万元款项划转至某钛业公司管理人账户。

最高人民法院经审查认为，被执行人与他人恶意串通，通过诉讼、仲裁、调解等方式逃避履行法律文书确定的义务的，应当依法予以制裁。《最高人民法院关于依法制裁规避执行行为的若干意见》对"依法防止恶意诉讼，保障民事审判和执行活动有序进行"也有明确要求。根据法律及司法文件规定精神，对于有证据证明被执行人以恶意诉讼等方式逃避履行法律义务，规避执行的，人民法院应依法予以打击、制裁。本案中，从某钛业公司诉某贸易公司一案诉讼过程来看，该案客观上经历了驳回起诉、指定审理、一审审理、二审发回重审及管辖权移送等多个诉讼阶段，客观上导致诉讼程序有所延迟。对于某钛业公司是否主观上存在恶意诉讼，故意延滞诉讼程序规避执行等行为这一基本事实，异议及复议法院未予查明。在此情况下，河南省漯河市中级人民法院、河南省高级人民法院异议、复议审查认定某钛业公司提起诉讼案件历经四年，最终以欠缴诉讼费而按撤诉处理，属于滥用诉讼权利，故本案执行案款不应纳入破产财产统一清偿，证据尚不充足，某钛业公司是否存在滥用诉讼权利规避执行行为，应重新予以查明并在查明事实基础上进一步判断案涉350万元执行款是否应纳入破产财产范围统一分配。

第一百一十七条 【不协助调查、执行的强制措施】有义务协助调查、执行的单位有下列行为之一的，人民法院除责令其履行协助义务外，并可以予以罚款：

（一）有关单位拒绝或者妨碍人民法院调查取证的；

（二）有关单位接到人民法院协助执行通知书后，拒不协助查询、扣押、冻结、划拨、变价财产的；

（三）有关单位接到人民法院协助执行通知书后，拒不协助扣留被执行人的收入、办理有关财产权证照转移手续、转交有关票证、证照或者其他财产的；

（四）其他拒绝协助执行的。

人民法院对有前款规定的行为之一的单位，可以对其主要负责人或者直接责任人员予以罚款；对仍不履行协助义务的，可以予以拘留；并可以向监察机关或者有关机关提出予以纪律处分的司法建议。

◆ **适用指引**

本条是关于有义务协助调查、执行的单位及其主要负责人或者直接责任人员不协助调查、执行所采取的强制措施的规定。

实践中，有些具有协助人民法院调查取证、冻结划拨财产等义务的单位消极协助或者拒不协助法院的执行工作，甚至妨害执行，故需根据不同情况对该单位实施罚款或者对其主要责任人或直接责任人员实施罚款、拘留等强制措施。根据本条规定，人民法院对于协助单位的下列行为，除责令其履行义务外，均可以实施罚款：

1. 拒绝或者妨碍人民法院调查取证。此处所称的有关单位，是指握有证据的有关单位，比如房屋管理部门、土地管理部门、林业管理部门、车船管理部门、户籍管理机关、公证机关、婚姻登记机关等。拒绝调查取证，包括明确不让人民法院调查取证，不向人民法院提供所需要的证据，也包括以不作为的方式对人民法院调查取证的协助要求不予理睬。妨害调查取证，指对人民法院的调查取证设置障碍，编造借口，使人民法院无法得到所需证据等行为。

2. 拒不协助查询、扣押、冻结、划拨、变价财产。银行、信用合作社和其他储蓄业务的金融机构及其他有关单位接到人民法院的协助执行通知书后，有义务协助查询、扣押、冻结、划拨、变价财产，拒不协助的，构成妨害民事诉讼的行为。此项规定包括三个要件：一是人民法院已经发出协助执行通知书；二是已经接到人民法院协助执行通知书；三是拒不协助查询、扣押、冻结、划拨、变价财产。有关单位，是指接到人民法院协助执行通知书后拒不协助查询、扣押、冻结、划拨、变价财产的任何单位。

3. 拒不协助办理扣留收入、证照移转等手续。此项规定包括三个要件：一是人民法院已经发出协助执行通知书；二是已经接到人民法院协助执行通知书；

三是拒不协助扣留被执行人的收入、办理有关财产权证照转移手续、转交有关票证、证照或者其他财产。有关单位，是指接到人民法院协助执行通知书后，拒不协助扣留被执行人的收入、办理有关财产权证照转移手续、转交有关票证、证照或者其他财产的单位，比如发放工资单位，办理房屋、车辆证照转移手续单位，需要转交户口本、营业执照单位等。

4. 其他拒绝协助执行行为。只要性质上属于拒绝协助人民法院执行的行为，均可视为妨害民事诉讼行为。

根据本条规定，有关单位一方面必须履行其法定义务，另一方面还要承担罚款责任。两项可以合并承担。是否处以罚款，由人民法院根据违法单位的具体情况决定是否并处。对于本条第2款需要说明的是，一是主要负责人，主要是指单位的法定代表人或者履行法定代表人职责的人员。直接负责责任人员，主要是指具体实施违法行为的负责人员。二是主要负责人或者直接责任人员承担的责任有一定的顺序，首先是要罚款，如果罚款后仍然不履行协助义务方可以予以拘留。三是人民法院作出罚款、拘留决定后，还可以一并向监察机关或者有关机关提出司法建议。

◆ **关联规定**

《最高人民法院关于适用〈中华人民共和国民事诉讼法〉的解释》（2022 年4 月 1 日）

第一百九十二条　有关单位接到人民法院协助执行通知书后，有下列行为之一的，人民法院可以适用民事诉讼法第一百一十七条规定处理：

（一）允许被执行人高消费的；

（二）允许被执行人出境的；

（三）拒不停止办理有关财产权证照转移手续、权属变更登记、规划审批等手续的；

（四）以需要内部请示、内部审批，有内部规定等为由拖延办理的。

◆ **典型案例**

某银行诉吕某亮等金融借款合同纠纷案[①]

江西省赣州市中级人民法院在执行申请执行人某银行与被执行人吕某亮等金

———————————

[①]　最高人民法院（2020）最高法执监 32 号执行裁定书。

融借款合同纠纷一案中认为某房地产公司拒不履行协助执行义务，该院执行干警于 2018 年 11 月 21 日再次前往该公司 A 项目部告知协助执行事项，该公司工作人员告知已将此事报告公司，某房地产公司至今仍未履行协助执行义务，故决定对某房地产公司罚款 100 万元。后，某房地产公司不服江西省高级人民法院（2019）赣司惩复 1 号执行裁定，向最高人民法院申诉称，江西省赣州市中级人民法院将协助执行通知书仅送达南昌 A 项目部，该项目部工作人员非本公司工作人员，未正确送达某房地产公司，某房地产公司实际履行了协助执行的主要义务，不存在未履行协助执行的行为，未造成任何不良后果，请求撤销罚款决定。

最高人民法院经审查认为，本案焦点是对某房地产公司采取罚款措施是否确有错误。有义务协助调查、执行的单位拒绝协助执行的，人民法院除责令其履行协助义务外，并可以予以罚款。本案中，被执行人吕某亮持有 K 公司 90% 股份，某房地产公司受让 K 公司持有的相关公司股权，某房地产公司应支付 K 公司的股权转让款涉及被执行人吕某亮的财产，关系到被执行人吕某亮对生效法律文书所确定义务的履行，江西省赣州市中级人民法院将某房地产公司作为协助义务人，并无不当。某房地产公司是否对被执行人吕某亮负有到期债务以及某房地产公司是否属于强制执行对象，不影响其作为协助义务人履行协助调查、执行的义务，某房地产公司收到江西省赣州市中级人民法院责令其提供涉及股权转让款的支付情况，对未支付部分在 4540 万元额度内协助暂缓支付的通知后，未在执行法院指定期限内履行向江西省赣州市中级人民法院提供相关协助义务，执行法院对其予以罚款符合法律规定。鉴于某房地产公司在收到罚款决定书后能够积极采取补救措施履行协助执行义务，具有悔改表现，且未造成执行不能等严重后果，江西省高级人民法院酌情减轻处罚，亦无不当。

第一百一十八条　【罚款、拘留】 对个人的罚款金额，为人民币十万元以下。对单位的罚款金额，为人民币五万元以上一百万元以下。

拘留的期限，为十五日以下。

被拘留的人，由人民法院交公安机关看管。在拘留期间，被拘留人承认并改正错误的，人民法院可以决定提前解除拘留。

◆ **适用指引**

本条是关于罚款金额、拘留期限的规定。

1. 关于罚款金额。罚款数额分个人和单位两种情况。一是对个人的罚款数额为人民币 10 万元以下，10 万元以下包括本数，对个人罚款数额多少，由人民法院根据案件具体情况在法定范围内且以能够满足惩罚需要为目的作出决定；二是对单位的罚款数额为人民币 5 万元以上 100 万元以下，5 万元和 100 万元均包括本数，对单位罚款数额多少，亦由人民法院根据案件具体情况在法定范围内且以能够满足惩罚需要为目的作出决定。

2. 关于拘留期限。根据本条规定，拘留期限为 15 日以下，15 日以下包括 15 日本身，至于时间多长，由人民法院根据案件具体情况在法定范围内且以能够满足惩罚需要为目的作出决定。被拘留的人，由人民法院交公安机关看管。拘留期间，被拘留人承认并改正错误的，人民法院可以决定提前解除拘留，是否提前解除拘留，由人民法院根据案件具体情况、当事人具体表现依法予以确定。

适用罚款、拘留措施要坚持适度原则。对行为人是否采取罚款、拘留措施以及罚款金额大小、拘留时间长短，都要根据妨害民事诉讼行为人行为的性质、对诉讼影响的大小、行为人的经济状况等案件具体情况综合判定。只要能达到教育行为人、制止妨害行为的目的即可，防止任意适用或者滥用。同时，对于同一妨害行为不能重复适用罚款、拘留措施。罚款、拘留可以单独适用，也可以合并适用，但是对于同一妨害民事诉讼行为的罚款、拘留不得连续适用，只有发生新的妨害民事诉讼行为，才可以重新罚款、拘留。

◆ **关联规定**

《最高人民法院关于适用〈中华人民共和国民事诉讼法〉的解释》（2022 年 4 月 1 日）

第一百八十二条 被拘留人在拘留期间认错悔改的，可以责令其具结悔过，提前解除拘留。提前解除拘留，应报经院长批准，并作出提前解除拘留决定书，交负责看管的公安机关执行。

第一百八十三条 民事诉讼法第一百一十三条至第一百一十六条规定的罚款、拘留可以单独适用，也可以合并适用。

第一百八十四条 对同一妨害民事诉讼行为的罚款、拘留不得连续适用。发生新的妨害民事诉讼行为的，人民法院可以重新予以罚款、拘留。

第一百九十三条 人民法院对个人或者单位采取罚款措施时，应当根据其实施妨害民事诉讼行为的性质、情节、后果，当地的经济发展水平，以及诉讼标的额等因素，在民事诉讼法第一百一十八条第一款规定的限额内确定相应的罚款金额。

第一百一十九条 【拘传、罚款、拘留程序】拘传、罚款、拘留必须经院长批准。

拘传应当发拘传票。

罚款、拘留应当用决定书。对决定不服的，可以向上一级人民法院申请复议一次。复议期间不停止执行。

◆ **适用指引**

本条是关于人民法院采取拘传、罚款、拘留程序和当事人救济途径的规定。拘传、罚款、拘留等强制措施涉及司法机关对诉讼参与人或其他人人身自由、财产权利的限制或剥夺，必须符合法律规定的条件并严格依照法定程序作出决定和实施并赋予当事人救济途径。人民法院采取拘传、罚款、拘留的强制措施必须经院长批准。

拘传应由案件独任审判员或合议庭提出拘传的意见和理由并层报院长予以批准。经院长审查批准后，填写拘传票，拘传票一般一式两联，分为审批联和正本。审批联经院长审批后存卷，正式拘传票加盖院印后在执行拘传时向被拘传人出示，执行拘传后将拘传票正本存卷。拘传票应载明被拘传人姓名、性别、工作单位或住址、应到时间、应到处所、拘传决定、拘传票送达被拘传人时间、拘传情况等内容。拘传票应直接送达被拘传人并由被拘传人在拘传票上签名。被拘传人拒绝签名的，执行人员应在拘传票中注明。

罚款、拘留应由合议庭或独任审判员提出意见，层报院长审查批准后制作罚款决定书或拘留决定书。罚款、拘留决定书首部应写明作出决定的人民法院全称、决定书编号、案由、当事人或被罚款人、被拘留人基本情况；正文写明行为人妨害民事诉讼或执行具体事实、作出决定理由、作出决定法律依据、决定内容、申请复议权利等，决定罚款的应写明罚款具体数额、缴纳罚款期限，决定拘留的应写明拘留期限；结尾部分写明决定时间并加盖人民法院院印。罚款、拘留决定书一经作出即发生法律效力。罚款决定书应送达被罚款人和协助执行人，拘留决定书应送达被拘留人和协助执行的公安机关，由执行拘留的公安机关办理拘留手续。

被罚款人、被拘留人对罚款、拘留决定不服，可以向上一级人民法院申请复议，申请复议以一次为限，复议期间不停止执行。这里与当事人不服保全、先予执行裁定申请复议不同，对罚款、拘留决定不服的复议由决定罚款、拘留法院的上一级法院审查。

需要说明的是，本条规定罚款和拘留应当使用决定书。民事决定书适用的事项具有两个特点：一是适用民事决定的事项具有紧急性，如不及时解决，民事诉讼就难以进行；二是适用民事决定的事项一般不属于诉讼程序本身的问题，但与诉讼程序有联系。妨害民事诉讼的行为就属于民事诉讼中的特定事项，但其本身不是诉讼程序的组成部分，但是如果不及时采取强制措施，民事诉讼程序就难以继续进行。

◆ **关联规定**

《最高人民法院关于适用〈中华人民共和国民事诉讼法〉的解释》（2022 年 4 月 1 日）

第一百七十八条　人民法院依照民事诉讼法第一百一十三条至第一百一十七条的规定采取拘留措施的，应经院长批准，作出拘留决定书，由司法警察将被拘留人送交当地公安机关看管。

第一百七十九条　被拘留人不在本辖区的，作出拘留决定的人民法院应当派员到被拘留人所在地的人民法院，请该院协助执行，受委托的人民法院应当及时派员协助执行。被拘留人申请复议或者在拘留期间承认并改正错误，需要提前解除拘留的，受委托人民法院应当向委托人民法院转达或者提出建议，由委托人民法院审查决定。

第一百八十条　人民法院对被拘留人采取拘留措施后，应当在二十四小时内通知其家属；确实无法按时通知或者通知不到的，应当记录在案。

第一百八十一条　因哄闹、冲击法庭，用暴力、威胁等方法抗拒执行公务等紧急情况，必须立即采取拘留措施的，可在拘留后，立即报告院长补办批准手续。院长认为拘留不当的，应当解除拘留。

第一百八十五条　被罚款、拘留的人不服罚款、拘留决定申请复议的，应当自收到决定书之日起三日内提出。上级人民法院应当在收到复议申请后五日内作出决定，并将复议结果通知下级人民法院和当事人。

第一百八十六条　上级人民法院复议时认为强制措施不当的，应当制作决定书，撤销或者变更下级人民法院作出的拘留、罚款决定。情况紧急的，可以在口头通知后三日内发出决定书。

◆ **典型案例**

某家具制造公司诉某电子公司、张某东、刘某房屋买卖合同纠纷案①

某家具制造公司诉某电子公司、张某东、刘某房屋买卖合同纠纷一案，辽宁省沈阳市中级人民法院作出（2012）沈中民二初字第 18 号民事判决，判决：（1）某电子公司于本判决生效之日起三日内将位于沈阳市经济技术开发区××街××、××号房屋及土地返还给申请执行人并负责办理相应过户登记手续。（2）张某东与刘某对上述义务承担连带责任。后，某家具制造公司申请强制执行。因被执行人未履行判决确定的义务，辽宁省沈阳市中级人民法院作出（2013）沈中执字第 106 号决定书：对被执行人刘某罚款 10 万元；对被执行人刘某拘留 15 日。后，刘某向辽宁省高级人民法院申请复议，请求撤销（2013）沈中执字第 106 号决定书对其作出的拘留决定。

辽宁省高级人民法院经审查认为，罚款、拘留应当用决定书。对决定不服的，可以向上一级人民法院申请复议一次。复议期间不停止执行。本案中，辽宁省沈阳市中级人民法院在决定书中依法告知了当事人的复议权利和期间，刘某亦依法签收该决定书。虽然刘某对该决定书的拘留决定不服提出复议申请，但是该复议申请却于 2021 年提出，超出了可以提出复议申请的期间，不符合复议的受理条件，故不予审查。

第一百二十条　【强制措施由法院决定】 采取对妨害民事诉讼的强制措施必须由人民法院决定。任何单位和个人采取非法拘禁他人或者非法私自扣押他人财产追索债务的，应当依法追究刑事责任，或者予以拘留、罚款。

◆ **适用指引**

本条是关于采取对妨碍民事诉讼的强制措施的主体及法律责任的规定。

对妨害民事诉讼和执行的强制措施属于司法机关通过行使公权力对行为人的妨害行为采取的制裁措施，故只能由受理民事、执行案件的人民法院决定。其他任何单位或个人采用非法手段寻求其权利救济，将不受法律保护并承担相应法律

---

① 辽宁省高级人民法院（2021）辽执复 305 号复议决定书。

责任，对于侵害他人人身自由和财产权利的私力救济行为，应依法追究行为人的法律责任，如果该等情形发生在人民法院审理民事案件或者执行过程中，人民法院可以根据本条规定对行为人予以拘留、罚款。

需要注意的是，人民法院适用罚款、拘留的情形应当是行为人虽然违反法律规定，但情节轻微，尚未构成犯罪，如果行为人非法拘禁他人或者非法私自扣押他人财产追索债务情节严重，构成犯罪，则应由其他部门依据《刑法》的相关规定追究行为人的刑事责任。根据《刑法》的规定，本条涉及的违法行为可能触犯《刑法》分则第四章"侵犯公民人身权利罪"以及第五章"侵犯财产罪"的部分罪名。同时，只有在民事诉讼程序中发生非法拘禁他人或者非法私自扣押他人财产追索债务的行为，人民法院才能根据本条规定予以拘留、罚款，否则人民法院不能按妨害民事诉讼对行为人采取强制措施，应由其他相关部门依法处理。对于发生在民事诉讼程序之外，为追索债务实施的非法拘禁他人和非法扣押他人财产的行为，尚未构成犯罪的，受害人可以根据《治安管理处罚法》的规定请求公安机关对行为人予以行政处罚，情节严重构成犯罪的，则应根据《刑法》《刑事诉讼法》的规定追究行为人的刑事责任。

◆ **关联规定**

《中华人民共和国刑法》（2020 年 12 月 26 日）

第二百三十八条 非法拘禁他人或者以其他方法非法剥夺他人人身自由的，处三年以下有期徒刑、拘役、管制或者剥夺政治权利。具有殴打、侮辱情节的，从重处罚。

犯前款罪，致人重伤的，处三年以上十年以下有期徒刑；致人死亡的，处十年以上有期徒刑。使用暴力致人伤残、死亡的，依照本法第二百三十四条、第二百三十二条的规定定罪处罚。

为索取债务非法扣押、拘禁他人的，依照前两款的规定处罚。

国家机关工作人员利用职权犯前三款罪的，依照前三款的规定从重处罚。

第二百六十三条 以暴力、胁迫或者其他方法抢劫公私财物的，处三年以上十年以下有期徒刑，并处罚金；有下列情形之一的，处十年以上有期徒刑、无期徒刑或者死刑，并处罚金或者没收财产：

（一）入户抢劫的；

（二）在公共交通工具上抢劫的；

（三）抢劫银行或者其他金融机构的；

（四）多次抢劫或者抢劫数额巨大的；

（五）抢劫致人重伤、死亡的；

（六）冒充军警人员抢劫的；

（七）持枪抢劫的；

（八）抢劫军用物资或者抢险、救灾、救济物资的。

第二百六十七条 抢夺公私财物，数额较大的，或者多次抢夺的，处三年以下有期徒刑、拘役或者管制，并处或者单处罚金；数额巨大或者有其他严重情节的，处三年以上十年以下有期徒刑，并处罚金；数额特别巨大或者有其他特别严重情节的，处十年以上有期徒刑或者无期徒刑，并处罚金或者没收财产。

携带凶器抢夺的，依照本法第二百六十三条的规定定罪处罚。

第二百六十八条 聚众哄抢公私财物，数额较大或者有其他严重情节的，对首要分子和积极参加的，处三年以下有期徒刑、拘役或者管制，并处罚金；数额巨大或者有其他特别严重情节的，处三年以上十年以下有期徒刑，并处罚金。

第十一章 诉讼费用

第一百二十一条 【诉讼费用的交纳】 当事人进行民事诉讼，应当按照规定交纳案件受理费。财产案件除交纳案件受理费外，并按照规定交纳其他诉讼费用。

当事人交纳诉讼费用确有困难的，可以按照规定向人民法院申请缓交、减交或者免交。

收取诉讼费用的办法另行制定。

◆ **适用指引**

本条是关于诉讼费用的规定。诉讼费用，是指当事人进行民事诉讼依法应当向人民法院交纳和支出的费用。理解本条内容时应重点把握以下几点。

1. 诉讼费用的种类。根据本条和《诉讼费用交纳办法》的规定，诉讼费用包括案件受理费、申请费和其他诉讼费用三种。

第一，案件受理费。案件受理费，是指当事人启动民事诉讼程序，向人民法院依法交纳的费用。案件受理费是在人民法院审理案件时交纳的，具有国家规费的性质。除了按照《诉讼费用交纳办法》规定可以不交纳受理费的案件以外，其他案件原则上均应交纳案件受理费。根据《诉讼费用交纳办法》第7条的规定，案件受理费包括：第一审案件受理费；第二审案件受理费；再审案件中，依照该办法规定需要交纳的案件受理费。根据该办法第9条的规定，再审案件当事人不交纳案件受理费，但下列情形除外：（1）当事人有新的证据，足以推翻原判决、裁定，向人民法院申请再审，人民法院经审查决定再审的案件。（2）当事人对人民法院第一审判决或者裁定未提出上诉，第一审判决、裁定或者调解书发生法律效力后又申请再审，人民法院经审查决定再审的案件。

根据《诉讼费用交纳办法》第8条的规定，下列案件不交纳案件受理费：（1）依照《民事诉讼法》规定的特别程序审理的案件，如选民资格案件、宣告失踪或者宣告死亡案件、指定遗产管理人案件、认定公民无行为能力或者限制行为能力的案件、认定财产无主案件。（2）裁定不予受理、驳回起诉、驳回上诉的案件。（3）对不予受理、驳回起诉和管辖权异议裁定不服，提起上诉的案件。（4）行政赔偿案件。

案件受理费因案件性质不同而执行不同的交纳标准。《诉讼费用交纳办法》第13条对财产案件、非财产案件、知识产权案件、劳动争议案件、管辖权异议案件等的受理费规定了不同的收费标准。由于我国各地经济发展水平差异较大，该条规定省、自治区、直辖市人民政府可以结合本地实际情况，对部分案件受理费交纳标准制定具体的规定。

需要说明的是，《诉讼费用交纳办法》根据案件程序的繁简、结案的方式、案件的审级、当事人参与诉讼的情况、诉讼程序的性质等因素，对案件受理费的收取作了一些特殊规定。根据第15条至第19条的规定，以调解方式结案或者当事人申请撤诉的，减半交纳案件受理费；适用简易程序审理的案件减半交纳案件受理费；对财产案件提起上诉的，按照不服一审判决部分的上诉请求数额交纳案件受理费；被告提起反诉、有独立请求权的第三人提出与本案有关的诉讼请求，人民法院决定合并审理的，分别减半交纳案件受理费；需要交纳案件受理费的再审案件，按照不服原判决部分的再审请求数额交纳案件受理费。

第二，申请费。申请费，是指当事人申请人民法院执行法律规定由人民法院执行的法律文书、申请人民法院采取财产保全措施等事项时，应向人民法院交纳的费用。

根据《诉讼费用交纳办法》第10条的规定，当事人依法向人民法院申请下列事项，应当交纳申请费：（1）申请执行人民法院发生法律效力的判决、裁定、调解书，仲裁机构依法作出的裁决和调解书，公证机构依法赋予强制执行效力的债权文书。（2）申请保全措施。（3）申请支付令。（4）申请公示催告。（5）申请撤销仲裁裁决或者认定仲裁协议效力。（6）申请破产。（7）申请海事强制令、共同海损理算、设立海事赔偿责任限制基金、海事债权登记、船舶优先权催告。（8）申请承认和执行外国法院判决、裁定和国外仲裁机构裁决。

第三，其他诉讼费用。其他诉讼费用，是指在诉讼过程中实际支出的应由当事人负担的各种费用。根据《诉讼费用交纳办法》第11条、第12条的规定，证人、鉴定人、翻译人员、理算人员在人民法院指定日期出庭发生的交通费、住宿费、生活费和误工补贴，由人民法院按照国家规定标准代为收取。当事人复制案件卷宗材料和法律文书应当按实际成本向人民法院交纳工本费。诉讼过程中因鉴定、公告、勘验、翻译、评估、拍卖、变卖、仓储、保管、运输、船舶监管等发生的依法应当由当事人负担的费用，人民法院根据谁主张、谁负担的原则，决定由当事人直接支付给有关机构或者单位，人民法院不得代收代付。人民法院依照《民事诉讼法》的规定提供当地民族通用语言、文字翻译的，不收取费用。

2. 诉讼费用的缓、减、免。本条第 2 款规定，当事人交纳诉讼费用确有困难的，可以向人民法院申请缓交、减交或者免交。《诉讼费用交纳办法》第六章"司法救助"进一步明确了诉讼费用缓交、减交和免交的适用条件及相关问题。诉讼费用制度中的司法救助，也称诉讼救助，是指人民法院对于民事案件中经济确有困难的当事人，实行诉讼费用缓交、减交或者免交的制度。

第一，缓交诉讼费用。缓交，是指当事人经济上确有困难，暂时无力交纳诉讼费用，向人民法院申请延缓交纳，待有能力时再行交纳的制度。《诉讼费用交纳办法》第 47 条规定：当事人申请司法救助，符合下列情形之一的，人民法院应当准予缓交诉讼费用：（1）追索社会保险金、经济补偿金的。（2）海上事故、交通事故、医疗事故、工伤事故、产品质量事故或者其他人身伤害事故的受害人请求赔偿的。（3）正在接受有关部门法律援助的。（4）确实需要缓交的其他情形。根据该办法第 49 条的规定，当事人申请缓交诉讼费用经审查符合本办法第 47 条规定的，人民法院应当在决定立案之前作出准予缓交的决定。

第二，减交诉讼费用。减交，是指当事人经济上确有困难，无力交纳全部诉讼费用，人民法院准予减少交纳诉讼费用的制度。《诉讼费用交纳办法》第 46 条规定：当事人申请司法救助，符合下列情形之一的，人民法院应当准予减交诉讼费用：（1）因自然灾害等不可抗力造成生活困难，正在接受社会救济，或者家庭生产经营难以为继的。（2）属于国家规定的优抚、安置对象的。（3）社会福利机构和救助管理站。（4）确实需要减交的其他情形。人民法院准予减交诉讼费用的，减交比例不得低于 30%。该办法第 51 条规定：人民法院准予当事人减交诉讼费用的，应当在法律文书中载明。

第三，免交诉讼费用。免交，是指当事人经济上确有困难，无力交纳诉讼费用，人民法院准许其不交纳诉讼费用的制度。《诉讼费用交纳办法》第 44 条第 2 款规定，诉讼费用的免交只适用于自然人。免交不同于不交，不交诉讼费用是指依法不应当交纳的情形，免交是指依法应当交纳但由于当事人经济困难，人民法院予以免除的情形。《诉讼费用交纳办法》第 45 条规定：当事人申请司法救助，符合下列情形之一的，人民法院应当准予免交诉讼费用：（1）残疾人无固定生活来源的。（2）追索赡养费、扶养费、抚育费、抚恤金的。（3）最低生活保障对象、农村特困定期救济对象、农村五保供养对象或者领取失业保险金人员，无其他收入的。（4）因见义勇为或者为保护社会公共利益致使自身合法权益受到损害，本人或者其近亲属请求赔偿或者补偿的。（5）确实需要免交的其他情形。该办法第51条规定：人民法院准予当事人免交诉讼费用的，应当在法律文书中载明。

第四，司法救助的申请程序。《诉讼费用交纳办法》第48条规定：当事人申请司法救助，应当在起诉或者上诉时提交书面申请、足以证明其确有经济困难的证明材料以及其他相关证明材料。因生活困难或者追索基本生活费用申请免交、减交诉讼费用的，还应当提供本人及其家庭经济状况符合当地民政、劳动保障等部门规定的公民经济困难标准的证明。人民法院对当事人的司法救助申请不予批准的，应当向当事人书面说明理由。

需要说明的是，人民法院在诉讼费用交纳和退还过程中，应严格执行《诉讼费用交纳办法》第四章的规定并按照第五章的规定在法律文书中对诉讼费用分担作出裁决。另外，根据《最高人民法院关于适用〈诉讼费用交纳办法〉的通知》要求，人民法院在处理诉讼费用的一些具体问题上应注意以下几点。

（1）当事人未按照规定交纳案件受理费或者申请费的后果。当事人逾期不按照《诉讼费用交纳办法》第20条的规定，交纳案件受理费或者申请费并且没有提出司法救助申请，或者申请司法救助未获批准，在人民法院指定期限内仍未交纳案件受理费或者申请费的，由人民法院依法按照当事人自动撤诉或者撤回申请处理。

（2）诉讼费用的负担。《诉讼费用交纳办法》第29条第1款规定，诉讼费用由败诉方负担，胜诉方自愿承担的除外。对原告胜诉的案件，诉讼费用由被告负担，人民法院应当将预收的诉讼费用退还原告，再由人民法院直接向被告收取，但原告自愿承担或者同意被告直接向其支付的除外。当事人拒不交纳诉讼费用的，人民法院应当依法强制执行。

（3）执行申请费和破产申请费的收取。《诉讼费用交纳办法》第20条第2款规定，执行申请费和破产申请费不由申请人预交，执行申请费执行后交纳，破产申请费清算后交纳。自2007年4月1日起，执行申请费由人民法院在执行生效法律文书确定的内容之外直接向被执行人收取，破产申请费由人民法院在破产清算后从破产财产中优先拨付。

◆ **关联规定**

《最高人民法院关于适用〈中华人民共和国民事诉讼法〉的解释》（2022年4月1日）

第一百九十七条 诉讼标的物是证券的，按照证券交易规则并根据当事人起诉之日前最后一个交易日的收盘价、当日的市场价或者其载明的金额计算诉讼标的金额。

第一百九十八条 诉讼标的物是房屋、土地、林木、车辆、船舶、文物等特定物或者知识产权，起诉时价值难以确定的，人民法院应当向原告释明主张过高或者过低的诉讼风险，以原告主张的价值确定诉讼标的金额。

第二百零一条 既有财产性诉讼请求，又有非财产性诉讼请求的，按照财产性诉讼请求的标准交纳诉讼费。

有多个财产性诉讼请求的，合并计算交纳诉讼费；诉讼请求中有多个非财产性诉讼请求的，按一件交纳诉讼费。

第二百零三条 承担连带责任的当事人败诉的，应当共同负担诉讼费用。

第二百零四条 实现担保物权案件，人民法院裁定拍卖、变卖担保财产的，申请费由债务人、担保人负担；人民法院裁定驳回申请的，申请费由申请人负担。

申请人另行起诉的，其已经交纳的申请费可以从案件受理费中扣除。

第二百零五条 拍卖、变卖担保财产的裁定作出后，人民法院强制执行的，按照执行金额收取执行申请费。

第二百零六条 人民法院决定减半收取案件受理费的，只能减半一次。

第二百零七条 判决生效后，胜诉方预交但不应负担的诉讼费用，人民法院应当退还，由败诉方向人民法院交纳，但胜诉方自愿承担或者同意败诉方直接向其支付的除外。

当事人拒不交纳诉讼费用的，人民法院可以强制执行。

第二编　审判程序

第十二章　第一审普通程序

第一节　起诉和受理

第一百二十二条　【起诉条件】起诉必须符合下列条件：

（一）原告是与本案有直接利害关系的公民、法人和其他组织；

（二）有明确的被告；

（三）有具体的诉讼请求和事实、理由；

（四）属于人民法院受理民事诉讼的范围和受诉人民法院管辖。

◆ **适用指引**

本条是关于原告提起民事诉讼需要符合起诉条件的规定。起诉是指公民、法人或者其他组织认为自己的民事权利受到侵害，以自己的名义请求人民法院通过审判给予司法保护的诉讼行为，是当事人行使诉权的具体体现。起诉条件，是指《民事诉讼法》规定的公民、法人或其他组织向人民法院请求启动民事审判程序应当具备的条件。

1. 原告适格。原告，是指认为自己的民事权益或者受其管理支配的民事权益受到侵害，或者与他人发生民事权益争议，以自己的名义向人民法院提起诉讼而引起诉讼程序发生的主体。适格的原告需具备以下两个条件：

第一，原告需具备民事诉讼权利能力。民事诉讼权利能力是决定公民、法人或其他组织能够以当事人的身份、以自己的名义参加民事诉讼的资格，是原告适格的前提和基础。民事诉讼权利能力不同于民事权利能力。民事权利能力是指作为民事主体可以享有民事权利、承担民事义务的资格，民事权利能力是民事实体法概念，民事诉讼权利能力是民事诉讼法概念。公民、法人和出生时为活体的胎儿具有民事权利能力，享有民事诉讼权利能力的主体除前述主体外，还包括不具有法人资格的其他组织。需要注意的是，具有民事诉讼权利能力的主体不一定具有民事诉讼行为能力，民事诉讼行为能力是指能够亲自进行民事诉讼活动，具有独立行使诉讼权利和履行诉讼义务的能力，又称诉讼能力。具有民事诉讼权利能力而不具有民事诉讼行为能力的主体，可以通过法定代理或诉讼代理形式补正诉讼行为能力不足。

第二，原告需与案件具有直接利害关系。利害关系本质上是法律上的利益冲突，直接利害关系是不以其他权益主体的存在为媒介，双方直接发生法律层面的利益冲突，一方的民事权利直接因对方的行为遭受损害，如果一方的行为间接导致他人民事权益受损，则此种因果关系仅在事实层面存在，不属于直接利害关系。原告与案件的直接利害关系决定了原告是否具有诉的利益。原告与案件的直接利害关系有两种形态：一是原告是发生争议的民事法律关系主体之一；二是原告虽不是民事法律关系主体之一，但其依照法律规定对争议的民事法律关系涉及的民事权益享有管理权和支配权。由于直接利害关系存在与否涉及对争议民事法律关系主体和内容的判断，属于案件实体问题，故在判断原告与案件是否具有直接利害关系时，应当主要以原告主张的事实和理由为依据。

2. 被告明确。被告，是指被诉称侵犯原告民事权益或与原告发生民事权益争议，被人民法院传唤应诉的人。原告起诉时，需提供被告准确的姓名或名称、住址和联系方式。原告提供被告的姓名或者名称、住所等信息具体明确，足以使被告与他人相区别的，可以认定为有明确的被告。起诉的主体条件中，仅要求被告明确，而不要求被告适格。适格被告是与原告发生争议的民事法律关系主体，原告对该被告具有实施诉讼的权能，被告是否适格关系到原告的实体诉讼请求应否得到支持，属于案件实体问题。被告不适格，应判决驳回原告的诉讼请求，不能以被告不适格为由裁定不予受理或驳回起诉。审查原告的起诉是否符合起诉条件时，应严格限制为形式要件的审查，只要符合《民事诉讼法》规定的起诉条件，就应当立案受理，实体问题应在实体审理程序中查明，不能以被告不应承担实体义务为由裁定不予受理或驳回起诉。

3. 诉讼请求和事实、理由。诉讼请求是原告提起诉讼欲获得的具体实体法律地位或者实体法效果，可称为诉的声明。根据原告提出的诉讼请求具体内容，可将诉讼划分为确认之诉、给付之诉和形成之诉。诉讼请求限定了司法审判权的范围。根据不告不理原则，人民法院应当在当事人提出的诉讼请求范围内审理，不能超出当事人的诉讼请求裁判；当事人提出的诉讼请求属于《民事诉讼法》规定受案范围内的，人民法院都应进行审理，不能遗漏诉讼请求判决。诉讼请求与诉讼标的密切相关，对于诉的识别具有重要意义，是判断重复诉讼的标准之一。除诉讼请求外，原告还应提出其主张的案件事实以及能支撑其主张的理由。原告主张的案件事实应在形式上具备引起某种法律关系的基本要素，其主张的理由与诉讼请求之间应具备形式上的因果关系。原告有能够证明其主张事实的证据，应向法院提交以说明其诉讼请求的正当性。《民事诉讼法》并未将提交证据作为原告起诉的条件，故不能以原告未提交足以胜诉的证据为由对其起诉不予受理。

4. 主管与管辖。法院主管即法院受案范围，是确定人民法院和其他国家机关、社会团体之间解决民事纠纷职权范围的分工与权限。人民法院受理公民之间、法人之间、其他组织之间以及他们相互之间因财产关系和人身关系提起的民事诉讼。不属于人民法院主管范围内的纠纷，应告知当事人向有关机关申请解决。管辖是指人民法院内部受理民事案件的分工和权限。受诉法院具有管辖权是起诉的条件之一，受诉法院对案件没有管辖权，应当告知当事人向有管辖权的人民法院起诉，案件受理后发现没有管辖权的，应当裁定将案件移送有管辖权的人民法院。

需要注意的是，与管辖权异议不同，主管异议是指被告认为原告的起诉不属于人民法院主管范围，应由其他机关处理而向人民法院提出的异议。《民事诉讼法》并未规定主管异议的具体解决程序。实践中，被告可在答辩状中提出主管异议，人民法院审理过程中认为被告提出的主管异议成立，应当裁定驳回原告起诉，认为主管异议不能成立的，则应继续审理，无须专门针对主管异议出具裁定，可在最终裁判中对被告提出的主管异议予以裁判说理。同时，人民法院也可依职权对案件是否属于受诉范围予以审查并决定对案件不予受理、驳回起诉或继续审理。实践中应注意区分两种异议，应当适用不同程序予以处理。

◆ **关联规定**

《最高人民法院关于适用〈中华人民共和国民事诉讼法〉的解释》（2022 年 4 月 1 日）

第二百零八条 人民法院接到当事人提交的民事起诉状时，对符合民事诉讼法第一百二十二条的规定，且不属于第一百二十七条规定情形的，应当登记立案；对当场不能判定是否符合起诉条件的，应当接收起诉材料，并出具注明收到日期的书面凭证。

需要补充必要相关材料的，人民法院应当及时告知当事人。在补齐相关材料后，应当在七日内决定是否立案。

立案后发现不符合起诉条件或者属于民事诉讼法第一百二十七条规定情形的，裁定驳回起诉。

第二百零九条　原告提供被告的姓名或者名称、住所等信息具体明确，足以使被告与他人相区别的，可以认定为有明确的被告。

起诉状列写被告信息不足以认定明确的被告的，人民法院可以告知原告补正。原告补正后仍不能确定明确的被告的，人民法院裁定不予受理。

第二百一十一条　对本院没有管辖权的案件，告知原告向有管辖权的人民法院起诉；原告坚持起诉的，裁定不予受理；立案后发现本院没有管辖权的，应当将案件移送有管辖权的人民法院。

第二百一十二条　裁定不予受理、驳回起诉的案件，原告再次起诉，符合起诉条件且不属于民事诉讼法第一百二十七条规定情形的，人民法院应予受理。

第二百一十三条　原告应当预交而未预交案件受理费，人民法院应当通知其预交，通知后仍不预交或者申请减、缓、免未获批准而仍不预交的，裁定按撤诉处理。

第二百一十四条第一款　原告撤诉或者人民法院按撤诉处理后，原告以同一诉讼请求再次起诉的，人民法院应予受理。

第二百一十七条　夫妻一方下落不明，另一方诉至人民法院，只要求离婚，不申请宣告下落不明人失踪或者死亡的案件，人民法院应当受理，对下落不明人公告送达诉讼文书。

第二百一十八条　赡养费、扶养费、抚养费案件，裁判发生法律效力后，因新情况、新理由，一方当事人再行起诉要求增加或者减少费用的，人民法院应作为新案受理。

第二百一十九条　当事人超过诉讼时效期间起诉的，人民法院应予受理。受理后对方当事人提出诉讼时效抗辩，人民法院经审理认为抗辩事由成立的，判决驳回原告的诉讼请求。

◆ **典型案例**

　　案例1：某建设公司诉某置业公司建设工程施工合同纠纷案①

某建设公司起诉请求：（1）某置业公司支付工程款及利息。（2）确认某建

---

① 最高人民法院（2022）最高法民再96号民事裁定书。

设公司对上述工程款享有优先受偿权。后，某建设公司不服山东省高级人民法院（2020）鲁民终 2732 号民事裁定，向最高人民法院申请再审。

最高人民法院经审查认为，本案争议焦点在于某建设公司是否具有提起本案诉讼的原告主体资格，原审裁定以某建设公司不是实际施工人，对案涉合同无合法权益进而驳回其起诉，适用法律是否正确。起诉必须符合下列条件：（1）原告是与本案有直接利害关系的公民、法人和其他组织。（2）有明确的被告。（3）有具体的诉讼请求和事实、理由。（4）属于人民法院受理民事诉讼的范围和受诉人民法院管辖。本案中，首先，某建设公司基于其与某置业公司签订的《建设工程施工合同》等证据提起本案诉讼，其为《建设工程施工合同》签约主体和承包人，与某置业公司具有法律上的利害关系，符合法律规定的原告起诉的主体条件。法律并未就出借资质的承包人的诉权问题作出禁止性规定。签订建设工程施工合同的承包人作为合同相对人，不管是出借资质还是其他原因，仅涉及合同无效的认定，没有因出借资质就不能起诉发包人的限制性规定。实际施工人可以突破合同相对性起诉发包人、转包人、违法分包人，未否定承包人基于合同起诉的权利。另案判决虽认定仇某军是实际施工人及某建设公司出借资质的事实，但不能就此否定某建设公司作为承包人提起诉讼的权利。案涉合同效力、承包人主张工程款的诉请能否得到支持，属于实体审理范畴。原审法院以某建设公司不是案涉工程实际施工人为由认定其与本案无利害关系，否定其诉权，没有法律依据。其次，从权利义务关系上，根据合同相对性原则，某建设公司作为名义签订合同的承包人，要对外承担一定的民事责任风险，另案生效判决将其作为被告并且判决其对案涉工程相关欠款承担民事责任并实际执行其 400 余万元。因此，某建设公司与本案具有直接利害关系，原审法院以其不是实际施工人而与本案无利害关系，不具备原告主体资格，不符合民事权利义务相一致的公平原则。

案例 2：某动漫公司诉赵某才、某玩具厂等侵害外观设计专利权纠纷案①

某动漫公司诉赵某才、某玩具厂等侵害外观设计专利权纠纷一案，由浙江省杭州市中级人民法院于 2021 年 7 月 13 日立案受理。后，浙江省杭州市中级人民法院作出（2021）浙 01 民初 1750 号之一民事裁定，将本案移送江苏省南京市中级人民法院审理。江苏省高级人民法院与浙江省高级人民法院因本案管辖权产生争议且协商未果。江苏省高级人民法院报请最高人民法院指定管辖。

最高人民法院经审查认为，起诉必须符合下列条件：（1）原告是与本案有

---

① 最高人民法院（2022）最高法民辖 91 号民事裁定书。

直接利害关系的公民、法人和其他组织；（2）有明确的被告；（3）有具体的诉讼请求和事实、理由；（4）属于人民法院受理民事诉讼的范围和受诉人民法院管辖。因此，人民法院审查受理案件是否符合起诉条件时，仅要求被告明确即可。案件受理后，为尽早确定管辖法院，避免当事人虚列管辖连结点，不诚信诉讼，受理法院可以对影响管辖连接点的被告是否适格进行审查，但该种审查仅限于形式关联性，通常有初步证据证明被告与涉案事实存在一定关联，达到可争辩的程度即可确定该被告属于适格被告，无须对被告是否构成侵权以及承担民事责任等实体内容进行审查。本案中，某动漫公司向浙江省杭州市中级人民法院提起诉讼并提出初步证据证明赵某才在某网络购物平台上开设店铺出售被诉侵权产品，某网络购物平台与本案被诉侵权事实具有直接关联。因侵犯专利权行为提起的诉讼，由侵权行为地或者被告住所地人民法院管辖。某网络购物平台住所地在浙江省杭州市，故浙江省杭州市中级人民法院对本案具有管辖权。浙江省杭州市中级人民法院的审查虽与管辖连接点相关，但同时也涉及本案侵权定性和民事责任划分，属于应在实体审理中确定的事项。根据管辖恒定原则，即使浙江省杭州市中级人民法院裁定驳回对某网络购物平台的起诉，其亦不丧失对本案的管辖权。江苏省南京市中级人民法院与本案缺乏管辖连接点，无权管辖本案，故浙江省杭州市中级人民法院以对某网络购物平台的起诉被裁定驳回后，其不具有管辖权为由将案件移送至江苏省南京市中级人民法院，确有不当。

第一百二十三条　**【起诉方式】**起诉应当向人民法院递交起诉状，并按照被告人数提出副本。

书写起诉状确有困难的，可以口头起诉，由人民法院记入笔录，并告知对方当事人。

◆ **适用指引**

本条是关于起诉方式的规定。普通程序审理的案件，以书面起诉为原则，以口头起诉为例外和补充。一般情况下，原告应当向人民法院提交符合法定形式的起诉状，只有在书写起诉状确有困难时，才可以口头方式起诉。另外，根据《民事诉讼法》第 161 条第 1 款的规定，简易程序审理的案件，原告可以口头起诉。起诉状，是公民、法人或其他组织认为自身合法权益遭受侵害而向人民法院提出诉讼请求的文书。书写起诉状有利于明确表达原告的诉讼请求及其依据的事实和理由，便于人民法院判断是否应予受理原告起诉。通过将起诉状副本送达被告，可以及时将原告的主张和依据传达给被告，有利于被告行使答辩权。原告应按被告人数提交内容与正本相同的副本，由人民法院向被告送达，起诉状正本留存入卷，副本可以抄写，也可以打印、复印。

关于起诉的法律效果。一是自原告向法院起诉时，发生诉讼系属。诉讼系属，是指因提起诉讼使诉讼的请求存在于法院之状态。如果以书面方式起诉，自起诉状送交法院时发生诉讼系属；以口头方式起诉，自作成笔录时发生诉讼系属。诉讼系属一经形成，案件即处于诉讼状态中，即使尚未正式立案受理或者未出具不予受理裁定，原告也不得再行起诉，否则应视为重复起诉。二是引起诉讼时效中断的法律效果。起诉状载明原告的诉讼请求，原告提起诉讼，应视为向被告主张权利，应当引起诉讼时效中断的实体法效果，自中断时起，诉讼时效期间重新计算。

◆ 典型案例

吕某信、羊某照、王某宝诉 Z 公司等专利权权属纠纷案①

吕某信、羊某照、王某宝认为 Z 公司及其法定代表人牛某杰违反双方保密协议约定，将其三人的保密技术于 2017 年 7 月 17 日申请涉案专利并将涉案专利通过著录事项进行变更，专利权人变更为 Z 公司和某工程公司共有。吕某信、羊某照、王某宝称其多次与 Z 公司及其法定代表人牛某杰协商处理，但一直未予解决，故向河北省石家庄市中级人民法院提起诉讼，请求确认专利号为××、专利名称为"一种超短半径造斜钻具的长度补偿钻杆装置"的实用新型专利权归吕某信、羊某照与王某宝所有。河北省石家庄市中级人民法院裁定驳回吕某信、羊某照与王某宝的起诉，吕某信、羊某照与王某宝不服一审裁定，向最高人民法院提起上诉。

最高人民法院经审查认为，虽然吕某信、羊某照与王某宝起诉时提交的《民事起诉状》在形式上确有一定瑕疵，包括页码标示不连贯、签字页单独列制等，但原审法院在审理过程中未尽审查义务，径行作出驳回起诉的裁定确有不当。通常情况下，在起诉状中具名并签字或盖章的原告，在同时满足其他起诉要件的情况下，被认为是适格原告。对原告主体资格的形式审查通常在立案阶段进行，立案后的审理过程中如果发现起诉材料存在瑕疵，应当向当事人释明并要求补正，必要时应当依职权予以查明。本案中，原审开庭审理时，对方当事人并未对原告

的主体资格提出质疑，原审法院亦未就此进行审查，而是确认了出庭人员的身份并对案件进行了实体审理。庭后，原审法院认为原告主体地位存疑，提出补正要求。吕某信、羊某照与王某宝按照要求办理公证，对《民事起诉状》的形式瑕疵进行补正并提交给原审法院。因此，吕某信、羊某照与王某宝补充提交的《公证书》已经弥补了《民事起诉状》的形式瑕疵，证明《民事起诉状》是三人的真实意思表示，原审裁定对此未予记载和确认，也未说明不予采信的理由，径行裁定驳回起诉，事实认定有误。根据法律规定，起诉应当向人民法院递交起诉状，并按照被告人数提出副本。书写起诉状确有困难的，可以口头起诉，由人民法院记入笔录，并告知对方当事人。该规定是关于起诉形式的规定，并非驳回起诉的适用条件。因此，原审法院适用该规定裁定驳回起诉，法律适用错误。

第一百二十四条　【起诉状】起诉状应当记明下列事项：

（一）原告的姓名、性别、年龄、民族、职业、工作单位、住所、联系方式，法人或者其他组织的名称、住所和法定代表人或者主要负责人的姓名、职务、联系方式；

（二）被告的姓名、性别、工作单位、住所等信息，法人或者其他组织的名称、住所等信息；

（三）诉讼请求和所根据的事实与理由；

（四）证据和证据来源，证人姓名和住所。

◆ **适用指引**

本条是关于起诉状内容的规定。本条第 1 项与第 2 项是当事人基本情况，属于诉的主体方面内容，其中被告的信息应明确到足以与其他主体相区别。某些案件中，双方当事人的住所地尤其是被告住所地对于确定管辖法院具有重要意义。第 3 项是起诉状的主要内容，确定案件的诉讼标的，决定人民法院审理案件范围。人民法院应当围绕原告提出的诉讼请求审理案件，不得超出诉讼请求范围审理案件，也不得遗漏诉讼请求作出判决。原告诉讼请求主张的具体数额即诉讼标的额，是计算案件受理费的主要依据。第 4 项为证据，起诉状应列明原告拟向法院提交的证据及证据来源，一般应制作证据目录，证据来源用于说明证据的合法性。原告申请证人出庭作证，应写明证人姓名和住所。除上述内容外，实践中一般会要求原告列明其主张的案由，以便界定争议的法律关系。起诉状可以是书面打印版本或手写版本，要求字迹清晰可辨、用语规范文明、内容齐全完整。原告为自然人的，起诉状上应有原告本人签字或捺印，原告为公司或其他组织的，应加盖印章并由公司法定代表人或其他组织负责人签字。

被告的信息必须明确具体，包括姓名或名称、住所等信息，足以与其他被告相区别。起诉状列写被告信息不足以认定明确的被告的，人民法院可以告知原告补正。原告补正后仍不能确定明确的被告的，人民法院裁定不予受理。关于是否需要提供被告身份证件号码的问题，只要原告提供具体明确的足以使被告与他人相区别的姓名或者名称、住所等信息，即使没有自然人被告身份证件号码，也应该依法登记立案。能使被告区别于他人的信息很多，如姓名、性别、年龄、住址、社会关系、身份证件号码、工作单位、其他户籍登记内容等。信息越多，越利于确定具体的被告。原告如果在起诉阶段能够提供被告的身份证件号码，一方面有利于被告身份的识别，足以使该被告与他人相区别；另一方面有利于后续诉讼活动的顺利进行。

◆ **关联规定**

《最高人民法院关于适用〈中华人民共和国民事诉讼法〉的解释》（2022 年 4 月 1 日）

第二百一十条 原告在起诉状中有谩骂和人身攻击之辞的，人民法院应当告知其修改后提起诉讼。

《人民法院在线诉讼规则》（2021 年 6 月 16 日）

第九条 当事人采取在线方式提交起诉材料的，人民法院应当在收到材料后的法定期限内，在线作出以下处理：

（一）符合起诉条件的，登记立案并送达案件受理通知书、交纳诉讼费用通知书、举证通知书等诉讼文书；

（二）提交材料不符合要求的，及时通知其补正，并一次性告知补正内容和期限，案件受理时间自收到补正材料后次日重新起算；

（三）不符合起诉条件或者起诉材料经补正仍不符合要求，原告坚持起诉的，依法裁定不予受理或者不予立案；

当事人已在线提交符合要求的起诉状等材料的，人民法院不得要求当事人再提供纸质件。

上诉、申请再审、特别程序、执行等案件的在线受理规则，参照本条第一款、第二款规定办理。

◆ **典型案例**

某系统工程公司诉某医院建设工程施工合同纠纷案①

某系统工程公司诉某医院建设工程施工合同纠纷一案，某医院不服湖北省武汉市中级人民法院（2020）鄂 01 民初 762 号民事裁定，向湖北省高级人民法院提起上诉。

湖北省高级人民法院经审查认为，人民法院确定级别管辖时，主要审查原告诉讼请求中所列金额或者其所主张标的物的价值是否达到相关司法解释规定的诉讼标的额之标准。至于在立案阶段判断原告所主张标的额是否真实或者合理，首先，审查原告是否按照《诉讼费用交纳办法》第十三条第一款第一项关于"案件受理费分别按照下列标准交纳：（一）财产案件根据诉讼请求的金额或者价额，按照下列比例分段累计交纳"的规定足额交纳诉讼费用，这与前述办法第二十九条第二款关于"部分胜诉、部分败诉的，人民法院根据案件的具体情况决定当事人各自负担的诉讼费用数额"之规定可共同实现原告诉讼权利义务的衡平或对等，亦可防止其滥用诉讼权利，事实上以承担相应诉讼费用为代价虚列标的额、刻意提高管辖级别并不会产生额外的诉讼利益乃至不法利益。其次，还应从形式上审查原告是否按照《中华人民共和国民事诉讼法》关于"起诉必须符合下列条件：……（三）有具体的诉讼请求和事实、理由"以及关于"起诉状应当记明下列事项：……（四）证据和证据来源，证人姓名和住所"的规定，明确其主张标的额的构成、计算方式以及相应依据，以初步证明原告具有可主张的民事实体权利和相应享有的民事诉讼权利。

本案中，某系统工程公司按照其主张的标的额预交了诉讼费用，在诉状中列明标的额 13141772.96 元的来源以及相应事实和理由并在管辖异议二审中提交了相应证据，故此部分主张并非全无依据的虚构事实，原审法院可以根据其主张标的额审查级别管辖事项，鉴于本案争议标的额已达到原审法院管辖一审案件的标准，故湖北省武汉市中级人民法院对本案有管辖权。

第一百二十五条　【先行调解】当事人起诉到人民法院的民事纠纷，适宜调解的，先行调解，但当事人拒绝调解的除外。

---

① 湖北省高级人民法院（2021）鄂民辖终 57 号民事裁定书。

◆ **适用指引**

本条是关于民事纠纷先行调解的规定。先行调解，是指当事人起诉后，案件进入审理程序之前，由人民调解组织或法院对当事人之间的纠纷先期进行调解。先行调解属于替代诉讼的纠纷解决机制，是案件分流的重要途径。先行调解不同于诉讼外调解和诉讼中的调解，其发生在人民法院对民事纠纷审理之前，也被称为诉前调解。诉前调解包括设在各级法院立案庭的人民调解组织或调解员进行的人民调解和立案庭法官进行的立案调解。

调解应是当事人真实意思表示，调解协议的达成应建立在当事人平等协商的基础之上，一方不能采用欺诈、胁迫等违背对方真实意思的手段达成调解。要尊重当事人选择调解或者裁判方式解决纠纷的权利，在调解程序启动、方式方法和达成调解协议等方面贯彻调解自愿原则。人民法院应为当事人达成调解协议提供条件、机会和必要的司法保障。针对当事人在文化知识、诉讼能力方面的不同特点，用通俗易懂的语言进行释法解疑，充分说明可能存在的诉讼风险，引导当事人在充分认识自身权利义务的基础上平等自愿解决纠纷。

第一，调解程序应合法。调解的启动、进行和终结均应符合法律规定的程序，应规范审判权的行使，不得违背当事人意愿强迫调解，避免以判压调、以拖促调。第二，调解内容应合法。调解结果不能明显违反公平正义和社会公序良俗，不得损害国家利益、社会公共利益和第三人利益。人民法院应查明当事人的纠纷争执点和利益共同点，准确合理确定当事人利益关系平衡点，维持当事人权利义务基本均衡，确保调解结果正当性。要认真履行调解协议审查确认职责，确保调解协议内容不违反法律规定，正确发挥司法调解功能，切实维护公平正义。

诉前调解并非适用于所有案件类型。实践中，调撤率较高的案件主要为发生在亲属、邻里之间或事实清楚、标的额较小的案件。婚姻家庭、继承、劳务合同、交通事故和工伤事故引起的权利义务关系较为明确的损害赔偿、宅基地和相邻关系、合伙协议、诉讼标的额较小的民事纠纷属于适于调解的纠纷，一般可先行调解。但是，根据案件性质和当事人实际情况不能调解或者显然没有调解必要的除外。对适用特别程序、督促程序、公示催告程序、破产还债程序审理的案件，婚姻关系、身份关系确认案件以及其他依案件性质不宜进行调解的民事案件，不予调解。

先行调解过程中，既要发挥调解的优势，又要防止久调不立、久调不决，科学合理确定调解期限。人民法院收到当事人起诉状或者口头起诉后、正式立案前，要积极引导当事人先行就近、就地选择调解组织解决纠纷，充分发挥诉前调解的案件分流作用，力争将矛盾纠纷化解在诉前。当事人选择诉前调解，应暂缓立案；当事人不同意诉前调解或者诉前调解期限届满未达成协议，当事人坚持起诉，符合受理条件的，应当及时立案。

◆ **典型案例**

Y 电子公司诉 Q 电子公司侵害实用新型专利权纠纷案①

Y 电子公司向国家知识产权局申请名称为"一种一体式自拍装置"的实用新型专利。目前，该专利处于有效状态。Y 电子公司以其经调查发现 Q 电子公司在某电商平台销售的被诉产品技术特征与 Y 电子公司案涉专利相同，其行为侵犯了 Y 电子公司专利权为由，向广东省深圳市中级人民法院提起诉讼，请求：1. Q 电子公司立即停止对 Y 电子公司专利权的侵权行为，停止销售、许诺销售行为；2. Q 电子公司立即销毁库存的案涉侵权产品；3. Q 电子公司赔偿经济损失以及制止本案侵权行为所合理支出共计 5 万元。后，Q 电子公司不服一审判决，向最高人民法院提起上诉。

最高人民法院经审查认为，关于 Q 电子公司上诉主张原审法院在庭审调查时未对伍某国进行调查询问并禁止伍某国发言及原审开庭前原审法官与 Q 电子公司多次沟通违反法定程序的问题。当事人、法定代理人可以委托一至二人作为诉讼代理人。下列人员可以被委托为诉讼代理人：（1）律师、基层法律服务工作者；（2）当事人的近亲属或者工作人员；（3）当事人所在社区、单位以及有关社会团体推荐的公民。本案中，虽 Q 电子公司向原审法院提交《民事授权委托书》，委托伍某国作为该案委托诉讼代理人，但其并未提交相应证据证明伍某国属于民事诉讼法规定人员，故其授权不符合民事诉讼法规定的委托诉讼代理人的相应条件，伍某国不能作为其委托诉讼代理人参加原审诉讼。当事人起诉到人民法院的民事纠纷，适宜调解的，先行调解，但当事人拒绝调解的除外。根据法律规定，案件受理之后尚未开庭审理前，原审法院与当事人沟通进行调解，亦无不当。因此，原审审理程序合法，Q 电子公司主张原审法院违反法定程序的上诉理由不能成立。

第一百二十六条 【立案期限】人民法院应当保障当事人依照法律规定享有的起诉权利。对符合本法第一百二十二条的起诉，必

---

① 最高人民法院（2021）最高法知民终 930 号民事判决书。

须受理。符合起诉条件的，应当在七日内立案，并通知当事人；不符合起诉条件的，应当在七日内作出裁定书，不予受理；原告对裁定不服的，可以提起上诉。

◆ **适用指引**

本条是关于民事纠纷立案受理程序的规定。在立案登记制下，对于当事人递交的起诉状，人民法院应当一律接收，出具书面凭证并注明收到日期。符合法律规定的起诉，人民法院应当立案；不符合法律规定的起诉，人民法院裁定不予受理。立案庭登记立案并将案件移交审判庭后，审判人员在审理中发现不符合起诉条件的，应当裁定驳回起诉。

人民法院决定是否立案受理主要从三个方面判定：一是起诉是否符合《民事诉讼法》第 122 条规定的起诉条件；二是起诉是否具有《民事诉讼法》第 127 条规定的不应受理的情形；三是起诉状的形式与内容是否符合法律要求，有无遗漏或错误，是否按被告人数提交起诉状副本，起诉状中是否包含谩骂和人身攻击之词，如果起诉状的形式或内容不符合法律规定，人民法院可要求当事人限期补正。另外，登记立案针对的是初始案件，包括民事起诉、行政起诉、刑事自诉、强制执行和国家赔偿申请，对上诉、申请再审、刑事申诉、执行复议和国家赔偿申诉案件的立案工作，法律另有规定，不适用登记立案规定。

◆ **关联规定**

《最高人民法院关于适用〈中华人民共和国民事诉讼法〉的解释》（2022 年 4 月 1 日）

第一百二十六条 民事诉讼法第一百二十六条规定的立案期限，因起诉状内容欠缺通知原告补正的，从补正后交人民法院的次日起算。由上级人民法院转交下级人民法院立案的案件，从受诉人民法院收到起诉状的次日起算。

◆ **典型案例**

某投资发展公司诉某煤炭公司、某化工公司合同纠纷案①

某投资发展公司诉某煤炭公司、某化工公司合同纠纷一案，某投资发展公司

---

① 最高人民法院（2019）最高法民辖终 484 号民事裁定书。

不服内蒙古自治区高级人民法院（2019）内民初41号之二民事裁定，向最高人民法院提起上诉。

最高人民法院经审查认为，人民法院应当保障当事人依照法律规定享有的起诉权利。对符合法律规定的起诉，必须受理。符合起诉条件的，应当在七日内立案，并通知当事人；不符合起诉条件的，应当在七日内作出裁定书，不予受理。本案中，内蒙古自治区高级人民法院收到某投资发展公司的起诉材料后已于2019年4月24日向某投资发展公司送达本案《受理案件通知书》，某投资发展公司亦按要求于2019年4月26日预交案件受理费，本案已由内蒙古自治区高级人民法院立案受理。《最高人民法院关于调整高级人民法院和中级人民法院管辖第一审民事案件标准的通知》自2019年5月1日起实施，内蒙古自治区高级人民法院以本案于2019年5月13日正式立案为由按照该通知规定，将本案移送内蒙古自治区兴安盟中级人民法院审理，缺乏事实及法律依据，应予纠正。

第一百二十七条　【审查起诉】人民法院对下列起诉，分别情形，予以处理：

（一）依照行政诉讼法的规定，属于行政诉讼受案范围的，告知原告提起行政诉讼；

（二）依照法律规定，双方当事人达成书面仲裁协议申请仲裁、不得向人民法院起诉的，告知原告向仲裁机构申请仲裁；

（三）依照法律规定，应当由其他机关处理的争议，告知原告向有关机关申请解决；

（四）对不属于本院管辖的案件，告知原告向有管辖权的人民法院起诉；

（五）对判决、裁定、调解书已经发生法律效力的案件，当事人又起诉的，告知原告申请再审，但人民法院准许撤诉的裁定除外；

（六）依照法律规定，在一定期限内不得起诉的案件，在不得起诉的期限内起诉的，不予受理；

（七）判决不准离婚和调解和好的离婚案件，判决、调解维持收养关系的案件，没有新情况、新理由，原告在六个月内又起诉的，不予受理。

◆ **适用指引**

本条是关于对起诉不予受理的七种情形的规定。不予受理是指人民法院在立案前，认为原告的起诉不符合《民事诉讼法》规定的条件，从程序上裁定不予立案受理原告起诉的司法行为。不予受理是对原告起诉的形式要件的否定性评价。

1. 属于行政诉讼受案范围。行政诉讼是公民、法人或者其他组织认为行政机关或行政机关工作人员的具体行政行为侵害其合法权益而提起的诉讼；民事诉讼是平等主体的公民、法人或者其他组织之间以及他们相互之间因财产关系和人身关系提起的诉讼。

2. 有仲裁协议。仲裁协议是双方当事人达成的选择由仲裁机构解决纠纷的意思表示，是双方当事人关于纠纷解决机制的合意，对双方当事人具有拘束力。无论是纠纷发生之前还是之后达成的仲裁协议均具有排除人民法院司法管辖权的法律效力。当事人在合同中约定的仲裁条款同样具有此种效力。仲裁协议排除司法管辖的前提是仲裁协议合法有效，内容清晰明确。仲裁与法院主管具有互斥性，当事人只能选择一种。当事人在合同中同时约定向仲裁机构申请仲裁和向法院起诉两种纠纷解决机制，即约定"或裁或审"，应视为仲裁协议约定不明而无效。

3. 不属于人民法院主管。《宪法》《人民法院组织法》和其他相关法律划分了人民法院与其他国家机关的职权分工，依法应由其他机关处理的争议，人民法院无权行使审判权。当事人向法院起诉的，应告知当事人向有权处理其主张的机关申请解决或救济。

4. 不属于受诉人民法院管辖。属于受诉人民法院管辖是《民事诉讼法》第122条规定的起诉条件之一，如果受诉法院对原告起诉没有管辖权，应当告知原告向有管辖权的人民法院起诉。原告坚持起诉的，应裁定不予受理。如果人民法院立案受理后发现对案件不具有管辖权，不得以此为由驳回起诉，而应移送有管辖权的人民法院，受移送的人民法院认为案件不属于本院管辖的，表明两地法院存在管辖权争议，应当报请共同的上级法院指定管辖，不得再行移送。

5. 重复起诉。重复起诉，是指相同的当事人以相同的诉讼请求和事实理由，再次向人民法院提起的诉讼。重复起诉不予受理是现代民事诉讼法一事不再理原则的体现，源于罗马法的"一案不二讼"制度和"诉权消耗"理论，所有诉权都因诉讼系属而消耗，同一诉讼不允许二次诉讼系属。重复起诉情况下，诉的主体、诉讼标的、诉讼请求、诉的原因事实均相同，前诉与后诉属于同一个诉。如果当事人认为生效裁判有错误，只能通过申请再审的方式请求启动审判监督程序。例外情形是人民法院裁定准予撤诉。原告申请撤诉是对诉讼权利的处分，不意味着放弃实体权利，准许撤诉仅表明法院同意原告对自身诉讼权利的处分，原告有权以同一事实理由，就同一诉讼标的再次起诉。关于当事人相同，对当事人相同的条件应作宽泛的理解，不能认为只有当前后两诉当事人完全一致时才符合此项条件。如果前诉原告同时向多个被告主张实体权利或前诉存在诉的合并情形，而后诉中，原告仅向前诉被告之一主张实体权利，也可视为当事人相同。关于诉讼标的相同，民事诉讼理论对诉讼标的识别曾有多项学说。实务采旧实体法说，认为诉讼标的是原告在诉讼中提出的实体权利，但在请求权竞合时该学说不能作出合理解释。为解决诉讼标的的识别问题，有观点提出"新二分支说"，认为原告提出的事实和理由不仅具有诉讼法意义，而且与实体法也存在联系，故诉的声明和事实理由，只要其中任何一项为单一则诉讼标的为单一，只有两者均为多数时诉讼标的才为多数，诉的声明即诉讼请求。据此观点，原告基于不同事实理由提出同一诉讼请求或基于同一事实理由提出不同诉讼请求，均属同一诉讼标的，后诉不应受理。关于诉讼请求，后诉与前诉的诉讼请求相同时，两诉的诉讼标的相同，后诉构成重复起诉。后诉诉讼请求实质上否定前诉裁判结果，表明原告提起后诉，实为对前诉裁判结果的不认可和挑战，前诉与后诉争议的权利义务关系具有一致性，后诉构成重复起诉。重复起诉可以发生在多个诉讼阶段，当原告同时向有管辖权的两个以上人民法院起诉时，虽然法院均尚未受理，但仍构成重复起诉；前诉已经受理但尚未判决，正在审理过程中时再次起诉的，以及前诉已经审理并作出判决再次起诉的，均可构成重复起诉。

6. 在不得起诉的期限内起诉。法律规定一定期限内不得起诉的案件主要是指《民法典》第 1082 条的规定，即女方在怀孕期间、分娩后 1 年内或者终止妊娠后 6 个月内，男方不得提出离婚；但是，女方提出离婚或者人民法院认为确有必要受理男方离婚请求的除外。

7. 特定的离婚、收养案件。离婚、收养案件属于人身关系纠纷，婚姻、收养的基础是感情，本条规定是为给双方时间、消除隔阂、促进和好。但是，如果 6 个月内双方产生新的冲突，感情进一步恶化，婚姻、收养关系确实无法维系，应视为产生新情况、具有新理由，原告在 6 个月内起诉的，人民法院应予受理。如果 6 个月内，被告向人民法院起诉的，也应受理。

◆ **关联规定**

《最高人民法院关于适用〈中华人民共和国民事诉讼法〉的解释》（2022 年 4 月 1 日）

第二百零八条第一款 人民法院接到当事人提交的民事起诉状时，对符合民事诉讼法第一百二十二条的规定，且不属于第一百二十七条规定情形的，应当登记立案；对当场不能判定是否符合起诉条件的，应当接收起诉材料，并出具注明收到日期的书面凭证。

第二百零八条第三款 立案后发现不符合起诉条件或者属于民事诉讼法第一百二十七条规定情形的，裁定驳回起诉。

第二百一十四条第二款 原告撤诉或者按撤诉处理的离婚案件，没有新情况、新理由，六个月内又起诉的，比照民事诉讼法第一百二十七条第七项的规定不予受理。

第二百一十五条 依照民事诉讼法第一百二十七条第二项的规定，当事人在书面合同中订有仲裁条款，或者在发生纠纷后达成书面仲裁协议，一方向人民法院起诉的，人民法院应当告知原告向仲裁机构申请仲裁，其坚持起诉的，裁定不予受理，但仲裁条款或者仲裁协议不成立、无效、失效、内容不明确无法执行的除外。

第二百一十六条 在人民法院首次开庭前，被告以有书面仲裁协议为由对受理民事案件提出异议的，人民法院应当进行审查。

经审查符合下列情形之一的，人民法院应当裁定驳回起诉：

（一）仲裁机构或者人民法院已经确认仲裁协议有效的；

（二）当事人没有在仲裁庭首次开庭前对仲裁协议的效力提出异议的；

（三）仲裁协议符合仲裁法第十六条规定且不具有仲裁法第十七条规定情形的。

第二百四十七条 当事人就已经提起诉讼的事项在诉讼过程中或者裁判生效后再次起诉，同时符合下列条件的，构成重复起诉：

（一）后诉与前诉的当事人相同；

（二）后诉与前诉的诉讼标的相同；

（三）后诉与前诉的诉讼请求相同，或者后诉的诉讼请求实质上否定前诉裁判结果。

当事人重复起诉的，裁定不予受理；已经受理的，裁定驳回起诉，但法律、司法解释另有规定的除外。

第二百四十八条 裁判发生法律效力后，发生新的事实，当事人再次提起诉讼的，人民法院应当依法受理。

◆ 典型案例

某电子科技公司诉某洁具公司、苏某民合同纠纷案①

某电子科技公司与某洁具公司签订《股东合作协议书》，约定双方共同出资设立陕西某电子科技公司，后因协议履行产生纠纷，某电子科技公司向陕西省宝鸡市中级人民法院起诉请求：1. 苏某民和某洁具公司支付违约金 50 万元；2. 苏某民和某洁具公司赔偿各项经济损失 260 万元。陕西省宝鸡市中级人民法院认为，本案系典型的公司纠纷，不是合同纠纷，某电子科技公司以合同纠纷起诉不当，故裁定驳回某电子科技公司的起诉。某电子科技公司提起上诉，陕西省高级人民法院作出（2018）陕民终 400 号民事裁定，裁定驳回上诉。某电子科技公司不服二审裁定，向最高人民法院申请再审。

最高人民法院经审查认为，起诉必须符合下列条件：（1）原告是与本案有直接利害关系的公民、法人和其他组织；（2）有明确的被告；（3）有具体的诉讼请求和事实、理由；（4）属于人民法院受理民事诉讼的范围和受诉人民法院管辖。

人民法院对下列起诉，分别情形，予以处理：（1）依照行政诉讼法的规定，属于行政诉讼受案范围的，告知原告提起行政诉讼；（2）依照法律规定，双方当事人达成书面仲裁协议申请仲裁、不得向人民法院起诉的，告知原告向仲裁机构申请仲裁；（3）依照法律规定，应当由其他机关处理的争议，告知原告向有关机关申请解决；（4）对不属于本院管辖的案件，告知原告向有管辖权的人民法院起诉；（5）对判决、裁定、调解书已经发生法律效力的案件，当事人又起诉的，告知原告申请再审，但人民法院准许撤诉的裁定除外；（6）依照法律规定，在一定期限内不得起诉的案件，在不得起诉的期限内起诉的，不予受理；（7）判决不准离婚和调解和好的离婚案件，判决、调解维持收养关系的案件，没有新情况、新理由，原告在六个月内又起诉的，不予受理。立案后发现不符合起诉条件或者属于前述规定情形的，裁定驳回起诉。本案中，某电子科技公司认为某洁具公司和苏某民违反《股东合作协议书》并依据《股东合作协议书》提

---

① 最高人民法院（2019）最高法民再 291 号民事裁定书。

起本案诉讼，要求苏某民和某洁具公司向其支付违约金并赔偿损失。因此，某电子科技公司的起诉符合法律规定的起诉条件，不存在应予裁定驳回起诉情形，人民法院应予审理，一审、二审裁定驳回起诉，适用法律错误。

第二节　审理前的准备

第一百二十八条　【答辩状的提出】人民法院应当在立案之日起五日内将起诉状副本发送被告，被告应当在收到之日起十五日内提出答辩状。答辩状应当记明被告的姓名、性别、年龄、民族、职业、工作单位、住所、联系方式；法人或者其他组织的名称、住所和法定代表人或者主要负责人的姓名、职务、联系方式。人民法院应当在收到答辩状之日起五日内将答辩状副本发送原告。

被告不提出答辩状的，不影响人民法院审理。

◆ 适用指引

本条是关于人民法院发送起诉状副本、被告提出答辩状和人民法院发送答辩状副本以及期间的规定。答辩，是相对起诉而言，是当事人行使辩论权利的一种形式，即被告对原告提出的诉讼请求和所依据的事实与理由进行回答和辩解。答辩的内容既包括程序方面，如提出案件不属于受理案件的人民法院主管或管辖，原告没有诉权，原告起诉不符合条件等；也包括实体方面，比如说明纠纷原因，反驳原告诉讼请求所依据的事实与理由，提出自己的诉讼请求等。答辩状通常由首部、正文和尾部三个部分组成。首部应记明答辩人基本信息，记明被告姓名、性别、年龄、民族、职业、工作单位、住所、联系方式；法人或者其他组织的名称、住所和法定代表人或者主要负责人姓名、职务、联系方式，这与起诉状应记明的原告信息一致。被告已委托诉讼代理人的，还应记明委托诉讼代理人的基本信息。正文应记明答辩所依据的事实和理由。尾部应记明答辩状送至的人民法院名称、时间，以及答辩人签字或盖章。人民法院应当自收到答辩状之日起5日内将答辩状副本发送给原告。

民事诉讼中，当事人平等享有诉讼权利、承担诉讼义务，都有权利充分了解对方的主张和证据以便辩论和诉讼对抗。人民法院在诉讼中有义务保障当事人的程序权利，知情权是程序性权利的重要组成部分。人民法院在法定期限内将起诉状副本发送被告、将答辩状副本发送原告是为使案件信息在当事人之间形成双向交流，既让当事人有的放矢做好充分的庭前准备，也有利于法官在后续程序中归纳争议焦点和准备庭审调查，提高案件审判质量和效率。另外，本条规定被告应当提交答辩状，体现立法鼓励被告答辩的意图，规定被告应当提交答辩状并规定被告不提出答辩状的，不影响人民法院审理，则表明答辩是被告的诉讼权利，是否行使以及如何行使，由被告自己决定，不得强制或限制。

◆ **典型案例**

王某安诉某国际中心、李某山、原某林侵害商业秘密纠纷案[①]

王某安诉某国际中心、李某山、原某林侵害商业秘密纠纷一案，王某安不服北京市高级人民法院（2013）高民终字第 77 号民事判决，向最高人民法院申请再审。

最高人民法院经审查认为，原审开庭过程中审判人员不允许当事人行使辩论权利，或者以不送达起诉状副本或上诉状副本等其他方式，致使当事人无法行使辩论权的，应当认定为"剥夺当事人辩论权利"。本案中，一审法院在开庭过程中没有不允许王某安行使辩论权利，且由于王某安为一审原告，故一审法院无须送达起诉状副本给王某安，一审法院未剥夺王某安的辩论权利。王某安主张其在一审庭审中才收到对方当事人提交的答辩状，不会导致对王某安辩论权利剥夺的结果。被告不提出答辩状的，不影响人民法院审理。因此，司法实践中一部分被告是在开庭审理时才作出口头答辩，即使被告庭前提交书面答辩状，法律亦未禁止被告在庭审过程中补充新的答辩意见。因此，一审法院未剥夺王某安的辩论权利，王某安该项申请再审理由不能成立。

第一百二十九条 **【权利义务告知】**人民法院对决定受理的案件，应当在受理案件通知书和应诉通知书中向当事人告知有关的诉讼权利义务，或者口头告知。

◆ **适用指引**

本条是关于人民法院告知当事人诉讼权利义务的规定。人民法院告知当事

---

① 最高人民法院（2013）民申字第 1238 号民事裁定书。

人诉讼权利义务，使当事人获悉诉讼信息和程序性事项，便于当事人充分行使诉讼权利、依法履行诉讼义务，也是诉讼程序顺利进行的保证。告知当事人诉讼权利义务有两种方式，一是书面告知，在受理案件通知书和应诉通知书中写明有关诉讼权利义务。受理案件通知书是向原告发出的决定立案和预交诉讼费通知书，应诉通知书是向被告发出的通知书。二是在送达通知书的同时以口头方式告知。

1. 当事人享有的诉讼权利主要包括：（1）当事人有平等的诉讼权利，有权在法律规定范围内处分自己的民事权利和诉讼权利。（2）当事人有权委托代理人参加诉讼，就陈述事实进行辩论、请求调解、提起上诉、申请执行。（3）当事人有权查阅案件有关材料，复印本案有关证据材料和法律文书，但应当遵守人民法院对查阅、复印案件材料的相关规定。（4）双方当事人可以自行和解。（5）原告可以放弃或者变更诉讼请求，被告可以承认或者反驳诉讼请求，被告有权提起反诉。（6）当事人有权对受理案件人民法院的管辖权提出异议，但是应当在提交答辩状期间提出。（7）对案件的审判人员、书记员等，当事人认为是本案的当事人或者当事人、诉讼代理人近亲属，与本案有利害关系，与本案当事人、诉讼代理人有其他关系，可能影响案件公正审理的，有权申请回避，但是应当说明理由，在案件开始审理时提出（若是在开始审理后才知道回避事由的，可以在法庭辩论终结前提出）。（8）当事人有权收集、提供证据，对因客观原因不能自行收集的证据，有权依法申请人民法院调查收集。

2. 当事人应当履行的诉讼义务主要包括：（1）当事人应当遵守诉讼程序和法庭纪律，服从法庭指挥，尊重司法礼仪，依法行使诉讼权利；不得有未经准许进行录音、录像、拍照或使用移动通信工具等传播庭审活动等行为。（2）当事人应当尊重对方当事人和其他诉讼参与人的诉讼权利。（3）若当事人和其他诉讼参与人有严重扰乱法庭秩序及《最高人民法院关于民事诉讼证据的若干规定》规定的其他妨害民事诉讼的行为，人民法院依法对其罚款、拘留乃至追究刑事责任。（4）当事人按照规定交纳案件受理费及其他诉讼费用。

另外，送达案件受理通知书和应诉通知书时除了应当告知当事人有关诉讼权利义务以外，还应根据《最高人民法院关于民事诉讼证据的若干规定》第50条第1款的规定向当事人送达举证通知书。举证通知书应当载明举证责任的分配原则和要求、可以向人民法院申请调查收集证据的情形、人民法院根据案件情况指定的举证期限以及逾期提供证据的法律后果等内容。

◆ **典型案例**

某信托公司诉某开发公司、某基建发展公司等借款合同纠纷案①

某信托公司与某开发公司签订《信托贷款合同》，某信托公司依约向某开发公司发放信托贷款 6.5 亿元。某信托公司称贷款发放后发现某开发公司卷入多起诉讼、仲裁或执行案件，严重违反《信托贷款合同》约定，故向福建省高级人民法院提起诉讼，请求：（1）某开发公司立即偿还全部贷款本金 6.5 亿元、利息及逾期罚息。（2）某基建发展公司承担连带清偿责任。（3）某信托公司对某基建发展公司持有的某科技公司 100% 的股权享有优先受偿权。（4）某信托公司对某科技公司名下某国有土地使用权及其对应地上建筑物享有优先受偿权。后，某开发公司、某科技公司不服福建省高级人民法院（2015）闽民初字第 140 号民事判决，向最高人民法院提起上诉。

最高人民法院经审查认为，人民法院应当在立案之日起五日内将起诉状副本发送被告，被告应当在收到之日起十五日内提出答辩状。人民法院对决定受理的案件，应当在受理案件通知书和应诉通知书中向当事人告知有关的诉讼权利义务，或者口头告知。合议庭组成人员确定后，应当在三日内告知当事人。人民法院审理民事案件，应当在开庭三日前通知当事人和其他诉讼参与人。公开审理的，应当公告当事人姓名、案由和开庭的时间、地点。因此，人民法院审理一审案件时，应当及时向被告送达起诉状副本、告知其诉讼权利义务以及合议庭组成人员、送达开庭传票。本案中，通过查阅一审卷宗，未发现任何向某国际控股公司送达上述文件的材料。经向一审法院求证，一审法院提交《情况说明》并附《机关发文簿》记录页复印件，其上虽载明于 2016 年 12 月 21 日向某国际控股公司邮寄送达开庭传票，但因一审法院未保存该邮寄材料的原始单据及签收材料，故无法得知其邮寄地址是否正确、邮寄材料种类、该邮件是否签收及由何人签收。因此，前述《情况说明》及其所附《机关发文簿》不足以证明一审法院曾向某国际控股公司有效送达开庭传票及其他应诉材料。

第一百三十条　【管辖权异议、应诉管辖】人民法院受理案件后，当事人对管辖权有异议的，应当在提交答辩状期间提出。人民法院对当事人提出的异议，应当审查。异议成立的，裁定将案件移

---

① 最高人民法院（2019）最高法民终 1186 号之一民事裁定书。

送有管辖权的人民法院；异议不成立的，裁定驳回。

当事人未提出管辖异议，并应诉答辩或者提出反诉的，视为受诉人民法院有管辖权，但违反级别管辖和专属管辖规定的除外。

◆ **适用指引**

本条是关于管辖权异议和应诉管辖的规定。

管辖权异议是指人民法院受理案件后，当事人以该院对案件没有管辖权为由，提出将该案移送有管辖权的人民法院审理的请求。管辖权异议是当事人的重要诉讼权利，有利于保护当事人合法权益，确保人民法院管辖权正确行使。管辖权异议只能在第一审当事人提交答辩状期间提出，即当事人对管辖权提出异议的时间应为收到起诉状副本之日起15日内，在答辩期满前未提出管辖权异议，可视为无管辖权异议或者放弃管辖权异议权利；当事人只能是对第一审案件的管辖权提出异议，可以就级别管辖、地域管辖提出异议。

应诉管辖也称默示或者拟制的合意管辖，是指当事人没有管辖协议，一方当事人在法院起诉，另一方当事人对该院行使管辖权不提异议并应诉答辩或者提出反诉的，视为承认受诉法院有管辖权。《民事诉讼法》在本条第2款增加了"提出反诉"作为应诉管辖的适用情形。应诉管辖的成立条件：一是被告收到了本案诉讼材料且在15日内没有提出管辖权异议申请；二是被告积极进行应诉答辩或者提出反诉。需要注意的是，应诉答辩中的"答辩"不管是对诉讼请求的承认、否认或部分否认，还是针对原告所依据的事实与理由的承认、否认或部分否认，都应在案件实体范围内进行，而不涉及案件审理的程序事项。一旦当事人就案件是否属于法院主管及受诉法院管辖等程序性事项发表答辩意见，其事实上以答辩的形式提出管辖异议，则不属于本条应诉答辩的范畴。同时，即便被告未对起诉的实体问题提出意见，但提出了反诉，则同样视为受诉法院有管辖权。另外，应诉管辖不能违反级别管辖和专属管辖的规定。

◆ **关联规定**

《最高人民法院关于适用〈中华人民共和国民事诉讼法〉的解释》（2022年4月1日）

第三十五条 当事人在答辩期间届满后未应诉答辩，人民法院在一审开庭前，发现案件不属于本院管辖的，应当裁定移送有管辖权的人民法院。

第三十九条 人民法院对管辖异议审查后确定有管辖权的，不因当事人提起反诉、增加或者变更诉讼请求等改变管辖，但违反级别管辖、专属管辖规定的除外。

人民法院发回重审或者按第一审程序再审的案件，当事人提出管辖异议的，人民法院不予审查。

第二百二十三条 当事人在提交答辩状期间提出管辖异议，又针对起诉状的内容进行答辩的，人民法院应当依照民事诉讼法第一百三十条第一款的规定，对管辖异议进行审查。

当事人未提出管辖异议，就案件实体内容进行答辩、陈述或者反诉的，可以认定为民事诉讼法第一百三十条第二款规定的应诉答辩。

《最高人民法院关于审理民事级别管辖异议案件若干问题的规定》（2020 年 12 月 29 日）

第一条 被告在提交答辩状期间提出管辖权异议，认为受诉人民法院违反级别管辖规定，案件应当由上级人民法院或者下级人民法院管辖的，受诉人民法院应当审查，并在受理异议之日起十五日内作出裁定：

（一）异议不成立的，裁定驳回；

（二）异议成立的，裁定移送有管辖权的人民法院。

第二条 在管辖权异议裁定作出前，原告申请撤回起诉，受诉人民法院作出准予撤回起诉裁定的，对管辖权异议不再审查，并在裁定书中一并写明。

第三条 提交答辩状期间届满后，原告增加诉讼请求金额致使案件标的额超过受诉人民法院级别管辖标准，被告提出管辖权异议，请求由上级人民法院管辖的，人民法院应当按照本规定第一条审查并作出裁定。

第四条 对于应由上级人民法院管辖的第一审民事案件，下级人民法院不得报请上级人民法院交其审理。

第五条 被告以受诉人民法院同时违反级别管辖和地域管辖规定为由提出管辖权异议的，受诉人民法院应当一并作出裁定。

第六条 当事人未依法提出管辖权异议，但受诉人民法院发现其没有级别管辖权的，应当将案件移送有管辖权的人民法院审理。

第七条 对人民法院就级别管辖异议作出的裁定，当事人不服提起上诉的，第二审人民法院应当依法审理并作出裁定。

第八条 对于将案件移送上级人民法院管辖的裁定，当事人未提出上诉，但受移送的上级人民法院认为确有错误的，可以依职权裁定撤销。

第九条 经最高人民法院批准的第一审民事案件级别管辖标准的规定，应当作为审理民事级别管辖异议案件的依据。

◆ **典型案例**

某小额贷款公司诉董某辉、张某庭借款合同纠纷案①

某小额贷款公司和董某辉、张某庭签订《借款抵押合同》，约定某小额贷款公司向董某辉、张某庭提供贷款 250 万元，董某辉以其名下房产作为抵押。合同签订后某小额贷款公司依约放款，借款到期后，董某辉、张某庭未归还借款本息。某小额贷款公司向安徽省芜湖市镜湖区人民法院提起诉讼，请求董某辉、张某庭归还借款本息、支付滞纳金和违约金并主张对董某辉名下的房产行使抵押权。

最高人民法院经审查认为，本案属于合同纠纷。当事人在答辩期间届满后未应诉答辩，人民法院在一审开庭前，发现案件不属于本院管辖的，应当裁定移送有管辖权的人民法院。人民法院受理案件后，当事人对管辖权有异议的，应当在提交答辩状期间提出。人民法院对当事人提出的异议，应当审查。异议成立的，裁定将案件移送有管辖权的人民法院；异议不成立的，裁定驳回。当事人未提出管辖异议，并应诉答辩的，视为受诉人民法院有管辖权，但违反级别管辖和专属管辖规定的除外。因此，人民法院发现受理的案件不属于本院管辖的，有权将案件移送有管辖权的人民法院。如果当事人提起管辖权异议，法院应该在管辖权异议期间解决相关管辖权争议，如果当事人没有提出管辖权异议且已经应诉答辩，则视为当事人接受管辖，如果法院认为自己没有管辖权，应该在被告应诉前移送相关案件至有管辖权的人民法院。如果被告已经应诉答辩，即使法院认为自己没有管辖权，也不宜再行移送。本案中，2019 年 5 月 7 日，安徽省芜湖市镜湖区人民法院受理本案并于 2019 年 6 月 4 日公开开庭审理，某小额贷款公司与董某辉、张某庭均应诉答辩，相关庭审程序已经完成，故本案应由安徽省芜湖市镜湖区人民法院审理。

第一百三十一条 **【告知审判人员组成】** 审判人员确定后，应当在三日内告知当事人。

---

① 最高人民法院（2020）最高法民辖 78 号民事裁定书。

◆ **适用指引**

本条是关于向当事人告知审判人员的规定。根据本条规定，人民法院应在确定审判组织后 3 日内将审判人员告知当事人，当事人有权及时知晓案件的审判人员，以便开庭审理时充分、有效地行使申请回避的权利。对于向当事人告知审判人员的形式，法律未作出明确规定，原则上应采用书面形式告知当事人。告知原告，可以随被告的答辩状副本一并送达；告知被告，可以随应诉通知书一并送达，直接送达确有困难的，可以采用其他送达方式送达，但应制作工作笔录并将笔录存入卷宗。特殊情况下无法书面告知的，也可以口头告知并制作工作笔录存入卷宗。向当事人告知审判人员后因故需要变更审判人员的，应在变更后的 3 日内将审判人员变更情况和变更原因重新告知当事人。

第一百三十二条 【**审核取证**】审判人员必须认真审核诉讼材料，调查收集必要的证据。

◆ **适用指引**

本条是关于审核诉讼材料、调查收集必要的证据的规定。诉讼材料，是指原被告向受诉法院提交的起诉状、答辩状以及证据材料等。必要的证据，是指对于认定事实、适用法律必不可少的证据材料。审核诉讼材料，是指承办案件的审判人员对原告的起诉状、被告的答辩状、证据材料和其他诉讼材料进行审查和核实。经过审核诉讼材料，人民法院发现有以下情形的，应区别情况予以处理：（1）审查该案是否属于人民法院受理案件的范围和受诉法院管辖，对于不属于人民法院受理范围的，裁定驳回起诉；对于不属于受诉法院管辖的，移送有管辖权的人民法院处理。（2）了解原告的诉讼请求和被告对诉讼请求的反驳是否还需要一定的证明材料，如需要，通知当事人补正。（3）审查被告是否提起反诉，是否符合反诉的条件，对于不符合反诉条件的，告知被告另行起诉。（4）查明是否需要人民法院调查、收集必要的证据，是否需要对可能灭失的证据采取保全措施，是否需要对相关事项进行鉴定或勘验。（5）确定是否有必要按法定程序通知其他民事主体参加诉讼。（6）其他需要审查和处理的事项。

人民法院调查、收集的证据分为两种情形：一是对当事人及其诉讼代理人因客观原因不能自行收集证据，人民法院依当事人在举证期限届满前提交的书面申请，调查、收集与案件有关的证据；二是人民法院认为审理案件需要而依职权主动调查、收集与案件有关的证据。两种情形的适用条件不同。必要的证据的范围应当限于法律明确规定的范围。一般情况下，案件事实由当事人主张，证据由当事人收集提供，根据这一原则要求，法院原则上保持消极地位。审判实践中，有一些证据材料当事人难以自行收集，但对查明案件事实不可缺少，需要人民法院调取。

案件开庭审理前认真审核诉讼材料，可以了解案件基本情况、当事人争议焦点以及庭审需要调查、辩论的主要问题，确保正确高效开展庭审。一般而言，庭审准备开始的时间为答辩期届满之时，因为此时才能根据起诉和答辩情况确认当事人的争议焦点并围绕争议焦点展开庭审准备活动。审核诉讼材料应当详细、全面，当事人表述不清楚的，如果有条件，应由当事人澄清；对于涉及管辖、追加当事人等需要处理的事项应及时处理。必要时，还可以在答辩期届满后，通过组织证据交换、召集庭前会议等方式做好审理前的准备。需要注意的是，审判人员处于消极的中立者地位，庭审前一般不应受到来自任何一方证据、观点的不当影响，审核诉讼材料时不能先入为主，避免对案件实质审查，审核诉讼材料、调查收集必要的证据只是为正确推进诉讼做好前期准备，性质上只是程序性的准备而非实体性审理。

第一百三十三条 【法院调查程序】人民法院派出人员进行调查时，应当向被调查人出示证件。

调查笔录经被调查人校阅后，由被调查人、调查人签名或者盖章。

◆ 适用指引

本条是关于调查程序的规定。人民法院派员调查时，应向被调查人出示表明调查人员身份的证件，取得被调查人信任和配合。人民法院派员进行调查，应当制作调查笔录，记录调查人、被调查人、记录人、调查时间、地点、对象、调查事项等内容。调查人员在调查中应保持客观中立，调查笔录应客观详尽、实事求是。调查笔录制作完成后，交由被调查人校阅，被调查人对笔录有异议的，可以提出修改意见并在修改处签名或者盖章，调查笔录经被调查人校阅无误后由被调查人、调查人签名或者盖章；被调查人、调查人有数人的，均应在调查笔录上签名或者盖章。未经程序取得的调查笔录，不具有证据效力，不得作为案件裁判的依据。

第一百三十四条 【委托调查】人民法院在必要时可以委托外地人民法院调查。

委托调查，必须提出明确的项目和要求。受委托人民法院可以主动补充调查。

受委托人民法院收到委托书后，应当在三十日内完成调查。因故不能完成的，应当在上述期限内函告委托人民法院。

◆ **适用指引**

本条是关于人民法院委托调查的规定。委托调查，是指人民法院需要调查的证据在异地时，由受诉法院委托当地法院执行调查活动的制度。根据本条规定，受诉法院除自行调查外，还可以根据实际情况委托外地法院调查。受托法院一般是被调查人或调查事项所在地法院。通过委托调查，可以在保证调查质量的前提下降低调查成本，提高调查效率。受诉法院在提出委托调查请求时，应当明确委托调查的项目和要求。为了保证调查事项的完整性并满足诉讼活动客观需要，受托法院除根据委托调查的项目和要求进行调查外，如果发现与委托项目有关的证据，可以主动补充调查。受托法院收到委托书后，应当在 30 日内完成调查并将调查材料函复委托法院。因故不能完成或者需要延长期限完成的，应在上述期限内函告委托法院。

需要注意的是，本条规定的委托调查与执行程序中的委托调查制度不同。执行程序中的委托调查，是指在执行阶段经申请执行人申请，由人民法院签发调查令，指定申请执行人的代理律师持调查令向有关单位或个人调查收集特定证据。

第一百三十五条 【当事人追加】必须共同进行诉讼的当事人没有参加诉讼的，人民法院应当通知其参加诉讼。

◆ **适用指引**

本条是关于人民法院追加当事人的规定。追加当事人，是指人民法院发现对诉讼标的具有共同权利或义务的当事人未参加诉讼时，依照职权追加其为案件的当事人的诉讼行为。以共同诉讼人之间对诉讼标的的关系，可分为必要的共同诉讼和普通的共同诉讼。争议诉讼标的同一的共同诉讼是必要的共同诉讼，如合伙关系中基于合伙财产的诉讼、共同继承人基于被继承财产的诉讼。必要的共同诉讼要求共同诉讼人必须一同起诉或应诉，未一同起诉或应诉的，法院应予追加，合并审理并作出判决。争议诉讼标的同种类的共同诉讼，是普通的共同诉讼，如一个加害人对数人实施加害行为，数个受害人作为共同诉讼人分别向加害人提出损害赔偿请求。普通的共同诉讼当事人之间没有共同权利义务关系，不是必须共同进行诉讼，不存在追加当事人的问题。追加当事人的方式有两种：一是人民法院依职权追加。受诉人民法院审核诉讼材料后发现必须共同进行诉讼的当事人没有参加诉讼时，应当通知其参加诉讼。二是当事人申请追加。当事人对于人民法院受理的案件，申请参加诉讼或者申请追加他人参加诉讼，人民法院经审查同意追加并通知当事人参加诉讼。人民法院依法追加被告时，不以其本人和该案其他诉讼当事人的主观意愿为转移，均应通知追加，即便不出庭参加诉讼，也不影响人民法院对案件审理与判决，判决生效以后，对其具有约束力。如果应当追加的被告属于依法必须到庭的被告，经人民法院通知拒不到庭参加诉讼，经两次传票传唤仍无正当理由拒不到庭的，可以对其进行拘传。追加当事人一般应当在第一审程序中进行。必须参加诉讼的当事人或者有独立请求权的第三人，在第一审程序中未参加诉讼，第二审人民法院可以根据当事人自愿的原则予以调解；调解不成的，发回重审。

1. 必须共同进行诉讼的当事人的范围。民事诉讼中，必须共同进行诉讼的当事人主要包括必要共同诉讼的当事人与必须参加诉讼的无独立请求权的第三人。必要的共同诉讼是一种不可分之诉，要求共同诉讼人必须一同起诉或者一同应诉，如果只有部分共同诉讼人起诉或应诉即为共同诉讼当事人不适格。必要共同诉讼人之一没有独立诉讼权能，不能单独行使诉权。如果法院发现有共同诉讼人没有参加诉讼，应当依职权通知其参加诉讼。无独立请求权的第三人依附于必要共同原告或者被告，也是必须与原告、被告共同诉讼的当事人，以便将来可能出现的另一个诉讼在现在的诉讼中一并解决。当法院发现存在无独立请求权的第三人时，无论原告或被告是否同意，都应通知其参加诉讼。无独立请求权的第三人接到法院通知后，可以申请参加诉讼，不申请参加诉讼的，不影响法院对案件审判，法院裁判对其发生法律效力。需要注意的是，对于有独立请求权的第三人和普通的共同诉讼人，其诉讼标的具有可分割性，如法院告知有关诉讼情况后，其不愿参加诉讼，不能强行追加。

2. 追加当事人的程序。追加当事人的申请人应向法院提交书面申请书，载明被追加当事人基本情况、追加事实和理由以及被追加当事人的诉讼地位，提供能够证明申请书所载事实和理由的证据。法院依申请或依职权追加当事人时，需向被追加的当事人送达参与诉讼通知书并根据案情写明被追加的当事人的诉讼地位，将追加当事人的情况及时通知其他当事人并变更案件举证期限。如果当事人没有提交书面申请书，只在庭审或答辩状中提出追加当事人，法院认为无须追加当事人的，应在裁判文书中阐明，无须制作不予追加当事人的裁定。当事人向一审法院申请追加案外人参加诉讼，一审法院经审查认为当事人申请不成立的，应作出驳回追加当事人申请的裁定并及时送达当事人。

3. 被追加当事人的诉讼地位。被追加当事人的诉讼地位要根据案件基本事实及权利义务关系确定，对诉讼标的有独立请求权的，列为有独立请求权的第三人，该第三人有权提出诉讼请求和事实、理由。被追加的当事人对诉讼标的虽然没有独立的请求权，但案件处理结果与其有法律上的利害关系，列为无独立请求权的第三人。被追加的当事人如果可能被判决承担民事责任，可直接追加其为被告。无论法院是依申请还是依职权追加被告，审理中都要征求原告对被追加的被告是否承担责任的意见。原告同意向该被告主张权利的，应根据查明事实及案件实际情况对该被告是否承担责任作出裁判；原告明确放弃对被追加的被告主张权利，但案件事实和证据证明该被告应承担实体责任而原来的被告没有责任，原告要承担被判决驳回诉讼请求的风险。

◆ **关联规定**

《**最高人民法院关于适用〈中华人民共和国民事诉讼法〉的解释**》（2022 年 4 月 1 日）

第七十三条　必须共同进行诉讼的当事人没有参加诉讼的，人民法院应当依照民事诉讼法第一百三十五条的规定，通知其参加；当事人也可以向人民法院申请追加。人民法院对当事人提出的申请，应当进行审查，申请理由不成立的，裁定驳回；申请理由成立的，书面通知被追加的当事人参加诉讼。

第七十四条　人民法院追加共同诉讼的当事人时，应当通知其他当事人。应当追加的原告，已明确表示放弃实体权利的，可不予追加；既不愿意参加诉讼，又不放弃实体权利的，仍应追加为共同原告，其不参加诉讼，不影响人民法院对案件的审理和依法作出判决。

◆ **典型案例**

案例 1：某环境科技公司、某研究院、某大学诉某科技大学专利权权属纠纷案①

某环境科技公司等单位承担"燃气锅炉低氮燃烧技术装备研发与示范"科研项目，根据《北京市科技技术课题任务书》第六条的约定，环科院、某大学、某环境科技公司共同享有低氮燃烧器的知识产权。该项目负责人为潘某，系某科技大学股东。某环境科技公司、环科院及某大学以潘某擅自申请专利，侵害某环境科技公司、环科院及某大学合法权益为由向北京知识产权法院起诉，请求确认涉案专利在其专利权存续期间的权利归某环境科技公司、环科院及某大学共有。后，某科技大学不服一审判决，向最高人民法院提起上诉。

最高人民法院经审查认为，某科技大学主张原审法院将环科院和某大学列为共同原告，严重违反法定程序，依法应按撤诉处理。必须共同进行诉讼的当事人没有参加诉讼的，人民法院应当通知其参加诉讼。本案中，某环境科技公司起诉主张确认涉案专利权存续期间的权利归环科院、某大学和某环境科技公司共同享有并为此提交了课题任务书、课题和项目实施方案、工作报告等证据证明存在相关权利归属的约定。因此，原审法院确定环科院和某大学就涉案专利有权提起确权主张，有事实依据，环科院和某大学属于必须共同进行诉讼的当事人，原审法院依职权将环科院和某大学追加为本案共同原告，于法有据。环科院在原审诉讼中出具声明，明确其事实和诉讼请求主张均与某环境科技公司相同，某大学经通知虽未提交书面材料明确主张，但亦未明示放弃相关权利。人民法院追加共同诉讼的当事人时，应当通知其他当事人。应当追加的原告，已明确表示放弃实体权利的，可不予追加；既不愿意参加诉讼，又不放弃实体权利的，仍应追加为共同原告，其不参加诉讼，不影响人民法院对案件的审理和依法作出判决。因此，虽然环科院和某大学原审中未到庭参加诉讼，但原审法院依据在案证据依法审理并判决，具有事实和法律依据。

案例 2：某商业管理公司诉某实业公司房屋租赁合同纠纷案②

某商业管理公司诉某实业公司房屋租赁合同纠纷一案，某商业管理公司因不服广东省高级人民法院（2018）粤民终 678 号民事判决，遂向最高人民法院申请再审。

最高人民法院经审查认为，必须共同进行诉讼的当事人没有参加诉讼的，人

---

① 最高人民法院（2020）最高法知民终 1475 号民事判决书。
② 最高人民法院（2020）最高法民申 3311 号民事裁定书。

民法院应当通知其参加诉讼。本案系房屋租赁纠纷，争议焦点是某实业公司管理人解除租赁合同的行为是否有效。根据查明案件事实，叶某东不是案涉租赁合同当事人，也不是本案必须共同进行诉讼的当事人，原审法院未追加叶某东为本案当事人，并无不当，某商业管理公司关于原审程序违法的主张不能成立。

第一百三十六条 【开庭准备程序】人民法院对受理的案件，分别情形，予以处理：

（一）当事人没有争议，符合督促程序规定条件的，可以转入督促程序；

（二）开庭前可以调解的，采取调解方式及时解决纠纷；

（三）根据案件情况，确定适用简易程序或者普通程序；

（四）需要开庭审理的，通过要求当事人交换证据等方式，明确争议焦点。

◆ **适用指引**

本条是关于开庭前准备程序的规定。开庭前准备程序是整个民事诉讼程序的重要组成部分，是完善以庭审为中心的民事诉讼程序的重要基础。开庭前准备程序使法院将原本在审理程序中的工作提前至审前阶段，使庭审前准备程序具备了化解纠纷和案件分流的功能。本条规定的开庭前准备程序是指以法院主导为原则，在开庭审理前按一定方式、程序实施并由当事人及其他诉讼参与人参加的一系列诉讼活动，包括法院根据案件具体情形繁简分流，对适宜通过特别程序或者非诉机制解决的纠纷采取督促或者调解程序定分止争，对必须通过诉讼解决的纠纷，根据案件性质选择适宜的审理程序，指示当事人交换证据、明确争议焦点，为开庭审理做准备。

1. 对当事人之间没有争议且符合督促程序适用条件的案件，转入督促程序。督促，是指对以给付金钱或者有价证券为标的请求，人民法院根据债权人申请，向债务人发出附有条件的支付令，如果债务人在法定期间内未履行义务又不提出书面异议，债权人可以根据支付令向人民法院申请强制执行。督促程序不同于普通诉讼程序，督促程序主要适用于当事人之间无争议的关于给付金钱、有价证券的债权债务纠纷，法院进行形式审查，省去了答辩、调查、开庭、上诉和二审等环节，故督促程序具有简便快捷的特点。债务人提出书面异议，则案件进入调解或者审理程序。债务人在规定期间内不提异议又不履行支付令，则债权人可以向人民法院申请执行。

2. 对开庭前可以调解的案件，采取调解等方式及时解决纠纷。调解是《民事诉讼法》的基本原则之一，贯穿于整个民事诉讼全过程。首先是《民事诉讼法》第 125 条规定的立案前的先行调解；其次是本条第 2 项规定的开庭前的调解；最后是《民事诉讼法》第 145 条规定的开庭审理后的调解。根据本条第 2 项的规定，如果当事人不同意调解，应尊重当事人的意愿及时开庭审理。

3. 根据案件情况，确定案件适用简易程序或者普通程序。普通程序内容齐备、结构完整，在审判程序中处于基础地位；简易程序简便、快捷，在效率上具有优越性，但程序保障上不如普通程序。人民法院应根据案件性质及《民事诉讼法》的规定，对受理的案件决定适用简易程序还是适用普通程序。适用简易程序的案件主要分两类：一是事实清楚、权利义务关系明确、争议不大的简单民事案件；二是在上述民事案件之外，当事人可以约定适用简易程序。另外，基层人民法院审理基本事实清楚、权利义务明确的第一审民事案件，可以由审判员一人适用普通程序独任审理。需要说明的是，案件审理程序主要由人民法院根据案件性质确定，即使当事人约定适用简易程序，但在审理过程中发现案件不宜适用简易程序的，应裁定转为普通程序。另外，起诉时被告下落不明、发回重审以及按照审判监督程序再审的案件，不能适用简易程序；已按普通程序审理的案件，即使审理过程中情况发生变化，也不得改用简易程序。

4. 需要开庭审理的，通过要求当事人交换证据等方式，明确争议焦点。人民法院受理的案件经过转入督促程序、调解、适用简易程序等方式分流，剩余案件一般是需要开庭审理的案件，就需要为开庭审理做好准备，包括证据资料的获取、争议焦点和证据整理两方面，通过证据交换等方式，使当事人进行证据方面的交锋，最终形成具有程序制约力的争议焦点。

◆ **关联规定**

《最高人民法院关于适用〈中华人民共和国民事诉讼法〉的解释》（2022 年 4 月 1 日）

第二百二十四条 依照民事诉讼法第一百三十六条第四项规定，人民法院可以在答辩期届满后，通过组织证据交换、召集庭前会议等方式，作好审理前的准备。

第二百二十五条 根据案件具体情况，庭前会议可以包括下列内容：

（一）明确原告的诉讼请求和被告的答辩意见；

（二）审查处理当事人增加、变更诉讼请求的申请和提出的反诉，以及第三人提出的与本案有关的诉讼请求；

（三）根据当事人的申请决定调查收集证据，委托鉴定，要求当事人提供证据，进行勘验，进行证据保全；

（四）组织交换证据；

（五）归纳争议焦点；

（六）进行调解。

第二百二十六条 人民法院应当根据当事人的诉讼请求、答辩意见以及证据交换的情况，归纳争议焦点，并就归纳的争议焦点征求当事人的意见。

第二百二十九条 当事人在庭审中对其在审理前的准备阶段认可的事实和证据提出不同意见的，人民法院应当责令其说明理由。必要时，可以责令其提供相应证据。人民法院应当结合当事人的诉讼能力、证据和案件的具体情况进行审查。理由成立的，可以列入争议焦点进行审理。

《最高人民法院关于民事诉讼证据的若干规定》（2019 年 12 月 25 日）

第五十六条 人民法院依照民事诉讼法第一百三十三条①第四项的规定，通过组织证据交换进行审理前准备的，证据交换之日举证期限届满。

证据交换的时间可以由当事人协商一致并经人民法院认可，也可以由人民法院指定。当事人申请延期举证经人民法院准许的，证据交换日相应顺延。

第五十七条 证据交换应当在审判人员的主持下进行。

在证据交换的过程中，审判人员对当事人无异议的事实、证据应当记录在卷；对有异议的证据，按照需要证明的事实分类记录在卷，并记载异议的理由。通过证据交换，确定双方当事人争议的主要问题。

第五十八条 当事人收到对方的证据后有反驳证据需要提交的，人民法院应当再次组织证据交换。

◆ **典型案例**

黄某伟、廖某、杨某诉黄某、某贸易公司合同纠纷案②

广西壮族自治区柳州市中级人民法院作出（2017）桂 02 破 3 号之四民事裁定书，批准某水泥公司《重整计划》并终止该公司重整程序。某贸易公司及黄某向某水泥公司管理人提交《债权转让确认书》，确认某贸易公司将其享有的编

---

① 对应 2023 年《民事诉讼法》第 136 条。
② 广西壮族自治区高级人民法院（2020）桂民终 808 号民事判决书。

号为 J260 普通债权全部转让给黄某，黄某伟、廖某、杨某认为某贸易公司向某水泥公司申报编号为 J260 的债权实际系其三人与黄某共同以某贸易公司的名义向某水泥公司出借的 2000 万元借款，黄某伟、廖某、杨某作为实际出资人应按出资比例获得某水泥公司因《重整计划》分配的清偿现金以及"债转股"对应所持某投资公司相应股权。黄某伟、廖某、杨某向广西壮族自治区柳州市中级人民法院起诉请求：（1）黄某、某贸易公司将其在某水泥公司破产重整案中获得的清偿款按出资比例支付给黄某伟、廖某、杨某，共计 118 450 元；（2）确认黄某持有的某投资公司 11% 股权由黄某、黄某伟、廖某、杨某按出资比例享有，黄某将某投资公司相应股权过户到黄某伟、廖某、杨某名下。后，黄某、某贸易公司不服一审判决，向广西壮族自治区高级人民法院提起上诉。

广西壮族自治区高级人民法院经审查认为，当事人及其诉讼代理人因客观原因不能自行收集的证据，或者人民法院认为审理案件需要的证据，人民法院应当调查收集。人民法院对受理的案件，分别情形，予以处理，如需要开庭审理的，通过要求当事人交换证据等方式，明确争议焦点。本案中，因相关银行账户流水明细及某贸易公司向某水泥公司管理人申请债权的相关材料属于黄某伟、廖某、杨某自身客观上无法取得的证据，一审法院根据黄某伟、廖某、杨某申请调取相关证据，符合法律规定，黄某、某贸易公司认为黄某伟、廖某、杨某在一审中没有提出调查取证申请，一审法院程序违法的主张不成立。一审法院在开庭审理本案之前，于 2019 年 8 月 23 日组织双方当事人进行证据交换，符合法律规定，法律并未规定庭前证据交换需全体合议庭成员参加，故一审法院由主审法官主持庭前证据交换，不违反法律规定。之后的开庭审理过程中，合议庭全体成员参加庭审并充分听取双方当事人对证据、事实及法律适用等问题的意见，黄某、某贸易公司关于一审程序违法的上诉主张不成立。

第三节　开庭审理

第一百三十七条　【审理方式】人民法院审理民事案件，除涉及国家秘密、个人隐私或者法律另有规定的以外，应当公开进行。

离婚案件，涉及商业秘密的案件，当事人申请不公开审理的，可以不公开审理。

◆ 适用指引

本条是关于人民法院审理案件方式的规定。公开审理，是指人民法院审判过程中，事先公告开庭时间、地点，庭审中公开法庭调查、法庭辩论，对审判结果公开宣判。人民法院审理民事案件，以公开审理为原则、以不公开审理为例外。

1. 公开的对象。人民法院审理案件公开的对象包括两个方面：一是人民群众。案件整个审理经过乃至最后宣判，都允许人民群众旁听。二是社会媒体。公开审理的案件，社会媒体经人民法院准许，旁听时可以进行拍照、录音、录像、转播直播庭审情况，对案件予以报道，但是不得进行有倾向性的解读，不得对审判组织、审判人员进行点评，更不能提前披露审理结果。

2. 公开的例外。根据本条规定，公开审理是原则，但也有例外。不公开审理的情形主要分为两种类型：

（1）法定不公开。法定不公开审理的案件主要是涉及国家秘密、个人隐私或者法律另有规定的案件。国家秘密是指关系国家安全和利益，依照法定程序确定，在一定时间内只限一定范围人员知悉的事项。国家秘密存在于国家安全体系的各领域、各要素、各层面，融合在事关国家安全的各项业务之中。审判过程涉及国家秘密的案件，人民法院应当依法不公开审理，以免国家安全和利益受到损害。至于国家秘密具体的事项范围，《保守国家秘密法》有详细列举，可据此审查确定。个人隐私权，是指公民享有保护其个人生活中不愿公开或不为他人知悉的秘密的权利。个人隐私权作为一项基本权利，人民法院在审判过程中应依法予以保护。

（2）依申请不公开。对于离婚案件、涉及商业秘密的案件，当事人可以申请法院不公开审理。由于离婚案件往往涉及个人隐私和夫妻感情问题，如果当事人认为公开审理不利于将来生活的安宁秩序以及影响个人心理、精神状态，可以申请不公开审理，法院原则上应允许。商业秘密，是指生产工艺、配方、贸易联系、购销渠道等当事人不愿公开的技术秘密、商业情报及信息。商业秘密作为重要的信息类知识产权，具备以下几个特征：一是秘密性，只为特定主体掌握，禁止非法获取、披露、使用；二是价值性，能给权利人带来经济利益，创造商业财富；三是实用性，可以在生产过程中应用且能产生积极效果。商业秘密属于市场竞争的战略资源，在竞争中发挥着重要作用。公开审理涉及商业秘密的案件，有可能给当事人造成难以弥补的损失。当事人以涉及商业秘密为由申请不公开审理，人民法院应当按照《反不正当竞争法》和《最高人民法院关于审理侵犯商业秘密民事案件适用法律若干问题的规定》相关规定作出决定。

适用本条规定还需注意以下几个问题：

第一，实践中如何判断是否属于隐私。一种观点认为，如果个人隐私违反法律规定或者有悖公序良俗，则不属于正当合法权利，法院可以不用保护，应当公开审理；另一种观点认为，法律保护的是隐私权，保护对象是公民个人不愿被人知晓的私人生活，故不论隐私是否合法，都应不公开审理。从文义解释来看，本条规定的是个人隐私，不是合法的个人隐私权，故从有利于保护公民人身基本权利的角度而言，不公开审理更符合立法本意。

第二，关于涉及商业秘密的案件，由于当事人可能是竞争对手，如果将证据在法庭上公开质证，可能导致商业秘密泄露。因此，法院可以根据具体情况，庭前不对证据进行送达和交换，而是依职权对证据进行审查认定。案件审结后，对当事人调取卷宗的权限也应适当限制。

第三，对于不公开审理的案件，虽然庭前公告、法庭调查、法庭辩论、最后陈述意见等环节都不公开，但宣告判决一律应当公开进行。判决中涉及国家秘密、个人隐私、商业秘密的内容，需要隐去或者进行技术处理。

◆ **关联规定**

《最高人民法院关于适用〈中华人民共和国民事诉讼法〉的解释》（2022 年 4 月 1 日）

第二百二十条 民事诉讼法第七十一条、第一百三十七条、第一百五十九条规定的商业秘密，是指生产工艺、配方、贸易联系、购销渠道等当事人不愿公开的技术秘密、商业情报及信息。

第二百二十八条 法庭审理应当围绕当事人争议的事实、证据和法律适用等焦点问题进行。

第一百三十八条 【巡回审理】人民法院审理民事案件，根据需要进行巡回审理，就地办案。

◆ **适用指引**

本条是关于人民法院巡回审理、就地办案的规定。巡回审判是人民法院司法为民的体现。巡回审判可以让偏远地区人民群众便利地享受到司法服务，减少当事人往返法院的负担。巡回审判还可以在化解矛盾的同时，起到审理一案、教育一片的法制宣传作用，尤其对于一些抚养赡养的案件、群体性案件、涉当地风俗习惯案件，可以到现场调查，就地办案。随着信息化建设的日趋成熟，审理方式可以多元化，打造"互联网+巡回审判"新模式。实践中需要注意的是，巡回审理目的是方便群众诉讼，最大限度为群众解决实际问题，最大限度地减少群众诉累，但并不意味着可以简化程序或者随意审理，否则会剥夺当事人的诉讼权利。人民法院巡回审判时，应注意把握巡回审判灵活性与规范性的界限，在贯彻便利原则的同时，保障法定程序的规范性。

◆ **关联规定**

《中华人民共和国人民法院组织法》（2018 年 10 月 26 日）

第十九条 最高人民法院可以设巡回法庭，审理最高人民法院依法确定的案件。

巡回法庭是最高人民法院的组成部分。巡回法庭的判决和裁定即最高人民法院的判决和裁定。

第一百三十九条 **【开庭审理及公告】**人民法院审理民事案件，应当在开庭三日前通知当事人和其他诉讼参与人。公开审理的，应当公告当事人姓名、案由和开庭的时间、地点。

◆ **适用指引**

本条是关于人民法院通知当事人参加诉讼和发布公告的规定。当事人包括原告、被告、共同诉讼人、第三人；诉讼参加人包括当事人和代理人（法定代理人、委托代理人）；诉讼参与人包括诉讼参加人和其他诉讼参与人（证人、鉴定人、勘验人、翻译人员）。开庭审理是普通程序中最基本和最主要的阶段，是当事人行使诉权进行诉讼活动和人民法院行使审判权进行审判活动最集中的体现。开庭审理能够确保人民法院审判权正确行使，有利于对审判活动进行有效监督。开庭审理将案件审理过程置于群众监督之下，增加了审判活动的透明度，有利于保证案件处理的公正性；有利于保护当事人的诉讼权利和实体权利。开庭之前通知当事人，给当事人充足的时间准备庭审，是庭审请求权的重要内容。

人民法院应当在开庭 3 日前将传票送达当事人，将出庭通知书送达其他诉讼参与人。传票和出庭通知书应当写明案由、开庭时间和地点，确保当事人和其他诉讼参与人有充足时间为庭审做好准备。原告经传票传唤，无正当理由拒不到庭或未经许可中途退庭的，可按撤诉处理；被告经传票传唤，无正当理由拒不到庭或未经许可中途退庭的，可以缺席审理。实践中，人民法院确定开庭日期之后通知当事人到法院领取传票或者通过邮寄送达的方式送达传票，邮寄送达必须确保当事人在开庭 3 日之前收到开庭传票。如果当事人没有收到或者收到的时间已经超过传票确定的开庭时间，不能开庭，应当再次送达传票。当事人同意的，可采用电子送达方式。如当事人下落不明，可公告送达，但前提是穷尽其他送达手段均无法成功送达，而且要在案卷中记明原因和经过。公告送达可在法院公告栏和受送达人住所地张贴公告，也可在报纸、信息网络等媒体上刊登公告，对公告送达方式有特殊要求的，应按要求进行。公告期满即视为送达。公告送达传票，应当说明出庭时间和地点及逾期不出庭的法律后果。另外，公开审理的案件，人民法院应在开庭 3 日前向社会发布开庭公告，包括当事人姓名、案由和开庭时间、地点。

◆ **关联规定**

《最高人民法院关于适用〈中华人民共和国民事诉讼法〉的解释》（2022 年 4 月 1 日）

第二百二十七条 人民法院适用普通程序审理案件，应当在开庭三日前用传票传唤当事人。对诉讼代理人、证人、鉴定人、勘验人、翻译人员应当用通知书通知其到庭。当事人或者其他诉讼参与人在外地的，应当留有必要的在途时间。

◆ **典型案例**

黄某平诉陈某辉、孟某瑞等发明创造发明人署名权纠纷案①

黄某平称其在某矿业公司井下采空区进行充填作业工作中经过反复试验独自发明充填装置，某矿业公司向国家知识产权局申请涉案专利并于 2019 年 6 月 28 日获得授权并公告。2019 年 10 月，黄某平看到涉案专利证书上发明人包括陈某辉、孟某瑞等人，故向甘肃省兰州市中级人民法院提起诉讼，请求：确认陈某辉、孟某瑞等人均无涉案专利的发明人资格。后，黄某平不服一审判决，向最高人民法院提起上诉。

---

① 最高人民法院（2021）最高法知民终 2058 号民事判决书。

最高人民法院经审查认为，黄某平主张原审有多名当事人未接到开庭通知即开庭审理，原审法院未按照法律规定发布开庭公告。人民法院审理民事案件，应当在开庭三日前通知当事人和其他诉讼参与人。公开审理的，应当公告当事人姓名、案由和开庭的时间、地点。本案中，原审法院于 2020 年 10 月 15 日向陈某辉、孟某瑞等人均邮寄送达了包括传票在内的应诉材料，并于 2020 年 11 月 9 日发布本案开庭公告，定于 2020 年 11 月 12 日开庭。因此，原审程序不存在违法情形，黄某平关于原审程序违法的主张，缺乏事实和法律依据。

第一百四十条 【庭前准备】 开庭审理前，书记员应当查明当事人和其他诉讼参与人是否到庭，宣布法庭纪律。

开庭审理时，由审判长或者独任审判员核对当事人，宣布案由，宣布审判人员、法官助理、书记员等的名单，告知当事人有关的诉讼权利义务，询问当事人是否提出回避申请。

◆ 适用指引

本条是关于庭前准备工作和开庭审理时的相关规定。庭前准备是整个庭审活动的起点，虽然程序相对单一，内容较为简单，但是严格规范的庭前准备工作是确保庭审活动顺利高效进行的重要保障，直接影响当事人实体权利。

1. 庭前准备阶段。庭前准备是人民法院工作人员为使庭审顺利进行而进行的一系列准备工作，主要包括以下两个方面：

第一，查明当事人及其他诉讼参与人是否到庭。正式开庭审理之前，由书记员查明原告、被告、第三人、委托诉讼代理人、证人、鉴定人以及翻译人员等是否到庭并向审判长报告。

第二，为维护法庭秩序，保障审判活动正常进行，书记员要宣布法庭纪律，告知全体诉讼参与人和旁听人员必须遵守。法庭纪律为《人民法院法庭规则》第 17 条规定的内容：全体人员在庭审活动中应当服从审判长或独任审判员的指挥，尊重司法礼仪，遵守法庭纪律，不得实施下列行为：（1）鼓掌、喧哗；（2）吸烟、进食；（3）拨打或接听电话；（4）对庭审活动进行录音、录像、拍照或使用移动通信工具等传播庭审活动；（5）其他危害法庭安全或妨害法庭秩序的行为。检察人员、诉讼参与人发言或提问，应当经审判长或独任审判员许可。旁听人员不得进入审判活动区，不得随意站立、走动，不得发言和提问。媒体记者经许可实施第一款第四项规定的行为，应当在指定的时间及区域进行，不得影响或干扰庭审活动。

2. 开庭审理阶段。开庭审理阶段包括以下三项内容：

第一，核对当事人信息。开庭审理时，由审判长或者独任审判员核对当事人，核对顺序是原告、被告、第三人；核对内容包括姓名、性别、年龄、民族、籍贯、工作单位、职业和住所。当事人是法人或者其他组织的，首先核对法定代表人或者主要负责人姓名、职务。要求当事人提供法人证明、营业执照等证件，核对当事人名称与营业执照上记载名称是否一致，以防后续出现法律文书错误情形。如果不一致，应当要求当事人提交相关变更登记证明资料进行核实。其次核查法人或者其他组织是否已经注销或者撤销，是否有权利义务承受主体或者继续履行其职能的主体。对于委托诉讼代理人，应当查明其代理资格和代理权限。电子诉讼也要加强在线身份认证，一般应在诉讼活动开始前完成当事人身份核实。对于调解、撤回起诉等影响当事人实体权利义务的重要环节，可以再次进行身份认证，确保当事人身份信息准确。

第二，告知当事人诉讼权利和义务。核对完毕当事人身份信息后，由审判长宣布案由，审判人员、法官助理、书记员等的名单，告知当事人有关诉讼权利义务。人民法院决定受理的案件，应当在受理案件通知书和应诉通知书中向当事人告知有关诉讼权利义务，或者口头告知。本条规定的向当事人告知诉讼权利义务是在开庭审理阶段由审判长口头告知，书记员将告知内容记入笔录。例外情形是《最高人民法院关于适用简易程序审理民事案件的若干规定》第19条的规定，开庭前已经书面或者口头告知当事人诉讼权利义务或者当事人各方均委托律师代理诉讼的，审判人员除告知当事人申请回避的权利外，可以不再告知当事人其他的诉讼权利义务。

第三，询问当事人是否提出回避申请。案件开始审理时未提出回避申请，回避事由在案件开始审理后知道的，也可以在法庭辩论终结前提出。被申请回避人员在人民法院作出是否回避的决定前，应当暂停参与本案工作，但案件需要采取紧急措施的除外。院长担任审判长或独任审判员时的回避，由审判委员会决定；审判人员的回避，由院长决定；其他人员的回避，由审判长或独任审判员决定。

第一百四十一条　【法庭调查顺序】 法庭调查按照下列顺序进行：

（一）当事人陈述；

（二）告知证人的权利义务，证人作证，宣读未到庭的证人证言；

（三）出示书证、物证、视听资料和电子数据；

（四）宣读鉴定意见；

（五）宣读勘验笔录。

◆ **适用指引**

本条是关于法庭调查顺序的规定。法庭调查，是指人民法院依照法定程序，在法庭上向当事人及其他诉讼参与人审查核实案件事实和各种证据的诉讼活动。法庭调查是开庭审理的重要环节，该环节的顺利进行，有助于查明案件事实，为正确适用法律打下基础。依据本条规定，法庭调查可分为 4 个阶段，分别为当事人陈述和当事人出示证据并相互质证，以及宣读鉴定意见和宣读勘验笔录。

1. 当事人陈述。法庭调查的第一个步骤是由原告、被告、第三人依次进行陈述。首先，由原告口头陈述诉讼请求并说明事实和理由。其次，由被告发表答辩意见，如其提出反诉，则还应陈述反诉请求并说明事实和理由。最后，由第三人进行陈述。如第三人为有独立请求权的第三人，则需陈述诉讼请求并说明事实和理由；如第三人为无独立请求权的第三人，则应对原告、被告的陈述发表认可或反对的意见。原告、被告可就第三人的陈述发表答辩意见。

2. 当事人出示证据并相互质证。证据应当在法庭上出示，由当事人相互质证。未经当事人质证的证据，不得作为认定案件事实的根据。证据依下列顺序出示：

（1）告知证人的权利义务，证人作证，宣读未到庭的证人证言。凡是知道案件情况的单位和个人都有义务出庭作证。经人民法院通知，证人应当出庭作证。证人有正当理由不能出庭的，经人民法院许可，可以通过书面证言、视听传输技术或者视听资料等方式作证。对于有正当理由不能出庭的证人提供的书面证言，应当当庭宣读。人民法院应当要求证人在作证之前签署保证书并在法庭上宣读保证书的内容，但无民事行为能力人和限制民事行为能力人作为证人的除外。证人确有正当理由不能宣读保证书的，由书记员代为宣读并进行说明。证人拒绝签署或者宣读保证书的，不得作证并自行承担相关费用。证人应当客观陈述其亲身感知的事实，作证时不得使用猜测、推断或者评论性语言。证人作证前不得旁听法庭审理，作证时不得以宣读事先准备的书面材料的方式陈述证言。证人言辞表达有障碍的，可以通过其他表达方式作证。证人应当就其作证的事项进行连续陈述。

（2）出示书证、物证、视听资料和电子数据。对书证、物证、视听资料进行质证时，当事人应当出示证据的原件或者原物。但有下列情形之一的除外：出示原件或者原物确有困难并经人民法院准许出示复制件或者复制品的；原件或者原物已不存在，但有证据证明复制件、复制品与原件或者原物一致的。以电子数据作为证据，应当提供原件。电子数据的制作者制作的与原件一致的副本或者直接来源于电子数据的打印件或其他可以显示、识别的输出介质，视为电子数据的原件。

3. 宣读鉴定意见。鉴定意见应当当庭宣读。当事人对鉴定意见有异议或者人民法院认为鉴定人有必要出庭的，鉴定人应当出庭作证。经人民法院通知，鉴定人拒不出庭作证的，鉴定意见不得作为认定事实的根据，支付鉴定费用的当事人可以要求返还鉴定费用。当事人因鉴定人拒不出庭作证申请重新鉴定的，人民法院应当准许。

4. 宣读勘验笔录。如审判人员或人民法院指定的其他人员在法庭调查前曾对现场或物品进行勘验，作为法定证据形式，勘验笔录应当庭宣读。

适用本条规定还需注意以下几个问题：

第一，当事人在审理前的准备阶段或者人民法院调查、询问过程中发表过质证意见的证据，视为质证过的证据。当事人要求以书面方式发表质证意见，人民法院在听取对方当事人意见后认为有必要的，可以准许。人民法院应当及时将书面质证意见送交对方当事人。

第二，人民法院根据当事人申请调查收集的证据，在审判人员对调查收集证据情况进行说明后，由提出申请的当事人与对方当事人、第三人进行质证。人民法院依职权调查收集的证据，由审判人员对调查收集证据的情况进行说明后，听取当事人的意见。

第三，《民事诉讼法》将当事人的陈述作为法定证据形式。人民法院对当事人的陈述，应当结合本案其他证据审查确定能否作为认定事实的根据。当事人拒绝陈述的，不影响人民法院根据其他证据认定案件事实。

第一百四十二条　【当事人庭审权利】 当事人在法庭上可以提出新的证据。

当事人经法庭许可，可以向证人、鉴定人、勘验人发问。

当事人要求重新进行调查、鉴定或者勘验的，是否准许，由人民法院决定。

◆ 适用指引

本条是关于当事人在法庭调查阶段诉讼权利的规定。提出证据是当事人的基本权利，除在起诉和受理阶段、庭前准备阶段外，当事人还可以在法庭调查阶段提出新的证据。但是，为防止诉讼不当迟延，当事人亦有在举证期限内及时提供证据的义务。因此，对于当事人在法庭上提出新的证据，还需要考察该证据是否逾期。当事人逾期提供证据的，人民法院应当责令其说明理由，必要时可以要求其提供相应的证据。当事人因客观原因逾期提供证据或者对方当事人未提异议的，视为未逾期。当事人因故意或者重大过失逾期提供的证据，人民法院不予采纳，但该证据与案件基本事实有关的，应当采纳并依法训诫、罚款。

当事人向证人、鉴定人、勘验人发问是质证权的体现。当事人询问证人、鉴定人、勘验人不得使用威胁、侮辱等不适当的言语和方式。询问证人应当分别进行，其他证人不得在场；人民法院认为有必要的，可以要求证人之间进行对质。鉴定人并非必须出庭，当事人对鉴定意见有异议的，先由鉴定人作出解释、说明或者补充。当事人收到鉴定人的书面答复后仍有异议的，人民法院应当通知有异议的当事人预交鉴定人出庭费用并通知鉴定人出庭；当事人不预交鉴定人出庭费用，视为放弃异议。鉴定人如需出庭作证，对当事人的询问有如实作答的义务。对当事人的询问，当庭答复确有困难的，经人民法院准许，鉴定人可以在庭审结束后书面答复。人民法院应当及时将书面答复送交当事人并听取当事人的意见，必要时可以再次组织质证。经法庭许可，当事人也可询问勘验人。

当事人认为鉴定意见有误，可申请重新鉴定。当事人申请重新鉴定，存在下列情形之一的，人民法院应当准许：（1）鉴定人不具备相应资格的。（2）鉴定程序严重违法的。（3）鉴定意见明显依据不足的。（4）鉴定意见不能作为证据使用的其他情形。鉴定意见的瑕疵可以通过补正、补充鉴定或者补充质证、重新质证等方法解决的，人民法院不予准许重新鉴定的申请。重新鉴定的，原鉴定意见不得作为认定案件事实的根据。

◆ 关联规定

《最高人民法院关于适用〈中华人民共和国民事诉讼法〉的解释》（2022 年 4 月 1 日）

第二百三十一条 当事人在法庭上提出新的证据的，人民法院应当依照民事诉讼法第六十八条第二款规定和本解释相关规定处理。

◆ **典型案例**

案例1：某银行曲靖分行诉某实业公司、某房地产公司等合同纠纷案①

某银行曲靖分行诉某实业公司、某房地产公司等合同纠纷一案，某实业公司、某房地产公司等不服云南省高级人民法院（2020）云民终1237号民事判决，向最高人民法院申请再审。

最高人民法院经审查认为，当事人在法庭上可以提出新的证据。第二审人民法院审理上诉案件，除依照关于第二审程序的规定外，适用第一审普通程序。本案二审中，某银行曲靖分行向法庭提交了四组新证据，某银行曲靖分行发表了举证意见，某实业公司、某房地产公司等分别发表了质证意见。因此，某银行曲靖分行在二审程序中提出新的证据后由对方质证，符合法律规定。

案例2：某建筑工程公司诉某置业公司建设工程施工合同纠纷案②

某建筑工程公司与某置业公司签订《建设工程施工承包合同》，后因合同履行产生纠纷，某建筑工程公司向湖北省咸宁市中级人民法院提起诉讼，请求：（1）某置业公司返还履约保证金。（2）某置业公司依约支付利息及违约金。后，某建筑工程公司不服湖北省高级人民法院二审生效判决，向最高人民法院申请再审。

最高人民法院经审查认为，当事人可以就查明事实的专门性问题向人民法院申请鉴定，故某置业公司有权就某建筑工程公司提交证据的形成时间向人民法院申请鉴定，人民法院认为确有必要的，可准予鉴定。当事人要求重新进行调查、鉴定或者勘验的，是否准许，由人民法院决定。当事人对人民法院委托的鉴定部门作出的鉴定结论有异议申请重新鉴定，提出证据证明存在下列情形之一的，人民法院应予准许：（1）鉴定机构或鉴定人员不具备相关的鉴定资格的。（2）鉴定程序严重违法的。（3）鉴定结论明显依据不足的。（4）经过质证认定不能作为证据使用的其他情形。对有缺陷的鉴定结论，可以通过补充鉴定、重新质证或者补充质证等方法解决的，不予重新鉴定。当事人申请重新鉴定的，除应予准许重新鉴定的法定情形外，人民法院有权决定是否重新鉴定。本案中，鉴定机构和鉴定人员具有相应资质，委托程序合法，移送鉴定的检材、样材客观真实，鉴定依据和技术手段经过质证、辩论，鉴定意见明确且形式合法，某建筑工程公司未

---

① 最高人民法院（2021）最高法民申3425号民事裁定书。
② 最高人民法院（2018）最高法民申2602号民事裁定书。

提交充足证据证明本案存在应予准许重新鉴定申请的法定情形，二审法院不准许某建筑工程公司提出的重新鉴定申请，并无不当。

第一百四十三条　【诉的合并】原告增加诉讼请求，被告提出反诉，第三人提出与本案有关的诉讼请求，可以合并审理。

◆ **适用指引**

本条是关于对已有诉讼请求和新增诉讼请求合并审理的规定。诉讼过程中，原告根据诉讼进程、证据收集情况以及被告答辩或第三人陈述情况，可以依法变更或者增加诉讼请求；被告基于双方法律关系，在某些情况下可以提起反诉；第三人为维护自己的合法权益，可以申请参加诉讼并提出独立的诉讼请求。因此，为减轻当事人诉累，节约司法资源，避免出现相互矛盾的裁判，尽可能一次性解决纠纷，原告增加诉讼请求，被告提出反诉，第三人提出与本案有关的诉讼请求，可以合并审理。合并审理对于简化诉讼程序，构建高效、便捷的民事纠纷解决方式，充分保护各方当事人权益具有积极意义。根据本条规定，人民法院合并审理已有诉讼请求和新增诉讼请求主要有以下三种情形：

1. 原告增加诉讼请求，可以与已经提出的诉讼请求合并审理。原告增加诉讼请求，是指在诉讼过程中，原告根据自身情况和诉讼形势变化，在已提出的诉讼请求不足以满足自己主张时，增加新的诉讼请求。需要注意的是，原告增加的诉讼请求与已提出的诉讼请求应是基于同一事实或者同一实体权利义务关系或者同一诉讼理由，否则不属于增加诉讼请求，而是提起新的诉讼，应当另案审理，不能合并审理。

2. 被告提出反诉，可以与本诉合并审理。反诉，是指在正在进行的诉讼中，本诉被告以本诉原告为被告提起的与本诉相关联的诉讼。本诉原告在反诉中称为"反诉被告"，本诉被告称为"反诉原告"。被告提出反诉的目的在于抵消或者吞并本诉的诉讼请求或者使本诉的诉讼请求失去意义。

3. 第三人提出与本案有关的诉讼请求，可以与本诉合并审理。民事案件中，一个民事纠纷除了涉及原被告双方当事人利益，往往还涉及第三人的利益。第三人提出独立诉讼请求，应当符合以下条件：（1）对本诉原告和被告争议的诉讼标的主张独立请求权。所谓独立请求权，是指第三人的请求权不同于本诉原告向被告主张的请求权，而是同时直接针对本诉原告和被告。第三人的主张既不同于原告，也不同于被告。这种独立请求权包括全部的独立请求权和部分的独立请求权。全部的独立请求权是指请求内容全部否定原告和被告的实体权利，部分的独立请求权则是指部分否定原告和被告的实体权利。（2）以起诉方式参加，应当符合《民事诉讼法》关于起诉条件的规定并预交案件受理费。

关于原告增加诉讼请求、被告提出反诉、第三人提出与本案有关的诉讼请求的时间，本条未作明确规定。原告增加诉讼请求，被告提出反诉，第三人提出与本案有关的诉讼请求，应在一审案件受理后，法庭辩论结束前。二审程序中，原审原告增加独立的诉讼请求或者原审被告提出反诉，除双方当事人同意由第二审人民法院一并审理外，二审法院只能进行调解，调解不成，应由当事人另行起诉，不能合并审理。第三人在二审程序中提出独立的请求权，二审法院也只能根据当事人自愿原则进行调解，调解不成，发回重审，不能合并审理。

本条规定"可以合并审理"，即原告增加诉讼请求，被告提出反诉，第三人提出与本案有关的诉讼请求，可以合并审理，而非应当或者必须合并审理。是否合并审理，由人民法院根据案情决定。但是根据《最高人民法院关于适用〈中华人民共和国民事诉讼法〉的解释》第232条的规定，在案件受理后，法庭辩论结束前，原告增加诉讼请求，被告提出反诉，第三人提出与本案有关的诉讼请求，可以合并审理的，人民法院应当合并审理。对此应理解为，在案件受理后，法庭辩论结束前，原告增加诉讼请求，被告提出反诉，第三人提出与本案有关的诉讼请求，原则上应当合并审理。除非合并审理不仅不利于解决主要纠纷，反而导致诉讼拖延，案件处理难度加大，人民法院根据新旧诉讼请求实际内容，结合案件具体情况，作出不合并审理的决定。对于不合并审理的案件，人民法院应当告诉当事人另行起诉，或者对第三人的起诉另行立案审理。

另外，根据《最高人民法院关于适用〈中华人民共和国民事诉讼法〉的解释》第251条的规定，二审裁定撤销一审判决发回重审的案件，当事人申请变更、增加诉讼请求或者提出反诉，第三人提出与本案有关的诉讼请求的，依照民事诉讼法第一百四十三条规定处理。因此，二审裁定撤销一审判决发回重审的案件，当事人申请变更、增加诉讼请求或者提出反诉，第三人提出与本案有关的诉讼请求的，人民法院同样可以合并审理。根据该解释第252条的规定，再审裁定撤销原判决、裁定发回重审的案件，当事人申请变更、增加诉讼请求或者提出反诉，符合下列情形之一的，人民法院应当准许：（1）原审未合法传唤缺席判决，影响当事人行使诉讼权利的；（2）追加新的诉讼当事人的；（3）诉讼标的物灭失或者发生变化致使原诉讼请求无法实现的；（4）当事人申请变更、增加的诉讼请求或者提出的反诉，无法通过另诉解决的。因此，再审案件中，当事人仅在上述规定的特定情形下可以增加诉讼请求或者提出反诉。除此之外的其他情形，当事人只能另行起诉，不能在本案中合并审理。

◆ **关联规定**

《最高人民法院关于适用〈中华人民共和国民事诉讼法〉的解释》（2022 年 4 月 1 日）

第二百二十一条 基于同一事实发生的纠纷，当事人分别向同一人民法院起诉的，人民法院可以合并审理。

第二百三十二条 在案件受理后，法庭辩论结束前，原告增加诉讼请求，被告提出反诉，第三人提出与本案有关的诉讼请求，可以合并审理的，人民法院应当合并审理。

第二百四十九条 在诉讼中，争议的民事权利义务转移的，不影响当事人的诉讼主体资格和诉讼地位。人民法院作出的发生法律效力的判决、裁定对受让人具有拘束力。

受让人申请以无独立请求权的第三人身份参加诉讼的，人民法院可予准许。受让人申请替代当事人承担诉讼的，人民法院可以根据案件的具体情况决定是否准许；不予准许的，可以追加其为无独立请求权的第三人。

第二百五十条 依照本解释第二百四十九条规定，人民法院准许受让人替代当事人承担诉讼的，裁定变更当事人。

变更当事人后，诉讼程序以受让人为当事人继续进行，原当事人应当退出诉讼。原当事人已经完成的诉讼行为对受让人具有拘束力。

第二百五十一条 二审裁定撤销一审判决发回重审的案件，当事人申请变更、增加诉讼请求或者提出反诉，第三人提出与本案有关的诉讼请求的，依照民事诉讼法第一百四十三条规定处理。

第二百五十二条 再审裁定撤销原判决、裁定发回重审的案件，当事人申请变更、增加诉讼请求或者提出反诉，符合下列情形之一的，人民法院应当准许：

（一）原审未合法传唤缺席判决，影响当事人行使诉讼权利的；

（二）追加新的诉讼当事人的；

（三）诉讼标的物灭失或者发生变化致使原诉讼请求无法实现的；

（四）当事人申请变更、增加的诉讼请求或者提出的反诉，无法通过另诉解决的。

◆ **典型案例**

某技术公司诉某科技公司、孙某凯侵害计算机软件著作权纠纷案①

某技术公司自主研发 Y 系统软件（安卓版）等测评软件和系统。2015 年 8 月 20 日，孙某凯入职某技术公司，主要从事前述系统的研发编程工作。孙某凯离职后未根据某技术公司的规定及时向某技术公司移交在研项目的程序代码及相关资料。后，孙某凯入职某科技公司，某科技公司开发了一系列和某技术公司享有计算机软件著作权的软件相同的软件。某技术公司对某科技公司的多款软件进行对比，发现某科技公司的"互动中小学艺术素质信息化测评系统-过程性评价（平时）安卓教师端及学生端软件"与某技术公司的"Y 系统软件（安卓版）"在界面、布局与试题等方面完全相同。某技术公司向江苏省南京市中级人民法院提起诉讼，请求：（1）某科技公司、孙某凯立即停止侵害某技术公司计算机软件著作权及不正当竞争行为。（2）某科技公司、孙某凯赔偿经济损失。（3）某科技公司、孙某凯支付律师费、公证费。（4）某科技公司、孙某凯共同在《中国教育报》《江苏法制报》《中国计算机报》显著位置刊登书面声明，消除影响。（5）某科技公司、孙某凯移交所有涉案计算机软件著作权文档资料并永久删除，不得保存。后，某技术公司不服一审判决，向最高人民法院提起上诉。

最高人民法院经审查认为，在案件受理后，法庭辩论结束前，原告增加诉讼请求，被告提出反诉，第三人提出与本案有关的诉讼请求，可以合并审理的，人民法院应当合并审理。因此，人民法院对于原告增加的诉讼请求予以合并审理至少应满足如下要件：（1）该增加的诉讼请求在法庭辩论终结前提出。（2）该增加的诉讼请求可以与原诉讼请求合并审理。本案中，某技术公司增加诉讼请求虽在原审法庭辩论终结前提出，但根据增加的诉讼请求内容"某科技公司、孙某凯立即停止生产、销售与某技术公司相同、相似的产品，即停止侵害某技术公司 Y 艺术学科统考平台、Y 艺术素质模测与学习平台两款软件技术秘密的不正当竞争行为"可知，其争议内容属于侵害技术秘密的法律关系，与本案争议的侵害计算机软件著作权的法律关系不属于同一法律关系。因此，某技术公司增加的诉讼请求与其在起诉状中提出的诉讼请求不属于可以合并审理的情形，对于其主张的某科技公司侵害技术秘密的行为，某技术公司可另行起诉主张权利，原审法院对此亦予告知，原审法院对某技术公司增加的诉讼请求不予准许，不违反法定程序，不影响某技术公司的诉讼权利。

---

① 最高人民法院（2020）最高法知民终 1926 号民事判决书。

第一百四十四条 　**【法庭辩论】**法庭辩论按照下列顺序进行：

（一）原告及其诉讼代理人发言；

（二）被告及其诉讼代理人答辩；

（三）第三人及其诉讼代理人发言或者答辩；

（四）互相辩论。

法庭辩论终结，由审判长或者独任审判员按照原告、被告、第三人的先后顺序征询各方最后意见。

◆ **适用指引**

本条是关于法庭辩论的规定。辩论原则是民事诉讼的基本原则。辩论权是当事人的重要诉讼权利，既包括陈述事实和理由的权利，也包括对方当事人进行反驳和答辩的权利。辩论范围既包括对案件事实认定的争议，也包括对法律适用的争议，还包括诉讼程序是否正当的争议。辩论的形式既包括口头形式，也包括书面形式。辩论原则应当贯穿诉讼全过程，除特别程序外，第一审程序、第二审程序和审判监督程序均贯彻辩论原则，人民法院应当充分保障当事人的辩论权。法庭辩论是双方当事人及其诉讼代理人在法庭上就有争议的事实和法律问题进行辩驳和论证以维护其合法权益的活动，是当事人行使辩论权最重要的形式。本条对法庭辩论的具体方式进行了规定。根据本条规定，法庭辩论按照下列顺序进行：

1. 原告及其诉讼代理人发言。法庭调查结束，审判长或者独任审判员宣布开始法庭辩论后，应当先由原告方发言。具体辩论内容可以根据当事人之前陈述和法庭调查情况进行。如果双方对法律适用问题没有争议，仅对证据采信和事实认定存在争议，应重点针对事实争议发表辩论意见。如果双方对事实认定没有争议，仅对法律适用存在争议，可仅围绕法律适用问题发表辩论意见。如果双方对事实认定、法律适用均存在争议，则应对证据采信、事实认定、法律适用发表全面意见。发表辩论意见的目的是论证自己的主张，反驳被告的主张。原告陈述后，有代理人的，由代理人对原告的发言作补充或者进一步说明。原告不到庭或不发表意见的，可由其诉讼代理人发言。

2. 被告及其诉讼代理人答辩。被告方的答辩应有针对性，围绕争议焦点，针对原告的主张进行辩解和驳斥，论证自己的主张。被告发言完毕后，其诉讼代理人可以对被告的发言作补充或进一步说明。被告不到庭或不发表意见的，可由其诉讼代理人发言和答辩。

3. 第三人及其诉讼代理人发言或答辩。第三人包括有独立请求权的第三人和无独立请求权的第三人。有独立请求权的第三人的主张既不同于原告的主张，也不同于被告的主张，须论证自己的主张成立并且反驳原被告双方的观点。无独立请求权的第三人的观点，通常与其中一方当事人相同，此时可在该方当事人发言的基础上进行补充，不必重复相同观点。

4. 各方当事人相互辩论。原告方、被告方、第三人分别发表辩论意见后，各方相互辩论。相互辩论原则上仍按原告方、被告方、第三人的顺序进行。相互辩论应当针对之前辩论中的争议问题进行。对当事人与案件争议无关的发言或者不断重复的发言，审判人员应当予以制止。必要时，审判人员可以根据案件审理具体情况限定当事人及其诉讼代理人每次发言的时间。

法庭辩论终结前，由审判长或者独任审判员按照原告、被告、第三人的先后顺序征询各方最后意见。各方当事人陈述最后意见后，法庭辩论终结。

实践中还须注意以下两个问题：

1. 关于法庭调查与法庭辩论合并进行的问题。审判实践中，对一些争议较多的案件，审判人员为避免法庭调查与法庭辩论在一些问题上重复、辩论问题分散、庭审时间过长，往往在法庭调查中合并一部分法庭辩论内容。当事人为避免说前忘后，也愿意每调查一个问题，先就这个问题进行辩论。因此，人民法院可根据案件具体情况，在征得当事人同意的前提下，将法庭调查与法庭辩论合并进行。司法实践中，法庭调查与法庭辩论合并进行的形式可以考虑以下两种：一是审判人员总结争议焦点后，直接征求双方当事人意见针对每一个焦点问题，法庭调查和法庭辩论相结合，逐个争议焦点依次进行；二是在法庭调查中，审判人员认为针对某一争议焦点法庭调查和法庭辩论相结合更有利于查清事实或准确适用法律时，可以征询当事人意见在法庭调查阶段对该问题合并进行法庭辩论。法庭调查与法庭辩论合并进行，需要注意以下问题：一是须征得当事人同意；二是须根据案件具体情况，从有利于提高开庭审理效率和发挥审理效果出发决定是否采用法庭调查和法庭辩论合并进行的形式；三是法庭调查和法庭辩论合并进行，是出于审理便利，灵活进行法庭调查和法庭辩论，并非省略其中一个阶段。法庭调查和法庭辩论合并进行，可以避免在一些案件中可能的重复辩论、反复争论等问题，从而有效利用开庭时间、充分利用司法资源、提高庭审效率。

2. 适用简易程序审理的民事案件，审判人员根据案件具体情况可以不受本法规定的法庭调查顺序和法庭辩论顺序限制，采取更为灵活简化的方式进行审理。

◆ **关联规定**

《最高人民法院关于适用〈中华人民共和国民事诉讼法〉的解释》（2022 年 4 月 1 日）

第二百三十条　人民法院根据案件具体情况并征得当事人同意，可以将法庭调查和法庭辩论合并进行。

第一百四十五条　【法庭辩论后的调解】法庭辩论终结，应当依法作出判决。判决前能够调解的，还可以进行调解，调解不成的，应当及时判决。

◆ **适用指引**

本条是关于法庭辩论后的调解的规定。组织调解的时间、地点、程序、方式较为灵活且贯穿民事诉讼全过程，审判人员可以根据案件具体情况适时组织调解。司法实践中，法庭调查和辩论后，除法律规定不得调解的案件外，审判人员应当按照原告、被告和第三人的顺序询问当事人是否愿意调解，当事人均同意调解的，人民法院应当调解。调解时，审判人员应当释明法律规定，分清责任是非。根据案件具体情况，审判人员可以引导一方当事人提出调解方案供另一方考虑，或者要求双方均提出调解方案，审判人员根据双方差异有针对性地做调解工作，促成双方达成调解协议。必要时，审判人员也可以根据当事人的请求提出建议方案，在此基础上分别征询各方当事人意见，析法释理，逐步缩小差距，达成共识。

之所以强调法庭辩论后的调解，是因为有些民事案件在诉讼开始时当事人争议很大，情绪对抗严重，互不相让，不愿调解，或者双方对基本事实认定或法律适用存在很大差距，难以达成调解。但在法庭辩论终结后，案件事实已经查清，是非基本分明，当事人情绪对抗可能没那么激烈，此时更有可能愿意接受调解，从而达成调解协议。因此，民事案件判决前，能够调解的，审判人员应当努力调解。但是，当事人不愿意调解或者经过调解达不成协议的，人民法院应当及时依法判决，不能久调不决。

◆ **典型案例**

石某伟诉某网络科技公司计算机软件开发合同纠纷案①

石某伟主张某网络科技公司于 2020 年 3 月在微信上多次欺诈、虚假宣传、贬低污蔑他人软件，石某伟在 2020 年 3 月 31 日、2020 年 4 月 2 日分两次向某网络科技公司支付定金 27000 元委托某网络科技公司开发涉案软件，后因委托事宜，双方产生纠纷。石某伟向河南省郑州市中级人民法院提起诉讼，请求：(1) 撤销双方在微信上签订的《开发服务协议》。(2) 某网络科技公司退还定金并支付利息损失。后，石某伟不服最高人民法院 (2021) 最高法知民终 2170 号民事判决，向最高人民法院申请再审。

最高人民法院经审查认为，石某伟主张本案一、二审调解程序违法。根据民事诉讼法的规定，法庭辩论终结，应当依法作出判决。判决前能够调解的，还可以进行调解，调解不成的，应当及时判决。本案中，一、二审法院在法庭辩论结束后组织双方进行调解，符合法律规定，石某伟关于一、二审法院在未查清事实时组织调解程序违法的再审理由，缺乏事实和法律依据。

第一百四十六条　【按撤诉处理】原告经传票传唤，无正当理由拒不到庭的，或者未经法庭许可中途退庭的，可以按撤诉处理；被告反诉的，可以缺席判决。

◆ **适用指引**

本条是关于原告无正当理由拒不到庭或者未经法庭许可中途退庭如何处理的规定。在民事诉讼中，当事人应按照人民法院确定期日到庭，才能确保诉讼活动及时顺利进行。作为要求解决纠纷、维护其权益而提起诉讼的原告，更应配合人民法院工作，使案件得到及时、正确处理。民事诉讼中，原告按照确定的开庭期日按时到庭参加诉讼，是遵循诚信原则的体现，也是原告应当履行的诉讼义务。

1. 原告经传票传唤，无正当理由拒不到庭。其一，人民法院必须依照法定方式将开庭时间、地点通知原告且必须是经传票传唤原告拒不到庭才发生本条规定的法律后果。其二，原告无正当理由拒不到庭。原告收到人民法院传票传唤

---

① 最高人民法院 (2022) 最高法民申 735 号民事裁定书。

后，如果确有不能到庭的事由，应当及时向人民法院提出。人民法院经审查，认为原告提出的不能到庭理由正当，确实不能到庭的，可以决定延期审理并及时将延期审理的情况通知被告；认为原告提出的理由不正当，可以决定不延期审理并通知原告。原告接到不延期审理的通知后，应当按时出庭。原告经人民法院传票传唤，未向人民法院提出延期开庭申请或者提出延期开庭申请，但人民法院未予准许，原告拒不到庭的，则属于本条规定情形。

2. 原告未经法庭许可中途退庭。遵守法庭纪律、尊重审判人员的诉讼指挥权是当事人应尽的诉讼义务。原告未经法庭许可中途退庭，属于藐视法庭，违反了法庭纪律，扰乱了诉讼程序，干扰了诉讼进程，属于本条规定情形。

原告出现本条规定的上述两种情形，有以下两种法律后果：

1. 按撤诉处理。撤诉是原告撤回起诉的诉讼行为。民事诉讼中，撤诉有两种情况：一是原告申请撤诉，二是人民法院按撤诉处理。按撤诉处理，是人民法院在审理过程中依法对原告经传票传唤无正当理由拒不到庭或者未经法庭准许中途退庭行为进行处理的一种方式。需要注意的是，可以按撤诉处理是指要按撤诉是否符合法律规定来掌握，对符合撤诉条件的，按撤诉处理，不符合撤诉条件的，人民法院应当继续审理。

2. 缺席判决。被告提出反诉的案件中，原告经传票传唤，无正当理由拒不到庭的或者未经法庭许可中途退庭的，人民法院经审查符合撤诉条件的，本诉按撤诉处理，反诉可以缺席判决。

适用本条规定还需要注意以下几个问题：

1. 关于有独立请求权的第三人的问题。有独立请求权的第三人参加诉讼，提出独立的请求，其经传票传唤无正当理由拒不到庭或者未经法庭许可中途退庭，视为其对自身权利的放弃，人民法院可以比照本条规定，对该第三人按撤诉处理。

2. 第二审人民法院审理上诉案件，除另有规定外，可以适用本条规定。第二审人民法院审理上诉案件，上诉人经传票传唤，无正当理由拒不到庭的或者未经法庭许可中途退庭的，可以按撤回上诉处理，对方上诉的，可以缺席判决。

◆ **关联规定**

《最高人民法院关于适用〈中华人民共和国民事诉讼法〉的解释》（2022 年 4 月 1 日）

第二百三十四条 无民事行为能力人的离婚诉讼，当事人的法定代理人应当到庭；法定代理人不能到庭的，人民法院应当在查清事实的基础上，依法作出判决。

第二百三十五条 无民事行为能力的当事人的法定代理人，经传票传唤无正当理由拒不到庭，属于原告方的，比照民事诉讼法第一百四十六条的规定，按撤诉处理；属于被告方的，比照民事诉讼法第一百四十七条的规定，缺席判决。必要时，人民法院可以拘传其到庭。

第二百三十六条 有独立请求权的第三人经人民法院传票传唤，无正当理由拒不到庭的，或者未经法庭许可中途退庭的，比照民事诉讼法第一百四十六条的规定，按撤诉处理。

第二百四十条 无独立请求权的第三人经人民法院传票传唤，无正当理由拒不到庭，或者未经法庭许可中途退庭的，不影响案件的审理。

◆ **典型案例**

某信息科技公司诉某农业科技公司计算机软件开发合同纠纷案①

某信息科技公司与某农业科技公司签订《溯源管理系统合同》，约定某信息科技公司为某农业科技公司提供"农业产品质量安全追溯系统"。某信息科技公司以其已履行完毕全部合同义务，但某农业科技公司未按照合同约定支付价款为由，向山东省济南市中级人民法院提起诉讼，请求某农业科技公司立即支付合同款及逾期付款违约金。后，某农业科技公司不服一审判决，向最高人民法院提起上诉。

最高人民法院经审查认为，当事人、法定代理人可以委托一至二人作为诉讼代理人。下列人员可以被委托为诉讼代理人：（1）律师、基层法律服务工作者；（2）当事人的近亲属或者工作人员；（3）当事人所在社区、单位以及有关社会团体推荐的公民。第二审人民法院审理上诉案件，除依照有关第二审程序的规定外，适用第一审普通程序。原告经传票传唤，无正当理由拒不到庭的，或者未经法庭许可中途退庭的，可以按撤诉处理；被告反诉的，可以缺席判决。本案中，某农业科技公司未提交其与闫某国之间存在劳动合同关系的证明材料，不能证明闫某国系某农业科技公司工作人员，且某农业科技公司亦未主张闫某国属于法律规定的其他代理情形并提供相应证明。因此，在最高人民法院于2021年4月28日组织的公开开庭审理中，某农业科技公司应被视为未到庭参加诉讼，本案按撤诉处理。

---

① 最高人民法院（2021）最高法知民终350号民事裁定书。

第一百四十七条 【缺席判决】被告经传票传唤，无正当理由拒不到庭的，或者未经法庭许可中途退庭的，可以缺席判决。

◆ **适用指引**

本条是关于被告无正当理由拒不到庭或者未经法庭许可中途退庭如何处理的规定。缺席判决，是指人民法院在一方当事人在开庭审理中不到庭或中途退庭时所作出的判决。民事诉讼过程中，为维护自己的合法权益，各方当事人均应配合人民法院按时出庭陈述意见并充分辩论，以便人民法院及时查明案情，正确适用法律并及时公正作出裁判。本条强调：（1）经传票传唤。非经传票传唤未到庭参加诉讼，不得适用缺席判决。未经传票传唤而缺席审判，属于严重违反法定程序，将导致二审发回重审或者启动再审。（2）无正当理由拒不到庭。无正当理由，一般指没有不可抗力、意外事件等使被告无法到庭的特殊情况。被告收到人民法院传票后，确有不能按时到庭的事由，应及早向人民法院提出。人民法院经审查认为被告提出的理由正当，确实不能到庭的，可以决定延期审理并将延期审理的情况及时通知原告；经审查认为被告提出的理由不正当，可以决定不延期审理并将不延期审理的决定通知被告。被告接到不准许延期审理的通知后，应当按时出庭。

司法实践中还需要注意以下问题：

1. 被告经传票传唤，无正当理由拒不到庭的或者未经法庭许可中途退庭的，可以缺席判决，并非应当缺席判决。缺席判决是对缺席的当事人权益保护非常不利的处理方式，为确保司法公正，《民事诉讼法》除规定缺席判决必须经传票传唤的前提条件外，还规定特定条件下人民法院可以对当事人进行拘传。对于必须到庭的被告，经人民法院两次传票传唤，无正当理由拒不到庭，人民法院可以根据《民事诉讼法》有关规定对其采取拘传的强制措施。

2. 可以缺席判决，不表示不保护被告的合法权益。人民法院进行缺席判决，不等于直接采信原告的证据或者直接支持原告的诉讼请求。在缺席判决情形下，人民法院应当对当事人提出的诉讼材料认真审查，其中包括未出庭的被告已提供的诉讼材料，在充分考虑缺席一方当事人合法权益的前提下作出判决。

3. 对无独立请求权的第三人经人民法院传票传唤，无正当理由拒不到庭或者未经法庭许可中途退庭的处理。无独立请求权的第三人有可能承担民事责任，其诉讼地位相当于被告，其经人民法院传票传唤，无正当理由拒不到庭或者未经法庭许可中途退庭的，不影响案件的审理，人民法院可以缺席判决。

4. 人民法院依法缺席审理后，被告又提交书面意见的，可不再组织庭审，直接依据在案证据作出判决。

◆ **关联规定**

《最高人民法院关于适用〈中华人民共和国民事诉讼法〉的解释》（2022 年 4 月 1 日）

第二百三十五条 无民事行为能力的当事人的法定代理人，经传票传唤无正当理由拒不到庭，属于原告方的，比照民事诉讼法第一百四十六条的规定，按撤诉处理；属于被告方的，比照民事诉讼法第一百四十七条的规定，缺席判决。必要时，人民法院可以拘传其到庭。

第二百四十一条 被告经传票传唤无正当理由拒不到庭，或者未经法庭许可中途退庭的，人民法院应当按期开庭或者继续开庭审理，对到庭的当事人诉讼请求、双方的诉辩理由以及已经提交的证据及其他诉讼材料进行审理后，可以依法缺席判决。

◆ **典型案例**

向某军诉某建筑劳务公司、某工程公司合同纠纷案①

向某军诉某建筑劳务公司、某工程公司合同纠纷一案，某建筑劳务公司不服陕西省高级人民法院（2019）陕民终 1004 号民事判决，向最高人民法院申请再审。

最高人民法院经审查认为，被告经传票传唤，无正当理由拒不到庭的，或者未经法庭许可中途退庭的，可以缺席判决。本案中，一审、二审法院采用公告送达方式向某建筑劳务公司送达传票，某建筑劳务公司经传票传唤，无正当理由未到庭参加诉讼，仅提交答辩状。因此，二审法院按缺席审理本案，并无不当。

第一百四十八条 【撤诉】宣判前，原告申请撤诉的，是否准许，由人民法院裁定。

人民法院裁定不准许撤诉的，原告经传票传唤，无正当理由拒不到庭的，可以缺席判决。

---

① 最高人民法院（2020）最高法民申 5409 号民事裁定书。

◆ **适用指引**

本条是关于原告申请撤诉的规定。

本条第 1 款是关于原告申请撤诉的规定。撤诉，是指向人民法院起诉后，在判决宣告前撤回起诉的行为。申请撤诉，是指当事人以积极的意思表示向受诉法院要求撤回已提出之诉，不再要求法院对案件继续进行审判的行为。申请撤诉是原告行使处分权的体现，应当符合以下条件：（1）撤诉必须以书面或者口头方式向受诉人民法院提出。（2）当事人必须明确表达撤诉的意思表示。（3）撤诉必须是当事人的真实意思表示。（4）申请撤诉应当在宣判前向受诉法院提出。（5）撤诉必须符合诚信原则，否则不能发生撤诉的法律效果。

撤诉具有如下法律效果：（1）诉讼程序终结。撤诉是人民法院的结案方式之一，当事人申请撤诉符合法律规定的，人民法院裁定准许，诉讼程序终结。人民法院无须再对当事人争议的实体问题进行审理并作出裁判。（2）当事人可以另行起诉。申请撤诉是当事人对其诉讼权利的处分，只是表明其不要求人民法院在本案中对其实体法律关系继续审理并作出裁判，不表明其放弃与之相关的实体权利。因此，原告撤诉或者人民法院按撤诉处理后，原告以同一诉讼请求再次起诉的，人民法院应予受理。例外情形是原告撤诉或者按撤诉处理的离婚案件，没有新情况、新理由，6 个月内又起诉的，比照《民事诉讼法》第 127 条第 7 项的规定不予受理。另外，原审原告在第二审程序中撤回起诉后重复起诉的，人民法院不予受理，一审原告在再审审理程序中撤回起诉后重复起诉的，人民法院不予受理。原告申请撤诉，是否准许，由人民法院裁定。对原告提出的撤诉申请，人民法院应当依法进行审查，认为符合条件的，裁定准许，诉讼程序终结，认为原告申请撤诉不符合条件的，裁定不准许撤诉，诉讼继续。需要注意的是，法庭辩论终结后原告申请撤诉，被告不同意的，人民法院可以不予准许。也就是说，原告在法庭辩论终结后申请撤诉，人民法院应征求被告的意见，被告不同意原告撤诉的，人民法院可以不予准许。

本条第 2 款是关于人民法院不准许原告撤诉时，原告经传票传唤无正当理由拒不到庭如何处理的规定。起诉和撤诉都是原告行使处分权的体现，是否准许原告撤诉是人民法院行使审判权的体现。起诉和撤诉是否发生原告希望的法律后果，取决于人民法院的决定。如果人民法院裁定不准许撤诉，则诉讼程序应当继续进行，原告应当依法参加诉讼。司法实践中，由于原告已经提出撤诉请求，表明其不想再继续进行诉讼，故在人民法院裁定不准许撤诉的情况下，原告往往会消极对待人民法院之后的审判活动，本条对此明确规定，原告在继续进行的诉讼中经传票传唤无正当理由拒不到庭的，人民法院可以缺席判决。

当事人有权处分其诉讼权利，原告申请撤诉就是其行使处分权的体现。但是，诉讼并非原告一方的事情，需要人民法院、原告、被告以及其他诉讼参与人共同参与。一旦原告提起诉讼，人民法院就开始履行职责并行使职权，人民法院受理案件并向被告送达应诉通知书后，被告开始应诉，部分案件中第三人亦参与诉讼，甚至还有部分案件在诉讼中启动了鉴定程序，如果允许原告随意撤回起诉，其后又任意再次起诉，将导致被告和第三人诉累增加，合法权益受到损害，司法成本无谓增加，司法活动的权威性亦受到影响。因此，原告申请撤诉，人民法院应当予以审查。诉讼过程中，原告发现目前收集的证据尚不足以支持其诉讼请求或者与对方达成和解协议，又或者基于相互谅解等原因自愿放弃诉讼请求并申请撤诉的，人民法院原则上应当准许。另外，原告在特定情形下申请撤诉的，人民法院不予准许或者可以不予准许。例如，（1）经查明属于虚假诉讼，原告申请撤诉的，不予准许。（2）当事人申请撤诉或者依法可以按撤诉处理的案件，如果当事人有违反法律的行为需要依法处理的，人民法院可以不准许撤诉或者不按撤诉处理，法庭辩论终结后原告申请撤诉，被告不同意的，人民法院可以不予准许。（3）公益诉讼案件的原告在法庭辩论终结后申请撤诉的，人民法院不予准许。（4）人民法院受理请求确认婚姻无效案件后，原告申请撤诉的，不予准许。

◆ **关联规定**

《最高人民法院关于适用〈中华人民共和国民事诉讼法〉的解释》（2022 年 4 月 1 日）

第二百三十七条 有独立请求权的第三人参加诉讼后，原告申请撤诉，人民法院在准许原告撤诉后，有独立请求权的第三人作为另案原告，原案原告、被告作为另案被告，诉讼继续进行。

第二百三十八条 当事人申请撤诉或者依法可以按撤诉处理的案件，如果当事人有违反法律的行为需要依法处理的，人民法院可以不准许撤诉或者不按撤诉处理。

法庭辩论终结后原告申请撤诉，被告不同意的，人民法院可以不予准许。

第二百三十九条 人民法院准许本诉原告撤诉的，应当对反诉继续审理；被告申请撤回反诉的，人民法院应予准许。

◆ **典型案例**

某资产管理公司诉某能源公司公司盈余分配纠纷案①

某资产管理公司诉某能源公司公司盈余分配纠纷一案，某能源公司不服内蒙古自治区高级人民法院（2013）内商初字第 6 号民事裁定，向最高人民法院提起上诉。二审期间，某资产管理公司向一审法院提出撤诉申请，称双方经协商已对纠纷处理达成一致意见，请求人民法院准予其撤回对某能源公司的起诉。某能源公司亦向一审法院提交请尽快裁定准予某资产管理公司撤诉的书面意见。一审法院向最高人民法院书面报告，认为鉴于双方当事人均有息诉的意思表示，对某资产管理公司的撤诉申请应予准许，但因案件现在最高人民法院管辖权异议二审期间，一审法院无法裁定准予撤诉，故报请最高人民法院处理。

最高人民法院经审查认为，宣判前，原告申请撤诉的，是否准许，由人民法院裁定。该条规定的宣判，应当理解为人民法院就当事人之间诉争的实体性事项作出的裁判。因此，当事人向人民法院申请撤回起诉，应当在一审法院就当事人之间的实体性争议事项宣判前提出。一审宣判后，当事人之间的诉争事项由于已经人民法院开庭审理并作出判决，具有国家公权力解决矛盾纠纷的性质，即使该判决因当事人提起上诉尚未发生法律效力，当事人也不得再行申请撤回起诉。但是，对于涉及诉讼构成要件等程序性事项引起的纠纷，因该程序性事项在确定之前，诉的构成要件尚未完全齐备，诉的成立与否尚在审查与确定程序中，故当事人可以在程序性事项作出生效裁判前，向人民法院申请撤回起诉。本案中，某资产管理公司在案件管辖权异议二审审查期间向一审法院申请撤回起诉，符合法律规定。从其撤诉申请书载明理由看，系因双方经协商已对纠纷处理达成一致意见，故向一审法院提交撤诉申请，请求准予其撤回对某能源公司的起诉。经核实，该申请是某资产管理公司的真实意思表示，内容不违反法律的强制性规定，人民法院应当裁定准许其撤回起诉。由于其在案件管辖权异议二审期间向一审法院提出撤诉申请，一审法院无权在管辖权异议案件二审期间作出准予撤诉的裁定，因而最高人民法院作为有权决定准予撤回起诉的人民法院，根据一审法院报告和当事人的意思表示，裁定撤销一审裁定，准许某资产管理公司撤回起诉。

---

① 最高人民法院（2013）民二终字第 21 号民事裁定书。

第一百四十九条 【延期审理】有下列情形之一的，可以延期开庭审理：

（一）必须到庭的当事人和其他诉讼参与人有正当理由没有到庭的；

（二）当事人临时提出回避申请的；

（三）需要通知新的证人到庭，调取新的证据，重新鉴定、勘验，或者需要补充调查的；

（四）其他应当延期的情形。

◆ **适用指引**

本条是关于延期审理的规定。延期审理，是指在诉讼过程中由于发生法律规定的情形，导致人民法院不能在原定日期对案件进行审理时，人民法院把已经开庭审理的案件改到另一日期进行审理。本条规定，有下列情形之一的，可以延期审理：

1. 必须到庭的当事人和其他诉讼参与人有正当理由没有到庭。必须到庭的当事人主要有三种：一是能够表达意志的离婚案件的当事人；二是负有赡养、抚育、扶养义务和不到庭就无法查清案情的被告；三是其他不到庭就无法查清事实的被告。必须到庭的其他诉讼参与人，是指不到庭就无法查清事实或者庭审无法进行的诉讼参与人，如案件中的关键证人。有正当理由没有到庭，是指未到庭存在无法克服、不能避免的客观理由，不是故意拒绝到庭。

2. 当事人临时申请回避。当事人提出回避申请应当说明理由，在案件开始审理时提出，回避事由在案件开始审理后知道的，也可以在法庭辩论终结前提出。被申请回避人员在人民法院作出是否回避决定前，应当暂停参与本案工作，但案件需要采取紧急措施的除外。当事人从案件开始审理时到法庭辩论终结前均可提出回避申请。如果当事人在开庭审理过程中，临时提出回避申请的，人民法院应当及时进行审查，当事人的申请无理的，驳回其申请，开庭审理继续进行；人民法院一时无法决定是否接受当事人的申请或者接受申请后无法确定新的合议庭组成人员的，开庭审理则不能如期进行，应作出延期审理决定。

3. 需要通知新的证人到庭，调取新的证据，重新鉴定、勘验或者需要补充调查。开庭审理过程中，如果当事人提出了新的证人和新的证据或者申请调取新的证据，或者人民法院认为应当重新鉴定、勘验，或者需要补充调查的，开庭审理不能继续进行，可以决定延期审理。

4. 其他应当延期审理的情形。本条第 4 项是对人民法院对于具体情形予以自由裁量的规定，其他应当延期的情形是指因不可抗力或者意外事件导致庭审无法正常进行的情形。

需要注意的是，人民法院延期开庭时需要注意以下几点：

第一，人民法院应当严格限制延期开庭审理次数。适用普通程序审理民商事案件，延期开庭审理次数不超过两次；适用简易程序以及小额速裁程序审理民商事案件，延期开庭审理次数不超过一次。

第二，人民法院开庭审理民商事案件后，认为需要延期开庭审理的，应当依法告知当事人下次开庭的时间。两次开庭间隔时间不得超过 1 个月，但因不可抗力或当事人同意的除外。

第三，独任审判员或者合议庭认为符合"其他应当延期的情形"而决定延期开庭的，应当报本院院长批准。

◆ **关联规定**

《最高人民法院关于严格规范民商事案件延长审限和延期开庭问题的规定》（2019 年 3 月 27 日）

第三条 人民法院应当严格限制延期开庭审理次数。适用普通程序审理民商事案件，延期开庭审理次数不超过两次；适用简易程序以及小额速裁程序审理民商事案件，延期开庭审理次数不超过一次。

第五条 人民法院开庭审理民商事案件后，认为需要延期开庭审理的，应当依法告知当事人下次开庭的时间。两次开庭间隔时间不得超过一个月，但因不可抗力或当事人同意的除外。

◆ **典型案例**

案例 1：某小额贷款公司诉马某鹰、马某岚、马某才民间借贷纠纷案[①]

马某鹰为偿还到期贷款向某小额贷款公司申请借款，双方签订《借款合同》《抵押合同》，后因合同履行产生纠纷，某小额贷款公司起诉请求：（1）马某鹰、马某岚立即偿还贷款本金和利息。（2）马某岚、马某才承担连带清偿责任。后，马某鹰不服二审判决，向最高人民法院申请再审。

最高人民法院经审查认为，必须到庭的当事人和其他诉讼参与人有正当理由

---

① 最高人民法院（2019）最高法民申 2106 号民事裁定书。

没有到庭的，可以延期开庭审理。人民法院应当在综合查明当事人具体情形的基础上决定是否准予延期开庭审理。马某鹰申请再审称一审法院对马某岚的送达程序违反法律规定，剥夺马某岚参加诉讼的权利，一审法院向马某岚径行公告送达存在程序瑕疵，二审法院已在查明事实基础上变更一审涉及马某岚的判项且马某岚并未申请再审。本案中，马某鹰因签证问题再次向人民法院申请延期审理，二审法院认定马某鹰并非本案必须到庭的当事人，并无不当。因此，原审法院对马某鹰再次延期审理的申请未予准许并依法缺席判决，不存在适用法律错误、剥夺辩论权利、未经传票传唤缺席判决的程序问题。

案例 2：某建设工程公司诉某房地产公司合资、合作开发房地产合同纠纷案[①]

某房地产公司（甲方）与某建设工程公司（乙方）签订《合作框架协议》《合作协议》《对外办理手续、签署合同协议书》等合同，后因合同履行产生纠纷，某建设工程公司向四川省高级人民法院起诉请求某房地产公司对已完成工程量据实结算、支付工程款及资金占用利息并赔偿经济损失。后，某建设工程公司不服四川省高级人民法院（2017）川民初 20 号民事判决，向最高人民法院提起上诉。

最高人民法院经审查认为，有下列情形之一的，可以延期开庭审理：（1）必须到庭的当事人和其他诉讼参与人有正当理由没有到庭的；（2）当事人临时提出回避申请的；（3）需要通知新的证人到庭，调取新的证据，重新鉴定、勘验，或者需要补充调查的；（4）其他应当延期的情形。本案一审审理过程中，因发生某建设工程公司增加诉讼请求、临时提出回避申请、申请调取证据、申请重新鉴定以及某房地产公司申请增加某置业公司作为案涉第三人等事由，一审法院据此延期开庭审理，符合法律规定。

第一百五十条　【开庭笔录】 书记员应当将法庭审理的全部活动记入笔录，由审判人员和书记员签名。

法庭笔录应当当庭宣读，也可以告知当事人和其他诉讼参与人当庭或者在五日内阅读。当事人和其他诉讼参与人认为对自己的陈述记录有遗漏或者差错的，有权申请补正。如果不予补正，应当将申请记录在案。

[①] 最高人民法院（2019）最高法民终 628 号民事判决书。

法庭笔录由当事人和其他诉讼参与人签名或者盖章。拒绝签名盖章的，记明情况附卷。

◆ **适用指引**

本条是关于法庭笔录的规定。

法庭笔录，是指书记员制作的能够反映法庭审理真实情况的书面记录。法庭笔录记载了当事人的主张和陈述、证据的质证、法院对案件事实的认定、当事人双方的辩论内容，是法院裁判的重要依据。法庭笔录的记载人为书记员。法庭笔录的内容为法庭审理的全部活动。一般情况下，法庭笔录主要包括以下内容：（1）笔录名称，如开庭笔录、宣判笔录等。（2）案由、开庭时间和地点、审判人员、书记员姓名。（3）原告、被告、第三人、诉讼代理人姓名、性别以及年龄等。若有未到庭的，应当记明未到庭情况。（4）审判长告知当事人的诉讼权利和义务以及是否要求审判人员或者其他出庭人员回避的情况。（5）当事人陈述。（6）法庭调查的全部情况：法庭对所有证据进行的调查，当事人对各种证据的辨认及提出的意见和要求，在审理过程中提出的新证据。（7）原告、被告、第三人、诉讼代理人的法庭辩论发言。（8）原告提出增加、变更、撤回的诉讼请求，被告提出的反诉，第三人提出的诉讼请求等，以及审判人员对这些情况的处理。（9）当事人和其他诉讼参与人的签名或盖章，或者当事人和其他诉讼参与人拒绝签名或盖章的情况。

应当高度重视法庭笔录的制作程序和过程，使其能够真实反映法庭审理的全部活动。书记员必须严格按照法律规定的内容和程序制作庭审笔录，将庭审全过程记入笔录并且如实反映案件全貌。客观真实的法庭笔录，既可用于了解当事人的全部主张，也可用于强化审判监督，确保审判人员依法行使职权。因此，法庭笔录除了反映当事人和其他诉讼参与人的全部活动，审判人员的活动也应记入笔录，如审判员行使诉讼指挥权、释明相应权利义务的情况，必须如实记录。当事人认为法庭笔录记载有遗漏或者差错申请补正的，审判人员或书记员应当认真审查，确实存在遗漏和差错的，及时补正。要严格区分记载存在遗漏或者差错与当事人改变、补充庭审时发言两种不同情况，记载存在遗漏或者差错，是指法庭笔录的记载与当事人陈述或者庭审过程不符；当事人改变、补充庭审时发言，是指法庭笔录对当事人的发言记载无误，但当事人后来认为当时发言与事实不符，或对其不利，或存在未尽之言，想要改变或者补充当时的发言。对于前种情况，审判人员和书记员审查属实的，应当补正；对于后种情况，不得在法庭笔录中直接补正。当事人事后推翻庭审中的陈述或者先前自认，应当依照法定程序进行并由人民法院依法审查。当事人或者诉讼参与人对于法庭笔录记载存在争议的，书记员应当及时调取法庭录音录像进行比对，确保庭审笔录反映庭审真实情况。

◆ **典型案例**

袁某波诉某工贸公司加工合同纠纷案①

袁某波与某工贸公司存在服装加工合同关系，后因合同履行产生纠纷，袁某波向山东省青岛市即墨区人民法院提起诉讼，请求某工贸公司支付服装加工费及利息。后，袁某波不服山东省青岛市中级人民法院二审判决，向山东省高级人民法院申请再审。

山东省高级人民法院经审查认为，在二审法院于 2021 年 1 月 20 日组织的法庭调查中，袁某波委托诉讼代理人胡某军参加法庭调查并在调查笔录上签字。调查笔录记载："审判人员问：结算单上写的已付款 987700 元是什么意思？"袁某波（二审被上诉人）答："该数额为最终汇总的数额，先由公司员工曹某丽和被上诉人做结算，但结算表上的数额并没有签字捺印，第二天某工贸公司（被申请人）的法定代表人曹某丽又通过微信方式将结算的结果发送给被上诉人（申请人），上面明确了结算的数额和款项。987700 元是已经支付给我方的款项。"对上述笔录记载的内容，袁某波主张二审法院笔录错误，调查笔录记载的内容不是其真实意思，其申请对笔录内容进行补正，原审法院未准许。当事人和其他诉讼参与人认为自己的陈述记录有遗漏或者差错的，有权申请补正。如果不予补正，应当将申请记录在案。因此，如果法庭调查形成的笔录记载错误，袁某波有权申请补正，若原审法院不同意补正，应将其申请记录在案。经审阅二审调查笔录，笔录中既没有袁某波请求补正笔录的记载，也没有将其申请记录在案。调查笔录是法院审理案件形成的诉讼文书，当事人在开庭调查中的陈述对自身具有约束力。袁某波庭后通过提交代理意见的方式表达不同意笔录记载的内容，拟证明笔录记载错误，不符合法律规定，二审法院依据袁某波在法庭调查中的陈述作为认定本案事实的依据，符合法律规定。

---

① 山东省高级人民法院（2021）鲁民申 10366 号民事裁定书。

第一百五十一条 **【宣判】**人民法院对公开审理或者不公开审理的案件，一律公开宣告判决。

当庭宣判的，应当在十日内发送判决书；定期宣判的，宣判后立即发给判决书。

宣告判决时，必须告知当事人上诉权利、上诉期限和上诉的法院。

宣告离婚判决，必须告知当事人在判决发生法律效力前不得另行结婚。

◆ 适用指引

本条是关于人民法院公开宣告判决的规定。根据本条规定，公开宣判应注意以下事项：

1. 公开审判制度是我国民事审判的基本制度，根据该制度的一般要求，人民法院在审理案件时应当公开进行。但是对于有些特殊案件，如果完全公开有可能导致国家秘密、商业秘密泄露，或者不利于保护个人隐私。因此，涉及国家秘密、个人隐私的案件不公开审理，离婚案件与涉及商业秘密的案件，当事人申请不公开审理的，人民法院可以不公开审理。对于公开审理或者不公开审理的案件，一律公开宣告判决。

2. 宣判可以当庭宣判，也可以定期宣判。人民法院经过审理查清争议事实，可以当庭宣判；由于特殊原因不能当庭宣判，例如合议庭需要另行评议、案件需要提交审判委员会讨论决定等，也可以择日公开宣判。

3. 宣告一审判决时必须告知当事人上诉权利、上诉期限和上诉的法院，即告知当事人，如果不服本判决，可于接到判决书之日起 15 日内，向本院提交上诉状及副本，上诉于第二审人民法院。司法实践中须明确具体的法院。

4. 宣告一审离婚判决，必须告知当事人在判决发生法律效力前不得另行结婚。人民法院审理民事案件依照法律规定实行两审终审制度，民事案件经过两级人民法院审理和判决即告终结。当事人对第一审人民法院作出的裁判不服的，可以在法律规定的期间内向上一级人民法院提起上诉，经过上一级人民法院审判后，裁判才发生法律效力。对于离婚案件，如果第一审法院判决准许离婚，当事人上诉，二审法院有可能作出不准离婚的判决，因此，第一审法院宣告离婚判决，必须告知当事人在判决发生法律效力之前不得另行结婚。

当庭宣判的案件，当事人可以选择要求邮寄发送裁判文书，也可以选择自行到法院领取文书。当庭宣判的案件，由于当事人已经知晓裁判文书内容，败诉一方当事人可能逃避裁判文书送达，从而造成送达困难以及后续诉讼程序拖延。因此，当庭宣判时应当对判决书的送达方式进行明确，当事人要求邮寄裁判文书的，应当邮寄送达，当事人选择自行领取裁判文书的，应当明确领取裁判文书的时间和地点。当事人要求邮寄送达裁判文书的，应当提供准确送达地址。因受送达人自己提供或者确认的送达地址不准确、拒不提供送达地址、送达地址变更未及时告知人民法院、受送达人本人或者受送达人指定的代收人拒绝签收，导致诉讼文书未能被受送达人实际接收的，文书退回之日视为送达之日。当事人自行领取裁判文书的，人民法院除告知当事人或者诉讼代理人领取时间和地点外，还须告知逾期不领取的法律后果。司法实践中，逾期不领取的法律后果是裁判文书视为送达，人民法院在宣告判决时告知当事人，在指定期间内未领取的，指定领取裁判文书期间届满之日为送达之日，上诉期从人民法院指定领取裁判文书期间届满之日起开始计算。

◆ **关联规定**

《最高人民法院关于适用〈中华人民共和国民事诉讼法〉的解释》（2022 年 4 月 1 日）

第二百四十一条 被告经传票传唤无正当理由拒不到庭，或者未经法庭许可中途退庭的，人民法院应当按期开庭或者继续开庭审理，对到庭的当事人诉讼请求、双方的诉辩理由以及已经提交的证据及其他诉讼材料进行审理后，可以依法缺席判决。

第二百四十二条 一审宣判后，原审人民法院发现判决有错误，当事人在上诉期内提出上诉的，原审人民法院可以提出原判决有错误的意见，报送第二审人民法院，由第二审人民法院按照第二审程序进行审理；当事人不上诉的，按照审判监督程序处理。

第二百五十三条 当庭宣判的案件，除当事人当庭要求邮寄发送裁判文书的外，人民法院应当告知当事人或者诉讼代理人领取裁判文书的时间和地点以及逾期不领取的法律后果。上述情况，应当记入笔录。

第一百五十二条 **【审限】**人民法院适用普通程序审理的案件，应当在立案之日起六个月内审结。有特殊情况需要延长的，经本院

院长批准，可以延长六个月；还需要延长的，报请上级人民法院批准。

◆ 适用指引

本条是关于一审民事案件审限的规定。审限，是指法律规定的人民法院审理案件的期限，目的是提高审判效率，减轻当事人诉累，促使当事人及时实施诉讼行为，人民法院及时审结案件。人民法院延长审限应当注意以下问题：

1. 人民法院审理民商事案件，应严格遵守法律及司法解释有关审限的规定。法律规定有特殊情况需要延长审限的，独任审判员或合议庭应当在期限届满15日前向本院院长提出申请并说明详细情况和理由。院长应当在期限届满5日前作出决定。经本院院长批准延长审限后，尚不能结案，需要再次延长的，应在期限届满15日前报请上级人民法院批准。上级人民法院应在审限届满5日前作出决定。即延长审限需要在审限届满前一定期限内提出，并在审限届满前作出决定。

2. 人民法院应将案件立案时间，审理期限，扣除、延长、重新计算审限和延期开庭审理情况及事由，及时向当事人及其法定代理人、诉讼代理人公开。

需要注意的是，某些特殊情况导致诉讼活动不能正常进行，故其占用期间不应计入审限，需要予以扣除。公告、鉴定的期间，审理当事人提出的管辖权异议和处理法院之间的管辖争议期间等不应计算在审限内。当事人和解的期间也不计入审限，可以扣除。另外，双方当事人申请庭外和解的期间不计入审限，适用该规定扣除审限应当注意规范庭外和解启动程序和次数，及时给当事人制作笔录或者要求当事人提交书面申请，调解不成时及时恢复审理。

◆ 关联规定

《最高人民法院关于适用〈中华人民共和国民事诉讼法〉的解释》（2022 年 4 月 1 日）

第二百四十三条　民事诉讼法第一百五十二条规定的审限，是指从立案之日起至裁判宣告、调解书送达之日止的期间，但公告期间、鉴定期间、双方当事人和解期间、审理当事人提出的管辖异议以及处理人民法院之间的管辖争议期间不应计算在内。

《最高人民法院关于人民法院民事调解工作若干问题的规定》（2020 年 12 月 29 日）

第二条第一款 当事人在诉讼过程中自行达成和解协议的，人民法院可以根据当事人的申请依法确认和解协议制作调解书。双方当事人申请庭外和解的期间，不计入审限。

第四条 在答辩期满前人民法院对案件进行调解，适用普通程序的案件在当事人同意调解之日起 15 天内，适用简易程序的案件在当事人同意调解之日起 7 天内未达成调解协议的，经各方当事人同意，可以继续调解。延长的调解期间不计入审限。

◆ **典型案例**

某文化公司诉某信息技术公司计算机软件开发合同纠纷案①

某文化公司与某信息技术公司签订《软件开发合同》，约定某文化公司委托某信息技术公司开发涉案软件。后因合同履行产生纠纷，某文化公司向北京知识产权法院提起诉讼，请求：（1）确认双方签订的《软件开发合同》于 2021 年 1 月 14 日解除。（2）某信息技术公司返还合同款并支付违约金。某信息技术公司提出反诉，请求某文化公司支付合同尾款与违约金。后，某文化公司不服一审判决，向最高人民法院提起上诉。

最高人民法院经审查认为，人民法院适用普通程序审理的案件，应当在立案之日起六个月内审结。有特殊情况需要延长的，经本院院长批准，可以延长六个月；还需要延长的，报请上级人民法院批准。因此，适用普通程序审理的民事案件，应当在立案之日起六个月内审结。近年来随着经济社会的不断发展，民事纠纷案件数量不断增长，人民法院案多人少矛盾日渐突出。为了回应人民群众对司法的需求，人民法院实行立案登记制，充分保障了人民群众民事诉讼权利。但是，要求每一件案件必须在六个月审限内审结，确有实际困难，因此该条还规定有特殊情况需要延长的，经过审批程序可以延长。本案中，原审法院依照法律规定已经履行审限延长报批手续，某文化公司认为原审法院延长审限未向其通知构成程序违法，无事实和法律依据。

---

① 最高人民法院（2021）最高法知民终 2458 号民事判决书。

第四节 诉讼中止和终结

第一百五十三条 【中止诉讼】有下列情形之一的，中止诉讼：

（一）一方当事人死亡，需要等待继承人表明是否参加诉讼的；

（二）一方当事人丧失诉讼行为能力，尚未确定法定代理人的；

（三）作为一方当事人的法人或者其他组织终止，尚未确定权利义务承受人的；

（四）一方当事人因不可抗拒的事由，不能参加诉讼的；

（五）本案必须以另一案的审理结果为依据，而另一案尚未审结的；

（六）其他应当中止诉讼的情形。

中止诉讼的原因消除后，恢复诉讼。

◆ **适用指引**

本条是关于中止诉讼具体情形的规定。民事诉讼程序开始后，应当依照法定程序连续进行，但有时会出现某种无法克服和难以避免的特殊情况导致诉讼程序不能或者不宜进行，需要使诉讼程序暂时停止。根据本条规定，中止诉讼有下列情形：

1. 一方当事人死亡，需要等待继承人表明是否参加诉讼。民事诉讼进行中，一方当事人死亡，其诉讼权利能力自然终止，必须等待其继承人参加诉讼，诉讼程序才能继续进行。如果其继承人能及时参加诉讼，则诉讼无须中止。如果确定继承人比较复杂，甚至可能发生争议，需要一定时间才能确定继承人是否承担被继承人的诉讼权利义务时，应当中止诉讼。需要注意的是，需要等待继承人的情况仅发生在因财产关系发生争议的案件中。身份关系只能存在于特定自然人之间，任何一方当事人死亡都会导致该特定的身份关系消灭。因身份关系提起的诉讼，不发生等待继承人参加诉讼的问题，如离婚案件中，一方当事人死亡，婚姻关系就自然解除。

2. 一方当事人丧失诉讼行为能力，尚未确定法定代理人。民事诉讼中，一方当事人丧失诉讼行为能力，如突发精神病以致无法表达自身的意志，就不能自主行使诉讼权利、承担诉讼义务，需要由监护人作为法定代理人代为诉讼，如果确定法定代理人确有困难，需要较长时间，应中止诉讼。

3. 作为一方当事人的法人或者其他组织终止，尚未确定权利义务承受人。民事诉讼中，作为一方当事人的法人或其他组织如果因合并、撤销、解散等原因而终止，即丧失当事人资格，不能继续作为当事人参加诉讼，由其权利义务承受人承担诉讼，在权利义务承受人未确定前，应中止诉讼。

4. 一方当事人因不可抗拒的事由，不能参加诉讼。不可抗拒的事由是指人力无法预料、无法克服、无法避免的强制力所造成的事由，如地震、洪水等自然灾害或者战争等个人力量无法避免的情况。当事人因为这种重大变故，较长时间内不能参加诉讼的，应中止诉讼。不可抗拒事由系不能归责于当事人的事由，中止诉讼中的"不可抗拒的事由"与延期审理中的"有正当理由没有到庭"都是为了保护当事人的诉讼权利，适用情形存在交叉。延期审理主要针对诉讼拖延时间不长，延长期限可以预见的情形，延期审理多属于诉讼中事由，如申请回避，使用决定书；中止属于诉讼活动停止，多为诉讼外事由，法律文书是裁定书。

5. 本案必须以另一案的审理结果为依据，而另一案件尚未审结。实践中，有些民事案件比较复杂，案件之间的法律关系或者事实情况相互牵连。一个案件的事实认定或者法律适用要以另一案件的审理结果为依据，如果不等另一案件审结而裁判，可能出现两案事实不清，适用法律失当，出现矛盾裁判。因此，这种情况应当中止诉讼。是否必须以其他案件的审理结果为前提，取决于案件审理需要，彼此关联的两个案件是否有先决关系或前提关系。另一案的审理包括刑事案件、民事案件和行政案件。

6. 其他应当中止的情形。除上述五种情形，还可能有其他情况使审理程序不能继续进行，此时应由法院根据实际情况灵活掌握。例如，法院受理破产申请后，已经开始而尚未终结的有关债务人的民事诉讼或者仲裁应当中止，在管理人接管债务人的财产后，该诉讼或者仲裁继续进行。再如，第三人撤销之诉案件审理期间，法院对生效判决、裁定、调解书裁定再审的，受理第三人撤销之诉的法院应当裁定将第三人的诉讼请求并入再审程序，但有证据证明原审当事人之间恶意串通损害第三人合法权益的，人民法院应当先行审理第三人撤销之诉案件，裁定中止再审诉讼。

裁定中止诉讼的原因消除，恢复诉讼程序时，不必撤销原裁定，从人民法院通知或者准许当事人双方继续进行诉讼时起，中止诉讼的裁定即失去效力。

诉讼中止可在受理起诉后至裁判之前的任何阶段发生。当事人申请诉讼中止或人民法院发现中止事由的，法院应当依职权对中止的事由进行调查。中止事由成立的，应当由人民法院以书面形式作出裁定。人民法院除依法采取诉讼保全措施外，应停止对案件的审理。中止诉讼的裁定一经作出即发生法律效力，当事人不得上诉，不得申请复议。当事人认为人民法院诉讼中止裁定错误的，可以向人民检察院申诉。中止诉讼的裁定效力体现为：除了已经作出的保全和先予执行裁定需要继续执行外，一切属于本案诉讼程序的活动一律暂停，但已经进行的诉讼行为继续有效。诉讼中止由特定中止事由引发，不管是程序性事项还是与实体有关的事项，都是一种可消除的暂时状态，而非永久状态。中止诉讼原因消除后，应及时恢复诉讼程序，诉讼程序恢复之日，中止诉讼裁定自行失效。因此，恢复诉讼程序时不必撤销原裁定，从人民法院通知或者准许双方当事人继续进行诉讼时起，中止诉讼裁定即失去效力。

处理民刑交叉诉讼时，应当首先考虑彼此之间是否有先决关系。如果民事诉讼争议的事实与刑事诉讼所涉及的犯罪事实属于同一事实，民事诉讼必须以刑事诉讼结果为前提才能作出正确处理或者民事诉讼必须等涉及刑事诉讼一方当事人的刑事诉讼结案后才能继续进行的，应当中止民事诉讼并将有关材料移送有关司法机关，待刑事案件审结后，再恢复民事案件的审理。如果案件基本事实无须以相关刑事案件审理结果为依据，人民法院应当继续审理。

◆ **关联规定**

《最高人民法院关于适用〈中华人民共和国民事诉讼法〉的解释》（2022 年 4 月 1 日）

第五十五条　在诉讼中，一方当事人死亡，需要等待继承人表明是否参加诉讼的，裁定中止诉讼。人民法院应当及时通知继承人作为当事人承担诉讼，被继承人已经进行的诉讼行为对承担诉讼的继承人有效。

第二百四十六条　裁定中止诉讼的原因消除，恢复诉讼程序时，不必撤销原裁定，从人民法院通知或者准许当事人双方继续进行诉讼时起，中止诉讼的裁定即失去效力。

◆ **典型案例**

某资产管理公司吉林分公司诉某科技公司、某制药厂借款合同纠纷案①

某制药厂与某银行南广场支行签订《流动资金借款合同》和《保证合同》，

---

① 最高人民法院（2018）最高法民申 1277 号民事裁定书。

后因合同履行发生纠纷，某银行南广场支行向吉林省长春市中级人民法院提起诉讼，请求：（1）某制药厂偿还借款本金及利息。（2）某科技公司承担连带保证责任。后，某科技公司不服一审判决，以某银行南广场支行为被上诉人向吉林省高级人民法院提起上诉。上诉期间，本案债权发生转让，某资产管理公司吉林分公司申请变更其为二审被上诉人。某科技公司不服二审判决，向最高人民法院申请再审。

最高人民法院经审查认为，有下列情形之一的，中止诉讼：（1）一方当事人死亡，需要等待继承人表明是否参加诉讼的；（2）一方当事人丧失诉讼行为能力，尚未确定法定代理人的；（3）作为一方当事人的法人或者其他组织终止，尚未确定权利义务承受人的；（4）一方当事人因不可抗拒的事由，不能参加诉讼的；（5）本案必须以另一案的审理结果为依据，而另一案尚未审结的；（6）其他应当中止诉讼的情形。中止诉讼的原因消除后，恢复诉讼。本案中，某科技公司虽主张某银行南广场支行工作人员涉嫌犯罪，已进入审查起诉阶段并主张借款合同无效及担保合同无效，某科技公司不应承担担保责任或中止本案审理。但是，目前刑事案件的进程不足以确认该刑事案件必然影响本案民事权利义务。因此，吉林省高级人民法院认定本案不属于前述规定的必须以另一案审理结果为依据的情形，某科技公司主张本案应当中止审理，没有事实及法律依据。

第一百五十四条　【终结诉讼】 有下列情形之一的，终结诉讼：

（一）原告死亡，没有继承人，或者继承人放弃诉讼权利的；

（二）被告死亡，没有遗产，也没有应当承担义务的人的；

（三）离婚案件一方当事人死亡的；

（四）追索赡养费、扶养费、抚养费以及解除收养关系案件的一方当事人死亡的。

◆ **适用指引**

本条是关于诉讼终结的规定。民事诉讼终结，是指当出现某种法定情形时，人民法院依法结束民事案件审理活动。在通常情况下，民事诉讼因人民法院对案件作出裁判或者调解而结束，但在诉讼进行中如果发生法律规定的某种特殊情况，使案件审理不可能进行下去或者进行下去没有意义时，就需要以裁定终结诉讼的方式结束诉讼程序。根据本条规定，有下列情形之一的，终结诉讼：

1. 原告死亡，没有继承人，或者继承人放弃诉讼权利。民事诉讼是因原告提出诉讼请求、主张一定权利而引起。如果原告死亡，没有继承人或者继承人放弃诉讼权利，则诉讼失去了权利主张人，这样的诉讼继续下去既不可能也无意义，应当终结诉讼。

2. 被告死亡，没有遗产，也没有应当承担义务的人。被告死亡，没有遗产，也没有应当承担义务的人，则原告的诉讼请求不可能得到满足，诉讼继续进行既不可能也无意义，应当终结诉讼。

3. 离婚案件一方当事人死亡。离婚案件是为解除当事人之间的婚姻关系，一方当事人死亡，则婚姻关系自然消灭，诉讼要解决的问题前提已不复存在，应当终结诉讼。

4. 追索赡养费、扶养费、抚养费以及解除收养关系案件的一方当事人死亡。追索赡养费、扶养费、抚养费案件的原告死亡，提出给付要求的人不存在，被告死亡，也不能再支付赡养费、扶养费和抚养费，案件审理的实际意义消失，应当终结诉讼。解除收养关系案件的一方当事人死亡的，收养关系已经不复存在，诉讼也无继续进行的必要，应当终结诉讼。

诉讼终结，案件就不再审理，当事人不得再就同一诉讼标的提起诉讼。人民法院决定诉讼终结，应当作出书面裁定。诉讼终结裁定一经作出即发生法律效力，当事人对该裁定不得提起上诉。

诉讼终结应当注意以下两点：（1）诉讼终结是诉讼程序的终结，故终结诉讼裁定不能确定死亡一方当事人的财产归属。（2）诉讼终结将从法律上排除当事人诉讼权利的行使，适用必须严格限制，本条规定之外的情形即便对诉讼进行造成严重障碍，也不得扩张适用诉讼终结。上诉案件的当事人死亡或者终止的，人民法院依法通知其权利义务承继者参加诉讼。需要终结诉讼的，适用本条规定。

◆ **关联规定**

《最高人民法院关于适用〈中华人民共和国民事诉讼法〉的解释》（2022 年 4 月 1 日）

第三百二十条 上诉案件的当事人死亡或者终止的，人民法院依法通知其权利义务承继者参加诉讼。

需要终结诉讼的，适用民事诉讼法第一百五十四条规定。

◆ **典型案例**

黄某诉某置业发展公司股东知情权纠纷案①

黄某系某置业发展公司股东，其向山东省曲阜市人民法院提起诉讼，请求某置业发展公司在法院指定时间、地点提供某置业发展公司成立以来的全部公司会计账簿用于查阅、复制。后，黄某不服山东省济宁市中级人民法院（2020）鲁08民终4736号民事判决，向山东省高级人民法院申请再审。

山东省高级人民法院经审查认为，有下列情形之一的，终结诉讼：（1）原告死亡，没有继承人，或者继承人放弃诉讼权利的；（2）被告死亡，没有遗产，也没有应当承担义务的人的；（3）离婚案件一方当事人死亡的；（4）追索赡养费、扶养费、抚育费以及解除收养关系案件的一方当事人死亡的。

再审申请审查期间，有下列情形之一的，裁定终结审查：（1）再审申请人死亡或者终止，无权利义务承继者或者权利义务承继者声明放弃再审申请的；（2）在给付之诉中，负有给付义务的被申请人死亡或者终止，无可供执行的财产，也没有应当承担义务的人的；（3）当事人达成和解协议且已履行完毕的，但当事人在和解协议中声明不放弃申请再审权利的除外；（4）他人未经授权以当事人名义申请再审的；（5）原审或者上一级人民法院已经裁定再审的；（6）有本解释第三百八十三条第一款规定情形的。本案中，某置业发展公司于2020年11月12日办理注销登记，某置业发展公司的法人资格即消亡，黄某本案所诉权利义务主体只能是某置业发展公司，根据法律规定，本案终结审查。

第五节　判决和裁定

第一百五十五条　【判决书】判决书应当写明判决结果和作出该判决的理由。判决书内容包括：

（一）案由、诉讼请求、争议的事实和理由；

（二）判决认定的事实和理由、适用的法律和理由；

（三）判决结果和诉讼费用的负担；

---

① 山东省高级人民法院（2021）鲁民申13102号民事裁定书。

（四）上诉期间和上诉的法院。

判决书由审判人员、书记员署名，加盖人民法院印章。

◆ **适用指引**

本条是关于判决书内容与形式的规定。本条的立法目的是规范裁判文书制作，强化判决书说理性。

1. 强化判决书说理性。本条首先规定判决书应当写明判决结果和作出该判决的理由，目的是强化判决书说理性。判决结果即判决结论，是人民法院根据审判中认定的事实和理由以及适用的法律条款，解决案件争议的内容，要求明确、肯定、具体，有执行内容的判决结果应当具有可操作性。判决结果可能是全部或部分承认当事人的诉讼请求，也可能是全部或部分否定当事人的诉讼请求。判决的理由，主要包括事实依据和法律依据。事实依据是在查明事实基础上，通过辨别是非，说明当事人提出的哪些事实可以确定，哪些主张予以支持，哪些不予支持。法律依据是人民法院作出判决的具体法律根据，既有实体法依据，也有程序法依据。裁判文书的说理要做到以下两个方面：第一，关于事实认定，要从客观性、合法性和关联性三个方面对证据进行分析论证并在裁判文书中表明对当事人所举证据是否采纳并说明理由，全面呈现法庭举证、质证、认证情况以及事实认定过程。案件事实要与经审理认定的证据紧密联系，做到认定事实与采信证据相一致。在案件事实的表述上，要侧重与案件定性和处理有关的事实情节。对当事人有争议的部分，要依据证据详细阐明对该部分事实认定的理由。第二，关于法律适用，应结合个案事实对具体适用法律某一条款作为裁判依据的理由予以解释，必要时要对法律条款进行详尽法理解释，对其裁量选择作出详尽说明，不能仅是简单宣告裁判依据的法律条款。对案情简单、事实清楚，当事人没有争议的案件或者调解解决的案件，可以概括叙述事实或简要论述理由，当事人对事实及法律适用有分歧、争议的，应当详细叙述争议事实及论述理由。

2. 规范判决书的内容。民事判决书应当包括四项内容：

（1）案由、诉讼请求、争议的事实和理由。案由是民事案件审理以及制作裁判文书中的核心问题。民事案件案由即民事诉讼案件名称，反映该民事案件的类型和所涉及的民事法律关系性质，是人民法院对诉讼争议所包含的法律关系进行的提炼概括。案由的确定是审理民事案件基础性的工作。诉讼请求是当事人通过人民法院向对方当事人提出的实体权利请求。民事诉讼中，原告向被告提出的请求，被告反诉提出的请求以及诉讼中的第三人向原被告提出的请求，都是诉讼请求。根据当事人诉讼请求的目的和内容，可将诉分为确认之诉、给付之诉和变更之诉。争议的事实和理由，是指当事人在起诉和答辩中直接反映的争议事实以及为维护自己的诉讼主张所持有的具体理由。制作判决书时，应对当事人提出的争议事实和理由分别归纳记载，尽可能准确反映当事人的争议焦点。

（2）判决认定的事实和理由、适用的法律和理由。这一部分是判决的正文部分，是判决书的主要内容。判决认定的事实和理由，是指经审理查明事实，辨别是非曲直，通过一定的说理确定当事人提出的哪些事实可以成立，哪些主张应予支持或不予支持。认定的事实应当能全面客观地揭示案情。适用的法律和理由，是指人民法院认定的事实应适用哪些法律，作出判决应依据哪些实体法和程序法条款。裁判文书中公开法律适用的理由尤为重要。在裁判文书中公开法律适用的理由，是法官创造性的释法活动，通过将抽象的法律规范同具体案件事实结合起来，使法律规范最大限度地适应不断变化的社会实际。

（3）判决结果和诉讼费用的负担。判决结果又称判决主文，是民事判决书的核心部分。判决主文应当注意其可执行性，使执行有明确依据和可操作性，应当针对当事人的诉讼请求而作出，人民法院应当在判决书中一一回应当事人提出的诉讼请求和主张，不能遗漏；同时，基于处分原则和不告不理原则，判决主文不能超出当事人请求范围。诉讼费用的负担，是人民法院依法决定谁负担诉讼费用以及如何负担、具体数额等。诉讼费用的负担本身不是判决结果，但与判决结果密切相关，人民法院应当按照规定的诉讼费用负担原则对诉讼费用负担作出裁判，当事人不得单独就诉讼费用负担提起上诉。

（4）上诉期间和上诉的法院。上诉期间为收到判决书之日起15日内，上诉法院为一审法院的上一级法院。除最高人民法院作出的一审判决和适用特别程序作出的判决外，地方各级人民法院作出的一审判决均是可以上诉的判决。

上述四项内容是判决书的主要内容，构成了判决书的骨架，但并非判决书的全部内容。一份结构完整的判决书可以分为首部、正文和尾部三部分。首部除应写明案由以外，还应写明标题、人民法院全称、案号以及当事人和其他诉讼参与人基本情况、开庭审理时间、审判组织、所适用的程序等内容。正文部分包括诉讼请求、争议事实和理由、判决认定的事实和理由、适用的法律依据和理由、判决结果和诉讼费用的负担等内容。尾部包括上诉期间以及上诉法院。此外，判决书要有合议庭组成人员或独任审判员、书记员署名，注明判决书制作时间并加盖人民法院印章。

◆ **关联规定**

《最高人民法院关于民事诉讼证据的若干规定》（2019 年 12 月 25 日）

第八十五条　人民法院应当以证据能够证明的案件事实为根据依法作出裁判。

审判人员应当依照法定程序，全面、客观地审核证据，依据法律的规定，遵循法官职业道德，运用逻辑推理和日常生活经验，对证据有无证明力和证明力大小独立进行判断，并公开判断的理由和结果。

第九十七条　人民法院应当在裁判文书中阐明证据是否采纳的理由。

对当事人无争议的证据，是否采纳的理由可以不在裁判文书中表述。

第一百五十六条　**【先行判决】**人民法院审理案件，其中一部分事实已经清楚，可以就该部分先行判决。

◆ **适用指引**

本条是关于先行判决的规定。部分先行判决是为及时保护当事人的合法权益，防止诉讼过分迟延，如果对一部分请求的相关事实已经查明且就这部分诉讼请求需要尽快判决，人民法院可以先就该部分判决，其他诉讼请求待相关事实进一步查明后通过后续判决解决。原告向人民法院提起诉讼可以有一个或几个诉讼请求。

一般情况下，法院在一个诉讼中查明案件事实后，应对原告提出的全部诉讼请求依法作出裁判，但案件审理中由于种种原因限制，对原告各项诉讼请求相关事实难以全部查清，不能一次对所有诉讼请求作出判决时，可以就查清的部分诉讼请求先行判决。需要注意的是，先行判决仅为中间判决，如果人民法院根据当事人申请或者经审理后认为可以先行判决的，作出判决后应当就剩余部分继续审理，不应驳回当事人的其他诉讼请求。先行判决后，整个案件并未结束，人民法院的审判活动将集中在其他未决事项上。部分先行判决的法律效力与全案判决的效力相同，如果是一审，当事人对部分先行判决不服的，可以在判决作出后 15 日内就该判决向上一级人民法院提起上诉。

可以进行先行判决的部分，主要是指在诉讼请求中可以独立分出的部分或者几个合并审理的诉中的相对独立部分；先行判决部分事实必须已经清楚，如果该部分诉讼请求与整个诉讼请求不可分，对该部分先行判决将会使其余诉讼请求难以确定，就不能对该部分先行判决。依据本条规定进行的先行判决不是对全案的判决，没有判决的部分仍然在审理中。就部分已查清的事实先行判决时，应向当事人说明案件其他部分仍在审理中，要避免在全案判决时遗漏当事人诉讼请求。在当事人提交申请书明确请求先行判决、其他部分另行主张的情况下，人民法院应向当事人释明，该申请是请求先行判决还是主张变更诉讼请求。

◆ **典型案例**

某置业公司诉某居委会合资、合作开发房地产合同纠纷案①

某置业公司诉某居委会合资、合作开发房地产合同纠纷一案，某置业公司不服河南省高级人民法院（2020）豫民终1013号民事判决，向最高人民法院申请再审。

最高人民法院经审查认为，某置业公司主张河南省高级人民法院二审适用法律错误。人民法院审理案件，其中一部分事实已经清楚，可以就该部分先行判决。本案中，因与案涉合同是否应予解除有关的事实已经查清，河南省高级人民法院根据查明事实就某置业公司相应诉讼请求先行判决，同时将未查清部分发回重审，符合法律规定。

第一百五十七条　【裁定】 裁定适用于下列范围：

（一）不予受理；

（二）对管辖权有异议的；

（三）驳回起诉；

（四）保全和先予执行；

（五）准许或者不准许撤诉；

（六）中止或者终结诉讼；

（七）补正判决书中的笔误；

（八）中止或者终结执行；

（九）撤销或者不予执行仲裁裁决；

（十）不予执行公证机关赋予强制执行效力的债权文书；

---

① 最高人民法院（2021）最高法民申3220号民事裁定书。

（十一）其他需要裁定解决的事项。

对前款第一项至第三项裁定，可以上诉。

裁定书应当写明裁定结果和作出该裁定的理由。裁定书由审判人员、书记员署名，加盖人民法院印章。口头裁定的，记入笔录。

◆ 适用指引

本条是关于裁定的规定。裁定是人民法院对诉讼过程中有关程序事项所作的判定。根据本条第 1 款的规定，民事裁定适用于下列事项：

1. 不予受理。受理是人民法院基于审判权的职权行为，与原告的起诉构成对应关系。受理程序包括两个环节：一是审查起诉；二是受理立案。人民法院对当事人的起诉进行审查后，符合起诉条件的，应当在 7 日内立案并通知当事人。不符合起诉条件的，应当在 7 日内作出裁定书，不予受理。

2. 对管辖权有异议的。人民法院受理案件后，当事人对管辖权有异议的，应当在提交答辩状期间提出。人民法院对当事人提出的异议，应当审查。异议成立的，裁定将案件移送有管辖权的人民法院；异议不成立的，裁定驳回。

3. 驳回起诉。不符合起诉条件的案件，应当不予受理。如果人民法院受理了不属于民事诉讼受理范围的案件，原告又不撤诉的，应裁定驳回起诉；如果在审理过程中发现原告起诉不符合起诉条件的，应当通知原告撤诉，原告不撤诉的，裁定驳回起诉。

4. 保全和先予执行。保全是人民法院为保证将来作出的判决能够得到有效执行，在受理诉讼之前或者诉讼过程中根据利害关系人或者当事人申请，或者依职权对当事人的财产作出法定的强制性保护措施或者责令当事人作出一定行为、禁止当事人作出一定行为。先予执行，是指人民法院在审理民事案件时，为满足当事人生产、生活迫切需要，在判决之前根据当事人的申请，依法裁定应当履行义务的一方当事人提前给付一定数额的金钱、财物或者停止、实施某些行为并立即执行。需要注意的是，裁定一般适用于诉讼过程中发生的程序性问题，保全和先予执行虽然都以裁定形式作出，但都涉及实体问题。财产保全并不决定财产归属，行为保全与先予执行只是基于某些案件当事人的特殊需要，责令另一方当事人作出一定行为、禁止作出一定行为或预先履行一定义务，不是最终确定当事人的实体权利义务。因此，保全和先予执行仍属程序问题，有保证诉讼顺利进行的作用。

5. 准许或者不准许撤诉。撤诉是原告或上诉人的诉讼权利，但该权利受到一定限制，必须在法律许可范围内行使。原告可以在起诉后，宣判前申请撤诉；上诉后，上诉人可以在二审法院判决宣告前申请撤回上诉。原告或上诉人申请撤诉后能否达到撤诉的效果，取决于人民法院是否准许。如果得到准许，则产生撤诉的法律效果，从而终结案件的诉讼程序；否则诉讼程序继续进行。人民法院准许撤诉或者不准许撤诉，以裁定方式作出，该裁定一经作出，即具有法律效力，当事人不能上诉，也不能申请复议。

6. 中止或者终结诉讼。诉讼中如果出现诉讼中止或者终结情形，人民法院应当作出中止诉讼或者终结诉讼的裁定。中止或终结诉讼的裁定一经作出，即具有法律效力，当事人既不能上诉，也不能申请复议。裁定中止诉讼的原因消除，恢复诉讼程序时不必撤销原裁定，从人民法院通知或者准许当事人双方继续进行诉讼时起，中止诉讼裁定即失去效力。

7. 补正判决书中的笔误。笔误，是指法律文书误写、误算，诉讼费用漏写、误算和其他笔误。对判决书进行补正，应当用裁定方式。补正判决书中的笔误，不涉及当事人实体权利和诉讼权利。

8. 中止或者终结执行。执行过程中如出现法定的执行中止或终结情形，应当作出中止或者终结执行裁定。中止和终结执行裁定，送达当事人后立即生效。

9. 撤销或者不予执行仲裁裁决。申请撤销仲裁裁决与申请不予执行仲裁裁决是仲裁裁决当事人寻求司法救济、维护自身合法权益的两项措施。

10. 不予执行公证机关赋予强制执行效力的债权文书。当事人申请执行公证机关依法赋予执行效力的债权文书，人民法院认定该文书确有错误而不予执行的，应作出不予执行的裁定。

11. 其他需要裁定解决的事项。除本条明确列举的十种情形外，诉讼中还存在其他大量的程序性事项，人民法院也可作出裁定。

本条第 2 款规定了裁定的救济程序，不予受理、管辖权异议以及驳回起诉的三项裁定，当事人可以提起上诉。需要注意的是，当事人不服裁定的救济程序存在差异。保全和先予执行裁定以及执行异议裁定等，可以申请复议。补正笔误等裁定一经作出即产生法律效力，不能上诉，也不能申请复议。

就形式而言，裁定可以书面形式作出，也可以口头作出，口头裁定一般适用于比较简单的问题。以口头形式作出的裁定，书记员应当记入笔录；以书面形式作出的民事裁定书，一般适用于与当事人权利义务关系比较重大的程序问题，例如财产保全和先予执行裁定、驳回起诉裁定以及终结诉讼裁定。

本条第 3 款规定裁定书应当写明裁定结果和作出该裁定的理由，是对裁定书说理性的要求。就内容而言，民事裁定书由首部、正文、尾部组成，与判决书的要求基本相同，根据实际情况稍有变化。

◆ **关联规定**

《最高人民法院关于适用〈中华人民共和国民事诉讼法〉的解释》（2022 年 4 月 1 日）

第二百四十五条　民事诉讼法第一百五十七条第一款第七项规定的笔误是指法律文书误写、误算，诉讼费用漏写、误算和其他笔误。

第一百五十八条　【**生效判决**】最高人民法院的判决、裁定，以及依法不准上诉或者超过上诉期没有上诉的判决、裁定，是发生法律效力的判决、裁定。

◆ **适用指引**

本条是关于发生法律效力的判决、裁定的规定。不同级别的法院和适用不同程序作出的判决，发生法律效力的时间不同。最高人民法院无论作为一审法院还是作为二审法院，其作出的判决都是终审判决，其作出的裁定都是终审裁定，裁判文书送达之日，即为判决、裁定发生法律效力之日。一审裁判文书送达后，双方均未提起上诉，上诉期满之日为裁判发生法律效力之日。当事人对判决提起上诉的期限为 15 日，对裁定提起上诉的期限为 10 日。超过法定上诉期限，一审法院的判决或者裁定即发生法律效力，当事人不得再提起上诉。如果当事人认为生效的判决或者裁定有错误，只能申请再审。当事人申请再审的起算日为期满之后的第二日。一方或双方上诉引起二审的，二审裁判文书送达之日即为判决、裁定发生法律效力之日。上诉期内，一审判决、裁定不发生法律效力，只有在上诉期内当事人均不上诉的，上诉期满，一审判决、裁定才生效。生效后，才能按照判决中的义务履行。

一审终审不准上诉的判决，一经宣告即发生法律效力。基层人民法院和其派出的法庭审理事实清楚、权利义务关系明确、争议不大的简单金钱给付民事案件且标的额为各省、自治区、直辖市上年度就业人员年平均工资 50% 以下的，适用小额诉讼程序审理，实行一审终审。依法不准上诉的判决、裁定的裁判文书送达之日，即为判决、裁定发生法律效力之日。

民事判决生效后即具执行力，当事人必须履行。当事人拒绝履行的，对方当事人可以向人民法院申请执行。判决已发生法律效力的案件，当事人又起诉的，人民法院不予受理。如果当事人认为生效判决确有错误，只能按审判监督程序申请再审。依法不准上诉的判决包括：依照特别程序审理的选民资格案件，宣告失踪、宣告死亡案件，认定公民无民事行为能力或者限制民事行为能力案件，认定财产无主案件，确认调解协议案件，实现担保物权案件。实行两审终审的案件，适用第一审程序作出的判决，当事人在收到判决书后 15 日内未提出上诉，又无延长期限的正当理由的，该判决即发生法律效力。依法不准上诉的裁定是指不予受理、决定管辖权异议、驳回起诉裁定之外的各种裁定，这些裁定有的可以复议，但复议不停止执行，裁定作出后就发生法律效力。

◆ **典型案例**

某合金厂诉某铸造公司企业兼并合同纠纷案①

某合金厂与某铸造公司签订《兼并协议》和《补充协议》。后因合同履行发生纠纷，某合金厂向陕西省渭南市中级人民法院提起诉讼，请求解除其与某铸造公司签订的《兼并协议》和《补充协议》。后，某铸造公司不服陕西省高级人民法院（2018）陕民终 666 号民事判决，向最高人民法院申请再审。

最高人民法院经审查认为，某铸造公司主张一审庭审笔录记载有误，一审案件受理费分配有误，一、二审判决适用法律错误。当事人申请再审，针对的是已经发生法律效力的判决、裁定。最高人民法院的判决、裁定以及依法不准上诉或者超过上诉期没有上诉的判决、裁定，是发生法律效力的判决、裁定。本案中，某铸造公司已就陕西省渭南市中级人民法院作出的一审判决提起上诉，本案发生效力的判决为陕西省高级人民法院作出的二审判决。因此，某铸造公司认为陕西省渭南市中级人民法院作出的一审判决对其质证意见记载有误以及一审判决对诉讼费用认定有误属于适用法律错误的主张，不属于法律规定的再审审查范围。

第一百五十九条　【裁判文书公开】 公众可以查阅发生法律效力的判决书、裁定书，但涉及国家秘密、商业秘密和个人隐私的内容除外。

---

① 最高人民法院（2019）最高法民申 2503 号民事裁定书。

◆ **适用指引**

本条是关于裁判文书公开制度的规定。裁判公开包括三个层次：一是在裁判文书中公开裁判内容；二是裁判文书对诉讼参与人公开；三是裁判文书对社会公开。

1. 裁判文书公开的范围是向社会全面公开，公众均可查阅，没有特殊限制。裁判文书公开应当具有完整性，应全部、全文公开，不能因案件类型、影响大小和文书质量高低而进行取舍。公开的对象只限于裁判文书本身，相应案卷不是公开对象，公众不能自由查阅案卷。

2. 公开的对象限于发生法律效力的判决书和裁定书。原则上所有发生法律效力的判决书、裁定书都要向社会公开，但并非人民法院作出的所有法律文书都予以公开。民事诉讼中作出的决定书、调解书以及一审法院作出的因上诉期限尚未届满而未发生法律效力的判决书、裁定书，都不属于公开对象。

3. 裁判向社会公开具有例外情形，即涉及国家秘密、商业秘密和个人隐私的内容不得公开。国家秘密，是指关系国家安全和利益，依照法定程序确定，在一定时间内只限于一定范围人员知悉的事项。商业秘密是指技术秘密、商业情报及信息等，如生产工艺、配方、贸易联系以及购销渠道等。个人隐私，是指私人生活安宁不受他人非法干扰，私人信息不受他人非法收集、刺探和公开。需要注意的是，裁判文书对社会公开是《民事诉讼法》确立的一项诉讼制度，故公开裁判文书不需要取得当事人的同意。

◆ **关联规定**

《最高人民法院关于适用〈中华人民共和国民事诉讼法〉的解释》（2022 年 4 月 1 日）

第二百二十条　民事诉讼法第七十一条、第一百三十七条、第一百五十九条规定的商业秘密，是指生产工艺、配方、贸易联系、购销渠道等当事人不愿公开的技术秘密、商业情报及信息。

第二百五十四条　公民、法人或者其他组织申请查阅发生法律效力的判决书、裁定书的，应当向作出该生效裁判的人民法院提出。申请应当以书面形式提出，并提供具体的案号或者当事人姓名、名称。

第二百五十五条　对于查阅判决书、裁定书的申请，人民法院根据下列情形分别处理：

（一）判决书、裁定书已经通过信息网络向社会公开的，应当引导申请人自行查阅；

（二）判决书、裁定书未通过信息网络向社会公开，且申请符合要求的，应当及时提供便捷的查阅服务；

（三）判决书、裁定书尚未发生法律效力，或者已失去法律效力的，不提供查阅并告知申请人；

（四）发生法律效力的判决书、裁定书不是本院作出的，应当告知申请人向作出生效裁判的人民法院申请查阅；

（五）申请查阅的内容涉及国家秘密、商业秘密、个人隐私的，不予准许并告知申请人。

第十三章 简易程序

第一百六十条 【适用范围】基层人民法院和它派出的法庭审理事实清楚、权利义务关系明确、争议不大的简单的民事案件，适用本章规定。

基层人民法院和它派出的法庭审理前款规定以外的民事案件，当事人双方也可以约定适用简易程序。

◆ **适用指引**

本条是关于简易程序适用范围的规定。简易程序与普通一审程序的区别：（1）适用范围不同。事实清楚、权利义务关系明确、争议不大的简单的民事案件一般应适用简易程序，除此之外的案件适用普通程序审理，除非双方当事人选择适用简易程序。（2）起诉方式不同。适用简易程序审理的案件，当事人可以口头起诉或者当事人双方同时到法院请求解决纠纷；适用普通程序审理的案件，当事人应当向法院递交起诉状，只有在书写起诉状确有困难时，才可以口头起诉。（3）审判主体不同。简易程序由审判员一人独任审理；普通程序原则上一般组成合议庭审理。（4）人民法院指定的举证期限不完全相同。人民法院指定举证期限，适用第一审普通程序审理的案件不得少于 15 日，当事人提供新的证据的第二审案件不得少于 10 日。适用简易程序审理的案件不得超过 15 日，小额诉讼案件的举证期限一般不得超过 7 日。（5）庭审程序不同。简易程序对庭审前准备、庭审顺序没有严格限定，传唤当事人和证人也可通过简便方式随时传唤，对于双方当事人同时到庭的，可以立即审理；普通程序有严格的庭审流程。（6）审理期限不同。适用简易程序审理的案件，应当在立案之日起 3 个月内审结；小额诉讼程序，应当在立案之日起 2 个月内审结。适用普通程序审理的案件，应当在立案之日起 6 个月内审结，有特殊情况需要延长的，经本院院长批准，可以延长 6 个月，还需延长的，报请上级人民法院批准。（7）是否可转换不同。适用简易程序审理的案件，在发现案情复杂时可转入普通程序审理；按照普通程序审理的案件不得改用简易程序审理。

简易程序具有以下功能：（1）有利于降低诉讼成本，节约司法资源。一方面，简易程序通过简化起诉、送达、庭审、裁判文书以及降低诉讼费用等方式，使当事人可以较低的诉讼成本尽早从诉讼中摆脱出来，符合当事人对诉讼效率的要求；另一方面，诉讼周期缩短、审判组织简化可以使有限的司法资源发挥出最大潜能，最大限度节省人力、物力、财力。（2）有利于贯彻便利人民群众参加诉讼原则和便利人民法院办案原则。（3）有利于树立司法威信。简易程序可以有效帮助人民法院实现案件繁简分流，简单案件快速审结可以尽早化解纠纷兑现权利，复杂案件则可以集中人力精力确保案件质量，从而树立人民法院权威，提升人民群众对司法的信任与满意度。

根据本条规定，民事简易程序适用于事实清楚、权利义务关系明确、争议不大的民事案件。事实清楚，是指当事人对争议的事实陈述基本一致，并能提供相应的证据，无须人民法院调查收集证据即可查明事实；权利义务关系明确，是指能明确区分谁是责任的承担者，谁是权利的享有者；争议不大，是指当事人对案件的是非、责任承担以及诉讼标的争执无原则分歧。对基层人民法院和它派出的法庭审理的简易民事案件以外的其他民事案件，当事人双方也可以约定适用简易程序。第一，约定适用简易程序的案件限于不符合简易程序适用条件的案件类型。第二，就审级方面限定于一审案件且必须是基层人民法院及其派出法庭管辖的案件。第三，约定适用简易程序需要双方当事人合意。双方当事人在自愿的基础上协商一致并达成合意，是选择适用简易程序的正当性基础。

◆ **关联规定**

《最高人民法院关于适用〈中华人民共和国民事诉讼法〉的解释》（2022 年 4 月 1 日）

第二百五十六条 民事诉讼法第一百六十条规定的简单民事案件中的事实清楚，是指当事人对争议的事实陈述基本一致，并能提供相应的证据，无须人民法院调查收集证据即可查明事实；权利义务关系明确是指能明确区分谁是责任的承担者，谁是权利的享有者；争议不大是指当事人对案件的是非、责任承担以及诉讼标的争执无原则分歧。

第二百五十七条 下列案件，不适用简易程序：

（一）起诉时被告下落不明的；

（二）发回重审的；

（三）当事人一方人数众多的；

（四）适用审判监督程序的；

（五）涉及国家利益、社会公共利益的；

（六）第三人起诉请求改变或者撤销生效判决、裁定、调解书的；

（七）其他不宜适用简易程序的案件。

第二百六十条 已经按照普通程序审理的案件，在开庭后不得转为简易程序审理。

第二百六十四条 当事人双方根据民事诉讼法第一百六十条第二款规定约定适用简易程序的，应当在开庭前提出。口头提出的，记入笔录，由双方当事人签名或者捺印确认。

本解释第二百五十七条规定的案件，当事人约定适用简易程序的，人民法院不予准许。

第二百六十九条 当事人就案件适用简易程序提出异议，人民法院经审查，异议成立的，裁定转为普通程序；异议不成立的，裁定驳回。裁定以口头方式作出的，应当记入笔录。

转为普通程序的，人民法院应当将审判人员及相关事项以书面形式通知双方当事人。

转为普通程序前，双方当事人已确认的事实，可以不再进行举证、质证。

◆ **典型案例**

蒋某春诉某食品公司、蒋某建设工程施工合同纠纷案①

2014 年 4 月，蒋某春与某食品公司口头协商，由蒋某春给某食品公司修建进厂道路及公司农场路。后因施工问题产生纠纷，蒋某春起诉请求某食品公司、蒋某向其支付工程劳务报酬及违约金。后，某食品公司不服新疆维吾尔自治区巴音郭楞蒙古自治州中级人民法院（2021）新 28 民终 704 号民事判决，向新疆维吾尔自治区高级人民法院申请再审。

新疆维吾尔自治区高级人民法院经审查认为，基层人民法院和它派出的法庭审理事实清楚、权利义务关系明确、争议不大的简单的民事案件，适用本章（简易程序）规定。本案中，一审法院依法适用简易程序公开审理本案，庭审时已告知当事人相应权利义务，诉讼中某食品公司并没有对适用简易程序审理本案提出

① 新疆维吾尔自治区高级人民法院（2022）新民申 1713 号民事裁定书。

异议，本案亦不符合《最高人民法院关于适用简易程序审理民事案件的若干规定》第一条规定的不适用民事简易程序情形。因此，本案事实清楚、证据充分，一审法院适用简易程序审理不影响实体裁判公正性，本案因鉴定依法扣除相应审限，故某食品公司主张本案超出法定审限的再审申请理由不能成立。

第一百六十一条　【起诉方式】 对简单的民事案件，原告可以口头起诉。

当事人双方可以同时到基层人民法院或者它派出的法庭，请求解决纠纷。基层人民法院或者它派出的法庭可以当即审理，也可以另定日期审理。

◆ **适用指引**

本条是关于简易程序起诉方式和受理程序的规定。简易程序的适用范围是简单案件，相应的程序设计就灵活简化。简易程序的灵活简化体现在整个程序中。在保证当事人基本诉讼权利基础上，起诉方式、传唤当事人、送达文书、审理案件都可以采取灵活简化的方式。本条关于程序的简化主要体现在两个方面：一是起诉方式可以简化为口头形式；二是案件从受理到审理可以合并到一天进行，省略了普通程序中的答辩期间以及庭前准备等程序环节。

适用简易程序审理的案件，原告既可以口头起诉，也可以书面起诉。口头起诉的，不以书面起诉确有困难为前提，这与普通程序要以书写起诉状确有困难作为可以口头起诉的条件不同。口头起诉的条件具体为：（1）原告必须是自然人；（2）原告本人不能书写起诉状或者委托他人代写起诉状确有困难。原告口头起诉后，人民法院应将起诉内容记入笔录并将起诉内容以口头或书面方式告知被告，被告可以口头，也可以书面提出答辩。虽然简易程序的起诉方式简化，但是具体起诉需要符合诉讼法的基本原理，也要符合关于起诉实质条件的规定。

对于适用简易程序审理的案件，双方当事人可以同时到所在地基层人民法院或者其派出法庭起诉应诉，请求解决纠纷。此项规定对快速审理提出要求，也为当即审理提供条件，通常情况下，只有双方当事人同时到庭，才有当天审理的机会和可能。基层人民法院或其派出法庭既可以当即审理，也可以另定日期审理，一般提倡当即审理，只有在条件不具备，需要进行另行出示证据、通知证人等庭前准备工作时，才另定日期审理。当即审理需要立案与审理部门衔接配合。

◆ **关联规定**

《最高人民法院关于适用〈中华人民共和国民事诉讼法〉的解释》（2022 年 4 月 1 日）

第二百六十五条　原告口头起诉的，人民法院应当将当事人的姓名、性别、工作单位、住所、联系方式等基本信息，诉讼请求，事实及理由等准确记入笔录，由原告核对无误后签名或者捺印。对当事人提交的证据材料，应当出具收据。

第一百六十二条　【简便方式传唤、送达和审理】基层人民法院和它派出的法庭审理简单的民事案件，可以用简便方式传唤当事人和证人、送达诉讼文书、审理案件，但应当保障当事人陈述意见的权利。

◆ **适用指引**

本条是关于简易程序相应程序环节予以简化的规定。

1. 以简便方式传唤当事人及证人。第一，传唤方式具有多样性。适用简易程序审理的民事案件一般标的额较小，案情简单，权利义务关系明确，采用形式多样的传唤方式更符合简易民事案件自身特点。普通程序中，传唤只能通过传票进行，简易程序中的传唤则可通过捎口信、打电话、发短信、发传真、发电子邮件等多种方式进行。实践中，还有法院使用即时通信工具传唤、通知，属于积极有益的探索。第二，传唤时间更加灵活。适用普通程序审理的案件应当在开庭 3 日前通知当事人和其他诉讼参与人，适用简易程序审理的案件不受这一时间限制，更加灵活。第三，与普通程序中的传唤在法律效果上存在差异。简便传唤由于未采取传票方式，如果没有被传唤人的确认或相关证据证明，人民法院不得缺席判决。无论是书面的传票形式，还是捎口信等其他简便形式，目的都是传唤当事人，让其得知开庭相关事项。因此，这些简便形式只要得到当事人确认或者有证据证明当事人已经收到或知悉开庭相关事项，就具有用传票传唤当事人一样的效果，就可以缺席判决。

2. 以简便方式送达文书。适用简易程序时可以采用传真、电子邮件等能够确认收悉的方式送达文书，方便基层人民法院根据当地实际情况积极探索以各种方便灵活的方式送达文书。送达方式更加灵活，有利于解决审判实践中送达难问题，提高诉讼效率。需要注意的是，由于判决书、裁定书、调解书的特殊性，故适用简易程序审理案件，人民法院可以采取简便方式送达裁判文书以外的诉讼文书。

3. 以简便方式审理案件。以简便方式审理案件具体表现在以下方面：首先，由审判员一人独任审理。其次，审前准备阶段简化。对争点简单明了、当事人起诉和答辩阶段已提出了充分证据材料的案件，可以直接进入开庭审理程序，简化庭前准备环节。再次，不受开庭期日提前通知及公开审理进行公告的限制。最后，不受法庭调查、法庭辩论顺序的限制。

4. 保障当事人陈述意见的权利。不论程序如何简化，最终目的仍是及时快捷地保护当事人依法享有的诉讼权利和实体权利，不能以牺牲公正换取效率，不能为程序简便而无视当事人依法享有的诉讼权利。当事人陈述意见的权利是基本权利，不得被简化。具体应做到在起诉、答辩及庭审过程中都要保证当事人陈述意见的权利，确保文书送达，给当事人陈述意见的机会。

◆ **关联规定**

《最高人民法院关于适用〈中华人民共和国民事诉讼法〉的解释》（2022 年 4 月 1 日）

第一百四十条 适用简易程序的案件，不适用公告送达。

第二百六十一条第一款 适用简易程序审理案件，人民法院可以依照民事诉讼法第九十条、第一百六十二条的规定采取捎口信、电话、短信、传真、电子邮件等简便方式传唤双方当事人、通知证人和送达诉讼文书。

第二百六十一条第二款 以简便方式送达的开庭通知，未经当事人确认或者没有其他证据证明当事人已经收到的，人民法院不得缺席判决。

第二百六十六条 适用简易程序案件的举证期限由人民法院确定，也可以由当事人协商一致并经人民法院准许，但不得超过十五日。被告要求书面答辩的，人民法院可在征得其同意的基础上，合理确定答辩期间。

人民法院应当将举证期限和开庭日期告知双方当事人，并向当事人说明逾期举证以及拒不到庭的法律后果，由双方当事人在笔录和开庭传票的送达回证上签名或者捺印。

当事人双方均表示不需要举证期限、答辩期间的，人民法院可以立即开庭审理或者确定开庭日期。

◆ **典型案例**

某石材公司诉某工程公司买卖合同纠纷案①

某石材公司诉某工程公司买卖合同纠纷一案，某工程公司不服吉林省延边朝鲜族自治州中级人民法院（2020）吉24民终1470号民事判决，向吉林省高级人民法院申请再审。

吉林省高级人民法院经审查认为，基层人民法院和它派出的法庭审理简单的民事案件，可以用简便方式传唤当事人和证人、送达诉讼文书、审理案件，但应当保障当事人陈述意见的权利。适用简易程序审理案件，人民法院可以采取捎口信、电话、短信、传真、电子邮件等简便方式传唤双方当事人、通知证人和送达裁判文书以外的诉讼文书。以简便方式送达的开庭通知，未经当事人确认或者没有其他证据证明当事人已经收到的，人民法院不得缺席判决。本案中，某工程公司自认一审法院电话通知该案起诉情况并确定开庭日期，一审法院电话通知开庭并无不当。适用简易程序案件的举证期限由人民法院确定，也可以由当事人协商一致并经人民法院准许，但不得超过十五日。被告要求书面答辩的，人民法院可在征得其同意的基础上，合理确定答辩期间。本案中，一审法院于2020年6月23日电话通知某工程公司确定开庭日期为2020年7月8日，给某工程公司留足十四天期限。某工程公司称一审时其代理人因与另案开庭时间冲突，故无法到庭系有合理事由并提供另案《听证会通知书》。经查，该《听证会通知书》不符合逾期提供证据的相关规定，且一审法院于2020年6月23日即已通知某工程公司开庭，《听证会通知书》落款日期为2020年7月3日。某工程公司虽称其向一审法院申请调取证据、延长答辩期且一审法院拒绝接收某工程公司代理人提交的委托手续，但未提供充分证据证明。经查，某工程公司一审中为其委托诉讼代理人出具《授权委托书》的日期是2020年7月14日，此时一审庭审早已结束。虽然某工程公司称2020年7月14日前还有另一份《授权委托书》，但原审及本次审查期间均未能提供。因此，某工程公司关于一审未保障其陈述意见的权利、违反民事诉讼法答辩期规定等主张，均无法律依据或证据证明。

---

① 吉林省高级人民法院（2021）吉民申41号民事裁定书。

第一百六十三条　【简单民事案件的审理方式】简单的民事案件由审判员一人独任审理，并不受本法第一百三十九条、第一百四十一条、第一百四十四条规定的限制。

◆ **适用指引**

本条规定了适用简易程序案件在审理方式上的特殊性，明确了适用简易程序的案件由审判员独任审理，开庭通知、法庭调查和法庭辩论等庭审程序可以更为灵活。

1. 实行独任审理。人民法院审理民事案件的组织形式分为合议制和独任制。按照第一审普通程序审理民事案件一般采取合议制。对于适用简易程序审理的民事案件，由于事实清楚、权利义务关系明确、争议不大，因此无须适用合议制，一人独任审理可以保证审判质量，同时有利于提高效率，合理配置司法资源。需要注意的是，由审判员独任审理并不意味着审判组织只有一个人，同样需要书记员记录，不能由审判员自己审判、自己记录，更不能由书记员代替审判员审理案件。独任审理是审判组织的简化，但同样要遵守有关回避的规定。独任审理也应告知当事人审判员、书记员名单，询问当事人是否提出回避申请。

2. 开庭通知时限问题。第一，开庭前通知诉讼参与人没有时限要求，只要以合适方式通知诉讼参与人并且能够让其有合理准备时间以按时参加庭审即可。虽然没有时限要求，但必须保证所有诉讼参与人都收到开庭通知并且有合理准备时间。第二，适用简易程序，在遵循公开审理原则下，无须提前公告当事人姓名、案由和开庭的时间、地点。

3. 法庭调查和法庭辩论可以更加灵活。适用简易程序审理民事案件可以不受《民事诉讼法》规定的法庭调查和法庭辩论顺序的限制，可以根据实际情况将法庭调查和法庭辩论两个阶段合并进行，法庭调查、法庭辩论两个阶段的划分无须过于严格。开庭时，审判人员可以根据诉讼请求和答辩意见归纳争议焦点，经当事人确认后，由当事人围绕争议焦点举证、质证和辩论。如果当事人对案件事实无争议，可以在听取当事人就适用法律的辩论意见后径行判决、裁定。庭审结束时，可以根据案件审理情况对争议焦点和当事人各方举证、质证和辩论情况进行简要总结。

应当注意以下几个问题：第一，适用简易程序审理案件同样遵循公开审理原则，无法定理由，一律应当依法公开审理。第二，简易程序开庭审理程序要比普通程序简化。为提高庭审质量和效率，降低诉讼成本，适用简易程序应当一次开庭审结，确有必要再次开庭的除外。第三，简易程序的基本特点是审理程序简便，凡是能够简化的程序都可简化，但基本审理程序应当具备。简易程序有特殊规定的，按照特殊规定，没有规定的，仍应按普通程序办理。

◆ **关联规定**

《最高人民法院关于适用〈中华人民共和国民事诉讼法〉的解释》（2022 年 4 月 1 日）

第二百五十九条 当事人双方可就开庭方式向人民法院提出申请，由人民法院决定是否准许。经当事人双方同意，可以采用视听传输技术等方式开庭。

第二百六十一条第三款 适用简易程序审理案件，由审判员独任审判，书记员担任记录。

第二百六十二条 人民法庭制作的判决书、裁定书、调解书，必须加盖基层人民法院印章，不得用人民法庭的印章代替基层人民法院的印章。

第二百六十三条 适用简易程序审理案件，卷宗中应当具备以下材料：

（一）起诉状或者口头起诉笔录；

（二）答辩状或者口头答辩笔录；

（三）当事人身份证明材料；

（四）委托他人代理诉讼的授权委托书或者口头委托笔录；

（五）证据；

（六）询问当事人笔录；

（七）审理（包括调解）笔录；

（八）判决书、裁定书、调解书或者调解协议；

（九）送达和宣判笔录；

（十）执行情况；

（十一）诉讼费收据；

（十二）适用民事诉讼法第一百六十五条规定审理的，有关程序适用的书面告知。

第二百六十七条 适用简易程序审理案件，可以简便方式进行审理前的准备。

第二百六十八条 对没有委托律师、基层法律服务工作者代理诉讼的当事人，人民法院在庭审过程中可以对回避、自认、举证证明责任等相关内容向其作必要的解释或者说明，并在庭审过程中适当提示当事人正确行使诉讼权利、履行诉讼义务。

第二百七十条 适用简易程序审理的案件，有下列情形之一的，人民法院在制作判决书、裁定书、调解书时，对认定事实或者裁判理由部分可以适当简化：

（一）当事人达成调解协议并需要制作民事调解书的；

（二）一方当事人明确表示承认对方全部或者部分诉讼请求的；

（三）涉及商业秘密、个人隐私的案件，当事人一方要求简化裁判文书中的相关内容，人民法院认为理由正当的；

（四）当事人双方同意简化的。

第一百六十四条　【简易程序案件的审理期限】人民法院适用简易程序审理案件，应当在立案之日起三个月内审结。有特殊情况需要延长的，经本院院长批准，可以延长一个月。

◆ **适用指引**

本条是关于简易程序审理期限的规定。适用简易程序的案件事实清楚、权利义务关系明确、争议不大，在传唤当事人、通知开庭、送达文书等各个程序环节都有所简化，其审理期限相较于普通程序更短，应当在立案之日起 3 个月内审结。审限的起止时间对于实际审理时间有重要影响。审限起止时间是指从案件立案起至裁判宣告、调解书送达之日止的期间，但公告期间、鉴定期间、审理当事人提出的管辖权异议以及处理人民法院之间的管辖争议期间不应计算在内。简易程序审限的起算时间与普通程序一样，均规定为应从立案之日起算。

适用普通程序审理的案件有特殊情况需要延长的，经本院院长批准可以延长6 个月；还需要延长的，报请上级人民法院批准。延长次数上并无限制。延长简易程序审理期限与将简易程序转为普通程序相比，涉及当事人的重大程序利益。本条明确适用简易程序的案件，审限有特殊情况需要延长的，经本院院长批准，可以延长 1 个月。需要注意的是，简易程序审限延长时间应有限制，仅适用于只要稍作延长，案件就可以审结的情形。只有在这种情形下延长审限才会比将简易程序转换为普通程序更合理。如果审限过于延长，则说明其已不符合简易程序的特点，说明案件不应再适用简易程序，应将其转为普通程序。因此，本条将简易程序审限延长时间限定为 1 个月且只可以延长一次。另外，适用简易程序的案件在 3 个月审限届满没有审理完毕的，并非都可延长审限。对于人民法院已认定案情复杂、争议较大的案件或属于法律、司法解释已规定不适用简易程序的案件，为保障当事人程序利益，应当转为普通程序。因此，本条规定是否延长审限以继续适用简易程序应当经本院院长批准。

◆ **关联规定**

《最高人民法院关于适用〈中华人民共和国民事诉讼法〉的解释》（2022 年 4 月 1 日）

第二百五十八条第一款 适用简易程序审理的案件，审理期限到期后，有特殊情况需要延长的，经本院院长批准，可以延长审理期限。延长后的审理期限累计不得超过四个月。

第二百五十八条第三款 案件转为普通程序审理的，审理期限自人民法院立案之日计算。

第一百六十五条 【小额诉讼程序】基层人民法院和它派出的法庭审理事实清楚、权利义务关系明确、争议不大的简单金钱给付民事案件，标的额为各省、自治区、直辖市上年度就业人员年平均工资百分之五十以下的，适用小额诉讼的程序审理，实行一审终审。

基层人民法院和它派出的法庭审理前款规定的民事案件，标的额超过各省、自治区、直辖市上年度就业人员年平均工资百分之五十但在二倍以下的，当事人双方也可以约定适用小额诉讼的程序。

◆ **适用指引**

本条是关于小额诉讼程序的规定。

1. 小额诉讼程序的适用范围。这里需要注意以下几点。

（1）小额诉讼程序只能由基层人民法院及其派出法庭适用，只适用于审理一审案件。二审案件、发回重审和按照审判监督程序再审的案件不适用小额诉讼程序，中级人民法院、高级人民法院以及最高人民法院审理第一审民事案件，也不适用小额诉讼程序。

（2）小额诉讼案件是简单金钱给付民事案件。这一条件是对适用小额诉讼程序案件性质和类型的限制。只以标的额为标准，不考虑案件类型，不利于非财产性案件、疑难案件的公正审理。有的案件虽然涉及财产争议，但其主要争议则并非财产性质，而在人格、身份方面。如离婚纠纷、收养纠纷、人格权纠纷等。涉及离婚、收养等人身性质的案件不宜适用小额诉讼程序，原因在于具有人身性质的案件不宜也难以金钱数额来衡量。诉讼标的额大小与级别管辖有关，但与案件本身繁简、复杂程度没有必然因果关系。有些案件标的额虽小，但案情相对复杂，对当事人乃至社会造成的影响也很大。如果仅以标的额适用小额诉讼程序审理，未必能保障当事人合法权益和实现案结事了。

首先，适用小额诉讼程序是事实清楚、权利义务关系明确、争议不大的简单民事案件。小额诉讼程序属于特殊的简易程序，因此适用小额诉讼程序的案件首先是适用简易程序的简单民事案件，即小额诉讼案件必须是事实清楚、权利义务关系明确、争议不大的简单民事案件。事实清楚，是指当事人对争议事实陈述基本一致并能提供可靠证据，无须人民法院调查收集证据即可判明事实、分清是非；权利义务关系明确，是指谁是责任的承担者，谁是权利的享有者，关系明确；争议不大，是指当事人对案件是非、责任以及诉讼标的争执无原则分歧。

其次，适用小额诉讼程序限定为金钱给付案件。金钱给付类案件一般是指当事人仅在金钱给付的数额、时间、方式上存在争议的案件。对当事人除给付金钱外，还提出其他诉讼请求的案件，原则上不适用小额诉讼程序。之所以将小额诉讼程序的适用限定于金钱给付案件，是因为涉金钱给付的财产纠纷在涉及财产利益的范围上能够明确认定，除金钱给付财产纠纷外的那些财产利益，如果转换为金钱数额来加以确定就可能增加程序的复杂性，比如要不可避免地通过鉴定、资产评估等方法来加以解决，若超出一定金额，就可能导致应当适用简易程序甚至普通程序，与小额程序的特点与性质不相符合。

（3）小额诉讼案件的标的额。小额诉讼程序最主要的限定标准就是标的额。"小额"标准各地应有不同，立法不宜规定绝对数，应当根据各地区经济发展水平规定相对数。规定相对数不但照顾各地经济社会发展水平，根据各地经济发展水平确定标的额条件，还可实现标的额条件动态发展，保证标的额条件及时更新、与时俱进。适用标的额标准为各省、自治区、直辖市上年度就业人员年平均工资50%以下。需要注意的是，该标的额是指当事人起诉时确定的诉讼请求数额，对于持续发生的违约金、利息等或者存在特定计算方法的，应当以当事人起诉之日确定的金额总额作为标的额。

（4）关于小额诉讼程序的约定适用。对于基层人民法院和它派出的法庭审理事实清楚、权利义务关系明确、争议不大的简单金钱给付民事案件，标的额超过各省、自治区、直辖市上年度就业人员年平均工资50%但在2倍以下的，当事人可以约定适用小额诉讼程序。当事人双方约定，可以是原被告诉前约定，也可以是立案后原被告达成一致意见。开庭审理前，人民法院应充分告知原被告小额诉讼程序一审终审等相关事项，可以征询当事人意见。如果当事人一致同意适用小额诉讼程序，可以按小额诉讼程序审理并将有关情况记录在案。当事人一经约定适用小额诉讼程序，原则上不得反悔。需要注意的是，当事人的程序选择权不包括可以约定选择排除小额诉讼程序的适用，为有效提升司法资源利用效率，降低当事人诉讼成本，应当适用小额诉讼程序的案件，当事人不能选择排除其适用。

2. 关于小额诉讼程序的救济渠道。小额诉讼案件作出裁判之后，应该给予对不公正判决补正的机会，但小额诉讼程序的基本价值目标也应严格遵守。就审级制度而言，审级越多，诉讼耗费时间就越长，成本也就越高。小额诉讼案件标的额本身就小，为此花费大量时间、精力和诉讼费用，不但不利于纠纷和争议的解决，反而可能扩大矛盾，产生额外的纠纷和争议，最终违背小额诉讼程序的基本特点和属性。因此，小额诉讼程序适用一审终审，不服适用小额诉讼程序作出的裁判，不允许上诉，但没有禁止当事人申请再审。

司法实践中，还应注意小额诉讼程序与简易程序的关系问题。民事诉讼法规定的小额诉讼程序没有脱离简易程序，是在简易程序中增加了小额案件审理的特别规定，使一定数额之下的特定类型小额争议在程序环节上更加简化。因此，我国立法上的小额诉讼程序是简易程序的再简化，对于小额诉讼程序，有特殊规定的适用特殊规定，没有特殊规定的，应当适用简易程序的规定。小额诉讼的程序特殊性主要体现在以下四点：第一，小额诉讼程序一审终审。第二，适用小额诉讼程序可以一次开庭审结并且当庭宣判。第三，适用小额诉讼程序的审限为立案之日起 2 个月。经本院院长批准，可以延长 1 个月。第四，人民法院在审理过程中发现案件不宜适用小额诉讼程序的，应当适用简易程序的其他规定审理或者裁定转为普通程序。当事人认为案件适用小额诉讼的程序审理违反法律规定的，可以向人民法院提出异议。人民法院对当事人提出的异议应当审查，异议成立的，应当适用简易程序的其他规定审理或者裁定转为普通程序；异议不成立的，裁定驳回。

◆ **关联规定**

《最高人民法院关于适用〈中华人民共和国民事诉讼法〉的解释》（2022 年 4 月 1 日）

第二百七十一条　人民法院审理小额诉讼案件，适用民事诉讼法第一百六十五条的规定，实行一审终审。

第二百七十二条　民事诉讼法第一百六十五条规定的各省、自治区、直辖市上年度就业人员年平均工资，是指已经公布的各省、自治区、直辖市上一年度就业人员年平均工资。在上一年度就业人员年平均工资公布前，以已经公布的最近年度就业人员年平均工资为准。

第二百七十三条　海事法院可以适用小额诉讼的程序审理海事、海商案件。案件标的额应当以实际受理案件的海事法院或者其派出法庭所在的省、自治区、直辖市上年度就业人员年平均工资为基数计算。

第二百七十六条　当事人对小额诉讼案件提出管辖异议的，人民法院应当作出裁定。裁定一经作出即生效。

第二百七十七条　人民法院受理小额诉讼案件后，发现起诉不符合民事诉讼法第一百二十二条规定的起诉条件的，裁定驳回起诉。裁定一经作出即生效。

第二百八十一条　人民法院审理小额诉讼案件，本解释没有规定的，适用简易程序的其他规定。

第四百二十四条　对小额诉讼案件的判决、裁定，当事人以民事诉讼法第二百零七条①规定的事由向原审人民法院申请再审的，人民法院应当受理。申请再审事由成立的，应当裁定再审，组成合议庭进行审理。作出的再审判决、裁定，当事人不得上诉。

当事人以不应按小额诉讼案件审理为由向原审人民法院申请再审的，人民法院应当受理。理由成立的，应当裁定再审，组成合议庭审理。作出的再审判决、裁定，当事人可以上诉。

◆ **典型案例**

郝某诉吴某章不当得利纠纷案②

郝某诉吴某章不当得利纠纷一案，郝某不服福建省寿宁县人民法院（2022）闽 0924 民初 437 号民事判决，向福建省宁德市中级人民法院提起上诉。

福建省宁德市中级人民法院经审查认为，基层人民法院和它派出的法庭审理事实清楚、权利义务关系明确、争议不大的简单金钱给付民事案件，标的额为各省、自治区、直辖市上年度就业人员年平均工资 50% 以下的，适用小额诉讼的程序审理，实行一审终审。本案一审适用简易程序审理且为金钱给付纠纷案件，诉讼请求金额仅为 5800 元，低于福建省上年度就业人员年平均工资 50%。因此，本案符合法律关于小额诉讼的规定情形，应当实行一审终审，不存在上诉问题，故对郝某的上诉不予受理，一审法院关于上诉权利的告知违反法律规定，应予纠正。

---

① 对应 2023 年《民事诉讼法》第 211 条。
② 福建省宁德市中级人民法院（2022）闽 09 民终 1318 号民事裁定书。

第一百六十六条 【不适用小额诉讼程序的案件】人民法院审理下列民事案件，不适用小额诉讼的程序：

（一）人身关系、财产确权案件；

（二）涉外案件；

（三）需要评估、鉴定或者对诉前评估、鉴定结果有异议的案件；

（四）一方当事人下落不明的案件；

（五）当事人提出反诉的案件；

（六）其他不宜适用小额诉讼的程序审理的案件。

◆ **适用指引**

本条是关于不适用小额诉讼程序案件的规定。

1. 人身关系、财产确权案件。第一，涉及人身关系确认的案件不适用小额诉讼程序。人身关系诉讼，是指不以财产关系为诉讼标的，而是关于是否存在人身关系的诉讼。如当事人要求支付赡养费、扶养费、抚养费等人身关系纠纷中，如果对原被告之间是否存在父母子女等人身关系发生争议，则为人身关系确认案件，标的额再小也不适用小额诉讼程序审理。如果人身关系清楚，只是双方当事人在给付的数额、时间、方式上存在争议，则属于金钱给付案件，符合条件的，可以适用小额诉讼程序审理。之所以人身关系确认案件不适用小额诉讼程序，原因在于人身关系存在与否不但涉及双方当事人的利益，还涉及多数关系人的利益，甚至可能影响社会公共利益和国家利益。身份关系案件必须采取绝对真实主义标准，由法院更多地依职权查明是否存在身份关系，不能完全依据当事人意思自治。第二，财产确权案件不适用小额诉讼程序。财产确权案件主要包括所有权确认案件、用益物权确认案件、担保物权确认案件。此类案件不适用小额诉讼程序的原因在于：一是物权为对世权，其权利确认与否，涉及不特定第三人的利益。小额诉讼程序与物权案件本身的复杂性不适应，可能产生当事人恶意串通通过确权损害国家、集体乃至案外人合法权益的问题。二是财产确权案件中，当事人往往对财产价值是否符合小额诉讼程序标的限额产生争议，需要评估财产价值。如果等待财产价值评估意见再决定是否适用小额诉讼程序，不符合该程序的内在要求。

2. 涉外案件。所谓涉外案件，是指具有当事人涉外、涉及诉讼标的的事实涉外、诉讼标的物涉外三种情形之一特征的民事案件。涉外案件的管辖、送达、答辩、审限等都与第一审普通程序差别较大。涉外案件的管辖一般在中级人民法院、送达期限和答辩期限较长、没有审限要求等。如果涉外民事纠纷适用小额诉讼程序审理，可能无法达到快审快结效果。

3. 需要评估、鉴定或者对诉前评估、鉴定结果有异议的案件。这类案件涉及的专业问题必须通过专门机构、专门人员作出专业判断。因此，虽然这类案件标的金额小，但审理工作往往比较复杂，多数情况下需要较长时间才能查明案件事实，客观上无法实现快审快结，故不适用小额诉讼程序。对于诉前评估、鉴定结果有异议的案件，也因为需要耗费更多时间进行评估、鉴定或者可能需要重新委托评估、鉴定，所以也无必要适用小额诉讼程序。

4. 一方当事人下落不明的案件。此类案件不适用小额诉讼程序的主要理由有二：一是当事人一方下落不明，诉讼文书送达困难，往往需要适用公告送达，因此造成诉讼迟延，不符合快审快结的特点；二是当事人一方下落不明，很有可能因无法获取对方当事人意见而难以判断案件是否事实清楚、权利义务关系是否明确、争议是否不大，不能准确判定是否属于小额诉讼程序适用范围。

5. 当事人提出反诉的案件。由于反诉相对于本诉是独立的诉，其是否成立与本诉并无关联，两者仅是因为诉讼标的属于同一法律关系或同一权利、两者诉讼请求基于同一法律关系或同一原因事实，两者诉讼请求互不相容而合并审理。因此，反诉的提出一般意味着存在较复杂的法律关系，双方争议较大，已不符合适用小额诉讼程序的要求。

6. 其他不宜适用小额诉讼程序审理的案件。除前述五种情形外，还有一些不宜适用小额诉讼程序审理的案件。如发回重审的案件，法律规定应当另行组成合议庭审理；当事人一方人数众多的案件，涉及众多当事人利益的案件，往往社会影响较大，如处理稍加不慎则可能会影响社会稳定；第三人撤销之诉案件涉及原生效判决、裁定、调解书的稳定性，审理时应持审慎态度；或者新类型案件、辖区内类似案件较多需要统一裁量标准的案件等，均不适宜以小额诉讼程序审理。

◆ **关联规定**

《最高人民法院关于适用〈中华人民共和国民事诉讼法〉的解释》（2022 年 4 月 1 日）

第二百七十八条第一款 因当事人申请增加或者变更诉讼请求、提出反诉、追加当事人等，致使案件不符合小额诉讼案件条件的，应当适用简易程序的其他规定审理。

第一百六十七条 【小额诉讼案件的审理方式】 人民法院适用小额诉讼的程序审理案件，可以一次开庭审结并且当庭宣判。

◆ 适用指引

民事案件原则上都可以一次开庭审结并且当庭宣判，故本条规定属于宣示性条款。既然是小额诉讼案件，原则上应当一次开庭，同时也应尽量当庭宣判，才符合小额诉讼程序的特点。

◆ 关联规定

《最高人民法院关于适用〈中华人民共和国民事诉讼法〉的解释》（2022 年4 月 1 日）

第二百七十五条 小额诉讼案件的举证期限由人民法院确定，也可以由当事人协商一致并经人民法院准许，但一般不超过七日。

被告要求书面答辩的，人民法院可以在征得其同意的基础上合理确定答辩期间，但最长不得超过十五日。

当事人到庭后表示不需要举证期限和答辩期间的，人民法院可立即开庭审理。

第二百八十条 小额诉讼案件的裁判文书可以简化，主要记载当事人基本信息、诉讼请求、裁判主文等内容。

◆ 典型案例

某银行虎邱支行诉胡某信用卡纠纷案①

原告某银行虎邱支行与被告胡某信用卡纠纷一案，某银行虎邱支行诉讼请求：（1）解除双方签订的《贷记卡领用合约》；（2）胡某偿还透支款本金 3 万元并支付尚欠利息、违约金。因本案属于金钱给付民事案件，案件所涉胡某违约及欠款的事实清楚、双方权利义务关系明确且争议不大，标的额亦小于受理法院所在省上年度就业人员年平均工资百分之五十，故受理法院立案后，依法适用小额诉讼程序，对本案公开开庭进行了审理并判决：（1）解除双方签订的《贷记卡领用合约》；（2）胡某偿还某银行虎邱支行尚欠透支款本金 3 万元及相应利息、违约金；（3）驳回某银行虎邱支行的其他诉讼请求。该判决为终审判决。

---

① 福建省安溪县人民法院（2023）闽 0524 民初 3255 号民事判决书。

第一百六十八条 【小额诉讼案件的审理期限】人民法院适用小额诉讼的程序审理案件，应当在立案之日起两个月内审结。有特殊情况需要延长的，经本院院长批准，可以延长一个月。

◆ **适用指引**

本条是关于小额诉讼案件审限的规定。小额诉讼程序的立法本意是简案快办，提高效率，合理分配司法资源，集中体现在办案时间上。办案时间越短，司法效率越高。办案时间太短，当事人基本诉讼权利得不到保障，程序正义会受损害，办案时间太长，既与小额诉讼程序设定目的相悖，也不利于公平正义及时实现。小额诉讼程序的审限为2个月。要从严把握审限内结案的要求，提高司法效率。要从严把握审限延长原因，本条规定"有特殊情况需要延长"。需要注意的是，案件疑难复杂、标的额高，不属于本条规定的特殊情况。在这种情况下，应当将其按简易程序办理或者转为普通程序。要从严把握审限延长审批权限和延长时间。经本院院长批准，才可延长1个月，即便延长小额诉讼的审限，也不会超过简易程序的审限。

第一百六十九条 【当事人程序异议权】人民法院在审理过程中，发现案件不宜适用小额诉讼的程序的，应当适用简易程序的其他规定审理或者裁定转为普通程序。

当事人认为案件适用小额诉讼的程序审理违反法律规定的，可以向人民法院提出异议。人民法院对当事人提出的异议应当审查，异议成立的，应当适用简易程序的其他规定审理或者裁定转为普通程序；异议不成立的，裁定驳回。

◆ **适用指引**

本条是关于小额诉讼案件依法适用简易程序或者转为普通程序案件的规定。根据本条规定，已经适用小额诉讼程序的案件，如果发现不宜适用小额诉讼程序，应当直接适用简易程序，无须出具裁定书，不属于转程序。但是，已经适用小额诉讼程序的案件，如果发现不仅不宜适用小额诉讼程序，而且不宜适用简易程序的，就需裁定转为普通程序。简易程序、普通程序是两个完全独立、不相同的一审诉讼程序，二者是并列关系。小额诉讼程序规定在简易程序一章，说明其属于简易程序，包含在简易程序中。因此，小额诉讼程序实质上仍属于简易程序，二者是包含关系。从小额诉讼的程序到简易程序，不需要转程序，也不需要出具裁定，直接适用简易程序即可。从实质上看，小额诉讼程序到简易程序，是在同一程序中继续审理，小额诉讼程序或者简易程序转为普通程序，则是一个新程序重新开始。

小额诉讼案件实行一审终审，当事人没有上诉权。如果当事人对于人民法院适用小额诉讼程序有异议且人民法院确实将不应适用小额诉讼程序的案件适用小额诉讼程序并导致当事人丧失上诉权，会损害当事人的诉讼权利。对此，本条第2款赋予当事人异议权。对于当事人提出的异议，人民法院应当认真审查，审查范围是该案是否应当适用小额诉讼程序。人民法院经审查，如果认为案件不应适用小额诉讼程序，当事人的异议成立，就应依法适用简易程序的其他规定审理案件或者裁定转为普通程序；如果认为案件应当适用小额诉讼程序，当事人异议不成立，则应裁定驳回。

实践中，当事人增加或者变更诉讼请求、反诉、追加当事人等行为都可能导致诉讼标的发生变化。例如，诉讼标的不再仅限于金钱给付，诉讼标的额增加而超出了小额诉讼案件标的额上限。此时不宜再适用小额诉讼程序。如果案件此时符合简易程序适用条件，应当适用简易程序，如果不符合简易程序适用条件，应当适用普通程序。需要注意的是，在小额诉讼程序转为普通程序的情况下，实际上是开始了一个新的程序，此时既要考虑普通程序的完整性，也要兼顾诉讼经济原则。因此，小额诉讼程序经裁定转为普通程序后，双方当事人已确认的事实，可以不再进行举证、质证，这有利于降低诉讼成本和当事人诉累。

◆ **关联规定**

《最高人民法院关于适用〈中华人民共和国民事诉讼法〉的解释》（2022 年4 月 1 日）

第二百七十四条 人民法院受理小额诉讼案件，应当向当事人告知该类案件的审判组织、一审终审、审理期限、诉讼费用交纳标准等相关事项。

第二百七十八条 因当事人申请增加或者变更诉讼请求、提出反诉、追加当事人等，致使案件不符合小额诉讼案件条件的，应当适用简易程序的其他规定审理。

前款规定案件，应当适用普通程序审理的，裁定转为普通程序。

适用简易程序的其他规定或者普通程序审理前，双方当事人已确认的事实，可以不再进行举证、质证。

第二百七十九条 当事人对按照小额诉讼案件审理有异议的，应当在开庭前提出。人民法院经审查，异议成立的，适用简易程序的其他规定审理或者裁定转为普通程序；异议不成立的，裁定驳回。裁定以口头方式作出的，应当记入笔录。

第一百七十条　【简易程序转普通程序】人民法院在审理过程中，发现案件不宜适用简易程序的，裁定转为普通程序。

◆ **适用指引**

本条是关于人民法院依职权将简易程序转为普通程序的规定。简易程序相对于普通程序更为简便、快捷，但程序保障相对较弱，只适用于简单案件，才能实现诉讼正义与诉讼效率平衡。如果案件不符合适用简易程序的条件仍适用简易程序，则可能损害司法公正，不利于保护当事人权利。如果法律关系复杂或者涉及的法律问题是复杂的法律问题，就不能适用小额诉讼程序。判定案件是否简单，应当以事实清楚、权利义务关系明确、争议不大作为判断标准。对于不属于事实清楚、权利义务关系明确、争议不大的简单民事案件，当事人约定适用简易程序的，人民法院仍可适用简易程序。如果作为简易程序受理的案件经审理发现不符合前述条件，就不能继续适用简易程序，应当裁定转为普通程序。

另外，当事人有权对适用简易程序提出异议。当事人提出异议，人民法院应当审查，审查重点是案件是否符合简易程序适用条件。当事人异议成立的，裁定转为普通程序。简易程序转为普通程序后，人民法院应当将合议庭组成人员及相关事项以书面形式通知双方当事人，以保障当事人知情权、申请回避等权利。简易程序转为普通程序前，当事人已确认的事实，无须再进行举证、质证。

◆ **关联规定**

《最高人民法院关于适用〈中华人民共和国民事诉讼法〉的解释》（2022 年 4 月 1 日）

第一百九十九条　适用简易程序审理的案件转为普通程序的，原告自接到人民法院交纳诉讼费用通知之日起七日内补交案件受理费。

原告无正当理由未按期足额补交的，按撤诉处理，已经收取的诉讼费用退还一半。

第二百五十八条第二款　人民法院发现案件不宜适用简易程序，需要转为普通程序审理的，应当在审理期限届满前作出裁定并将审判人员及相关事项书面通知双方当事人。

第十四章 第二审程序

第一百七十一条 【上诉】当事人不服地方人民法院第一审判决的，有权在判决书送达之日起十五日内向上一级人民法院提起上诉。

当事人不服地方人民法院第一审裁定的，有权在裁定书送达之日起十日内向上一级人民法院提起上诉。

◆ 适用指引

本条是关于提起上诉的规定。第二审程序，是指上级人民法院根据当事人的上诉，对下级第一审人民法院未发生法律效力的民事判决、裁定进行审理的程序。第二审程序是因当事人提起上诉引起的，因此又称为上诉审程序。

1. 提起上诉的人员。当事人概念有广义和狭义之分，广义的当事人包括原告、被告、共同诉讼人和第三人。狭义的当事人仅指原告和被告。本条所称的当事人是与一审裁判结果有利害关系的人。二审程序的当事人要求其具备上诉的利益，只要当事人在一审中的声明部分与一审裁判结果存在不一致，就认为具备上诉的利益。凡是一审程序中具有实体权利义务的当事人都可成为上诉人。上诉人的对方当事人是被上诉人。这里的对方当事人强调的是与上诉人的利益相对的人。上诉人的范围具体包括一审程序中原告和被告、共同诉讼人、诉讼代表人、有独立请求权的第三人以及人民法院判决其承担责任的无独立请求权的第三人。前述人员的上诉权是法定的，不可随意剥夺。上诉行为一般由享有上诉权的人自己行使。第一审程序中无诉讼行为能力当事人的法定代理人，有权代理其行使上诉权，但上诉人仍系无诉讼行为能力当事人。经当事人特别授权的委托诉讼代理人，可以以被代理人的名义提起上诉。

2. 提起上诉的客体。提起上诉的客体是依法允许上诉的判决或裁定。可以上诉的判决和裁定包括地方各级人民法院适用第一审简易程序、普通程序作出的判决，按照审判监督程序由一审法院作出的再审判决，二审法院发回一审法院重审后所作出的判决，一审法院作出的不予受理裁定、对管辖权有异议的裁定、驳回起诉的裁定。除了不予受理、对管辖权有异议、驳回起诉的裁定可以提起上诉以外，其他裁定都不允许上诉。不可提起上诉的判决包括最高人民法院作出的判决，二审法院作出的判决，依特别程序、公示催告程序作出的判决。对负担诉讼费用的裁判不得单独提起上诉。

3. 提起上诉的期限。规定上诉期限的意义在于：一方面，为了保证当事人的合法权益，给予其行使权利的时间；另一方面，可督促当事人尽早行使权利，防止诉讼拖延并尽早稳定实体法律关系，维护裁判稳定性。法定上诉期限一般不得变更。如果当事人因不可抗拒的法定事由超过上诉期限，是否顺延，应向第一审人民法院说明情况并经准许后方可允许提起上诉。判决与裁定的上诉期限不同：首先，裁定与判决解决的问题不同，故上诉期限不同。其次，裁定基本上解决的是程序问题，程序问题一般比较单一，判决解决实体问题，实体问题比较复杂。单一问题的时间短，复杂问题的时间长。需要注意的是，上诉期限的计算因情况不同而有不同：上诉状以邮寄方式递交的，交邮时间不计算在法定上诉期限内；电子方式送达的，以送达信息到达受送达人特定系统的日期为送达日期。一审判决书和裁定书不能同时送达双方当事人的，当事人的上诉期从各自收到法律文书的次日起分别计算，但法律文书的生效日期以最后一个收到法律文书的当事人的上诉期计算，即最后一个收到裁判的当事人的上诉期届满而无人上诉的，裁判才发生效力。必要共同诉讼的上诉期限，从共同诉讼人中最后收到裁判文书的人收到时间的次日起计算，普通共同诉讼可以分别计算上诉期限。当事人一方人数众多的诉讼，上诉期间应从最后收到裁判文书的代表人收到文书次日起开始计算。一审宣判时或判决书、裁定书送达时，当事人口头表示上诉的，人民法院应当告知其必须在法定上诉期间内提交上诉状，否则视为未提出上诉。

关于二审程序当事人的确定，有一些特殊情形需要注意：

第一，一审双方当事人和第三人都提出上诉的，均是上诉人。

第二，共同诉讼因种类不同，故上诉人和被上诉人情况也不同。必要共同诉讼，争议的诉讼标的同一，故共同诉讼人之间表现出更多的同一性和牵连性，其中一人或部分人提出上诉的，按下列情况处理：（1）上诉仅对与对方当事人之间权利义务分担有意见，不涉及其他共同诉讼人利益的，对方当事人为被上诉人，未上诉的同一方当事人依原审诉讼地位列明。（2）上诉仅对共同诉讼人之间权利义务分担有意见，不涉及对方当事人利益的，未上诉的同一方当事人为被上诉人，对方当事人依原审诉讼地位列明。（3）上诉对双方当事人之间以及共同诉讼人之间的权利义务承担均有意见的，未提起上诉的其他当事人均为被上诉人。普通共同诉讼本身为可分之诉，故共同诉讼人各自保持独立性，他们之间的关系比较松散，其中一人或部分人的诉讼行为包括提起上诉，对其他共同诉讼人没有实质影响，也不发生法律效力，可以独自作为上诉人或被上诉人。

第三，第三人提起上诉的，有独立请求权的第三人，其诉讼地位等同于原告，故可独立提起上诉，以本诉原告和被告为共同被上诉人或者以其中一方为被上诉人；无独立请求权的第三人，对于诉讼标的无任何独立请求权，是因案件处理结果与其有法律上的利害关系而参加到诉讼中，其在诉讼中不具有独立的原告或被告的诉讼地位，只是辅助原告或被告参加诉讼，一般无权独立提起上诉，但可以随所参加的当事人一方提起上诉，只有法院判决其承担责任的无独立请求权的第三人才可以独立提起上诉。

第四，代表人诉讼。民事诉讼法规定了两种代表人诉讼，一是起诉时人数确定的，二是起诉时人数不确定的。代表人诉讼中的代表人上诉，对于被代表的当事人的上诉权如何处理，立法没有明确规定。《最高人民法院关于证券纠纷代表人诉讼若干问题的规定》第 28 条对普通代表人诉讼的上诉问题作出规定：一审判决送达后，代表人决定上诉的，应当在上诉期间届满前通知全体原告。原告自收到通知之日起十五日内决定放弃上诉的，应当通知一审法院。被告在上诉期间内未上诉的，一审判决在放弃上诉的原告与被告之间生效，二审裁判的效力不及于放弃上诉的原告。

◆ **关联规定**

《最高人民法院关于适用〈中华人民共和国民事诉讼法〉的解释》（2022 年 4 月 1 日）

第二百零二条 原告、被告、第三人分别上诉的，按照上诉请求分别预交二审案件受理费。

同一方多人共同上诉的，只预交一份二审案件受理费；分别上诉的，按照上诉请求分别预交二审案件受理费。

第二百四十四条 可以上诉的判决书、裁定书不能同时送达双方当事人的，上诉期从各自收到判决书、裁定书之日计算。

第三百一十五条 双方当事人和第三人都提起上诉的，均列为上诉人。人民法院可以依职权确定第二审程序中当事人的诉讼地位。

第三百一十七条 必要共同诉讼人的一人或者部分人提起上诉的，按下列情形分别处理：

（一）上诉仅对与对方当事人之间权利义务分担有意见，不涉及其他共同诉讼人利益的，对方当事人为被上诉人，未上诉的同一方当事人依原审诉讼地位列明；

（二）上诉仅对共同诉讼人之间权利义务分担有意见，不涉及对方当事人利益的，未上诉的同一方当事人为被上诉人，对方当事人依原审诉讼地位列明；

（三）上诉对双方当事人之间以及共同诉讼人之间权利义务承担有意见的，未提起上诉的其他当事人均为被上诉人。

第三百一十九条　无民事行为能力人、限制民事行为能力人的法定代理人，可以代理当事人提起上诉。

第三百三十四条　在第二审程序中，作为当事人的法人或者其他组织分立的，人民法院可以直接将分立后的法人或者其他组织列为共同诉讼人；合并的，将合并后的法人或者其他组织列为当事人。

◆ **典型案例**

某种业公司诉某科技研究所合同纠纷案①

某科技研究所与某种业公司签订《新品种合作开发协议》《投资与科研合作协议》《科研育种劳务合同》《种子委托加工协议》《研发服务协议》等合同，后因合同履行产生纠纷，某种业公司向辽宁省朝阳市中级人民法院起诉请求某科技研究所支付种子款及逾期付款损失。某科技研究所提出反诉，请求某种业公司给付品种转让款、种子销售提成款、品种审定奖励款、科研育种劳务费以及种子加工等垫付费用。后，某科技研究所不服辽宁省高级人民法院（2021）辽民终543号民事判决，向最高人民法院申请再审。

最高人民法院经审查认为，当事人不服地方人民法院第一审判决的，有权在判决书送达之日起十五日内向上一级人民法院提起上诉。第二审人民法院应当对上诉请求的有关事实和适用法律进行审查。本案中，一审法院作出判决后，某科技研究所未提起上诉，应视为其接受一审判决结果。此种情况下，二审法院仅审查某种业公司的上诉请求并作出判决，符合"第二审人民法院应当围绕当事人的上诉请求进行审理。当事人没有提出请求的，不予审理，但一审判决违反法律禁止性规定，或者损害国家利益、社会公共利益、他人合法权益的除外"之规定。现某科技研究所提出再审申请，主张一审判决损害其合法权益，明显与其在本案一、二审诉讼期间行使处分权的行为相悖，二审判决结果在实体上亦未改变一审

---

① 最高人民法院（2021）最高法民申5397号民事裁定书。

判决对某科技研究所权利义务的认定，某科技研究所申请再审期间所提证据不能否认原审判决对事实的认定。

第一百七十二条 　**【上诉状】**上诉应当递交上诉状。上诉状的内容，应当包括当事人的姓名，法人的名称及其法定代表人的姓名或者其他组织的名称及其主要负责人的姓名；原审人民法院名称、案件的编号和案由；上诉的请求和理由。

◆ **适用指引**

本条是关于递交上诉状的规定。上诉状是当事人不服第一审法院的判决或裁定，向上一级人民法院提出请求撤销或者变更原审法院裁判的诉讼文书。上诉状与起诉状的共同之处在于，目的都是启动一定的诉讼程序，旨在保护自身合法权益。但两者有所不同，上诉人不仅与被上诉人有民事权利义务争议，而且对一审裁判结果有异议。因此，上诉状不仅包括上诉人提出的实体权利请求，还包括要求改变第一审法院的裁判。上诉状的内容包括：

第一，当事人的基本情况。当事人包括上诉人和被上诉人，表明上诉主体与对方当事人。当事人是公民的，写明姓名、现住址等；是法人或其他组织的，写明法人或其他组织的名称、住所地以及法定代表人或主要负责人姓名、职务。有诉讼代理人的，写明代理人的基本情况。

第二，原审法院的名称、案件的编号和案由。这一部分是为了便于原审人民法院整理案件卷宗，上报上一级人民法院。

第三，上诉请求和理由。这一部分是上诉状的主体和核心，既是上诉人请求司法保护的内容和理由，也是上诉审法院对上诉案件审理的基础。上诉请求是上诉人通过上诉所要达到的目的。上诉请求应当明确具体，表明要求上诉审法院全部或部分变更原审裁判的态度和内容，这关系到人民法院在二审程序中的审理范围，比如请求撤销原判决，依法改判，要求如何改判。上诉理由是上诉人认为原审裁判在认定事实和适用法律方面不当或错误的事实和理由，包括在第一审程序中应提供而未提供的事实、理由和证据。上诉请求和理由应当针对原审裁判的事实和理由展开。上诉状不符合要求或不完整的，上诉人应予补正。

上诉状既是当事人不服一审裁判的诉讼行为，也是当事人要求上诉法院审查一审法院审判的上诉行为的书面要求。因此，当事人递交书面上诉状是上诉行为必要的形式要件。即使当事人在当庭宣判时表示上诉并记录在案，也必须在法定期限内递交上诉状作为上诉依据。当事人在一审宣判时或判决书、裁定书送达时，当即表示不服要上诉，但未递交上诉状的，原审人民法院应当告知当事人口头上诉无效，其须在法定期限内按照《民事诉讼法》的规定提出上诉状及副本。在法定上诉期限内未递交上诉状的，视为未提起上诉。当事人在法定上诉期限内表示上诉的同时请求延期递交上诉状，人民法院经审查认为理由正当的，可以酌定准许适当延长。当事人在法定上诉期限内仅表示上诉，但既未递交上诉状，又未请求延期的或者请求延期但未获人民法院准许，而且未在法定上诉期限内递交上诉状，或者获准延期之后，在延长期限内仍未递交上诉状，原审判决或裁定在法定上诉期限或延长期限届满后即发生法律效力。当事人不服该判决或裁定的，人民法院应当作为申诉处理。当事人在一审宣判或判决书、裁定书送达时声明不上诉，但又在上诉期限内递交上诉状及其副本，应承认其上诉行为。

◆ **关联规定**

《最高人民法院关于适用〈中华人民共和国民事诉讼法〉的解释》（2022 年 4 月 1 日）

第三百一十八条 一审宣判时或者判决书、裁定书送达时，当事人口头表示上诉的，人民法院应告知其必须在法定上诉期间内递交上诉状。未在法定上诉期间内递交上诉状的，视为未提起上诉。虽递交上诉状，但未在指定的期限内交纳上诉费的，按自动撤回上诉处理。

第一百七十三条　【上诉方式】 上诉状应当通过原审人民法院提出，并按照对方当事人或者代表人的人数提出副本。

当事人直接向第二审人民法院上诉的，第二审人民法院应当在五日内将上诉状移交原审人民法院。

◆ **适用指引**

本条是关于上诉状提出方式的规定。当事人提起上诉的方式有两种：

一是向原审人民法院提交上诉状，即通过原审人民法院提起上诉，这是原则性规定，也是一般应采取的方式。一方面，便利当事人上诉；另一方面，原审法院是案件的审理法院，当事人是否在法定期限内提出上诉，关系到诉讼程序结束、原裁判生效还是将案件转移到上级法院审理，原审法院应了解这一情况。另外，原审法院向对方当事人送达上诉状副本以及向上诉审法院报送诉讼卷宗比较方便。二是向原审人民法院的上一级人民法院提交上诉状，向第二审人民法院提起上诉是例外。这种方式也是允许的，第二审人民法院不能以当事人应通过原审人民法院提起上诉为由拒绝。二审法院在接到上诉状后，应于 5 日内将上诉状及其副本移交原审法院，以便原审法院可以及时向被上诉人送达上诉状副本并将全部案卷报送上一级人民法院。本条还规定当事人上诉应按照对方当事人或者代表人的人数提出副本，这是为了让对方当事人了解上诉请求与理由，保障其充分行使答辩权并及时提交答辩状。

关于上诉审查权的问题。一般情况下，由原审法院进行审查是适当的。首先，法律规定不符合法定条件比如超过上诉期限就不能上诉，原审法院依法裁定驳回上诉符合法律要求，不与法律相悖。其次，不符合法定条件的上诉不是合法有效的上诉，当事人与二审法院之间不存在诉讼法律关系。本条第 2 款规定当事人向第二审人民法院上诉的，第二审人民法院将上诉状移交原审人民法院，可以看出第二审人民法院不直接对上诉进行审查。最后，由原审法院对上诉进行审查对上诉人而言更加方便快捷。既然原审法院有权对上诉进行审查，那么就应当承认其有权驳回不符合条件的上诉。如果条件欠缺，原审法院应及时通知上诉人，能够补正的予以补正，上诉不符合法定条件且不能补正，原审法院有权直接作出处理。当然，原则上由原审法院对上诉进行审查并不完全排除第二审人民法院上诉审查的可能。例如，案件移送到二审法院后，二审法院发现当事人的上诉已经超过法定上诉期限，这种情况下人民法院只能认为当事人未提起上诉。如果二审法院在立案审查时即发现当事人递交上诉状的时间已超过法定上诉期限，应不予立案并通知当事人原审判决已生效，当事人可依法按审判监督程序申请再审。

实践中有当事人拒收或撕毁一审法院判决书或裁定书，直接到第二审人民法院上诉，原审法院应对当事人进行适当批评教育并向其交代清楚上诉权利，但不因此剥夺当事人上诉权。当事人拒收原审法院的判决书或裁定书，又不明确表示上诉，法定上诉期限届满后，原审法院的裁判即发生法律效力。当事人提起上诉后，原审法院发现本院判决书、裁定书确有错误的，仍应按照上诉程序进行，不能径行按照审判监督程序自行加以纠正，原审法院应继续向第二审人民法院报送材料，但可附具意见，要求第二审人民法院在二审程序中予以纠正。

提出上诉须交纳案件受理费。虽递交上诉状，但未在指定期限内交纳上诉费的，按自动撤回上诉处理。对不予受理、驳回起诉和管辖权异议裁定不服，提起上诉的案件不交纳案件受理费。当事人一般应当在上诉期内预交二审案件受理费或法院通知后 7 日内预交，未依法预交二审案件受理费的上诉不成立，按自动放弃上诉处理。以下三种情况均属于有效上诉：一是在上诉期限内预交诉讼费用；二是虽在上诉期限内未能预交，但在接到人民法院通知后 7 日内预交的；三是当事人在上诉时申请司法救助，人民法院准予缓交或免交或者人民法院准予减交后在指定期限内交纳的。二审案件受理费的缓、减、免，首先应由上诉人提出，人民法院不能依职权主动决定；其次，缓、减、免二审案件受理费的决定权在第二审人民法院，不是原审法院。如果上诉人提出司法救助申请，原审法院要立即将材料报送第二审人民法院审查，第二审人民法院审查决定后，及时将决定内容反馈给原审法院。关于二审案件受理费的交纳数额，对财产案件提起上诉的，按照不服一审判决部分的上诉请求数额交纳案件受理费。原审法院审查上诉时，应注意根据上诉请求数额确定和收取二审案件受理费，二审案件受理费由上诉人向原审法院交纳，然后由原审法院转至第二审人民法院，只要在法定期限内交纳就属有效。

◆ **关联规定**

《最高人民法院关于适用〈中华人民共和国民事诉讼法〉的解释》（2022 年 4 月 1 日）

第三百一十六条　民事诉讼法第一百七十三条、第一百七十四条规定的对方当事人包括被上诉人和原审其他当事人。

第一百七十四条　**【受理上诉】**原审人民法院收到上诉状，应当在五日内将上诉状副本送达对方当事人，对方当事人在收到之日起十五日内提出答辩状。人民法院应当在收到答辩状之日起五日内将副本送达上诉人。对方当事人不提出答辩状的，不影响人民法院审理。

原审人民法院收到上诉状、答辩状，应当在五日内连同全部案卷和证据，报送第二审人民法院。

◆ **适用指引**

本条是关于受理上诉的规定。

本条第 1 款规定了诉讼文书的接收和送达。原审人民法院收到上诉状，既包括当事人直接向原审人民法院递交上诉状及其副本，也包括第二审人民法院在收到上诉状后 5 日内将上诉状移交原审人民法院。原审人民法院收到上诉状之后应当进行审查。经审查，上诉符合条件的，应在 5 日内将上诉状副本送达对方当事人即被上诉人。如果认为上诉材料欠缺，应通知当事人予以补正。如果上诉不符合条件，应及时通知当事人。对方当事人收到上诉状副本后，应当在 15 日之内提出答辩状并送交原审人民法院。原审人民法院应当从收到答辩状之日起 5 日内，将答辩状副本送达给上诉人。我国民事诉讼法没有将被上诉人提交答辩状作为义务，而是作为权利。被上诉人是否在法定期限内提交答辩状完全由其自行决定，在法定期限内不行使答辩权不产生不利后果，不影响其在案件审理过程中口头答辩或提交书面答辩材料，也不影响人民法院审理案件。

本条第 2 款规定了案件材料和证据的报送。被上诉人提交答辩状的，原审人民法院应当在 5 日内将上诉状、答辩状，连同全部卷宗和证据报送第二审人民法院。如果被上诉人未在法定期限内提交答辩状，则在答辩期限届满后 5 日之内将上诉状连同全部卷宗和证据报送第二审人民法院。上诉状和答辩状是双方当事人向第二审人民法院提出的诉讼文书，原审人民法院向第二审人民法院报送的全部卷宗和证据是案件在原审人民法院审理期间的全部诉讼资料。原审人民法院完成报送程序后，诉讼关系即在一审全部结束。第二审人民法院收到全部案卷、书状和证据后认为符合法律规定条件的，应当予以受理。

◆ **关联规定**

《最高人民法院关于适用〈中华人民共和国民事诉讼法〉的解释》（2022 年 4 月 1 日）

第三百一十六条　民事诉讼法第一百七十三条、第一百七十四条规定的对方当事人包括被上诉人和原审其他当事人。

◆ **典型案例**

陈某宇诉某证券公司、某证券公司茂名分公司、某证券公司
西粤南路营业部证券登记、存管、结算纠纷案[①]

陈某宇诉某证券公司、某证券公司茂名分公司、某证券公司西粤南路营业部证券登记、存管、结算纠纷一案，陈某宇不服上海市高级人民法院（2020）沪民终 604 号民事判决，向最高人民法院申请再审。

---

① 最高人民法院（2021）最高法民申 6947 号民事裁定书。

最高人民法院经审查认为，原审人民法院收到上诉状，应当在 5 日内将上诉状副本送达对方当事人，对方当事人在收到之日起 15 日内提出答辩状。人民法院应当在收到答辩之日起 5 日内将副本送达上诉人。对方当事人不提出答辩状的，不影响人民法院审理。本案中，某证券公司、某证券公司茂名分公司、某证券公司西粤南路营业部在上海市高级人民法院二审开庭时递交答辩状，未违反法律规定，故陈某宇关于二审法院剥夺其辩论权利的主张不能成立。

第一百七十五条 　**【审查范围】**第二审人民法院应当对上诉请求的有关事实和适用法律进行审查。

◆ **适用指引**

本条是关于二审案件审理范围的规定。上诉请求的有关事实和适用法律，既包括上诉人提出的事实和法律问题，也包括上诉人未提出，但与上诉请求有关的其他事实和法律问题。因此，第二审人民法院对上诉请求的有关事实和适用法律进行审查，既不同于在一审裁判基础上对案件进行全面审理，也不同于严格受上诉人请求范围制约，只对上诉请求范围内的事实和法律问题进行审理。这种审查既是事实审，也是法律审，但审理的事实和法律是与上诉请求有关的事实和法律，涉及上诉请求的事实和法律都是审查对象。一是要审查上诉请求是否有事实根据，二是要审查一审裁判适用法律是否正确。如果一审裁判既损害了一方当事人的利益，又损害了国家利益、社会公共利益，即便受损害的当事人在上诉请求中不主张权利，二审法院也应当依法纠正，因为国家、集体或者社会公共利益，案件当事人无权处分，二审法院应当进行审查。二审案件审理范围问题，可从以下几个方面探讨：

1. 二审程序的性质。二审是在一审基础上继续进行，既可以对一审法院裁判在认定事实和适用法律上是否适当进行审查，也可以对当事人提出的新事实、新证据进行审理。我国允许当事人在二审程序中提出新证据，人民法院指定举证期限的，当事人提供新的证据的第二审案件不得少于 10 日。

2. 确定二审审理范围的几项原则。

第一，不告不理原则。不告不理是民事诉讼的一项基本原则，是处分原则在审判范围问题上的具体体现。不告不理在二审程序中的含义包括：（1）是否提起上诉由当事人决定，法院不能依职权启动二审程序。（2）二审审理在什么范围内进行，由当事人决定。（3）二审法院原则上只能在上诉请求的范围之内进行审理，审判权受上诉请求的制约。

第二，上诉不利益变更禁止原则。上诉不利益变更禁止原则，是指在上诉人上诉的情况下，不论上诉请求全部或部分是否能够得到支持，二审裁判都不能加重上诉人的责任。上诉人最不利的结果是二审驳回上诉，维持原裁判，不能被改判更不利的负担。上诉不利益变更禁止原则也有例外：（1）诉讼要件欠缺。（2）原审判决违反了禁止性规定或者损害社会公共利益、他人合法权益。（3）被上诉人也提出了上诉。

第三，利益变更禁止原则。利益变更禁止原则，是指在上诉人的上诉请求之外虽然存在可以对上诉人作出更加有利裁判的可能性，但由于上诉请求没有包含这样的内容，故二审法院无权主动变更而作出对上诉人更有利的判决。

3. 二审审理范围受到一审的制约。二审审理范围被限制在一审诉讼请求和审理范围之内，在一审中没有提出的诉讼请求或者虽提出但一审法院未予审理的诉讼请求，不属于二审审理范围。

◆ **关联规定**

《最高人民法院关于适用〈中华人民共和国民事诉讼法〉的解释》（2022 年4 月1 日）

第三百二十一条　第二审人民法院应当围绕当事人的上诉请求进行审理。

当事人没有提出请求的，不予审理，但一审判决违反法律禁止性规定，或者损害国家利益、社会公共利益、他人合法权益的除外。

第三百二十六条　在第二审程序中，原审原告增加独立的诉讼请求或者原审被告提出反诉的，第二审人民法院可以根据当事人自愿的原则就新增加的诉讼请求或者反诉进行调解；调解不成的，告知当事人另行起诉。

双方当事人同意由第二审人民法院一并审理的，第二审人民法院可以一并裁判。

◆ **典型案例**

某科技公司诉曹某辉、某机械公司专利权权属、合同纠纷案[①]

某机械公司系"连续丁基胶涂胶机"实用新型专利的专利权人，该专利发

[①]　最高人民法院（2021）最高法知民终 1651 号民事判决书。

明人为曹某辉，某科技公司与曹某辉签订《大桶丁基胶涂布机加工与销售合作协议》，后因协议履行产生纠纷，某科技公司向河南省郑州市中级人民法院提起诉讼，请求：（1）确认某科技公司为涉案专利的共有权人。（2）曹某辉、某机械公司支付违约金100万元。后，某科技公司不服河南省郑州市中级人民法院（2021）豫01知民初27号民事判决，向最高人民法院提起上诉。

最高人民法院经审查认为，本案系专利权权属、合同纠纷案件，而非因侵害专利权引发的纠纷，原审法院判决曹某辉应当负担某科技公司因本案诉讼支出的维权合理开支，缺乏法律依据，亦缺乏双方之间的合同依据。第二审人民法院应当对上诉请求的有关事实和适用法律进行审查，因曹某辉未就此提出上诉，故二审对此不予处理。因此，某科技公司的上诉请求不能成立，应予驳回，原审判决事实认定清楚，适用法律虽有瑕疵，但当事人未就此提出上诉，故对一审结果予以维持。

第一百七十六条　【二审审理方式】第二审人民法院对上诉案件应当开庭审理。经过阅卷、调查和询问当事人，对没有提出新的事实、证据或者理由，人民法院认为不需要开庭审理的，可以不开庭审理。

第二审人民法院审理上诉案件，可以在本院进行，也可以到案件发生地或者原审人民法院所在地进行。

◆ **适用指引**

本条是关于二审审理方式及审理地点的规定。民事二审程序之所以设置两种审理方式，目的在于通过案件的繁简分流达到公正与效率的平衡。第二审人民法院经过阅卷、调查和询问当事人，对没有提出新的事实、证据或者理由，认为不需要开庭审理的，可以不开庭审理而径行作出判决。当事人没有新的事实、证据提供，也没有新的理由提出，二审法院对案件事实的认定仍是依据一审中当事人提交的全部证据及当庭陈述，当事人提交的全部证据及当庭陈述已经在一审法院向二审法院报送的全部卷宗材料中，二审法院可以通过审阅一审卷宗得以了解，从而对案件事实作出认定。第二审人民法院对上诉案件开庭审理应是常态，不开庭审理径行判决则是特殊情况下的非常态，这种非常态仅限于案情简单，事实清楚，当事人没有提出新的事实、证据或者理由的情形。但不开庭审理也要阅卷、调查和询问当事人。第二审人民法院做好准备工作之后，如果决定开庭审理的，应当确定开庭的地点。第二审人民法院审理上诉案件，可以在本院进行，也可以到案件发生地或者原审人民法院所在地进行，目的是方便当事人、方便审理，提高办案效率，维护当事人的合法权益。

第二审人民法院对下列上诉案件，可以不开庭审理：（1）不服不予受理、管辖权异议和驳回起诉裁定的。（2）当事人提出的上诉请求明显不能成立的。（3）原判决、裁定认定事实清楚，但适用法律错误的。（4）原判决严重违反法定程序，需要发回重审的。是否有新的事实、证据或者理由通过审阅一审案卷和上诉状以及询问当事人就可以明确，无须严格的庭审过程。在当事人提出新的事实、证据和理由的情况下，须通过开庭审理，给予上诉人和被上诉人充分陈述及抗辩机会，质询新证据，查明新事实并通过辩论确定新提出的理由是否充分，在程序上保障当事人就新的事实、证据和主张予以阐述、说明和抗辩的权利。需要强调的是，第二审人民法院不开庭审理而径行判决只是针对特定案件，并非简化程序，径行判决除了阅卷外还要调查和询问当事人，同样需要对案件事实进行调查核实。

◆ **关联规定**

《最高人民法院关于适用〈中华人民共和国民事诉讼法〉的解释》（2022 年 4 月 1 日）

第三百三十一条 第二审人民法院对下列上诉案件，依照民事诉讼法第一百七十六条规定可以不开庭审理：

（一）不服不予受理、管辖权异议和驳回起诉裁定的；

（二）当事人提出的上诉请求明显不能成立的；

（三）原判决、裁定认定事实清楚，但适用法律错误的；

（四）原判决严重违反法定程序，需要发回重审的。

第三百三十八条 第二审人民法院宣告判决可以自行宣判，也可以委托原审人民法院或者当事人所在地人民法院代行宣判。

◆ **典型案例**

某银行福州分行诉某投资公司执行异议之诉案[1]

某银行福州分行与一审第三人某电路板公司签订《综合授信额度合同》，后因协议履行产生纠纷，某银行福州分行向福建省高级人民法院提起诉讼。判决生

---

[1] 最高人民法院（2021）最高法民再 313 号民事判决书。

效后，某银行福州分行申请强制执行，福建省高级人民法院裁定由福建省莆田市中级人民法院执行。福建省莆田市中级人民法院在该案执行过程中，某投资公司就查封标的提出执行异议，福建省莆田市中级人民法院作出（2020）闽03执异1号、（2020）闽03执异1号之一执行裁定，裁定中止对案涉标的物的执行。后，某银行福州分行向福建省莆田市中级人民法院提起诉讼，请求：（1）撤销（2020）闽03执异1号执行裁定。（2）准许执行一审第三人某珠宝公司名下不动产及配套设施。后，某银行福州分行不服福建省高级人民法院（2020）闽民终1976号民事判决，向最高人民法院申请再审。

最高人民法院经审查认为，第二审人民法院对上诉案件，应当组成合议庭，开庭审理。经过阅卷、调查和询问当事人，对没有提出新的事实、证据或者理由，合议庭认为不需要开庭审理的，可以不开庭审理。

本案中，各方当事人在二审程序中均未提交新的证据，故福建省高级人民法院不开庭审理并未违反法律规定，亦不影响当事人以书面等方式行使辩论权利，故某银行福州分行关于福建省高级人民法院二审程序错误的再审理由不能成立。

第一百七十七条　【二审裁判】 第二审人民法院对上诉案件，经过审理，按照下列情形，分别处理：

（一）原判决、裁定认定事实清楚，适用法律正确的，以判决、裁定方式驳回上诉，维持原判决、裁定；

（二）原判决、裁定认定事实错误或者适用法律错误的，以判决、裁定方式依法改判、撤销或者变更；

（三）原判决认定基本事实不清的，裁定撤销原判决，发回原审人民法院重审，或者查清事实后改判；

（四）原判决遗漏当事人或者违法缺席判决等严重违反法定程序的，裁定撤销原判决，发回原审人民法院重审。

原审人民法院对发回重审的案件作出判决后，当事人提起上诉的，第二审人民法院不得再次发回重审。

◆ 适用指引

本条是关于上诉案件如何分情况裁判的规定。根据本条规定，上诉案件的处理有三种方式：维持原判决、裁定；依法改判、撤销或者变更；撤销原判决、裁定，发回一审法院重审。第二审人民法院对于上诉案件应当根据不同的情形，作不同的处理。

1. 以判决、裁定方式驳回上诉，维持原判决、裁定。该处理方式以原判决、裁定的正确合法为根据。上诉案件的处理不仅要对当事人之间的争议作出最终的判断，还要对一审审理程序所作的判断给予评价，维持原判决或裁定是上级人民法院对下级人民法院判决、裁定正确性与合法性的肯定，同时也是上级人民法院对下级人民法院判决、裁定所确认的当事人之间权利义务关系的认可。维持一审判决或裁定的条件是一审法院认定事实清楚以及适用法律正确。

2. 以判决、裁定方式依法改判、撤销或者变更。改判、撤销或者变更有以下几种情况：认定事实错误、适用法律错误、认定事实和适用法律都存在错误。原审判决、裁定认定事实错误、认定事实不清或者适用法律错误的，二审法院可以依法改变原审判决。认定事实错误，主要是指以虚假的事实或者伪造的事实作为定案依据；认定事实不清，主要是指对事实的认定不真实、不够准确或者是没有将案件事实调查清楚。原审判决、裁定适用法律错误，主要是指原审判决、裁定认定事实正确，但适用法律存在错误，二审法院可以直接以一审法院认定的事实为根据重新适用法律改变原审判决、裁定。

3. 裁定撤销原判决，发回原审人民法院重审或者查清事实后改判。撤销原审判决，发回原审法院进行重审，是指对于原审判决认定基本事实不清的或者原审判决有严重违反法定程序的，才可以裁定撤销原审判决，发回原审法院重审。基本事实是指案件的关键事实，可能影响案件最终判决的事实。依据本条规定，撤销原审判决发回重审有以下两种情形：（1）原审判决认定基本事实不清楚，二审法院可以裁定撤销原审判决由原审法院重审，也可以在查清事实基础上改判，即二审法院除了自行改判外，亦可撤销原审判决，发回原审法院重审。（2）原审判决严重违反法定程序，裁定撤销原审判决，发回原审法院重审。下列情形可以认定为严重违反法定程序：审判组织的组成不合法；应当回避的审判人员未回避；无诉讼行为能力人未经法定代理人代为诉讼；违法剥夺当事人辩论权利的。在原审法院一般事实认定不清的情况下，第二审人民法院应直接查清事实后改判，只有在基本事实不清的情况下才可以在查清事实后改判和发回重审之间选择。在原审判决认定基本事实不清的情况下，为节约司法资源、提高司法效率，第二审人民法院如果能够直接查清事实后改判的，应当首先考虑查清事实后改判，在由原审法院审理更方便查清基本事实的情况下，才考虑发回重审。本条第 2 款规定，原审人民法院对发回重审的案件作出判决后，当事人提起上诉的，第二审人民法院不得再次发回重审。

需要注意的是，第二审人民法院应当对事实认定错误区分情况，如果属于原判决、裁定认定事实错误或者适用法律错误的，以判决、裁定方式依法改判、撤销或者变更；如果原判决认定基本事实不清的，裁定撤销原判决，发回原审人民法院重审，或者查清事实后改判。第二审人民法院过多地将案件发回重审，既增加当事人诉讼成本，又影响审判效率。在第二审人民法院能查清事实改判的情况下，由第二审人民法院直接查清事实后改判；在基本事实不清，第二审人民法院查清事实又有困难，发回重审更有利于查清事实的情况下，才发回原审法院重审。基本事实是指用以确定当事人主体资格、案件性质、民事权利义务等对原判决、裁定结果有实质性影响的事实。第二审人民法院查明第一审人民法院作出的不予受理裁定有错误的，应当在撤销原裁定的同时，指令第一审人民法院立案受理；查明第一审人民法院作出的驳回起诉裁定有错误的，应当在撤销原裁定的同时，指令第一审人民法院审理。另外，必须是遗漏当事人或者违法缺席判决等严重违反法定程序的情况，第二审人民法院才可以发回原审人民法院重审。原判决、裁定认定事实或者适用法律虽有瑕疵，但裁判结果正确的，第二审人民法院可以在判决、裁定中纠正瑕疵后予以维持。人民法院依照第二审程序审理案件，如果认为依法不应由人民法院受理的，可以直接裁定撤销原裁判，驳回起诉，如果认为第一审人民法院受理案件违反专属管辖规定的，应当裁定撤销裁判并移送有管辖权的人民法院。

◆ **关联规定**

《最高人民法院关于适用〈中华人民共和国民事诉讼法〉的解释》（2022 年 4 月 1 日）

第一百九十六条 人民法院改变原判决、裁定、调解结果的，应当在裁判文书中对原审诉讼费用的负担一并作出处理。

第三百二十三条 下列情形，可以认定为民事诉讼法第一百七十七条第一款第四项规定的严重违反法定程序：

（一）审判组织的组成不合法的；

（二）应当回避的审判人员未回避的；

（三）无诉讼行为能力人未经法定代理人代为诉讼的；

（四）违法剥夺当事人辩论权利的。

第三百二十四条 对当事人在第一审程序中已经提出的诉讼请求，原审人民法院未作审理、判决的，第二审人民法院可以根据当事人自愿的原则进行调解；调解不成的，发回重审。

第三百二十五条 必须参加诉讼的当事人或者有独立请求权的第三人，在第一审程序中未参加诉讼，第二审人民法院可以根据当事人自愿的原则予以调解；调解不成的，发回重审。

第三百二十七条 一审判决不准离婚的案件，上诉后，第二审人民法院认为应当判决离婚的，可以根据当事人自愿的原则，与子女抚养、财产问题一并调解；调解不成的，发回重审。

双方当事人同意由第二审人民法院一并审理的，第二审人民法院可以一并裁判。

第三百二十八条 人民法院依照第二审程序审理案件，认为依法不应由人民法院受理的，可以由第二审人民法院直接裁定撤销原裁判，驳回起诉。

第三百二十九条 人民法院依照第二审程序审理案件，认为第一审人民法院受理案件违反专属管辖规定的，应当裁定撤销原裁判并移送有管辖权的人民法院。

第三百三十条 第二审人民法院查明第一审人民法院作出的不予受理裁定有错误的，应当在撤销原裁定的同时，指令第一审人民法院立案受理；查明第一审人民法院作出的驳回起诉裁定有错误的，应当在撤销原裁定的同时，指令第一审人民法院审理。

第三百三十二条 原判决、裁定认定事实或者适用法律虽有瑕疵，但裁判结果正确的，第二审人民法院可以在判决、裁定中纠正瑕疵后，依照民事诉讼法第一百七十七条第一款第一项规定予以维持。

第三百三十三条 民事诉讼法第一百七十七条第一款第三项规定的基本事实，是指用以确定当事人主体资格、案件性质、民事权利义务等对原判决、裁定的结果有实质性影响的事实。

◆ **典型案例**

方某峰诉某商品交易所、某银行昌化支行期货交易纠纷案①

方某峰以某商品交易所非法组织期货交易为由，向广西壮族自治区南宁市中级人民法院提起诉讼，请求：（1）确认其在某商品交易所开户行为及在某商品交易所交易平台上发生的所有交易无效。（2）某商品交易所返还或赔偿资金及

---

① 最高人民法院（2022）最高法民再170号民事裁定书。

利息。（3）某银行昌化支行对此承担连带责任。后，方某峰不服广西壮族自治区高级人民法院（2020）桂民终 948 号民事判决，向最高人民法院申请再审。

最高人民法院经审查认为，本案当事人对案涉交易是现货交易还是期货交易、交易是否违法以及交易对象等交易具体事实均存在分歧。人民法院应当结合各方当事人提供的证据，在当事人之间分配并确定举证责任，以查明案件事实。人民法院按照第二审程序审理再审案件，发现原判决认定基本事实不清的，一般应当通过庭审认定事实后依法作出判决。但原审人民法院未对基本事实进行过审理的，可以裁定撤销原判决，发回重审。本案中，一审法院未根据方某峰的申请调取证据，也未要求某商品交易所提供相应证据，二审法院对方某峰提供的相关证据未予回应即以方某峰对案涉交易没有尽到举证责任为由，判决驳回方某峰的诉讼请求，造成本案交易性质、交易对象、交易数量等相关基本事实不清，方某峰与某商品交易所的法律关系未得到确认。因此，本案一、二审判决认定基本事实不清，应撤销一、二审判决，发回一审法院重审，一审法院应在全面查清案涉交易相关事实基础上，准确认定案涉交易性质、交易对象、交易数量等并根据方某峰主张的损失形成原因，结合各方对交易性质的知晓情况、过错程度与损失的因果关系等，依法作出判决。

第一百七十八条　【裁定上诉处理】第二审人民法院对不服第一审人民法院裁定的上诉案件的处理，一律使用裁定。

◆ **适用指引**

本条是关于对不服裁定的上诉案件一律使用裁定的规定。裁定解决的是诉讼过程中程序方面的问题，是根据诉讼程序中的事实对诉讼程序的开始、进行和终结所作出的决定。裁定的效力表现在对于所涉及的诉讼参与人及法院产生裁定内容相应的拘束力。由于裁定指向的是程序事务，故其效力是程序法上的效力，不产生实体法意义上的效力，其目的是保证诉讼活动顺利进行。当事人不服第一审人民法院不予受理的裁定、对管辖权异议的裁定、驳回起诉的裁定，有权依法提起上诉。第二审人民法院对这三种裁定上诉的审理针对的仍然是程序问题，故仍采用裁定的形式。

第二审人民法院应当对上诉的裁定依法进行审查并根据裁定的不同情况作出处理。原审裁定认定事实清楚，适用法律正确的，裁定驳回上诉，维持原裁定；

原裁定认定事实错误或者适用法律错误的，裁定撤销原裁定，并作出变更的内容。第二审人民法院在审理中如果查明第一审人民法院作出的不予受理裁定有错误的，应当在撤销原裁定的同时，指令第一审人民法院立案受理；查明第一审人民法院作出的驳回起诉裁定有错误的，应当在撤销原裁定的同时，指令第一审人民法院进行审理。如果第二审人民法院发现原审人民法院受理了不应由人民法院受理的案件，应在直接裁定撤销原裁定的同时驳回起诉并告知当事人向有关主管机关申请解决。按照审判监督程序提审或者再审适用第二审程序的，也执行此规定。

◆ **典型案例**

申某义诉某房地产公司建设工程施工合同纠纷案①

某房地产公司（发包方、甲方）与大地公司（承包方、乙方）签订《项目施工承包合同》《项目施工合同》。后，大地公司（甲方）与申某义（乙方）签订《债权转让协议》，约定"甲方将拥有的对某房地产公司天和城项目中所产生的全部债权、权利转让给乙方，准确数额具体以实际计算为准。乙方同意受让甲方在对某房地产公司在天和城项目中所拥有的全部债权、权利"。申某义向贵州省高级人民法院起诉，请求：（1）某房地产公司支付工程款、资金占用费及违约金。（2）某房地产公司退还工程保证金并支付利息。后，某房地产公司不服贵州省高级人民法院（2018）黔民初145号民事裁定，向最高人民法院提起上诉。

最高人民法院经审查认为，第二审人民法院对不服第一审人民法院裁定的上诉案件的处理，一律使用裁定。本案系一审被告对驳回起诉裁定不服而提出的上诉案件，二审只能对一审裁定解决的程序性事项作出处理，不能对该程序性事项以外的事实进行实体审理与认定。某房地产公司上诉称一审裁定认定的部分事实错误，该理由不属二审审理范围。

第一百七十九条　【二审调解】 第二审人民法院审理上诉案件，可以进行调解。调解达成协议，应当制作调解书，由审判人员、书记员署名，加盖人民法院印章。调解书送达后，原审人民法院的判决即视为撤销。

---

① 最高人民法院（2020）最高法民终1205号民事裁定书。

◆ **适用指引**

本条是关于二审调解的规定。

第一，二审调解的开始。既可以依据当事人的申请，也可以由人民法院依职权主动启动。适合调解的二审民事案件，应当调解。二审人民法院要重点做好以下案件的调解工作：涉及群体利益，需要政府和相关部门配合的案件；人数众多的共同诉讼、集团诉讼案件；案情复杂，当事人之间情绪严重对立且双方都难以形成证据优势的案件；相关法律法规没有规定或者规定不明确，在适用法律方面有一定困难的案件；敏感性强、社会关注程度高的案件。

第二，二审调解的程序。二审诉讼调解中，应当注重调解程序的正当性、简易性和可操作性，避免调解的随意性。诉讼调解的程序和方法应当符合法律和司法解释的规定。调解开始前，审判人员要告知当事人诉讼权利和义务，审判人员并询问当事人是否申请回避，调解过程中也要遵循当事人自愿与合法原则。人民法院不能强制或违背当事人意愿进行调解。

第三，二审调解的内容。二审调解既可以对当事人上诉请求范围内的实体问题进行调解，也可以对一审判决认定的而上诉人未提出异议的实体问题进行调解。因一审判决此时还未生效，故当事人对此具有处分权。另外，下列案件二审法院可以调解，调解不成的，发回重审：当事人在一审中已经提出诉讼请求，但原审人民法院未作审理、判决的；必须参加诉讼的当事人在一审中未参加诉讼的；一审判决不准离婚，二审人民法院认为应当判决离婚的。二审中，原审原告增加诉讼请求或原审被告提出反诉的，二审法院可以根据当事人自愿的原则就新增加的诉讼请求或反诉进行调解，调解不成的告知当事人另行起诉。调解不成，二审法院应及时判决，不能久调不决。经过调解，双方当事人达成调解协议的，二审法院应依法审查协议的内容。

第四，二审法院对调解协议的审查。调解协议不能违反法律、行政法规的禁止性规定，不能损害国家利益、社会公共利益；不能侵害案外人合法权益，不能违背当事人真实意思。如果协议不符合上述规定，审判人员可以指出后让当事人重新协商。经人民法院审查符合法律规定的调解协议，二审法院应予以批准并制作调解书。调解书由审判人员、书记员署名并加盖第二审人民法院的印章。调解书一经送达双方当事人即发生法律效力，原审法院判决即视为撤销。

二审调解还需要注意以下问题：第一，部分二审民事案件可以由审判员一人独任审理。二审案件无论是组成合议庭审理还是独任审理，都适用调解并根据实际情况在调解书上署名。第二，如果二审组成合议庭审理，那么具体的调解工作可以由一名审判员负责，但需要由合议庭审查调解内容包括调解协议是否符合自愿和合法原则。第三，调解书也是第二审人民法院的法律文书，调解书送达当事人后即具有终审判决、终结诉讼的法律效力，具有执行内容并具有执行效力。第四，一审调解一般应当制作调解书，但符合规定条件的，也可以不制作调解书，二审调解必须制作调解书。因为二审调解是否成立，直接关系到一审判决的效力。第五，当事人在第二审程序中达成和解协议的，人民法院可以根据当事人的请求对双方达成的和解协议进行审查并制作调解书。第六，第二审人民法院的调解书上不能有撤销原判的表述，因为《民事诉讼法》明确规定调解书送达后，原审人民法院的判决即视为撤销。撤销原判与视为撤销不同，撤销原判以原审判决错误为前提，而调解协议是双方当事人自愿互谅互让达成的协议，不等于原审判决有错，不能用当事人行使处分权的结果来衡量和撤销人民法院行使审判权的结果，视为撤销的含义不是二审法院用调解书撤销原审判决，而是二审调解书生效后，原审判决就此失去法律效力。

◆ **关联规定**

《最高人民法院关于适用〈中华人民共和国民事诉讼法〉的解释》（2022 年 4 月 1 日）

第三百三十七条　当事人在第二审程序中达成和解协议的，人民法院可以根据当事人的请求，对双方达成的和解协议进行审查并制作调解书送达当事人；因和解而申请撤诉，经审查符合撤诉条件的，人民法院应予准许。

◆ **典型案例**

某银行洪城支行诉某数码公司、某科技公司等借款合同纠纷案[①]

某银行洪城支行与某科技公司签订《授信协议》，某数码公司、某银行洪城支行、某科技公司共同签订《未来提货权融资业务合作协议书》，某银行洪城支行为某科技公司承兑以某数码公司为收款人的银行承兑汇票，双方另行签订《银行承兑协议》。肖某、陈某与某银行洪城支行签订《最高额保证合同》。某银行洪城支行称其已依约履行向某科技公司提供融资的义务，但某科技公司违反约定，未能在汇票到期前交付全部票据款，导致某银行洪城支行垫付票据款，故

---

① 最高人民法院（2021）最高法民终 479 号民事判决书。

向江西省高级人民法院起诉请求：（1）某科技公司偿还银行承兑垫款及利息、罚息。（2）某数码公司对某科技公司应付银行承兑垫款承担差额退款责任并支付违约金。（3）陈某、肖某、某房地产公司对某科技公司应付银行承兑垫款本息承担连带清偿责任。后，某数码公司不服一审判决，向最高人民法院提起上诉。二审审理过程中，某数码公司与某银行洪城支行自愿达成调解协议。经二审法院合法传唤，原审被告某科技公司、陈某、肖某、某房地产公司均未到庭参加诉讼。

最高人民法院经审查认为，人民法院审理民事案件，应当根据自愿和合法的原则进行调解。第二审人民法院审理上诉案件，可以进行调解。调解达成协议，应当制作调解书，由审判人员、书记员署名，加盖人民法院印章。调解书送达后，原审人民法院的判决即视为撤销。当事人就部分诉讼请求达成调解协议的，人民法院可以就此先行确认并制作调解书。因此，当事人仅对一审判决部分判项提起上诉的，人民法院在二审程序中可以就当事人的上诉请求开展调解工作，对当事人达成的调解协议依法审查后予以确认并制作调解书。调解书送达后，一审判决即视为撤销。对于各方当事人均未提起上诉，调解协议也未涉及的其余一审判项，可以在与调解书不冲突，也不损害其他各方当事人合法权益的情况下，在二审判决中予以确认。本案中，一审判决第二项涉及某数码公司承担的差额退款责任以及违约金。各方当事人仅有某数码公司提起上诉，请求撤销一审判决第二项并驳回有关某数码公司的全部诉讼请求。经二审法院合法传唤，各原审被告未到庭参加诉讼，不参加本案调解。经二审法院调解，某数码公司与某银行洪城支行达成调解协议，请求二审法院出具调解书。经二审法院审查，调解协议内容不违反法律，未损害其他当事人的合法权益，与一审判决其他判项并不冲突。对于某数码公司依照调解书支付的款项，某银行洪城支行在调解书中明确承诺不依据本判决重复执行。某数码公司依照调解书支付的本金，在根据本判决书计算利息时也相应予以扣除。因此，对某数码公司与某银行洪城支行达成的调解协议，二审法院依法另行出具调解书予以确认，一审判决应依法视为撤销；对各方当事人均未提起上诉的其余一审判项，二审判决相应予以确认。

第一百八十条　【撤回上诉】 第二审人民法院判决宣告前，上诉人申请撤回上诉的，是否准许，由第二审人民法院裁定。

◆ **适用指引**

本条是关于撤回上诉的规定。提起上诉是当事人的诉讼权利，撤回上诉也是当事人的诉讼权利。撤回上诉，是指上诉人提起上诉后，在第二审人民法院判决宣告前撤回上诉请求的诉讼行为。对于撤回上诉的申请是否准许，由第二审人民法院裁定。撤回上诉与撤回起诉的法律后果不同。一审原告撤回起诉，通常视为未起诉，当事人在法定期限内仍然有起诉权利。但是，如果上诉人撤回上诉，就丧失上诉权，不得再行提起上诉。同时，第一审判决由于上诉人撤回上诉而发生法律效力，即使当事人对一审判决有异议，也只能申请再审。

撤回上诉的申请既可以是书面形式，也可以是口头形式，但必须在第二审人民法院判决宣告前提出。口头申请撤回上诉的，二审法院应当将申请内容记入笔录。在第二审程序中，当事人申请撤回上诉，人民法院经审查认为一审判决确有错误或者当事人之间恶意串通损害国家利益、社会公共利益、他人合法权益的，不应准许。除此之外，如果上诉人撤回上诉是受到胁迫，撤回上诉并非其真实意思表示，也不应准许。第二审人民法院不准上诉人撤回上诉的，可以口头裁定驳回并将裁定内容记入笔录，也可以书面裁定驳回。但是，准予撤回上诉的，必须使用书面裁定。准许撤回上诉的裁定是终审裁定，一经送达即产生法律效力，当事人既不能提起上诉，也不能申请复议。同时，原审判决即发生法律效力，当事人必须执行。

◆ **关联规定**

《最高人民法院关于适用〈中华人民共和国民事诉讼法〉的解释》（2022 年4 月 1 日）

第三百三十五条　在第二审程序中，当事人申请撤回上诉，人民法院经审查认为一审判决确有错误，或者当事人之间恶意串通损害国家利益、社会公共利益、他人合法权益的，不应准许。

第三百三十六条　在第二审程序中，原审原告申请撤回起诉，经其他当事人同意，且不损害国家利益、社会公共利益、他人合法权益的，人民法院可以准许。准许撤诉的，应当一并裁定撤销一审裁判。

原审原告在第二审程序中撤回起诉后重复起诉的，人民法院不予受理。

第三百三十七条　当事人在第二审程序中达成和解协议的，人民法院可以根据当事人的请求，对双方达成的和解协议进行审查并制作调解书送达当事人；因和解而申请撤诉，经审查符合撤诉条件的，人民法院应予准许。

◆ **典型案例**

谭某诉某物业管理公司买卖合同纠纷案①

谭某诉某物业管理公司买卖合同纠纷一案，谭某不服四川省高级人民法院（2017）川民终806号民事裁定，向最高人民法院申请再审。

最高人民法院经审查认为，关于二审裁定是否违反二审撤诉法律规定的问题。某物业管理公司提出上诉后，在第二审法院审理过程中，自愿表示服从一审判决并以其愿意履行一审判决为由于2017年8月28日申请撤回上诉。第二审人民法院判决宣告前，上诉人申请撤回上诉的，是否准许，由第二审人民法院裁定。在第二审程序中，原审原告申请撤回起诉，经其他当事人同意，且不损害国家利益、社会公共利益、他人合法权益的，人民法院可以准许。本案中，某物业管理公司撤诉不违反国家法律规定，也未损害他人利益，二审法院审核后准许某物业管理公司撤回上诉并无不当。谭某认为某物业管理公司撤诉损害其利益，导致其损失约300万元，但未提供证据予以证明，故其关于二审裁定违反法律公平原则、损害他人利益的申请再审事由不成立。二审程序中，谭某向二审法院提交撤回起诉的申请，经询问，某物业管理公司明确表示不同意谭某撤回起诉，其后某物业管理公司向二审法院申请撤回上诉并表示愿意履行一审判决。因此，谭某在本案第二审程序中要求撤回起诉的请求不符合法律规定，二审法院不予准许并无不当，二审法院不准予谭某撤回起诉却未作出裁定，系程序瑕疵，但审理结果并无不当。

第一百八十一条 【二审适用程序】 第二审人民法院审理上诉案件，除依照本章规定外，适用第一审普通程序。

◆ **适用指引**

本条是关于二审适用程序的规定。第二审程序是第一审程序的延续，是就同一案件在第一审程序基础上，根据上诉案件审理需要和特点所作的补充性规定。因此，审理二审案件过程中，法律对二审程序有特别规定的，应适用二审程序的特别规定，没有特别规定的事项适用一审程序的规定。

---

① 最高人民法院（2018）最高法民申585号民事裁定书。

所有的审判程序中，普通程序是适用范围最广的程序，在整个民事诉讼程序中占据基础地位。第一，普通程序具有程序完整性，其完整性表现在体系完整性和内容完整性。从体系上看，普通程序包括当事人起诉、人民法院受理、审理前准备、开庭审理、法庭调解、法庭辩论、评议、裁判、宣告判决等各个法定环节，每一诉讼阶段按照先后顺序密切衔接，体系完整，反映了审判活动和诉讼活动的全貌和基本规律。从内容上看，普通程序对各个诉讼阶段具体内容都有明确具体的规定，对一些必要的诉讼制度也有规定，如撤诉、缺席判决、诉讼中止和诉讼终结。这些情况在其他诉讼程序中也可能出现，所以是其他诉讼程序必不可少的制度。二审程序不具有程序完整性，而是具有补充的性质。并非二审中的每个诉讼环节和内容都在二审程序中有规定，规定的只是有别于普通程序的特殊问题。没有规定的问题，依照普通程序执行。第二，普通程序具有相对独立性。普通程序除了遵守和贯彻《民事诉讼法》总则中规定的基本原则和基本制度外，不依附于任何其他程序而存在，无须再适用其他任何程序的规定。二审程序则以普通程序为基础。第三，普通程序具有广泛适用性。普通程序不仅适用于各级人民法院审理第一审民事案件，而且在二审程序和审判监督程序中也经常需要援用普通程序相关规定。因此，第二审人民法院审理案件除了依照关于二审程序的规定外，还要适用第一审普通程序，比如开庭审理前的准备程序、开庭审理有关法庭调查、辩论顺序、诉讼中止和终结、当事人诉讼权利和义务以及调解、裁定、判决等。

1. 第二审人民法院如何宣告判决。人民法院对公开审理或者不公开审理的案件，一律公开宣告判决。第二审人民法院审理上诉案件宣告判决时，同样应遵守这一规定。但是，上诉案件与一审案件明显不同的特点之一就是二审法院所在地往往离当事人所在地距离较远。因此，第二审人民法院宣告判决可以自行宣判，也可以委托原审人民法院或者当事人所在地人民法院代行宣判。二审法院委托其他法院宣告判决的，需要办理一系列委托手续，包括委托宣告函、宣判笔录、送达回证、判决书或裁定书。

2. 原告于二审中撤诉的问题。二审中，原审原告申请撤回起诉，经其他当事人同意，且不损害国家利益、社会公共利益、他人合法权益的，人民法院可以准许。准许撤诉的，应当一并裁定撤销一审裁判。原审原告在第二审程序中撤回起诉后重复起诉的，人民法院不予受理。因和解而申请撤诉，经审查符合撤诉条件的，人民法院应予准许。

◆ **关联规定**

《最高人民法院关于适用〈中华人民共和国民事诉讼法〉的解释》（2022 年
4 月 1 日）

第三百二十二条　开庭审理的上诉案件，第二审人民法院可以依照民事诉讼
法第一百三十六条第四项规定进行审理前的准备。

第三百四十条　当事人在第一审程序中实施的诉讼行为，在第二审程序中对
该当事人仍具有拘束力。

当事人推翻其在第一审程序中实施的诉讼行为时，人民法院应当责令其说明
理由。理由不成立的，不予支持。

第一百八十二条　【二审裁判效力】第二审人民法院的判决、
裁定，是终审的判决、裁定。

◆ **适用指引**

本条是关于二审判决、裁定效力的规定。我国民事诉讼实行两审终审制。根
据两审终审的基本原则，二审人民法院作出的判决和裁定是终审的判决和裁定。
当事人对除最高人民法院之外的第一审人民法院作出的判决以及在上诉范围内的
三种裁定不服，可以在法定期限内提起上诉。当事人在法定期限内不上诉，第一
审判决和裁定发生法律效力；当事人在法定期限内上诉，第一审判决和裁定不发
生法律效力，案件进入二审程序。第二审人民法院对案件作出的判决、裁定就是
终审的判决、裁定。终审的判决、裁定，是指第二审人民法院作出的一经送达即
发生法律效力的判决、裁定。当事人不得对二审判决、裁定再行提起上诉，也不
能就同一事实和理由向人民法院再次起诉。非依法经由审判监督程序，任何单
位、个人甚至人民法院都无权撤销或变更这一终审判决、裁定；当事人不服终审
判决、裁定的，只能在法定期限内依照审判监督程序规定的期限和条件申请
再审。

裁判的效力，实际是国家法律权威性的体现。生效的判决在法律意义上具
备"三力"：确定当事人之间民事权利义务关系的确定力；对给付判决的执行
力；生效判决自身的证据力。我国终审判决的效力集中体现在三个方面：第
一，拘束力。二审判决生效后，该二审判决非经审判监督程序不得任意被撤销

或变更。第二，确定力。生效的二审判决确定上诉人与被上诉人之间争议的法律关系，消灭上诉人再以上诉方式撤销、变更判决的程序性权利。第三，给付判决的执行力。对于有给付内容的判决，负有义务的一方当事人不履行时，享有权利的当事人有权申请人民法院强制执行，以保证终审判决确定的权利义务得以实现。裁定的效力表现在对于所涉及的诉讼参与人及法院产生裁定内容相应的拘束力。

第一百八十三条 【二审审限】人民法院审理对判决的上诉案件，应当在第二审立案之日起三个月内审结。有特殊情况需要延长的，由本院院长批准。

人民法院审理对裁定的上诉案件，应当在第二审立案之日起三十日内作出终审裁定。

◆ **适用指引**

本条是关于二审审理期限的规定。根据本条规定，对于不服判决的上诉案件，二审法院应在第二审立案之日起 3 个月内审结。3 个月是对判决上诉案件的法定审理期限，一般不能延长。但考虑到案件实际情况各不相同，有些案件存在特殊情况，比如案情疑难、复杂，有的案件跨行政区，人民法院需要到不同地区进行调查，有的案件遇到法律适用方面的疑难问题需要逐级请示，二审法院很难在 3 个月期限内办结，需要延长审理期限。延长审限的，由本院院长批准。是否批准，由院长决定。对于不服裁定的上诉案件，二审法院应在第二审立案之日起 30 日内作出终审裁定。

◆ **关联规定**

《最高人民法院关于适用〈中华人民共和国民事诉讼法〉的解释》（2022 年 4 月 1 日）

第三百三十九条 人民法院审理对裁定的上诉案件，应当在第二审立案之日起三十日内作出终审裁定。有特殊情况需要延长审限的，由本院院长批准。

◆ **典型案例**

卜某安诉某科技公司著作权侵权纠纷案①

卜某安以某科技公司未经其同意，在其网站上发布《来去乡下过日子》视频封面上使用了涉案摄影作品《田野木屋》，侵犯卜某安对涉案摄影作品合法权益为由，向福建省漳州市中级人民法院起诉，请求：（1）某科技公司停止侵权，在其网络平台上恢复名誉并赔礼道歉。（2）某科技公司补偿其劳动创作并赔偿经济损失。后，卜某安不服福建省高级人民法院（2018）闽民终 135 号民事判决，向最高人民法院申请再审。

最高人民法院经审查认为，人民法院审理对判决的上诉案件，应当在第二审立案之日起三个月内审结。有特殊情况需要延长的，由本院院长批准。因此，根据法律规定，二审审理期限在特殊情况下经本院院长批准，可以超过三个月，虽然本案二审法院实际审理期限超出三个月，但不属于《中华人民共和国民事诉讼法》规定的应当再审的情形。

---

① 最高人民法院（2020）最高法民再 141 号民事判决书。

第十五章 特别程序

第一节 一般规定

第一百八十四条 【适用范围】人民法院审理选民资格案件、宣告失踪或者宣告死亡案件、指定遗产管理人案件、认定公民无民事行为能力或者限制民事行为能力案件、认定财产无主案件、确认调解协议案件和实现担保物权案件，适用本章规定。本章没有规定的，适用本法和其他法律的有关规定。

◆ **适用指引**

本条是关于民事诉讼特别程序适用范围的规定。

特别程序，是指人民法院审理某些非民事权益纠纷案件适用的程序。特别程序属于民事审判程序的一部分，与普通程序、简易程序等诉讼程序相对应，在民事诉讼中具有独立、特殊地位。适用特别程序的案件主要有两类：一是非诉民事案件，如选民资格案件；二是非权益争议民事案件，如宣告失踪、宣告死亡案件，指定遗产管理人案件，认定公民无民事行为能力、限制民事行为能力案件，认定财产无主案件。其中，指定遗产管理人案件是本次《民事诉讼法》修订新增的内容。《民法典》在"继承编"新增了遗产管理人制度，对遗产管理人的确定、职责、法律责任等作出了规定，确保了被继承人的遗产得到妥善管理，从而更好地维护继承人、债权人利益。为与《民法典》的遗产管理人制度保持衔接，2023 年修改《民事诉讼法》在"特别程序"中新增"指定遗产管理人"案件，对申请指定遗产管理人的程序性事项作出规定，为此类案件审理提供明确的程序指引。

特别程序作为一项独立程序，有其自身程序要素与内容，在基本原则、程序保障、审理对象等方面具有不同于普通程序的特征。一是案件当事人具有特殊性。通常的诉讼程序有对立的双方当事人，特别程序只有一方当事人，没有利益冲突的相对方。二是不采对抗主义。特别程序的当事人根据法律规定向人民法院申请确认或者否认某种事实、某种法律关系，故没有对方当事人反诉、对抗和双方辩论，实体上属于非民事权益争议案件，不适用调解，不适用辩论。三是在审判组织方面，一般由审判员一人独任审判，但选民资格案件或重大、疑难案件由合议庭审判。四是在审级和级别管辖方面，实行一审终审，均由基层人民法院管辖。依照特别程序审理所作判决和裁定，自送达之日起，立即发生法律效力，不能上诉。五是在审限方面，依照特别程序审理的案件，除选民资格案件必须于选举日前审结外，自立案之日起30日内或者公告期满后30日内审结，有特殊情况需要延长的，由本院院长批准。六是在程序救济方面，不适用审判监督程序。适用特别程序作出的判决、裁定，当事人、利害关系人认为有错误的，可以向作出该判决、裁定的人民法院提出异议。人民法院经审查，异议成立或者部分成立的，作出新的判决、裁定撤销或者改变原判决、裁定；异议不成立的，裁定驳回。对人民法院作出的确认调解协议、准许实现担保物权的裁定，当事人有异议的，应当自收到裁定之日起15日内提出；利害关系人有异议的，自知道或者应当知道其民事权益受到侵害之日起6个月内提出。另外，本章没有规定的，适用本法和其他法律的有关规定。因此，特别程序除适用其共通规则外，仍适用民事诉讼程序规则。

1. 特别程序不仅适用特有的、区别于诉讼程序的规则，包括一审终审、审理对象无争议性、主体无对抗性，不适用审判监督程序等。同时，特别程序也适用民事诉讼程序规则，公开审判原则、职权探知主义、回避及代理、送达制度等程序规范一样适用于特别程序。

2. 特别程序保障的主体及于起诉人或申请人之外的利害关系人。如认定公民无民事行为能力案件中其他利害关系人的近亲属，调解协议确认案件中可能涉及的第三人，抵押权实现案件中的相对方，认定无民事行为能力案件中被申请人所在地的居委会、村委会等。因此，适用特别程序审理的案件，人民法院应当听取可能受到裁判影响的利害关系人对于裁判基础资料的意见，应当告知利害关系人有关的事实，赋予利害关系人查阅案卷、知悉案件的审理信息等权利。

3. 特别程序适用职权运行主义和职权探知主义。职权运行主义，是指程序进行、终结及审理均由人民法院依职权决定，如在宣告失踪、宣告死亡事件中，即使申请人撤回申请，亦不能成为法院终结程序的根据。职权探知主义，是指法院对于当事人未提出的证据材料也可以斟酌，自认或不争执不能拘束法院。特别程序不采对抗主义，诸多事实调查可能不以言辞方式进行，故人民法院可将未经双方言辞辩论的资料作为裁判基础，也可依职权调查证据，以言辞方式询问关系人、证人。

4. 依照特别程序审理的案件，除实现担保物权案件外，当事人不交诉讼费用。实现担保物权案件，人民法院裁定拍卖变卖担保财产的，申请费由债务人、担保人负担。人民法院裁定驳回申请的，申请费由申请人负担。人民法院改变原裁定结果的，应当对原申请费的负担一并作出处理。

5. 注意区分判决与裁定。一般而言，就案件实体问题依法作出处理的采用判决，就案件审理过程中所发生的重大程序问题或小部分实体问题作出处理采用裁定。适用特别程序审理的案件中，选民资格案件、申请宣告公民失踪案件、申请宣告公民死亡案件、认定公民无民事行为能力案件、认定财产无主案件、指定遗产管理人案件以判决方式作出；确认调解协议案件、实现担保物权案件以裁定方式作出。

◆ **关联规定**

《最高人民法院关于适用〈中华人民共和国民事诉讼法〉的解释》（2022 年 4 月 1 日）

第三百七十二条　适用特别程序作出的判决、裁定，当事人、利害关系人认为有错误的，可以向作出该判决、裁定的人民法院提出异议。人民法院经审查，异议成立或者部分成立的，作出新的判决、裁定撤销或者改变原判决、裁定；异议不成立的，裁定驳回。

对人民法院作出的确认调解协议、准许实现担保物权的裁定，当事人有异议的，应当自收到裁定之日起十五日内提出；利害关系人有异议的，自知道或者应当知道其民事权益受到侵害之日起六个月内提出。

◆ **典型案例**

某建设工程公司诉某置业公司确认合同效力纠纷案[①]

某建设工程公司诉某置业公司确认合同效力纠纷一案，某建设工程公司不服安徽省池州市中级人民法院（2019）皖 17 民初 47 号民事判决，向安徽省高级人民法院提起上诉。

安徽省高级人民法院经审查认为，人民法院审理选民资格案件、宣告失踪或者宣告死亡案件、认定公民无民事行为能力或者限制民事行为能力案件、认定财产无主案件、确认调解协议案件和实现担保物权案件，适用本章（特别程序）规定。本章没有规定的，适用本法和其他法律的有关规定。申请司法确认调解协

[①] 安徽省高级人民法院（2020）皖民终 12 号民事裁定书。

议，由双方当事人依照人民调解法等法律，自调解协议生效之日起三十日内，共同向调解组织所在地基层人民法院提出。本案中，某建设工程公司请求确认《人民调解协议书》有效，属于确认调解协议案件，因此，本案应由调解组织所在地基层人民法院依照《中华人民共和国民事诉讼法》特别程序的规定进行审理。原审法院适用《中华人民共和国民事诉讼法》第一审普通程序相关规定审理本案并判决确认《人民调解协议书》有效，违反法定程序。

第一百八十五条　【审级及审判组织】依照本章程序审理的案件，实行一审终审。选民资格案件或者重大、疑难的案件，由审判员组成合议庭审理；其他案件由审判员一人独任审理。

◆ **适用指引**

本条是关于特别程序审级制度、审判组织和审判人员的规定。

1. 一审终审。一审终审主要考虑特别程序在内容上主要审查和处理与民事权利义务争议无关的、不终局判定民事责任的非讼事件，旨在确认法律事实或民事权利存在与否，在功能上主要是预防纠纷发生而非直接解决民事纠纷，需要快捷、简便和经济的程序设计。

2. 特别程序终结后才发现案件的事实认定或者法律适用确实存在错误，在可以变更的情况下，可以再启动特别程序作出新的判决、撤销原判决。

3. 以独任制为原则、合议制为例外。除选民资格案件或者重大、疑难的案件外，由一人独任审理。特别程序中没有直接实体权益争议的相对方，只是对某种权利或法律事实进行确认或否定，通常事实比较清楚或者已经经过有关部门处理，人民法院对有关事实的认定和核实相对容易，所以一般适用独任审理。

4. 由审判员审理。特别程序中，行使审判权的只能是审判员，不能由人民陪审员参与审理。

第一百八十六条　【特别程序转化】人民法院在依照本章程序审理案件的过程中，发现本案属于民事权益争议的，应当裁定终结特别程序，并告知利害关系人可以另行起诉。

◆ **适用指引**

本条是关于特别程序衔接转换的规定。有民事权益争议的案件涉及实体权利义务，应当适用一般诉讼程序，以保证有争议双方当事人有对等的辩论和对抗机会。因此，在特别程序中发现本属于民事权益争议的，应当裁定终结特别程序。应当注意的是，特别程序不是单一的审理某类案件的程序，其包含不同种类非民事权益争议的案件的审理程序，这些不同种类案件的特殊审理程序分别规定在相应实体法和民事诉讼法中。特别程序在程序转换时应当注意以下方面：

1. 为保障各类程序的独立性，若审理过程中发现案件属于民事权益争议的，应当裁定终结特别程序并告知利害关系人按照普通程序或简易程序另行起诉，以保证程序主体的权益，同时使第三人有有效的程序保障，并使申请人或起诉人之外的利害关系人获得程序救济。

2. 适用特别程序审理的内容是对某种法律事实或某种权利是否存在或权利的行使状态进行确认，不解决民事权益争议。适用特别程序审理的案件，除选民资格案件由起诉人提起，其他案件由申请人提起。在特别程序中，有时不要求起诉人或申请人与案件有直接利害关系，如选民资格案件和认定财产无主案件，但在普通诉讼程序中，案件是由原告提起并且原告应当是与案件有直接利害关系的公民、法人或其他组织。

3. 人民法院有告知利害关系人可以另行起诉的法律义务。

4. 应当注意利害关系人的界定和范围。民事诉讼中，一般可将利害关系人分为两类：一是诉讼程序中的当事人。该利害关系人还未进入诉讼中，可能与诉争案件的实体法律关系密切相关，可能系案件的当事人。二是诉讼程序中的案外人。该利害关系人与诉争的标的有法律上的牵连关系，案件的实体处理与程序处理同其有利害关系。特别程序应当转换成普通程序的，除考虑利害关系人的利益外，还应当考虑国家、社会、他人利益。从维护法律秩序、方便人们生活出发，对非讼程序中的利害关系人应当进行宽泛解释。

◆ **关联规定**

《最高人民法院关于适用〈中华人民共和国民事诉讼法〉的解释》（2022 年 4 月 1 日）

第三百七十二条第一款 适用特别程序作出的判决、裁定，当事人、利害关系人认为有错误的，可以向作出该判决、裁定的人民法院提出异议。人民法院经审查，异议成立或者部分成立的，作出新的判决、裁定撤销或者改变原判决、裁定；异议不成立的，裁定驳回。

第一百八十七条 　**【审限】**人民法院适用特别程序审理的案件，应当在立案之日起三十日内或者公告期满后三十日内审结。有特殊情况需要延长的，由本院院长批准。但审理选民资格的案件除外。

◆ **适用指引**

本条是关于特别程序审限的规定。对于本条的规定应当把握以下三个方面：一是立案之日起 30 日内审结。如确认公民无民事行为能力或限制民事行为能力案件、认定财产无主案件、确认调解协议案件和实现担保物权案件等。二是公告之日起 30 日内审结。如宣告失踪或宣告死亡案件。三是选民资格案件在选举日之前审结。

1. 特别程序不能在 30 日内审结，有必要综合考量特殊情况允许适当延长审限。适用特别程序审理的案件，有特殊情况需要延长的，由本院院长批准，可以延长 30 日。

2. 有特殊情况需要延长审限的，应当按照审批制度由本院院长批准，并应在审理期限届满 10 日前向本院院长提出申请。

3. 注意对本条规定但书的理解。首先，本章规定选民资格案件应当在选举日之前审结，结合《全国人民代表大会和地方各级人民代表大会选举法》的规定，选民名单应当在选举日前 20 日公布，公民不服选举委员会所作处理决定，可以在选举日的 5 日以前起诉，人民法院在收到起诉书后，经审查认为符合受理条件的，应当在 7 日内立案。因此，按此时间计算，选民资格案件的审限若适用 30 日审结的规定，不一定能在选举日之前审结。其次，如果适用院长审批延长审限的做法，若院长审批延长审限，选举日又未因诉讼而延期，则也有可能不能在选举日之前审结。若能在选举日之前审结，也无须院长审批，在选举日之前审结即可。

第二节　选民资格案件

第一百八十八条　**【起诉与受理】**公民不服选举委员会对选民资格的申诉所作的处理决定，可以在选举日的五日以前向选区所在地基层人民法院起诉。

◆ **适用指引**

本条是关于选民资格案件前置程序、起诉时间和管辖法院的规定。选民资格案件，是指公民对选举委员会公布的选民名单有异议，向选举委员会申诉后，不服选举委员会所作的处理决定而向人民法院提起诉讼的案件。本条具有以下几个方面的内涵：

1. 起诉的主体。起诉人不一定是选民名单所涉及的公民本人，也可以是其他公民，即除了选民名单涉及的公民本人外，其他任何公民认为选民名单有错误的，都可以对选民名单进行申诉，对申诉决定不服的，可以向人民法院提起诉讼。凡是认为选民名单有错误的公民，无论是否与选举资格直接相关，都可以作为起诉人提起选民资格诉讼。

2. 前置程序。起诉人提起选民资格案件诉讼需经前置程序，即先向选举委员会提出申诉并且经选举委员会对该争议作出处理决定。公民跨越前置程序直接向人民法院起诉的，人民法院不予受理。

3. 时效法定。选民资格案件的起诉时间是在选举日的五日以前，没有在法定时间内起诉，人民法院不予受理。此规定是为保证案件有足够的审理时间，从而保证在选举日前作出判决。

4. 由选区所在地基层人民法院管辖。本条既规定了级别管辖，又规定了地域管辖。从级别管辖来看，均由基层人民法院管辖，中级以上人民法院不得管辖此类案件。从地域管辖来看，由选区所在地人民法院管辖。地域管辖的规定主要是考虑选民名单由选区的选举委员会确定，为方便公民起诉和选举委员会指派代表参加诉讼，也便于人民法院向选举委员会和有关选民取得联系、调查情况，从而降低诉讼成本，也有利于在审限内办结案件。需要注意的是，军队设立选举委员会的选民资格案件由军事法院管辖。

对于选民资格案件，虽然涉及实体权利义务争议，但争议的是宪法权利，不是民事权利，请求权基础源于《宪法》和《全国人民代表大会和地方各级人民代表大会选举法》规定的选民权利。本条适用范围为全国人民代表大会和地方各级人民代表大会的选举，不包括村民委员会、居民委员会的选举。从体系解释的角度来看，这里的选举应当是指权力机关的选举，不包括自治组织的选举。另外，本条的实体法主要是《全国人民代表大会和地方各级人民代表大会选举法》。《村民委员会组织法》和《城市居民委员会组织法》规定的是村民或居民依法享有选举权和被选举权。对于其选举权被侵犯之后的救济途径，村民委员会是村民自我管理、自我教育、自我服务的基层群众性自治组织，村民选举会的选举由村民选举委员会主持。对登记参加选举的村民名单有异议的，可以向村民选举委员会申诉，村民选举委员会作出处理决定并公布处理结果。对村民委员会选民资格审查的权力、解释或者纠正的权力，包括主持选举工作的权力都在村民选举委员会，属于村民自治范围，不是《全国人民代表大会和地方各级人民代表大会选举法》的规定。因此，因村民委员会成员的选民资格和候选人资格产生的纠纷而提起诉讼不属于人民法院的受理范围。另外，审理中还应注意关于候选人的资格争议不属于选民资格案件。公民若认为选举委员会应当列其为候选人但未列为候选人而提起诉讼的，人民法院不予受理。选民资格案件的审理对象是选民名单是否错误，不是候选人名单是否错误。因此，候选人作为起诉人诉请确认候选人资格的案件不属于选民资格案件。

◆ **典型案例**

焦某顺主张选举权受损案[①]

焦某顺以其选举权受损为由提起诉讼。后，焦某顺不服湖北省襄阳市中级人民法院（2018）鄂06民终3280号民事判决，向湖北省高级人民法院申请再审。

湖北省高级人民法院经审查认为，本案争议焦点是本案是否属于人民法院受理范围。《中华人民共和国民事诉讼法》特别程序所指的选民资格案件，是指根据《中华人民共和国选举法》进行人大代表选举中的申请确定选民资格案件。公民不服选举委员会对选民资格的申诉所作的处理决定，可以在选举日的五日以前向选区所在地基层人民法院起诉。因此，人民法院受理选民资格案件前提是对选民资格的申诉所作处理决定不服。本案中，从焦某顺原审及再审诉讼请求及事

---

① 湖北省高级人民法院（2019）鄂民申3014号民事裁定书。

由理由看，其要求司法解决的是村民选举中的选民资格纠纷，亦未经过选举委员会对选民资格申诉进行的处理决定，不属于根据《中华人民共和国选举法》进行人大代表选举中的申请确定选民资格案件。人民法院受理公民之间、法人之间、其他组织之间以及他们相互之间因财产关系和人身关系提起的民事诉讼。因此，村民选举中的选民资格纠纷性质不属于平等主体之间的人身与财产关系，不属于人民法院受理民事诉讼的范围，原审法院对本案依法不予受理的处理正确。

第一百八十九条 【审限与判决】人民法院受理选民资格案件后，必须在选举日前审结。

审理时，起诉人、选举委员会的代表和有关公民必须参加。

人民法院的判决书，应当在选举日前送达选举委员会和起诉人，并通知有关公民。

◆ **适用指引**

本条是关于选民资格案件审限、诉讼参加人及送达的规定。

1. 选民资格案件必须在选举日的 5 日前起诉，在选举日前审结、送达与通知。选民资格案件具有时效紧急性，不存在利害冲突的双方当事人，为保证选举顺利进行，审理期限规定较为特殊。依据《全国人民代表大会和地方各级人民代表大会选举法》规定，公民可以在选民名单公布之日起 5 日内向选举委员会申诉，对选民名单遗漏有选举权的人或填列没有选举权的人或名单上的姓名错写等表达不同意见，选举委员会应在 3 日内作出处理决定。

2. 有关主体必须参加。选民资格案件因非民事性、非私益性、非自由处分性，故不能单纯适用律师代理。审理时，起诉人、选举委员会代表和有关公民必须参加。

3. 对公民是否具有选民资格，人民法院应当作出判决，制作判决书后，应在选举日前将判决书送达起诉人和选举委员会并通知有关公民。公民的个人权利中，选举权是与人民主权联系最紧密的权利，它直接来源于人民主权，人民主权的实现又必须依赖选举权的落实。

适用特别程序审理选民资格案件，应当注意以下几个问题：

1. 人民法院审理选民资格案件，应当开庭审理。确定开庭日期后，应当通知起诉人、选举委员会和有关公民参加。有关公民即案件涉及其选民资格的公民，是指起诉人以外的、起诉人认为是遗漏的公民或者不应列入选民名单的人。

2. 人民法院受理选民资格案件后，应当由审判员组成合议庭进行审理，即使案件案情简单，也不能由审判员一人独任审理。

3. 人民法院受理选民资格案件后，必须在选举日前审结，避免影响选举工作正常进行，造成有选举权的公民不能行使权利，无选举权的人却取得选举权的情况。

4. 起诉人和选举委员会、有关公民不服判决，不可上诉，也不可申请再审。

5. 选民资格案件涉及公民宪法权利，具有根本性和严肃性，某一公民是否有选举权、是否具有选民资格，只能根据法律具体规定予以确定，不受有关主体意志影响，有关主体也没有处分该利益的自由，司法决定是最终决定。因此，这类案件不适用调解，不得以调解方式结案。

◆ **关联规定**

《中华人民共和国全国人民代表大会和地方各级人民代表大会选举法》（2020 年 10 月 17 日）

第二十九条 对于公布的选民名单有不同意见的，可以在选民名单公布之日起五日内向选举委员会提出申诉。选举委员会对申诉意见，应在三日内作出处理决定。申诉人如果对处理决定不服，可以在选举日的五日以前向人民法院起诉，人民法院应在选举日以前作出判决。人民法院的判决为最后决定。

第三节　宣告失踪、宣告死亡案件

第一百九十条　【宣告失踪】公民下落不明满二年，利害关系人申请宣告其失踪的，向下落不明人住所地基层人民法院提出。

申请书应当写明失踪的事实、时间和请求，并附有公安机关或者其他有关机关关于该公民下落不明的书面证明。

◆ **适用指引**

本条是关于宣告失踪案件的规定。宣告失踪是《民法典》第 40 条规定的一项民事实体法制度：自然人下落不明满二年的，利害关系人可以向人民法院申请宣告该自然人为失踪人。本条从民事程序法角度对宣告失踪的具体适用作出进一步规定：第一，明确了利害关系人申请宣告下落不明人失踪的地域管辖和级别管辖法院，在地域管辖上由下落不明人住所地人民法院受理，在级别管辖上由基层人民法院受理。第二，明确了利害关系人提交的宣告失踪申请书应当记载的内容及相应证明材料，内容上须载明下落不明人失踪的事实和时间等基本事实以及具体请求内容等，须提供由公安机关或者其他有权机关以书面形式出具的证明公民下落不明的材料。有以下三个问题需要注意：

1. 利害关系人的范围。有权申请宣告下落不明自然人失踪的利害关系人范围，《民法典》和《民事诉讼法》及现行相关司法解释未作出明确规定。《最高人民法院关于贯彻执行〈中华人民共和国民法通则〉若干问题的意见（试行）》（已失效）第 24 条规定，申请宣告失踪的利害关系人，包括被申请宣告失踪人的配偶、父母、子女、兄弟姐妹、祖父母、外祖父母、孙子女、外孙子女以及其他与被申请人有民事权利义务关系的人。虽然该司法解释已废止，但司法实践中仍可参照适用。有权提出宣告失踪申请的利害关系人有多人的，相互没有先后顺序之分，既可以由一人提出，也可以由多人同时提出，多人同时提出或者多人分别提出但人民法院尚未作出判决的，应将多个利害关系人列为共同申请人。利害关系人提出申请时，应当提供材料证明其与下落不明人之间的关系，尤其是除具有身份关系之外的其他利害关系人提出申请，需要提供其与下落不明人之间具有明确具体民事权利义务关系的证明材料以证明其申请宣告失踪的必要性和正当性。人民法院作出判决后，其他利害关系人申请宣告失踪的，应当区别情况予以处理：已经判决宣告失踪的，可以告知其撤回申请，利害关系人撤回申请的，裁定终结案件，拒不撤回的，裁定驳回；判决驳回申请的，鉴于事实情况可能已经发生变化，应当进行审理并根据审理情况作出判决。在受理宣告失踪案件后、作出判决前，申请人撤回申请的，应当裁定终结案件，但其他符合法律规定的利害关系人加入程序要求继续审理的除外。

2. 申请宣告失踪的具体请求。除提出宣告失踪的请求外，利害关系人还可以提出清理下落不明人的财产、指定案件审理期间的财产管理人和宣告失踪后的财产代管人等。只有指定财产代管人，才能对被宣告失踪人的财产实施有效管理，宣告失踪制度保护下落不明人和利害关系人权益的立法目的才能实现。利害关系人应当依照《民法典》第 42 条的规定在下落不明人的配偶、成年子女、父母或者其他愿意担任财产代管人中提出具体人选，在代管有争议，没有规定的人或者规定的人无代管能力的情况下，申请由人民法院指定的人代管。失踪人的财产代管人经人民法院指定后，代管人申请变更代管，理由成立的，裁定撤销申请人的代管人身份并另行指定财产代管人；理由不成立的，裁定驳回申请。失踪人的其他利害关系人申请变更代管，前提是人民法院指定的财产代管人不愿主动申请变更代管，其与其他利害关系人产生对抗关系，应当由其他利害关系人作为原告，以原指定的代管人为被告提起诉讼并按普通程序进行审理。

3. 下落不明期间的计算。根据《民法典》第 41 条的规定，自然人下落不明的时间自其失去音讯之日起计算。战争期间下落不明的，下落不明的时间自战争结束之日或者有关机关确定的下落不明之日起计算。

第一百九十一条　【宣告死亡】公民下落不明满四年，或者因意外事件下落不明满二年，或者因意外事件下落不明，经有关机关证明该公民不可能生存，利害关系人申请宣告其死亡的，向下落不明人住所地基层人民法院提出。

申请书应当写明下落不明的事实、时间和请求，并附有公安机关或者其他有关机关关于该公民下落不明的书面证明。

◆ **适用指引**

本条是关于宣告死亡案件的规定。宣告死亡是《民法典》第 46 条规定的一项实体法制度：自然人有下列情形之一的，利害关系人可以向人民法院申请宣告该自然人死亡：（1）下落不明满四年；（2）因意外事件，下落不明满二年。因意外事件下落不明，经有关机关证明该自然人不可能生存的，申请宣告死亡不受二年时间的限制。本条从民事程序法角度对宣告死亡具体适用作出规定：第一，明确了利害关系人申请宣告下落不明人死亡的地域管辖和级别管辖法院，地域管辖上，由下落不明人住所地人民法院受理，级别管辖上，由基层人民法院受理。第二，明确了利害关系人提交宣告死亡申请书应当记载的内容及其相应证明材料，内容上须载明卜落不明人失踪的事实和时间等基本事实以及具体请求内容，须提供由公安机关或者其他有权机关以书面形式出具的证明公民下落不明的材料。有以下两个问题需要注意：

1. 利害关系人的范围。根据《民法典》第 47 条的规定，对同一自然人，有的利害关系人申请宣告死亡，有的利害关系人申请宣告失踪，符合本法规定的宣告死亡条件的，人民法院应当宣告死亡。从立法理由阐释来看，该条规定将司法解释的规定上升为法律，明确宣告死亡并不以宣告失踪为前提。在多个利害关系人中，如果申请宣告失踪尚不能保护其权益的，则其有权申请宣告死亡，如配偶不同意宣告死亡而只申请宣告失踪，但父母申请宣告死亡的，在符合宣告死亡条件的情况下，应当宣告死亡，如果申请宣告失踪足以保护其权益，则根据权利不得滥用的基本法理，在其他利害关系人有正当理由不同意宣告死亡的情况下，应当对申请宣告死亡作出必要限制，如下落不明人的普通债权人为实现债权申请宣告死亡，但下落不明人的近亲属为维持现有婚姻、家庭等身份关系表示不同意。在有权提出宣告死亡申请的利害关系人有多人且都有必要申请宣告死亡情况下，既可由一人提出，也可由多人同时提出，多人同时提出或者多人分别提出，但人民法院尚未作出判决的，应将多个利害关系人列为共同申请人。利害关系人在提出申请时，应当提供材料证明其与下落不明人之间的关系，尤其是除身份关系之外的其他利害关系人提出申请，需要提供其与下落不明人之间具有明确具体民事权利义务关系的证明材料，证明其申请宣告死亡的必要性和正当性。人民法院作出判决后，其他利害关系人申请已经判决宣告死亡的，可以告知其撤回申请，撤回申请的，裁定终结案件，拒不撤回的，裁定驳回；判决驳回申请的，鉴于事实情况可能已经发生变化，应当进行审理并根据审理情况作出判决。受理宣告死亡案件后、作出判决前，申请人撤回申请的，应当裁定终结案件，但其他利害关系人加入程序要求继续审理的除外。

2. 申请宣告死亡的具体请求。与申请宣告失踪一样，除提出宣告死亡，利害关系人还可提出清理下落不明人的财产并请求指定案件审理期间的财产管理人。案件审理期间的财产管理人如何确定，现行法律和司法解释未作明确规定，宣告死亡申请人可以参照《民法典》第 42 条第 1 款和第 1145 条的规定，在下落不明人的配偶、成年子女、父母、遗嘱执行人、下落不明人住所地的民政部门或者村民委员会以及其他愿意担任财产代管人中提出具体人选。判决宣告死亡是否需同时指定遗产管理人，现行法律和司法解释也未作明确规定，《民法典》第 1145 条规定了遗产管理人的范围和顺序，因此应当由遗嘱执行人、继承人推选的遗产管理人、全体继承人以及被继承人生前住所地的民政部门或者村民委员会依法承担相应的遗产管理职责，无须在宣告死亡判决中同时指定遗产管理人。对遗产管理人的确定有争议的，利害关系人再依照《民法典》第 1146 条的规定申请指定遗产管理人。因此，请求指定遗产管理人并不是申请宣告死亡的具体请求。

◆ **关联规定**

《最高人民法院关于适用〈中华人民共和国民事诉讼法〉的解释》（2022 年 4 月 1 日）

第三百四十四条 符合法律规定的多个利害关系人提出宣告失踪、宣告死亡申请的，列为共同申请人。

第三百四十六条 人民法院受理宣告失踪、宣告死亡案件后，作出判决前，申请人撤回申请的，人民法院应当裁定终结案件，但其他符合法律规定的利害关系人加入程序要求继续审理的除外。

第一百九十二条 【公告与判决】人民法院受理宣告失踪、宣告死亡案件后，应当发出寻找下落不明人的公告。宣告失踪的公告期间为三个月，宣告死亡的公告期间为一年。因意外事件下落不明，经有关机关证明该公民不可能生存的，宣告死亡的公告期间为三个月。

公告期间届满，人民法院应当根据被宣告失踪、宣告死亡的事实是否得到确认，作出宣告失踪、宣告死亡的判决或者驳回申请的判决。

◆ **适用指引**

本条是关于宣告失踪、宣告死亡公告期间及判决的规定。利害关系人申请宣告失踪、宣告死亡是基于自身判断和需求而提出，在立案受理时，人民法院只能进行形式审查，在审理过程中通过发出寻找下落不明人公告，能够对利害关系人的申请进行实质审查并在查明事实后作出相应判决。寻找下落不明人的公告应当记载下列内容：（1）被申请人应当在规定期间内向受理法院申报其具体地址及其联系方式。否则，被申请人将被宣告失踪、宣告死亡。（2）凡知悉被申请人生存现状的人，应当在公告期间内将其所知道情况向受理法院报告。公告期间有两种：一是 3 个月，适用于宣告失踪和因意外事件下落不明，经有关机关证明不可能生存情形下的宣告死亡；二是 1 年，适用于一般情形下宣告死亡。公告方式和范围，法律和司法解释未作明确规定，可以参照公告送达的相关规定，在受诉人民法院公告栏、下落不明人住所地、下落不明人最后可能出现的地方张贴公告，也可在报纸、信息网络等媒体刊登公告，发出公告日期以最后张贴或者刊登日期为准，在下落不明人住所地、下落不明人最后可能出现的地方张贴公告，应以拍照、录像等方式记录张贴过程。

宣告失踪和宣告死亡可能存在四种竞合情形：一是不同的利害关系人在宣告失踪判决作出前提出宣告死亡申请；二是不同的利害关系人在宣告死亡判决作出前提出宣告失踪申请；三是不同或者同一利害关系人在判决宣告失踪后提出宣告死亡申请；四是不同或者同一利害关系人在判决宣告死亡后提出宣告失踪申请。对于第一种和第二种情形，应当在比较申请宣告失踪的利害关系人与申请宣告死亡的利害关系人与下落不明人之间的关系和考量宣告失踪或者宣告死亡能否足以保护其权益的基础上作出细化处理。对于下落不明人的债权人申请宣告失踪而下落不明人的配偶、父母、子女等申请宣告死亡的，依照《民法典》第 47 条的规定处理。在相反情形下，鉴于下落不明人的债权人通过宣告失踪足以保护其财产关系上的权益，应尊重与下落不明人不仅存在财产关系而且存在人身关系的利害关系人的申请。对于第三种情形，对被宣告失踪人下落不明的时间，根据宣告失踪判决查明事实径行认定即可，无须再进行审理，但对被宣告失踪人是否符合宣告死亡的条件，仍需要进行审理并按照宣告死亡程序进行公告。需要注意的是，宣告失踪的条件是下落不明满 2 年，在一般情形下宣告死亡的条件是下落不明满 4 年，故被宣告失踪人自下落不明之日起计算满 4 年才能宣告其死亡，寻找下落不明人的公告期间为 1 年。对于因意外事件下落不明的，宣告失踪和宣告死亡在下落不明的期间上一致，如果申请人能够证明被宣告失踪人是因意外事件而下落不明并经人民法院审理确认，则被宣告失踪人自下落不明之日起计算满 2 年即可宣告其死亡，寻找下落不明人的公告期间为 3 个月。对于第四种情形，鉴于对下落不明人已经作出宣告死亡判决，再行审理并作出宣告失踪判决已无必要，故可告知申请人撤回申请，撤回申请的，裁定终结案件，拒不撤回的，裁定驳回。

公告期间届满，人民法院经审理认为符合相应条件的，应当作出宣告失踪、宣告死亡判决；认为不符合相应条件的，应当作出驳回申请判决，无论哪种判决均为终审判决，申请人都不得上诉。就后者而言，判决主文相对简单，但因下落不明期间尚未届满而被判决驳回申请的，在下落不明期间届满后申请人可再次提出申请。就前者而言，对于宣告失踪的，由于有两项具体请求，故主文也应有两项：一是宣告下落不明人失踪；二是指定失踪人的财产代管人。对于宣告死亡的，由于只有一项具体请求，故主文是宣告下落不明人死亡。

◆ **关联规定**

《最高人民法院关于适用〈中华人民共和国民事诉讼法〉的解释》（2022 年 4 月 1 日）

第三百四十一条 宣告失踪或者宣告死亡案件，人民法院可以根据申请人的请求，清理下落不明人的财产，并指定案件审理期间的财产管理人。公告期满后，人民法院判决宣告失踪的，应当同时依照民法典第四十二条的规定指定失踪人的财产代管人。

第三百四十二条 失踪人的财产代管人经人民法院指定后，代管人申请变更代管的，比照民事诉讼法特别程序的有关规定进行审理。申请理由成立的，裁定撤销申请人的代管人身份，同时另行指定财产代管人；申请理由不成立的，裁定驳回申请。

失踪人的其他利害关系人申请变更代管的，人民法院应当告知其以原指定的代管人为被告起诉，并按普通程序进行审理。

第三百四十三条 人民法院判决宣告公民失踪后，利害关系人向人民法院申请宣告失踪人死亡，自失踪之日起满四年的，人民法院应当受理，宣告失踪的判决即是该公民失踪的证明，审理中仍应依照民事诉讼法第一百九十二条规定进行公告。

第三百四十五条 寻找下落不明人的公告应当记载下列内容：

（一）被申请人应当在规定期间内向受理法院申报其具体地址及其联系方式。否则，被申请人将被宣告失踪、宣告死亡；

（二）凡知悉被申请人生存现状的人，应当在公告期间内将其所知道情况向受理法院报告。

◆ **典型案例**

范某霞等诉王某红、邵某波、某财产保险公司

大连分公司等海上人身损害责任纠纷案[①]

案涉打捞救生船在大连龙王塘附近与大连籍钢制渔船 A 船发生碰撞，事故造成 A 船沉没。辽宁海事局作出水上交通事故责任认定书，认定 A 船应对本起碰撞事故负次要责任。范某霞等系死者马某庆全部法定继承人，王某红、邵某波系 A 船经营人。王某红为 A 船在某财产保险公司大连分公司投保安全生

[①] 大连海事法院（2022）辽 72 民初 809 号民事裁定书。

产责任保险，案涉事故发生于保险期内。范某霞等提起诉讼，请求判令王某红、邵某波、某财产保险公司大连分公司等连带赔偿死亡赔偿金、丧葬费、精神损害抚慰金等各项损失并由某财产保险公司大连分公司在保险责任限额内直接赔付。

大连海事法院经审查认为，公民下落不明满四年，或者因意外事件下落不明满二年，或者因意外事件下落不明，经有关机关证明该公民不可能生存，利害关系人申请宣告其死亡的，向下落不明人住所地基层人民法院提出。人民法院受理宣告失踪、宣告死亡案件后，应当发出寻找下落不明人的公告。宣告失踪的公告期间为三个月，宣告死亡的公告期间为一年。因意外事件下落不明，经有关机关证明该公民不可能生存的，宣告死亡的公告期间为三个月。公告期间届满，人民法院应当根据被宣告失踪、宣告死亡的事实是否得到确认，作出宣告失踪、宣告死亡的判决或者驳回申请的判决。因此，有权宣告公民死亡的机关仅为人民法院，人民法院受理宣告死亡案件后，对案件进行审核、发出寻人公告，公告期届满后才能根据事实情况作出相应判决或裁定。本案中，事故遇难者马某庆在案涉事故中下落不明，未发现尸体，虽经相关机关注销户口，但相关机关并非宣告死亡的有权机关，注销户口程序亦非认定公民因意外事件下落不明而宣告死亡的法定程序。马某庆未经人民法院宣告死亡，亦未经人民法院发出寻人公告等流程，故不能认定其已死亡。

第一百九十三条　【判决撤销】被宣告失踪、宣告死亡的公民重新出现，经本人或者利害关系人申请，人民法院应当作出新判决，撤销原判决。

◆ **适用指引**

本条是关于撤销宣告失踪、宣告死亡判决的规定。《民法典》第45条第1款和第50条从民事实体法角度规定了失踪宣告和死亡宣告的撤销制度，本条从民事程序法角度规定撤销宣告失踪、宣告死亡判决的具体方式，两者本质内容没有差异。宣告失踪和宣告死亡在性质上属于法律拟制，通过法定程序推定下落不明人失踪或者死亡，实际可能并非如此。之所以在被宣告失踪、宣告死亡人出现后需要撤销原判决，有两个方面的原因：第一，推定下落不明人失踪或者死亡的原判决与实际情况不符，被宣告失踪、宣告死亡人出现后即以事实证明其并未失踪或者死亡；第二，下落不明人被宣告失踪或者死亡后，对其身份财产关系都产生重大影响，重新出现后需要恢复其法律地位以行使民事权利，如请求财产代管人移交财产并报告财产代管情况，请求有关民事主体返还财产、给予补偿或者赔偿，婚姻关系原则上自撤销死亡宣告之日起自行恢复。

被宣告失踪、宣告死亡人重新出现后，申请通过特别程序作出新判决的主体是本人或者利害关系人。之所以强调依申请进行，是因为撤销宣告失踪、宣告死亡涉及的是民事权利，民事权利主体依法享有处分权。但是，被宣告失踪、宣告死亡人重新出现后，如果本人或者利害关系人不提出申请，将会影响社会经济关系的稳定。本人或者利害关系人有多人的，既可由一人提出，也可由多人同时提出，多人同时提出或者多人分别提出但人民法院尚未作出判决的，应将本人或者利害关系人列为共同申请人，撤销原判决的申请人与原宣告失踪、宣告死亡的申请人之间无须具有对应关系。对于既有判决宣告失踪又有判决宣告死亡的案件，本人或者利害关系人中有的申请撤销宣告失踪、有的申请撤销宣告死亡，或者只申请撤销宣告失踪或者只申请撤销宣告死亡，因被宣告失踪、宣告死亡人重新出现后宣告失踪和宣告死亡的法律拟制不再具有事实依据，故应同时作出撤销宣告失踪和宣告死亡的判决。

需要注意的是，申请撤销宣告失踪、宣告死亡判决，应向作出原判决的法院提出。其一，撤销原判决不是对原判决纠错，是因为下落不明人重新出现，需要作出新判决并将原判决撤销。其二，作出原判决的法院对判决宣告失踪、宣告死亡情况较了解，有利于查明被宣告失踪、宣告死亡的人与重新出现的人是否为同一人，从而作出正确的新判决。

第四节　指定遗产管理人案件

第一百九十四条　【指定遗产管理人案件管辖】对遗产管理人的确定有争议，利害关系人申请指定遗产管理人的，向被继承人死亡时住所地或者主要遗产所在地基层人民法院提出。

申请书应当写明被继承人死亡的时间、申请事由和具体请求，并附有被继承人死亡的相关证据。

◆ **适用指引**

本条是关于指定遗产管理人案件的管辖规定。

遗产管理人的产生方式主要包括：（1）由遗嘱执行人担任遗产管理人；（2）继承人推选或者共同担任遗产管理人；（3）无人继承遗产，由民政部门或者村委会担任遗产管理人。《民法典》第1146条规定："对遗产管理人的确定有争议的，利害关系人可以向人民法院申请指定遗产管理人。"对遗产管理人产生争议，存在以下几种情形：不认可被继承人遗嘱中关于遗嘱执行人的内容，不认可遗嘱执行人作为遗嘱管理人；继承人不认可共同担任遗产管理人；对继承人的范围有争议，无法推选遗产管理人等。此处的"争议"包括积极冲突和消极冲突，即多人争当遗产管理人或无人担任遗产管理人的情形。对于消极冲突而言，"利害关系人"则既包括继承人、遗嘱执行人，也包括债权人。

本条规定明确了该类案件的管辖法院，主要包括：被继承人死亡时住所地或主要遗产所在地的基层人民法院。该类案件的管辖与遗产继承遗产纠纷的管辖法院相似度较高，均规定在被继承人死亡时住所地或主要遗产所在地；不同之处在于指定遗产管理人案件仅在基层人民法院管辖，不因遗产金额的多少而变化。

与此同时，该条第2款规定了申请遗产管理人的申请书应当记载的事项以及应当一并提交的被继承人死亡的证明材料，以初步证明具备提起制定遗产管理人特别程序的条件。

◆ **关联规定**

《中华人民共和国民法典》（2020年5月28日）

第一千一百四十六条 对遗产管理人的确定有争议的，利害关系人可以向人民法院申请指定遗产管理人。

◆ **典型案例**

丰台区民政局被指定为遗产管理人案[①]

2016年1月，北京市丰台区市民杨某利去世，时年38岁，留有尚未还清贷款的商品房一套。该房是杨某利于2014年年底所购，总价款115万多元。2015

---

① 案例来源：2022年5月4日《北京日报》客户端《未还完贷款房子，民政局为何成为遗产管理人？律师解读》。转引自《民政部门担任遗产管理人工作指引》，载民政部网站，https://www.mca.gov.cn/n152/n166/c45586/content.html，2023年9月8日访问。

年 3 月，杨某利申请了 80 万元的公积金贷款，贷款由北京某银行提供，北京市住贷担保中心提供连带责任保证担保。杨某利是独生子女，未婚，亦无子女，父母、祖父母、外祖父母均已去世，他生前也未曾立遗嘱，唯一亲人是他的舅舅。杨某利去世后，舅舅以为自己可以作为杨某利的遗产继承人，为此替杨某利偿还了一部分贷款，后来停止还款，于是从 2019 年 1 月 26 日至 2019 年 11 月 22 日，杨某利所购房连续 10 期的贷款未能及时偿还。为此，北京住贷担保中心履行担保义务，偿还剩余借款本金、利息及罚息，遂后于 2022 年 4 月向北京市丰台区法院申请指定丰台区民政局成为杨某利的遗产管理人，以其遗产偿还其债务。北京市丰台区人民法院受理此案查明上述事实后，判决丰台区民政局成为被继承人杨某利的遗产管理人。

北京市丰台区人民法院查明，杨某利无遗嘱，亦无法定继承人，其舅舅虽为亲属，但不属于法定继承人。同时，《中华人民共和国民法典》第一千一百四十五条规定，继承开始后，没有继承人或者继承人均放弃继承的，由被继承人生前住所地的民政部门或者村民委员会担任遗产管理人。本案杨某利没有法定继承人，因此依法应由其生前所在地的民政部门或者村民委员会担任遗产管理人。根据《中华人民共和国民法典》第一千一百四十六条的规定，对遗产管理人的确定有争议的，利害关系人可以向人民法院申请指定遗产管理人。本案杨某利遗产管理人的确定，北京市住贷担保中心为杨某利还清剩余贷款以及本金、利息和罚息，属于杨某利遗产的利害关系人，向法院提起了指定遗产管理人申请，主体资格符合法律的规定。本案申请人提起申请的法院即为杨某利死亡时住所地基层人民法院。

第一百九十五条 【指定原则】 人民法院受理申请后，应当审查核实，并按照有利于遗产管理的原则，判决指定遗产管理人。

◆ **适用指引**

本条是关于人民法院指定遗产管理人的原则。

就指定遗产管理人适用的原则，《民法典》未作规定，2023 年《民事诉讼法》对此作出了规定，明确了此类案件的认定尺度。人民法院在受理申请后，应当对申请事项进行审查，审查的重点应当围绕"有利于遗产管理"的原则展开，该原则从遗产保护出发，便于遗产的管理与维护。

　　人民法院在审查核实时，应注意以下几点：（1）初步审查遗产的权属，不必须进行确权；初步审查遗嘱的情况及效力，不必须对遗嘱效力作出确定性认定。（2）尽可能查明被继承人可能的遗愿；审查继承人的继承资格和行为能力，不必须穷尽对全部继承人身份的审查；查明继承人管理遗产的能力，并允许动态观察调整。（3）要兼顾考虑继承人将来可能实际取得遗产份额，并不必须对继承份额作出清晰的认定。指定遗产管理人案件，人民法院应当作出判决书。

◆ **典型案例**

魏姜氏遗产继承案①

　　厦门市思明区某处房屋原业主魏姜氏（19世纪生人），魏姜氏育有三女一子，该四支继承人已经各自向下延嗣到第五代，但其中儿子一支无任何信息可查，幼女一支散落海外情况不明，仅长女与次女两支部分继承人居住在境内。因继承人无法穷尽查明，长女和次女两支继承人曾历经两代、长达十年的继承诉讼，仍未能顺利实现继承析产。《中华人民共和国民法典》实施后，长女一支继承人以欧某士为代表的提出，可由生活在境内的可查明的信息的两支继承人共同管理祖宅；次女一支继承人则提出，遗产房屋不具有共同管理的条件，应由现居住在境内且别无住处的次女一支继承人中的陈某萍和陈某芬担任遗产管理人。

　　法院生效判决认为：魏姜氏遗产的多名继承人目前下落不明、信息不明，遗产房屋将在较长时间内不能明确所有权人，其管养维护责任可能长期无法得到有效落实，确有必要在析产分割条件成就前尽快依法确定管理责任人。而魏姜氏生前未留有遗嘱，未指定遗嘱执行人或遗产管理人，在案各继承人之间就遗产管理问题分歧巨大、未能达成一致意见，故并称有利于遗产保护、管理、债权债务清理的原则，在综合考虑被继承人内心意愿、各继承人与被继承人亲疏远近关系、各继承人管理保护遗产的能力水平等方面因素，确定涉案遗产房屋的合适管理人。次女魏某燕一直在魏姜氏生前尽到主要赡养义务，与产权人关系较为亲近，且历代长期居住在遗产房屋内并主持危房改造，与遗产房屋有更深的历史情感联系，对周边人居环境更为熟悉，更有实际能力履行管养维护职责，更有能力清理遗产上可能存在的债权债务；长女魏某静一支可查后人现居住漳州市，客观上无法对房屋尽到充分、周到的管养维护职责。因此由魏某静一支继承人跨市管理涉案遗产房屋暂不具备客观条件，魏某燕一支继承人能够协商支持由陈某萍、陈某

---

　　① 案例来源：最高人民法院《人民法院贯彻实施民法典典型案例（第一批）》。

芬共同管理涉案遗产房屋，符合遗产效用最大化原则。因此判决指定陈某萍、陈某芬为魏姜氏房屋的遗产管理人。

第一百九十六条 　**【遗产管理人职务终止】** 被指定的遗产管理人死亡、终止、丧失民事行为能力或者存在其他无法继续履行遗产管理职责情形的，人民法院可以根据利害关系人或者本人的申请另行指定遗产管理人。

◆ **适用指引**

本条是关于遗产管理人终止履职的规定。

遗产管理人可以根据实际情况动态调整。当遗产管理人因客观原因无法继续履行遗产管理职责时，利害关系人或者本人均有权申请人民法院另行指定遗产管理人。根据上述规定，客观原因主要包括被指定的自然人遗产管理人死亡、丧失民事行为能力等无法继续履行遗产管理职责的情形；被指定法人等遗产管理人终止或发生其他无法继续履行遗产管理职责的情形。

第一百九十七条 　**【遗产管理人资格撤销】** 遗产管理人违反遗产管理职责，严重侵害继承人、受遗赠人或者债权人合法权益的，人民法院可以根据利害关系人的申请，撤销其遗产管理人资格，并依法指定新的遗产管理人。

◆ **适用指引**

本条是关于遗产管理人资格撤销制度的规定。

遗产管理人的核心内容就是遗产管理人的职责，遗产管理人应当忠实、勤勉地履行遗产管理职责。《民法典》第 1147 条规定了遗产管理人的 6 项职责，其中包括：清理遗产并制作遗产清单，向继承人报告遗产情况，采取必要措施防止遗产毁损、灭失，处理被继承人的债权债务，按照遗嘱或者依照法律规定分割遗产，实施与管理遗产有关的其他必要行为。该法第 1148 条同时规定，遗产管理人因故意或者重大过失造成继承人、受遗赠人、债权人损害的，应当承担民事责任。

　　本条主要是规定在遗产管理人违反法定职责，严重侵害了包括继承人、受遗赠人、债权人的合法权益时，人民法院可依申请撤销原遗产管理人的资格，并且指定新的遗产管理人。侵害的权益可以是遗产所有权、继承权、受遗赠权、对被继承人的债权、遗产酌分请求权、剩余遗产取得权，也可以是权能性的利益。其中财产损害可以是对遗产的有形损害，如对遗产保管不当造成的损坏；也可以是对遗产的价值损害，如以较低的价格将遗产变卖、因错误清偿或怠于主张权利而使遗产价值减少。若因遗产管理人的原因使遗产债权人、受遗赠人等利害关系人本可获得清偿的部分丧失清偿可能的，也属于本条所指侵害合法权益。需要注意的是，此处的侵害程度规定为"严重侵害"，作为人民法院处理此类案件判断的标准。

◆ **关联规定**

《中华人民共和国民法典》（2020 年 5 月 28 日）

　　第一千一百四十八条　遗产管理人应当依法履行职责，因故意或者重大过失造成继承人、受遗赠人、债权人损害的，应当承担民事责任。

第五节　认定公民无民事行为能力、限制民事行为能力案件

　　第一百九十八条　【管辖与申请】申请认定公民无民事行为能力或者限制民事行为能力，由利害关系人或者有关组织向该公民住所地基层人民法院提出。

　　申请书应当写明该公民无民事行为能力或者限制民事行为能力的事实和根据。

◆ **适用指引**

　　本条是关于认定公民无民事行为能力或者限制民事行为能力案件的规定。民事行为能力，是指民事主体能够独立通过意思表示，进行民事行为的能力。民事立法对民事主体具备民事行为能力设定的标准不尽相同，但不外乎年龄和精神状况两个基本尺度。行为能力以意思能力为基础，意思能力有无属于事实问题，在以年龄作为判断自然人意思能力基本标准的同时，对达到成年但心智有障碍者可

以采取个案审查主义，作为划分民事行为能力的补充标准，如缺乏意思能力，可以认定其为无民事行为能力人或者限制行为能力人。

根据《民法典》第17条至第22条的规定，完全民事行为能力人分为两类：一是一般的完全民事行为能力人，即18周岁以上的自然人；二是视为完全民事行为能力人，即16周岁以上以自己的劳动收入为主要生活来源的未成年人。限制民事行为能力，是指法律赋予虽未成年但达到一定年龄或者虽已成年但因精神健康疾病不能完全辨认自己行为后果的自然人从事与其年龄和精神健康状态相适应的民事活动的资格。《民法典》将限制行为能力人的标准确定为8周岁以上未成年人，因精神健康问题不能完全辨认自己行为的成年人也作为限制民事行为能力人对待，法律规定其实施的民事法律行为由其法定代理人代理或者经其法定代理人同意、追认，但8周岁以上未成年人可以独立实施纯获利益的民事法律行为或者与其年龄、智力相适应的民事法律行为；不能完全辨认自己行为的成年人可以独立实施纯获利益的民事法律行为或者与其智力、健康状况相适应的民事法律行为；8周岁以下的未成年人以及不能辨认自己行为的成年人为无民事行为能力人，由其法定代理人代理实施民事法律行为。

根据《民法典》第24条第1款的规定，被申请认定限制民事行为能力或者无民事行为能力的人限定在不能辨认或者不能完全辨认自己行为的成年人。从无民事行为能力视角看，可以适当将认定无民事行为能力的群体扩大至禁治产人。禁治产人，是指因心神丧失或精神耗弱而对自己财产无处理能力，经法院宣告丧失民事行为能力的人。心神丧失，指完全丧失意思能力；精神耗弱，指部分意思能力丧失。成为禁治产人的条件包括：第一，必须是因心神丧失或精神耗弱而失去正常认识能力和控制自己行为能力，不能处理自己的民事事务或因浪费、酗酒使自己或家属有倾家荡产危险的成年人；第二，须经配偶、近亲属、保佐人或检察官申请，由法院予以宣告。被宣布为禁治产人，在法律上就成为无行为能力人，应为其设置监护人，代其处理民事事务。当禁治产人心神恢复或浪费、酗酒行为改正时，可经一定程序由法院撤销宣告。

认定公民无民事行为能力或者限制民事行为能力案件由其住所地基层人民法院管辖。在普通程序中申请认定的，受诉法院获得该类案件的管辖权。将认定公民无民事行为能力或者限制民事行为能力案件的管辖法院规定为公民住所地基层法院，是出于方便查清事实的目的，但对于公民无民事行为能力或者限制民事行为能力的认定，事实上需要依赖更加客观的标准，如医学鉴定。因此，即便受理法院并非严格意义上的公民住所地法院，也不会造成实质不同的认定结果。

关于申请人的资格和范围。《民法典》第 24 条第 3 款明确规定有关组织包括居民委员会、村民委员会、学校、医疗机构、妇女联合会、残疾人联合会、依法设立的老年人组织、民政部门等。第 1045 条第 2 款规定的自然人的近亲属包括配偶、父母、子女、兄弟姐妹、祖父母、外祖父母、孙子女、外孙子女。其他利害关系人系指近亲属以外的亲属、朋友，通说认为也应当包括债权人或债务人。是否存在利害关系，是认定申请人是否具有申请权的关键，法院需要结合具体情况综合判断。有资格申请公民无民事行为能力或者限制民事行为能力的利害关系人不应无限制扩大，否则会对被申请人及其亲属造成不良影响，也可能会导致该权利被滥用。

另外，利害关系人或者有关组织应当以书面方式提出申请。申请书内容应当包括申请人与被申请人之间的利害关系、公民无民事行为能力或者限制民事行为能力的事实和依据等。

◆ 关联规定

《最高人民法院关于适用〈中华人民共和国民事诉讼法〉的解释》（2022 年 4 月 1 日）

第三百四十七条　在诉讼中，当事人的利害关系人或者有关组织提出该当事人不能辨认或者不能完全辨认自己的行为，要求宣告该当事人无民事行为能力或者限制民事行为能力的，应由利害关系人或者有关组织向人民法院提出申请，由受诉人民法院按照特别程序立案审理，原诉讼中止。

◆ 典型案例

徐某军诉梁某、梁某水、何某股权转让纠纷案①

徐某军诉梁某、梁某水、何某股权转让纠纷一案，徐某军不服安徽省高级人民法院（2020）皖民终 280 号民事判决，向最高人民法院申请再审。

最高人民法院经审查认为，申请认定公民无民事行为能力或者限制民事行为能力，由利害关系人或者有关组织向该公民住所地基层人民法院提出。本案中，关于徐某军是否为限制民事行为能力人，其妻子梅某于 2020 年 5 月 18 日（二审期间）向安徽省合肥市蜀山区人民法院提出申请，该院于 2020 年 6 月 24 日作出

---

①　最高人民法院（2021）最高法民申 7436 号民事裁定书。

（2020）皖 0104 民特 36 号民事判决，判决：（1）徐某军目前为限制民事行为能力人。（2）指定梅某为徐某军的监护人。因此，二审法院将梅某列为徐某军的法定代理人，有事实和法律依据。鉴于一审期间，梅某尚未提起确认徐某军为限制民事行为能力人的申请且无其他证据证明一审期间徐某军已为限制行为能力人，故徐某军就此提出的相关再审申请事由，缺乏事实和法律依据。

第一百九十九条　【医学鉴定】人民法院受理申请后，必要时应当对被请求认定为无民事行为能力或者限制民事行为能力的公民进行鉴定。申请人已提供鉴定意见的，应当对鉴定意见进行审查。

◆ 适用指引

本条是关于认定公民无民事行为能力或者限制民事行为能力依据的规定。认定公民是否具有辨认或者完全辨认自己行为的能力，原则上应当以对公民的智力和精神健康状况进行科学鉴定为主要依据。本条虽以必要作为进行司法精神病学鉴定程序的启动标准，但实践中，如果被申请鉴定人并非公认的精神病患者，皆须提交鉴定机构予以鉴定。除鉴定意见外，实践中也存在其他非依赖鉴定意见的认定方式。

人民法院受理申请后，不能由法官通过内心确信作出认定，需要参照一定客观标准。一般情况下，人民法院委托具有资质的鉴定机构作出鉴定，以该鉴定意见作为认定公民有无民事行为能力或者限制行为能力的基本依据。如果申请人提供其自行委托鉴定机构作出的鉴定意见，人民法院不应当采用，要对该鉴定意见进行审查：一是审查作出该鉴定意见的机构资质；二是审查该鉴定意见的作出程序是否符合相关法律规定。审查无疑义的，可以该鉴定意见为依据，无须再委托司法鉴定；但如果认为鉴定意见内容或鉴定程序存在问题，则应另行委托司法鉴定机构鉴定。以防止将具备民事行为能力的人简单通过鉴定意见就认定成无民事行为能力或者限制行为能力。

认定公民无民事行为能力或者限制民事行为能力对被申请人利益关系重大，应当依托客观充分的证据谨慎认定。《民事诉讼法》规定的认定标准较灵活，依托鉴定意见并非此类案件的唯一标准。除鉴定外，也可以依据公民所在地村民委员会、居民委员会出具的证明材料以及周围群众的感知和认知作出认定，但利害关系人有异议的除外。如被申请人属于群众公知公认的精神病人状态且利害关系人没有异议，人民法院可以参照公知公认的精神病人状态作出认定。但对其他难以辨认的情况仍应委托鉴定机构对被申请人有无民事行为能力进行司法鉴定。另外，一般情况下，智力和精神健康状态出现问题的公民会到医疗机构治疗，医学专家在治疗过程中作出的医学检查意见或者医院诊断证明书，人民法院也可作为证明材料使用，结合群众公认事实，作出有无民事行为能力的认定。

第二百条　【代理人、审理与判决】人民法院审理认定公民无民事行为能力或者限制民事行为能力的案件，应当由该公民的近亲属为代理人，但申请人除外。近亲属互相推诿的，由人民法院指定其中一人为代理人。该公民健康情况许可的，还应当询问本人的意见。

人民法院经审理认定申请有事实根据的，判决该公民为无民事行为能力或者限制民事行为能力人；认定申请没有事实根据的，应当判决予以驳回。

◆ 适用指引

本条是认定公民无民事行为能力或者限制民事行为能力案件代理人及审理结果的规定。认定公民无民事行为能力或者限制民事行为能力案件中，考虑到被申请人可能无法准确表达自己的意志和观点，为保障被申请人的利益，法律规定由被申请人的近亲属担任其代理人，如果申请人就是近亲属，为避免利益冲突，该申请人不能作为代理人。如果近亲属互相推诿，为保障程序顺利进行，应从中指定一人作为代理人。被申请人情况允许的，代理人的选择应当征询被申请人的意见。人民法院审理认定公民无民事行为能力或者限制民事行为能力案件的判决有两类：一是根据现有证据可以认定被申请人不能辨认或者不能完全辨认自己行为的，应判决宣告被申请人为无民事行为能力人或者限制民事行为能力人；二是根据现有证据可以认定被申请人具备民事行为能力或者被申请人不配合鉴定，申请人又未提供鉴定意见，无法对被申请人是否具备辨认自己行为能力作出判断的，应作出驳回申请的判决。民事立法对无民事行为能力人或者限制民事行为能力人的保护除宣告程序外，主要体现在监护制度。司法实践中，在申请认定公民为无民事行为能力人或者限制民事行为能力人的同时提出指定监护人的，人民法院经审查认为依据现有事实证据可以认定被申请人为无民事行为能力人或者限制民事行为能力人，应当同时对提出指定监护人的申请进行审查并指定监护人。

被申请人没有近亲属的，人民法院可以指定经被申请人住所地的居民委员会、村民委员会或者民政部门同意且愿意担任代理人的个人或者组织为代理人。没有前述规定的代理人的，由被申请人住所地的居民委员会、村民委员会或者民政部门担任代理人。代理人可以是一人，也可以是同一顺序中的两人。需要注意的是，代理人只是在案件审理期间行使代理权，其并非被申请人当然的监护人。

另外，《民法典》第 28 条规定的是成年人中无民事行为能力人或者限制民事行为能力人监护人的法定顺位，在第一顺位监护人不存在不履行监护职责或者侵害被监护人合法权益的情况下，申请人若申请指定其他人担任监护人，第一顺位监护人不同意的，人民法院对申请人指定监护人的申请不予支持。同时，认定公民行为能力程序属于非诉案件，无论判决宣告被申请人为无民事行为能力人或者限制民事行为能力人，还是判决驳回申请，均为终审判决，申请人均不能提起上诉。当事人、利害关系人认为有错误的，可以向作出判决的人民法院提出异议，经审查异议成立或者部分成立的，作出新的判决撤销或者改变原判决，异议不成立的，裁定驳回。

◆ **关联规定**

《最高人民法院关于适用〈中华人民共和国民事诉讼法〉的解释》（2022 年 4 月 1 日）

第三百四十九条 被指定的监护人不服居民委员会、村民委员会或者民政部门指定，应当自接到通知之日起三十日内向人民法院提出异议。经审理，认为指定并无不当的，裁定驳回异议；指定不当的，判决撤销指定，同时另行指定监护人。判决书应当送达异议人、原指定单位及判决指定的监护人。

有关当事人依照民法典第三十一条第一款规定直接向人民法院申请指定监护人的，适用特别程序审理，判决指定监护人。判决书应当送达申请人、判决指定的监护人。

第三百五十条 申请认定公民无民事行为能力或者限制民事行为能力的案件，被申请人没有近亲属的，人民法院可以指定经被申请人住所地的居民委员会、村民委员会或者民政部门同意，且愿意担任代理人的个人或者组织为代理人。

没有前款规定的代理人的，由被申请人住所地的居民委员会、村民委员会或者民政部门担任代理人。

代理人可以是一人，也可以是同一顺序中的两人。

◆ **典型案例**

曾某禄诉罗某、曾某确认合同无效纠纷案①

2018 年 10 月 27 日，罗某、曾某与曾某喜找到曾某禄并向曾某禄解读《赠与书》，曾某禄在《赠与书》尾部赠与人处签名。后，曾某禄向广西壮族自治区鹿寨县人民法院提起诉讼，请求确认曾某禄于 2018 年 10 月 27 日签订的《赠与书》无效。曾某禄不服广西壮族自治区柳州市中级人民法院（2019）桂 02 民终 5253 号民事判决，向广西壮族自治区高级人民法院申请再审。

广西壮族自治区高级人民法院经审查认为，申请认定公民无民事行为能力或者限制民事行为能力，由其近亲属或者其他利害关系人向该公民住所地基层人民法院提出。人民法院经审理认定申请有事实根据的，判决该公民为无民事行为能力人或者限制民事行为能力人；认定申请没有事实根据的，应当判决予以驳回。因此，申请认定公民无民事行为能力或者限制民事行为能力能否得到支持，须以人民法院作出的生效裁判为准。本案中，广西壮族自治区柳州市柳北区人民法院于 2019 年 6 月 26 日作出（2019）桂 0205 民特 281 号民事判决，宣告曾某禄为无民事行为能力人，故曾某禄应当自该判决生效之日起方能从法律意义上被认定为无民事行为能力人。在此之前，曾某禄仍具有民事行为能力，其于 2018 年 10 月 27 日作出的《赠与书》应当认定为其真实意思表示，应属合法有效，罗某与曾某提交的视频及案外人曾某喜的相关证言也能佐证《赠与书》的真实性。

第二百零一条 **【判决撤销】**人民法院根据被认定为无民事行为能力人、限制民事行为能力人本人、利害关系人或者有关组织的申请，证实该公民无民事行为能力或者限制民事行为能力的原因已经消除的，应当作出新判决，撤销原判决。

◆ **适用指引**

本条是关于公民恢复全部或部分认知能力申请撤销宣告无民事行为能力或者限制民事行为能力判决的规定。在公民无民事行为能力或者限制民事行为能力原因消除的情况下，例如精神疾病因治疗得到缓解或治愈，再限制其实施民事行为

---

① 广西壮族自治区高级人民法院（2020）桂民申 3829 号民事裁定书。

将对其权益造成影响。人民法院作出宣告公民无民事行为能力或者限制民事行为能力判决后，该公民的行为能力不会因为认知能力恢复而自动获取，仍需由该公民、利害关系人或者有关组织向法院申请，由法院审查认定无民事行为能力或者限制民事行为能力的原因是否已消除。需要注意的是，撤销原认定判决只能由该公民本人、利害关系人或者有关组织提出申请，人民法院不得依职权启动撤销宣告的法律程序。

第一，被宣告为无民事行为能力或者限制民事行为能力的公民本人申请撤销宣告时，申请人为其本人，无被申请人。若由利害关系人或者有关组织作为申请人，被宣告为无民事行为能力或者限制民事行为能力的公民为被申请人。经审查，认定公民被宣告为无民事行为能力或者限制民事行为能力的原因已经消除的，判决主文包括两项内容：一是撤销宣告该公民为无民事行为能力人或者限制民事行为能力人的判决；二是判决该公民恢复民事行为能力或者宣告该公民为限制民事行为能力人。如经审查认为，认定该公民为无民事行为能力或者限制民事行为能力的原因尚未消除，应判决驳回申请。

第二，判断公民无民事行为能力或者限制民事行为能力的原因是否消除，人民法院可委托鉴定机构对申请恢复行为能力的公民进行行为能力鉴定。司法实践主要参考鉴定机构出具的对公民是否恢复行为能力的鉴定意见，因未提交证明材料或者不配合提供鉴定材料或不依法交纳鉴定费用等原因导致无法完成鉴定的，往往会以当事人的申请无事实依据为由判决驳回。

第三，原认定无民事行为能力的判决被撤销且新判决送达后，原被认定为无民事行为能力人或者限制行为能力人就成为完全民事行为能力人，原判决指定的监护人不再继续作为该公民的监护人，该公民可以进行正常民事活动。

第六节　认定财产无主案件

第二百零二条　【管辖与申请书】申请认定财产无主，由公民、法人或者其他组织向财产所在地基层人民法院提出。

申请书应当写明财产的种类、数量以及要求认定财产无主的根据。

◆ **适用指引**

　　本条是关于认定财产无主案件的申请及管辖的规定。无主财产，是指财产处于无人认领、无人使用、无人管理的状态。认定财产无主，是指人民法院根据公民、法人或者其他组织的申请，依照法律程序将某项归属不明的财产认定为无主财产，并将其收归国家或集体所有的特定程序。财产无主，不利于发挥财产的自身价值，也容易导致财产遭受不必要的损失，为避免财产处于无主状态，物尽其用，避免财产遭受不必要的损失，法律必须对无主状态的财产的归属予以明确，即通过一定的法律程序对财产无主的状态进行认定。《民法典》对遗失物、漂流物、发现埋藏物或者隐藏物的失物招领进行了规定，《民事诉讼法》中设置了认定财产无主的特别程序。两项程序在受理机构、适用对象、认定方式、法律结果和救济途径上有所不同，存在程序选择的适用问题。无论是《民法典》关于拾得遗失物的规定还是《民事诉讼法》规定的无主财产认定程序，立法意旨均为通过一定程序发现财产权利人，将无主财产收归国有或者集体所有，充分发挥财产的经济效益和价值，使不确定的财产法律关系得以确定，稳定社会经济秩序。认定财产无主案件，公告期间有人对财产提出请求的，人民法院应当裁定终结特别程序，告知申请人另行起诉，适用普通程序审理。

　　司法实践中，自然人作为申请人主要有两种情况：一是申请人对被继承人进行照料抚养，请求法院认定遗产无主并判归申请人所有；二是无主财产由申请人发现。由法人或其他组织作为申请人的，也主要有两种情况：一是无主财产在其主管范围内；二是被继承人为企业或组织成员或存在经济或管理关系。认定财产无主程序的目的是解决财产所有权的归属，不适用确定地域管辖的一般原则，从利于查清财产实际情况、及时寻找所有人的角度出发，认定财产无主案件的管辖法院为财产所在地基层人民法院，而非申请人住所地的人民法院。申请认定财产无主，应当通过书面形式向法院提出并在申请书中写明财产种类、数量以及要求认定财产无主的根据。对于不动产，应当写明其具体所在位置，目前的占有情况。认定财产无主的根据是关键，要求财产处于无法确定所有人的状态且该状态应已持续一段时间。认定财产无主程序须依申请启动，人民法院不得依职权自行启动某项财产的认定无主程序。认定财产无主案件中的财产通常有以下几种：没有所有人或者所有人不明的财产，包括所有人不明的埋藏物或隐藏物；拾得的遗失物或漂流物；无人继承的财产。

第二百零三条　【公告与判决】人民法院受理申请后，经审查核实，应当发出财产认领公告。公告满一年无人认领的，判决认定财产无主，收归国家或者集体所有。

◆ **适用指引**

人民法院受理认定财产无主案件的申请后，应当对财产权属状况进行调查核实，如果能确定其所有权或者有继承人，或者根据法律关系不宜认定为无主财产，或者认定为无主财产并无实益的，法院应判决驳回申请。如果根据现有证据确实无法确定财产所有权人或继承人，应发出财产认领公告以寻找财产所有权人或继承人。1年公告期的确定兼顾了给予财产所有权人或继承人以充分时间认领财产与财产法律关系不能长期处于无法确定状态。

财产认领公告发出后，人民法院根据不同情形分别予以处理：（1）财产所有权人或继承人主张权利，此时无论该声称对财产享有所有权或继承权的主体是否确实享有所有权或继承权，认定财产无主程序都应终结，申请人对认领人提出的主张有异议的，应作出裁定，终结特别程序，告知申请人另行起诉，适用普通程序对财产权属作出认定。法院发出认领公告寻找财产所有权人或继承人的目的已经达到，财产的确定归属问题，由普通诉讼程序解决。（2）如果1年期内无人认领，人民法院判决认定为无主财产，根据实际情况收归国家或集体所有。

申请认定无主的财产在公告1年期内无人认领，判决认定为无主是法律的推定，该财产可能存在事实上的所有权人或继承人，故判决认定财产无主后，原财产所有权人或者继承人出现并在诉讼时效期间内提出主张的，人民法院仍应审查核实并根据查明结果作出相应判决。认定财产为无主财产收归国有或集体所有时，应将无主财产或其变价所得款用于支付公告、评估、救助、保管、拍卖等费用后，余款收归国家或集体所有。

◆ **关联规定**

《最高人民法院关于适用〈中华人民共和国民事诉讼法〉的解释》（2022年4月1日）

第三百四十八条　认定财产无主案件，公告期间有人对财产提出请求的，人民法院应当裁定终结特别程序，告知申请人另行起诉，适用普通程序审理。

第二百零四条　【撤销判决】判决认定财产无主后，原财产所有人或者继承人出现，在民法典规定的诉讼时效期间可以对财产提出请求，人民法院审查属实后，应当作出新判决，撤销原判决。

◆ **适用指引**

本条是关于撤销认定财产无主案件判决的规定。人民法院按照认定财产无主程序作出的认定财产无主判决，是在一定事实基础上作出的法律推定，但事实上被认定为无主的财产可能有所有权人或继承人，存在财产所有权人或继承人未在公告期内看到公告并及时向法院主张权利的可能性。公告大多通过纸质媒体刊载，财产所有权人或继承人获知财产公告信息渠道有限。如果一项财产通过法院审查发布公告，已经初步具备所有权人不明的依据，通过 1 年公告期寻找所有权人或继承人，实现概率较低。为了保障财产所有权人或继承人的合法权益，判决认定财产无主后，所有权人或继承人在诉讼时效期间内向法院提出撤销认定财产无主申请，人民法院应当审查并根据查明事实作出相应的判决。

根据本条规定，人民法院审查财产所有权人或继承人提出的撤销认定财产无主申请时，应主动审查当事人主张权利是否已过诉讼时效。经审查，认为当事人提出的请求无事实依据，不符合法律规定的，应裁定驳回其申请；如经查证申请人确属财产的所有权人或继承人的，应当作出新的撤销判决。认定财产无主案件中，法院判决财产归国有或集体所有，能够返还原物的，应返还原物，不能返还原物，应折价补偿。原财产已经不存在的，按财产实际价值折价返还。法院将财产判归申请人所有，应视情况决定是否返还，如财产判归申请人所有是为支付申请人保管财产或照养被继承人所支出的费用，财产所有权人或继承人愿意向申请人支付该费用的，财产应返还，不能返还的，无须折价赔偿。

第七节　确认调解协议案件

第二百零五条　【申请与管辖】经依法设立的调解组织调解达成调解协议，申请司法确认的，由双方当事人自调解协议生效之日起三十日内，共同向下列人民法院提出：

（一）人民法院邀请调解组织开展先行调解的，向作出邀请的人民法院提出；

（二）调解组织自行开展调解的，向当事人住所地、标的物所在地、调解组织所在地的基层人民法院提出；调解协议所涉纠纷应当由中级人民法院管辖的，向相应的中级人民法院提出。

◆ **适用指引**

本条是关于确认调解协议案件的调解主体、申请主体、申请期限和管辖规则的规定。传统上，人民调解的范围基本是小额债务、邻里关系、轻微侵权等一般民事纠纷。随着经济社会发展变化，人民调解的范围发生很大变化，一些地方在矛盾纠纷多发的土地承包、村务管理、征地拆迁、环境污染、劳资工伤、交通事故、物业管理、医疗纠纷等领域也建立了人民调解组织，但人民调解不能涵盖所有的纠纷领域。一些专业性较强的领域，设立了不以人民调解委员会命名且更专业、职业、另有操作规则，甚至具有营利性的调解机构，如商事调解、行业调解组织。这些调解组织或机构在化解专业纠纷方面发挥了重要作用，促进了我国多元纠纷解决机制的发展，需要通过司法确认制度为其发展提供法律保障。

根据本条规定，必须由调解协议的双方当事人共同提出申请。共同的形式不限于当事人双方或其代理人共同到法院提出申请。实践中，一方提出申请，另一方表示同意，也视为双方共同提出申请。当事人应当自调解协议生效之日起30日内提出申请。司法确认程序是对已生效的调解协议的确认，不是调解协议的生效要件。调解协议书自各方当事人签名、盖章或者捺指印，人民调解员签名并加盖人民调解委员会印章之日起生效；口头调解协议自各方当事人达成协议之日起生效。调解协议达成后，如果双方当事人认为没有司法确认必要，如已即时履行完毕或不涉及给付内容，可以不申请司法确认。

申请确认调解协议，应当向人民法院提交司法确认申请书、调解协议和身份证明、资格证明，以及与调解协议相关的财产权利证明等材料，并提供双方当事人的送达地址、电话号码等联系方式。委托他人代为申请的，必须向人民法院提交由委托人签名或者盖章的授权委托书。人民法院收到当事人司法确认申请，应当在3日内决定是否受理。人民法院决定受理的，及时向当事人送达受理通知书。双方当事人同时到法院申请司法确认的，人民法院可以当即受理并作出是否确认的决定。如果当事人的申请不属于人民法院受理范围、不属于收到申请的人民法院管辖，申请确认婚姻关系、亲子关系、收养关系等身份关系无效、有效或者解除，涉及适用其他特别程序、公示催告程序、破产程序审理，调解协议内容涉及物权、知识产权确权，裁定不予受理，受理后发现有前述情形的，裁定驳回申请。人民法院办理人民调解协议司法确认案件不收取费用。

◆ **关联规定**

《最高人民法院关于适用〈中华人民共和国民事诉讼法〉的解释》（2022 年 4 月 1 日）

第三百五十一条　申请司法确认调解协议的，双方当事人应当本人或者由符合民事诉讼法第六十一条规定的代理人依照民事诉讼法第二百零一条①的规定提出申请。

第三百五十二条　调解组织自行开展的调解，有两个以上调解组织参与的，符合民事诉讼法第二百零一条规定的各调解组织所在地人民法院均有管辖权。

双方当事人可以共同向符合民事诉讼法第二百零一条规定的其中一个有管辖权的人民法院提出申请；双方当事人共同向两个以上有管辖权的人民法院提出申请的，由最先立案的人民法院管辖。

第三百五十三条　当事人申请司法确认调解协议，可以采用书面形式或者口头形式。当事人口头申请的，人民法院应当记入笔录，并由当事人签名、捺印或者盖章。

第三百五十四条　当事人申请司法确认调解协议，应当向人民法院提交调解协议、调解组织主持调解的证明，以及与调解协议相关的财产权利证明等材料，并提供双方当事人的身份、住所、联系方式等基本信息。

当事人未提交上述材料的，人民法院应当要求当事人限期补交。

◆ **典型案例**

马某杰诉谢某承揽合同纠纷案②

马某杰与谢某约定由马某杰在谢某经营的民勤县大滩镇元通粮食银行院内镶嵌道牙、打地坪，谢某提供施工所需建材，马某杰组织人员完成施工内容，后因劳动报酬产生纠纷，马某杰与谢某经人民调解委员会调解达成调解协议。马某杰

---

① 对应 2023 年《民事诉讼法》第 205 条。
② 甘肃省武威市中级人民法院（2023）甘 06 民终 396 号民事裁定书。

向甘肃省民勤县人民法院提起诉讼，请求谢某给付劳务费及利息。谢某不服甘肃省民勤县人民法院（2022）甘 0621 民初 251 号民事判决书，向甘肃省武威市中级人民法院提起上诉。

甘肃省武威市中级人民法院经审查认为，经依法设立的调解组织调解达成调解协议，申请司法确认的，由双方当事人自调解协议生效之日起三十日内，共同向人民法院提出。人民法院受理后，经审查，符合法律规定的，裁定调解协议有效，一方当事人拒绝履行或者未全部履行的，对方当事人可以向人民法院申请执行；不符合法律规定的，裁定驳回申请，当事人可以通过调解方式变更原调解协议或者达成新的调解协议，也可以向人民法院提起诉讼。本案中，马某杰与谢某经人民调解委员会调解达成调解协议后，未向人民法院申请确认调解协议，双方可以就调解协议的履行起诉，但法律并未禁止调解双方就原纠纷提起诉讼，故谢某关于马某杰直接针对原纠纷提起诉讼错误、本案基础法律关系错误的上诉理由不能成立。主张法律关系变更、消灭或者权利受到妨害的当事人，应当对该法律关系变更、消灭或者权利受到妨害的基本事实承担举证证明责任。本案中，谢某与马某杰债权债务关系明确，双方结算马某杰劳动报酬 80300 元，谢某支付 60300 元并出具 2 万元欠条确认欠马某杰工程尾款的事实。2020 年 12 月 18 日，经调解，谢某当场给付马某杰 1 万元，现谢某以马某杰未修复不合格工程为由上诉主张不承担剩余 1 万元款项的偿付责任，但未提供有效证据加以证明，应承担举证不能的不利后果。

第二百零六条　【裁定与执行】 人民法院受理申请后，经审查，符合法律规定的，裁定调解协议有效，一方当事人拒绝履行或者未全部履行的，对方当事人可以向人民法院申请执行；不符合法律规定的，裁定驳回申请，当事人可以通过调解方式变更原调解协议或者达成新的调解协议，也可以向人民法院提起诉讼。

◆ **适用指引**

司法确认案件由审判员一人独任审判。审查时，人民法院应当通知双方当事人共同到场对案件进行核实，审查过程中应询问并核实相关证明材料，必要时可向调解组织核实有关情况。经审查，调解协议违反法律强制性规定，损害国家利益、社会公共利益、他人合法权益，违背公序良俗，违反自愿原则，内容不明确，裁定驳回申请。受理申请后，无论确认调解协议有效还是驳回申请，都用裁定书，符合法律规定的，裁定书主文应为确认某协议有效，不符合法律规定的，裁定书主文是驳回申请人的申请，而非确认某协议无效或者对某协议不予确认。

人民法院确认调解协议有效的裁定是终审裁定，一经宣告或者送达即生效，一方当事人拒绝履行或者未全部履行的，对方当事人可以向人民法院申请执行。对人民法院作出的确认调解协议的裁定，当事人有异议的，应当自收到裁定之日起十五日内提出，利害关系人有异议的，自知道或者应当知道其民事权益受到侵害之日起六个月内提出。如果当事人对驳回裁定无异议，愿意继续解决纠纷，可以通过调解方式变更原调解协议或者达成新的调解协议，也可以向人民法院提起诉讼，如果驳回原因是不符合受理条件，则只能提起诉讼，不能通过调解方式变更原调解协议或者达成新的调解协议。如果当事人对驳回裁定有异议，认为调解协议可被确认有效，亦可提出异议。

调解协议是接受调解的当事人双方合意或多方协商的结果，人民法院应当尊重当事人意愿。司法确认程序中要充分尊重私权，不干涉当事人意思自治，不介入当事人对权利、义务的处分。但是，审查过程中发现协议有法律瑕疵，可以先向当事人释明，建议协商补正或者建议其通过调解方式变更原调解协议或达成新的调解协议；当事人不接受的，再裁定驳回并告知其仍然可以通过调解方式变更原调解协议或者达成新的调解协议，也可以提起诉讼。确认调解协议的裁定作出前，当事人撤回申请的，人民法院可以裁定准许。当事人无正当理由未在限期内补充陈述、补充证明材料或者拒不接受询问的，人民法院可以按撤回申请处理。确认调解协议案件的执行法院是作出确认裁定的基层人民法院、中级人民法院或者与其同级的被执行财产所在地人民法院。

◆ 关联规定

《最高人民法院关于适用〈中华人民共和国民事诉讼法〉的解释》（2022 年 4 月 1 日）

第三百五十五条 当事人申请司法确认调解协议，有下列情形之一的，人民法院裁定不予受理：

（一）不属于人民法院受理范围的；

（二）不属于收到申请的人民法院管辖的；

（三）申请确认婚姻关系、亲子关系、收养关系等身份关系无效、有效或者解除的；

（四）涉及适用其他特别程序、公示催告程序、破产程序审理的；

（五）调解协议内容涉及物权、知识产权确权的。

人民法院受理申请后，发现有上述不予受理情形的，应当裁定驳回当事人的申请。

第三百五十六条 人民法院审查相关情况时，应当通知双方当事人共同到场对案件进行核实。

人民法院经审查，认为当事人的陈述或者提供的证明材料不充分、不完备或者有疑义的，可以要求当事人限期补充陈述或者补充证明材料。必要时，人民法院可以向调解组织核实有关情况。

第三百五十七条 确认调解协议的裁定作出前，当事人撤回申请的，人民法院可以裁定准许。

当事人无正当理由未在限期内补充陈述、补充证明材料或者拒不接受询问的，人民法院可以按撤回申请处理。

第三百五十八条 经审查，调解协议有下列情形之一的，人民法院应当裁定驳回申请：

（一）违反法律强制性规定的；

（二）损害国家利益、社会公共利益、他人合法权益的；

（三）违背公序良俗的；

（四）违反自愿原则的；

（五）内容不明确的；

（六）其他不能进行司法确认的情形。

◆ **典型案例**

胡某田诉胡某波海上人身损害赔偿责任纠纷案①

胡某田在胡某波的渔船上作业时受伤，致使其右臂被起网卷扬机绞断，双方进行过两次调解，但胡某波没有按照调解书约定履行给付赔偿款的义务。胡某田向大连海事法院提起诉讼，请求胡某波支付医疗费、误工费、护理费、交通费、住院伙食补助费、残疾赔偿金、鉴定费、残疾辅助器具费。后，胡某波不服大连海事法院（2016）辽72民初96号民事判决，向辽宁省高级人民法院提起上诉。

辽宁省高级人民法院经审查认为，人民法院受理确认司法调解协议的申请

---

① 辽宁省高级人民法院（2016）辽民终866号民事判决书。

后，经审查，符合法律规定的，裁定调解协议有效，一方当事人拒绝履行或者未全部履行的，对方当事人可以向人民法院申请执行；不符合法律规定的，裁定驳回申请，当事人可以通过调解方式变更原调解协议或者达成新的调解协议，也可以向人民法院提起诉讼。根据前述规定，法律并未限定一方当事人拒绝履行或者未全部履行调解协议的，对方当事人必须向人民法院申请执行，故胡某田向人民法院提起人身损害赔偿之诉，不违反法律规定。

第八节　实现担保物权案件

第二百零七条　**【申请与管辖】**申请实现担保物权，由担保物权人以及其他有权请求实现担保物权的人依照民法典等法律，向担保财产所在地或者担保物权登记地基层人民法院提出。

◆ 适用指引

实现担保物权是担保物权人最主要的权利，也是特定情形下担保人维护自身利益的手段措施。根据本条规定，申请主体包括担保物权人和其他有权请求实现担保物权的人，担保物权人包括抵押权人、质权人、留置权人，其他有权请求实现担保物权的人包括抵押人、出质人、财产被留置的债务人或者所有权人等。申请实现担保物权案件的管辖法院是担保财产所在地或者担保物权登记地基层人民法院。由担保财产所在地基层人民法院管辖便于担保财产的查封、扣押、冻结，由担保物权登记地法院管辖则有利于了解财产状况。实现票据、仓单、提单等有权利凭证的权利质权案件，可以由权利凭证持有人住所地人民法院管辖，无权利凭证的权利质权案件，由出质登记地人民法院管辖。实现担保物权案件属于海事法院等专门人民法院管辖的，由专门人民法院管辖。同一债权的担保物有多个且所在地不同，申请人分别向有管辖权的人民法院申请实现担保物权的，人民法院应当依法受理。被担保的债权既有物的担保又有人的担保，当事人对实现担保物权的顺序有约定，实现担保物权的申请违反该约定的，人民法院裁定不予受理；没有约定或者约定不明的，人民法院应当受理。同一财产上设立多个担保物权，登记在先的担保物权尚未实现的，不影响后顺位的担保物权人向人民法院申请实现担保物权。

申请实现担保物权，当事人应当提交申请书、证明担保物权存在的材料、证明实现担保物权条件成就的材料、担保财产现状的说明以及人民法院认为需要提交的其他材料。实现担保物权案件的特别程序与担保物权案件一般诉讼程序是特别程序与一般程序的选择问题，是法律赋予当事人的程序选择权，当事人既可以选择实现担保物权案件的特别程序，也可以选择担保物权案件一般诉讼程序。因此，当事人通过一般诉讼程序请求实现担保物权的，人民法院应当告知其可以通过特别程序实现担保物权，但要尊重当事人的选择权。

◆ **关联规定**

《最高人民法院关于适用〈中华人民共和国民事诉讼法〉的解释》（2022 年 4 月 1 日）

第三百五十九条 民事诉讼法第二百零三条①规定的担保物权人，包括抵押权人、质权人、留置权人；其他有权请求实现担保物权的人，包括抵押人、出质人、财产被留置的债务人或者所有权人等。

第三百六十条 实现票据、仓单、提单等有权利凭证的权利质权案件，可以由权利凭证持有人住所地人民法院管辖；无权利凭证的权利质权，由出质登记地人民法院管辖。

第三百六十一条 实现担保物权案件属于海事法院等专门人民法院管辖的，由专门人民法院管辖。

第三百六十二条 同一债权的担保物有多个且所在地不同，申请人分别向有管辖权的人民法院申请实现担保物权的，人民法院应当依法受理。

第三百六十三条 依照民法典第三百九十二条的规定，被担保的债权既有物的担保又有人的担保，当事人对实现担保物权的顺序有约定，实现担保物权的申请违反该约定的，人民法院裁定不予受理；没有约定或者约定不明的，人民法院应当受理。

第三百六十四条 同一财产上设立多个担保物权，登记在先的担保物权尚未实现的，不影响后顺位的担保物权人向人民法院申请实现担保物权。

第三百六十五条 申请实现担保物权，应当提交下列材料：

（一）申请书。申请书应当记明申请人、被申请人的姓名或者名称、联系方式等基本信息，具体的请求和事实、理由；

（二）证明担保物权存在的材料，包括主合同、担保合同、抵押登记证明或

---

① 对应 2023 年《民事诉讼法》第 207 条。

者他项权利证书，权利质权的权利凭证或者质权出质登记证明等；

（三）证明实现担保物权条件成就的材料；

（四）担保财产现状的说明；

（五）人民法院认为需要提交的其他材料。

◆ **典型案例**

马某民诉刘某刚抵押权纠纷案①

马某民向辽宁省沈阳市皇姑区人民法院提起诉讼，请求：（1）确认马某民对刘某刚房屋拍卖或者变卖价款享有优先受偿权，刘某刚以该价款向马某民承担担保责任。（2）刘某刚在承担担保责任范围内优先清偿马某民出借款及利息损失。（3）刘某刚在承担担保责任范围内优先赔付马某民为追索本案债权所须支出的律师费。（4）前述款项在拍卖或变卖房屋所得价款中享有抵押优先权。后，马某民不服辽宁省沈阳市皇姑区人民法院（2020）辽 0105 民初 8475 号民事裁定，向辽宁省沈阳市中级人民法院提起上诉。

辽宁省沈阳市中级人民法院经审查认为，申请实现担保物权，由担保物权人以及其他有权请求实现担保物权的人依照民法典等法律，向担保财产所在地或者担保物权登记地基层人民法院提出。人民法院受理申请后，经审查，符合法律规定的，裁定拍卖、变卖担保财产，当事人依据该裁定可以向人民法院申请执行；不符合法律规定的，裁定驳回申请，当事人可以向人民法院提起诉讼。前述规定是实现担保物权案件的非诉程序的特别规定，法律并未规定非诉程序是诉讼程序的必经程序。起诉必须符合下列条件：（1）原告是与本案有直接利害关系的公民、法人和其他组织。（2）有明确的被告。（3）有具体的诉讼请求和事实、理由。（4）属于人民法院受理民事诉讼的范围和受诉人民法院管辖。因此，马某民的本案起诉符合法律规定，一审法院应当对本案进行实体审理。

第二百零八条 　**【裁定与执行】**人民法院受理申请后，经审查，符合法律规定的，裁定拍卖、变卖担保财产，当事人依据该裁定可以向人民法院申请执行；不符合法律规定的，裁定驳回申请，当事人可以向人民法院提起诉讼。

---

① 辽宁省沈阳市中级人民法院（2021）辽 01 民终 21375 号民事裁定书。

◆ 适用指引

人民法院受理申请后，应当在五日内向被申请人送达申请书副本、异议权利告知书等文书。被申请人有异议的，应当在收到人民法院通知后的五日内向人民法院提出，同时说明理由并提供相应的证据材料。实现担保物权案件可以由审判员一人独任审查，担保财产标的额超过基层人民法院管辖范围的，应当组成合议庭进行审查。审查实现担保物权案件，可以询问申请人、被申请人、利害关系人，必要时可以依职权调查相关事实。人民法院应当就主合同的效力、期限、履行情况，担保物权是否有效设立、担保财产的范围、被担保的债权范围、被担保的债权是否已届清偿期等担保物权实现的条件，以及是否损害他人合法权益等内容进行审查。裁定主文方面，符合法律规定的，裁定准许拍卖、变卖被申请人×××的……；不符合法律规定的，裁定驳回申请人×××的申请。

通常情况下，担保物权人的权利已经得到保障，没有再行财产保全之必要。但是，如果担保财产被其他执行普通债权的法院首封，那么按照执行规定在特别程序中执行担保财产会遇到障碍。受理实现担保物权申请的法院没有直接处置权，需要和首封法院协商，增加沟通成本，影响整体处置效率。加之现实中存在担保人或财产占有人恶意转移财产的情形，如果不允许在实现担保物权程序中提起财产保全，不利于保障准许拍卖、变卖裁定的效力。因此，人民法院受理申请后，申请人对担保财产提出保全申请的，可以按照民事诉讼法关于诉讼保全的规定办理。

◆ 关联规定

《最高人民法院关于适用〈中华人民共和国民事诉讼法〉的解释》（2022 年 4 月 1 日）

第三百六十六条 人民法院受理申请后，应当在五日内向被申请人送达申请书副本、异议权利告知书等文书。

被申请人有异议的，应当在收到人民法院通知后的五日内向人民法院提出，同时说明理由并提供相应的证据材料。

第三百六十七条 实现担保物权案件可以由审判员一人独任审查。担保财产标的额超过基层人民法院管辖范围的，应当组成合议庭进行审查。

第三百六十八条 人民法院审查实现担保物权案件，可以询问申请人、被申请人、利害关系人，必要时可以依职权调查相关事实。

第三百六十九条 人民法院应当就主合同的效力、期限、履行情况，担保物权是否有效设立、担保财产的范围、被担保的债权范围、被担保的债权是否已届清偿期等担保物权实现的条件，以及是否损害他人合法权益等内容进行审查。

被申请人或者利害关系人提出异议的，人民法院应当一并审查。

第三百七十条 人民法院审查后，按下列情形分别处理：

（一）当事人对实现担保物权无实质性争议且实现担保物权条件成就的，裁定准许拍卖、变卖担保财产；

（二）当事人对实现担保物权有部分实质性争议的，可以就无争议部分裁定准许拍卖、变卖担保财产；

（三）当事人对实现担保物权有实质性争议的，裁定驳回申请，并告知申请人向人民法院提起诉讼。

第三百七十一条 人民法院受理申请后，申请人对担保财产提出保全申请的，可以按照民事诉讼法关于诉讼保全的规定办理。

第三百七十二条第二款 对人民法院作出的确认调解协议、准许实现担保物权的裁定，当事人有异议的，应当自收到裁定之日起十五日内提出；利害关系人有异议的，自知道或者应当知道其民事权益受到侵害之日起六个月内提出。

第十六章 审判监督程序

第二百零九条　【法院依职权提起再审】 各级人民法院院长对本院已经发生法律效力的判决、裁定、调解书，发现确有错误，认为需要再审的，应当提交审判委员会讨论决定。

最高人民法院对地方各级人民法院已经发生法律效力的判决、裁定、调解书，上级人民法院对下级人民法院已经发生法律效力的判决、裁定、调解书，发现确有错误的，有权提审或者指令下级人民法院再审。

◆ **适用指引**

本条是关于人民法院依职权启动再审的规定。依职权再审包括两个主要条件：第一，判决、裁定、调解书已经发生法律效力。对于尚未发生法律效力的判决、裁定确有错误的，应当寻求上诉审程序加以纠正。第二，原判决、裁定、调解书确有错误。这与当事人申请再审以及检察机关抗诉再审启动再审的标准不同，依职权再审不必遵从再审事由的设定，仅需要人民法院审查认为原判决、裁定确有错误。在依职权提起再审中的确有错误标准，应当接近或者约等于再审改判的标准。

根据本条规定，依职权提起再审包括以下三层含义：（1）各级人民法院院长对本院已经发生法律效力的判决、裁定、调解书，发现确有错误，认为需要再审的，应当提交审判委员会讨论决定。由院审判委员会讨论决定是否再审，是民主集中制在再审程序中的体现。（2）最高人民法院对地方各级人民法院已经发生法律效力的判决、裁定、调解书，发现确有错误的，有权提审或者指令下级人民法院再审。最高人民法院是我国最高审判机关，对地方各级人民法院审判工作有审判监督权。（3）上级人民法院对下级人民法院已经发生法律效力的判决、裁定、调解书，发现确有错误的，有权提审或者指令下级人民法院再审，上级人民法院对下级人民法院审判工作有审判监督权。

司法实践中，通过信访申诉渠道审查后认为确有错误的案件，一般依照本条规定依职权启动再审。信访申诉属于行政性质，申请再审则属于诉讼性质，是当事人拥有的法定程序性权利。属于诉权性质的申请再审，形式审查通过并立案后，由其他业务庭审查再审申请是否符合启动再审条件。走完所有诉讼程序当事人仍不服的，作为信访申诉对待，依照复查方式处理，如果认为原判决、裁定、调解书确有错误，需要再审纠错的，应当依照本条规定依职权再审并作出决定再审裁定，如果认为申诉没有道理，原判决、裁定、调解书可以维持的，通知驳回申诉，制作驳回申诉通知书。

◆ **关联规定**

《最高人民法院关于适用〈中华人民共和国民事诉讼法〉审判监督程序若干问题的解释》（2020 年 12 月 29 日）

第十八条 上一级人民法院经审查认为申请再审事由成立的，一般由本院提审。最高人民法院、高级人民法院也可以指定与原审人民法院同级的其他人民法院再审，或者指令原审人民法院再审。

第十九条 上一级人民法院可以根据案件的影响程度以及案件参与人等情况，决定是否指定再审。需要指定再审的，应当考虑便利当事人行使诉讼权利以及便利人民法院审理等因素。

接受指定再审的人民法院，应当按照民事诉讼法第二百零七条[①]第一款规定的程序审理。

第二十条 有下列情形之一的，不得指令原审人民法院再审：

（一）原审人民法院对该案无管辖权的；

（二）审判人员在审理该案件时有贪污受贿，徇私舞弊，枉法裁判行为的；

（三）原判决、裁定系经原审人民法院审判委员会讨论作出的；

（四）其他不宜指令原审人民法院再审的。

第二十一条 当事人未申请再审、人民检察院未抗诉的案件，人民法院发现原判决、裁定、调解协议有损害国家利益、社会公共利益等确有错误情形的，应当依照民事诉讼法第一百九十八条[②]的规定提起再审。

---

① 对应 2023 年《民事诉讼法》第 218 条。
② 对应 2023 年《民事诉讼法》第 209 条。

◆ **典型案例**

某淀粉公司诉某淀粉厂合同纠纷案①

某淀粉公司与某淀粉厂签订《租赁经营合同书》，后因合同履行产生纠纷，某淀粉公司向山西省长治市中级人民法院起诉请求：（1）某淀粉厂支付由其补偿某淀粉公司资本公积金并承担逾期履行的同期银行贷款利息。（2）返还某淀粉公司代某淀粉厂为其职工缴纳的养老保险金。（3）确认某淀粉公司在某淀粉厂改制中对资产有偿转让时享有优先受让权。后，某淀粉公司不服山西省高级人民法院（2017）晋民终45号民事判决，向最高人民法院申请再审。

最高人民法院经审查认为，各级人民法院院长对本院已经发生法律效力的判决、裁定、调解书，发现确有错误，认为需要再审的，应当提交审判委员会讨论决定。最高人民法院对地方各级人民法院已经发生法律效力的判决、裁定、调解书，上级人民法院对下级人民法院已经发生法律效力的判决、裁定、调解书，发现确有错误的，有权提审或者指令下级人民法院再审。本案中，最高人民法院曾指令山西省高级人民法院再审本案，山西省高级人民法院亦依职权启动一次再审，故两次再审是在不同情形下进行的，不违反法律规定。

第二百一十条　【当事人申请再审】当事人对已经发生法律效力的判决、裁定，认为有错误的，可以向上一级人民法院申请再审；当事人一方人数众多或者当事人双方为公民的案件，也可以向原审人民法院申请再审。当事人申请再审的，不停止判决、裁定的执行。

◆ **适用指引**

本条是关于当事人申请再审的管辖及原判决、裁定效力的规定。

1. 当事人对发生法律效力的判决、裁定，认为有错误的，可以申请再审。（1）有申请再审权的主体为案件当事人，即受人民法院生效裁判约束的利害关系人。（2）当事人可以申请再审的判决、裁定是已经发生法律效力的判决、裁定。根据《民事诉讼法》的规定，经过两级人民法院审理后作出的裁判为发生法律效力的裁判，一审裁判后未上诉的和最高人民法院作出的一审裁判亦为生效

---

① 最高人民法院（2018）最高法民申2671号民事裁定书。

裁判。一审未上诉而生效的裁判应否赋予当事人通过申请再审进行救济的权利？再审程序是特殊的救济程序，是对原审裁判存在法定程序和实体错误的事后补救程序，除具有纠错作用外，同时具有维护生效裁判既判力的使命，再审程序实质上是维护生效裁判既判力及纠正错误裁判的有机统一。本条虽然规定当事人对发生法律效力的判决、裁定认为有错误的可以提出再审申请，但并不是说所有发生法律效力的判决、裁定都可以申请再审。当事人可以申请再审的判决，通常是指经过普通程序和简易程序进行审理，对当事人实体权利义务作出决断的生效判决。对于已经发生法律效力的解除婚姻关系案件，按照督促程序、公示催告程序、破产还债程序审理的案件以及依照审判监督程序审理后维持原判的案件，当事人不享有申请再审权利。（3）申请再审的前提是当事人认为生效裁判有错误。从再审事由的设定来看，启动再审需要原裁判出现比较重要的错误。由于启动再审的标准与再审改判的标准存在一定差异，其中至少包括弥补程序性错误后维持原判等因素，故可说通过再审纠正的应是实体存在的严重错误或者违反程序正义的严重程序性错误。当事人认为有错误，应当是指当事人认为发生法律效力的判决、裁定存在法定应当再审情形的错误并提出再审申请，有管辖权的人民法院才能受理其申请并依法定程序审查。生效裁判存在规定的应当再审情形之外的错误，因不属于应当再审情形，当事人申请再审，不予受理。

2. 当事人对于普通案件申请再审，由作出生效裁判法院的上一级人民法院管辖。例外是公民之间的案件与一方当事人人数众多的案件。原被告均为公民的案件往往涉及当事人参加诉讼所要花费的费用以及社会稳定问题，同时考虑到公民之间的案件需要做大量的息诉息访工作，故由原审法院处理更为妥当。当事人一方人数众多的案件往往涉及社会稳定问题，由原审人民法院审查此类案件，可以充分发挥原审人民法院查清事实、将矛盾纠纷化解在当地的优势，同时与信访等相关政策相互配套，充分依靠基层组织、当地群众将矛盾化解在基层，将不稳定因素解决在萌芽状态，切实保障社会稳定。

3. 一审裁判后，当事人应当根据《民事诉讼法》的规定提出上诉以寻求救济。在上诉应当预交诉讼费用，而申请再审无须预交任何诉讼费用的情况下，应当限制当事人在无正当理由未提出上诉而又选择再审程序。启动再审的前提是通常审判程序中存在给当事人合法权益造成损害的，不纠正将有违司法正义的程序或实体错误。因此，正常审级能够解决的问题应当通过正常审级予以救济。

4. 发生法律效力的裁判具有确定力、拘束力和执行力，非依法定事由并经法定程序不得改变。当事人申请再审并不必然导致生效裁判被再审，只有经人民法院审查确定当事人的申请符合法定情形，才能进入再审，当事人申请再审虽然使生效裁判既判力受到质疑，但在未经审查确定其再审事由是否成立时，不应限制生效裁判的执行力。因此，以当事人申请再审事由是否成立作为对生效裁判既判力予以限制的基准点，符合法理，平衡了生效裁判既判力的要求和依法纠错的目的。

◆ **关联规定**

《最高人民法院关于适用〈中华人民共和国民事诉讼法〉的解释》（2022 年 4 月 1 日）

第七十五条 民事诉讼法第五十六条、第五十七条和第二百零六条[1]规定的人数众多，一般指十人以上。

第三百七十三条 当事人死亡或者终止的，其权利义务承继者可以根据民事诉讼法第二百零六条、第二百零八条[2]的规定申请再审。

判决、调解书生效后，当事人将判决、调解书确认的债权转让，债权受让人对该判决、调解书不服申请再审的，人民法院不予受理。

第三百七十四条 民事诉讼法第二百零六条规定的人数众多的一方当事人，包括公民、法人和其他组织。

民事诉讼法第二百零六条规定的当事人双方为公民的案件，是指原告和被告均为公民的案件。

第三百七十八条 适用特别程序、督促程序、公示催告程序、破产程序等非讼程序审理的案件，当事人不得申请再审。

第三百七十九条 当事人认为发生法律效力的不予受理、驳回起诉的裁定错误的，可以申请再审。

◆ **典型案例**

某建设公司诉某银行深圳分行合同纠纷案[3]

某建设公司诉某银行深圳分行合同纠纷一案，某银行深圳分行不服广东省高级人民法院（2018）粤民终1960号民事判决，向最高人民法院申请再审。

最高人民法院经审查认为，本案系申请再审案件，应当围绕再审申请人的再审申请事由是否成立进行审查。某银行深圳分行和某建设公司均提出再审申请。

---

[1] 对应2023年《民事诉讼法》第210条。
[2] 对应2023年《民事诉讼法》第212条。
[3] 最高人民法院（2021）最高法民申5896号民事裁定书。

当事人对已经发生法律效力的判决、裁定，认为有错误的，可以向上一级人民法院申请再审。对当事人双方的诉讼标的，第三人认为有独立请求权的，有权提起诉讼。对当事人双方的诉讼标的，第三人虽然没有独立请求权，但案件处理结果同他有法律上的利害关系的，可以申请参加诉讼，或者由人民法院通知他参加诉讼。人民法院判决承担民事责任的第三人，有当事人的诉讼权利义务。因此，未被人民法院判决承担民事责任的第三人，无权对已经发生法律效力的裁判提出再审申请。本案中，某建设工程公司虽以第三人身份参加一、二审诉讼，但其并非案涉两份保函的开立人或者受益人，一、二审法院亦未判决其承担民事责任，故某建设工程公司无权对本案申请再审。

第二百一十一条　【申请再审的条件】 当事人的申请符合下列情形之一的，人民法院应当再审：

（一）有新的证据，足以推翻原判决、裁定的；

（二）原判决、裁定认定的基本事实缺乏证据证明的；

（三）原判决、裁定认定事实的主要证据是伪造的；

（四）原判决、裁定认定事实的主要证据未经质证的；

（五）对审理案件需要的主要证据，当事人因客观原因不能自行收集，书面申请人民法院调查收集，人民法院未调查收集的；

（六）原判决、裁定适用法律确有错误的；

（七）审判组织的组成不合法或者依法应当回避的审判人员没有回避的；

（八）无诉讼行为能力人未经法定代理人代为诉讼或者应当参加诉讼的当事人，因不能归责于本人或者其诉讼代理人的事由，未参加诉讼的；

（九）违反法律规定，剥夺当事人辩论权利的；

（十）未经传票传唤，缺席判决的；

（十一）原判决、裁定遗漏或者超出诉讼请求的；

（十二）据以作出原判决、裁定的法律文书被撤销或者变更的；

（十三）审判人员审理该案件时有贪污受贿，徇私舞弊，枉法裁判行为的。

◆ **适用指引**

本条是关于再审事由的规定。首先应当注意再审事由与当事人提出的理由之间的区别。再审事由与理由之间最大的区别在于客观性。再审事由是客观存在的事实，不以提出申请再审的当事人以及法院意志或主观判断为转移。客观性强的再审事由有利于当事人正确依法行使其申请再审权利，便于法院审查决定是否应当受理当事人提出的诉讼。当事人申请再审的前提是认为有错误，认为有错误并非指认为原审裁判任何微小的瑕疵。当事人申请再审应当结合本条规定的再审事由，才能符合申请再审的要求并为人民法院按照再审案件立案受理，如果当事人未声明具体的再审事由或被告知指明法定再审事由而未指明的，该申请将被视为一般的信访申诉。把握再审事由时，应当严格限定在法律条文列举的具体事由，除此之外，不允许根据其他未列举的事由提起再审。

1. 有新的证据，足以推翻原判决、裁定的。我国民事诉讼实行"证据随时提出主义"。当事人无论在何种诉讼程序、在何种诉讼阶段，均有权提出证据，人民法院应随时接受这些证据。为避免"证据随时提出主义"的弊端，民事诉讼实行相对化的举证时限制度和证据失权制度。举证时限制度，是指负有举证责任的当事人应当在法律规定和法院指定的期限内提出证明其主张的相应证据，逾期不举证则承担证据失权法律后果的民事诉讼期间制度；证据失权是逾期举证的法律后果，是举证时限制度的核心，是指当事人在法院指定的举证期限内未提交证据且不存在举证期限延长或重新指定之情形，便丧失提出证据权利，实质是丧失证明权。证据失权制度要求当事人在适当的时候向人民法院提出证据，即"证据适时提出主义"。

（1）再审新证据的形式要件。首先，再审新证据应当是申请再审时新提交的证据，在原审已提交的证据，无论原审是否采信或者原审对该证据未置可否，均属于原有证据范畴。其次，再审新证据一般是指新发现的证据。从发现证据的时间来看，再审新证据应当包括原审庭审终结前发现的证据和原审庭审终结后发现的证据。原来已发现的证据，当事人没有及时提交，应当结合当事人的主观要件加以确定，是否属于虽然已经发现但因客观原因无法获取或在举证期限内无法提供的证据。最后，再审新证据一般是指原先形成的证据，该证据一般形成于原审庭审终结前，是在辩论终结前就已经客观存在的证据，只不过在辩论终结前当事人尚未发现或者因客观原因未能提出。从既判力理论以原审辩论终结之时作为既判力基准时来看，在原审庭审或辩论终结后形成的证据一般不宜视为再审新证据，对于依据原事实重新作出的鉴定意见、报告等则另当别论。

（2）再审新证据的实质要件。第一，再审新证据应具有重要性，应当是证明力相当强的证据，足以推翻原判决、裁定。再审新证据是对应要件事实或基本事实的主要证据，对于证明力尚不足以动摇原裁判，不能启动再审程序的证据，一般不具有再审新证据的作用。第二，再审新证据与原审诉讼应具有不可分性，如果新证据与原审诉讼可分，可以另行起诉，一般不应启动再审程序。

（3）再审新证据的主观要件。再审新证据一般是指因不可归责于当事人的原因而在原审辩论终结前未发现并提交的证据。

2. 原判决、裁定认定的基本事实缺乏证据证明的。案件的基本事实也称为主要事实、要件事实，是民商事实体法规定的据以确定当事人之间民事法律关系性质、各自权利义务和民事责任等主要内容的事实，对于权利发生、变更或消灭的法律效果有直接作用，也称直接事实。次要事实，是指对当事人之间民事法律关系性质、各自的权利义务和民事责任等主要内容不起决定作用的辅助性事实，是借助经验规则、理论原理能够推定主要事实真伪或存在与否的事实，也称间接事实。缺乏证据证明，是指缺乏能够证明案件基本事实所必不可少的证据或者达不到证明标准，即缺乏认定案件所需要的基本证据或主要证据。补强证据，由于其不涉及案件基本事实的判断错误，一般不应理解为缺乏证据证明。要注意缺乏证据证明与证据不足的区别，"证据不足"是从原判决、裁定认定事实是否有足够的证据支持的角度而言，"缺乏证据证明"是从原判决、裁定认定的基本事实是否有主要证据支持的角度而言，两个概念的角度不同，后者更具客观性。证据足与不足，涉及民事诉讼的证明要求和证明标准问题。《最高人民法院关于民事诉讼证据的若干规定》明确了法律真实的证明要求以及高度盖然性的证明标准，民事诉讼中证据足与不足，一般认为是用证据证明的"法律真实"是否达到了"高度盖然性"标准。

3. 原判决、裁定认定事实的主要证据是伪造的。主要证据对应案件的基本事实或主要事实，是指能够证明案件基本事实、具有足够证明力且必不可少的证据。第一，主要证据是证明案件基本事实的证据，不是证明案件次要事实或证明案件细枝末节的证据。第二，主要证据的证明力强，不论直接证据还是间接证据，对案件基本事实有较强证明力的都可视为主要证据。第三，主要证据不可缺少，缺少主要证据，案件基本事实就不能认定。与主要证据相对的是补强证据，是指某一证据不能单独作为认定案件事实的依据，是用于补充主要证据以加强和确认证明力的证据。伪造证据，是指非法制造虚假证据。变造证据，是指以真实证据为基础，以涂改、挖补等方法改变其形态、内容，冒充真实证据。审判实践中，对于原判决、裁定认定事实的主要证据是虚假、变造的，也应适用本事由。

4. 原判决、裁定认定事实的主要证据未经质证的。质证，是指一方当事人对对方当事人业已提出的证据通过质疑、辩驳和相应的说明、解释等方式呈现其内容并直接影响法官判断认定证据的诉讼活动。质证的关键在于双方当事人从对立角度展开相互作用，本质在于对对方证据的质疑。质证是在裁判之前"兼听则明"的制度保证。辩论主义要求只有当事人在诉讼中提出的事实并经过辩论才能作为裁判依据。本项事由针对已经采信的主要证据，对于原审法院未置可否的主要证据，应当结合枉法裁判行为事由予以判断，当事人已在其他程序中发表意见的，应区别对待。

5. 对审理案件需要的主要证据，当事人因客观原因不能自行收集，书面申请人民法院调查收集，人民法院未调查收集的。本事由不包括间接证据或者辅助性证据。应当书面提出申请，是指当事人应当在原审期间以书面形式提出申请，人民法院由于种种原因未予调查收集该证据。当事人及其诉讼代理人申请人民法院调查收集证据，应当在举证期限届满前提交书面申请，申请书应当载明被调查人的姓名或者单位名称、住所地等基本情况，所要调查收集的证据名称或者内容，需要由人民法院调查收集证据的原因及其要证明的事实以及明确的线索。再审审查和再审审理期间，对于涉及国家利益、社会公共利益或者他人合法权益等事实，人民法院认为应当依职权主动调查收集证据的，不以当事人对证据提出主张或申请为必要。

6. 原判决、裁定适用法律确有错误的。该项事由具体情形包括：（1）适用的法律与案件性质明显不符的。（2）确定民事责任明显违背当事人约定或者法律规定的。（3）适用已经失效或者尚未施行的法律的。（4）违反法律溯及力规定的。（5）违反法律适用规则的。（6）明显违背立法原意的。

7. 审判组织的组成不合法或者依法应当回避的审判人员没有回避的。审判组织的组成不合法，是指案件根据法律规定应当组成合议庭进行审理，实质由法官一人独任审判或者原审庭审中合议庭组成人员中有的法官缺席等。回避制度，是指审判人员以及其他可能影响案件公正审理的有关人员，在遇到法律规定的情形时，退出该案诉讼程序的制度。规定回避制度的理由，涉及回避申请的对象与案件当事人有利益、身份等方面的关系或者与诉讼程序结果有法律上的利害关系等方面的原因，主要目的在于通过技术性措施以维护法官作为中立裁判者的地位，确保公正审判；同时还为法官减轻责任负荷，使法官免受人伦亲情与司法公正理念的双重压力。依法应当回避的审判人员没有回避，会严重影响案件的公正审理和居中裁判。

8. 无诉讼行为能力人未经法定代理人代为诉讼或者应当参加诉讼的当事人，因不能归责于本人或者其诉讼代理人的事由，未参加诉讼的。诉讼行为能力又称诉讼能力，是指当事人自己实施诉讼行为所必要的诉讼法上的能力。有完全民事行为能力的人具有诉讼行为能力，无民事行为能力或者限制民事行为能力一般没有诉讼行为能力。如果当事人没有诉讼行为能力，就不能自己提起诉讼、参加诉讼，必须由其法定代理人代为实施诉讼行为，否则为无效诉讼行为。必要的共同诉讼要求共同诉讼人必须一同起诉或应诉，若未一同起诉或应诉的，应当予以追加并合并审理，作出一个判决。对于必要的共同诉讼，如因不能归责于本人或者其诉讼代理人的事由而使某当事人未参加诉讼，则属于遗漏必须参加诉讼的当事人。另外，诉讼过程中当事人丧失诉讼行为能力，人民法院应当裁定中止诉讼并等待其法定代理人代为进行诉讼，否则属于本项事由规定情形。

9. 违反法律规定，剥夺当事人辩论权利的。赋予当事人辩论权利是民事法律关系性质在民事诉讼中的延伸，旨在通过当事人双方的辩论将案件争议事实呈现在处于中立地位的法官面前，是人民法院作出裁判以及当事人自我负责的正当性基础。若没有赋予当事人辩论权利，查清案件事实、正确适用法律就失去了基本保障，裁判公正性将受质疑。具体包括以下情形：（1）不允许当事人发表辩论意见的。（2）应当开庭审理而未开庭审理的。（3）违反法律规定送达起诉状副本或者上诉状副本，致使当事人无法行使辩论权利的。（4）违法剥夺当事人辩论权利的其他情形。剥夺当事人辩论权利是指原审中没有赋予当事人辩论权利，原审庭审中对于当事人与案件无关的陈述或者反复陈述，人民法院行使诉讼指挥权进行及时制止以及第二审程序依法采用书面形式审理，不属于本项事由。

10. 未经传票传唤，缺席判决的。缺席判决的正当性基础在于程序保障以及当事人自我负责机制，在程序上已经给当事人提供充分的攻击防御机会的前提下，当事人不加以利用，其结果不仅意味着放弃自身的程序保障，实质上也使对方无从实现应有的程序保障。传票传唤，是指人民法院以发送传票的方式通知当事人开庭时间、地点，传唤当事人届时前来参加诉讼。传票传唤当事人是传唤当事人的方式中最正规、最严肃的方式，只有经传票传唤后，当事人无正当理由拒不到庭或者未经许可中途退庭的，才可以作出缺席判决，否则属于程序上存在重大瑕疵。

11. 原判决、裁定遗漏或者超出诉讼请求的。民事诉讼中，当事人有权支配自己的实体权利和诉讼权利。在诉讼和诉讼请求问题上，处分原则表现为，诉讼只能因当事人行使起诉权而开始，即不告不理，诉讼请求的范围由当事人自行决定，当事人没有提出的事项法院不能对其作出裁判，否则属于超出诉讼请求；反之，当事人已提出的事项，不能不加理睬、拒绝裁判，否则属于遗漏诉讼请求。当事人在原审中增加或放弃诉讼请求的，应当以变更后的诉讼请求为基准并确定原审裁判是否存在遗漏、超出诉讼请求的情况。

12. 据以作出原判决、裁定的法律文书被撤销或者变更的。先前案件的法律文书是原判决、裁定作出的重要根据，由于种种原因，先前案件的法律文书被撤销或者变更，原判决、裁定的作出实际已失去重要基础。本项事由所指的法律文书包括发生法律效力的判决书、裁定书、调解书；发生法律效力的仲裁裁决书；具有强制执行效力的公证债权文书。

13. 审判人员审理该案件时有贪污受贿，徇私舞弊，枉法裁判行为的的。审判人员有前述行为，是指查证属实，即在当事人申请再审时，审判人员在原审中的贪污受贿、徇私舞弊、枉法裁判行为已形成处理意见，比如有关审判人员已被判处受贿罪、已因枉法裁判行为被处分或判刑。

◆ **关联规定**

《最高人民法院关于适用〈中华人民共和国民事诉讼法〉的解释》（2022 年 4 月 1 日）

第三百八十五条 再审申请人提供的新的证据，能够证明原判决、裁定认定基本事实或者裁判结果错误的，应当认定为民事诉讼法第二百零七条①第一项规定的情形。

对于符合前款规定的证据，人民法院应当责令再审申请人说明其逾期提供该证据的理由；拒不说明理由或者理由不成立的，依照民事诉讼法第六十八条第二款和本解释第一百零二条的规定处理。

第三百八十六条 再审申请人证明其提交的新的证据符合下列情形之一的，可以认定逾期提供证据的理由成立：

（一）在原审庭审结束前已经存在，因客观原因于庭审结束后才发现的；

（二）在原审庭审结束前已经发现，但因客观原因无法取得或者在规定的期限内不能提供的；

（三）在原审庭审结束后形成，无法据此另行提起诉讼的。

再审申请人提交的证据在原审中已经提供，原审人民法院未组织质证且未作

---

① 对应 2023 年《民事诉讼法》第 211 条。

为裁判根据的，视为逾期提供证据的理由成立，但原审人民法院依照民事诉讼法第六十八条规定不予采纳的除外。

第三百八十七条　当事人对原判决、裁定认定事实的主要证据在原审中拒绝发表质证意见或者质证中未对证据发表质证意见的，不属于民事诉讼法第二百零七条第四项规定的未经质证的情形。

第三百八十八条　有下列情形之一，导致判决、裁定结果错误的，应当认定为民事诉讼法第二百零七条第六项规定的原判决、裁定适用法律确有错误：

（一）适用的法律与案件性质明显不符的；

（二）确定民事责任明显违背当事人约定或者法律规定的；

（三）适用已经失效或者尚未施行的法律的；

（四）违反法律溯及力规定的；

（五）违反法律适用规则的；

（六）明显违背立法原意的。

第三百八十九条　原审开庭过程中有下列情形之一的，应当认定为民事诉讼法第二百零七条第九项规定的剥夺当事人辩论权利：

（一）不允许当事人发表辩论意见的；

（二）应当开庭审理而未开庭审理的；

（三）违反法律规定送达起诉状副本或者上诉状副本，致使当事人无法行使辩论权利的；

（四）违法剥夺当事人辩论权利的其他情形。

第三百九十条　民事诉讼法第二百零七条第十一项规定的诉讼请求，包括一审诉讼请求、二审上诉请求，但当事人未对一审判决、裁定遗漏或者超出诉讼请求提起上诉的除外。

第三百九十一条　民事诉讼法第二百零七条第十二项规定的法律文书包括：

（一）发生法律效力的判决书、裁定书、调解书；

（二）发生法律效力的仲裁裁决书；

（三）具有强制执行效力的公证债权文书。

第三百九十二条　民事诉讼法第二百零七条第十三项规定的审判人员审理该案件时有贪污受贿、徇私舞弊、枉法裁判行为，是指已经由生效刑事法律文书或者纪律处分决定所确认的行为。

第四百二十条　必须共同进行诉讼的当事人因不能归责于本人或者其诉讼代理人的事由未参加诉讼的，可以根据民事诉讼法第二百零七条第八项规定，自知道或者应当知道之日起六个月内申请再审，但符合本解释第四百二十一条规定情形的除外。

人民法院因前款规定的当事人申请而裁定再审，按照第一审程序再审的，应当追加其为当事人，作出新的判决、裁定；按照第二审程序再审，经调解不能达成协议的，应当撤销原判决、裁定，发回重审，重审时应追加其为当事人。

◆ **典型案例**

案例1：李某红诉张某平合资、合作开发房地产合同纠纷案①

李某红诉张某平合资、合作开发房地产合同纠纷一案，张某平不服陕西省高级人民法院（2020）陕民终590号民事判决，向最高人民法院申请再审。

最高人民法院经审查认为，《中华人民共和国民事诉讼法》第二百零七条第一项关于"当事人的申请符合下列情形之一的，人民法院应当再审：（一）有新的证据，足以推翻原判决、裁定的"规定中所指新的证据，是指相对于再审申请人在一审及二审诉讼中已经提交过的证据而言另行提交的不同的新证据，其隐含的前提是再审申请人应当在一审及二审普通诉讼程序中已经诚实信用地行使了民事诉讼法律赋予其积极主动提交证据证明自己主张的民事诉讼权利，这实际上也是当事人应当履行的民事诉讼义务。本案中，由于张某平一直回避人民法院的送达行为，拒不参加本案前序普通审判程序，于判决发生法律效力后再以新的证据为由申请再审，属于滥用诉讼权利的情形，亦不具有再审利益，不属于前述法律规定保护当事人应有诉讼权利的范围。另外，从其所提交所谓新的证据中，并未发现可证实与本案有关联的直接且明确的事实，亦未达到足以推翻原审判决的证明标准，故其此项申请理由不能成立。

案例2：某国际公司诉某贸易公司、某物流公司买卖合同纠纷案②

某国际公司诉某贸易公司、某物流公司买卖合同纠纷一案，某贸易公司不服山东省高级人民法院（2020）鲁民终381号民事判决，向最高人民法院申请再审。

最高人民法院经审查认为，再审审查期间，某贸易公司提交三组证据。首先，从证据内容与证明目的看，本案争议煤炭数量为10.3万吨，合同所涉某物产公司与某国际公司之间的煤炭交易量仅为4957.3吨，与本案所涉煤炭数量差距过大且合同中发货地点为河北黄骅港，未指明系本案河北黄骅港某仓库，仅能

---

① 最高人民法院（2020）最高法民申238号民事裁定书。
② 最高人民法院（2020）最高法民申6702号民事裁定书。

证明某物产公司与某国际公司之间存在煤炭买卖合同关系，不能证明该合同项下煤炭即为本案所涉煤炭；其次，从证据来源看，除某物产公司两份情况说明外，其余证据均于原审庭审结束前已存在，某物产公司两份情况说明形成时间虽在二审判决作出后，但其内容均未说明某物产公司与某国际公司煤炭交易情况，属本案原审期间发生的事实，某贸易公司未说明因客观原因无法取得或在规定期限内不能提供上述证据的理由。因此，上述证据不属于足以推翻原裁判的新证据。

关于原判决是否遗漏或超出诉讼请求，原判决判令某物流公司对 6013 万元货款承担补充赔偿责任，该项所涉当事人为某国际公司与某物流公司，无论某物流公司是否应对该笔货款承担补充赔偿责任，不影响某贸易公司应承担的付款义务，某贸易公司对此不享有诉的利益，不能就此申请再审。关于 1200 万元保证金是否应予处理，该笔保证金系某国际公司向某物流公司收取，某贸易公司与某国际公司、某国际公司与某物流公司的买卖合同均为独立合同，在某物流公司未就此提出权利请求的情况下，基于合同相对性原则，原判决对此未予处理并无不当且原判决已释明当事人可另行主张。

第二百一十二条　【对调解书申请再审】当事人对已经发生法律效力的调解书，提出证据证明调解违反自愿原则或者调解协议的内容违反法律的，可以申请再审。经人民法院审查属实的，应当再审。

◆ **适用指引**

本条是关于当事人对调解书申请再审的规定。

1. 调解违反自愿原则。调解是双方当事人在人民法院主持下，本着互谅互让精神，在自愿基础上达成协议使争议解决。自愿，是指在调解过程中，必须是双方当事人完全自主支配意愿，不得勉强，包括是否需要调解、调解内容都由当事人双方自己决定，审判人员不得强迫或者变相强迫使当事人必须调解或者接受对方、审判人员提出的条件。自愿是在内心意思与外在表示完全一致下作出的意思表示，如果由于受表达者与对方能力或者所处外部环境等因素影响，致使调解违背当事人的真实意思，则可以认定调解违反自愿原则。

2. 调解协议的内容违反法律。合法是指调解也应以法律为准绳，调解程序、调解方式和调解内容不得违反法律，不得损害国家、集体和个人的权益。只有自愿、合法，才能保证调解质量。调解协议的内容是否合法，一是看是否损害国家利益、社会公共利益以及他人利益。对当事人达成的调解协议进行审查时，应审查是否有损公共利益以及他人利益，若有损害，则因其不具有合法性而不予确认。二是看是否违反法律、行政法规的禁止性规定。

◆ **关联规定**

《最高人民法院关于适用〈中华人民共和国民事诉讼法〉的解释》（2022 年 4 月 1 日）

第三百七十三条 当事人死亡或者终止的，其权利义务承继者可以根据民事诉讼法第二百零六条①、第二百零八条②的规定申请再审。

判决、调解书生效后，当事人将判决、调解书确认的债权转让，债权受让人对该判决、调解书不服申请再审的，人民法院不予受理。

第三百八十二条 当事人对已经发生法律效力的调解书申请再审，应当在调解书发生法律效力后六个月内提出。

◆ **典型案例**

某房地产公司诉钟某、黄某损害公司利益责任纠纷案③

某房地产公司诉钟某、黄某损害公司利益责任纠纷一案，某房地产公司不服最高人民法院（2020）最高法民终772号民事调解书，向最高人民法院申请再审。

最高人民法院经审查认为，本案系当事人对已经发生法律效力的调解书申请再审。当事人对已经发生法律效力的调解书，提出证据证明调解违反自愿原则或者调解协议的内容违反法律的，可以申请再审。本案二审审理过程中，经法院组织调解，各方当事人于2021年2月7日达成调解协议，包括某房地产公司在内的各方当事人均在调解笔录上签字并签收民事调解书且在《送达回证》上签字确认。某房地产公司作为商事主体，理应审慎对待自身各种法律行为。某房地产公司主张调解违反自愿原则，但其提供的《关于提交16份反驳证据及有关情况的说明》等证据不足以证明其主张，某房地产公司关于本案调解违反自愿原则的再审申请理由不能成立。此外，本案调解书约定内容系针对某房地产公司与钟某、黄某及吕某飞损害公司利益责任纠纷案及关联另案钟某与吕某飞、某房地产公司股权转让纠纷案一揽子解决而作出，系各方当事人真实意思表示。至此，钟

---

① 对应2023年《民事诉讼法》第210条。
② 对应2023年《民事诉讼法》第212条。
③ 最高人民法院（2021）最高法民申6346号民事判决书。

某和黄某、某房地产公司、吕某飞各方之间所有债权、债务和其他争议全部一次性了结，包括但不限于 2008 年 6 月 21 日《分割协议》以及股东出资及股权转让、资产处置等，三方当事人均确认再无争议，调解协议内容不违反法律和行政法规的强制性规定。

第二百一十三条　【离婚判决、调解不得再审】当事人对已经发生法律效力的解除婚姻关系的判决、调解书，不得申请再审。

◆ **适用指引**

本条是关于解除婚姻关系的裁判文书不得申请再审的规定。解除婚姻关系不仅有民事判决书，还有民事调解书。离婚调解书是人民法院经过调解，双方基于离婚达成协议而制作、记载调解结果、具有约束力、可以申请强制执行的法律文书。婚姻关系属于人身关系，无论是判决还是调解解除婚姻关系，裁判文书发生法律效力后，任何一方都可以与他人结婚。离婚后，双方当事人自愿恢复夫妻关系的，可以到婚姻登记机关重新进行结婚登记。因此，一方当事人以感情未破裂为由，申请人民法院对离婚判决再审没有意义，若一方当事人离婚后已与他人结婚，允许对解除婚姻关系的生效裁判文书再审，也无意义。一方当事人对离婚判决关于子女抚养内容不服的，也无必要对此予以再审，该部分内容可另行起诉，重新确定子女抚养关系。需要注意的是，当事人可以对解除婚姻关系的裁判文书中涉及财产分割的部分申请再审。司法实践中，除解除婚姻关系的裁判文书外，还有其他关于身份关系的裁判文书，如解除收养关系，涉及身份关系案件，由于涉及伦理问题，一般不得申请再审。

◆ **关联规定**

《最高人民法院关于适用〈中华人民共和国民事诉讼法〉的解释》（2022 年 4 月 1 日）

第三百八十条　当事人就离婚案件中的财产分割问题申请再审，如涉及判决中已分割的财产，人民法院应当依照民事诉讼法第二百零七条[1]的规定进行审查，符合再审条件的，应当裁定再审；如涉及判决中未作处理的夫妻共同财产，

---

[1]　对应 2023 年《民事诉讼法》第 211 条。

应当告知当事人另行起诉。

◆ **典型案例**

董某某诉叶某某离婚纠纷案①

董某某诉叶某某离婚纠纷一案，叶某某不服上海市第一中级人民法院（2017）沪01民终6922号民事判决，向上海市高级人民法院申请再审。

上海市高级人民法院经审查认为，当事人对已经发生法律效力的解除婚姻关系的判决，不得申请再审。本案中，叶某某主张原审法院判决其与董某某离婚不符合婚姻法规定，不符合法律关于申请再审理由的规定，不属于再审审查范围。鉴于双方所生女儿年幼并与董某某共同生活等事实，原审法院从有利于孩子成长的角度判决双方所生女儿随董某某生活，并无不妥。叶某某在本案一审审理中未提及探望权和房屋财产的请求，却在二审审理中主张探望权和房屋财产的请求，二审法院对此不予审理，符合法律规定。

第二百一十四条　【当事人申请再审程序】 当事人申请再审的，应当提交再审申请书等材料。人民法院应当自收到再审申请书之日起五日内将再审申请书副本发送对方当事人。对方当事人应当自收到再审申请书副本之日起十五日内提交书面意见；不提交书面意见的，不影响人民法院审查。人民法院可以要求申请人和对方当事人补充有关材料，询问有关事项。

◆ **适用指引**

1. 当事人作为再审发动主体，提交再审申请书等材料是其启动再审的必要前提条件。当事人申请再审只有以诉状形式提起，才有利于法院对申请再审案件予以处理。再审申请书同起诉状、上诉状性质一样，是当事人主张权利的依据，也是人民法院审查其主张是否成立的基础。再审申请书应当载明：（1）申请再审人与对方当事人的姓名、住所及有效联系方式等基本情况，法人或其他组织的名称、住所和法定代表人或主要负责人的姓名、职务及有效联系方式等基本情况。（2）原审人民法院的名称，原判决、裁定、调解文书案号。（3）申请再审

---

① 上海市高级人民法院（2018）沪民申779号民事裁定书。

的法定情形及具体事实、理由。（4）具体的再审请求。当事人随同再审申请书一并提交的材料至少还应包括原审裁判文书及主要证据材料，如果没有原审裁判文书，就无法确定当事人是否有申请再审权利以及是否属于受案法院管辖等，主要证据材料是否充分直接影响对当事人申请再审事由是否成立的判断。

2. 人民法院有向对方当事人发送再审申请书副本的义务，对方当事人有提交书面意见的权利。作为民事诉讼审判程序，因当事人申请再审启动的审判监督程序也应属于在双方当事人参与下进行的诉讼程序，缺乏一方当事人参与的诉讼程序，不符合诉讼程序的基本特征，也不符合程序要求。本条规定人民法院在收到再审申请书之日起5日内将再审申请书副本发送对方当事人，对"收到再审申请书之日"的规定不能仅从字面理解。当事人提交再审申请后，需要对其形式审查，没有立案受理的，不应计算相关期限。因此，本条规定的人民法院收到再审申请书之日，应理解为法院经形式审查认为当事人的再审申请符合受理条件并予以立案受理之日。本条规定将再审申请书副本发送对方当事人，没有规定必须送达。相比一、二审程序，当事人申请再审并不直接形成法院对原诉的审理并形成双方当事人之间的对抗。当事人申请再审通常距离纠纷发生及原审裁判生效已有一段时间，对对方当事人的变化难以掌握，如果规定必须在审查阶段将再审申请书副本送达对方当事人，则在无法通过通常送达方式送达的情形下，必须公告送达，拖延人民法院对当事人再审申请的审查。法院审查当事人申请再审事由是否成立，主要通过对当事人申请再审书等材料及生效裁判文书，一、二审卷宗材料等进行审查，确定原审裁判是否存在法定程序或实体错误。发送再审申请书副本的目的是使对方当事人知道并选择是否在审查阶段参与其中。如果对方当事人提交书面意见，表达自己的意见，有利于法院在审查中了解案件情况，但没有对方当事人的参与不意味着审查工作无法进行。对方当事人提交的书面意见实质属于答辩意见。本条没有要求对方当事人必须提交书面意见，是否提交书面意见，是对方当事人的权利。

3. 人民法院可以要求申请人和对方当事人补充材料，或者询问有关事项。接受人民法院询问，按照人民法院要求提供有关材料，也是双方当事人的诉讼义务。本条规定的人民法院要求当事人补充材料、询问有关事项，主要发生在人民法院受理当事人再审申请后对其申请事由是否成立进行实质审查阶段，是人民法院进一步了解案件情况依法进行的查证行为。

4. 关于再审申请的审查方式。（1）径行裁定。径行裁定，是指人民法院通过审查当事人或案外人提交的再审申请书及其他材料，对当事人或案外人主张的再审事由明显成立或明显不成立情形下，采取的审查方式。人民法院对再审申请进行审查后，存在两种处理结果：一是裁定再审；二是驳回再审申请。裁定再审是对已经发生法律效力的裁判启动再次审判程序；驳回再审申请则是对再审申请的否定。（2）调卷审查。调卷审查，是指合议庭或承办法官认为仅审查当事人提交的再审申请书等材料难以作出受理再审的裁定或驳回再审申请裁定的情形下应当采用的审查方式。原审卷宗材料是原审裁判的基础材料档案，是原审审判过程及审判程序的最直接反映。通过查阅原审卷宗，可以了解当事人在原审中的诉请、各自提交证据及开庭质证情况以及法院审理程序及认证情况。（3）询问当事人。询问当事人，是指当事人申请再审事由可能存在或者出于进一步了解事实等需要，召集一方或双方当事人了解情况。当事人以新的证据事由申请再审，存在案件事实变化，在此情况下应当询问当事人，以便查清案件事实，作出适当处理。其他事由申请再审的，根据具体情况认为询问申请人或对方当事人利于查清申请再审事由是否成立的，可以采取询问方式审查。

◆ **关联规定**

《最高人民法院关于适用〈中华人民共和国民事诉讼法〉的解释》（2022 年 4 月 1 日）

第三百七十五条 当事人申请再审，应当提交下列材料：

（一）再审申请书，并按照被申请人和原审其他当事人的人数提交副本；

（二）再审申请人是自然人的，应当提交身份证明；再审申请人是法人或者其他组织的，应当提交营业执照、组织机构代码证书、法定代表人或者主要负责人身份证明书。委托他人代为申请的，应当提交授权委托书和代理人身份证明；

（三）原审判决书、裁定书、调解书；

（四）反映案件基本事实的主要证据及其他材料。

前款第二项、第三项、第四项规定的材料可以是与原件核对无异的复印件。

第三百七十六条 再审申请书应当记明下列事项：

（一）再审申请人与被申请人及原审其他当事人的基本信息；

（二）原审人民法院的名称，原审裁判文书案号；

（三）具体的再审请求；

（四）申请再审的法定情形及具体事实、理由。

再审申请书应当明确申请再审的人民法院，并由再审申请人签名、捺印或者盖章。

第三百七十七条　当事人一方人数众多或者当事人双方为公民的案件,当事人分别向原审人民法院和上一级人民法院申请再审且不能协商一致的,由原审人民法院受理。

◆ **典型案例**

某石砖厂诉殷某劳动争议案①

某石砖厂诉殷某劳动争议一案,殷某不服甘肃省平凉市中级人民法院(2021)甘08民终1081号民事判决,向甘肃省高级人民法院申请再审。

甘肃省高级人民法院经审查认为,当事人申请再审,应当在判决、裁定发生法律效力后六个月内提出;有法律规定情形的,自知道或者应当知道之日起六个月内提出。经查,本案二审裁判文书通过邮政专递向殷某诉讼代理人赵某亮送达签收后,殷某提出申请再审请求,再审审查期间,当事人提交的再审申请书存在未签名、捺印等问题。当事人申请再审的,应当提交再审申请书等材料。人民法院应当自收到再审申请书之日起五日内将再审申请书副本发送对方当事人。对方当事人应当自收到再审申请书副本之日起十五日内提交书面意见;不提交书面意见的,不影响人民法院审查。人民法院可以要求申请人和对方当事人补充有关材料,询问有关事项。本案中,甘肃省高级人民法院依法告知再审申请人其申请再审材料存在的瑕疵问题,殷某已对提交的再审申请书存在的问题予以补正,故被申请人所提再审申请书不符合立案审查的答辩理由不能成立。

第二百一十五条　【**再审申请的审查与再审案件的审级**】人民法院应当自收到再审申请书之日起三个月内审查,符合本法规定的,裁定再审;不符合本法规定的,裁定驳回申请。有特殊情况需要延长的,由本院院长批准。

因当事人申请裁定再审的案件由中级人民法院以上的人民法院审理,但当事人依照本法第二百一十条的规定选择向基层人民法院申请再审的除外。最高人民法院、高级人民法院裁定再审的案件,由本院再审或者交其他人民法院再审,也可以交原审人民法院再审。

---

① 甘肃省高级人民法院(2022)甘民申1140号民事裁定书。

◆ **适用指引**

本条是关于再审申请的审查期限、审查终结处理方式以及再审审理法院、审理方式的规定。申请再审的审查期限，是指人民法院受理当事人再审申请后应在多长期间内审查终结。本条规定的人民法院应当自收到再审申请书之日起 3 个月内审查，是指在 3 个月内审查终结，即应自收到当事人再审申请书之日起 3 个月内审查完毕。需要注意的是，收到当事人再审申请应理解为法院对当事人的再审申请经审查符合受理条件并予以立案受理之日。当事人提交再审申请后，法院需要进行必要的形式审查，符合受理条件才立案受理，没有立案受理，则不存在计算审查期限的问题。特殊情形下，由院长批准可以延长审查期限。

对当事人的再审申请进行审查是审判监督程序的一个阶段，与再审审理程序相互独立，目的是审查当事人的申请再审事由是否成立，原裁判是否存在法定必须再审情形。对当事人申请再审经审查后作出的再审或驳回申请的决定，均属于阶段性的程序性裁决，用裁定方式才能体现其应具有的裁判特征和效力。本条第 2 款确立了两个基本规则：一是上级人民法院将其管辖的申请再审案件交其他人民法院或原审人民法院审理的前提必须是案件已经审查终结并作出再审裁定，即上级人民法院必须完成审查程序认为当事人申请再审事由成立并依法作出再审裁定。未经其作出裁定，不能将案件交其他人民法院或原审人民法院审理。上级人民法院必须在启动再审审理程序后，才有权将案件再审审理交其他人民法院或原审人民法院，其他人民法院或原审人民法院基于上级人民法院指定或指令其再审的裁定，直接对案件进行审理并作出裁判。二是因当事人申请而裁定再审的案件由中级人民法院以上的人民法院审理，但当事人选择向基层人民法院申请再审的除外。

◆ **关联规定**

《最高人民法院关于适用〈中华人民共和国民事诉讼法〉的解释》（2022 年 4 月 1 日）

第一百二十九条 对申请再审案件，人民法院应当自受理之日起三个月内审查完毕，但公告期间、当事人和解期间等不计入审查期限。有特殊情况需要延长的，由本院院长批准。

第三百八十条 当事人就离婚案件中的财产分割问题申请再审，如涉及判决中已分割的财产，人民法院应当依照民事诉讼法第二百零七条①的规定进行审

---

① 对应 2023 年《民事诉讼法》第 211 条。

查，符合再审条件的，应当裁定再审；如涉及判决中未作处理的夫妻共同财产，应当告知当事人另行起诉。

第三百八十一条 当事人申请再审，有下列情形之一的，人民法院不予受理：

（一）再审申请被驳回后再次提出申请的；

（二）对再审判决、裁定提出申请的；

（三）在人民检察院对当事人的申请作出不予提出再审检察建议或者抗诉决定后又提出申请的。

前款第一项、第二项规定情形，人民法院应当告知当事人可以向人民检察院申请再审检察建议或者抗诉，但因人民检察院提出再审检察建议或者抗诉而再审作出的判决、裁定除外。

第三百八十三条 人民法院应当自收到符合条件的再审申请书等材料之日起五日内向再审申请人发送受理通知书，并向被申请人及原审其他当事人发送应诉通知书、再审申请书副本等材料。

第三百八十四条 人民法院受理申请再审案件后，应当依照民事诉讼法第二百零七条、第二百零八条[1]、第二百一十一条[2]等规定，对当事人主张的再审事由进行审查。

第三百九十三条 当事人主张的再审事由成立，且符合民事诉讼法和本解释规定的申请再审条件的，人民法院应当裁定再审。

当事人主张的再审事由不成立，或者当事人申请再审超过法定申请再审期限、超出法定再审事由范围等不符合民事诉讼法和本解释规定的申请再审条件的，人民法院应当裁定驳回再审申请。

第三百九十五条 人民法院根据审查案件的需要决定是否询问当事人。新的证据可能推翻原判决、裁定的，人民法院应当询问当事人。

第三百九十六条 审查再审申请期间，被申请人及原审其他当事人依法提出再审申请的，人民法院应当将其列为再审申请人，对其再审事由一并审查，审查期限重新计算。经审查，其中一方再审申请人主张的再审事由成立的，应当裁定再审。各方再审申请人主张的再审事由均不成立的，一并裁定驳回再审申请。

第三百九十七条 审查再审申请期间，再审申请人申请人民法院委托鉴定、勘验的，人民法院不予准许。

第三百九十八条 审查再审申请期间，再审申请人撤回再审申请的，是否准

---

[1] 对应 2023 年《民事诉讼法》第 212 条。

[2] 对应 2023 年《民事诉讼法》第 215 条。

许，由人民法院裁定。

再审申请人经传票传唤，无正当理由拒不接受询问的，可以按撤回再审申请处理。

第三百九十九条 人民法院准许撤回再审申请或者按撤回再审申请处理后，再审申请人再次申请再审的，不予受理，但有民事诉讼法第二百零七条第一项、第三项、第十二项、第十三项规定情形，自知道或者应当知道之日起六个月内提出的除外。

第四百条 再审申请审查期间，有下列情形之一的，裁定终结审查：

（一）再审申请人死亡或者终止，无权利义务承继者或者权利义务承继者声明放弃再审申请的；

（二）在给付之诉中，负有给付义务的被申请人死亡或者终止，无可供执行的财产，也没有应当承担义务的人的；

（三）当事人达成和解协议且已履行完毕的，但当事人在和解协议中声明不放弃申请再审权利的除外；

（四）他人未经授权以当事人名义申请再审的；

（五）原审或者上一级人民法院已经裁定再审的；

（六）有本解释第三百八十一条第一款规定情形的。

第五百三十七条 人民法院对涉外民事案件的当事人申请再审进行审查的期间，不受民事诉讼法第二百一十一条规定的限制。

《最高人民法院关于人民法院办理财产保全案件若干问题的规定》（2020 年 12 月 29 日）

第十九条 再审审查期间，债务人申请保全生效法律文书确定给付的财产的，人民法院不予受理。

再审审理期间，原生效法律文书中止执行，当事人申请财产保全的，人民法院应当受理。

◆ **典型案例**

某科技学院与某教育发展公司执行监督案①

某教育发展公司与某科技学院合作办学合同纠纷案，经北京仲裁委员会审理，于 2004 年 7 月 29 日作出（2004）京仲裁字第 0492 号裁决书，某教育发展

---

① 最高人民法院（2017）最高法执监 344 号执行裁定书。

公司依据 0492 号裁决书申请执行，三河法院立案执行。2005 年 12 月 8 日，双方签订《某教育发展公司申请执行某科技学院撤出校园和解执行协议》（以下简称《协议》）。协议签订后，执行法院委托华信资产评估公司对某教育发展公司位于燕郊开发区地块及地面附属物进行价值评估，评估报告送达当事人后某教育发展公司对评估报告提出异议，此后在执行法院的主持下，双方多次进行磋商，一直未能就如何履行上述和解协议达成一致。双方当事人分别对本案在执行过程中所达成的和解协议的效力问题，向三河法院提出书面意见。三河法院于 2016 年 5 月 30 日作出（2005）三执字第 445 号执行裁定，某教育发展公司不服该裁定，向廊坊中院申请复议。廊坊中院作出（2016）冀 10 执复 46 号执行裁定，撤销三河法院（2005）三执字第 445 号执行裁定。2016 年 8 月 26 日，三河法院作出（2005）三执字第 445 号之一执行裁定，裁定：（1）申请执行人某教育发展公司与被执行人某科技学院于 2005 年 12 月 8 日达成的和解协议有效。（2）申请执行人某教育发展公司与被执行人某科技学院在校园内的资产应按双方于 2005 年 12 月 8 日达成的和解协议约定的方式处置。某教育发展公司不服三河法院（2005）三执字第 445 号之一执行裁定及廊坊中院（2016）冀 10 执复 46 号执行裁定，向河北高院提起执行申诉。某科技学院不服河北省高级人民法院（2017）冀执监 130 号执行裁定，提出申诉。

法院经审查认为，本案的争议焦点是：本案应否继续执行 0492 号裁决书。

第一，本案和解执行协议并不构成民法理论上的债的更改。所谓债的更改，即设定新债务以代替旧债务，并使旧债务归于消灭的民事法律行为。构成债的更改，应当以当事人之间有明确的以新债务的成立完全取代并消灭旧债务的意思表示。但在本案中，某科技学院与某教育发展公司并未约定《协议》成立后 0492 号裁决书中的裁决内容即告消灭，而是明确约定双方当事人达成执行和解的目的，是履行 0492 号裁决书。该种约定实质上只是以成立新债务作为履行旧债务的手段，新债务未得到履行的，旧债务并不消灭。因此，本案和解协议并不构成债的更改。而按照一般执行和解与原执行依据之间关系的处理原则，只有通过和解协议的完全履行，才能使原生效法律文书确定的债权债务关系得以消灭，执行程序得以终结。若和解协议约定的权利义务得不到履行，则原生效法律文书确定的债权仍然不能消灭。申请执行人仍然得申请继续执行原生效法律文书。从本案的和解执行协议履行情况来看，该协议中关于资产处置部分的约定，由于未能得以完全履行，故其并未使原生效法律文书确定的债权债务关系得以消灭，即某科技学院撤出燕郊校园这一裁决内容仍需执行。某科技学院主张和解执行协议中的资产处置方案是对 0492 号裁决书中撤出校园一项的有效更改的申诉理由理据不足，不能成立。

第二，涉案和解协议的部分内容缺乏最终确定性，导致无法确定该协议的给付内容及违约责任承担，客观上已无法继续履行。在执行程序中，双方当事人达成的执行和解，具有合同的性质。由于合同是当事人享有权利承担义务的依据，这就要求权利义务的具体给付内容必须是确定的。本案和解执行协议约定了 0492 号裁决书未涵盖的双方资产处置的内容，同时，协议未约定双方如不能缔结特定的某一买卖法律关系，则应由何方承担违约责任之内容。整体来看，涉案和解协议客观上已经不能履行。某科技学院将该和解协议理解为有强制执行效力的协议，并认为法院在执行中应当按照和解协议的约定落实，属于对法律的误解。

鉴于本案和解协议在实际履行中陷入僵局，双方各执己见，一直不能达成关于资产收购的一致意见，导致本案长达十几年不能执行完毕。如以存在和解协议约定为由无限期僵持下去，本案继续长期不能了结，将严重损害生效裁判文书债权人的合法权益，人民法院无理由无限期等待双方自行落实和解协议，而不采取强制执行措施。

第三，从整个案件进展情况看，双方实际上均未严格按照和解协议约定履行，执行法院也一直是在按照 0492 号裁决书的裁决推进案件执行。一方面，从 2006 年资产评估开始，某教育发展公司即提出异议，要求继续执行，此后虽协商在一定价格基础上由某科技学院收购资产，但双方均未实际履行。并不存在某科技学院所述其一直严格遵守和解协议，某教育发展公司不断违约的情况。此外双方还提出了政府置换地块安置方案等，上述这些内容，实际上均已超出原和解协议约定的内容，改变了原和解协议约定的内容和条件。不能得出和解执行协议一直在被严格履行的结论。另一方面，执行法院在执行过程中，自 2006 年双方在履行涉案和解协议发生分歧时，一直是以 0492 号裁决书为基础，采取各项执行措施，包括多次协调、组织双方调解、说服教育、现场调查、责令某科技学院保管财产、限期迁出等，上级法院亦持续督办此案，要求尽快执行。在执行程序中，执行法院组织双方当事人进行协商、促成双方落实和解协议等，只是实务中的一种工作方式，本质上仍属于对生效裁判的执行，不能被理解为对和解协议的强制执行。某科技学院认为执行法院的上述执行行为不属于执行 0492 号裁决书的申诉理由，没有法律依据且与事实不符。

此外，关于本案属于继续执行还是恢复执行的问题。从程序上看，本案执行过程中，执行法院并未下发中止裁定，中止过对 0492 号裁决书的执行；从案件实际进程上看，根据前述分析和梳理，自双方对和解执行协议履行产生争议后，执行法院实际上也一直没有停止过对 0492 号裁决书的执行。因此，本案并不存在对此前已经中止执行的裁决书恢复执行的问题，而是对执行依据的继续执行，故某科技学院认为本案属于恢复执行而不是继续执行的申诉理由理据不足，河北省高级人民法院（2017）冀执监 130 号裁定认定本案争议焦点是对 0492 号裁决书是否继续执行，与本案事实相符，并无不当。

第四，和解执行协议中约定的原执行依据未涉及的内容，以及履行过程中产生争议的部分，相关当事人可以通过另行诉讼等其他程序解决。从履行执行依据内容出发，本案明确执行内容即为某科技学院撤出燕郊校园，而不在本案执行依据所包含的争议及纠纷，双方当事人可通过另行诉讼等其他法律途径解决。

130 号裁定适用法律正确，但关于仲裁费执行部分不当，应予纠正。参照《中华人民共和国民事诉讼法》第二百零四条、依照《最高人民法院关于人民法院执行工作若干问题的规定（试行）》第一百二十九条之规定，裁定：一、维持河北省高级人民法院（2017）冀执监 130 号执行裁定第一项、第三项；二、变更河北省高级人民法院（2017）冀执监 130 号执行裁定第二项为继续执行北京仲裁委员会作出的（2004）京仲裁字第 0492 号裁决书中的第三项内容，即"被申请人某科技学院撤出燕郊校园"；三、驳回某科技学院的其他申诉请求。

第二百一十六条 【当事人申请再审期限】 当事人申请再审，应当在判决、裁定发生法律效力后六个月内提出；有本法第二百一十一条第一项、第三项、第十二项、第十三项规定情形的，自知道或者应当知道之日起六个月内提出。

◆ **适用指引**

本条是关于当事人申请再审期限的规定。一般情形下，当事人申请再审期限为裁判生效之日起 6 个月，有新的证据足以推翻原判决、裁定的；原判决、裁定认定事实的主要证据是伪造的；据以作出原判决、裁定的法律文书被撤销或者变更的；审判人员审理该案件时有贪污受贿，徇私舞弊，枉法裁判行为的。前述四类特定情形下，自知道或者应当知道之日起 6 个月内提出。当事人超出法定申请再审期限申请再审的，可径行裁定驳回。

◆ **典型案例**

某建设工程公司诉某公路服务中心建设工程施工合同纠纷案①

芜湖市人民政府第一招标采购代理处向某建设工程公司发出《中标通知书》，确认某建设工程公司为 G205 芜湖市区段改造示范工程中标单位，某公路服务中心与某建设工程公司签订《合同协议书》，《中标通知书》《授权委托书》《合同协议书》共同构成《G205 芜湖市区段改造示范工程合同文件》。后因合同履行产生纠纷，某建设工程公司向安徽省高级人民法院提起诉讼，请求：（1）确认某建设工程公司与某公路服务中心解除建设工程施工合同的效力。（2）某公路服务中心支付所欠工程款及逾期付款利息。某公路服务中心不服安徽省高级人民法院（2019）皖民再173号民事判决，向最高人民法院提起上诉。

最高人民法院经审查认为，被申请人及原审其他当事人在庭审辩论结束前提出的再审请求，符合《中华人民共和国民事诉讼法》第二百一十二条规定的，人民法院应当一并审理。当事人申请再审，应当在判决、裁定发生法律效力后六个月内提出；有民事诉讼法第二百零七条第一项、第三项、第十二项、第十三项规定情形的，自知道或者应当知道之日起六个月内提出。本案中，某建设工程公司的起诉请求包含要求某公路服务中心支付逾期付款利息的请求，原审判决对该项请求未予支持。某建设工程公司既未就原审判决提出上诉，也未申请再审。某公路服务中心申请再审未提出逾期付款利息的请求，直至本案进入再审审理程序、再审一审庭审结束后，某建设工程公司在向法院提交的书面辩论及代理意见中才提出要求某公路服务中心支付逾期付款利息的主张，此时已超过法定申请再审期限。人民法院审理再审案件应当围绕再审请求进行，故某建设工程公司要求某公路服务中心支付逾期付款利息的请求，不应纳入本案再审审理范围，再审判决改判某公路服务中心向某建设工程公司支付逾期付款利息，超出再审审理范围，应予纠正。

第二百一十七条　【中止执行及例外】 按照审判监督程序决定再审的案件，裁定中止原判决、裁定、调解书的执行，但追索赡养费、扶养费、抚养费、抚恤金、医疗费用、劳动报酬等案件，可以不中止执行。

---

① 最高人民法院（2022）最高法民终1号民事判决书。

◆ 适用指引

本条是关于再审案件中止原判决、裁定、调解书执行和例外情形的规定。进入再审程序的案件，原则上中止原判决、裁定、调解书的执行程序，待再审判决生效后依当事人申请启动执行程序。否则一旦再审改判，可能涉及执行回转，不仅导致司法资源浪费，还可能因执行款无法追回而损害当事人的合法权益。但对追索赡养费、扶养费、抚养费、抚恤金、医疗费用、劳动报酬等涉及基本生存权利的案件，人民法院可以根据实际情况决定是否中止原裁判的执行。

当事人拒不履行生效裁判文书和调解书确定的义务，对方当事人可以申请人民法院强制执行。审判监督程序是人民法院对已发生法律效力的判决、裁定、调解书在具有法律规定的再审事由时，依法定程序对原审案件再次进行审理并作出裁判的特别救济程序。再审一经启动，相关案件裁判结果可能改变，对原审裁判文书或者调解书的执行内容亦可能发生变化，如果不中止执行，既可能因执行回转而浪费司法资源，也可能因执行款无法追回而损害当事人合法权益。因此，进入再审的案件原则上中止原判决、裁定、调解书执行。对已发生法律效力的判决、裁定、调解书依法决定再审，需要中止执行的，应在再审裁定中同时写明中止原判决、裁定、调解书执行；情况紧急的，可将中止执行裁定口头通知负责执行的人民法院并在通知后 10 日内发出裁定书。

追索赡养费、扶养费、抚养费、抚恤金、医疗费用、劳动报酬等案件所涉执行款项一般较为紧急且涉及当事人的基本生存权利，停止执行可能给当事人的生活或者医疗救治等带来较大影响。因此，《民事诉讼法》对前述类型民事诉讼案件规定了先予执行制度。本条规定适用的案件类型与先予执行制度适用的案件类型基本一致，体现的法律精神亦一致。人民法院决定是否中止原判决、裁定、调解书的执行，主要考虑两方面的因素，一是再审改判的可能性；二是停止执行对当事人基本生活和医疗救治等方面造成的影响程度。

◆ 关联规定

《最高人民法院关于适用〈中华人民共和国民事诉讼法〉的解释》（2022 年 4 月 1 日）

第三百九十四条　人民法院对已经发生法律效力的判决、裁定、调解书依法决定再审，依照民事诉讼法第二百一十三条①规定，需要中止执行的，应当在再

---

①　对应 2023 年《民事诉讼法》第 217 条。

审裁定中同时写明中止原判决、裁定、调解书的执行；情况紧急的，可以将中止执行裁定口头通知负责执行的人民法院，并在通知后十日内发出裁定书。

第二百一十八条 【再审审理程序】人民法院按照审判监督程序再审的案件，发生法律效力的判决、裁定是由第一审法院作出的，按照第一审程序审理，所作的判决、裁定，当事人可以上诉；发生法律效力的判决、裁定是由第二审法院作出的，按照第二审程序审理，所作的判决、裁定，是发生法律效力的判决、裁定；上级人民法院按照审判监督程序提审的，按照第二审程序审理，所作的判决、裁定是发生法律效力的判决、裁定。

人民法院审理再审案件，应当另行组成合议庭。

◆ **适用指引**

本条是关于再审案件适用程序以及再审裁判效力的规定。民事诉讼法未单独规定再审案件审理程序，应根据不同情况分别适用一审或者二审程序。另行组成合议庭，是指原审法院决定再审案件或者受上级法院指令再审本院案件时，原审合议庭成员不得参与再审案件审理。需要说明的是，"另行组成合议庭"的规定不适用于再审审查合议庭与再审审理合议庭之间。无论是当事人申请再审，检察机关提起抗诉和检察建议，还是人民法院依职权再审，均需组成合议庭审查确定是否符合再审情形，符合再审情形的，裁定再审后进入再审程序审理。再审审查和再审审理是审判监督程序的两个阶段，在审判监督程序中相对独立，但不属于两个独立的审判程序，是否由同一合议庭进行审查和再审，法律及司法解释未予限制。根据本条规定，再审案件的适用程序主要包括以下情况：

1. 人民法院依职权决定再审的案件。（1）人民法院对本院作出的已发生法律效力的判决、裁定、调解书决定再审的，如果原生效判决、裁定、调解书是由第一审法院作出的，再审适用第一审程序进行审理；如果原生效判决、裁定、调解书是由第二审法院作出的，适用第二审程序审理。原审按照简易程序审理的案件，再审应适用第一审普通程序审理。（2）上级法院对下级法院作出的已发生法律效力的判决、裁定、调解书决定再审并提审的，按照第二审程序审理。（3）上级法院对下级法院作出的已发生法律效力的判决、裁定、调解书决定再审并指令下级法院再审的，如果原生效判决、裁定、调解书是由第一审法院作出的，再审适用第一审程序进行审理；如果原生效判决、裁定、调解书是由第二审法院作出的，再审适用第二审程序审理。

2. 人民法院依当事人申请再审决定再审的案件。（1）上级法院依当事人申请对已发生法律效力的判决、裁定、调解书决定再审并提审的，适用第二审程序审理。（2）上级法院依当事人申请对已发生法律效力的判决、裁定、调解书决定再审并指令下级法院再审的，如果原生效判决、裁定、调解书是由第一审法院作出的，再审适用第一审程序进行审理；如果原生效判决、裁定、调解书是由第二审法院作出的，适用第二审程序审理。（3）原审法院依当事人申请对已发生法律效力的判决、裁定、调解书决定再审的，如果原生效判决、裁定、调解书是由第一审法院作出的，再审适用第一审程序进行审理；如果原生效判决、裁定、调解书是由第二审法院作出的，适用第二审程序审理。

3. 人民检察院抗诉的案件。（1）接受抗诉的人民法院裁定再审并提审案件的，因抗诉系向作出生效判决、裁定、调解书的人民法院的上级法院提出，故再审适用第二审程序审理。（2）接受抗诉的人民法院裁定再审并指令下级法院再审的，如果原生效判决、裁定、调解书是由第一审法院作出的，再审适用第一审程序进行审理；如果原生效判决、裁定、调解书是由第二审法院作出的，适用第二审程序审理。

4. 根据再审检察建议决定再审的案件。人民检察院向作出原生效判决、裁定、调解书的人民法院提出再审检察建议，该人民法院经审查决定再审，如果原生效判决、裁定、调解书是由第一审法院作出的，再审适用第一审程序进行审理；如果原生效判决、裁定、调解书是由第二审法院作出的，适用第二审程序审理。

再审案件按照第一审程序审理的，所作出的判决、裁定，尚未发生法律效力，当事人可以提出上诉；按照第二审程序审理的，所作出的判决、裁定是发生法律效力的判决、裁定，当事人不得提出上诉。

◆ **关联规定**

《最高人民法院关于适用〈中华人民共和国民事诉讼法〉的解释》（2022 年 4 月 1 日）

第一百二十八条 再审案件按照第一审程序或者第二审程序审理的，适用民事诉讼法第一百五十二条、第一百八十三条规定的审限。审限自再审立案的次日起算。

第三百三十八条 第二审人民法院宣告判决可以自行宣判，也可以委托原审人民法院或者当事人所在地人民法院代行宣判。

第四百零一条 人民法院审理再审案件应当组成合议庭开庭审理，但按照第二审程序审理，有特殊情况或者双方当事人已经通过其他方式充分表达意见，且书面同意不开庭审理的除外。

符合缺席判决条件的，可以缺席判决。

第四百零二条 人民法院开庭审理再审案件，应当按照下列情形分别进行：

（一）因当事人申请再审的，先由再审申请人陈述再审请求及理由，后由被申请人答辩、其他原审当事人发表意见；

（二）因抗诉再审的，先由抗诉机关宣读抗诉书，再由申请抗诉的当事人陈述，后由被申请人答辩、其他原审当事人发表意见；

（三）人民法院依职权再审，有申诉人的，先由申诉人陈述再审请求及理由，后由被申诉人答辩、其他原审当事人发表意见；

（四）人民法院依职权再审，没有申诉人的，先由原审原告或者原审上诉人陈述，后由原审其他当事人发表意见。

对前款第一项至第三项规定的情形，人民法院应当要求当事人明确其再审请求。

第四百零三条 人民法院审理再审案件应当围绕再审请求进行。当事人的再审请求超出原审诉讼请求的，不予审理；符合另案诉讼条件的，告知当事人可以另行起诉。

被申请人及原审其他当事人在庭审辩论结束前提出的再审请求，符合民事诉讼法第二百一十二条①规定的，人民法院应当一并审理。

人民法院经再审，发现已经发生法律效力的判决、裁定损害国家利益、社会公共利益、他人合法权益的，应当一并审理。

第四百零四条 再审审理期间，有下列情形之一的，可以裁定终结再审程序：

（一）再审申请人在再审期间撤回再审请求，人民法院准许的；

（二）再审申请人经传票传唤，无正当理由拒不到庭的，或者未经法庭许可中途退庭，按撤回再审请求处理的；

（三）人民检察院撤回抗诉的；

（四）有本解释第四百条第一项至第四项规定情形的。

因人民检察院提出抗诉裁定再审的案件，申请抗诉的当事人有前款规定的情形，且不损害国家利益、社会公共利益或者他人合法权益的，人民法院应当裁定

---

① 对应 2023 年《民事诉讼法》第 216 条。

终结再审程序。

再审程序终结后，人民法院裁定中止执行的原生效判决自动恢复执行。

第四百零五条 人民法院经再审审理认为，原判决、裁定认定事实清楚、适用法律正确的，应予维持；原判决、裁定认定事实、适用法律虽有瑕疵，但裁判结果正确的，应当在再审判决、裁定中纠正瑕疵后予以维持。

原判决、裁定认定事实、适用法律错误，导致裁判结果错误的，应当依法改判、撤销或者变更。

第四百零六条 按照第二审程序再审的案件，人民法院经审理认为不符合民事诉讼法规定的起诉条件或者符合民事诉讼法第一百二十七条规定不予受理情形的，应当裁定撤销一、二审判决，驳回起诉。

第四百零七条 人民法院对调解书裁定再审后，按照下列情形分别处理：

（一）当事人提出的调解违反自愿原则的事由不成立，且调解书的内容不违反法律强制性规定的，裁定驳回再审申请；

（二）人民检察院抗诉或者再审检察建议所主张的损害国家利益、社会公共利益的理由不成立的，裁定终结再审程序。

前款规定情形，人民法院裁定中止执行的调解书需要继续执行的，自动恢复执行。

第四百零八条 一审原告在再审审理程序中申请撤回起诉，经其他当事人同意，且不损害国家利益、社会公共利益、他人合法权益的，人民法院可以准许。裁定准许撤诉的，应当一并撤销原判决。

一审原告在再审审理程序中撤回起诉后重复起诉的，人民法院不予受理。

第四百零九条 当事人提交新的证据致使再审改判，因再审申请人或者申请检察监督当事人的过错未能在原审程序中及时举证，被申请人等当事人请求补偿其增加的交通、住宿、就餐、误工等必要费用的，人民法院应予支持。

第四百一十条 部分当事人到庭并达成调解协议，其他当事人未作出书面表示的，人民法院应当在判决中对该事实作出表述；调解协议内容不违反法律规定，且不损害其他当事人合法权益的，可以在判决主文中予以确认。

第四百二十三条 本解释第三百三十八条规定适用于审判监督程序。

第二百一十九条 **【检察院提出抗诉或者检察建议】**最高人民检察院对各级人民法院已经发生法律效力的判决、裁定，上级人民检察院对下级人民法院已经发生法律效力的判决、裁定，发现有本

法第二百一十一条规定情形之一的，或者发现调解书损害国家利益、社会公共利益的，应当提出抗诉。

地方各级人民检察院对同级人民法院已经发生法律效力的判决、裁定，发现有本法第二百一十一条规定情形之一的，或者发现调解书损害国家利益、社会公共利益的，可以向同级人民法院提出检察建议，并报上级人民检察院备案；也可以提请上级人民检察院向同级人民法院提出抗诉。

各级人民检察院对审判监督程序以外的其他审判程序中审判人员的违法行为，有权向同级人民法院提出检察建议。

◆ **适用指引**

本条是关于人民检察院对生效判决、裁定、调解书以及审判人员违法行为予以监督的规定。人民检察院对人民法院生效判决、裁定、调解书的监督，主要是在人民法院生效判决、裁定存在《民事诉讼法》第 211 条规定情形之一或者调解书损害国家利益、社会公共利益的情形下，通过向作出生效判决、裁定、调解书的上级人民法院提出抗诉（最高人民法院作出的生效判决、裁定、调解书向最高人民法院提出抗诉）或者向作出生效判决、裁定、调解书的人民法院提出再审检察建议的方式进行。人民检察院对审判人员的违法行为通过向同级人民法院提出检察建议的方式进行监督。

人民检察院对人民法院民事诉讼活动的监督不以当事人的申请为前提。人民检察院民事诉讼监督案件来源包括当事人申请监督；当事人以外的自然人、法人和非法人组织控告；除履行公益诉讼检察职责等情形外，在履行职责中发现。人民检察院在履行职责中发现民事案件有损害国家利益或者社会公共利益的；审判、执行人员有贪污受贿，徇私舞弊，枉法裁判等违法行为的；当事人存在虚假诉讼等妨害司法秩序行为的；人民法院作出的已经发生法律效力的民事公益诉讼判决、裁定、调解书确有错误，审判程序中审判人员存在违法行为或者执行活动存在违法情形的；依照有关规定需要人民检察院跟进监督的；具有重大社会影响等确有必要进行监督的情形的，应当依职权启动监督程序。人民检察院对已经发生法律效力的判决以及不予受理、驳回起诉的裁定提出抗诉的，人民法院应予受理，但以下判决、裁定不适用审判监督程序：（1）适用特别程序、督促程序、公示催告程序、破产程序作出的判决、裁定。上述程序均属非讼程序，作出的判决、裁定发生错误，有相应程序予以纠正或者救济，不需要适用审判监督程序予以纠正，人民检察院亦不必对此提出抗诉或者再审检察建议。（2）解除婚姻关系的判决、裁定。（3）不予受理、驳回起诉以外的裁定。人民检察院对已经发生法律效力的判决、裁定、调解书提出抗诉，人民法院经审查符合受理条件的，必然引起再审程序的启动。

有权提出再审检察建议的检察机关是作出已经发生法律效力的判决、裁定、调解书的人民法院的同级人民检察院。地方各级人民检察院对同级人民法院作出的已经发生法律效力的判决、裁定、调解书可以提出检察建议，也可以提请上级人民检察院提出抗诉。人民检察院提出检察建议的程序更加简便，经本院检察委员会讨论通过后向同级人民法院提出检察建议，无须提请上级人民检察院审查，仅向上级人民检察院备案即可。但是，检察建议不必然发生再审法律效果，接受检察建议的人民法院应当组成合议庭，在3个月内进行审查，发现原判决、裁定、调解书确有错误的，裁定再审并通知当事人；经审查决定不予再审的，应当书面回复提出再审检察建议的人民检察院。检察机关对符合法律规定的发生法律效力的判决、裁定、调解书均可以提出再审检察建议或者抗诉，再审检察建议并非抗诉前置程序。提出再审检察建议的检察机关为作出发生法律效力的判决、裁定、调解书的人民法院的同级人民检察院，提出抗诉的检察机关为作出发生法律效力的判决、裁定、调解书的人民法院的上级人民检察院。

本条第3款规定各级人民检察院对审判程序中审判人员的违法行为有权通过向同级人民法院提出检察建议的方式进行监督。此处的审判程序包括第一审普通程序、简易程序、第二审程序、特别程序、审判监督程序、督促程序、公示催告程序、海事诉讼特别程序、破产程序。审判人员不仅包括依法享有审判权的法官和人民陪审员，也包括作为司法辅助人员的法官助理、书记员。

◆ **关联规定**

《最高人民法院关于适用〈中华人民共和国民事诉讼法〉的解释》（2022年4月1日）

第四百一十一条 人民检察院依法对损害国家利益、社会公共利益的发生法律效力的判决、裁定、调解书提出抗诉，或者经人民检察院检察委员会讨论决定提出再审检察建议的，人民法院应予受理。

第四百一十二条 人民检察院对已经发生法律效力的判决以及不予受理、驳回起诉的裁定依法提出抗诉的，人民法院应予受理，但适用特别程序、督促程序、公示催告程序、破产程序以及解除婚姻关系的判决、裁定等不适用审判监督程序的判决、裁定除外。

第二百二十条　【当事人申请检察建议或者抗诉】 有下列情形之一的，当事人可以向人民检察院申请检察建议或者抗诉：

（一）人民法院驳回再审申请的；

（二）人民法院逾期未对再审申请作出裁定的；

（三）再审判决、裁定有明显错误的。

人民检察院对当事人的申请应当在三个月内进行审查，作出提出或者不予提出检察建议或者抗诉的决定。当事人不得再次向人民检察院申请检察建议或者抗诉。

◆ 适用指引

本条是关于当事人向人民检察院申请检察建议或者抗诉的规定。根据本条第1款的规定，当事人认为已经发生法律效力的判决、裁定、调解书有错误的，应先向人民法院申请再审，人民法院驳回再审申请或者逾期未对再审申请作出裁定的，才可向人民检察院申请监督，人民检察院受理后，当事人不得再次申请监督。由于再审判决、裁定已通过审判监督程序予以救济，故对其申请检察监督的标准应有所提高，只有存在明显错误的再审判决、裁定才可向人民检察院申请监督。

人民检察院应当在受理当事人申请后3个月内作出是否提出再审检察建议或者抗诉的决定。人民检察院决定提出再审检察建议，应当制作《再审检察建议书》，在决定提出再审检察建议之日起15日内将《再审检察建议书》连同案件卷宗移送同级人民法院并将《再审检察建议书》报上一级人民检察院备案；人民检察院决定提请抗诉，应当制作《提请抗诉报告书》，在决定提请抗诉之日起15日内将《提请抗诉报告书》连同案件卷宗报送上一级人民检察院并制作决定提请抗诉的《通知书》发送当事人。人民检察院认为当事人的申请不符合提出再审检察建议或者提请抗诉条件的，应当作出不支持监督申请的决定并在决定之日起15日内制作《不支持监督申请决定书》发送当事人。

◆ **关联规定**

《最高人民法院关于适用〈中华人民共和国民事诉讼法〉的解释》（2022 年 4 月 1 日）

第四百一十三条　人民检察院依照民事诉讼法第二百一十六条①第一款第三项规定对有明显错误的再审判决、裁定提出抗诉或者再审检察建议的，人民法院应予受理。

第四百一十四条　地方各级人民检察院依当事人的申请对生效判决、裁定向同级人民法院提出再审检察建议，符合下列条件的，应予受理：

（一）再审检察建议书和原审当事人申请书及相关证据材料已经提交；

（二）建议再审的对象为依照民事诉讼法和本解释规定可以进行再审的判决、裁定；

（三）再审检察建议书列明该判决、裁定有民事诉讼法第二百一十五条②第二款规定情形；

（四）符合民事诉讼法第二百一十六条第一款第一项、第二项规定情形；

（五）再审检察建议经该人民检察院检察委员会讨论决定。

不符合前款规定的，人民法院可以建议人民检察院予以补正或者撤回；不予补正或者撤回的，应当函告人民检察院不予受理。

第四百一十五条　人民检察院依当事人的申请对生效判决、裁定提出抗诉，符合下列条件的，人民法院应当在三十日内裁定再审：

（一）抗诉书和原审当事人申请书及相关证据材料已经提交；

（二）抗诉对象为依照民事诉讼法和本解释规定可以进行再审的判决、裁定；

（三）抗诉书列明该判决、裁定有民事诉讼法第二百一十五条第一款规定情形；

（四）符合民事诉讼法第二百一十六条第一款第一项、第二项规定情形。

不符合前款规定的，人民法院可以建议人民检察院予以补正或者撤回；不予补正或者撤回的，人民法院可以裁定不予受理。

第四百一十六条　当事人的再审申请被上级人民法院裁定驳回后，人民检察院对原判决、裁定、调解书提出抗诉，抗诉事由符合民事诉讼法第二百零七条③第

---

①　对应 2023 年《民事诉讼法》第 220 条。
②　对应 2023 年《民事诉讼法》第 219 条。
③　对应 2023 年《民事诉讼法》第 211 条。

一项至第五项规定情形之一的，受理抗诉的人民法院可以交由下一级人民法院再审。

◆ **典型案例**

S建设公司诉H建设公司、S建设公司通榆分公司、邹某才建设工程施工合同纠纷案①

S建设公司诉H建设公司、S建设公司通榆分公司、邹某才建设工程施工合同纠纷一案，H建设公司不服吉林省高级人民法院（2018）吉民终218号民事判决，向最高人民法院申请再审。

最高人民法院经审查认为，当事人申请再审，有下列情形之一的，人民法院不予受理：（1）再审申请被驳回后再次提出申请的；（2）对再审判决、裁定提出申请的；（3）在人民检察院对当事人的申请作出不予提出再审检察建议或者抗诉决定后又提出申请的。前款第一项、第二项规定情形，人民法院应当告知当事人可以向人民检察院申请再审检察建议或者抗诉，但因人民检察院提出再审检察建议或者抗诉而作出的判决、裁定除外。本案中，吉林省白山市中级人民法院作出的（2016）吉08民再34号民事判决系通过审判监督程序形成的再审一审判决，H建设公司不服该一审判决向吉林省高级人民法院提起上诉，吉林省高级人民法院作出的（2018）吉民终218号民事判决，系再审二审判决。因此，H建设公司不服该再审二审判决，可以依法向人民检察院申请检察建议或者抗诉，但不能再行向人民法院申请再审。

第二百二十一条　【检察院的调查权】人民检察院因履行法律监督职责提出检察建议或者抗诉的需要，可以向当事人或者案外人调查核实有关情况。

◆ **适用指引**

本条是关于人民检察院审查案件行使调查权的规定。人民检察院履行法律监督职责过程中，如果需要查明有关事实，可以行使调查权。人民检察院因履行法律监督职责的需要，有下列情形之一的，可以向当事人或者案外人调查核实有关

---

① 最高人民法院（2019）最高法民申1420号民事裁定书。

情况：（1）民事判决、裁定、调解书可能存在法律规定需要监督的情形，仅通过阅卷及审查现有材料难以认定的。（2）民事审判程序中审判人员可能存在违法行为的。（3）民事执行活动可能存在违法情形的。（4）其他需要调查核实的情形。

人民检察院调查核实的具体措施包括以下内容：（1）查询、调取、复制相关证据材料。（2）询问当事人或者案外人。（3）咨询专业人员、相关部门或者行业协会等对专门问题的意见。（4）委托鉴定、评估、审计。（5）勘验物证、现场。（6）查明案件事实所需要采取的其他措施。

◆ **关联规定**

《人民检察院民事诉讼监督规则》（2021 年 6 月 26 日）

第六十二条 人民检察院因履行法律监督职责的需要，有下列情形之一的，可以向当事人或者案外人调查核实有关情况：

（一）民事判决、裁定、调解书可能存在法律规定需要监督的情形，仅通过阅卷及审查现有材料难以认定的；

（二）民事审判程序中审判人员可能存在违法行为的；

（三）民事执行活动可能存在违法情形的；

（四）其他需要调查核实的情形。

第六十三条 人民检察院可以采取以下调查核实措施：

（一）查询、调取、复制相关证据材料；

（二）询问当事人或者案外人；

（三）咨询专业人员、相关部门或者行业协会等对专门问题的意见；

（四）委托鉴定、评估、审计；

（五）勘验物证、现场；

（六）查明案件事实所需要采取的其他措施。

人民检察院调查核实，不得采取限制人身自由和查封、扣押、冻结财产等强制性措施。

◆ **典型案例**

邱某坚诉某粮食局买卖合同纠纷案①

邱某坚诉某粮食局买卖合同纠纷一案，邱某坚向临高县人民法院提起诉讼，

---

① 最高人民法院（2015）民抗字第 37 号之二民事裁定书。

请求：（1）确认其与某粮食局买卖某粮所资产的合同成立且有效。（2）将某粮所资产即土地使用权及房屋过户至其名下。后，某粮食局不服海南省高级人民法院（2014）琼民提字第 4 号民事判决，向检察机关申诉。最高人民检察院作出高检民监（2014）228 号民事抗诉书，提出抗诉，最高人民法院接收最高人民检察院的抗诉并依法作出（2015）民抗字第 37 号民事裁定书，裁定提审本案。审查期间，某粮食局与邱某坚签订《协议书》约定，（2014）琼民提字第 4 号民事判决的某粮所资产 15 603.14 平方米土地使用权及 3631 平方米房屋依法过户至邱某坚名下。

最高人民法院经审查认为，人民检察院提出抗诉的案件，当事人达成和解协议并已履行完毕，且不损害国家利益、社会公共利益或者他人合法权益的，除当事人在和解协议中声明不放弃申请再审救济的外，人民法院应当裁定终结再审程序。本案中，最高人民法院接收最高人民检察院的抗诉后，审查期间，某粮食局与邱某坚为履行原审判决达成《协议书》，某粮食局自愿同意履行原审判决确定的义务。根据双方当事人的确认，原审判决确定的义务以及《协议书》均已履行完毕。另，某粮食局未在《协议书》中声明不放弃申请再审救济的权利且《协议书》不损害国家利益、社会公共利益以及他人合法权益。

第二百二十二条 **【抗诉案件的审理】**人民检察院提出抗诉的案件，接受抗诉的人民法院应当自收到抗诉书之日起三十日内作出再审的裁定；有本法第二百一十一条第一项至第五项规定情形之一的，可以交下一级人民法院再审，但经该下一级人民法院再审的除外。

◆ **适用指引**

本条是关于人民检察院抗诉法律效果及再审法院的规定。人民检察院对已经发生法律效力的判决、裁定、调解书提出抗诉，必然引起再审程序的启动。人民法院对受理的抗诉案件仅作形式审查，抗诉理由是否成立，则是进入再审程序后，人民法院作出再审判决或者裁定时再予确定。再审检察建议和当事人的再审申请不必然导致再审程序的启动，启动再审还需要人民法院审查是否符合再审事由，如果原判决、裁定、调解书确有错误，依法裁定再审。

人民法院应当自收到抗诉书之日起 30 日内作出再审裁定。人民检察院抗诉必然引起再审程序启动，人民法院仅就是否符合受理抗诉条件进行形式审查，故本条对人民法院作出再审裁定的期限作出较短规定且没有期限延长的例外规定。根据本条规定，审理抗诉案件的法院原则上为接受抗诉的法院。除对最高人民法院已发生法律效力的判决、裁定、调解书提出抗诉外，接受抗诉的人民法院均为作出原审判决、裁定、调解书的上一级人民法院，即审理抗诉案件的法院一般为作出原审判决、裁定、调解书的上一级人民法院，但涉及《民事诉讼法》第211条第1项至第5项情形之一的，可以指令下一级人民法院再审，但经该下一级人民法院再审的除外。需要说明的是，如果人民检察院提起抗诉的理由既包括《民事诉讼法》第211条第1项至第5项规定的情形，又包括第6项至第13项情形的，受理抗诉的人民法院可以根据案件具体情况决定提审或者指令下一级人民法院再审。

人民法院对人民检察院提出抗诉的案件，应当组成合议庭围绕抗诉主体、抗诉对象、抗诉事由等进行审查。符合以下条件的依当事人申请提起抗诉案件，人民法院应予受理：（1）抗诉书和原审当事人申请书及相关证据材料已经提交且抗诉书列明该判决、裁定有《民事诉讼法》第219条第1款规定情形。（2）抗诉对象为依照《民事诉讼法》《最高人民法院关于适用〈中华人民共和国民事诉讼法〉的解释》规定可以进行再审的判决、裁定，包括已经发生法律效力的判决以及不予受理、驳回起诉的裁定，不包括适用特别程序、督促程序、公示催告程序、破产程序以及解除婚姻关系的判决、裁定等不适用审判监督程序的判决、裁定。（3）当事人提出的再审申请被人民法院驳回或者人民法院逾期未对其再审申请作出裁定。不符合前述规定的，人民法院可以建议人民检察院补正或者撤回；不予补正或者撤回的，人民法院可以裁定不予受理。

◆ **关联规定**

《最高人民法院关于适用〈中华人民共和国民事诉讼法〉的解释》（2022年4月1日）

第四百一十七条 人民法院收到再审检察建议后，应当组成合议庭，在三个月内进行审查，发现原判决、裁定、调解书确有错误，需要再审的，依照民事诉讼法第二百零五条[①]规定裁定再审，并通知当事人；经审查，决定不予再审的，应当书面回复人民检察院。

第四百一十八条 人民法院审理因人民检察院抗诉或者检察建议裁定再审的案件，不受此前已经作出的驳回当事人再审申请裁定的影响。

[①] 对应2023年《民事诉讼法》第209条。

第二百二十三条 【抗诉书】人民检察院决定对人民法院的判决、裁定、调解书提出抗诉的，应当制作抗诉书。

◆ **适用指引**

人民检察院作为国家法律监督机关，提出抗诉必然导致再审程序启动，行使抗诉权应当采用庄重严肃的书面形式，不得采用口头形式。抗诉书是人民检察院提出抗诉的法律文书，主要内容包括：提出抗诉的人民检察院名称；案件来源、原审人民法院名称、案号；原审人民法院查明的基本事实、原审裁判理由及处理结果；人民检察院提出抗诉依据的事实和理由及接受抗诉的人民法院名称等。抗诉书还应当加盖抗诉机关的印章。

第二百二十四条 【检察员出庭】人民检察院提出抗诉的案件，人民法院再审时，应当通知人民检察院派员出席法庭。

◆ **适用指引**

人民检察院提出抗诉，除向人民法院提交抗诉书外，还应派员出席法庭支持抗诉。人民法院再审开庭前，应当通知人民检察院派员出席法庭。出席法庭的检察人员一般为审理抗诉再审案件人民法院的同级人民检察院派出的检察人员。接受抗诉的人民法院将抗诉案件交下级人民法院再审的，提出抗诉的人民检察院可以指令再审人民法院的同级人民检察院派员出庭。人民检察院派员出庭，不代表一方当事人的利益，亦不影响原审当事人的诉讼地位。

检察人员出席再审法庭的任务包括：（1）宣读抗诉书。（2）对人民检察院调查取得的证据予以出示和说明。对检察机关出示的相关材料，如果作为再审案件的证据，双方当事人应在法庭调查阶段进行质证。（3）庭审结束时，经审判长许可，可以发表法律监督意见。法律监督意见是对提出抗诉案件发表的意见，主要是针对原审判决存在的错误和问题提出的意见。（4）对法庭审理中违反诉讼程序的情况予以记录。检察人员发现庭审活动违法的，应当待休庭或者庭审结束之后以人民检察院的名义提出检察建议。另外，出庭检察人员应当全程参加庭审，不得提前退庭。

◆ **关联规定**

《最高人民法院关于适用〈中华人民共和国民事诉讼法〉的解释》（2022 年
4 月 1 日）

第四百一十九条 人民法院开庭审理抗诉案件，应当在开庭三日前通知人民
检察院、当事人和其他诉讼参与人。同级人民检察院或者提出抗诉的人民检察院
应当派员出庭。

人民检察院因履行法律监督职责向当事人或者案外人调查核实的情况，应当
向法庭提交并予以说明，由双方当事人进行质证。

◆ **典型案例**

某建设公司诉某木棉制品公司建设工程施工合同纠纷案①

某建设公司、某木棉制品公司签订《建设工程施工合同》，约定某建设公司
承建某木棉制品公司生产车间工程。后因合同履行产生纠纷，某建设公司向江苏
省连云港市海州区人民法院起诉，请求：某木棉制品公司支付工程款 53 万元及
逾期利息。后，某木棉制品公司不服江苏省连云港市中级人民法院（2016）苏
07 民再 4 号民事判决，向江苏省高级人民法院申请再审。

江苏省高级人民法院经审查认为，人民检察院提出抗诉的案件，人民法院再
审时，应当通知人民检察院派员出席法庭。本案中，江苏省人民检察院对江苏省
连云港市中级人民法院（2010）连民终字第 0870 号生效民事判决提出抗诉，江
苏省高级人民法院指令江苏省连云港市中级人民法院再审本案。江苏省连云港市
中级人民法院再审时，连云港市人民检察院指派两名检察员出庭，程序合法。经
再审，江苏省连云港市中级人民法院作出（2012）连民再终字第 0023 号民事裁
定，裁定撤销原一、二审判决，将本案发回连云港市海州区人民法院重审。因
此，本案一、二审程序并非再审案件，无须人民检察院派员出庭。

---

① 江苏省高级人民法院（2019）苏民申 2559 号民事裁定书。

第十七章　督促程序

第二百二十五条　【支付令申请】债权人请求债务人给付金钱、有价证券，符合下列条件的，可以向有管辖权的基层人民法院申请支付令：

（一）债权人与债务人没有其他债务纠纷的；

（二）支付令能够送达债务人的。

申请书应当写明请求给付金钱或者有价证券的数量和所根据的事实、证据。

◆ **适用指引**

本条是关于支付令的申请条件及如何申请的规定。督促程序是专门针对社会生活中一些简单债务如欠款或者有价证券等纠纷的程序，这类纠纷案情往往十分清楚，当事人不否认欠债事实和债务数额，因此，没有必要按照一般诉讼程序办理。申请支付令应当符合下列条件：

第一，债权人与债务人没有其他债务纠纷。这是指申请人对被申请人没有给付金钱等其他债务，如果申请人虽然对债务人有债权，但也有债务，就不能申请支付令。比如，甲和乙签订了购销钢材的合同，甲如约履行债务后，乙不按期给付价款，这时甲对乙没有对待给付义务，可以申请人民法院发布支付令。如果甲要求乙支付货款前还没有发货，其对乙还有对待给付义务，就不能申请支付令。

第二，支付令能够送达。能够送达，是指支付令能够通过审判人员、法警直接送达或者通过邮寄送达、委托送达等方式送达到受送达人。债务人不在我国境内或者债务人下落不明需要公告送达的，不能申请支付令。

除上述法律规定的条件外，支付令应当根据当事人的申请并符合下列程序要求：一是应当提交申请书。支付令申请书应当写明请求给付金钱或者有价证券的数量和所根据的事实与证据。事实，是指债权债务关系存在及债务人没有履行债务的事实。对于提出的事实要有相应的证据证明。二是向有管辖权的基层人民法院申请。应当根据法律关系性质以及《民事诉讼法》关于管辖的规定确定有管辖权的基层人民法院。受理申请的人民法院发现自己无管辖权的，应裁定驳回申请。

◆ **关联规定**

《最高人民法院关于适用〈中华人民共和国民事诉讼法〉的解释》（2022 年 4 月 1 日）

第四百二十五条 两个以上人民法院都有管辖权的，债权人可以向其中一个基层人民法院申请支付令。

债权人向两个以上有管辖权的基层人民法院申请支付令的，由最先立案的人民法院管辖。

第四百四十条 债权人向人民法院申请执行支付令的期间，适用民事诉讼法第二百四十六条[①]的规定。

第二百二十六条 **【受理】**债权人提出申请后，人民法院应当在五日内通知债权人是否受理。

◆ **适用指引**

本条是关于审查支付令申请的规定。债权人提出申请后，人民法院应当在收到申请后 5 日内将是否受理的决定通知债权人。一般来讲，只要符合本法第 221 条规定的申请支付令的条件，人民法院都应当受理。

1. 形式审查。支付令的签发依据是债权人的申请，对债权人的申请应当进行两方面的形式审查：一是是否符合一般民事诉讼要件，如当事人的诉讼能力和代理权限；二是是否符合支付令申请书的形式要件。

（1）支付令申请书的首部包括标题和当事人及其法定代理人的基本情况两部分。标题应当居中写明支付令申请书。应当写明当事人及其法定代理人的基本情况。应当写明申请人、被申请人的姓名、性别、年龄、民族、籍贯、职业或工

---

① 对应 2023 年《民事诉讼法》第 250 条。

作单位和职务、住址等。如果当事人是无民事行为能力或限制民事行为能力者，应写明其法定代理人；如果申请人、被申请人是法人或者其他组织的，应写明单位、住所，法定代表人或代表人姓名、职务、电话，如果有委托人的，写明委托代理人的基本情况。委托人是律师的，可只写明其姓名、工作单位和职务，不必列写其他项目。

（2）正文部分是支付令申请书的核心内容，也是判断债权债务关系是否明确、合法的直接因素。首先，请求事项部分应写明给付金钱、有价证券的种类和数量；其次，事实和理由部分，要详细写明提出支付令申请的事实和理由，债权的发生和存在是事实，债务人不偿还到期债务是申请支付令的理由。事实与理由部分应注意以下几点：一是要写明债权标的物是金钱还是有价证券，有价证券要具体指明是何种有价证券以及确定的数额，常见有价证券包括汇票、本票、支票、股票、债券、国库券、可转让的存款单等种类。二是要写明债权发生的时间、地点、缘由以及约定的归还期限，这些内容是人民法院审查判断债权是否已经到期的直接依据。三是要写明有无债权文书及是否存在争议，要说明申请人和被申请人没有其他债务纠纷，申请支付的标的物不存在互相折抵计算等问题。人民法院适用督促程序受理债权人的申请后，仅就债权人提供的事实、证据进行审查，无须传唤债务人和开庭审理。只要债权人提出支付令申请的程序合法，支付令申请书的证据充分，债权债务关系明确、合法，就可以发出支付令要求债务人清偿债务。四是要说明债务到期后，申请人曾向被申请人追索，被申请人应当偿还且有偿还能力，但是被申请人不予偿还的经过。五是引用法律条文作为提出申请的理由和依据。

（3）支付令申请书尾部包括结尾和附项两部分。结尾应当写明致送人民法院的名称，要有向特定人民法院申请支付令的表述，同时还应包括申请人签名或盖章并注明申请时间。附项应当写明债权文书复印件的份数以及所附书证或物证的名称、件数。

2. 内容审查。人民法院除对申请书进行形式审查外，还需在内容上进一步审查，例如是否符合督促程序的要件；债权人的申请在法律上是否正当等。只有申请内容符合督促程序受理条件，才能达到迅速简便解决债权债务纠纷、切实保护当事人合法权益的目的，滥用督促程序不但增加工作负担，浪费人力物力，还会给当事人造成讼累。内容上主要是从两方面审查：一是债权人有没有对待给付义务；二是支付令能否送达债务人。两个要件必须同时具备，才可签发支付令。

◆ **关联规定**

《最高人民法院关于适用〈中华人民共和国民事诉讼法〉的解释》（2022 年
4 月 1 日）

第四百二十六条　人民法院收到债权人的支付令申请书后，认为申请书不符
合要求的，可以通知债权人限期补正。人民法院应当自收到补正材料之日起五日
内通知债权人是否受理。

第四百二十七条　债权人申请支付令，符合下列条件的，基层人民法院应当
受理，并在收到支付令申请书后五日内通知债权人：

（一）请求给付金钱或者汇票、本票、支票、股票、债券、国库券、可转让
的存款单等有价证券；

（二）请求给付的金钱或者有价证券已到期且数额确定，并写明了请求所根
据的事实、证据；

（三）债权人没有对待给付义务；

（四）债务人在我国境内且未下落不明；

（五）支付令能够送达债务人；

（六）收到申请书的人民法院有管辖权；

（七）债权人未向人民法院申请诉前保全。

不符合前款规定的，人民法院应当在收到支付令申请书后五日内通知债权人
不予受理。

基层人民法院受理申请支付令案件，不受债权金额的限制。

第二百二十七条　【支付令的审理、异议和执行】人民法院受
理申请后，经审查债权人提供的事实、证据，对债权债务关系明确、
合法的，应当在受理之日起十五日内向债务人发出支付令；申请不
成立的，裁定予以驳回。

债务人应当自收到支付令之日起十五日内清偿债务，或者向人
民法院提出书面异议。

债务人在前款规定的期间不提出异议又不履行支付令的，债权
人可以向人民法院申请执行。

◆ **适用指引**

本条是关于支付令的审理、异议和执行的规定。督促程序的目的是简化程序，尽快稳定经济社会关系。人民法院受理支付令申请后仅审查债权人提供的事实和证据，无须询问债务人和开庭审理。经审查认为债权债务关系明确、合法，应当在受理之日起 15 日内直接向债务人发出支付令；申请不成立的，裁定驳回申请。申请不成立，包括债权债务关系不明确，比如双方各有什么债权债务，履行情况怎样等在申请书上反映不清楚或者没有证据证明对方负有义务；也包括债权债务不合法，比如所谓债权债务系因赌博形成。人民法院发布支付令前，仅审查申请人提出的事实，没有接触被申请人，也没有让被申请人对申请人的请求答辩。为平等保护当事人双方合法权益，本条规定债务人自收到支付令之日起 15 日内可以向人民法院提出书面异议。债务人收到人民法院发出的支付令后，如果认为债权债务关系存在，没有异议，应当自收到支付令之日起 15 日内向债权人清偿债务；如果债务人自收到支付令之日起 15 日内既不履行支付令，又不提出书面异议，申请人可以申请人民法院强制执行。如果债务人提出异议，经审查认为异议成立的，裁定终结督促程序，支付令自行失效，当事人可就纠纷选择解决方式，或者起诉或者调解等。

支付令异议是指债务人向人民法院申明不服支付令确定的给付义务的法律行为。因为支付令是以债权人提出的主张和理由为根据，未经债务人答辩，所以法律允许债务人以异议方式对支付令提出答辩意见。提出支付令异议，应具备如下要件：

1. 异议的主体必须合格。支付令中的被申请人，即债权人请求其为给付的债务人才有权提出异议。债务人为两人以上的，都有异议权。

2. 异议须在法定期间提出。债务人对支付令的异议应在收到支付令之日起 15 日内提出，此为不变期间，超过期限提出的异议无效，期间届满未提出异议的，视为放弃异议权。但是，如果因为不可抗力等客观原因延误期间，可以向法院申请延期。

3. 异议必须以书面形式提出。债务人提出异议只能是书面形式，口头异议无效。

4. 异议必须针对债权人的请求，即应针对债务本身。书面异议的格式和内容并无明确规定，但必须针对债权人主张的权利，如果债务人对债务本身没有异议，只是提出缺乏清偿能力或对清偿期限、清偿方式等提出不同意见，不影响支付令的效力。债务人仅就债权人几项独立请求中的部分请求提出异议的，应当写明。

5. 向有管辖权的基层人民法院提出。债务人应向发出支付令的法院提出异议。债务人收到支付令后，未在法定期间提出书面异议而向其他人民法院起诉的，不影响支付令的效力。但是，如果债务人向发出支付令的人民法院提出诉讼，也构成对支付令的异议，受诉法院应当按照支付令异议处理，但债务人必须是在异议期限内提起诉讼。

◆ **关联规定**

《最高人民法院关于适用〈中华人民共和国民事诉讼法〉的解释》（2022 年 4 月 1 日）

第四百二十八条　人民法院受理申请后，由审判员一人进行审查。经审查，有下列情形之一的，裁定驳回申请：

（一）申请人不具备当事人资格的；

（二）给付金钱或者有价证券的证明文件没有约定逾期给付利息或者违约金、赔偿金，债权人坚持要求给付利息或者违约金、赔偿金的；

（三）要求给付的金钱或者有价证券属于违法所得的；

（四）要求给付的金钱或者有价证券尚未到期或者数额不确定的。

人民法院受理支付令申请后，发现不符合本解释规定的受理条件的，应当在受理之日起十五日内裁定驳回申请。

第四百二十九条　向债务人本人送达支付令，债务人拒绝接收的，人民法院可以留置送达。

第四百三十一条　债务人在收到支付令后，未在法定期间提出书面异议，而向其他人民法院起诉的，不影响支付令的效力。

债务人超过法定期间提出异议的，视为未提出异议。

第四百三十二条　债权人基于同一债权债务关系，在同一支付令申请中向债务人提出多项支付请求，债务人仅就其中一项或者几项请求提出异议的，不影响其他各项请求的效力。

第四百三十三条　债权人基于同一债权债务关系，就可分之债向多个债务人提出支付请求，多个债务人中的一人或者几人提出异议的，不影响其他请求的效力。

第四百三十六条　债务人对债务本身没有异议，只是提出缺乏清偿能力、延缓债务清偿期限、变更债务清偿方式等异议的，不影响支付令的效力。

人民法院经审查认为异议不成立的，裁定驳回。

债务人的口头异议无效。

第四百三十七条　人民法院作出终结督促程序或者驳回异议裁定前，债务人请求撤回异议的，应当裁定准许。

债务人对撤回异议反悔的，人民法院不予支持。

◆ **典型案例**

梁某图与陈某申请支付令案①

梁某图与陈某申请支付令一案，执行法院作出（2017）桂 0331 民督 1 号支付令，该支付令确定"被申请人陈某应当自收到本支付令之日起十五日内，给付申请人梁某图 300 万元"，该支付令于 2017 年 9 月 21 日送达给陈某，于 2020 年 12 月 23 日送达给梁某图。支付令生效后，因陈某未按期履行法律文书确定的义务，梁某图于 2021 年 1 月 20 日向执行法院申请执行，执行法院于同日立案执行。陈某对执行法院的执行行为不服，提出书面异议，执行法院经审查后作出（2021）桂 0331 执异 2 号执行裁定，陈某不服该裁定，向广西壮族自治区桂林市中级人民法院申请复议。

广西壮族自治区桂林市中级人民法院经审查认为，人民法院受理申请后，经审查债权人提供的事实、证据，对债权债务关系明确、合法的，应当在受理之日起十五日内向债务人发出支付令；申请不成立的，裁定予以驳回。债务人应当自收到支付令之日起十五日内清偿债务，或者向人民法院提出书面异议。债务人在前款规定的期间不提出异议又不履行支付令的，债权人可以向人民法院申请执行。债权人向人民法院申请执行支付令的期间，适用《中华人民共和国民事诉讼法》关于申请执行期间的规定。本案中，陈某自收到支付令十五日内未提出异议也未履行支付令，梁某图有权向人民法院申请强制执行支付令。梁某图收到支付令的时间是 2020 年 12 月 23 日并于 2021 年 1 月 20 日申请执行，未超过二年的申请执行期间，执行法院立案执行，符合法律规定。

第二百二十八条　【终结督促程序】人民法院收到债务人提出的书面异议后，经审查，异议成立的，应当裁定终结督促程序，支付令自行失效。

---

① 广西壮族自治区桂林市中级人民法院（2021）桂 03 执复 32 号执行裁定书。

支付令失效的，转入诉讼程序，但申请支付令的一方当事人不同意提起诉讼的除外。

◆ **适用指引**

本条是关于对支付令异议审查处理的规定。债务人向人民法院提出书面异议，应当在具体理由后附事实根据、法律依据以及必要的证据材料。关于异议审查期限，由于人民法院需要审查异议的事实、理由和证据材料，故可比照关于立案之后审查债权人的申请 15 日的期限。经审查异议成立的，裁定终结督促程序并宣告支付令自行失效；异议不成立的，应当裁定驳回异议人的支付令异议。

根据本条规定，终结裁定作出后，支付令自行失效，自动转入诉讼程序，除非申请支付令的一方当事人不同意提起诉讼。关于不同意自动转入诉讼程序的声明期限以及逾期后果。支付令失效后，申请支付令的一方当事人不同意提起诉讼的，应当自收到终结督促程序裁定之日起 7 日内向受理申请的人民法院提出，未向受理申请的人民法院表明不同意提起诉讼的，视为向受理申请的人民法院起诉。需要注意的是，人民法院或者该当事人不是必须等待 7 日过后才可进行后续程序。申请支付令的一方当事人不同意提起诉讼的，不影响其向其他有管辖权的人民法院提起诉讼。另外，前述声明应以书面形式提出。此种情形下，债权人提出支付令申请的时间即为向人民法院起诉的时间。支付令异议被驳回的后果与逾期未提出异议的后果一致，支付令发生法律效力。债务人不履行的，债权人可以申请执行。债务人不能就支付令或驳回异议裁定申请再审，但人民法院可以通过院长发现渠道启动监督程序。

◆ **关联规定**

《最高人民法院关于适用〈中华人民共和国民事诉讼法〉的解释》（2022 年 4 月 1 日）

第一百九十五条 支付令失效后转入诉讼程序的，债权人应当按照《诉讼费用交纳办法》补交案件受理费。

支付令被撤销后，债权人另行起诉的，按照《诉讼费用交纳办法》交纳诉讼费用。

第四百三十条 有下列情形之一的，人民法院应当裁定终结督促程序，已发出支付令的，支付令自行失效：

（一）人民法院受理支付令申请后，债权人就同一债权债务关系又提起诉讼的；

（二）人民法院发出支付令之日起三十日内无法送达债务人的；

（三）债务人收到支付令前，债权人撤回申请的。

第四百三十四条 对设有担保的债务的主债务人发出的支付令，对担保人没有拘束力。

债权人就担保关系单独提起诉讼的，支付令自人民法院受理案件之日起失效。

第四百三十五条 经形式审查，债务人提出的书面异议有下列情形之一的，应当认定异议成立，裁定终结督促程序，支付令自行失效：

（一）本解释规定的不予受理申请情形的；

（二）本解释规定的裁定驳回申请情形的；

（三）本解释规定的应当裁定终结督促程序情形的；

（四）人民法院对是否符合发出支付令条件产生合理怀疑的。

第四百三十八条 支付令失效后，申请支付令的一方当事人不同意提起诉讼的，应当自收到终结督促程序裁定之日起七日内向受理申请的人民法院提出。

申请支付令的一方当事人不同意提起诉讼的，不影响其向其他有管辖权的人民法院提起诉讼。

第四百三十九条 支付令失效后，申请支付令的一方当事人自收到终结督促程序裁定之日起七日内未向受理申请的人民法院表明不同意提起诉讼的，视为向受理申请的人民法院起诉。

债权人提出支付令申请的时间，即为向人民法院起诉的时间。

第四百四十一条 人民法院院长发现本院已经发生法律效力的支付令确有错误，认为需要撤销的，应当提交本院审判委员会讨论决定后，裁定撤销支付令，驳回债权人的申请。

◆ **典型案例**

李某能诉牟某案外人异议之诉案①

李某能诉牟某案外人异议之诉纠纷一案，李某能不服贵州省贵阳市中级人民法院（2019）黔01民终318号民事判决，向贵州省高级人民法院申请再审。

---

① 贵州省高级人民法院（2019）黔民申4366号民事裁定书。

贵州省高级人民法院经审查认为，李某能认为支付令所产生债权的真实性并没有经过法庭审理等相关程序予以核实。人民法院受理关于支付令的申请后，经审查债权人提供的事实、证据，对债权债务关系明确、合法的，应当在受理之日起十五日内向债务人发出支付令；申请不成立的，裁定予以驳回。债务人应当自收到支付令之日起十五日内清偿债务，或者向人民法院提出书面异议。债务人在前款规定的期间不提出异议又不履行支付令的，债权人可以向人民法院申请执行。人民法院收到债务人提出的书面异议后，经审查，异议成立的，应当裁定终结督促程序，支付令自行失效。支付令失效的，转入诉讼程序，但申请支付令的一方当事人不同意提起诉讼的除外。因此，人民法院受理支付令申请后，审查债权人提供的事实、证据，对债权债务关系明确、合法的才发出支付令，债务人有异议的，可以向人民法院提出书面异议，异议成立的，应当裁定终结督促程序，支付令自行失效。因此，李某能该项再审申请理由不能成立。

第十八章 公示催告程序

第二百二十九条 【适用范围】按照规定可以背书转让的票据持有人，因票据被盗、遗失或者灭失，可以向票据支付地的基层人民法院申请公示催告。依照法律规定可以申请公示催告的其他事项，适用本章规定。

申请人应当向人民法院递交申请书，写明票面金额、发票人、持票人、背书人等票据主要内容和申请的理由、事实。

◆ 适用指引

本条是关于公示催告程序适用范围及申请内容的规定。公示催告程序，是指人民法院根据申请，以法定公示催促不明之利害关系人于一定期间申报权利，逾期不申报，不明的利害关系人即丧失对公示催告事项的权利的程序。公示催告对保护票据权利人及善意第三人合法权益，促进票据正常流转和安全使用，维护社会经济秩序稳定具有重要意义。公示催告程序设立目的在于宣告票据无效，申请人才能依据除权判决，在不必提示票据的前提下向票据债务人主张票据权利。公示催告的程序启动以票据的被盗、遗失或者灭失为前提。票据作为一种有价证券，票据权利根据记载于票据上的实质内容所定，故票据权利行使与票据持有具有天然、不可分割的关系。如持票人因遗失、被盗或者灭失而丧失所持票据，仍为该票据的真实权利人，票据权利实质上并未消灭。同时，票据为提示证券，行使权利以提示票据为条件，票据丧失导致权利人不能行使票据权利，既无法转让，也不能向付款人主张付款。另外，票据还有被他人非法占有并行使权利的风险。为保护票据权人及善意第三人的合法权益，促进票据发挥便捷流通金融的功能并保障票据的正常流转及安全使用，维护社会经济秩序稳定，有必要对失票人提供必要的权利救济。根据本条规定，申请公示催告的权利主体为按照规定可以背书转让的票据持有人。

失票人的救济途径有三种：挂失止付、公示催告及补发票据或请求付款诉讼。挂失止付仅具有临时性救济作用，真正能使失票人恢复行使票据权利的有效途径需要通过后两者。失票人应当在通知挂失止付后 3 日内依法向人民法院申请公示催告或者提起诉讼。需要注意的是，挂失止付并非公示催告、补发票据或请求付款诉讼的前置程序，票据丧失后，失票人可直接向人民法院申请公示催告或者提起诉讼。付款人或者代理付款人收到挂失止付通知书后，查明挂失票据确未付款时，应立即暂停支付。付款人或者代理付款人自收到挂失止付通知书之日起 12 日内没有收到人民法院的止付通知书的，自第 13 日起，持票人提示付款并依法向持票人付款的，不再承担责任。因此，挂失止付产生的止付效果的期限为 12 日。由于票据丧失后存在被第三人善意取得的可能，为保护利害关系人的权利，必须进行公示催告。公示催告是为善意取得者提供了阻止除权判决的重要机会。

根据本条规定，公示催告申请人是按照规定可以背书转让的票据持有人。票据持有人是指票据被盗、遗失或者灭失前的最后持有人。最后合法持票人包括依法占有记名票据的收款人、占有无记名支票并将自己记载为收款人的人、通过有效背书取得票据的人、取得空白背书票据并将自己记载为被背书人的人、非经背书但依法院裁判或遗产继承等原因合法取得票据的人以及因受追索而占有票据的人。可背书转让的票据是指汇票、本票和支票。只有丧失可转让票据的才适用公示催告程序，只有这种票据才会发生由他人善意取得并成为合法持有人的情况，从而需要公示催告程序催告其申报权利。申请人可以证明的是曾持有票据，至于丧失票据的原因或者经过，无法直接证明。因此，强调票据被盗、遗失或灭失情况下申请公示催告无实际意义，即便票据因其他原因而丧失占有，申请人仍可以遗失或被盗为由申请公示催告。公示催告申请人提交的申请书应当写明与票据相关的信息，包括票据的种类、号码、票面金额、出票人、背书人、持票人、付款期限等事项，申请书还应包括申请理由及事实，即申请人丧失票据的原因经过等情况。此外，申请人还应提供关于其作为最后持票人及票据遗失、被盗或者灭失的初步证据。

◆ **关联规定**

《最高人民法院关于适用〈中华人民共和国民事诉讼法〉的解释》（2022 年 4 月 1 日）

第四百四十二条　民事诉讼法第二百二十五条[①]规定的票据持有人，是指票

[①]　对应 2023 年《民事诉讼法》第 229 条。

据被盗、遗失或者灭失前的最后持有人。

第四百四十三条 人民法院收到公示催告的申请后，应当立即审查，并决定是否受理。经审查认为符合受理条件的，通知予以受理，并同时通知支付人停止支付；认为不符合受理条件的，七日内裁定驳回申请。

第四百四十四条 因票据丧失，申请公示催告的，人民法院应结合票据存根、丧失票据的复印件、出票人关于签发票据的证明、申请人合法取得票据的证明、银行挂失止付通知书、报案证明等证据，决定是否受理。

第四百五十三条 公示催告申请人撤回申请，应在公示催告前提出；公示催告期间申请撤回的，人民法院可以径行裁定终结公示催告程序。

◆ **典型案例**

某化工公司诉巴某月及票据纠纷案[①]

某化工公司与某钛业公司因买卖合同往来，取得票号 30800053/94998711 的银行承兑汇票，某化工公司向某银行锦州分行营业部申请挂失止付，并向锦州市太和区人民法院申请公示催告。公示催告期间无人申报票据权利。某化工公司又向锦州市太和区人民法院申请除权判决，除权期间巴某月向锦州市太和区人民法院申报了票据权利，导致除权程序终结。故某化工公司向辽宁省锦州市太和区人民法院起诉请求：（1）确认某化工公司为票号 308＊＊＊＊＊＊银行承兑汇票的合法持有人，巴某月不是该银行承兑汇票的合法持有人。（2）巴某月返还此票据。某化工公司不服辽宁省锦州市中级人民法院（2019）辽 07 民终 2389 号民事判决，申请再审。

法院经审查认为，《中华人民共和国民事诉讼法》第二百一十八条第一款规定：按照规定可以背书转让的票据持有人，因票据被盗、遗失或者灭失，可以向票据支付地的基层人民法院申请公示催告。

本案中，案涉汇票并非被盗、遗失或灭失，而是被背书转让他人，故再审申请人某化工公司以公示催告期间没有人申报权利，应当认定某化工公司为票据权利人的再审理由不能成立。同时，根据本案查明的事实，某化工公司出纳员施某将案涉银行承兑汇票背书转让给锦州 L 化工公司，之后汇票又经过多次连续背书转让，第三人 Z 化工公司基于真实的交易行为合法取得案涉票据，不存在恶意或重大过失取得票据的情形。一、二审法院以第三人 Z 化工公司合法取得票据，施

---

① 辽宁省高级人民法院（2020）辽民申 3725 号民事裁定书。

某已被判处刑罚并被追缴犯罪所得，某化工公司无权要求主张票据权利，法院未支持某化工公司的诉讼请求，并无不当。

第二百三十条 【公告期限】人民法院决定受理申请，应当同时通知支付人停止支付，并在三日内发出公告，催促利害关系人申报权利。公示催告的期间，由人民法院根据情况决定，但不得少于六十日。

◆ **适用指引**

本条是关于人民法院受理公示催告申请及法律效果的规定。当事人申请公示催告，人民法院应审查公示催告要件是否具备。符合受理条件的，通知予以受理并同时通知支付人停止支付；不符合受理条件的，7 日内裁定驳回申请。人民法院经审查决定受理公示催告申请产生两方面的法律效果：一是为防止票据被支取，应当同时通知支付人停止支付。该停止支付通知具有财产保全效果，从支付人收到止付通知之日起一直持续至公示催告程序终结。二是应自立案之日起 3 日内通过法律规定的途径、渠道进行公告，催告持有票据的利害关系人申报权利。公示催告期间的确定需要兼顾对票据权利人利益的保护及对稳定法律关系的维护，根据实际情况综合考虑票据性质、流通范围、付款期限等因素决定，但不能少于 60 日。

人民法院发出的公告应载明以下内容：（1）公示催告申请人的姓名或者名称。（2）票据的种类、号码、票面金额、出票人、背书人、持票人、付款期限等事项以及其他可以申请公示催告的权利凭证的种类、号码、权利范围、权利人、义务人、行权日期等事项。（3）申报权利的期间。（4）在公示催告期间转让票据等权利凭证，利害关系人不申报的法律后果。公告期间不得少于 60 日，且公示催告期间届满日不得早于票据付款日后 15 日。公告应当在有关报纸或者其他媒体上刊登并于同日公布于人民法院公告栏内。人民法院所在地有证券交易所的，还应当同日在该交易所公布。为规范公示催告程序中公告的发布工作，《最高人民法院关于人民法院发布公示催告程序中公告有关问题的通知》规定，人民法院受理公示催告申请后发布公告的，应当在《人民法院报》上刊登，《人民法院报》电子版、中国法院网同步免费刊载。

◆ **关联规定**

《最高人民法院关于适用〈中华人民共和国民事诉讼法〉的解释》（2022 年4 月 1 日）

第四百四十五条 人民法院依照民事诉讼法第二百二十六条①规定发出的受理申请的公告，应当写明下列内容：

（一）公示催告申请人的姓名或者名称；

（二）票据的种类、号码、票面金额、出票人、背书人、持票人、付款期限等事项以及其他可以申请公示催告的权利凭证的种类、号码、权利范围、权利人、义务人、行权日期等事项；

（三）申报权利的期间；

（四）在公示催告期间转让票据等权利凭证，利害关系人不申报的法律后果。

第四百四十六条 公告应当在有关报纸或者其他媒体上刊登，并于同日公布于人民法院公告栏内。人民法院所在地有证券交易所的，还应当同日在该交易所公布。

第四百四十七条 公告期间不得少于六十日，且公示催告期间届满日不得早于票据付款日后十五日。

第二百三十一条 【停止支付】 支付人收到人民法院停止支付的通知，应当停止支付，至公示催告程序终结。

公示催告期间，转让票据权利的行为无效。

◆ **适用指引**

本条是关于止付通知效力及公示催告效力的规定。从收到止付通知至公示催告程序终结，止付通知产生类似财产保全的效力，支付人有停止支付的协助义务。停止支付的起止时间长于公示催告期间，可以有效防止票据被冒领取款。非经发出止付通知的人民法院许可擅自解付，不得免除票据责任。另外，因支付人向他人支付金额，给票据权利人造成损失的，除承担票据责任外，还应承担损害

---

① 对应 2023 年《民事诉讼法》第 230 条。

赔偿责任。根据本条第 2 款的规定，公示催告期间转让票据权利的行为无效，未溯及至公示催告前的转让票据行为效力，票据被除权的效力也是向后发生，故在公示催告前合法转让票据的行为有效。

◆ **关联规定**

《最高人民法院关于适用〈中华人民共和国民事诉讼法〉的解释》（2022 年 4 月 1 日）

第四百五十四条　人民法院依照民事诉讼法第二百二十七条①规定通知支付人停止支付，应当符合有关财产保全的规定。支付人收到停止支付通知后拒不止付的，除可依照民事诉讼法第一百一十四条、第一百一十七条规定采取强制措施外，在判决后，支付人仍应承担付款义务。

第二百三十二条　【申报票据权利】利害关系人应当在公示催告期间向人民法院申报。

人民法院收到利害关系人的申报后，应当裁定终结公示催告程序，并通知申请人和支付人。

申请人或者申报人可以向人民法院起诉。

◆ **适用指引**

本条是关于公示催告期间利害关系人申报权利的规定。申报是指利害关系人在公示催告期间向法院主张票据权利的行为。申报必须符合本条规定的要件：一是向发出公示催告的法院进行申报，向其他法院申报不产生申报效果；二是申报应表明申报事实和理由，提交相关票据及其他证据材料；三是应当在法院规定的公示催告期间内提出。

根据本条规定，利害关系人应当在公示催告期间向人民法院申报权利，但未规定公示催告期间届满除权判决作出前申报是否产生终结公示催告的同等效果。从性质上看，公示催告期间并非不变期间，如果有重大且正当的理由，申报权利时间可以延长或者缩短。利害关系人申报权利的目的不是确定申报人的权利，而是使人民法院决定是否作出除权判决，只要在作出除权判决前，即使申报期间已

---

① 对应 2023 年《民事诉讼法》第 231 条。

届满，仍然等同于在申报期间内申报，具有同样的效力。如在公示催告期内有利害关系人申报主张票据权利，则公示催告目的已达到，应当裁定终结公示催告程序并通知申请人与支付人。票据真正权利人的确定属于实体权利纠纷，由申请人及申报人通过民事诉讼程序解决。

申请人可提起的诉讼大致有三类：以实际持票人为被告要求返还票据、以实际持票人为被告要求确认票据权利以及以实际持票人或其前手为被告要求返还票款或赔偿损失。确认票据权利的目的是请求实际持票人返还票据，因此可以归结为票据返还请求权诉讼和在票据返还不能时的违约、侵权或不当得利诉讼。但是，违约、侵权或不当得利诉讼的被告并不一定是申报人。如申请人将票据转让给他人未获对价，而他人再次将票据转让的，此时申请人可依据基础法律关系要求受让人支付对价。

公示催告程序终结后，申报人即可行使票据权利，申报人无须主动就票据争议提起诉讼。

◆ **关联规定**

《最高人民法院关于适用〈中华人民共和国民事诉讼法〉的解释》（2022 年 4 月 1 日）

第四百四十八条 在申报期届满后、判决作出之前，利害关系人申报权利的，应当适用民事诉讼法第二百二十八条①第二款、第三款规定处理。

第四百四十九条 利害关系人申报权利，人民法院应当通知其向法院出示票据，并通知公示催告申请人在指定的期间查看该票据。公示催告申请人申请公示催告的票据与利害关系人出示的票据不一致的，应当裁定驳回利害关系人的申报。

第四百五十五条 人民法院依照民事诉讼法第二百二十八条规定终结公示催告程序后，公示催告申请人或者申报人向人民法院提起诉讼，因票据权利纠纷提起的，由票据支付地或者被告住所地人民法院管辖；因非票据权利纠纷提起的，由被告住所地人民法院管辖。

第四百五十六条 依照民事诉讼法第二百二十八条规定制作的终结公示催告程序的裁定书，由审判员、书记员署名，加盖人民法院印章。

---

① 对应 2023 年《民事诉讼法》第 232 条。

第二百三十三条 【公示催告判决】没有人申报的，人民法院应当根据申请人的申请，作出判决，宣告票据无效。判决应当公告，并通知支付人。自判决公告之日起，申请人有权向支付人请求支付。

◆ **适用指引**

本条是关于除权判决的规定。除权判决，是指人民法院依据申请人申请，认定票据无效，判令付款人向申请人支付款项，从而结束公示程序的法律文书。公示催告是除权判决作出之前的必经程序。对申请人而言，公示催告不是目的，如果要使权利人或利害关系人产生权利丧失的效果，应在公示催告期满后向法院申请作出除权判决。首先，公示催告期间无人申报权利或者申报权利被认定不合法；其次，除权判决须依申请作出，公示催告不会自动转换成除权判决，人民法院不会依职权作出除权判决，需要申请人提出申请；最后，申请人应当自公示催告期间届满之日起1个月内申请作出除权判决，逾期不申请的，终结公示催告程序。

除权判决的结果是宣告票据无效。除权判决作出后，取得票据的人丧失票据权利，申请人有权向支付人请求支付，支付人不得拒付，其他持有票据的人不得以该无效票据要求支付人履行支付义务。因此，除权判决具有除权及行权两项法律效力。除权效力，是指通过宣告票据无效使持有票据的主体不能行使票据权利；行权效力，是指申请人可向支付人请求支付款项。由于公示催告程序并非诉讼程序，除权判决并非经过对权利争议的实质审查所作出，故除权判决只是恢复申请人作为持票人的形式资格，即回复到与持有票据同一的地位，不是将申请人确定为实质票据权利人。因此，支付人对持票人的抗辩可以向取得除权判决的申请人主张。除权判决应当公告并通知支付人。除权判决的通知解除前需止付通知，产生支付人应向除权判决申请人付款的效力。

◆ **关联规定**

《最高人民法院关于适用〈中华人民共和国民事诉讼法〉的解释》（2022 年 4 月 1 日）

第四百五十条 在申报权利的期间无人申报权利，或者申报被驳回的，申请人应当自公示催告期间届满之日起一个月内申请作出判决。逾期不申请判决的，终结公示催告程序。

裁定终结公示催告程序的，应当通知申请人和支付人。

第四百五十一条 判决公告之日起，公示催告申请人有权依据判决向付款人请求付款。

付款人拒绝付款，申请人向人民法院起诉，符合民事诉讼法第一百二十二条规定的起诉条件的，人民法院应予受理。

第四百五十二条 适用公示催告程序审理案件，可由审判员一人独任审理；判决宣告票据无效的，应当组成合议庭审理。

第二百三十四条 **【利害关系人起诉】**利害关系人因正当理由不能在判决前向人民法院申报的，自知道或者应当知道判决公告之日起一年内，可以向作出判决的人民法院起诉。

◆ 适用指引

本条是关于除权判决撤销之诉的规定。除权判决作为法律推定，并非依据普通程序对权利义务作出的裁判。利害关系人在除权判决作出之前可以申报票据权利，未能在此之前申报票据权利，既有利害关系人自己的原因，也可能有其他原因。为兼顾利害关系人权益保护与法律关系稳定性，避免利害关系人因怠于行使权利造成法律关系长期处于不安定状态，本条规定利害关系人应当自知道或者应当知道除权判决公告之日起 1 年内起诉。利害关系人起诉撤销除权判决应符合下列要件：

1. 具备正当理由。正当理由包括：（1）因发生意外事件或者不可抗力致使利害关系人无法知道公告事实的。（2）利害关系人因被限制人身自由而无法知道公告事实，或者虽然知道公告事实，但无法自己或者委托他人代为申报权利的。（3）不属于法定申请公示催告情形的。（4）未予公告或者未按法定方式公告的，未按法定方式公告包括未在规定媒体上公告或公告的时间不符合法律规定。（5）其他导致利害关系人在判决作出前未能向人民法院申报权利的客观事由。

2. 适用的程序及管辖法院。利害关系人应向除权判决的作出法院起诉，人民法院按票据纠纷适用普通程序审理。

3. 被告的确定。利害关系人请求人民法院撤销除权判决的，应当将申请人列为被告。利害关系人仅诉请确认其为合法持票人的，人民法院应在裁判文书中写明，确认利害关系人为票据权利人的判决作出后，除权判决即被撤销。

实践中，除权判决作出后，利害关系人既可以提出撤销除权判决的诉讼，也可以提出确认其为票据权利人的确认之诉，法院作出判决确认利害关系人为票据权利人的，除权判决即被撤销，无须另行出具撤销除权判决的判决。另外，利害关系人也可以主张公示催告程序的申请人承担侵权损害赔偿责任，该诉的隐含前提是利害关系人为票据权利人，但并非需以利害关系人已取得撤销除权判决的判决或者确定其为票据权利人的判决为前提。前述三种途径仅在于诉讼请求不同，但其结果均是除权判决被撤销。除权判决被撤销后，申请人丧失依除权判决所得的行使票据权利的形式资格，票据持有人的形式资格恢复，持票人即可行使票据付款请求权与追索权，如果票款已被申请人取得，持票人有权要求返还。

◆ **关联规定**

《最高人民法院关于适用〈中华人民共和国民事诉讼法〉的解释》（2022 年 4 月 1 日）

第四百五十七条 依照民事诉讼法第二百三十条①的规定，利害关系人向人民法院起诉的，人民法院可按票据纠纷适用普通程序审理。

第四百五十八条 民事诉讼法第二百三十条规定的正当理由，包括：

（一）因发生意外事件或者不可抗力致使利害关系人无法知道公告事实的；

（二）利害关系人因被限制人身自由而无法知道公告事实，或者虽然知道公告事实，但无法自己或者委托他人代为申报权利的；

（三）不属于法定申请公示催告情形的；

（四）未予公告或者未按法定方式公告的；

（五）其他导致利害关系人在判决作出前未能向人民法院申报权利的客观事由。

第四百五十九条 根据民事诉讼法第二百三十条的规定，利害关系人请求人民法院撤销除权判决的，应当将申请人列为被告。

利害关系人仅诉请确认其为合法持票人的，人民法院应当在裁判文书中写明，确认利害关系人为票据权利人的判决作出后，除权判决即被撤销。

---

① 对应 2023 年《民事诉讼法》第 234 条。

◆ **典型案例**

某煤矿设备公司诉某农村商业银行桐城支行票据损害赔偿纠纷案①

某煤矿设备公司经连续背书转让取得涉案汇票，出票人为某塑业公司，付款银行为某农村商业银行桐城支行，后因汇票承兑产生纠纷，某煤矿设备公司以某农村商业银行桐城支行存在玩忽职守、有重大过失造成其损失为由，向安徽省安庆市宜秀区人民法院提起诉讼。后，某煤矿设备公司不服安徽省安庆市中级人民法院（2016）皖08民终23号民事判决，向人民检察院申诉。安徽省人民检察院向安徽省高级人民法院提出抗诉。安徽省高级人民法院作出（2018）皖民抗65号民事裁定，提审本案。

安徽省高级人民法院经审查认为，利害关系人因正当理由不能在判决前向人民法院申报的，自知道或者应当知道判决公告之日起一年内，可以向作出判决的人民法院起诉。因此，公示催告程序为非讼程序，只是确认某种事实状态和相应的法律效果，仅赋予申请人对支付人的一种请求权，如有利害关系人对除权判决认定的事实提出异议，则有权向人民法院起诉，通过诉讼程序请求确认其为票据权利人并撤销除权判决。本案中，安庆市宜秀区人民法院（2015）宜秀民催字第00002号除权判决尚未被撤销，某煤矿设备公司是否系涉案票据的合法权利人，尚需司法确认，在此情况下，某煤矿设备公司要求某农村商业银行桐城支行承担民事赔偿责任缺乏事实和法律依据。

---

① 安徽省高级人民法院（2019）皖民再165号民事判决书。

第三编　执行程序

第十九章　一般规定

第二百三十五条　【执行依据、管辖】发生法律效力的民事判决、裁定，以及刑事判决、裁定中的财产部分，由第一审人民法院或者与第一审人民法院同级的被执行的财产所在地人民法院执行。

法律规定由人民法院执行的其他法律文书，由被执行人住所地或者被执行的财产所在地人民法院执行。

◆ 适用指引

本条是关于执行依据和执行管辖的规定。

执行依据是记载执行内容，当事人据以申请执行与执行机构据以启动执行程序的生效法律文书。执行依据是连接确权程序与执行程序的桥梁。一般认为，执行依据除了应符合法律规定的形式要件，还应具备如下实质要件：一是要具有给付内容。确认判决的目的在于以法律的形式确认一种既定事实，没有执行必要；形成判决的作出即改变了原有的法律关系，也不需要执行；只有给付判决需要强制执行予以实现。二是给付内容确定。一般情况下，确定给付内容应根据执行依据的主文；主文不确定时，可以参照理由部分确定。三是给付内容适于强制执行。要根据执行内容与性质采取不同的执行方式，如在探视权执行案件中，不能针对人身直接强制执行，但可通过间接强制的办法促使被执行人履行法定义务。根据法律、司法解释的相关规定，我国主要的执行依据类型如下：

1. 人民法院制作的生效法律文书。具体包括：（1）民事、行政、刑事判决书。特别需要注意的是刑事判决的执行问题，刑事附带民事裁判的执行适用民事执行的有关规定，对于刑事判决主文确定的罚金、没收财产、责令退赔等涉财产部分的执行，由第一审人民法院执行，第一审人民法院可以委托财产所在地的同级人民法院执行。（2）民事、行政、刑事裁定书，主要包括先予执行裁定与财产保全裁定、变更或追加执行当事人的裁定、执行程序中因对被执行人提供担保而对担保人作出的承担担保责任的裁定、对被执行人到期债权的执行中作出的对于第三人强制执行的裁定、因负有协助执行义务的单位和个人违反法律规定而承担民事责任所作出的裁定。根据《民法典》第410条第2款的规定，抵押权人与抵押人未就抵押权实现方式达成协议的，抵押权人可以请求人民法院拍卖、变卖抵押财产。因此，人民法院根据抵押权人的申请所作的许可强制执行裁定也是一种执行依据。（3）民事调解书。调解书经双方当事人签收后即具有法律效力，当事人违反调解书确定的义务，另一方可申请人民法院强制执行。（4）支付令与民事制裁决定书。

2. 依法应由人民法院执行的行政决定。当事人在法定期限内不申请行政复议或者提起行政诉讼，又不履行行政决定的，没有行政强制执行权的行政机关可以自期限届满之日起3个月内，依照规定申请人民法院执行。

3. 仲裁机构作出的仲裁裁决和调解书及人民法院依据《仲裁法》有关规定作出的财产保全和证据保全裁定。

4. 公证机关依法赋予强制执行效力的债权文书。公证债权文书执行案件由被执行人住所地或者被执行的财产所在地人民法院管辖，此类案件的级别管辖，参照人民法院受理第一审民商事案件级别管辖的规定确定。

5. 经人民法院裁定认可的我国台湾地区的民事判决、仲裁裁决，我国香港特别行政区的民事判决、仲裁裁决，我国澳门特别行政区的民商事判决、仲裁裁决等。

6. 经人民法院裁定承认的外国法院作出的判决、裁定以及国外仲裁机构作出的仲裁裁决。

关于执行管辖，本条主要规定的是地域管辖问题。对于一些特殊类型的执行案件，相关司法解释规定了不同的级别管辖。根据《最高人民法院关于人民法院执行工作若干问题的规定（试行）》第9~11条的规定，国内仲裁过程中，当事人申请的财产保全，由被申请人住所地或被申请保全的财产所在地的基层人民法院裁定并执行；申请的证据保全，由证据所在地的基层人民法院裁定并执行。在涉外仲裁过程中，当事人申请财产保全，经仲裁机构提交人民法院的，由被申请人住所地或被申请保全的财产所在地的中级人民法院裁定并执行；申请证据保全的，由证据所在地的中级人民法院裁定并执行。专利管理机关依法作出的处理决定和处罚决定，由被执行人住所地或财产所在地的省、自治区、直辖市有权受理专利纠纷案件的中级人民法院执行。根据《最高人民法院关于人民法院执行工作若干问题的规定（试行）》第13～15条的规定，两个以上人民法院都有管辖权的，当事人可以向其中一个人民法院申请执行；当事人向两个以上人民法院申请执行的，由最先立案的人民法院管辖。基层人民法院和中级人民法院管辖的执行案件，因特殊情况需要由上级人民法院执行的，可以报请上级人民法院执行。人民法院之间因执行管辖权发生争议的，由双方协商解决；协商不成的，报请双方共同的上级人民法院指定管辖。根据《最高人民法院关于高级人民法院统一管理执行工作若干问题的规定》第8条的规定，高级人民法院对本院及下级人民法院的执行案件，认为需要指定执行的，可以裁定指定执行；对于最高人民法院函示指定执行的案件，应当裁定指定执行。对于符合条件的下列案件，高级人民法院可以裁定提级执行：（1）高级人民法院指令下级人民法院限期执结，逾期未执结需要提级执行的。（2）下级人民法院报请高级人民法院提级执行，高级人民法院认为应当提级执行的。（3）疑难、重大和复杂的案件，高级人民法院认为应当提级执行的。高级人民法院对最高人民法院函示提级执行的案件，应当裁定提级执行。

◆ **关联规定**

《最高人民法院关于适用〈中华人民共和国民事诉讼法〉的解释》（2022年4月1日）

第四百六十条　发生法律效力的实现担保物权裁定、确认调解协议裁定、支付令，由作出裁定、支付令的人民法院或者与其同级的被执行财产所在地的人民法院执行。

认定财产无主的判决，由作出判决的人民法院将无主财产收归国家或者集体所有。

第四百六十一条　当事人申请人民法院执行的生效法律文书应当具备下列条件：

（一）权利义务主体明确；

（二）给付内容明确。

法律文书确定继续履行合同的，应当明确继续履行的具体内容。

《最高人民法院关于适用〈中华人民共和国民事诉讼法〉执行程序若干问题的解释》（2020年12月29日）

第一条　申请执行人向被执行的财产所在地人民法院申请执行的，应当提供该人民法院辖区有可供执行财产的证明材料。

第二条 对两个以上人民法院都有管辖权的执行案件，人民法院在立案前发现其他有管辖权的人民法院已经立案的，不得重复立案。

立案后发现其他有管辖权的人民法院已经立案的，应当撤销案件；已经采取执行措施的，应当将控制的财产交先立案的执行法院处理。

第三条 人民法院受理执行申请后，当事人对管辖权有异议的，应当自收到执行通知书之日起十日内提出。

人民法院对当事人提出的异议，应当审查。异议成立的，应当撤销执行案件，并告知当事人向有管辖权的人民法院申请执行；异议不成立的，裁定驳回。当事人对裁定不服的，可以向上一级人民法院申请复议。

管辖权异议审查和复议期间，不停止执行。

第四条 对人民法院采取财产保全措施的案件，申请执行人向采取保全措施的人民法院以外的其他有管辖权的人民法院申请执行的，采取保全措施的人民法院应当将保全的财产交执行法院处理。

《最高人民法院关于人民法院执行工作若干问题的规定（试行）》（2020 年 12 月 29 日）

2. 执行机构负责执行下列生效法律文书：

（1）人民法院民事、行政判决、裁定、调解书，民事制裁决定、支付令，以及刑事附带民事判决、裁定、调解书，刑事裁判涉财产部分；

（2）依法应由人民法院执行的行政处罚决定、行政处理决定；

（3）我国仲裁机构作出的仲裁裁决和调解书，人民法院依据《中华人民共和国仲裁法》有关规定作出的财产保全和证据保全裁定；

（4）公证机关依法赋予强制执行效力的债权文书；

（5）经人民法院裁定承认其效力的外国法院作出的判决、裁定，以及国外仲裁机构作出的仲裁裁决；

（6）法律规定由人民法院执行的其他法律文书。

3. 人民法院在审理民事、行政案件中作出的财产保全和先予执行裁定，一般应当移送执行机构实施。

9. 在国内仲裁过程中，当事人申请财产保全，经仲裁机构提交人民法院的，由被申请人住所地或被申请保全的财产所在地的基层人民法院裁定并执行；申请证据保全的，由证据所在地的基层人民法院裁定并执行。

10. 在涉外仲裁过程中，当事人申请财产保全，经仲裁机构提交人民法院的，由被申请人住所地或被申请保全的财产所在地的中级人民法院裁定并执行；申请证据保全的，由证据所在地的中级人民法院裁定并执行。

11. 专利管理机关依法作出的处理决定和处罚决定，由被执行人住所地或财产所在地的省、自治区、直辖市有权受理专利纠纷案件的中级人民法院执行。

12. 国务院各部门、各省、自治区、直辖市人民政府和海关依照法律、法规作出的处理决定和处罚决定，由被执行人住所地或财产所在地的中级人民法院执行。

13. 两个以上人民法院都有管辖权的，当事人可以向其中一个人民法院申请执行；当事人向两个以上人民法院申请执行的，由最先立案的人民法院管辖。

14. 人民法院之间因执行管辖权发生争议的，由双方协商解决；协商不成的，报请双方共同的上级人民法院指定管辖。

15. 基层人民法院和中级人民法院管辖的执行案件，因特殊情况需要由上级人民法院执行的，可以报请上级人民法院执行。

25. 人民法院执行非诉讼生效法律文书，必要时可向制作生效法律文书的机构调取卷宗材料。

十二、执行争议的协调

67. 两个或两个以上人民法院在执行相关案件中发生争议的，应当协商解决。协商不成的，逐级报请上级法院，直至报请共同的上级法院协调处理。

执行争议经高级人民法院协商不成的，由有关的高级人民法院书面报请最高人民法院协调处理。

68. 执行中发现两地法院或人民法院与仲裁机构就同一法律关系作出不同裁判内容的法律文书的，各有关法院应当立即停止执行，报请共同的上级法院处理。

69. 上级法院协调处理有关执行争议案件，认为必要时，可以决定将有关款项划到本院指定的账户。

70. 上级法院协调下级法院之间的执行争议所作出的处理决定，有关法院必须执行。

◆ 典型案例

某建设工程公司与 Z 股份公司仲裁裁决执行案①

某建设工程公司与 Z 股份公司仲裁案，广州仲裁委员会作出（2016）穗仲案

---

① 最高人民法院（2021）最高法执监 337 号执行裁定书。

字第 5753 号裁决。北京市第一中级人民法院于 2020 年 7 月 23 日立案执行。执行过程中，Z 股份公司就执行管辖权提出异议，认为北京市第一中级人民法院不具有管辖权，浙江省宁波市中级人民法院是最佳管辖法院。Z 股份公司不服北京市高级人民法院（2020）京执复 189 号执行裁定，向最高人民法院申请执行监督。

最高人民法院经审查认为，本案争议焦点是北京市第一中级人民法院对本案执行是否具有管辖权。法律规定由人民法院执行的其他法律文书，由被执行人住所地或者被执行的财产所在地人民法院执行。被执行的财产为股权的，该股权的发行公司住所地为被执行的财产所在地。本案中，被执行人 Z 股份公司持有某信息技术公司 33.33% 股权，某信息技术公司在主管行政管理机关登记的住所地位于北京市，在北京市第一中级人民法院辖区范围内，故北京市第一中级人民法院受理某建设工程公司执行申请立案符合法律关于执行管辖的规定。被执行人财产具体状况，其价值多少，是否需与其他执行案件协调，系进入执行后审查的内容。Z 股份公司仅以某信息技术公司进入破产清算程序，股权价值为零，不可作为执行财产为由，认为北京市第一中级人民法院不具备管辖权，缺乏事实和法律依据，且与其主张解封股权相互矛盾。

第二百三十六条　【对违法执行行为的异议】当事人、利害关系人认为执行行为违反法律规定的，可以向负责执行的人民法院提出书面异议。当事人、利害关系人提出书面异议的，人民法院应当自收到书面异议之日起十五日内审查，理由成立的，裁定撤销或者改正；理由不成立的，裁定驳回。当事人、利害关系人对裁定不服的，可以自裁定送达之日起十日内向上一级人民法院申请复议。

◆ 适用指引

本条是关于对违法执行行为提出异议的规定。

依照本条规定，在执行行为违法的情况下可以提出异议的主体非常广泛，既包括当事人，也包括有关的利害关系人。当事人既包括申请执行人和被执行人，也包括在执行过程中被人民法院依法变更、追加为当事人的公民、法人或其他组织。利害关系人，是指执行当事人以外，因强制执行而侵害到其法律上权益的公民、法人或其他组织。违反法律规定的执行行为，是指法律、司法解释有明确规定，执行人员违反该规定而实施的执行行为。提起执行异议必须是在执行程序中以书面形式向执行法院提出，例外情况是，对于终结执行的执行行为，当事人提起执行异议不受执行程序终结前的时间限制。关于复议程序需要注意的是，可以申请复议的主体不限于提出异议的当事人、利害关系人，未提出异议的当事人和利害关系人，如果合法权益因法院作出的裁定受到侵害，也可以申请复议。执行程序依据生效法律文书进行，原则是快捷实现被生效法律文书确定的权利，当事人异议制度的目的在于及时纠正违法和不当的执行行为，维护当事人、利害关系人的合法权益。执行异议审查和复议期间不停止执行，被执行人、利害关系人提供充分、有效的担保请求停止相应处分措施的，人民法院可以准许；申请执行人提供充分、有效的担保请求继续执行的，应当继续执行。

一般认为，当事人、利害关系人的合法权益因强制执行受到侵害的情形大致有两种：一是因执行方法、措施、具体执行程序等违反法律规定侵害其程序利益；二是因强制执行侵害到被执行人或案外人的实体权利。两种情形侵害的权益不同，救济方法也不一样。第一种情形的救济属于程序上的救济，即赋予当事人、利害关系人提出异议的权利，请求法院执行机构对违法的执行行为予以更正或撤销；第二种情形的救济属于实体上的救济，即赋予被执行人或案外人提起诉讼的权利，请求人民法院的审判机构对有关实体争议进行审理并作出裁判排除强制执行。本条是针对违法执行行为的救济，属于程序上的救济。

执行行为不仅包括执行法院采取的执行措施，如查封、扣押、冻结；也包括执行法院在强制执行时应当遵守的程序与作出的某些法律文书，如拍卖中的先期公告程序、强制迁出房屋或者强制退出土地中院长签发公告责令被执行人限期履行的程序、协助执行通知书、执行通知等；还包括其他侵害当事人、利害关系人合法权益的执行行为，如没有执行依据而执行，超过执行依据确定的债权范围执行，违法追加、变更执行当事人，对法律禁止执行的财产予以执行，违法搜查，对迟延履行期间的债务利息或迟延履行金计算错误，执行机构直接裁定分割被执行人与案外人的共有财产等。

《最高人民法院关于人民法院执行工作若干问题的规定（试行）》确立了较为完善的执行监督制度，赋予上级人民法院对下级人民法院、最高人民法院对地方各级人民法院和专门法院的执行行为广泛的监督权。本条也是针对瑕疵执行行为，与执行监督制度的适用对象存在一致性。两种制度在具体适用时可以并行不悖：对违法执行行为提出异议、申请复议是当事人、利害关系人的法定权利，异议或复议申请符合法定条件的，执行法院和上一级人民法院必须进行审查处理并作出裁定，裁定应当送达当事人和有关法院；执行监督作为法院内部的监督纠错制度，更多是在内部运行，法院处理后一般只向有关法院下发内部函文，特殊情况下才制作裁定或决定。因此，两种制度的纠错途径、启动程序、审查处理程序、法律文书以及法律效力等方面并不相同，可以同时存在。在违法执行的情况下，即使当事人、利害关系人未提出异议或者对裁定不服时未申请复议，如果上级人民法院发现执行法院存在违法执行问题，也应依法进行监督；如果当事人、利害关系人已经提出异议或正在申请复议，在救济程序正常进行的情况下，上级人民法院一般无须就同一问题重复监督，但作为一项监督权力，上级人民法院认为必要时可以随时行使。

◆ **关联规定**

《最高人民法院关于人民法院办理财产保全案件若干问题的规定》（2020 年 12 月 29 日）

第二十条第三款 人民法院准许被保全人自行处分被保全财产的，应当通知申请保全人；申请保全人不同意的，可以依照民事诉讼法第二百二十五条①规定提出异议。

第二十六条 申请保全人、被保全人、利害关系人认为保全裁定实施过程中的执行行为违反法律规定提出书面异议的，人民法院应当依照民事诉讼法第二百二十五条规定审查处理。

《最高人民法院关于适用〈中华人民共和国民事诉讼法〉执行程序若干问题的解释》（2020 年 12 月 29 日）

第五条 执行过程中，当事人、利害关系人认为执行法院的执行行为违反法律规定的，可以依照民事诉讼法第二百二十五条的规定提出异议。

执行法院审查处理执行异议，应当自收到书面异议之日起十五日内作出裁定。

第六条 当事人、利害关系人依照民事诉讼法第二百二十五条规定申请复议的，应当采取书面形式。

第七条 当事人、利害关系人申请复议的书面材料，可以通过执行法院转交，也可以直接向执行法院的上一级人民法院提交。

执行法院收到复议申请后，应当在五日内将复议所需的案卷材料报送上一级人民法院；上一级人民法院收到复议申请后，应当通知执行法院在五日内报送复

---

① 对应 2023 年《民事诉讼法》第 236 条。

议所需的案卷材料。

第八条 当事人、利害关系人依照民事诉讼法第二百二十五条规定申请复议的，上一级人民法院应当自收到复议申请之日起三十日内审查完毕，并作出裁定。有特殊情况需要延长的，经本院院长批准，可以延长，延长的期限不得超过三十日。

第九条 执行异议审查和复议期间，不停止执行。

被执行人、利害关系人提供充分、有效的担保请求停止相应处分措施的，人民法院可以准许；申请执行人提供充分、有效的担保请求继续执行的，应当继续执行。

《最高人民法院关于人民法院执行工作若干问题的规定（试行）》（2020 年12 月 29 日）

8. 上级人民法院执行机构负责本院对下级人民法院执行工作的监督、指导和协调。

《最高人民法院关于人民法院办理执行异议和复议案件若干问题的规定》（2020 年 12 月 29 日）

第五条 有下列情形之一的，当事人以外的自然人、法人和非法人组织，可以作为利害关系人提出执行行为异议：

（一）认为人民法院的执行行为违法，妨碍其轮候查封、扣押、冻结的债权受偿的；

（二）认为人民法院的拍卖措施违法，妨碍其参与公平竞价的；

（三）认为人民法院的拍卖、变卖或者以物抵债措施违法，侵害其对执行标的的优先购买权的；

（四）认为人民法院要求协助执行的事项超出其协助范围或者违反法律规定的；

（五）认为其他合法权益受到人民法院违法执行行为侵害的。

第六条第一款 当事人、利害关系人依照民事诉讼法第二百二十五条规定提出异议的，应当在执行程序终结之前提出，但对终结执行措施提出异议的除外。

第七条 当事人、利害关系人认为执行过程中或者执行保全、先予执行裁定过程中的下列行为违法提出异议的，人民法院应当依照民事诉讼法第二百二十五条规定进行审查：

（一）查封、扣押、冻结、拍卖、变卖、以物抵债、暂缓执行、中止执行、终结执行等执行措施；

（二）执行的期间、顺序等应当遵守的法定程序；

（三）人民法院作出的侵害当事人、利害关系人合法权益的其他行为。

被执行人以债权消灭、丧失强制执行效力等执行依据生效之后的实体事由提出排除执行异议的，人民法院应当参照民事诉讼法第二百二十五条规定进行审查。

除本规定第十九条规定的情形外，被执行人以执行依据生效之前的实体事由提出排除执行异议的，人民法院应当告知其依法申请再审或者通过其他程序解决。

第十七条 人民法院对执行行为异议，应当按照下列情形，分别处理：

（一）异议不成立的，裁定驳回异议；

（二）异议成立的，裁定撤销相关执行行为；

（三）异议部分成立的，裁定变更相关执行行为；

（四）异议成立或者部分成立，但执行行为无撤销、变更内容的，裁定异议成立或者相应部分异议成立。

第十八条 执行过程中，第三人因书面承诺自愿代被执行人偿还债务而被追加为被执行人后，无正当理由反悔并提出异议的，人民法院不予支持。

第二十条 金钱债权执行中，符合下列情形之一，被执行人以执行标的系本人及所扶养家属维持生活必需的居住房屋为由提出异议的，人民法院不予支持：

（一）对被执行人有扶养义务的人名下有其他能够维持生活必需的居住房屋的；

（二）执行依据生效后，被执行人为逃避债务转让其名下其他房屋的；

（三）申请执行人按照当地廉租住房保障面积标准为被执行人及所扶养家属提供居住房屋，或者同意参照当地房屋租赁市场平均租金标准从该房屋的变价款中扣除五至八年租金的。

执行依据确定被执行人交付居住的房屋，自执行通知送达之日起，已经给予三个月的宽限期，被执行人以该房屋系本人及所扶养家属维持生活的必需品为由提出异议的，人民法院不予支持。

第二十三条 上一级人民法院对不服异议裁定的复议申请审查后，应当按照下列情形，分别处理：

（一）异议裁定认定事实清楚，适用法律正确，结果应予维持的，裁定驳回复议申请，维持异议裁定；

（二）异议裁定认定事实错误，或者适用法律错误，结果应予纠正的，裁定

撤销或者变更异议裁定;

(三)异议裁定认定基本事实不清、证据不足的,裁定撤销异议裁定,发回作出裁定的人民法院重新审查,或者查清事实后作出相应裁定;

(四)异议裁定遗漏异议请求或者存在其他严重违反法定程序的情形,裁定撤销异议裁定,发回作出裁定的人民法院重新审查;

(五)异议裁定对应当适用民事诉讼法第二百二十七条①规定审查处理的异议,错误适用民事诉讼法第二百二十五条规定审查处理的,裁定撤销异议裁定,发回作出裁定的人民法院重新作出裁定。

除依照本条第一款第三、四、五项发回重新审查或者重新作出裁定的情形外,裁定撤销或者变更异议裁定且执行行为可撤销、变更的,应当同时撤销或者变更该裁定维持的执行行为。

人民法院对发回重新审查的案件作出裁定后,当事人、利害关系人申请复议的,上一级人民法院复议后不得再次发回重新审查。

◆ **典型案例**

案例 1:董某华与吕某兰、某地产公司、孔某余执行异议案②

重庆市高级人民法院受理董某华诉某地产公司、孔某余、刘某东合资、合作开发房地产合同纠纷一案,案外人吕某兰提出书面异议,请求解除对案涉商铺的保全查封措施。重庆市高级人民法院经审查认为吕某兰的异议理由成立,作出执行裁定,中止对案涉商铺的执行。董某华不服该裁定,向重庆市高级人民法院提起诉讼,请求撤销有关执行裁定书。后,董某华不服重庆市高级人民法院(2021)渝民初 121 号民事裁定,向最高人民法院提起上诉。

最高人民法院经审查认为,当事人、利害关系人认为执行行为违反法律规定的,可以向负责执行的人民法院提出书面异议。当事人、利害关系人提出书面异议的,人民法院应当自收到书面异议之日起十五日内审查,理由成立的,裁定撤销或者改正;理由不成立的,裁定驳回。当事人、利害关系人对裁定不服的,可以自裁定送达之日起十日内向上一级人民法院申请复议。申请保全人、被保全人、利害关系人认为保全裁定实施过程中的执行行为违反法律规定提出书面异议的,人民法院应当依照《民事诉讼法》第二百二十五条规定审查处理。前述"民事诉讼法第二百二十五条"为修订后的第二百三十二条。申请执行人提起执

---

① 对应 2023 年《民事诉讼法》第 238 条。
② 最高人民法院(2022)最高法民终 368 号民事裁定书。

行异议之诉，其理由须是针对执行标的享有实体权利提出异议，而不是针对执行行为本身提出异议。本案中，董某华是对重庆市高级人民法院作出的中止对案涉商铺查封的执行行为不服，董某华提起该诉讼的目的是继续对案涉商铺的保全行为，不涉及对执行标的的实体权利确认问题。因此，董某华如果不服有关执行裁定，有权向人民法院申请复议，不能提起执行异议之诉。

案例 2：某融资担保公司与某建设发展公司、某置业公司执行复议案①

青海省高级人民法院在审理某建设发展公司与某置业公司建设工程施工合同纠纷一案期间，依某建设发展公司申请采取财产保全措施，冻结某置业公司账户存款 1500 万元，并查封该公司 32438.8 平方米土地使用权。某置业公司申请对账户予以解封，并由担保人宋某玲以银行存款 1500 万元提供担保。青海高院冻结宋某玲存款 1500 万元后，解除对某置业公司账户的冻结措施。2014 年 5 月 22 日，某融资担保公司向青海高院提供担保书，承诺某置业公司无力承担责任时，愿承担某置业公司应承担的责任，担保最高限额 1500 万元，并申请解除对宋某玲担保款的冻结措施。青海高院据此解除对宋某玲 1500 万元担保存款的冻结措施。案件进入执行程序后，经青海高院调查，被执行人某置业公司除已经抵押的土地使用权及在建工程外（在建工程价值 4 亿余元），无其他可供执行财产。保全阶段冻结的账户，因提供担保解除冻结后，进出款 8900 余万元。执行中，青海高院作出执行裁定，要求某融资担保公司在三日内清偿某建设发展公司债务 1500 万元，并扣划担保人某融资担保公司银行存款 820 万元。某融资担保公司对此提出异议称，被执行人某置业公司尚有在建工程及相应的土地使用权，请求返还已扣划的资金。某融资担保公司不服青海省高级人民法院（2016）青执异 7 号执行裁定，申请复议。最高人民法院作出（2016）最高法执复 60 号执行裁定，撤销青海高院（2016）青执异 7 号执行裁定，发回青海高院重新审查。青海高院重新审查后作出（2017）青执异 12 号执行裁定。某融资担保公司不服，申请复议。

法院经审查认为，本案的争议焦点为：保证人在人民法院审理案件期间为被执行人提供保证，承诺在被执行人无力承担责任时可执行保证人财产的，人民法院能否在被执行人除在建工程及相应的建设用地使用权以外无可供执行的财产的情况下，执行保证人的财产。

《最高人民法院关于人民法院执行工作若干问题的规定（试行）》第八十五条规定"人民法院在审理案件期间，保证人为被执行人提供保证，人民法院据此

---

① 最高人民法院（2017）最高法执复 38 号执行裁定书。

未对被执行人的财产采取保全措施或解除保全措施的，案件审结后如果被执行人无财产可供执行或其财产不足清偿债务时，即使生效法律文书中未确定保证人承担责任，人民法院有权裁定执行保证人在保证责任范围内的财产"。

　　本案中，某融资担保公司 2014 年 5 月 22 日向青海高院出具担保书，提出"现担保人愿为某置业公司提供担保，若贵院最终判决某置业公司承担本案责任，但某置业公司无力承担本案责任时，担保人愿承担某置业公司所应承担的责任，担保最高限额为 1500 万元"。上述《最高人民法院关于人民法院执行工作若干问题的规定（试行）》第八十五条规定中的保证责任及某融资担保公司所作承诺，类似于担保法规定的一般保证责任。《中华人民共和国担保法》第十七条第一款及第二款规定："当事人在保证合同中约定，债务人不能履行债务时，由保证人承担保证责任的，为一般保证。一般保证的保证人在主合同纠纷未经审判或者仲裁，并就债务人财产依法强制执行仍不能履行债务前，对债权人可以拒绝承担保证责任。"《最高人民法院关于适用〈中华人民共和国担保法〉若干问题的解释》第一百三十一条规定："本解释所称'不能清偿'指对债务人的存款、现金、有价证券、成品、半成品、原材料、交通工具等可以执行的动产和其他方便执行的财产执行完毕后，债务仍未能得到清偿的状态。"依据上述规定，在一般保证情形中，并非只有在债务人没有任何财产可供执行的情形下，才可以要求一般保证人承担责任，即使债务人有财产，但只要其财产不方便执行，即可执行一般保证人的财产。参照上述规定精神，某融资担保公司尽管承诺的是在某置业公司无力承担本案责任时承担某置业公司所应承担的责任，但由于某置业公司仅有在建工程及相应的土地使用权可供执行，既不经济也不方便，在这种情况下，人民法院可以直接执行某融资担保公司的财产。

　　综上，某融资担保公司申请复议的理由不能成立。依照《中华人民共和国民事诉讼法》第二百二十五条、《最高人民法院关于人民法院办理执行异议和复议案件若干问题的规定》第二十三条第一款第一项的规定，裁定驳回某融资担保公司复议申请，维持青海省高级人民法院（2017）青执异 12 号执行裁定。

第二百三十七条　【变更执行法院】人民法院自收到申请执行书之日起超过六个月未执行的，申请执行人可以向上一级人民法院申请执行。上一级人民法院经审查，可以责令原人民法院在一定期限内执行，也可以决定由本院执行或者指令其他人民法院执行。

◆ **适用指引**

本条是关于申请变更执行法院的规定。

根据本条规定，有权申请变更执行法院的只能是申请执行人，包括在执行过程中被依法变更、追加为申请执行人的公民、法人或其他组织。

本条立法本意在于，对有条件执行而执行法院无正当理由拖延执行的案件，通过上级人民法院督促执行或更换执行法院的方式排除相关干扰因素，使案件尽快执行。如果案件客观上根本无法执行，比如被执行人没有可供执行的财产，适用本条规定不仅没有实际意义，而且徒增当事人和法院负担。向上一级人民法院申请执行的事由有四种：

1. 债权人在申请执行时被执行人有可供执行的财产，执行法院自收到申请执行书之日起超过 6 个月对该财产未执行完结的。这种情形实际上是对那些在执行程序开始时即有财产可供执行的案件，要求执行法院在 6 个月内必须将可供执行的财产执行完结。

2. 执行过程中发现了被执行人可供执行的财产，要求执行法院自发现财产之日起 6 个月内对该财产执行完结，否则申请执行人即可向上一级人民法院申请执行。

3. 行为义务的执行比较特殊，一般情况下不以可供执行的财产为前提，因此，执行法院自收到申请执行书之日起超过 6 个月未依法采取相应执行措施的。

4. 执行中的公告期间、鉴定评估期间、管辖争议处理期间、执行争议协调期间、暂缓执行以及中止执行等期间，均与无正当理由的拖延执行无关。因此，前述期间应从 6 个月期间中扣除。

更换执行法院属于程序性事项，不涉及实体争议。申请执行人依法向执行法院的上一级人民法院申请执行后，由上一级人民法院执行机构具体负责处理。经审查，针对不同情况可以作出三种不同的处理：一是责令原人民法院在一定期限内执行；二是决定由本院执行；三是指令本辖区执行法院以外的其他人民法院执行。具体哪种处理更为合适，由上一级人民法院根据案件具体情况确定。上级人民法院决定提级执行和指定执行时应当作出裁定，督促执行时应当向执行法院发出督促执行令。上一级人民法院责令执行法院限期执行，执行法院在指定期间内无正当理由仍未执行完结的，上一级人民法院应当裁定提级执行或者指定执行。

需要注意的是，本条规定的消极执行属于违反法律规定的执行行为，故申请执行人有权依照第 236 条的规定向执行法院提出异议。因此，在出现特定法定事由的情况下，当事人可任选其一，也可分别通过两种不同救济途径维护合法权益。

◆ **关联规定**

《最高人民法院关于适用〈中华人民共和国民事诉讼法〉执行程序若干问题的解释》（2020 年 12 月 29 日）

第十条 依照民事诉讼法第二百二十六条①的规定，有下列情形之一的，上一级人民法院可以根据申请执行人的申请，责令执行法院限期执行或者变更执行法院：

（一）债权人申请执行时被执行人有可供执行的财产，执行法院自收到申请执行书之日起超过六个月对该财产未执行完结的；

（二）执行过程中发现被执行人可供执行的财产，执行法院自发现财产之日起超过六个月对该财产未执行完结的；

（三）对法律文书确定的行为义务的执行，执行法院自收到申请执行书之日起超过六个月未依法采取相应执行措施的；

（四）其他有条件执行超过六个月未执行的。

第十一条 上一级人民法院依照民事诉讼法第二百二十六条规定责令执行法院限期执行的，应当向其发出督促执行令，并将有关情况书面通知申请执行人。

上一级人民法院决定由本院执行或者指令本辖区其他人民法院执行的，应当作出裁定，送达当事人并通知有关人民法院。

第十二条 上一级人民法院责令执行法院限期执行，执行法院在指定期间内无正当理由仍未执行完结的，上一级人民法院应当裁定由本院执行或者指令本辖区其他人民法院执行。

第十三条 民事诉讼法第二百二十六条规定的六个月期间，不应当计算执行中的公告期间、鉴定评估期间、管辖争议处理期间、执行争议协调期间、暂缓执行期间以及中止执行期间。

◆ **典型案例**

某投资公司与某置业公司申请执行案②

某银行市中区支行、某技术发展公司等追偿银行承兑汇票垫付款纠纷一案，

---

① 对应 2023 年《民事诉讼法》第 237 条。
② 最高人民法院（2014）执申字第 21 号执行裁定书。

山东省高级人民法院作出（1997）鲁法经初字第 33 号民事判决：（1）某技术发展公司偿还某银行市中区支行垫付的银行承兑汇票款 900 万元及利息 248.55 万元；（2）某担保公司对某技术发展公司的上述债务承担连带责任；（3）D 实业公司、B 实业公司、L 实业公司、T 实业公司各自在 5000 万元范围内对某担保公司的上述债务承担连带责任。该案中止执行后，向某银行市中区支行发放《债权执行凭证》。某银行市中区支行的前述债权经多次转让，后由某投资公司受让。某投资公司受让债权后，以某置业公司有可供执行的财产为由，申请恢复本案执行并变更某投资公司为申请执行人。山东省高级人民法院作出（2013）鲁执恢字第 14 号执行裁定恢复本案执行并将本案指令由济南铁路运输中级法院执行。后，某投资公司不服山东省高级人民法院（2013）鲁执复议字第 91 号执行裁定，向最高人民法院提出申诉。

最高人民法院经审查认为，人民法院自收到申请执行书之日起超过六个月未执行的，申请执行人可以向上一级人民法院申请执行。上一级人民法院经审查，可以责令原人民法院在一定期限内执行，也可以决定由本院执行或者指令其他人民法院执行。本案中，某投资公司向最高人民法院提出由最高人民法院提级执行或指定其他人民法院执行的请求，但负责本案执行的是济南铁路运输中级法院，某投资公司应向山东省高级人民法院提出上述请求，直接向最高人民法院提出该项请求，不符合法律规定。

第二百三十八条　【案外人异议】执行过程中，案外人对执行标的提出书面异议的，人民法院应当自收到书面异议之日起十五日内审查，理由成立的，裁定中止对该标的的执行；理由不成立的，裁定驳回。案外人、当事人对裁定不服，认为原判决、裁定错误的，依照审判监督程序办理；与原判决、裁定无关的，可以自裁定送达之日起十五日内向人民法院提起诉讼。

◆ **适用指引**

本条是关于案外人异议的规定。

可以提出案外人异议的主体须为案外人。案外人，是指执行当事人以外，对执行标的主张权利，认为法院对某一项或某几项财产的执行侵害其实体法上权利的公民、法人和其他组织。执行过程中，如果原来的案外人被依法变更或追加为执行当事人的，不得再作为案外人提出异议。案外人异议的事由是对执行标的主张所有权或者其他足以阻止执行标的转让、交付的实体权利。案外人主张的实体权利必须是依法足以阻止该标的转让与交付的实体权利，而非所有的实体权利。此种实体权利一般以所有权为典型，但也包括用益物权、特定债权，如租赁权。承租人基于对执行标的的租赁权不能提出案外人异议，但如果在拍卖后强制承租人将标的物交付买受人，从而影响承租人对执行标的物依法占有、使用的，承租人可针对强制交付提出案外人异议以排除法院的交付行为。

根据本条规定，案外人异议应在执行过程中提出。首先，应当在异议指向的执行标的执行终结之前提出；执行标的由当事人受让的，应当在执行程序终结之前提出。执行完毕一般是指对特定标的物的执行程序完结，而非整个执行案件程序的终结；执行标的被当事人受让的，提出执行异议的截止期限延长到整个执行程序终结。其次，人民法院对诉讼争议标的以外的财产进行保全，案外人可以基于实体权利提出案外人异议。最后，作为执行依据的法律文书生效后至申请执行前，债权人在情况紧急时可向有执行管辖权的法院申请保全债务人的财产，如果法院据此在执行程序开始前对债务人财产采取查封、扣押、冻结措施，则允许对该标的物享有实体权利的人提出案外人异议。

本条规定案外人异议必须以书面形式向执行法院提出，执行法院应当自收到书面异议之日起 15 日内审查并区分不同情况作出相应处理：异议理由成立的，裁定中止对该标的的执行；异议理由不成立的，裁定驳回。因此，处理执行异议适用裁定，案外人异议涉及实体权利的纠纷与判断，最终应通过诉讼解决，执行程序中只是初步审查，目的在于分流部分较为简单的异议事由，避免执行过度拖延并减轻审判压力，故其处理结果为中止执行。中止执行后，如果当事人对裁定不服，可以区分不同情形分别通过审判监督程序、提起诉讼予以救济。另外，由于案外人异议针对的是特定的标的物，故中止的只是对该标的物的执行，不是中止整个执行程序。

执行程序中作出中止裁定或驳回裁定后，一种是当事人服从裁定结果，异议程序结束；另一种是当事人或案外人对裁定结果不服。本条根据不同情形给当事人和案外人提供两种救济途径，审判监督程序与提起诉讼并同时规定区分两种救济途径的标准：当事人的主张是否与原判决、裁定冲突。如果案外人主张的权利与作为执行依据的生效判决确定的事实相冲突，就涉及执行依据本身是否存在错误的问题，案外人应按审判监督程序办理；如果当事人、案外人的主张与原判决、裁定确定的事实不发生冲突或者说与原判决、裁定无关，当事人或案外人则可自裁定送达之日起 15 日内向人民法院提起诉讼。审判监督程序在实践中主要是指执行标的为生效裁判所指定交付的特定物的情形。在生效判决判令被告向原告交付特定物，原告根据该判决申请执行的情况下，案外人对该特定物提出权利主张，显然与作为执行依据的生效判决发生直接冲突，执行人员原则上无法审查生效判决的对错，通常只能驳回案外人的异议，案外人对此不服，只能通过审判监督程序救济权利。案外人对驳回其执行异议的裁定不服，认为原判决、裁定、调解书内容错误损害其民事权益的，可以自执行异议裁定送达之日起 6 个月内向作出原判决、裁定、调解书的人民法院申请再审，进入案外人异议程序后，案外人只能通过案外人申请再审予以救济，排除适用第三人撤销之诉。

案外人异议之诉需要注意如下几点：第一，案外人对裁定不服，与原判决、裁定无关的，可以自裁定送达之日起 15 日内向人民法院提起诉讼。15 日起诉期限属于法定不变期间，不能任意改变，因不可抗拒事由或者其他正当理由耽误的，在障碍消除后 10 日内可以申请顺延期限，是否准许，由人民法院决定。案外人异议之诉的目的在于排除对异议标的的执行，执行的目的是实现申请执行人的债权，故案外人异议之诉应以申请执行人为被告，如果被执行人也反对案外人的请求，否认其有排除强制执行的权利，应以被执行人为共同被告。另外，由执行法院管辖案外人异议之诉，依照通常诉讼程序审理并作出相应裁判。与案外人提起诉讼的目的相反，申请执行人提起诉讼的目的在于恢复对异议标的的执行，故可将该诉讼称为许可执行之诉。许可执行之诉也是从执行程序中派生出来的特殊类型诉讼，主要是解决申请执行人与案外人之间关于执行标的能否执行的争议，故应以案外人为被告，如果被执行人也否认申请执行人的请求，应以被执行人为共同被告。

◆ **关联规定**

《最高人民法院关于人民法院民事调解工作若干问题的规定》（2020 年 12 月 29 日）

第十六条 调解书约定给付特定标的物的，调解协议达成前该物上已经存在的第三人的物权和优先权不受影响。第三人在执行过程中对执行标的物提出异议的，应当按照民事诉讼法第二百二十七条①规定处理。

《最高人民法院关于适用〈中华人民共和国民事诉讼法〉的解释》（2022 年 4 月 1 日）

第三百零三条 案外人提起执行异议之诉，除符合民事诉讼法第一百二十

---

① 对应 2023 年《民事诉讼法》第 238 条。

条规定外，还应当具备下列条件：

（一）案外人的执行异议申请已经被人民法院裁定驳回；

（二）有明确的排除对执行标的执行的诉讼请求，且诉讼请求与原判决、裁定无关；

（三）自执行异议裁定送达之日起十五日内提起。

人民法院应当在收到起诉状之日起十五日内决定是否立案。

第三百零四条　申请执行人提起执行异议之诉，除符合民事诉讼法第一百二十二条规定外，还应当具备下列条件：

（一）依案外人执行异议申请，人民法院裁定中止执行；

（二）有明确的对执行标的继续执行的诉讼请求，且诉讼请求与原判决、裁定无关；

（三）自执行异议裁定送达之日起十五日内提起。

人民法院应当在收到起诉状之日起十五日内决定是否立案。

第三百零九条　案外人或者申请执行人提起执行异议之诉的，案外人应当就其对执行标的享有足以排除强制执行的民事权益承担举证证明责任。

第三百一十条　对案外人提起的执行异议之诉，人民法院经审理，按照下列情形分别处理：

（一）案外人就执行标的享有足以排除强制执行的民事权益的，判决不得执行该执行标的；

（二）案外人就执行标的不享有足以排除强制执行的民事权益的，判决驳回诉讼请求。

案外人同时提出确认其权利的诉讼请求的，人民法院可以在判决中一并作出裁判。

第三百一十一条　对申请执行人提起的执行异议之诉，人民法院经审理，按照下列情形分别处理：

（一）案外人就执行标的不享有足以排除强制执行的民事权益的，判决准许执行该执行标的；

（二）案外人就执行标的享有足以排除强制执行的民事权益的，判决驳回诉讼请求。

第四百六十二条　根据民事诉讼法第二百三十四条①规定，案外人对执行标的提出异议的，应当在该执行标的的执行程序终结前提出。

---

①　对应 2023 年《民事诉讼法》第 238 条。

第四百六十三条　案外人对执行标的提出的异议，经审查，按照下列情形分别处理：

（一）案外人对执行标的不享有足以排除强制执行的权益的，裁定驳回其异议；

（二）案外人对执行标的享有足以排除强制执行的权益的，裁定中止执行。

驳回案外人执行异议裁定送达案外人之日起十五日内，人民法院不得对执行标的进行处分。

《最高人民法院关于人民法院办理财产保全案件若干问题的规定》（2020 年 12 月 29 日）

第二十七条　人民法院对诉讼争议标的以外的财产进行保全，案外人对保全裁定或者保全裁定实施过程中的执行行为不服，基于实体权利对被保全财产提出书面异议的，人民法院应当依照民事诉讼法第二百二十七条①规定审查处理并作出裁定。案外人、申请保全人对该裁定不服的，可以自裁定送达之日起十五日内向人民法院提起执行异议之诉。

人民法院裁定案外人异议成立后，申请保全人在法律规定的期间内未提起执行异议之诉的，人民法院应当自起诉期限届满之日起七日内对该被保全财产解除保全。

《最高人民法院关于适用〈中华人民共和国民事诉讼法〉执行程序若干问题的解释》（2020 年 12 月 29 日）

第十四条　案外人对执行标的主张所有权或者有其他足以阻止执行标的转让、交付的实体权利的，可以依照民事诉讼法第二百二十七条的规定，向执行法院提出异议。

第十五条　案外人异议审查期间，人民法院不得对执行标的进行处分。

案外人向人民法院提供充分、有效的担保请求解除对异议标的的查封、扣押、冻结的，人民法院可以准许；申请执行人提供充分、有效的担保请求继续执行的，应当继续执行。

因案外人提供担保解除查封、扣押、冻结有错误，致使该标的无法执行的，人民法院可以直接执行担保财产；申请执行人提供担保请求继续执行有错误，给对方造成损失的，应当予以赔偿。

第十六条　案外人执行异议之诉审理期间，人民法院不得对执行标的进行处分。申请执行人请求人民法院继续执行并提供相应担保的，人民法院可以准许。

---

①　对应 2023 年《民事诉讼法》第 238 条。

案外人请求解除查封、扣押、冻结或者申请执行人请求继续执行有错误，给对方造成损失的，应当予以赔偿。

《最高人民法院关于人民法院执行工作若干问题的规定（试行）》（2020 年 12 月 29 日）

55. 多份生效法律文书确定金钱给付内容的多个债权人分别对同一被执行人申请执行，各债权人对执行标的物均无担保物权的，按照执行法院采取执行措施的先后顺序受偿。

多个债权人的债权种类不同的，基于所有权和担保物权而享有的债权，优先于金钱债权受偿。有多个担保物权的，按照各担保物权成立的先后顺序清偿。

一份生效法律文书确定金钱给付内容的多个债权人对同一被执行人申请执行，执行的财产不足清偿全部债务的，各债权人对执行标的物均无担保物权的，按照各债权比例受偿。

56. 对参与被执行人财产的具体分配，应当由首先查封、扣押或冻结的法院主持进行。

首先查封、扣押、冻结的法院所采取的执行措施如系为执行财产保全裁定，具体分配应当在该院案件审理终结后进行。

《最高人民法院关于人民法院办理执行异议和复议案件若干问题的规定》（2020 年 12 月 29 日）

第六条第二款 案外人依照民事诉讼法第二百二十七条规定提出异议的，应当在异议指向的执行标的执行终结之前提出；执行标的由当事人受让的，应当在执行程序终结之前提出。

第八条 案外人基于实体权利既对执行标的提出排除执行异议又作为利害关系人提出执行行为异议的，人民法院应当依照民事诉讼法第二百二十七条规定进行审查。

案外人既基于实体权利对执行标的提出排除执行异议又作为利害关系人提出与实体权利无关的执行行为异议的，人民法院应当分别依照民事诉讼法第二百二十七条和第二百二十五条①规定进行审查。

第二十四条 对案外人提出的排除执行异议，人民法院应当审查下列内容：

（一）案外人是否系权利人；

（二）该权利的合法性与真实性；

（三）该权利能否排除执行。

---

① 对应 2023 年《民事诉讼法》第236条。

第二十五条 对案外人的异议，人民法院应当按照下列标准判断其是否系权利人：

（一）已登记的不动产，按照不动产登记簿判断；未登记的建筑物、构筑物及其附属设施，按照土地使用权登记簿、建设工程规划许可、施工许可等相关证据判断；

（二）已登记的机动车、船舶、航空器等特定动产，按照相关管理部门的登记判断；未登记的特定动产和其他动产，按照实际占有情况判断；

（三）银行存款和存管在金融机构的有价证券，按照金融机构和登记结算机构登记的账户名称判断；有价证券由具备合法经营资质的托管机构名义持有的，按照该机构登记的实际出资人账户名称判断；

（四）股权按照工商行政管理机关的登记和企业信用信息公示系统公示的信息判断；

（五）其他财产和权利，有登记的，按照登记机构的登记判断；无登记的，按照合同等证明财产权属或者权利人的证据判断。

案外人依据另案生效法律文书提出排除执行异议，该法律文书认定的执行标的权利人与依照前款规定得出的判断不一致的，依照本规定第二十六条规定处理。

◆ **典型案例**

案例 1：刘某军诉李某财、某房地产公司第三人撤销之诉案①

辽宁省沈阳市皇姑区人民法院根据李某财申请作出（2016）辽 0105 执 371 号执行裁定并对案涉项目进行查封，刘某军提出书面异议。2020 年 8 月 12 日，辽宁省沈阳市皇姑区人民法院作出（2020）辽 0105 执异 178 号执行裁定，驳回刘某军的异议。刘某军向辽宁省高级人民法院提起诉讼，请求撤销涉案调解书并改判驳回李某财的再审申请。后，刘某军不服辽宁省高级人民法院（2022）辽民撤 3 号民事裁定，向最高人民法院提起上诉。

最高人民法院经审查认为，《中华人民共和国民事诉讼法》第二百三十四条规定，执行过程中，案外人对执行标的提出书面异议的，人民法院应当自收到书面异议之日起十五日内审查，理由成立的，裁定中止对该标的的执行；理由不成立的，裁定驳回。案外人、当事人对裁定不服，认为原判决、裁定错误的，依照

---

① 最高人民法院（2023）最高法民终 44 号民事裁定书。

审判监督程序办理；与原判决、裁定无关的，可以自裁定送达之日起十五日内向人民法院提起诉讼。本案中，刘某军一直主张李某财所提诉讼系重复起诉且存在证据造假等情形、涉案调解书内容错误导致其合法权益受损。可见，刘某军认为（2015）辽审一民提字第 22 号案件存在错误并提出诉求，属于"认为原判决、裁定错误的，依照审判监督程序办理"情形。因此，如刘某军坚持认为涉案调解书存在错误损害其合法权益，应当根据法律规定通过正当程序寻求法律救济。案外人对人民法院驳回其执行异议裁定不服，认为原判决、裁定、调解书内容错误损害其合法权益的，应当根据《中华人民共和国民事诉讼法》第二百三十四条之规定申请再审，提起第三人撤销之诉的，人民法院不予受理。因此，根据本案查明事实，辽宁省沈阳市皇姑区人民法院在执行涉案调解书过程中，对刘某军的书面异议裁定驳回，刘某军此种情形下提起第三人撤销之诉，人民法院依法不予受理。

案例 2：王某光诉某建设公司案外人执行异议之诉案[①]

吉林省高级人民法院就某建设公司起诉一审第三人某置业公司建设工程施工合同纠纷一案作出（2016）吉民初 19 号民事判决。判决生效后，某建设公司向吉林省高级人民法院申请执行上述判决，该院裁定由吉林省白山市中级人民法院执行。2017 年 11 月 10 日，吉林省白山市中级人民法院依某建设公司申请作出（2017）吉 06 执 82 号（之五）执行裁定，查封某小区 B1、B2、B3、B4 栋的 11××—××号商铺。王某光向吉林省白山市中级人民法院提出执行异议，吉林省白山市中级人民法院于 2017 年 11 月 24 日作出（2017）吉 06 执异 87 号执行裁定，驳回王某光的异议请求。此后，王某光以其在查封上述房屋之前已经签订书面买卖合同并占有使用该房屋为由，向吉林省白山市中级人民法院提起案外人执行异议之诉，请求法院判令：依法解除查封，停止执行王某光购买的白山市浑江区某小区 B1、B2、B3、B4 栋的 11××—××号商铺。王某光不服吉林省高级人民法院（2018）吉民终 665 号民事裁定，申请再审。

法院经审查认为：本案再审审理的重点是王某光提起的执行异议之诉是否属于《中华人民共和国民事诉讼法》第二百二十七条规定的案外人的执行异议"与原判决、裁定无关"的情形。根据《中华人民共和国民事诉讼法》第二百二十七条规定的文义，该条法律规定的案外人的执行异议"与原判决、裁定无关"是指案外人提出的执行异议不含有其认为作为执行依据的原判决、裁定错误的主

---

① 最高人民法院（2019）最高法民再 373 号民事裁定书。

张。案外人主张排除建设工程价款优先受偿权的执行与否定建设工程价款优先受偿权权利本身并非同一概念。前者是案外人在承认或至少不否认对方权利的前提下，对两种权利的执行顺位进行比较，主张其根据有关法律和司法解释的规定享有的民事权益可以排除他人建设工程价款优先受偿权的执行；后者是从根本上否定建设工程价款优先受偿权权利本身，主张诉争建设工程价款优先受偿权本身不存在。简而言之，当事人主张其权益在特定标的的执行上优于对方的权益，不能等同于否定对方权益的存在；当事人主张其权益会影响生效裁判的执行，也不能等同于其认为生效裁判错误。

本案中，根据王某光提起本案案外人执行异议之诉的请求和具体理由，王某光并没有主张否定原生效判决确认的某建设公司所享有的建设工程价款优先受偿权，王某光提起案外人执行异议之诉意在请求法院确认其对案涉房屋享有可以排除强制执行的民事权益。即使一、二审法院支持王某光关于执行异议的主张，也并不动摇原生效判决关于某建设公司享有建设工程价款优先受偿权的认定，仅可能影响原生效判决的具体执行。因此，本案王某光的执行异议并不含有其认为已生效的（2016）吉民初 19 号民事判决存在错误的主张，属于《中华人民共和国民事诉讼法》第二百二十七条规定的案外人的执行异议"与原判决、裁定无关"的情形。一、二审法院认定王某光作为案外人对执行标的物主张排除执行的异议实质上是对上述生效判决的异议，应当依照审判监督程序办理，据此裁定驳回王某光的起诉，适用法律错误，本院予以纠正。

第二百三十九条　【执行机构、程序】执行工作由执行员进行。

采取强制执行措施时，执行员应当出示证件。执行完毕后，应当将执行情况制作笔录，由在场的有关人员签名或者盖章。

人民法院根据需要可以设立执行机构。

◆ **适用指引**

本条是关于执行人员与执行程序的规定。"审执分立"通过划分执行工作与审判工作界限，确定了执行员与审判人员的职责范围。本条规定执行工作由执行员负责。执行工作具有很强的专业性、对抗性与社会性，执行人员不仅需要具备相应的法律知识，还需要具备较高的政策水平、较强的协调沟通能力、应急反应能力与良好的身体素质。关于执行程序需要注意两点：一是执行前应出示执行证件，这是对当事人权益的保护措施，也是执行规范化要求；二是执行完毕后应制作相应的笔录，通过固定执行过程、保存执行材料确保执行程序的合法性。

◆ **关联规定**

《最高人民法院关于人民法院执行工作若干问题的规定（试行）》（2020 年12 月29 日）

1. 人民法院根据需要，依据有关法律的规定，设立执行机构，专门负责执行工作。

3. 人民法院在审理民事、行政案件中作出的财产保全和先予执行裁定，一般应当移送执行机构实施。

5. 执行程序中重大事项的办理，应由三名以上执行员讨论，并报经院长批准。

6. 执行机构应配备必要的交通工具、通讯设备、音像设备和警械用具等，以保障及时有效地履行职责。

7. 执行人员执行公务时，应向有关人员出示工作证件，并按规定着装。必要时应由司法警察参加。

第二百四十条　【委托执行】被执行人或者被执行的财产在外地的，可以委托当地人民法院代为执行。受委托人民法院收到委托函件后，必须在十五日内开始执行，不得拒绝。执行完毕后，应当将执行结果及时函复委托人民法院；在三十日内如果还未执行完毕，也应当将执行情况函告委托人民法院。

受委托人民法院自收到委托函件之日起十五日内不执行的，委托人民法院可以请求受委托人民法院的上级人民法院指令受委托人民法院执行。

◆ **适用指引**

本条是关于委托执行的规定。根据本条规定，委托执行的条件是被执行人或者被执行的财产在外地；同时，本条规定在符合前述条件的情况下，可以委托当地人民法院代为执行，故委托执行与异地执行属于并行，选择权在于执行法院。委托执行包括执行案件的委托与部分执行事项的委托。对于后者，受托法院不作为委托执行案件立案办理，应以机要形式送达相关手续。关于委托执行案件的办理程序：

1. 委托法院提出委托。（1）委托执行应向执行标的物所在地或者执行行为实施地的同级人民法院提出。在确定受托法院时，一方面，要有助于实现委托执行目的；另一方面，也应考虑与执行中的地域管辖、级别管辖制度相衔接。在地域管辖上，应为执行标的物所在地或者执行行为实施地法院；在级别管辖上，委托法院与受托法院应为同一级别的法院。（2）委托应向委托法院所属高级法院备案。为对委托执行案件统一监督管理，委托法院对外进行案件委托后，要层报所在的高级人民法院备案。（3）提供法律规定的材料。委托法院应提供委托执行函、执行依据副本、有关案件财产情况及执行情况说明、相关主体信息等材料，以便受托法院操作。一是已查封的被执行人异地财产在委托执行时一并移交给受托法院处理；二是委托法院对被执行人财产已经采取查封、扣押、冻结等措施的，视为受托法院的查封、扣押、冻结措施，受托法院需要继续查封、扣押、冻结的，持委托执行函和立案通知书即可办理相关手续；三是受托法院续封续冻时，仍为原委托法院的查封冻结顺序；四是为了防止查封财产因委托期间未能及时续封续冻的问题发生，规定查封、扣押、冻结等措施规定的有效期限在移交受托法院时不足 1 个月的，委托法院应当先行续封或者续冻，再移交受托法院。

2. 受托法院的审查处理。（1）符合条件的及时立案。受托法院收到委托执行函后，应在 7 日内立案并及时将立案通知书通过委托法院送达申请执行人，同时将指定的承办人、联系电话等书面告知委托法院。（2）手续不全的，要求委托法院补办，委托法院应在 30 日内完成补办，未能完成的，应作出书面说明。（3）不符合条件的，报高级人民法院批准后退回。委托执行手续材料不全，委托法院在 30 日内不补办又不说明原因的，视为撤回委托，受托法院可在层报所在高级人民法院同意后，将委托材料退回。另外，退回委托应当包括实质不符合委托执行条件的相关案件，如在受托法院辖地没有财产的案件。

3. 法律效果。（1）受托法院接受委托并立案后，产生如下法律效果：第一，受托法院取得委托执行案件的管辖权。对于接受委托的案件，原则上不得再次委托，需要异地执行时，可以异地执行。第二，委托法院收到受托法院的立案通知书后可作委托结案处理并在 7 日内书面通知申请执行人案件已委托、可直接与受托法院联系执行相关事宜，在发现有可供执行的财产时，应及时告知受托法院。第三，申请执行人收到委托法院的通知后，应接受受托法院的管辖并可就执行案件具体事项与受托法院沟通。（2）退回的法律效果：委托执行案件退回后，受托法院已立案的，应作销案处理，退回原因消除后可再行委托；确因委托不当被退回的，委托法院应决定撤销委托并恢复执行，同时报所在高级人民法院备案。

◆ **关联规定**

《最高人民法院关于委托执行若干问题的规定》（2020 年 12 月 29 日）

第三条 委托执行应当以执行标的物所在地或者执行行为实施地的同级人民法院为受托执行法院。有两处以上财产在异地的，可以委托主要财产所在地的人民法院执行。

被执行人是现役军人或者军事单位的，可以委托对其有管辖权的军事法院执行。

执行标的物是船舶的，可以委托有管辖权的海事法院执行。

第五条 案件委托执行时，委托法院应当提供下列材料：

（一）委托执行函；

（二）申请执行书和委托执行案件审批表；

（三）据以执行的生效法律文书副本；

（四）有关案件情况的材料或者说明，包括本辖区无财产的调查材料、财产保全情况、被执行人财产状况、生效法律文书的履行情况等；

（五）申请执行人地址、联系电话；

（六）被执行人身份证件或者营业执照复印件、地址、联系电话；

（七）委托法院执行员和联系电话；

（八）其他必要的案件材料等。

第六条 委托执行时，委托法院应当将已经查封、扣押、冻结的被执行人的异地财产，一并移交受托法院处理，并在委托执行函中说明。

委托执行后，委托法院对被执行人财产已经采取查封、扣押、冻结等措施的，视为受托法院的查封、扣押、冻结措施。受托法院需要继续查封、扣押、冻结，持委托执行函和立案通知书办理相关手续。续封续冻时，仍为原委托法院的查封冻结顺序。

查封、扣押、冻结等措施的有效期限在移交受托法院时不足 1 个月的，委托法院应当先行续封或者续冻，再移交受托法院。

第十条 委托法院在案件委托执行后又发现有可供执行财产的，应当及时告知受托法院。受托法院发现被执行人在受托法院辖区外另有可供执行财产的,可以直接异地执行,一般不再行委托执行。根据情况确需再行委托的,应当按照委托执行案件的程序办理,并通知案件当事人。

第十一条 受托法院未能在6个月内将受托案件执结的,申请执行人有权请求受托法院的上一级人民法院提级执行或者指定执行,上一级人民法院应当立案审查,发现受托法院无正当理由不予执行的,应当限期执行或者作出裁定提级执行或者指定执行。

◆ **典型案例**

某机场公司与T集团、丁某琥等执行复议案①

某机场公司与T集团、丁某琥等股权转让纠纷一案,海南省高级人民法院作出(2015)琼民二初字第3号民事判决,因T集团、丁某琥等未履行生效法律文书确定的义务,经某机场公司申请,该案进入强制执行程序。T集团提出异议称,海南省高级人民法院未委托执行,违反法律规定。后,T集团不服海南省高级人民法院(2017)琼执异50号执行裁定,向最高人民法院申请复议。

最高人民法院经审查认为,执行法院经调查发现被执行人在本辖区内已无财产可供执行,且在其他省、自治区、直辖市内有可供执行财产的,应当将案件委托异地的同级人民法院执行。执行案件中有三个以上被执行人或者三处以上被执行财产在本省、自治区、直辖市辖区以外,且分属不同异地的,执行法院根据案件具体情况,报经高级人民法院批准后可以异地执行。前述规定系为更加便捷、高效的履行生效判决,规定执行法院可以采取委托执行的方式,并非为执行法院设定强制性的义务。发生法律效力的民事判决、裁定,以及刑事判决、裁定中的财产部分,由第一审人民法院或者与第一审人民法院同级的被执行的财产所在地人民法院执行。本案中,海南省高级人民法院作为本案一审法院,享有执行管辖权,其依法执行本案并采取执行措施,并无不当,T集团关于海南省高级人民法院应将本案移送湖南省高级人民法院执行的相关主张,理据不足。

第二百四十一条 【执行和解】在执行中,双方当事人自行和解达成协议的,执行员应当将协议内容记入笔录,由双方当事人签名或者盖章。

---

① 最高人民法院(2018)最高法执复52号执行裁定书。

申请执行人因受欺诈、胁迫与被执行人达成和解协议，或者当事人不履行和解协议的，人民法院可以根据当事人的申请，恢复对原生效法律文书的执行。

◆ **适用指引**

本条是关于执行和解的规定。执行和解，是指双方当事人在执行程序中通过自行协商，变更原生效法律文书的内容并通过自愿履行来终结强制执行程序。

1. 和解协议由当事人自行达成。如果执行机构主持双方当事人达成和解协议，则和解协议具有公法性质及执行力。如果和解协议具有执行力，则表明执行程序能够改变生效裁判内容，审执分立的基本司法体制将面临挑战。因此，法律规定执行和解协议应当由当事人自行达成。

2. 和解协议的内容。和解协议可以依法变更生效法律文书确定的权利义务主体、履行标的、期限、地点和方式等内容。因此，和解协议内容较为宽泛，法律对于和解协议范围基本没有限制。但应注意两点：一是达成和解协议应建立在原生效法律文书确定的权利义务基础上；二是达成和解协议的目的在于实现原生效法律文书确定的权利义务关系。

3. 和解协议的形式。因和解协议是对执行依据的实质改变，对执行程序会产生重大影响，故本条规定双方当事人自行和解达成协议后，执行员应将协议内容记入笔录并由双方当事人签名或者盖章。和解协议一般应当采取书面形式，当事人达成口头和解协议的，执行人员应将和解协议内容记入笔录并由各方当事人签名或者盖章。

4. 达成和解协议对执行程序的影响。在当事人提交和解协议的情况下，人民法院可以裁定中止执行。申请执行期间因达成执行和解协议而中断，其期限至和解协议所定履行期限的最后一日起重新计算。

5. 和解协议履行完毕对执行程序的影响。如果双方当事人履行完毕和解协议，则不存在原生效法律文书恢复执行的问题。和解协议履行完毕的，人民法院作执行结案处理。

6. 关于原生效法律文书的恢复执行。根据本条规定，申请执行人因受欺诈、胁迫与被执行人达成和解协议或者当事人不履行和解协议，当事人可以随时申请恢复原生效法律文书的执行，恢复对原生效法律文书的执行后，对于和解协议履行的部分应当扣除，当事人、利害关系人认为人民法院的扣除行为违反法律规定的，可以提出异议。担保人明确表示被执行人不履行执行和解协议时自愿接受直接强制执行的，人民法院可以直接执行担保财产或者保证人的财产。

7. 被执行人不履行执行和解协议，申请执行人可以申请恢复执行原生效法律文书，也可以就履行执行和解协议向执行法院提起诉讼。需要注意的是，另诉的主体是申请执行人。同时，在申请执行人不履行和解协议的情况下，被执行人可以以提存的方式履行和解协议，被执行人原则上无权另诉，但其可以以和解协议无效或可撤销为由提起诉讼。

◆ **关联规定**

《最高人民法院关于适用〈中华人民共和国民事诉讼法〉的解释》（2022 年4 月1 日）

第四百六十四条 申请执行人与被执行人达成和解协议后请求中止执行或者撤回执行申请的，人民法院可以裁定中止执行或者终结执行。

第四百六十五条 一方当事人不履行或者不完全履行在执行中双方自愿达成的和解协议，对方当事人申请执行原生效法律文书的，人民法院应当恢复执行，但和解协议已履行的部分应当扣除。和解协议已经履行完毕的，人民法院不予恢复执行。

第四百六十六条 申请恢复执行原生效法律文书，适用民事诉讼法第二百四十六条①申请执行期间的规定。申请执行期间因达成执行中的和解协议而中断，其期间自和解协议约定履行期限的最后一日起重新计算。

《最高人民法院关于执行和解若干问题的规定》（2020 年12 月29 日）

第二条 和解协议达成后，有下列情形之一的，人民法院可以裁定中止执行：

（一）各方当事人共同向人民法院提交书面和解协议的；

（二）一方当事人向人民法院提交书面和解协议，其他当事人予以认可的；

（三）当事人达成口头和解协议，执行人员将和解协议内容记入笔录，由各方当事人签名或者盖章的。

第六条 当事人达成以物抵债执行和解协议的，人民法院不得依据该协议作出以物抵债裁定。

第九条 被执行人一方不履行执行和解协议的，申请执行人可以申请恢复执行原生效法律文书，也可以就履行执行和解协议向执行法院提起诉讼。

第十条 申请恢复执行原生效法律文书，适用民事诉讼法第二百三十九条②

---

① 对应2023 年《民事诉讼法》第250 条。
② 对应2023 年《民事诉讼法》第250 条。

申请执行期间的规定。

当事人不履行执行和解协议的，申请恢复执行期间自执行和解协议约定履行期间的最后一日起计算。

第十一条　申请执行人以被执行人一方不履行执行和解协议为由申请恢复执行，人民法院经审查，理由成立的，裁定恢复执行；有下列情形之一的，裁定不予恢复执行：

（一）执行和解协议履行完毕后申请恢复执行的；

（二）执行和解协议约定的履行期限尚未届至或者履行条件尚未成就的，但符合民法典第五百七十八条规定情形的除外；

（三）被执行人一方正在按照执行和解协议约定履行义务的；

（四）其他不符合恢复执行条件的情形。

第十七条　恢复执行后，执行和解协议已经履行部分应当依法扣除。当事人、利害关系人认为人民法院的扣除行为违反法律规定的，可以依照民事诉讼法第二百二十五条①规定提出异议。

第十九条　执行过程中，被执行人根据当事人自行达成但未提交人民法院的和解协议，或者一方当事人提交人民法院但其他当事人不予认可的和解协议，依照民事诉讼法第二百二十五条规定提出异议的，人民法院按照下列情形，分别处理：

（一）和解协议履行完毕的，裁定终结原生效法律文书的执行；

（二）和解协议约定的履行期限尚未届至或者履行条件尚未成就的，裁定中止执行，但符合民法典第五百七十八条规定情形的除外；

（三）被执行人一方正在按照和解协议约定履行义务的，裁定中止执行；

（四）被执行人不履行和解协议的，裁定驳回异议；

（五）和解协议不成立、未生效或者无效的，裁定驳回异议。

◆ **典型案例**

杜某安与杨某平、某煤矿执行监督案②

杨某平与杜某安、某煤矿确认合同效力纠纷一案，内蒙古自治区鄂尔多斯市中级人民法院作出（2013）鄂中法民三初字第4号民事判决。杜某安申请强制执行，某煤矿、杜某安与杨某平达成执行和解协议，后因执行和解协议的履行再次发生纠纷。杜某安不服内蒙古自治区高级人民法院（2017）内执复字第23号执

---

① 对应2023年《民事诉讼法》第236条。
② 最高人民法院（2018）最高法执监89号执行裁定书。

行裁定，向最高人民法院提出申诉。

最高人民法院经审查认为，申请执行人因受欺诈、胁迫与被执行人达成和解协议，或者当事人不履行和解协议的，人民法院可以根据当事人的申请，恢复对原生效法律文书的执行。一方当事人不履行或者不完全履行在执行中双方自愿达成的和解协议，对方当事人申请执行原生效法律文书的，人民法院应当恢复执行，但和解协议已履行的部分应当扣除。和解协议已经履行完毕的，人民法院不予恢复执行。根据前述规定，申请执行人因受欺诈、胁迫与被执行人达成和解协议，或者一方当事人不履行或者不完全履行执行和解协议，对方当事人申请执行原生效法律文书的，人民法院就应当恢复执行。在有多个被执行人情况下，只要有其中一个被执行人不履行执行和解协议致使和解协议目的不能实现的，就可以恢复执行原生效法律文书。但是，如果各被执行人的责任是独立的、可分的，在部分被执行人按照执行和解协议履行义务后，因为其他被执行人未履行或未完全履行义务而恢复对原生效法律文书执行时，应视为其已经按照和解协议履行完毕，不应再恢复对其采取执行措施。

本案和解协议约定，某煤矿以现金1000万元为杨某平的债务承担保证责任，某煤矿支付1000万元后不再承担原判决书确定的给付义务和1000万元以外剩余部分的担保责任，申请人不得再以任何理由另行向某煤矿主张任何担保责任。执行和解协议签订后，某煤矿支付杜某安1000万元，杜某安也随即向执行法院申请解除对某煤矿的查封。因此，某煤矿按照执行和解协议履行了义务，杜某安也以其积极行为表明对该执行和解协议的认可，故在恢复执行原生效法律文书时，不应再恢复对某煤矿的执行。

第二百四十二条 【执行担保】 在执行中，被执行人向人民法院提供担保，并经申请执行人同意的，人民法院可以决定暂缓执行及暂缓执行的期限。被执行人逾期仍不履行的，人民法院有权执行被执行人的担保财产或者担保人的财产。

◆ **适用指引**

本条是关于执行担保的规定。执行担保是一种特殊的担保，不同于一般民事性质的担保。从法律规定来看，本条明确规定是向人民法院提供担保；从法律后果来看，执行担保直接影响执行程序的进行，能在条件具备时对担保财产直接予以执行。被执行人提供担保后，由人民法院决定是否暂缓执行并在被执行人超过暂缓执行期间不履行时，直接执行担保财产；被执行人或者他人提供财产担保，可以办理登记等担保物权公示手续，已经办理公示手续的，申请执行人可以主张优先受偿权。因此，登记并非执行担保的成立要件，只要当事人就担保协商一致并向法院提交担保文件，执行担保就成立，当事人可以选择予以物权登记并因此而赋予担保权人优先受偿性。

1. 申请执行人提供担保。申请执行人既可提供物的担保，也可提供人的担保。提供物的担保，既可是自己提供物的担保，也可是案外人提供物的担保。

2. 经申请执行人同意。一方面，启动执行程序以生效法律文书为前提，目的主要在于强制实现确定的债权，无法定事由一般不能停止；另一方面，当事人是自己利益的最佳判断者。执行担保的直接目的在于让被执行人克服暂时的困难，从而实现双方当事人共益。因此，从自身利益出发，申请执行人能判断被执行人是克服暂时的困难还是拖延时间。

3. 人民法院决定。由于执行担保是向人民法院作出，其法律后果涉及执行程序暂缓与担保财产的直接执行，故即便申请执行人同意，仍需要人民法院审查决定。审查时，不仅要审查担保是否充分，更要审查被执行人的现实状况、偿债能力及是否危及第三人的利益等因素，要在综合判断基础上决定是否暂缓执行。人民法院经审查认为暂缓执行有助于平衡当事人权利，有助于案件执行与纠纷处理的，可以决定暂缓执行。

4. 暂缓期间发生危及担保行为的处理。被执行人或担保人对担保的财产在暂缓执行期间有转移、隐藏、变卖、毁损等行为的，人民法院可以恢复强制执行。需要注意的是，义务人危及担保财产的后果只是人民法院可以恢复强制执行，不像其他担保权人将因此依法具有相应的其他权利。

5. 逾期不履行时的处理。根据本条规定，暂缓期间届满，被执行人仍不履行的，人民法院可以直接对担保财产或者保证人的相应财产予以执行。

◆ **关联规定**

《最高人民法院关于适用〈中华人民共和国民事诉讼法〉的解释》（2022 年 4 月 1 日）

第四百六十七条 人民法院依照民事诉讼法第二百三十八条①规定决定暂缓执行的，如果担保是有期限的，暂缓执行的期限应当与担保期限一致，但最长不

---

① 对应 2023 年《民事诉讼法》第 242 条。

得超过一年。被执行人或者担保人对担保的财产在暂缓执行期间有转移、隐藏、变卖、毁损等行为的，人民法院可以恢复强制执行。

第四百六十八条 根据民事诉讼法第二百三十八条规定向人民法院提供执行担保的，可以由被执行人或者他人提供财产担保，也可以由他人提供保证。担保人应当具有代为履行或代为承担赔偿责任的能力。

他人提供执行保证的，应当向执行法院出具保证书，并将保证书副本送交申请执行人。被执行人或者他人提供财产担保的，应当参照民法典的有关规定办理相应手续。

第四百六十九条 被执行人在人民法院决定暂缓执行的期限届满后仍不履行义务的，人民法院可以直接执行担保财产，或者裁定执行担保人的财产，但执行担保人的财产以担保人应当履行义务部分的财产为限。

《最高人民法院关于人民法院执行工作若干问题的规定（试行）》（2020 年 12 月 29 日）

54. 人民法院在审理案件期间，保证人为被执行人提供保证，人民法院据此未对被执行人的财产采取保全措施或解除保全措施的，案件审结后如果被执行人无财产可供执行或其财产不足清偿债务时，即使生效法律文书中未确定保证人承担责任，人民法院有权裁定执行保证人在保证责任范围内的财产。

《最高人民法院关于执行担保若干问题的规定》（2020 年 12 月 29 日）

第二条 执行担保可以由被执行人提供财产担保，也可以由他人提供财产担保或者保证。

第三条 被执行人或者他人提供执行担保的，应当向人民法院提交担保书，并将担保书副本送交申请执行人。

第四条 担保书中应当载明担保人的基本信息、暂缓执行期限、担保期间、被担保的债权种类及数额、担保范围、担保方式、被执行人于暂缓执行期限届满后仍不履行时担保人自愿接受直接强制执行的承诺等内容。

提供财产担保的，担保书中还应当载明担保财产的名称、数量、质量、状况、所在地、所有权或者使用权归属等内容。

第五条 公司为被执行人提供执行担保的，应当提交符合公司法第十六条规定的公司章程、董事会或者股东会、股东大会决议。

第八条 人民法院决定暂缓执行的，可以暂缓全部执行措施的实施，但担保书另有约定的除外。

第十条 暂缓执行的期限应当与担保书约定一致，但最长不得超过一年。

第十一条 暂缓执行期限届满后被执行人仍不履行义务,或者暂缓执行期间担保人有转移、隐藏、变卖、毁损担保财产等行为的,人民法院可以依申请执行人的申请恢复执行,并直接裁定执行担保财产或者保证人的财产,不得将担保人变更、追加为被执行人。

执行担保财产或者保证人的财产,以担保人应当履行义务部分的财产为限。被执行人有便于执行的现金、银行存款的,应当优先执行该现金、银行存款。

◆ **典型案例**

官某玉与某房地产公司执行监督案①

湖北省宜昌市中级人民法院执行官某玉与某房地产公司合同纠纷一案,作出(2018)鄂05执恢125号执行裁定,将李某列为担保人并向其发出执行通知书。李某对前述执行行为不服,向湖北省宜昌市中级人民法院提出书面异议,请求撤销对李某的相关执行行为。后,李某不服湖北省高级人民法院(2019)鄂执复309号执行裁定,向最高人民法院提出申诉。

最高人民法院经审查认为,在执行中,被执行人向人民法院提供担保,并经申请执行人同意的,人民法院可以决定暂缓执行及暂缓执行的期限;被执行人逾期仍不履行的,人民法院有权执行被执行人的担保财产或者担保人的财产。向人民法院提供执行担保的,可以由被执行人或者他人提供财产担保,也可以由他人提供保证。他人提供执行保证的,应当向执行法院出具保证书,并将保证书副本送交申请执行人。因此,法律和司法解释并未规定被执行人向人民法院提供担保时必须作出被执行人不履行债务时由担保人自愿接受法院强制执行的承诺。本案中,虽然李某在《执行担保书》中没有承诺在被执行人不履行义务时自愿接受直接强制执行,但根据法律和司法解释规定,李某属于执行担保人,被执行人逾期不履行义务的,人民法院有权对其强制执行。

第二百四十三条 【执行承担】 作为被执行人的公民死亡的,以其遗产偿还债务。作为被执行人的法人或者其他组织终止的,由其权利义务承受人履行义务。

---

① 最高人民法院(2021)最高法执监20号执行裁定书。

◆ **适用指引**

本条是关于执行承担的规定。执行承担又称变更被执行人。判决对于人的效力原则上只能及于其明确记载的债权人与债务人，但是当法律文书生效并开始执行后，其载明的债权人和债务人可能因为某种原因而不存在，如公民死亡、法人或者其他组织终止，这就需要考虑变换执行当事人，也就是说需要变更或追加执行当事人。根据民事实体法关于义务主体消灭后由义务承受人代为履行义务的原则，人民法院应将义务承受人作为被执行人继续执行。变更被执行人的法律效果是人民法院在执行程序中因法定事由将据以执行法律文书所确定的义务转由案外义务人承担，仅变更被执行人，不增加、消灭义务内容或追加新的主体为被执行人。

被执行人变更应当符合以下条件：（1）被执行人的变更应发生在执行程序开始后至执行程序终结前，尚未进入执行程序或者已经执行终结的案件，没有变更被执行人的必要，故不发生被执行人变更。（2）被执行人变更的原因必须是执行依据中的原被执行人主体已不存在，作为公民的，死亡或被宣告死亡，作为法人或其他组织的，主体终止。（3）被执行人的变更必须依法定程序审查认定，即在执行程序中由人民法院的执行机构审查判断。（4）变更被执行人的法律效果是原生效法律文书确定的负有履行义务的被执行人改为原生效法律文书以外的依法负有履行义务的人。

1. 作为被执行人的法人或者其他组织分立、合并。分立、合并是法人或者其他组织终止的具体形式，都会产生权利义务继承问题。法人或者其他组织的分立、合并不影响其对外承担债务的义务。实践中，法人或者其他组织分立、合并时，原主体与权利义务承受人往往有债权债务分担协议，但债权债务分担协议只产生对内拘束力，在对外关系上不能对第三者产生约束力，不管法人或其他组织如何分立或者合并，债权人均有权向权利义务承受人追偿债务以避免被执行人利用分立、合并逃避债务。

2. 作为被执行人的法人或者其他组织被撤销、注销。法人被撤销或者注销也产生主体终止的法律后果，其所负债务不能当然消灭，应由相应责任人承担清偿义务，不具备法人资格的其他组织亦如此。作为被执行人的法人或非法人组织被注销或出现被吊销营业执照、被撤销、被责令关闭、歇业等解散事由后，其股东、出资人或主管部门无偿接受其财产，致使该被执行人无遗留财产或遗留财产不足以清偿债务，申请执行人申请变更、追加该股东、出资人或主管部门为被执行人，在接受的财产范围内承担责任的，人民法院应予支持。

3. 作为被执行人的法人或者其他组织名称变更。企业法人变更可以是名称变更，也可以是住所、经营场所、法定代表人、经济性质、经营范围、经营方式、注册资金或者经营期限的变更。只有名称变更才会导致原主体形式上终止，需要变更被执行人。这种变更限于形式变更，不包括财产所有权主体的实质变更，此时只变更被执行人主体名称，即名变而实不变。

4. 作为被执行人的公民死亡。作为被执行人的公民死亡，是否变更被执行人，根据该公民是否有遗产以及其继承人是否表示放弃继承而定。如果没有遗产且没有义务承担人，只能裁定终结执行，不存在变更被执行人的问题。如果留有遗产，是否变更被执行人，也要根据实际情况而定。继承人行使继承权的，继承人负有在所得遗产实际价值范围内清偿被继承人生前所欠债务的义务，此时需要变更被执行人，由继承人作为被执行人履行清偿义务，继承人表示放弃继承且无遗嘱执行人的，人民法院可以直接执行遗产。

◆ 关联规定

《最高人民法院关于适用〈中华人民共和国民事诉讼法〉的解释》（2022 年 4 月 1 日）

第四百七十条 依照民事诉讼法第二百三十九条[①]规定，执行中作为被执行人的法人或者其他组织分立、合并的，人民法院可以裁定变更后的法人或者其他组织为被执行人；被注销的，如果依照有关实体法的规定有权利义务承受人的，可以裁定该权利义务承受人为被执行人。

第四百七十一条 其他组织在执行中不能履行法律文书确定的义务的，人民法院可以裁定执行对该其他组织依法承担义务的法人或者公民个人的财产。

第四百七十二条 在执行中，作为被执行人的法人或者其他组织名称变更的，人民法院可以裁定变更后的法人或者其他组织为被执行人。

第四百七十三条 作为被执行人的公民死亡，其遗产继承人没有放弃继承的，人民法院可以裁定变更被执行人，由该继承人在遗产的范围内偿还债务。继承人放弃继承的，人民法院可以直接执行被执行人的遗产。

---

① 对应 2023 年《民事诉讼法》第 243 条。

◆ **典型案例**

陆某富与黄某法执行监督案①

陆某富与黄某法股权转让合同纠纷一案,江苏省镇江市中级人民法院作出 (2014) 镇商初字第 00125 号民事判决,判令黄某法给付陆某富股权转让款 800 万元及逾期付款违约金等,黄某法提起上诉。上诉期间,黄某法死亡。江苏省高级人民法院通知黄某法的法定继承人郭某英、黄某、汤某秀参加诉讼,因三人均未参加,视为三人放弃诉讼权利。后,黄某、郭某英、汤某秀不服江苏省高级人民法院 (2017) 苏执复 133 号执行裁定,向最高人民法院提出申诉。

最高人民法院经审查认为,作为被执行人的公民死亡,其遗产继承人没有放弃继承的,人民法院可以裁定变更被执行人,由该继承人在遗产的范围内偿还债务。继承人放弃继承的,人民法院可以直接执行被执行人的遗产。作为被执行人的公民死亡或被宣告死亡,申请执行人申请变更、追加该公民的遗嘱执行人、继承人、受遗赠人或其他因该公民死亡或被宣告死亡取得遗产的主体为被执行人,在遗产范围内承担责任的,人民法院应予支持。继承人放弃继承或受遗赠人放弃受遗赠,又无遗嘱执行人的,人民法院可以直接执行遗产。根据前述规定,自然人被执行人死亡后,其继承人没有放弃继承的,人民法院可以裁定变更继承人为被执行人。至于继承人实际是否继承遗产以及继承了多少遗产的问题,人民法院在确定继承人偿还债务的范围时予以审查。本案中,申诉人以黄某法没有留下遗产、自己并未继承遗产为由,主张执行程序不能将其变更为被执行人,于法无据。关于申诉人主张早已放弃继承权、不应被变更为被执行人的问题,黄某法于 2015 年 12 月 15 日死亡,其遗产继承已经开始,但此后诉讼中,申诉人没有向审理法院书面或口头表示放弃继承;执行程序中,申诉人既未向执行法院作出放弃继承的意思表示,也没有提交证据证明其曾向其他继承人作出过放弃继承的意思表示。因此,(2017) 苏 11 执异 85 号执行裁定认定申诉人没有作出放弃继承的意思表示,并无不当。从实质公平的角度考虑,变更申诉人为被执行人后,执行法院应首先审查核实原被执行人黄某法的遗产情况以及申诉人实际继承的遗产范围,对申诉人的执行以其继承黄某法遗产的范围为限,不会损害其合法权益。

---

① 最高人民法院 (2018) 最高法执监 116 号执行裁定书。

第二百四十四条　【执行回转】执行完毕后，据以执行的判决、裁定和其他法律文书确有错误，被人民法院撤销的，对已被执行的财产，人民法院应当作出裁定，责令取得财产的人返还；拒不返还的，强制执行。

◆ **适用指引**

本条是关于执行回转的规定。执行回转，是指民事执行案件已部分或全部执行完毕，据以执行的法律文书被依法撤销或变更的情况下，人民法院按照新的生效法律文书对已被执行的财产重新采取执行措施，恢复到执行开始时的状态。由于原执行依据被撤销而失去正当性基础，故原执行行为可能影响真正权利人的合法利益。执行回转作为对应的补救制度，目的在于纠正因执行依据错误而导致的执行工作失误，使当事人权利义务关系恢复到正常状态以维护当事人的合法权益。关于被执行财产的事后救济，我国采用执行回转和侵权损害赔偿之诉并行，前者适用于执行依据被撤销的普通民事案件，后者适用于错误保全案件。

一般而言，发生执行回转的原因有如下几种：（1）人民法院制作的先予执行裁定被生效判决撤销，因先予执行而取得财物的当事人应将执行所得返还对方当事人。（2）执行完毕后，生效判决、裁定经审判监督程序予以再审并被依法撤销，对因原执行行为而获得利益的当事人应采取执行回转措施。（3）其他机关制作的依法由法院强制执行的法律文书，如仲裁裁决、赋予强制执行效力的公证债权文书等，在执行完毕后被相应机关或人民法院撤销的，对因执行获得利益的当事人应采取执行回转措施。

执行回转应当具备的条件：（1）执行依据确定的内容已执行一部分或已执行完毕。如果执行程序虽已启动，但未执行到任何内容，则不存在执行回转的前提条件。（2）执行依据被依法撤销或者变更。如果执行依据有错误而依法定程序被撤销或变更，则执行依据确定的权利义务失去合法正当性基础。但是，如果撤销、变更的结果是被执行人仍应承担给付义务，只是给付内容和范围发生变化，则需结合实际执行结果进行对比，从而认定是否应当启动执行回转。如果依据新的执行依据还未执行到位，可能发生不但不启动执行回转，而且还恢复原执行程序。（3）应当依照当事人申请或依职权重新立案执行。启动执行回转并不限于人民法院依职权启动，但无论是依当事人申请启动，还是依职权启动，执行回转都不应在原执行案件中开展，而应重新立案。

执行回转应当以撤销原生效法律文书后形成的新生效法律文书作为执行依据。执行回转的执行标的是新生效法律文书载明的原申请执行人应履行的义务，如果是驳回其诉讼请求，则应返还不当得利或退还原物。不能退还原物的，可以折价抵偿。

◆ **关联规定**

《最高人民法院关于适用〈中华人民共和国民事诉讼法〉的解释》（2022 年 4 月 1 日）

第四百七十四条 法律规定由人民法院执行的其他法律文书执行完毕后，该法律文书被有关机关或者组织依法撤销的，经当事人申请，适用民事诉讼法第二百四十条①规定。

《最高人民法院关于人民法院执行工作若干问题的规定（试行）》（2020 年 12 月 29 日）

65. 在执行中或执行完毕后，据以执行的法律文书被人民法院或其他有关机关撤销或变更的，原执行机构应当依照民事诉讼法第二百三十三条②的规定，依当事人申请或依职权，按照新的生效法律文书，作出执行回转的裁定，责令原申请执行人返还已取得的财产及其孳息。拒不返还的，强制执行。

执行回转应重新立案，适用执行程序的有关规定。

66. 执行回转时，已执行的标的物系特定物的，应当退还原物。不能退还原物的，经双方当事人同意，可以折价赔偿。

双方当事人对折价赔偿不能协商一致的，人民法院应当终结执行回转程序。申请执行人可以另行起诉。

◆ **典型案例**

某房地产公司与某安装工程公司、某建筑工程公司执行监督案③

某安装工程公司、某建筑工程公司与某房地产公司建设工程施工合同纠纷一案，最高人民法院作出（2010）民一终字第 66 号民事判决。广州海事法院立案执行并作出（2015）广海法执字第 159 号民事通知书，责令某房地产公司按照判决履行义务。广州海事法院在对该案执行回转过程中，于 2020 年 3 月 12 日作出

---

① 对应 2023 年《民事诉讼法》第 244 条。
② 对应 2023 年《民事诉讼法》第 244 条。
③ 最高人民法院（2020）最高法执监 506 号执行裁定书。

（2020）粤72执159号执行裁定，要求某安装工程公司、某建筑工程公司向某房地产公司返还11473067.94元并冻结某安装工程公司、某建筑工程公司银行存款11473067.94元。某建筑工程公司、某安装工程公司对广州海事法院作出的（2020）粤72执159号执行裁定不服，以某建筑工程公司不是执行回转中适格的被执行人为由提出异议。某房地产公司不服广东省高级人民法院（2020）粤执复722号执行裁定，向最高人民法院提出申诉。

最高人民法院经审查认为，执行完毕后，据以执行的判决、裁定和其他法律文书确有错误，被人民法院撤销的，对已被执行的财产，人民法院应当作出裁定，责令取得财产的人返还；拒不返还的，强制执行。在执行中或执行完毕后，据以执行的法律文书被人民法院或其他有关机关撤销或变更的，原执行机构应当依照民事诉讼法的规定，依当事人申请或依职权，按照新的生效法律文书，作出执行回转的裁定，责令原申请执行人返还已取得的财产及其孳息。拒不返还的，强制执行。根据前述规定，执行回转案件中，特定民事主体必须满足两个要件才负有财产返还义务，一是该主体是原执行案件中的申请执行人；二是该主体经由原执行程序取得了财产。本案中，在（2015）广海法执字第159号执行案件中，广州海事法院对案件执行标的金额进行核算并将结果书面通知双方当事人。某房地产公司履行完毕后，执行标的被（2019）粤执复453号执行裁定变更，某房地产公司多支付的部分，其申请执行回转，要求申请执行人返还。因此，广州海事法院参照适用前述规定，对执行回转立案执行，并无不当。（2015）广海法执字第159号执行案件的执行依据将某建筑工程公司和某安装工程公司共同明确为债权人，某建筑工程公司与某安装工程公司共同申请执行。该执行案件中，某房地产公司将执行案款交付广州海事法院后，根据广州海事法院要求，某安装工程公司提交付款申请书明确某建筑工程公司已将债权转让给某安装工程公司并提供收款账户等信息；某建筑工程公司提交《情况说明》明确其已将债权转让给某安装工程公司。某建筑工程公司根据广州海事法院要求提交《情况说明》，但未同时提交债权转让合同等相关证据材料。申请执行人将生效法律文书确定的债权依法转让给第三人，且书面认可第三人取得该债权，该第三人申请变更、追加其为申请执行人的，人民法院应予支持。因此，申请变更申请执行人的主体是受让债权一方。某安装工程公司提交《付款申请书》，未明确申请将其变更为申请执行人。广州海事法院收到《情况说明》后将其视为付款申请书，根据该《情况说明》将案款汇入某安装工程公司账户并在后续法律文书中仍将某建筑工程公司列为申请执行人并明确系根据申请执行人的付款申请将案款汇入申请执行人的指定账户。因此，某建筑工程公司的《情况说明》和某安装工程公司的《付款申请书》，不足以证明某建筑工程公司已退出执行程序。即便某建筑工程公司与某安装工程公司之间的债权转让真实存在，但因当事人未在执行程序中通过变更、追加当事人程序对执行当事人身份地位进行变更，不能在执行程序中产生变更申请执行人的效力。执行程序中，某建筑工程公司始终是原执行案件的申请执行人，也是执行财产的实际取得人。因此，某建筑工程公司负有与某安装工程公司共同向某房地产公司返还款项的义务，属于（2020）粤72执159号执行案件的适格被执行人，在其未自觉履行返还款项义务的情况下，人民法院对某建筑工程公司的银行账户采取冻结措施，并不违法。

第二百四十五条　【调解书执行】人民法院制作的调解书的执行，适用本编的规定。

◆ 适用指引

本条是关于民事调解书作为执行依据的规定。人民法院制作的调解书，是指人民法院在审理民事案件过程中根据自愿和合法的原则，在查清事实、分清是非的基础上，通过调解促使当事人达成协议而制作的法律文书。民事调解书确认了当事人之间的民事法律关系，调解书送达后，当事人之间发生争议的民事法律关系因各方达成一致意见而被确认并发生法律效力。权利人应依法按约定行使权利，义务人亦应依法按约定履行义务。同时，民事调解书生效后即产生诉讼终结的法律效果，调解书生效后，当事人不得以同一事实和理由向人民法院再行起诉。调解书是人民法院对当事人自愿达成的调解协议的确认，其法律效力与人民法院作出生效判决具有同等效力，即具有既判力。具有给付内容的调解书具有强制执行的效力，当事人不履行调解书确定的给付义务，另一方当事人可以依据调解书申请强制执行。需要注意的是，调解书由第一审人民法院或与第一审人民法院同级的被执行财产所在地人民法院执行。

第二百四十六条　【民事执行法律监督】人民检察院有权对民事执行活动实行法律监督。

◆ **适用指引**

本条是关于民事执行检察监督的规定。民事执行检察监督的对象应为对民事执行行为是否符合法律规定进行监督并在其违反法律规定时监督其纠正。民事执行行为包括执行实施和执行裁判，合法性审查既包括强制执行程序法，也包括实体法。对执行行为的合法性进行监督，既要监督执行行为是否违反法定程序和损害当事人合法权益，也要监督执行行为是否按照法定程序实施。民事执行检察监督原则上依当事人、利害关系人、案外人的申请启动，但存在损害国家利益或者社会公共利益等情形的，人民检察院可以依职权监督。人民检察院认为执行行为存在违反法律规定的不当情形，应当通过向人民法院提出民事执行监督检察建议的方式予以监督。需要指出的是，检察机关在民事执行检察监督过程中有必要的调查权，既包括向执行当事人及其他有关单位、人员了解情况，也包括向执行机关调取有关执行案卷材料。

第二十章　执行的申请和移送

第二百四十七条　**【申请执行和移送执行】**发生法律效力的民事判决、裁定，当事人必须履行。一方拒绝履行的，对方当事人可以向人民法院申请执行，也可以由审判员移送执行员执行。

调解书和其他应当由人民法院执行的法律文书，当事人必须履行。一方拒绝履行的，对方当事人可以向人民法院申请执行。

◆ **适用指引**

本条是关于启动执行程序的规定。根据本条规定，民事判决、裁定作为执行依据时，执行程序的启动方式包括申请执行和移送执行；民事调解书和其他应当由人民法院执行的法律文书作为执行依据时，只有申请执行一种启动方式。申请执行，是指生效法律文书确定的权利人在义务人拒绝履行法律文书确定义务的情况下，向人民法院提出申请，请求人民法院强制执行。申请执行的权利人称为申请执行人，被申请执行的义务人称为被执行人。移送执行，是指人民法院审结案件后，由审判机构将生效的判决书、裁定书移送执行机构执行。移送执行的情况下，没有申请执行人，只有被执行人。需要注意以下两个问题：

1. 并非所有生效民事判决、裁定均可申请执行或者移送执行。当事人申请人民法院执行的生效法律文书应当同时具备权利义务主体明确且给付内容明确的条件，法律文书确定继续履行合同的，应当明确继续履行的具体内容。

2. 并非所有具有给付内容的民事判决、裁定均可移送执行。生效法律文书的执行，一般应由当事人依法提出申请。发生法律效力的具有给付赡养费、扶养费、抚育费内容的法律文书、民事制裁决定书以及刑事附带民事判决、裁定、调解书，由审判庭移送执行机构执行。发生法律效力的环境民事公益诉讼案件的裁判，需要采取强制执行措施的，应当移送执行。

◆ **关联规定**

《最高人民法院关于人民法院执行工作若干问题的规定（试行）》（2020 年
12 月 29 日）

16. 人民法院受理执行案件应当符合下列条件：

（1）申请或移送执行的法律文书已经生效；

（2）申请执行人是生效法律文书确定的权利人或其继承人、权利承受人；

（3）申请执行的法律文书有给付内容，且执行标的和被执行人明确；

（4）义务人在生效法律文书确定的期限内未履行义务；

（5）属于受申请执行的人民法院管辖。

人民法院对符合上述条件的申请，应当在七日内予以立案；不符合上述条件
之一的，应当在七日内裁定不予受理。

17. 生效法律文书的执行，一般应当由当事人依法提出申请。

发生法律效力的具有给付赡养费、扶养费、抚育费内容的法律文书、民事制裁
决定书，以及刑事附带民事判决、裁定、调解书，由审判庭移送执行机构执行。

18. 申请执行，应向人民法院提交下列文件和证件：

（1）申请执行书。申请执行书中应当写明申请执行的理由、事项、执行标
的，以及申请执行人所了解的被执行人的财产状况。

申请执行人书写申请执行书确有困难的，可以口头提出申请。人民法院接待
人员对口头申请应当制作笔录，由申请执行人签字或盖章。

外国一方当事人申请执行的，应当提交中文申请执行书。当事人所在国与我
国缔结或共同参加的司法协助条约有特别规定的，按照条约规定办理。

（2）生效法律文书副本。

（3）申请执行人的身份证明。自然人申请的，应当出示居民身份证；法人
申请的，应当提交法人营业执照副本和法定代表人身份证明；非法人组织申请
的，应当提交营业执照副本和主要负责人身份证明。

（4）继承人或权利承受人申请执行的，应当提交继承或承受权利的证明文件。

（5）其他应当提交的文件或证件。

19. 申请执行仲裁机构的仲裁裁决，应当向人民法院提交有仲裁条款的合同
书或仲裁协议书。

申请执行国外仲裁机构的仲裁裁决的，应当提交经我国驻外使领馆认证或我
国公证机关公证的仲裁裁决书中文本。

20. 申请执行人可以委托代理人代为申请执行。委托代理的，应当向人民法院提交经委托人签字或盖章的授权委托书，写明代理人的姓名或者名称、代理事项、权限和期限。

委托代理人代为放弃、变更民事权利，或代为进行执行和解，或代为收取执行款项的，应当有委托人的特别授权。

21. 执行申请费的收取按照《诉讼费用交纳办法》办理。

◆ **典型案例**

L 控股公司诉某房地产公司执行复议案①

浙江省高级人民法院就 L 控股公司与某房地产公司合同纠纷一案作出调解书，调解书生效后，因某房地产公司未自动履行，双方再次产生纠纷，L 控股公司申请强制执行。某房地产公司对浙江省高级人民法院的执行行为不服，提出书面异议。后，某房地产公司不服浙江省高级人民法院（2021）浙执异 1 号执行裁定，向最高人民法院申请复议。

最高人民法院经审查认为，调解书和其他应当由人民法院执行的法律文书，当事人必须履行。一方拒绝履行的，对方当事人可以向人民法院申请执行。当事人申请人民法院执行的生效法律文书应当具备下列条件：（1）权利义务主体明确；（2）给付内容明确。因此，人民法院作出的调解书生效后，当事人应当主动履行，一方拒不履行的，对方当事人可以向人民法院申请强制执行。生效法律文书确认权利义务主体及给付内容明确的，人民法院应当依法采取执行措施。本案中，涉案调解书确认双方应履行的内容明确，根据该调解书确定的权利义务，某房地产公司负有先行取回某健康管理公司 100% 股权并过户登记至 L 控股公司名下，将《投资合作协议》《补充协议一》《补充协议二》约定的尚未过户至某健康管理公司的资产全部过户、交付至某健康管理公司或 L 控股公司和某房地产公司双方共同指定的公司名下的义务。因某房地产公司未自动履行，浙江省高级人民法院作出（2020）浙执恢 2 号之一、之二执行裁定，对涉案调解书确定的某房地产公司应履行义务采取强制执行措施，并无不当。该案执行过程中，因某房地产公司不予配合某医院的交接，浙江省高级人民法院为实现（2020）浙执恢 2 号之一执行裁定的变更事项，以（2020）浙执恢 2 号之一协助执行通知"提取某医院的公章"，其目的是顺利完成某医院的交接，该执行行为并未超出执行依

---

① 最高人民法院（2021）最高法执复 58 号执行裁定书。

据确认的执行内容。某房地产公司关于涉案调解书不具有明确给付内容、浙江省高级人民法院不应予以强制执行的复议理由，缺乏事实和法律依据。

第二百四十八条　【仲裁裁决执行】对依法设立的仲裁机构的裁决，一方当事人不履行的，对方当事人可以向有管辖权的人民法院申请执行。受申请的人民法院应当执行。

被申请人提出证据证明仲裁裁决有下列情形之一的，经人民法院组成合议庭审查核实，裁定不予执行：

（一）当事人在合同中没有订有仲裁条款或者事后没有达成书面仲裁协议的；

（二）裁决的事项不属于仲裁协议的范围或者仲裁机构无权仲裁的；

（三）仲裁庭的组成或者仲裁的程序违反法定程序的；

（四）裁决所根据的证据是伪造的；

（五）对方当事人向仲裁机构隐瞒了足以影响公正裁决的证据的；

（六）仲裁员在仲裁该案时有贪污受贿，徇私舞弊，枉法裁决行为的。

人民法院认定执行该裁决违背社会公共利益的，裁定不予执行。

裁定书应当送达双方当事人和仲裁机构。

仲裁裁决被人民法院裁定不予执行的，当事人可以根据双方达成的书面仲裁协议重新申请仲裁，也可以向人民法院起诉。

◆ **适用指引**

本条是关于仲裁裁决执行与不予执行的规定。

仲裁裁决执行，是指人民法院根据仲裁裁决一方当事人的申请，强制另一方当事人履行仲裁裁决文书确定的义务。仲裁裁决的执行因当事人申请而启动，当事人先要向有管辖权的人民法院提出仲裁裁决的执行申请，有管辖权的人民法院收到仲裁裁决的执行申请后，经审查符合受理条件的，应当依法受理并执行。一方当事人向有管辖权的人民法院申请强制执行仲裁裁决后，被申请人认为该仲裁裁决符合法律规定的不予执行情形的，可申请人民法院不予执行，人民法院应组成合议庭对被执行人提出的异议予以审查，符合本条规定的七种情形之一的，应当裁定不予执行。需要注意的是，除执行该裁决违背社会公共利益外，不予执行必须由被申请人提出请求，人民法院不得依职权主动审查。同时，被申请人请求人民法院不予执行，应承担相应举证责任，没有提供证据或提交的证据不能证明确有不予执行的事由存在，人民法院不能裁定不予执行。

1. 当事人在合同中没有订有仲裁条款或者事后没有达成书面仲裁协议的。当事人既未在合同中写明仲裁条款，又未在发生纠纷后订立书面仲裁协议，表明当事人不同意以仲裁方式解决纠纷。仲裁协议或仲裁条款是仲裁裁决合法的前提，无仲裁协议或仲裁条款，人民法院不予执行。

2. 裁决的事项不属于仲裁协议的范围或者仲裁机构无权仲裁的。当事人在仲裁协议中应当就仲裁范围予以明确。不明确的，仲裁机构应当取得双方当事人协商一致的意见。仲裁机构只能对其有仲裁权的争议作出仲裁，如果超越仲裁机构的权限，则其所作仲裁无效。裁决事项超出仲裁协议约定范围、裁决事项属于依照法律规定或者当事人选择的仲裁规则规定的不可仲裁事项、裁决内容超出当事人仲裁请求范围、作出裁决的仲裁机构非仲裁协议所约定，均属本项规定的情形。

3. 仲裁庭的组成或者仲裁的程序违反法定程序的。违反仲裁法规定的仲裁程序、当事人选择的仲裁规则或者当事人对仲裁程序的特别约定，可能影响案件公正裁决，属于本项规定的情形。如果适用的仲裁程序或者仲裁裁决经特别提示，被执行人知道或者应当知道法定仲裁程序或者选择的仲裁规则未被遵守，仍参加或者继续参加仲裁程序且未提出异议的，仲裁裁决作出后，不得再以违反法定程序为由申请不予执行。

4. 裁决所根据的证据是伪造的。只有有明确证据表明仲裁裁决所根据的证据是伪造的才能裁定不予执行，人民法院不再对仲裁裁决认定的事实进行全面审查。认定裁决所根据的证据是伪造的，应当符合三个条件：第一，该证据已被仲裁裁决采信；第二，该证据属于认定案件基本事实的主要证据；第三，该证据经查明确属通过捏造、变造、提供虚假证据等非法方式形成或者获取，违反证据的客观性、关联性、合法性要求。

5. 对方当事人向仲裁机构隐瞒了足以影响公正裁决的证据的。人民法院不再对仲裁裁决的法律适用问题进行审查，而是审查当事人故意隐瞒证据的行为。认定对方当事人向仲裁机构隐瞒了足以影响公正裁决的证据的，应当符合三个条件：第一，该证据属于认定案件基本事实的主要证据；第二，该证据仅为对方当事人掌握，但未向仲裁庭提交；第三，仲裁过程中知悉存在该证据且要求对方当事人出示或者请求仲裁庭责令其提交，但对方当事人无正当理由未予出示或者提交。

6. 仲裁员在仲裁案件时有贪污受贿、徇私舞弊、枉法裁决行为的。仲裁员应当客观公正、严格执行法律，不能有任何贪污受贿、徇私舞弊、枉法裁决行为，这类行为不仅损害当事人的合法权益，同时也使仲裁裁决归于无效。

7. 仲裁裁决违背社会公共利益的。这种情形下，无须被申请人提出申请或提出证据，人民法院可依职权予以审查并作出认定。

人民法院经组成合议庭审查核实后裁定不予执行仲裁裁决的，应当作出裁定书，并将不予执行仲裁裁决的裁定书送达双方当事人和仲裁机构。仲裁裁决被人民法院裁决不予执行的，当事人可以根据双方达成的书面仲裁协议重新申请仲裁，也可以向人民法院起诉。

◆ **关联规定**

《最高人民法院关于适用〈中华人民共和国民事诉讼法〉的解释》（2022 年 4 月 1 日）

第四百七十五条　仲裁机构裁决的事项，部分有民事诉讼法第二百四十四条①第二款、第三款规定情形的，人民法院应当裁定对该部分不予执行。

应当不予执行部分与其他部分不可分的，人民法院应当裁定不予执行仲裁裁决。

第四百七十六条　依照民事诉讼法第二百四十四条第二款、第三款规定，人民法院裁定不予执行仲裁裁决后，当事人对该裁定提出执行异议或者复议的，人民法院不予受理。当事人可以就该民事纠纷重新达成书面仲裁协议申请仲裁，也可以向人民法院起诉。

第四百七十七条　在执行中，被执行人通过仲裁程序将人民法院查封、扣押、冻结的财产确权或者分割给案外人的，不影响人民法院执行程序的进行。

案外人不服的，可以根据民事诉讼法第二百三十四条②规定提出异议。

第四百七十九条　当事人请求不予执行仲裁裁决或者公证债权文书的，应当在执行终结前向执行法院提出。

《最高人民法院关于人民法院办理仲裁裁决执行案件若干问题的规定》

第二条　当事人对仲裁机构作出的仲裁裁决或者仲裁调解书申请执行的，由

---

① 对应 2023 年《民事诉讼法》第 248 条。
② 对应 2023 年《民事诉讼法》第 238 条。

被执行人住所地或者被执行的财产所在地的中级人民法院管辖。

符合下列条件的，经上级人民法院批准，中级人民法院可以参照民事诉讼法第三十八条的规定指定基层人民法院管辖：

（一）执行标的额符合基层人民法院一审民商事案件级别管辖受理范围；

（二）被执行人住所地或者被执行的财产所在地在被指定的基层人民法院辖区内。

被执行人、案外人对仲裁裁决执行案件申请不予执行的，负责执行的中级人民法院应当另行立案审查处理；执行案件已指定基层人民法院管辖的，应当于收到不予执行申请后三日内移送原执行法院另行立案审查处理。

第三条 仲裁裁决或者仲裁调解书执行内容具有下列情形之一导致无法执行的，人民法院可以裁定驳回执行申请；导致部分无法执行的，可以裁定驳回该部分的执行申请；导致部分无法执行且该部分与其他部分不可分的，可以裁定驳回执行申请。

（一）权利义务主体不明确；

（二）金钱给付具体数额不明确或者计算方法不明确导致无法计算出具体数额；

（三）交付的特定物不明确或者无法确定；

（四）行为履行的标准、对象、范围不明确；

仲裁裁决或者仲裁调解书仅确定继续履行合同，但对继续履行的权利义务，以及履行的方式、期限等具体内容不明确，导致无法执行的，依照前款规定处理。

第九条 案外人向人民法院申请不予执行仲裁裁决或者仲裁调解书的，应当提交申请书以及证明其请求成立的证据材料，并符合下列条件：

（一）有证据证明仲裁案件当事人恶意申请仲裁或者虚假仲裁，损害其合法权益；

（二）案外人主张的合法权益所涉及的执行标的尚未执行终结；

（三）自知道或者应当知道人民法院对该标的采取执行措施之日起三十日内提出。

第十三条 下列情形经人民法院审查属实的，应当认定为民事诉讼法第二百三十七条[①]第二款第二项规定的"裁决的事项不属于仲裁协议的范围或者仲裁机构无权仲裁的"情形：

（一）裁决的事项超出仲裁协议约定的范围；

---

① 对应 2023 年《民事诉讼法》第 248 条。

（二）裁决的事项属于依照法律规定或者当事人选择的仲裁规则规定的不可仲裁事项；

（三）裁决内容超出当事人仲裁请求的范围；

（四）作出裁决的仲裁机构非仲裁协议所约定。

第十四条 违反仲裁法规定的仲裁程序、当事人选择的仲裁规则或者当事人对仲裁程序的特别约定，可能影响案件公正裁决，经人民法院审查属实的，应当认定为民事诉讼法第二百三十七条第二款第三项规定的"仲裁庭的组成或者仲裁的程序违反法定程序的"情形。

当事人主张未按照仲裁法或仲裁规则规定的方式送达法律文书导致其未能参与仲裁，或者仲裁员根据仲裁法或仲裁规则的规定应当回避而未回避，可能影响公正裁决，经审查属实的，人民法院应当支持；仲裁庭按照仲裁法或仲裁规则以及当事人约定的方式送达仲裁法律文书，当事人主张不符合民事诉讼法有关送达规定的，人民法院不予支持。

适用的仲裁程序或仲裁规则经特别提示，当事人知道或者应当知道法定仲裁程序或选择的仲裁规则未被遵守，但仍然参加或者继续参加仲裁程序且未提出异议，在仲裁裁决作出之后以违反法定程序为由申请不予执行仲裁裁决的，人民法院不予支持。

第十五条 符合下列条件的，人民法院应当认定为民事诉讼法第二百三十七条第二款第四项规定的"裁决所根据的证据是伪造的"情形：

（一）该证据已被仲裁裁决采信；

（二）该证据属于认定案件基本事实的主要证据；

（三）该证据经查明确属通过捏造、变造、提供虚假证明等非法方式形成或者获取，违反证据的客观性、关联性、合法性要求。

第十六条 符合下列条件的，人民法院应当认定为民事诉讼法第二百三十七条第二款第五项规定的"对方当事人向仲裁机构隐瞒了足以影响公正裁决的证据的"情形：

（一）该证据属于认定案件基本事实的主要证据；

（二）该证据仅为对方当事人掌握，但未向仲裁庭提交；

（三）仲裁过程中知悉存在该证据，且要求对方当事人出示或者请求仲裁庭责令其提交，但对方当事人无正当理由未予出示或者提交。

当事人一方在仲裁过程中隐瞒己方掌握的证据，仲裁裁决作出后以己方所隐瞒的证据足以影响公正裁决为由申请不予执行仲裁裁决的，人民法院不予支持。

◆ **典型案例**

邓某华与某中学耒阳分校执行监督案①

某中学耒阳分校与邓某华民间借贷纠纷一案，衡阳仲裁委员会作出（2018）衡仲裁字第 112 号仲裁裁决，湖南省衡阳市中级人民法院立案执行。湖南省衡阳市中级人民法院在执行中以发现该案涉及非法集资为由作出（2019）湘 04 执 256 号执行裁定，不予执行（2018）衡仲裁字第 112 号仲裁裁决。邓某华不服，提出异议，请求对本案恢复执行。后，某中学耒阳分校不服湖南省高级人民法院（2019）湘执复 201 号执行裁定，向最高人民法院提出申诉。

最高人民法院经审查认为，不予执行生效仲裁裁决的法定情形包括：（1）当事人在合同中没有订有仲裁条款或者事后没有达成书面仲裁协议的；（2）裁决的事项不属于仲裁协议的范围或者仲裁机构无权仲裁的；（3）仲裁庭的组成或者仲裁的程序违反法定程序的；（4）裁决所根据的证据是伪造的；（5）对方当事人向仲裁机构隐瞒了足以影响公正裁决的证据的；（6）仲裁员在仲裁该案时有贪污受贿，徇私舞弊，枉法裁决行为的。人民法院认定执行该裁决违背社会公共利益的。

一般认为，人民法院只有在仲裁裁决违背公共利益的情况下，方可依职权裁定不予执行仲裁裁决。根据湖南省高级人民法院查明事实，本案系民间借贷纠纷案件，邓某华及某中学耒阳分校均未发现存在涉嫌非法集资的行为事实。湖南省衡阳市中级人民法院的异议裁定称"在执行过程中发现该案涉及非法集资，公安机关已立案侦查"，湖南省高级人民法院复议裁定称"邓某华与某中学耒阳分校之间仅存在民间借贷关系，涉嫌非法集资犯罪的系案外人某担保公司"，故本案不存在执行主体或执行标的涉犯罪线索的情形。即便认为本案涉嫌非法集资犯罪嫌疑，亦应裁定中止执行，将有关材料移送公安机关或者检察机关，不属于对仲裁裁决裁定不予执行的情形。因此，湖南省衡阳市中级人民法院依职权以本案涉及非法集资犯罪为由认定应不予执行仲裁裁决，属于认定事实及适用法律错误。仲裁裁决被人民法院裁定不予执行的，当事人可以根据双方达成的书面仲裁协议重新申请仲裁，也可以向人民法院起诉。人民法院裁定不予执行仲裁裁决、驳回或者不予受理不予执行仲裁裁决申请后，当事人对该裁定提出执行异议或者申请复议的，人民法院不予受理。因此，不予执行仲裁裁决执行裁定，是从实体上否

---

① 最高人民法院（2020）最高法执监 93 号执行裁定书。

定了仲裁裁决的效力，如对该裁定不服的，只能重新申请仲裁或向人民法院起诉，不应适用执行异议、复议程序进行审查。湖南省衡阳市中级人民法院及湖南省高级人民法院适用执行异议、复议程序审查本案错误。根据《最高人民法院关于仲裁司法审查案件报核问题的有关规定》第二条第二款的规定，各中级人民法院或者专门人民法院办理非涉外涉港澳台仲裁司法审查案件，经审查拟认定仲裁协议无效，不予执行或者撤销我国内地仲裁机构的仲裁裁决，应当向本辖区所属高级人民法院报核；待高级人民法院审核后，方可依高级人民法院的审核意见作出裁定。本案中，湖南省衡阳市中级人民法院经审查拟对仲裁裁决不予执行后，未向湖南省高级人民法院报核，未经湖南省高级人民法院审核，直接作出不予执行仲裁裁决的执行裁定，确属不当。

第二百四十九条 **【公证债权文书执行】** 对公证机关依法赋予强制执行效力的债权文书，一方当事人不履行的，对方当事人可以向有管辖权的人民法院申请执行，受申请的人民法院应当执行。

公证债权文书确有错误的，人民法院裁定不予执行，并将裁定书送达双方当事人和公证机关。

◆ 适用指引

本条是关于公证债权文书执行和不予执行的规定。

一般情形下，公证是对当事人权利义务关系的证明，在当事人发生争执时，公证文书可以作为证据使用，有相反证据足以推翻公证文书的，人民法院对该公证文书不予采信，该公证文书的证据效力自然丧失。因此，公证文书一般而言仅有证据效力，不具有强制执行效力。但是，对于经过公证的债权文书，法律赋予强制执行效力。对于债权债务关系比较简单的债权文书，当事人办理公证时，各自权利义务均已明确并对违约后果即强制执行作出承诺，一旦债务人不履行债务，债权人可以持债权文书向人民法院申请强制执行，无须再经诉讼或者仲裁。

赋予强制执行效力的公证债权文书只有证明力和执行力，没有既判力，故其确定的权利义务在事实和法律上未必正确。因此，公证债权文书确有错误的，人民法院可以裁定不予执行。

程序方面确有错误主要包括：（1）被执行人未到场且未委托代理人到场办理公证。（2）无民事行为能力人或者限制行为能力人没有监护人代为办理公证。

（3）公证员为本人、近亲属办理公证或者办理与本人、近亲属有利害关系的公证。（4）公证员办理该项公证有贪污受贿、徇私舞弊行为，已由生效刑事法律文书等确认。（5）其他严重违反法定公证程序的情形。程序方面确有错误以及执行公证债权文书违背公序良俗的，应由人民法院执行审查部门审查并裁定不予执行。

实体方面确有错误主要包括：（1）公证债权文书载明的民事权利义务关系与事实不符。（2）经公证的债权文书具有法律规定的无效、可撤销情形。（3）公证债权文书载明的债权因清偿、提存、抵销、免除等原因全部或者部分消灭。实体方面确有错误的，应由债务人向人民法院提起诉讼。

◆ **关联规定**

《最高人民法院关于适用〈中华人民共和国民事诉讼法〉的解释》（2022 年 4 月 1 日）

第四百七十八条 有下列情形之一的，可以认定为民事诉讼法第二百四十五条①第二款规定的公证债权文书确有错误：

（一）公证债权文书属于不得赋予强制执行效力的债权文书的；

（二）被执行人一方未亲自或者未委托代理人到场公证等严重违反法律规定的公证程序的；

（三）公证债权文书的内容与事实不符或者违反法律强制性规定的；

（四）公证债权文书未载明被执行人不履行义务或者不完全履行义务时同意接受强制执行的。

人民法院认定执行该公证债权文书违背社会公共利益的，裁定不予执行。

公证债权文书被裁定不予执行后，当事人、公证事项的利害关系人可以就债权争议提起诉讼。

第四百七十九条 当事人请求不予执行仲裁裁决或者公证债权文书的，应当在执行终结前向执行法院提出。

《最高人民法院关于公证债权文书执行若干问题的规定》（2018 年 9 月 30 日）

第五条 债权人申请执行公证债权文书，有下列情形之一的，人民法院应当裁定不予受理；已经受理的，裁定驳回执行申请：

（一）债权文书属于不得经公证赋予强制执行效力的文书；

（二）公证债权文书未载明债务人接受强制执行的承诺；

---

① 对应 2023 年《民事诉讼法》第 249 条。

（三）公证证词载明的权利义务主体或者给付内容不明确；

（四）债权人未提交执行证书；

（五）其他不符合受理条件的情形。

第六条 公证债权文书赋予强制执行效力的范围同时包含主债务和担保债务的，人民法院应当依法予以执行；仅包含主债务的，对担保债务部分的执行申请不予受理；仅包含担保债务的，对主债务部分的执行申请不予受理。

第十二条 有下列情形之一的，被执行人可以依照民事诉讼法第二百三十八条①第二款规定申请不予执行公证债权文书：

（一）被执行人未到场且未委托代理人到场办理公证的；

（二）无民事行为能力人或者限制民事行为能力人没有监护人代为办理公证的；

（三）公证员为本人、近亲属办理公证，或者办理与本人、近亲属有利害关系的公证的；

（四）公证员办理该项公证有贪污受贿、徇私舞弊行为，已经由生效刑事法律文书等确认的；

（五）其他严重违反法定公证程序的情形。

被执行人以公证债权文书的内容与事实不符或者违反法律强制性规定等实体事由申请不予执行的，人民法院应当告知其依照本规定第二十二条第一款规定提起诉讼。

第二十二条 有下列情形之一的，债务人可以在执行程序终结前，以债权人为被告，向执行法院提起诉讼，请求不予执行公证债权文书：

（一）公证债权文书载明的民事权利义务关系与事实不符；

（二）经公证的债权文书具有法律规定的无效、可撤销等情形；

（三）公证债权文书载明的债权因清偿、提存、抵销、免除等原因全部或者部分消灭。

债务人提起诉讼，不影响人民法院对公证债权文书的执行。债务人提供充分、有效的担保，请求停止相应处分措施的，人民法院可以准许；债权人提供充分、有效的担保，请求继续执行的，应当继续执行。

第二十四条 有下列情形之一的，债权人、利害关系人可以就公证债权文书涉及的民事权利义务争议直接向有管辖权的人民法院提起诉讼：

（一）公证债权文书载明的民事权利义务关系与事实不符；

---

① 对应 2023 年《民事诉讼法》第 249 条。

（二）经公证的债权文书具有法律规定的无效、可撤销等情形。

债权人提起诉讼，诉讼案件受理后又申请执行公证债权文书的，人民法院不予受理。进入执行程序后债权人又提起诉讼的，诉讼案件受理后，人民法院可以裁定终结公证债权文书的执行；债权人请求继续执行其未提出争议部分的，人民法院可以准许。

利害关系人提起诉讼，不影响人民法院对公证债权文书的执行。利害关系人提供充分、有效的担保，请求停止相应处分措施的，人民法院可以准许；债权人提供充分、有效的担保，请求继续执行的，应当继续执行。

◆ **典型案例**

某实业公司诉某银行卢湾支行、某大酒店担保合同纠纷案①

某银行卢湾支行与某大酒店、某实业公司签订《最高额抵押担保借款合同》。某实业公司以某银行卢湾支行与某大酒店恶意串通，采用欺诈手段，骗取某实业公司为某大酒店的借款进行抵押担保为由，向上海市第二中级人民法院提起诉讼，请求：确认某实业公司与某银行卢湾支行、某大酒店签订的《最高额抵押担保借款合同》无效。后，某实业公司不服上海市高级人民法院（2014）沪高民二（商）再终字第1号民事判决，向检察机关申诉。最高人民检察院提出抗诉。

最高人民法院经审查认为，《中华人民共和国公证暂行条例》（1982年）第二十四条规定，依照第四条第十款规定，经过公证处证明有强制执行效力的债权文书，一方当事人不按文书规定履行时，对方当事人可以向有管辖权的基层人民法院申请执行。《中华人民共和国民事诉讼法》（1991年）第二百一十八条规定，对公证机关依法赋予强制执行效力的债权文书，一方当事人不履行的，对方当事人可以向有管辖权的人民法院申请执行，受申请的人民法院应当执行。公证债权文书确有错误的，人民法院裁定不予执行，并将裁定书送达双方当事人和公证机关。《最高人民法院关于当事人对具有强制执行效力的公证债权文书的内容有争议提起诉讼人民法院是否受理问题的批复》亦明确，经公证的以给付为内容并载明债务人愿意接受强制执行承诺的债权文书依法具有强制执行效力。债权人或者债务人对该债权文书的内容有争议直接向人民法院提起民事诉讼的，人民法院不予受理。但公证债权文书确有错误，人民法院裁定不予执行的，当事人、公证事项的利害关系人可以就争议内容向人民法院提起民事诉讼。本案中，在案涉《最

---

① 最高人民法院（2017）最高法民再128号民事裁定书。

高额抵押担保借款合同》办理了强制执行公证的情况下，某实业公司直接向上海市第二中级人民法院提起民事诉讼，不应予以受理，某实业公司的起诉应予驳回，上海市第二中级人民法院受理本案一审起诉不当，应予纠正。

第二百五十条　【申请执行期间】 申请执行的期间为二年。申请执行时效的中止、中断，适用法律有关诉讼时效中止、中断的规定。

前款规定的期间，从法律文书规定履行期间的最后一日起计算；法律文书规定分期履行的，从最后一期履行期限届满之日起计算；法律文书未规定履行期间的，从法律文书生效之日起计算。

◆ **适用指引**

本条是关于申请执行期间的规定。根据本条规定，当事人申请执行的期间为两年。申请执行期间的起算有三种：一是法律文书规定了履行期间，以法律文书确定的履行期间最后一日起计算；二是如果法律文书规定分期履行义务，从最后一期履行期限届满之日起计算；三是如果法律文书未规定履行期间，申请执行期限从法律文书生效之日起计算。另外，生效法律文书规定债务人负有不作为义务，从债务人违反不作为义务之日起计算。

根据本条规定，申请执行期间的中止、中断适用法律关于诉讼时效中止、中断的规定。因此，《民法典》以及相关司法解释关于诉讼时效中止、中断的规定对申请执行期间均可适用。需要注意的是，其他关于诉讼时效的规定原则上亦适用于申请执行期间。

◆ **关联规定**

《最高人民法院关于适用〈中华人民共和国民事诉讼法〉的解释》（2022年4月1日）

第四百八十一条　申请执行人超过申请执行时效期间向人民法院申请强制执行的，人民法院应予受理。被执行人对申请执行时效期间提出异议，人民法院经审查异议成立的，裁定不予执行。

被执行人履行全部或者部分义务后，又以不知道申请执行时效期间届满为由请求执行回转的，人民法院不予支持。

《最高人民法院关于适用〈中华人民共和国民事诉讼法〉执行程序若干问题的解释》（2020 年 12 月 29 日）

第十九条 在申请执行时效期间的最后六个月内，因不可抗力或者其他障碍不能行使请求权的，申请执行时效中止。从中止时效的原因消除之日起，申请执行时效期间继续计算。

第二十条 申请执行时效因申请执行、当事人双方达成和解协议、当事人一方提出履行要求或者同意履行义务而中断。从中断时起，申请执行时效期间重新计算。

第二十一条 生效法律文书规定债务人负有不作为义务的，申请执行时效期间从债务人违反不作为义务之日起计算。

◆ **典型案例**

某机械制造公司与某电子公司、王某进等执行监督案①

某机械制造公司与某电子公司、王某进等企业借贷纠纷一案，山东省青岛市中级人民法院作出（2014）青金商初字第 65 号民事调解书，因某电子公司、王某进等未履行生效法律文书所确定的义务，某机械制造公司申请强制执行，案号为（2019）鲁 02 执 1757 号。某机械制造公司、王某进等在执行过程中提出异议，请求排除强制执行。后，某电子公司、王某进、管某本等不服山东省高级人民法院（2020）鲁执复 520 号执行裁定，向最高人民法院提出申诉。

最高人民法院经审查认为，人民法院受理执行案件应当符合下列条件：（1）申请或移送执行的法律文书已经生效。（2）申请执行人是生效法律文书确定的权利人或其继承人、权利承受人。（3）申请执行人在法定期限内提出申请。（4）申请执行的法律文书有给付内容，且执行标的和被执行人明确。（5）义务人在生效法律文书确定的期限内未履行义务。（6）属于受申请执行的人民法院管辖。因此，申请执行人在法定申请执行期间内提出执行申请是人民法院受理执行案件的法定条件。申请执行的期间为二年。申请执行时效的中止、中断，适用法律有关诉讼时效中止、中断的规定。前款规定的期间，从法律文书规定履行期间的最后一日起计算；法律文书规定分期履行的，从规定的每次履行期间的最后一日起计算；法律文书未规定履行期间的，从法律文书生效之日起计算。申请执行时效因申请执行、当事人双方达成和解协议、当事人一方提出履行要求或者同

---

① 最高人民法院（2021）最高法执监 297 号执行裁定书。

意履行义务而中断。从中断时起，申请执行时效期间重新计算。根据前述规定，存在申请执行时效中断情形的，申请执行时效期间从中断时起重新计算二年。立案执行后，如被执行人以申请执行人未在法定期限内提出执行申请为由，提出执行依据丧失强制执行效力排除执行异议的，人民法院应当依据相应法律规定进行审查。本案执行依据确定的履行期间最后一日为 2014 年 9 月 30 日，申请执行人与某电子公司签订《债权转股权协议》的时间为 2015 年 4 月 28 日，申请执行人申请立案执行的时间为 2019 年 11 月 21 日。判断某机械制造公司是否在法定期限内提出执行申请，应对本案是否存在申请执行时效中止或中断、执行申请是否超过申请执行时效等问题进行审查。山东省青岛市中级人民法院、山东省高级人民法院在执行异议、复议审查中均认定当事人于 2015 年 4 月 28 日签订《债权转股权协议》构成申请执行时效中断，但未审查自 2015 年 4 月 28 日申请执行时效中断后而重新计算的二年内，是否存在新的中断事由，即认定某机械制造公司于 2019 年 11 月 21 日申请执行未超过申请执行的法定期限，基本认定事实不清，适用法律错误。

第二百五十一条　【执行通知】执行员接到申请执行书或者移交执行书，应当向被执行人发出执行通知，并可以立即采取强制执行措施。

◆ 适用指引

本条是关于执行通知的规定。根据本条规定，执行员应当向被执行人发出执行通知；同时，执行员可以在任何情形下，只要其认为有必要时，立即采取强制执行措施。执行员决定立即采取强制执行措施的，可以在发出执行通知的同时采取强制执行措施或者先采取强制执行措施后在 3 日内再发出执行通知。需要注意的是，发出执行通知是执行人员的法定义务，但未及时发出执行通知并不等于发出执行通知之前或者之后采取的执行行为无效。

◆ 关联规定

《最高人民法院关于适用〈中华人民共和国民事诉讼法〉的解释》（2022 年 4 月 1 日）

第四百八十条　人民法院应当在收到申请执行书或者移交执行书后十日内发

出执行通知。

执行通知中除应责令被执行人履行法律文书确定的义务外，还应通知其承担民事诉讼法第二百六十条规定的迟延履行利息或者迟延履行金。

《最高人民法院关于适用〈中华人民共和国民事诉讼法〉执行程序若干问题的解释》（2020 年 12 月 29 日）

第二十二条 执行员依照民事诉讼法第二百四十条①规定立即采取强制执行措施的，可以同时或者自采取强制执行措施之日起三日内发送执行通知书。

《最高人民法院关于人民法院执行工作若干问题的规定（试行）》（2020 年 12 月 29 日）

22. 人民法院应当在收到申请执行书或者移交执行书后十日内发出执行通知。

执行通知中除应责令被执行人履行法律文书确定的义务外，还应通知其承担民事诉讼法第二百五十三条②规定的迟延履行利息或者迟延履行金。

23. 执行通知书的送达，适用民事诉讼法关于送达的规定。

24. 被执行人未按执行通知书履行生效法律文书确定的义务的，应当及时采取执行措施。

人民法院采取执行措施，应当制作相应法律文书，送达被执行人。

◆ **典型案例**

某投资担保公司与某材料公司、詹某良等执行监督案③

湖北省武汉市中级人民法院在执行某投资担保公司与某材料公司、詹某良等追偿权纠纷一案中，向被执行人刘某友发出（2017）鄂01执907号执行通知书并作出（2017）鄂01执907号公告。刘某友不服，提出异议。后，刘某友不服湖北省高级人民法院（2020）鄂执复73号执行裁定，向最高人民法院提出申诉。

最高人民法院经审查认为，发生法律效力的民事判决、裁定，当事人必须履行。一方拒绝履行的，对方当事人可以向人民法院申请执行，也可以由审判员移送执行员执行。执行员接到申请执行书或者移交执行书，应当向被执行人发出执行通知，并可以立即采取强制执行措施。被执行人未按执行通知履行法律文书确定的义务，人民法院有权查封、扣押、冻结、拍卖、变卖被执行人应当履行义务

---

① 对应 2023 年《民事诉讼法》第 251 条。
② 对应 2023 年《民事诉讼法》第 264 条。
③ 最高人民法院（2021）最高法执监 26 号执行裁定书。

部分的财产。但应当保留被执行人及其扶养家属的生活必需品。采取前款措施，人民法院应当作出裁定。本案执行依据（2014）鄂武汉中民商初字第00966号民事判决明确判令刘某友等对判决确定的债务承担连带清偿责任，故刘某友与股权托管公司均系负有清偿全部债务责任的债务人，某投资担保公司作为债权人，可以依据生效法律文书申请执行任何一方债务人。执行程序中，刘某友与股权托管公司均系被执行人，没有履行的先后顺序。某投资担保公司与股权托管公司达成执行和解，不能产生免除其他被执行人责任的效果。在刘某友未按执行通知履行法律文书确定义务的情况下，湖北省武汉市中级人民法院对其名下房产采取评估拍卖措施，并无不当，刘某友的财产被执行后，其依法可以向股权托管公司行使追偿权。

第二十一章　执行措施

第二百五十二条　【被执行人报告义务】被执行人未按执行通知履行法律文书确定的义务，应当报告当前以及收到执行通知之日前一年的财产情况。被执行人拒绝报告或者虚假报告的，人民法院可以根据情节轻重对被执行人或者其法定代理人、有关单位的主要负责人或者直接责任人员予以罚款、拘留。

◆ **适用指引**

本条是关于被执行人财产报告制度的规定。人民法院掌握被执行人的财产状况主要有法院调查、申请人提供线索和被执行人主动申报三个途径。被执行人财产报告制度，是指被执行人未按执行通知履行法律文书确定的义务的，应当向法院申报当前及收到执行通知之日前 1 年的财产情况，否则将受到罚款或拘留等司法处罚。申报财产的前提条件是被执行人未按执行通知履行法律文书确定的义务。执行立案后，人民法院应当及时启动财产调查程序并向被执行人发出执行通知，被执行人接到执行通知后，应当按照执行通知的要求履行法律文书确定的义务，否则应当报告财产情况，接受执行人员对其进行有关财产状况和履行义务能力的调查。

被执行人应在报告财产令载明期限内向人民法院书面报告下列财产情况：（1）收入、银行存款、现金、理财产品、有价证券。（2）土地使用权、房屋等不动产。（3）交通运输工具、机器设备、产品、原材料等动产。（4）债权、股权、投资权益、基金份额、信托受益权、知识产权等财产性权利。（5）其他应当报告的财产。被执行人的财产已出租、已设立担保物权等权利负担或者存在共有、权属争议等情形的，应当一并报告；被执行人的动产由第三人占有，被执行人的不动产、特定动产、其他财产权等登记在第三人名下的，也应当一并报告。被执行人自收到执行通知之日前 1 年至提交书面财产报告之日，其财产情况发生下列变动的，应当将变动情况一并报告：（1）转让、出租财产的。（2）在财产上设立担保物权等权利负担的。（3）放弃债权或延长债权清偿期的。（4）支出大额资金的。（5）其他影响生效法律文书确定债权实现的财产变动。

被执行人拒绝报告、虚假报告或者无正当理由逾期报告财产情况的，人民法院可以根据情节轻重对被执行人或者其法定代理人予以罚款、拘留；构成犯罪的，依法追究刑事责任。人民法院对有前述行为之一的单位，可以对其主要负责人或者直接责任人员予以罚款、拘留；构成犯罪的，依法追究刑事责任。另外，被执行人拒绝报告、虚假报告或者无正当理由逾期报告财产情况的，人民法院应当依照相关规定将其纳入失信被执行人名单。

◆ **关联规定**

《最高人民法院关于适用〈中华人民共和国民事诉讼法〉的解释》（2022 年 4 月 1 日）

第四百八十二条 对必须接受调查询问的被执行人、被执行人的法定代表人、负责人或者实际控制人，经依法传唤无正当理由拒不到场的，人民法院可以拘传其到场。

人民法院应当及时对被拘传人进行调查询问，调查询问的时间不得超过八小时；情况复杂，依法可能采取拘留措施的，调查询问的时间不得超过二十四小时。

人民法院在本辖区以外采取拘传措施时，可以将被拘传人拘传到当地人民法院，当地人民法院应予协助。

《最高人民法院关于人民法院执行工作若干问题的规定（试行）》（2020 年 12 月 29 日）

五、金钱给付的执行

26. 金融机构擅自解冻被人民法院冻结的款项，致冻结款项被转移的，人民法院有权责令其限期追回已转移的款项。在限期内未能追回的，应当裁定该金融机构在转移的款项范围内以自己的财产向申请执行人承担责任。

27. 被执行人为金融机构的，对其交存在人民银行的存款准备金和备付金不得冻结和扣划，但对其在本机构、其他金融机构的存款，及其在人民银行的其他存款可以冻结、划拨，并可对被执行人的其他财产采取执行措施，但不得查封其营业场所。

28. 作为被执行人的自然人，其收入转为储蓄存款的，应当责令其交出存单。拒不交出的，人民法院应当作出提取其存款的裁定，向金融机构发出协助执行通知书，由金融机构提取被执行人的存款交人民法院或存入人民法院指定的账户。

29. 被执行人在有关单位的收入尚未支取的，人民法院应当作出裁定，向该单位发出协助执行通知书，由其协助扣留或提取。

30. 有关单位收到人民法院协助执行被执行人收入的通知后，擅自向被执行人或其他人支付的，人民法院有权责令其限期追回；逾期未追回的，应当裁定其在支付的数额内向申请执行人承担责任。

31. 人民法院对被执行人所有的其他人享有抵押权、质押权或留置权的财产，可以采取查封、扣押措施。财产拍卖、变卖后所得价款，应当在抵押权人、质押权人或留置权人优先受偿后，其余额部分用于清偿申请执行人的债权。

32. 被执行人或其他人擅自处分已被查封、扣押、冻结财产的，人民法院有权责令责任人限期追回财产或承担相应的赔偿责任。

33. 被执行人申请对人民法院查封的财产自行变卖的，人民法院可以准许，但应当监督其按照合理价格在指定的期限内进行，并控制变卖的价款。

34. 拍卖、变卖被执行人的财产成交后，必须即时钱物两清。

委托拍卖、组织变卖被执行人财产所发生的实际费用，从所得价款中优先扣除。所得价款超出执行标的数额和执行费用的部分，应当退还被执行人。

35. 被执行人不履行生效法律文书确定的义务，人民法院有权裁定禁止被执行人转让其专利权、注册商标专用权、著作权（财产权部分）等知识产权。上述权利有登记主管部门的，应当同时向有关部门发出协助执行通知书，要求其不得办理财产权转移手续，必要时可以责令被执行人将产权或使用权证照交人民法院保存。

对前款财产权，可以采取拍卖、变卖等执行措施。

36. 对被执行人从有关企业中所得的已到期的股息或红利等收益，人民法院有权裁定禁止被执行人提取和有关企业向被执行人支付，并要求有关企业直接向申请执行人支付。

对被执行人预期从有关企业中应得的股息或红利等收益，人民法院可以采取冻结措施，禁止到期后被执行人提取和有关企业向被执行人支付。到期后人民法院可从有关企业中提取，并出具提取收据。

37. 对被执行人在其他股份有限公司中持有的股份凭证（股票），人民法院可以扣押，并强制被执行人按照公司法的有关规定转让，也可以直接采取拍卖、变卖的方式进行处分，或直接将股票抵偿给债权人，用于清偿被执行人的债务。

38. 对被执行人在有限责任公司、其他法人企业中的投资权益或股权，人民法院可以采取冻结措施。

冻结投资权益或股权的，应当通知有关企业不得办理被冻结投资权益或股权的转移手续，不得向被执行人支付股息或红利。被冻结的投资权益或股权，被执行人不得自行转让。

39. 被执行人在其独资开办的法人企业中拥有的投资权益被冻结后，人民法院可以直接裁定予以转让，以转让所得清偿其对申请执行人的债务。

对被执行人在有限责任公司中被冻结的投资权益或股权，人民法院可以依据《中华人民共和国公司法》第七十一条、第七十二条、第七十三条的规定，征得全体股东过半数同意后，予以拍卖、变卖或以其他方式转让。不同意转让的股东，应当购买该转让的投资权益或股权，不购买的，视为同意转让，不影响执行。

人民法院也可允许并监督被执行人自行转让其投资权益或股权，将转让所得收益用于清偿对申请执行人的债务。

40. 有关企业收到人民法院发出的协助冻结通知后，擅自向被执行人支付股息或红利，或擅自为被执行人办理已冻结股权的转移手续，造成已转移的财产无法追回的，应当在所支付的股息或红利或转移的股权价值范围内向申请执行人承担责任。

七、被执行人到期债权的执行

45. 被执行人不能清偿债务，但对本案以外的第三人享有到期债权的，人民法院可以依申请执行人或被执行人的申请，向第三人发出履行到期债务的通知（以下简称履行通知）。履行通知必须直接送达第三人。

履行通知应当包含下列内容：

（1）第三人直接向申请执行人履行其对被执行人所负的债务，不得向被执行人清偿；

（2）第三人应当在收到履行通知后的十五日内向申请执行人履行债务；

（3）第三人对履行到期债权有异议的，应当在收到履行通知后的十五日内向执行法院提出；

（4）第三人违背上述义务的法律后果。

46. 第三人对履行通知的异议一般应当以书面形式提出，口头提出的，执行人员应记入笔录，并由第三人签字或盖章。

47. 第三人在履行通知指定的期间内提出异议的，人民法院不得对第三人强制执行，对提出的异议不进行审查。

48. 第三人提出自己无履行能力或其与申请执行人无直接法律关系，不属于本规定所指的异议。

第三人对债务部分承认、部分有异议的，可以对其承认的部分强制执行。

49. 第三人在履行通知指定的期限内没有提出异议，而又不履行的，执行法院有权裁定对其强制执行。此裁定同时送达第三人和被执行人。

50. 被执行人收到人民法院履行通知后，放弃其对第三人的债权或延缓第三人履行期限的行为无效，人民法院仍可在第三人无异议又不履行的情况下予以强制执行。

51. 第三人收到人民法院要求其履行到期债务的通知后，擅自向被执行人履行，造成已向被执行人履行的财产不能追回的，除在已履行的财产范围内与被执行人承担连带清偿责任外，可以追究其妨害执行的责任。

52. 在对第三人作出强制执行裁定后，第三人确无财产可供执行的，不得就第三人对他人享有的到期债权强制执行。

53. 第三人按照人民法院履行通知向申请执行人履行了债务或已被强制执行后，人民法院应当出具有关证明。

《最高人民法院关于民事执行中财产调查若干问题的规定》（2020 年 12 月 29 日）

第四条 报告财产令应当载明下列事项：

（一）提交财产报告的期限；

（二）报告财产的范围、期间；

（三）补充报告财产的条件及期间；

（四）违反报告财产义务应承担的法律责任；

（五）人民法院认为有必要载明的其他事项。

报告财产令应附财产调查表，被执行人必须按照要求逐项填写。

第五条 被执行人应当在报告财产令载明的期限内向人民法院书面报告下列财产情况：

（一）收入、银行存款、现金、理财产品、有价证券；

（二）土地使用权、房屋等不动产；

（三）交通运输工具、机器设备、产品、原材料等动产；

（四）债权、股权、投资权益、基金份额、信托受益权、知识产权等财产性权利；

（五）其他应当报告的财产。

被执行人的财产已出租、已设立担保物权等权利负担，或者存在共有、权属争议等情形的，应当一并报告；被执行人的动产由第三人占有，被执行人的不动产、特定动产、其他财产权等登记在第三人名下的，也应当一并报告。

被执行人在报告财产令载明的期限内提交书面报告确有困难的，可以向人民法院书面申请延长期限；申请有正当理由的，人民法院可以适当延长。

第六条 被执行人自收到执行通知之日前一年至提交书面财产报告之日，其财产情况发生下列变动的，应当将变动情况一并报告：

（一）转让、出租财产的；

（二）在财产上设立担保物权等权利负担的；

（三）放弃债权或延长债权清偿期的；

（四）支出大额资金的；

（五）其他影响生效法律文书确定债权实现的财产变动。

第十一条 有下列情形之一的，财产报告程序终结：

（一）被执行人履行完毕生效法律文书确定义务的；

（二）人民法院裁定终结执行的；

（三）人民法院裁定不予执行的；

（四）人民法院认为财产报告程序应当终结的其他情形。

发出报告财产令后，人民法院裁定终结本次执行程序的，被执行人仍应依照本规定第七条的规定履行补充报告义务。

第二十一条 被执行人不履行生效法律文书确定的义务，申请执行人可以向人民法院书面申请发布悬赏公告查找可供执行的财产。申请书应当载明下列事项：

（一）悬赏金的数额或计算方法；

（二）有关人员提供人民法院尚未掌握的财产线索，使该申请执行人的债权得以全部或部分实现时，自愿支付悬赏金的承诺；

（三）悬赏公告的发布方式；

（四）其他需要载明的事项。

人民法院应当自收到书面申请之日起十日内决定是否准许。

◆ **典型案例**

某管业公司执行阶段司法惩戒复议案①

西藏自治区高级人民法院作出（2017）藏民初 11 号民事判决。判决生效后，因被执行人未履行生效判决，西藏自治区高级人民法院向某管业公司下达报告财

---

① 最高人民法院（2019）最高法司惩复 4 号复议决定书。

产令，某管业公司于 2018 年 11 月 5 日向西藏自治区高级人民法院提交《财产报告书》。2019 年 3 月 29 日，西藏自治区高级人民法院下达（2018）藏执 3 号罚款决定书，对某管业公司以申报财产不实为由罚款 90 万元。某管业公司不服西藏自治区高级人民法院（2018）藏执 3 号罚款决定，向最高人民法院申请复议。

最高人民法院经审查认为，被执行人未按执行通知履行法律文书确定的义务，应当报告当前以及收到执行通知之日前一年的财产情况。被执行人拒绝报告或者虚假报告的，人民法院可以根据情节轻重对被执行人或者其法定代理人、有关单位的主要负责人或者直接责任人员予以罚款、拘留。本案中，某管业公司接到西藏自治区高级人民法院的财产报告令后及时对其固定资产情况和经营情况进行报告。报告固定资产时提出"现有土地面积 373.97 亩，标准化厂房面积 129380.5 平方米，于 2014 年 6 月 1 日租赁给某钢管公司经营，租期 10 年"。其报告的土地面积与抵押登记清单一致，也报告了土地租赁情况，只是未明确报告具体的土地出租面积。鉴于某管业公司之前与拉萨金珠农行办理抵押登记时已告知房产和土地租赁情况，清单上均有登记，不存在隐瞒的必要，其在财产报告书中指出"由于时间仓促不够专业，上述报告如有不周全部分，请贵院来函详细询问"。西藏自治区高级人民法院发现申报的土地出租面积与抵押清单不符前去现场查询时，其又如实提供了与某钢管公司的《厂房租赁合同》，上述行为不符合"拒绝报告、虚假报告"的情形。此外，西藏自治区高级人民法院根据查明的财产情况已经正常启动拍卖程序，相关未出租土地已拍卖成功，未影响本案执行程序的顺利推动。因此，西藏自治区高级人民法院对某管业公司罚款 90 万元，确属不当。

第二百五十三条　【查扣冻划变金融资产】被执行人未按执行通知履行法律文书确定的义务，人民法院有权向有关单位查询被执行人的存款、债券、股票、基金份额等财产情况。人民法院有权根据不同情形扣押、冻结、划拨、变价被执行人的财产。人民法院查询、扣押、冻结、划拨、变价的财产不得超出被执行人应当履行义务的范围。

人民法院决定扣押、冻结、划拨、变价财产，应当作出裁定，并发出协助执行通知书，有关单位必须办理。

◆ **适用指引**

本条是关于对存款、债券、股票、基金份额等财产执行和协助执行的规定。

查询，是指人民法院向有关单位调查询问被执行人的财产情况。查询并非一种单独的执行措施，而是一种辅助性的手段，旨在查找被执行人的财产，了解被执行人的履行能力，为采取其他执行措施做准备。根据本条规定，人民法院有权向有关单位查询被执行人的存款、债券、股票、基金份额等财产情况，有关单位应予协助。人民法院有权查询被执行人的身份信息与财产信息，掌握相关信息的单位和个人必须按照协助执行通知书办理。这里的"财产信息"不限于特定财产信息，包括被执行人可供执行的所有财产信息。人民法院有权根据不同财产分别采取扣押、冻结、划拨、变价等不同的执行措施。扣押，是指人民法院将被执行人的财产移至其他可由人民法院控制的地方加以扣留，限制其占有和处分。对于被扣押财产，人民法院可以自己保管，也可以委托有关单位和个人保管，费用由被执行人负担。冻结，是指对被执行人在有关单位的财产，人民法院依照一定的法律程序不准其提取或者转移。实施冻结后，非经人民法院通知，任何单位和个人不得提取和转移。需要说明的是，查封是对执行标的物加贴封条，不准债务人移动，即就地查封，扣押则要将执行标的物转移至其他场所，即异地扣押。冻结，主要是针对被执行人在银行等金融机构的存款或财产性权利采取的控制性措施。划拨，是指人民法院将被执行人的存款、债券、股票、基金份额等财产强制划入申请执行人或人民法院指定账户以清偿权利人的债权。变价，是指人民法院将查封、扣押、冻结的被执行人财产依合法方式或程序，将物状财产转换为金钱财产并以所得价金清偿申请执行人。变价方式主要有拍卖和变卖两种，也包括以物抵债和强制管理。实践中采取何种执行措施，应根据执行标的和案件实际情况予以确定。

根据本条规定，人民法院查询、扣押、冻结、划拨、变价的财产不得超出被执行人应当履行义务的范围。执行法院在对被执行人的财产采取执行措施时应遵循价值相当原则，采取执行措施的财产价值应与被执行人应履行义务的价值相当。执行过程中要合理选择执行财产，被执行人有多项财产可供执行的，应选择对被执行人生产生活影响较小且方便执行的财产。在不影响执行效率和效果的前提下，被执行人请求人民法院先执行某项财产的，应当准许；不予准许的，应有合理正当理由。另外，人民法院在执行过程中应为被执行人及其扶养家属保留必需生活费用。需要注意的是，股票、债券、基金份额等财产的价值往往难以判断，扣押、冻结前先行评估又会影响对执行标的及时控制，故实践中难以做到价值完全相当。为此，《最高人民法院关于人民法院民事执行中查封、扣押、冻结财产的规定》第19条第1款规定，查封、扣押、冻结被执行人的财产，以其价额足以清偿法律文书确定的债权额及执行费用为限，不得明显超标的额查封、扣押、冻结。只要查封、扣押的财产未显著、大幅超出被执行人应当履行义务的责任范围，均应认定为符合价值相当原则。还应注意的是，在一些情形下，即使查封、扣押、冻结的财产明显超出被执行人应当履行义务的范围，也不应认定为违法，例如执行标的为不可分物且被执行人无其他可供执行的财产或者其他财产不足以清偿债务的，可以对其整体采取执行措施。

执行过程中，应当由首先查封、扣押、冻结的法院负责处分查封财产。对被执行的财产，人民法院非经查封、扣押、冻结不得处分，财产已被查封、冻结的，不得重复查封、冻结。需要注意的是，轮候查封、扣押、冻结不产生查封、扣押、冻结效力，只有在先查封、扣押、冻结被解除后，排列在先的轮候查封、扣押、冻结才能转为查封、扣押、冻结。因此，只有首先查封、扣押、冻结才是严格意义上的查封、扣押、冻结，相应地，只有首先查封、扣押、冻结的法院才具有对财产的处分权。另外，人民法院冻结被执行人的银行存款的期限不得超过一年，查封、扣押动产的期限不得超过两年，查封不动产、冻结其他财产权的期限不得超过三年。

1. 关于股票的冻结。冻结上市公司股票，应当以其价值足以清偿生效法律文书确定的债权额为限。股票价值应当以冻结前一交易日收盘价为基准，结合股票市场行情，一般在不超过20%的幅度内合理确定。股票冻结后，其价值发生重大变化的，经当事人申请，人民法院可以追加冻结或者解除部分冻结。保全冻结上市公司股票后，被保全人申请将冻结措施变更为可售性冻结的，应当准许，但应提前将被保全人在证券公司的资金账户在明确具体的数额范围内予以冻结。执行过程中，被执行人申请通过二级市场交易方式自行变卖股票清偿债务的，人民法院可以按照前述规定办理，但应当要求其在10个交易日内变卖完毕。特殊情形下，可以适当延长。

债务人持有的上市公司股票存在质押且质权人非本案保全申请人或申请执行人，人民法院对质押股票冻结时无须将质押债权额计算在内。冻结质押股票时，人民法院应当提前冻结债务人在证券公司的资金账户并明确具体的冻结数额，不得对资金账户整体冻结。股票冻结后，不影响质权人变价股票实现其债权。质权人解除任何一部分股票质押的，冻结效力在冻结股票数量范围内对解除质押部分的股票自动生效。质权人变价股票实现其债权后变价款有剩余的，冻结效力在本案债权额范围内对剩余变价款自动生效。执行程序中，为实现本案债权，人民法院可以在质押债权和本案债权额范围内对相应数量的股票强制变价并在优先实现质押债权后清偿本案债务。两个以上国家机关冻结同一质押股票，按在证券公司或中国结算公司办理股票冻结手续的先后确定冻结顺位，依次满足各机关的冻结需求。两个以上国家机关在同一交易日分别在证券公司、中国结算公司冻结同一质押股票，先在证券公司办理股票冻结手续的为在先冻结。人民法院与其他国家机关就冻结质押股票产生争议的，由最高人民法院主动与最高人民检察院、公安部等部门依法协调解决，争议协调解决期间，证券公司或中国结算公司控制产生争议的相关股票，不协助任何一方执行，争议协调解决完成后，证券公司或中国结算公司按照争议机关协商的最终结论处理。人民法院冻结质押股票时，协助执行通知书应明确案件债权额及执行费用，证券账户持有人名称（姓名）、账户号码，冻结股票名称、证券代码，需要冻结数量、冻结期限等信息，需要冻结的股票数量，以案件债权额及执行费用总额除以每股股票的价值计算。每股股票的价值以冻结前一交易日收盘价为基准，结合股票市场行情，一般在不超过 20% 的幅度内合理确定。

2. 关于股票的变价。上市公司的流通股，因其在证券交易所公开上市交易，市场机制足以确保形成合理价格，故无须经过拍卖程序，可由相关证券公司协助执行，通过证券交易所直接予以变卖。实践中，为防止大宗流通股变卖引发恐慌性抛盘，影响股市稳定，人民法院可分次拆细变卖或要求证券交易所协助采取对敲买卖方式在二级市场变卖。如果处置股票数量特别巨大，采用二级市场变卖耗费周期较长，可以通过网络司法拍卖平台进行拍卖、变卖。此外，通过大宗交易方式或者二级市场变价的股票，还应注意相关大股东等特殊群体减持股票的规定。

◆ **关联规定**

《最高人民法院关于适用〈中华人民共和国民事诉讼法〉的解释》（2022 年 4 月 1 日）

第四百八十三条 人民法院有权查询被执行人的身份信息与财产信息，掌握相关信息的单位和个人必须按照协助执行通知书办理。

第四百八十四条 对被执行的财产，人民法院非经查封、扣押、冻结不得处分。对银行存款等各类可以直接扣划的财产，人民法院的扣划裁定同时具有冻结的法律效力。

第四百八十五条 人民法院冻结被执行人的银行存款的期限不得超过一年，查封、扣押动产的期限不得超过两年，查封不动产、冻结其他财产权的期限不得超过三年。

申请执行人申请延长期限的，人民法院应当在查封、扣押、冻结期限届满前办理续行查封、扣押、冻结手续，续行期限不得超过前款规定的期限。

人民法院也可以依职权办理续行查封、扣押、冻结手续。

◆ **典型案例**

某建设公司与某房地产公司执行复议案①

某建设公司诉某房地产公司建设工程施工合同纠纷一案，甘肃省高级人民法院作出民事判决。判决生效后，某房地产公司未履行生效法律文书确定的义务，某建设公司申请强制执行。该案诉讼期间，某建设公司申请诉讼保全，甘肃省高级人民法院作出（2017）甘民初136号民事裁定，查封某房地产公司财产，某房地产公司提出异议。后，某建设公司不服甘肃省高级人民法院（2021）甘执异36号执行裁定，向最高人民法院申请复议。

最高人民法院经审查认为，人民法院查询、扣押、冻结、划拨、变价的财产不得超出被执行人应当履行义务的范围。查封、扣押、冻结被执行人的财产，以其价款足以清偿法律文书确定的债权额及执行费用为限，不得明显超标的额查封、扣押、冻结。因此，财产保全时所查封、扣押、冻结的财产价值应与本案所涉债权价值基本相当。本案中，甘肃省高级人民法院系根据被执行人某房地产公司提供的房地产抵押评估报告和房地产测绘成果报告书，参照其中二十至二十六层房产的建筑面积、评估总价与评估单价，估算案涉房产已被查封部分的价值。但上述房地产抵押评估报告系某房地产公司贷款方某投资公司委托房地产评估咨询公司作出，是由某房地产公司单方提供，其是为确定房地产抵押贷款额度提供参考依据。甘肃省高级人民法院仅以该房地产抵押报告作为唯一参考依据进行估算，其估算案涉房产价值的依据尚不足以证明解除案涉房产十至十九层的查封后，剩余查封房产的价值仍与本案所涉债权价值基本相当且可充分保障申请执行人的合法权益。因此，甘肃省高级人民法院解除部分案涉房产查封的依据不足，后续执行应在综合考虑案涉债权价值、案涉房产市场价值、拍卖成交可能性以及预估成交价格等因素基础上，对应当查封房产的价值依法作出合理判断。

---

① 最高人民法院（2021）最高法执复81号执行裁定书。

第二百五十四条 　**【扣留、提取收入】**被执行人未按执行通知履行法律文书确定的义务，人民法院有权扣留、提取被执行人应当履行义务部分的收入。但应当保留被执行人及其所扶养家属的生活必需费用。

人民法院扣留、提取收入时，应当作出裁定，并发出协助执行通知书，被执行人所在单位、银行、信用合作社和其他有储蓄业务的单位必须办理。

◆ **适用指引**

本条是关于扣留、提取被执行人收入的规定。扣留被执行人的收入是指人民法院依法强制留置被执行人的收入，禁止其领取。提取被执行人的收入是指人民法院通过银行、信用合作社和其他有储蓄业务的单位或者被执行人所在单位，支取被执行人的收入交给申请执行人。扣留是为提取做准备，扣留属于临时措施，目的在于促使被执行人主动履行义务，同时也为提取做准备，扣留被执行人的收入后，被执行人履行义务的，应当及时解除扣留；仍拒不履行的，可以提取；提取属于最终措施，可在扣留基础上进行，也可直接进行，由执行法院视具体情况而定。

本条规定的收入，是指被执行人应得的，但尚未实际获得或占有的报酬或所得，包括工资、奖金、各类补贴、劳动报酬、农副业收入、经商收入以及其他各种非劳动收入，如租金收入，主要是指金钱收入，但不排除实物收入。被执行人在有关单位的收入尚未支取的，人民法院应当作出裁定并向该单位发出协助执行通知书，由其协助扣留或提取。有关单位收到人民法院协助执行被执行人收入的通知后，擅自向被执行人或其他人支付的，人民法院有权责令其限期追回；逾期未追回的，应当裁定其在支付的数额内向申请执行人承担责任。

扣留收入时，应以数额足以清偿法律文书确定的债权以及执行费用为限，不得明显超标的扣留。超标的扣留的，人民法院应当根据债务人的申请或者依职权及时解除对超标的额部分收入的扣留。扣留、提取被执行人的收入，还应保留被执行人及其所扶养家属的生活必需费用。另外，扣留、提取被执行人的收入应注意区分收入与到期债权，对被执行人对第三人到期债权予以执行时，应当严格遵守到期债权的相关规定，作出冻结裁定和履行到期债务通知书。

◆ **典型案例**

某投资管理中心与 T 集团执行监督案①

某投资管理中心与 T 集团借款合同纠纷一案，山东省潍坊市中级人民法院作出（2015）潍执字第 156-8 号执行裁定，提取被执行人 T 集团在某餐饮管理公司处的 2017 年上半年房屋租金 150 万元并向某餐饮管理公司送达协助执行通知书，要求其收到协助执行通知书之日起 10 日内将上述款项汇入山东省潍坊市中级人民法院银行账户。某餐饮管理公司不服，提出异议，请求撤销（2015）潍执字第 156-8 号执行裁定及协助执行通知书。后，某投资管理中心不服山东省高级人民法院（2018）鲁执复 44 号执行裁定，向最高人民法院提出申诉。

最高人民法院经审查认为，被执行人未按执行通知履行法律文书确定的义务，人民法院有权向有关单位发出协助执行通知书，由其协助扣留、提取被执行人应当履行义务部分的收入。但应当保留被执行人及其所扶养家属的生活必需费用。前述规定中的"收入"，系指自然人基于劳务等非经营性原因所得和应得的财物，主要包括个人的工资、奖金等。

本案中，某投资管理中心主张某餐饮管理公司与 T 集团存在房屋租赁合同，某餐饮管理公司有按期支付租金之义务。T 集团是公司法人，并非自然人，法律规定的提取收入的执行措施仅适用于被执行人为自然人的情况。因此，山东省潍坊市中级人民法院直接裁定提取被执行人 T 集团在某餐饮管理公司处的租金，属于法律适用错误。

第二百五十五条 　**【查扣冻拍变被执行人财产】** 被执行人未按执行通知履行法律文书确定的义务，人民法院有权查封、扣押、冻结、拍卖、变卖被执行人应当履行义务部分的财产。但应当保留被执行人及其所扶养家属的生活必需品。

采取前款措施，人民法院应当作出裁定。

◆ **适用指引**

本条是关于查封、扣押、冻结、拍卖、变卖被执行人财产的规定。查封、扣

---

① 最高人民法院（2018）最高法执监 487 号执行裁定书。

押、冻结、拍卖、变卖被执行人应当履行义务部分的财产是最基本的执行措施。查封、扣押、冻结是针对不同情况采取的临时强制措施；拍卖和变卖是对被查封、扣押、冻结财产的处置。查封、扣押、冻结、拍卖、变卖被执行人的财产应限定在被执行人应履行义务范围内并应保留被执行人及其所扶养家属的生活必需品。

人民法院可以查封、扣押、冻结被执行人占有的动产，登记在被执行人名下的不动产、特定动产及其他财产权。未登记的建筑物和土地使用权，依据土地使用权的审批文件和其他相关证据确定权属。对于第三人占有的动产或者登记在第三人名下的不动产、特定动产及其他财产权，第三人书面确认该财产属于被执行人的，人民法院可以查封、扣押、冻结。对被执行人的下列财产不得查封、扣押、冻结：（1）被执行人及其所扶养家属生活所必需的衣服、家具、炊具、餐具及其他家庭生活必需的物品。（2）被执行人及其所扶养家属所必需的生活费用，有最低生活保障标准的，必需的生活费用依照该标准确定。（3）被执行人及其所扶养家属完成义务教育所必需的物品。（4）未公开的发明或者未发表的著作。（5）被执行人及其所扶养家属用于身体缺陷所必需的辅助工具、医疗物品。（6）被执行人所得的勋章及其他荣誉表彰的物品。（7）根据《缔结条约程序法》，以中华人民共和国、中华人民共和国政府或者中华人民共和国政府部门名义同外国、国际组织缔结的条约、协定和其他具有条约、协定性质的文件中规定免于查封、扣押、冻结的财产。（8）法律或者司法解释规定的其他不得查封、扣押、冻结的财产。被执行人及其所扶养家属生活所必需的居住房屋，可以查封，但不得拍卖、变卖或者抵债；超过被执行人及其所扶养家属生活必需的房屋和生活用品，根据申请执行人的申请，在保障被执行人及其所扶养家属最低生活标准所必需的居住房屋和普通生活必需品后，可予执行。

查封、扣押的效力及于查封、扣押物的从物和天然孳息。查封地上建筑物的效力及于该地上建筑物使用范围内的土地使用权，查封土地使用权的效力及于地上建筑物，但土地使用权与地上建筑物的所有权分属被执行人与他人的除外。地上建筑物和土地使用权的登记机关不是同一机关的，应分别办理查封登记。查封、扣押、冻结的财产灭失或者毁损的，查封、扣押、冻结的效力及于该财产的替代物、赔偿款，应及时裁定查封、扣押、冻结该替代物、赔偿款。已被人民法院查封、扣押、冻结的财产，其他人民法院可以轮候查封、扣押、冻结。查封、扣押、冻结解除的，登记在先的轮候查封、扣押、冻结即自动生效。其他人民法院对已登记的财产轮候查封、扣押、冻结的，应当通知有关登记机关协助轮候登记，实施查封、扣押、冻结的人民法院应当允许其他人民法院查阅有关文书和记录。其他人民法院对没有登记的财产进行轮候查封、扣押、冻结的，应当制作笔录并经实施查封、扣押、冻结的执行人员及被执行人签字，或者书面通知实施查封、扣押、冻结的人民法院。

◆ **关联规定**

《最高人民法院关于适用〈中华人民共和国民事诉讼法〉的解释》（2022 年 4 月 1 日）

第四百九十九条 人民法院执行被执行人对他人的到期债权，可以作出冻结债权的裁定，并通知该他人向申请执行人履行。

该他人对到期债权有异议，申请执行人请求对异议部分强制执行的，人民法院不予支持。利害关系人对到期债权有异议的，人民法院应当按照民事诉讼法第二百三十四条①规定处理。

对生效法律文书确定的到期债权，该他人予以否认的，人民法院不予支持。

第五百零一条 被执行人不履行生效法律文书确定的行为义务，该义务可由他人完成的，人民法院可以选定代履行人；法律、行政法规对履行该行为义务有资格限制的，应当从有资格的人中选定。必要时，可以通过招标的方式确定代履行人。

申请执行人可以在符合条件的人中推荐代履行人，也可以申请自己代为履行，是否准许，由人民法院决定。

第五百零二条 代履行费用的数额由人民法院根据案件具体情况确定，并由被执行人在指定期限内预先支付。被执行人未预付的，人民法院可以对该费用强制执行。

代履行结束后，被执行人可以查阅、复制费用清单以及主要凭证。

《最高人民法院关于人民法院民事执行中查封、扣押、冻结财产的规定》（2020 年 12 月 29 日）

第三条 人民法院对被执行人的下列财产不得查封、扣押、冻结：

（一）被执行人及其所扶养家属生活所必需的衣服、家具、炊具、餐具及其他家庭生活必需的物品；

（二）被执行人及其所扶养家属所必需的生活费用。当地有最低生活保障标

---

① 对应 2023 年《民事诉讼法》第 238 条。

准的，必需的生活费用依照该标准确定；

（三）被执行人及其所扶养家属完成义务教育所必需的物品；

（四）未公开的发明或者未发表的著作；

（五）被执行人及其所扶养家属用于身体缺陷所必需的辅助工具、医疗物品；

（六）被执行人所得的勋章及其他荣誉表彰的物品；

（七）根据《中华人民共和国缔结条约程序法》，以中华人民共和国、中华人民共和国政府或者中华人民共和国政府部门名义同外国、国际组织缔结的条约、协定和其他具有条约、协定性质的文件中规定免于查封、扣押、冻结的财产；

（八）法律或者司法解释规定的其他不得查封、扣押、冻结的财产。

第四条 对被执行人及其所扶养家属生活所必需的居住房屋，人民法院可以查封，但不得拍卖、变卖或者抵债。

第五条 对于超过被执行人及其所扶养家属生活所必需的房屋和生活用品，人民法院根据申请执行人的申请，在保障被执行人及其所扶养家属最低生活标准所必需的居住房屋和普通生活必需品后，可予以执行。

第九条 扣押尚未进行权属登记的机动车辆时，人民法院应当在扣押清单上记载该机动车辆的发动机编号。该车辆在扣押期间权利人要求办理权属登记手续的，人民法院应当准许并及时办理相应的扣押登记手续。

第十三条 对第三人为被执行人的利益占有的被执行人的财产，人民法院可以查封、扣押、冻结；该财产被指定给第三人继续保管的，第三人不得将其交付给被执行人。

对第三人为自己的利益依法占有的被执行人的财产，人民法院可以查封、扣押、冻结，第三人可以继续占有和使用该财产，但不得将其交付给被执行人。

第三人无偿借用被执行人的财产的，不受前款规定的限制。

第十四条 被执行人将其财产出卖给第三人，第三人已经支付部分价款并实际占有该财产，但根据合同约定被执行人保留所有权的，人民法院可以查封、扣押、冻结；第三人要求继续履行合同的，向人民法院交付全部余款后，裁定解除查封、扣押、冻结。

第十五条 被执行人将其所有的需要办理过户登记的财产出卖给第三人，第三人已经支付部分或者全部价款并实际占有该财产，但尚未办理产权过户登记手续的，人民法院可以查封、扣押、冻结；第三人已经支付全部价款并实际占有，但未办理过户登记手续的，如果第三人对此没有过错，人民法院不得查封、扣押、冻结。

第二十条 查封、扣押的效力及于查封、扣押物的从物和天然孳息。

第二十一条 查封地上建筑物的效力及于该地上建筑物使用范围内的土地使用权，查封土地使用权的效力及于地上建筑物，但土地使用权与地上建筑物的所有权分属被执行人与他人的除外。

地上建筑物和土地使用权的登记机关不是同一机关的，应当分别办理查封登记。

第二十六条 对已被人民法院查封、扣押、冻结的财产，其他人民法院可以进行轮候查封、扣押、冻结。查封、扣押、冻结解除的，登记在先的轮候查封、扣押、冻结即自动生效。

其他人民法院对已登记的财产进行轮候查封、扣押、冻结的，应当通知有关登记机关协助进行轮候登记，实施查封、扣押、冻结的人民法院应当允许其他人民法院查阅有关文书和记录。

其他人民法院对没有登记的财产进行轮候查封、扣押、冻结的，应当制作笔录，并经实施查封、扣押、冻结的人民法院执行人员及被执行人签字，或者书面通知实施查封、扣押、冻结的人民法院。

第二十七条 查封、扣押、冻结期限届满，人民法院未办理延期手续的，查封、扣押、冻结的效力消灭。

查封、扣押、冻结的财产已经被执行拍卖、变卖或者抵债的，查封、扣押、冻结的效力消灭。

第二十八条 有下列情形之一的，人民法院应当作出解除查封、扣押、冻结裁定，并送达申请执行人、被执行人或者案外人：

（一）查封、扣押、冻结案外人财产的；

（二）申请执行人撤回执行申请或者放弃债权的；

（三）查封、扣押、冻结的财产流拍或者变卖不成，申请执行人和其他执行债权人又不同意接受抵债，且对该财产又无法采取其他执行措施的；

（四）债务已经清偿的；

（五）被执行人提供担保且申请执行人同意解除查封、扣押、冻结的；

（六）人民法院认为应当解除查封、扣押、冻结的其他情形。

解除以登记方式实施的查封、扣押、冻结的，应当向登记机关发出协助执行通知书。

◆ **典型案例**

某广告公司与某无线电厂执行复议案①

某无线电厂不服北京市高级人民法院（2021）京执异2号执行裁定，向最高人民法院申请复议。北京市高级人民法院在执行某广告公司与某无线电厂借款合同纠纷一案中，作出（2005）高执字第148号公告，拟对某无线电厂名下案涉房地产进行处置，某无线电厂向北京市高级人民法院提出书面异议，请求解除对案涉房地产的查封并撤销对案涉房地产的司法拍卖行为。

最高人民法院经审查认为，发生法律效力的民事判决、裁定，当事人必须履行。被执行人未按执行通知履行法律文书确定的义务，人民法院有权查封、扣押、冻结、拍卖、变卖被执行人应当履行义务部分的财产。根据前述规定，被执行人负有履行生效法律裁判的义务，当其未按执行通知履行法律文书确定的义务时，人民法院有权查封、扣押、冻结、拍卖、变卖被执行人应当履行义务部分的财产。本案中，被执行人某无线电厂未履行生效民事判决确定的义务，北京市高级人民法院在执行过程中查封其名下的案涉房地产，符合法律规定。某无线电厂关于划拨土地使用权拍卖不具有可执行性、其职工难以安置、已经找到新的意向投资人等主张，均不构成解除案涉房地产查封的法定事由。此外，北京市高级人民法院作出（2005）高执字第148号公告，拟对案涉房地产进行处置，尚未采取评估、拍卖等措施，某无线电厂主张撤销对案涉房地产的司法拍卖行为，缺乏事实和法律依据。

第二百五十六条　【查封、扣押财产程序】人民法院查封、扣押财产时，被执行人是公民的，应当通知被执行人或者他的成年家属到场；被执行人是法人或者其他组织的，应当通知其法定代表人或者主要负责人到场。拒不到场的，不影响执行。被执行人是公民的，其工作单位或者财产所在地的基层组织应当派人参加。

对被查封、扣押的财产，执行员必须造具清单，由在场人签名或者盖章后，交被执行人一份。被执行人是公民的，也可以交他的成年家属一份。

---

① 最高人民法院（2021）最高法执复85号执行裁定书。

◆ **适用指引**

本条是关于查封、扣押财产的程序规定。

1. 通知被执行人及有关人员到场。被执行人是公民，应通知被执行人或其成年家属到场。没有通知的，不能强制执行。通知后，被执行人或其成年家属拒不到场，不影响执行工作进行，但要记录在案。另外，还需通知被执行人工作单位或者财产所在地的基层组织，如居民委员会以及村民委员会派人参加。

2. 对被查封、扣押的财产必须清点、编号、登记、制作清单、加贴封条。清单要详细记明被查封、扣押财产的名称、数量、质量以及特征等并由在场人员包括执行人员、被执行人或其成年家属、当地基层组织代表签名或者盖章，被执行人是法人或其他组织的，由其法定代表人或主要负责人签名或盖章。在场人员拒不签名或盖章的，执行员将情况记入执行笔录。制作的清单一份交被执行人，一份附卷保存。如果被执行人是公民，可以交其成年家属一份。同时，查封、扣押、冻结被执行人的财产时，执行人员应当制作笔录并载明：执行措施开始及完成的时间；财产所在地、种类、数量；财产的保管人；其他应当记明的事项。执行人员及保管人应在笔录上签名，有相关人员到场的，到场人员也应在笔录上签名。

第二百五十七条　【查封财产保管】 被查封的财产，执行员可以指定被执行人负责保管。因被执行人的过错造成的损失，由被执行人承担。

◆ **适用指引**

本条是关于保管被查封财产的规定。查封、扣押的财产不宜由人民法院保管的，人民法院可以指定被执行人负责保管；不宜由被执行人保管的，可以委托第三人或者申请执行人保管。人民法院指定被执行人保管的财产，如果继续使用对该财产的价值无重大影响，可以允许被执行人继续使用；人民法院保管或者委托第三人、申请执行人保管，保管人不得使用。查封对象一般是场所或者是大型动产、不动产，人民法院可能难以根据财物的不同特性分门别类加以保管，故指定被执行人负责保管对被查封财产的维护更为有利。因保管问题直接涉及申请执行人的利益，故在责令被执行人自行保管查封的财产时，一般应先征求申请执行人的意见，若其主张代为保管或委托他人保管，应予许可并办理财产交接手续。查封、扣押、冻结担保物权人占有的担保财产，一般应指定该担保物权人为保管人，该财产由人民法院保管的，质权、留置权不因转移占有而消灭。

被执行人负责保管被查封的财产，因其过错造成的损失由被执行人承担。被执行人保管被查封的财产，应尽到善良管理人的注意义务。被执行人主观上没有毁损、灭失被查封财产的故意，由于保管不善给被查封财产造成损失的，其无须承担妨碍执行的法律责任。保管人因故意或过失使查封的财产毁损、贬值或者灭失，应承担两种责任：一是民事责任，由保管人赔偿由此造成的损失，保管人是申请执行人的，赔偿款应与其债权部分抵销。因被执行人保管或使用的过错造成的损失，由被执行人承担。被执行人或其他人擅自处分已被查封财产的，执行法院有权责令责任人限期追回财产或承担相应赔偿责任。二是妨碍执行的责任，保管人如隐匿、转移、变卖、毁损已被清点并责令其保管的查封物，执行法院可以根据情节轻重予以罚款、拘留，构成犯罪的，依法追究刑事责任。

保管方法确定后，执行人员认为不适当的，可以变更。第三人占有被执行人的财产时被查封的，可责成占有该财产的第三人继续保管。不论确定由谁保管，执行法院都要对查封财产行使实际控制权。保管人在保管时应履行必要手续，执行人员将查封的财产交被执行人保管时，应由保管人出具收据，收据应记明保管物品的种类、数量、质量等必要事项，特别应记明是否可以使用，以免物品调换和发生其他异议。

◆ **典型案例**

陈某与陈某龙、李某、某房地产公司、某家具公司执行复议案①

福建省福州市中级人民法院在执行陈某与陈某龙、李某、某房地产公司、某家具公司金融借款合同纠纷一案中，作出（2015）榕执字第768号查封公告及通知，某家具公司提出书面异议，请求撤销（2015）榕执字第768号查封公告及通知并将被查封的红木家具指定申请执行人保管或由法院扣押自行保管。后，某家具公司不服福建省福州市中级人民法院（2017）闽01执异258号执行裁定，向福建省高级人民法院申请复议。

福建省高级人民法院经审查认为，人民法院对查封的财产，可以指定被执行人负责保管。本案中，福建省福州市中级人民法院在执行中查封被执行人所有的家具时，发出（2015）榕执字第768号查封公告并指定被执行人某家具公司保管

---

① 福建省高级人民法院（2018）闽执复11号执行裁定书。

的执行行为，并无不当。对于查封期间是否因场所修缮而影响查封物的保管，(2015) 榕执字第 768 号通知要求某家具公司继续履行保管职责，若需要搬离查封物，需在福建省福州市中级人民法院监督下实施。因此，福建省福州市中级人民法院的执行行为并无不当。查封的财产被法院指定保管后，不应因保管人经营状况的改变而改变，故某家具公司提出其早已停止运营，已无能力保管被查封的财产的理由，不能成立。至于某家具公司提出查封财产迟迟未进行拍卖等方式实现债权的问题，因需对案外人提出的异议进行审查且查封财产涉嫌被盗窃、调包，需移送公安机关侦查，致使查封财产至今不能进入拍卖程序。另外，法律赋予当事人在执行程序终结前享有依法提出异议的权利，因此福建省福州市中级人民法院在本案执行程序尚未终结情况下，以被执行人已超过提出异议的期限，不符合受理条件为由，驳回其异议申请，法律适用错误。

第二百五十八条　【拍卖、变卖财产】 财产被查封、扣押后，执行员应当责令被执行人在指定期间履行法律文书确定的义务。被执行人逾期不履行的，人民法院应当拍卖被查封、扣押的财产；不适于拍卖或者当事人双方同意不进行拍卖的，人民法院可以委托有关单位变卖或者自行变卖。国家禁止自由买卖的物品，交有关单位按照国家规定的价格收购。

◆ **适用指引**

本条是关于拍卖、变卖被查封、扣押财产的规定。

根据本条规定，人民法院指定履行期限是拍卖、变卖的前置程序，即财产被查封、扣押后，应责令被执行人在指定期间履行法律文书确定的义务。被执行人在指定期限内履行了义务，人民法院应解除查封、扣押并返还财产，否则人民法院有权拍卖、变卖被执行人的财产并以变价所得价款清偿债务。

执行中需要拍卖被执行人财产的，可由人民法院自行组织拍卖，也可交由具备相应资质的拍卖机构拍卖。交拍卖机构拍卖的，人民法院应对拍卖活动进行监督。所谓拍卖优先，是指执行程序中，执行法院应首先选择拍卖方式进行变价，只有在法律特别规定时，才采用其他变价方式。

变卖是执行程序中财产处置程序的重要组成部分，分为经过拍卖的变卖以及未经拍卖的直接变卖。本条坚持拍卖优先的同时，又例外规定不适于拍卖或者当事人双方同意不进行拍卖的，人民法院可以委托有关单位变卖或者自行变卖。不适于拍卖主要包括两种情形：（1）金银及其制品、当地市场有公开交易价格的动产。既然有市场公认价格，直接依该价格变卖，可节省费用并迅速结案，没有必要再经拍卖程序。执行标的虽无市价，但当事人双方协商确定价格的，亦可直接依该价格变卖。（2）执行标的有价值减损危险或不易保管的。价值易减损的标的物主要有两大类，一是由于标的物本身性质易变质、腐烂、消散的物品；二是具有极强季节性的物品。标的物价值即使不易减损，但如果保管比较困难或保管花费过大的，也可酌情予以变卖。

传统司法拍卖时，第三次拍卖流拍且申请执行人或者其他执行债权人拒绝接受或者依法不能接受该不动产或者其他财产权抵债的，人民法院应于第三次拍卖终结之日起 7 日内发出变卖公告。自公告之日起 60 日内没有买受人愿意以第三次拍卖的保留价买受该财产且申请执行人、其他执行债权人仍不表示接受该财产抵债的，应解除查封、冻结，将该财产退还被执行人，但对该财产可以采取其他执行措施的除外。网络司法拍卖时，竞价期间无人出价的，本次拍卖流拍，流拍后应在 30 日内在同一网络司法拍卖平台再次拍卖，拍卖动产的应在拍卖 7 日前公告，拍卖不动产或者其他财产权的应在拍卖 15 日前公告，再次拍卖的起拍价降价幅度不得超过前次起拍价的 20%，再次拍卖流拍的，可依法在同一网络司法拍卖平台变卖。

人民法院在执行过程中需要变卖被执行人财产的，可交有关单位变卖，也可由人民法院直接变卖。变卖财产，人民法院或者其工作人员不得买受。对于禁止或限制流通物，查封、扣押后应通过交有关单位依国家规定价格及收购方法变价，不能予以拍卖或在市场上直接变卖。

◆ **关联规定**

《最高人民法院关于适用〈中华人民共和国民事诉讼法〉的解释》（2022 年 4 月 1 日）

第四百八十六条 依照民事诉讼法第二百五十四条①规定，人民法院在执行中需要拍卖被执行人财产的，可以由人民法院自行组织拍卖，也可以交由具备相应资质的拍卖机构拍卖。

交拍卖机构拍卖的，人民法院应当对拍卖活动进行监督。

第四百八十七条 拍卖评估需要对现场进行检查、勘验的，人民法院应当责

---

① 对应 2023 年《民事诉讼法》第 258 条。

令被执行人、协助义务人予以配合。被执行人、协助义务人不予配合的，人民法院可以强制进行。

第四百八十八条 人民法院在执行中需要变卖被执行人财产的，可以交有关单位变卖，也可以由人民法院直接变卖。

对变卖的财产，人民法院或者其工作人员不得买受。

第四百八十九条 经申请执行人和被执行人同意，且不损害其他债权人合法权益和社会公共利益的，人民法院可以不经拍卖、变卖，直接将被执行人的财产作价交申请执行人抵偿债务。对剩余债务，被执行人应当继续清偿。

第四百九十条 被执行人的财产无法拍卖或者变卖的，经申请执行人同意，且不损害其他债权人合法权益和社会公共利益的，人民法院可以将该项财产作价后交付申请执行人抵偿债务，或者交付申请执行人管理；申请执行人拒绝接收或者管理的，退回被执行人。

第四百九十一条 拍卖成交或者依法定程序裁定以物抵债的，标的物所有权自拍卖成交裁定或者抵债裁定送达买受人或者接受抵债物的债权人时转移。

第二百五十九条 **【搜查被执行人财产】**被执行人不履行法律文书确定的义务，并隐匿财产的，人民法院有权发出搜查令，对被执行人及其住所或者财产隐匿地进行搜查。

采取前款措施，由院长签发搜查令。

◆ 适用指引

本条是关于搜查的规定。搜查，是指人民法院工作人员对不履行法律文书确定的义务并隐匿财产的被执行人及拒绝按照人民法院的要求提供有关财产状况的被执行人的人身及其住所地或者财产隐匿地依法进行搜查、查找。搜查分为对被执行人的搜查和对被执行人住所或者财产隐匿地的搜查。对被执行人的搜查，是指对被执行人的人身搜查；对住所的搜查，主要是指对被执行人的户籍所在地和经常居住地进行搜查，也可以是对被执行人现时所住地点进行搜查。对财产隐匿地搜查，是指根据线索对隐匿财产地点进行搜查。搜查不仅涉及当事人的人身自由、名誉权、居住安宁等诸多法律权益，同时也具有较大社会影响，故采取搜查措施必须严格依照法定条件和程序进行，由院长或分管工作的副院长签发搜查令，未经批准不得搜查。搜查时，应向被执行人及其家属或者有关场所负责人出示搜查令，搜查令应写明搜查原因以及被搜查人的姓名、职业、住址等。

搜查应符合的条件：（1）生效法律文书确定的履行期限已经届满。（2）被执行人不履行生效法律文书确定的义务。（3）人民法院认为有隐匿财产的行为。如果被执行标的物为特定物且被执行人隐匿该特定物的，必须采取搜查措施；被执行人虽有隐匿财产行为，但尚有其他财产足以执行的，无须采取搜查措施，只有在被执行人有隐匿财产行为且其他财产不足以供执行时，才应采取搜查措施。

搜查应遵循的程序：（1）人民法院在对被执行人采取搜查措施前，首先应向被执行人发出执行通知书，责令其在指定的期限内履行义务，如被执行人逾期仍不履行又有隐匿财产行为的，则可决定适用搜查措施。（2）人民法院决定对被执行人及其住所或财产隐匿地进行搜查时，应由院长签发搜查令，搜查工作由执行员、书记员和司法警察进行。（3）搜查时禁止无关人员进入搜查现场，搜查对象是公民的，应通知被执行人或其成年家属以及基层组织派员到场，搜查对象是法人或者其他组织的，应通知法定代表人或者主要负责人到场。拒不到场的，不影响搜查。搜查妇女身体，应当由女执行人员进行。（4）搜查应制作搜查笔录，由搜查人员、被搜查人及其他在场人签名、捺印或者盖章。拒绝签名、捺印或者盖章的，应记入搜查笔录。

搜取的财物是法律文书指定交付的特定物，应依法定程序交付申请执行人。若特定物经搜查无着落，但已搜取其他财产，可先予扣押，被执行人交付特定物后，返还已扣押的其他财产，如果被执行人不能交付或拒不交付特定物，酌情依法裁定执行该其他财产，将特定物交付的执行转化为其他财产给付的执行，然后通过变价实现申请执行人权利。

◆ **关联规定**

《最高人民法院关于适用〈中华人民共和国民事诉讼法〉的解释》（2022 年 4 月 1 日）

第四百九十四条　在执行中，被执行人隐匿财产、会计账簿等资料的，人民法院除可依照民事诉讼法第一百一十四条第一款第六项规定对其处理外，还应责令被执行人交出隐匿的财产、会计账簿等资料。被执行人拒不交出的，人民法院可以采取搜查措施。

第四百九十五条　搜查人员应当按规定着装并出示搜查令和工作证件。

第四百九十六条　人民法院搜查时禁止无关人员进入搜查现场；搜查对象是

公民的，应当通知被执行人或者他的成年家属以及基层组织派员到场；搜查对象是法人或者其他组织的，应当通知法定代表人或者主要负责人到场。拒不到场的，不影响搜查。

搜查妇女身体，应当由女执行人员进行。

第四百九十七条 搜查中发现应当依法采取查封、扣押措施的财产，依照民事诉讼法第二百五十二条①第二款和第二百五十四条②规定办理。

第四百九十八条 搜查应当制作搜查笔录，由搜查人员、被搜查人及其他在场人签名、捺印或者盖章。拒绝签名、捺印或者盖章的，应当记入搜查笔录。

第二百六十条　【指定交付】法律文书指定交付的财物或者票证，由执行员传唤双方当事人当面交付，或者由执行员转交，并由被交付人签收。

有关单位持有该项财物或者票证的，应当根据人民法院的协助执行通知书转交，并由被交付人签收。

有关公民持有该项财物或者票证的，人民法院通知其交出。拒不交出的，强制执行。

◆ **适用指引**

本条是关于强制被执行人交付财物或者票证的规定。指定交付财物、票证，是指人民法院根据生效法律文书，指定被执行人交付财物、票证以履行其义务。特定的标的物，是指法律文书中特定的财产。财物是指执行依据指定交付的财产，主要指除金钱以外的动产；票证是指具有财产内容的各项证明文书、执照和支付凭证等，如房产证、土地证、山林权属证、车辆证照、专利证书、商标证书以及汇票、支票、本票等票据。

如果有关财物或票证在被执行人处时，由执行员传唤双方当事人到场，在其监督下当面交付，或者由执行人员转交并由权利人签收；如果有关单位持有该财物或者票证时，人民法院应发出协助执行通知书，由该单位转交权利人并签收；如果有关公民持有该财物或者票证时，人民法院应通知其交出，或当面交付给权

---

① 对应 2023 年《民事诉讼法》第 256 条。
② 对应 2023 年《民事诉讼法》第 258 条。

利人，或交给执行人员转交。有关单位或有关公民拒不转交的，应予强制执行并按拒不协助执行的妨碍民事诉讼行为采取强制措施。

他人主张合法持有财物或者票证的，可以依法提出执行异议。生效法律文书确定被执行人交付特定标的物的，应执行原物，原物被隐匿或非法转移的，人民法院有权责令其交出，原物确已毁损或灭失的，经双方当事人同意，可以折价赔偿。双方当事人对折价赔偿不能协商一致的，人民法院应终结执行程序，申请执行人可另行起诉。有关组织或者个人持有法律文书指定交付的财物或票证，接到协助执行通知书后协同被执行人转移财物或票证，人民法院有权责令其限期追回；逾期未追回的，应裁定其承担赔偿责任。另外，被执行人隐匿财产、会计账簿等资料的，人民法院应责令被执行人交出隐匿的财产、会计账簿等资料，被执行人拒不交出的，可以采取搜查措施。

◆ **关联规定**

《最高人民法院关于适用〈中华人民共和国民事诉讼法〉的解释》（2022 年 4 月 1 日）

第四百九十二条 执行标的物为特定物的，应当执行原物。原物确已毁损或者灭失的，经双方当事人同意，可以折价赔偿。

双方当事人对折价赔偿不能协商一致的，人民法院应当终结执行程序。申请执行人可以另行起诉。

第四百九十三条 他人持有法律文书指定交付的财物或者票证，人民法院依照民事诉讼法第二百五十六条①第二款、第三款规定发出协助执行通知后，拒不转交的，可以强制执行，并可依照民事诉讼法第一百一十七条、第一百一十八条规定处理。

他人持有期间财物或者票证毁损、灭失的，参照本解释第四百九十二条规定处理。

他人主张合法持有财物或者票证的，可以根据民事诉讼法第二百三十四条②规定提出执行异议。

《最高人民法院关于人民法院执行工作若干问题的规定（试行）》（2020 年 12 月 29 日）

41. 生效法律文书确定被执行人交付特定标的物的，应当执行原物。原物被

---

① 对应 2023 年《民事诉讼法》第 260 条。
② 对应 2023 年《民事诉讼法》第 238 条。

隐匿或非法转移的，人民法院有权责令其交出。原物确已毁损或灭失的，经双方当事人同意，可以折价赔偿。

双方当事人对折价赔偿不能协商一致的，人民法院应当终结执行程序。申请执行人可以另行起诉。

42. 有关组织或者个人持有法律文书指定交付的财物或票证，在接到人民法院协助执行通知书或通知书后，协同被执行人转移财物或票证的，人民法院有权责令其限期追回；逾期未追回的，应当裁定其承担赔偿责任。

43. 被执行人的财产经拍卖、变卖或裁定以物抵债后，需从现占有人处交付给买受人或申请执行人的，适用民事诉讼法第二百四十九条①、第二百五十条②和本规定第 41 条、第 42 条的规定。

◆ **典型案例**

某贸易公司诉某航运公司海上货物运输合同纠纷案③

印度尼西亚 P 公司与某贸易公司签订镍矿买卖合同，随后 P 公司将正本提单背书转让给某贸易公司。某贸易公司向船代公司通过邮件发送提单扫描件主张提货未果后提起诉讼，一审法院判决某航运公司向某贸易公司交付涉案提单项下货物。后，某贸易公司向天津海事法院提起诉讼，请求判令某航运公司支付某贸易公司因其未履行交货义务造成的仓储费用及货物贬值损失。某贸易公司不服（2016）津 72 民初 668 号民事判决，向天津市高级人民法院提起上诉。

天津市高级人民法院经审查认为，法律文书指定交付的财物或者票证，由执行员传唤双方当事人当面交付，或者由执行员转交，并由被交付人签收。有关单位持有该项财物或者票证的，应当根据人民法院的协助执行通知书转交，并由被交付人签收。有关公民持有该项财物或者票证的，人民法院通知其交出。拒不交出的，强制执行。前述规定所称"法律文书指定交付的财物或者票证"，应指已生效民事判决等执行依据所指定交付的动产、具有财产内容的各项证明文书、执照和支付凭证。涉案提单项下货物，取得"只报不提"单据虽系提取涉案提单项下货物的前提条件，但该单据并不等同于涉案提单项下货物，亦非可据以提取涉案提单项下货物的提货单。因此，在民事强制执行程序中，实际难以通过协助执行通知书的方式取得"只报不提"单据。受判决执行力主观范围、协助执行

---

① 对应 2023 年《民事诉讼法》第 260 条。
② 对应 2023 年《民事诉讼法》第 261 条。
③ 天津市高级人民法院（2017）津民终 607 号民事判决书。

通知书适用范围等限制，某贸易公司难以通过民事强制执行程序取得"只报不提"单据，其欲取得"只报不提"单据，应以另案诉讼解决，而非强制执行。

第二百六十一条　【强制迁出】强制迁出房屋或者强制退出土地，由院长签发公告，责令被执行人在指定期间履行。被执行人逾期不履行的，由执行员强制执行。

强制执行时，被执行人是公民的，应当通知被执行人或者他的成年家属到场；被执行人是法人或者其他组织的，应当通知其法定代表人或者主要负责人到场。拒不到场的，不影响执行。被执行人是公民的，其工作单位或者房屋、土地所在地的基层组织应当派人参加。执行员应当将强制执行情况记入笔录，由在场人签名或者盖章。

强制迁出房屋被搬出的财物，由人民法院派人运至指定处所，交给被执行人。被执行人是公民的，也可以交给他的成年家属。因拒绝接收而造成的损失，由被执行人承担。

◆ **适用指引**

本条是关于强制被执行人迁出房屋或者退出土地的规定。强制迁出房屋和强制退出土地，是指人民法院强制搬迁被执行人在房屋内或者特定土地上的财物并将腾出的房屋和土地交给权利人。当事人不按法律文书迁出房屋和退出土地时，人民法院有权采取强制迁出、强制退出的措施，以将房屋或者土地使用权的支配权转移给债权人。

1. 由人民法院院长签发公告。公告前，应向被执行人进行必要的宣传教育工作，动员其自觉履行义务。经宣传教育，拒不履行义务的，由人民法院院长签发强制迁出房屋或退出土地的公告，责令被执行人在指定期限内迁出房屋或者退出土地，公告要写明不自动履行义务的法律后果。公告应张贴在人民法院公告栏以及被执行人占有的房屋或者土地附近。被执行人在指定期限内履行义务的，执行程序结束，否则即可采取强制执行措施。

2. 通知被执行人及有关人员到场。被执行人是自然人的，应通知被执行人或其成年家属到场，没有通知的，不能强制执行。通知后，被执行人或其成年家属拒不到场，不影响执行工作进行，但要记录在案。为使执行工作顺利进行，还需通知被执行人工作单位或者房屋、土地所在地的基层组织派人参加。被执行人是法人或者其他组织的，应通知其法定代表人或者主要负责人到场，拒不到场的，不影响执行。

3. 依法强制执行。强制被执行人迁出房屋或者退出土地，由执行员、书记员和司法警察共同进行。执行过程中，对强制搬出的财物应逐件编号、登记、造具清单并由在场人签名或者盖章，然后将财物运至指定处所，交给被执行人。被执行人是自然人的，也可交其成年家属，拒绝接收造成的损失，由被执行人承担。强制搬迁后腾出的房屋或者土地，应立即交给申请执行人并及时结束执行程序。实际支出费用由被执行人承担，被执行人拒绝的，强制执行。同时，应将执行全过程如实记入执行笔录并由在场执行人员、有关组织代表、当事人及其他在场人签名或者盖章。

◆ **典型案例**

某工贸公司申请山东省青岛市中级人民法院错误执行赔偿案①

某工贸公司以错误执行应予赔偿为由，向山东省青岛市中级人民法院提出赔偿申请。山东省青岛市中级人民法院作出（2020）鲁02法赔1号国家赔偿决定，驳回某工贸公司的国家赔偿请求。某工贸公司不服该决定，向山东省高级人民法院申请作出赔偿决定，山东省高级人民法院赔偿委员会作出（2020）鲁委赔15号国家赔偿决定，维持（2020）鲁02法赔1号国家赔偿决定。某工贸公司不服（2020）鲁委赔15号国家赔偿决定，向最高人民法院提出申诉。

山东省高级人民法院赔偿委员会认为，强制迁出房屋或者强制退出土地，由院长签发公告，责令被执行人在指定期间履行。被执行人逾期不履行的，由执行员强制执行。强制执行时，被执行人是公民的，应当通知被执行人或者他的成年家属到场；被执行人是法人或者其他组织的，应当通知其法定代表人或者主要负责人到场。拒不到场的，不影响执行。被执行人是公民的，其工作单位或者房屋、土地所在地的基层组织应当派人参加。执行员应当将强制执行情况记入笔录，由在场人签名或者盖章。强制迁出房屋被搬出的财物，由人民法院派人运至指定处所，交给被执行人。被执行人是公民的，也可以交给他的成年家属。因拒绝接收而造成的损失，由被执行人承担。《最高人民法院关于人民法院执行程序中能否对案外人财产进行处理的请示的答复》（〔2010〕执他字第1号）规定，执行程序中案外人无合法依据占有被执行的标的物不动产的，执行法院依法可以

强制迁出；案外人拒不迁出，对标的物上的财产，执行法院可以指定他人保管并通知领取。本案中，山东省青岛市中级人民法院已作出保税区×路×号厂房归某企业发展公司所有的执行裁定，因赔偿请求人拒不迁出2号厂房，山东省青岛市中级人民法院又作出并张贴和留置送达（2017）鲁02执恢120号公告，该公告已经山东省青岛市中级人民法院院长签发，赔偿请求人提出的无生效法律文书和未经院长签发即作出腾迁公告的主张，缺乏事实依据。2018年11月15日强制腾迁前，山东省青岛市中级人民法院工作人员再次前往赔偿请求人处通知其自行搬离并再次告知如不搬离将进行强制腾迁，在强制腾迁当天业已口头通知赔偿请求人，但赔偿请求人未派员到场。在赔偿请求人未派员到场的情况下，山东省青岛市中级人民法院邀请保税区综合行政执法局工作人员到场见证且制作执行笔录，将强制执行情况和安排保管人情况予以记载，保管人某企业发展公司业已通知赔偿请求人领取拆除搬离的设备。综合上述情况可见，涉案强制腾迁程序未违反法律规定。

最高人民法院赔偿委员会经审理认为，某工贸公司的申诉事项及理由不能成立，决定驳回某工贸公司的申诉。

第二百六十二条　【财产权证照转移】在执行中，需要办理有关财产权证照转移手续的，人民法院可以向有关单位发出协助执行通知书，有关单位必须办理。

◆ 适用指引

本条是关于执行中办理财产权证照转移手续的规定。办理财产权证照转移手续，是指人民法院执行某些特殊财产需要同时转移财产权证照的登记人时，可以强制办理财产权证照转移手续。执行中，有些案件是否执行完毕，不仅取决于是否将执行标的物移交给权利人，还取决于是否将该标的物的财产权证照转移给权利人。证照不转移，财产权利不能真正实现，办理相关产权证照需要有关单位协助。

需要办理权利证照转移手续的财产一般包括：（1）不动产，主要包括土地、建筑物以及附着于土地上的树木、农作物等。（2）特殊动产，如船舶、航空器、机动车。（3）知识产权，如专利权、商标权。强制执行中的财产权转移属于强制转移，在强制拍卖或者变卖被查封、扣押财产的情况下，无须征得财产所有者同意，具有强制性。有关单位必须依照人民法院发出的协助执行通知协助执行。

◆ **关联规定**

《最高人民法院关于适用〈中华人民共和国民事诉讼法〉的解释》（2022 年 4 月 1 日）

第五百条 人民法院在执行中需要办理房产证、土地证、林权证、专利证书、商标证书、车船执照等有关财产权证照转移手续的，可以依照民事诉讼法第二百五十八条①规定办理。

◆ **典型案例**

严某西、严某容与某开发区管委会执行复议案②

湖北省孝感市中级人民法院执行严某西、严某容与某开发区管委会一案，严某西、严某容提出异议称，某房地产公司拒不配合办理标的不动产的产权登记办证手续，严某西、严某容请求法院将某房地产公司追加为协助执行人并要求其配合某开发区管委会履行不动产登记手续。后，严某西、严某容不服湖北省孝感市中级人民法院（2018）鄂 09 执异 115 号执行裁定，向湖北省高级人民法院申请复议。

湖北省高级人民法院经审查认为，执行过程中，申请执行人或其继承人、权利承受人可以向人民法院申请变更、追加当事人。申请符合法定条件的，人民法院应予支持。前述规定明确了执行程序中变更、追加当事人的法定原则。在执行中，需要办理有关财产权证照转移手续的，人民法院可以向有关单位发出协助执行通知书，有关单位必须办理。人民法院在执行中需要办理房产证、土地证、林权证、专利证书、商标证书、车船执照等有关财产权证照转移手续的，可以依照民事诉讼法第二百五十一条规定办理。前述规定仅有相关协助执行单位的协助义务，没有追加相关协助单位为协助执行人的内容。因此，严某西、严某容依据前述规定请求追加某房地产公司为案件协助执行人，缺乏法律依据。

第二百六十三条 **【对行为执行】** 对判决、裁定和其他法律文书指定的行为，被执行人未按执行通知履行的，人民法院可以强制执行或者委托有关单位或者其他人完成，费用由被执行人承担。

---

① 对应 2023 年《民事诉讼法》第 262 条。
② 湖北省高级人民法院（2019）鄂执复 23 号执行裁定书。

◆ **适用指引**

本条是关于强制执行法律文书指定行为的规定。强制执行法律文书指定的行为，是指由人民法院按照生效法律文书，通过一定强制手段迫使被执行人完成指定行为。生效法律文书指定的行为，可分为作为和不作为。作为，是指法律文书指定被执行人应当完成某种行为，如赔礼道歉、拆除违章建筑等；不作为，是指法律文书指定被执行人不能实施某种行为，如在相邻关系中不得影响他人采光、交通、排水等。

1. 为一定行为请求权的执行。为一定行为请求权的执行分为可替代行为请求权的执行和不可替代行为请求权的执行。

（1）可替代行为请求权的执行。可替代行为请求权的执行在于该行为与被执行人的人身联系不密切，行为由被执行人亲自为之还是由他人代为实施对债权人而言并无法律效果上的不同，故替代履行是可替代行为请求权执行的基本方法。首先应动员被执行人亲自履行，被执行人拒绝履行，可委托有关单位或者其他人代为完成行为，由此产生的劳务费、原材料费用等由被执行人承担；如果被执行人拒绝承担，可直接执行被执行人的财物。

（2）不可替代行为请求权的执行。不可替代行为与债务人的特别学识、技能、身份或资格密不可分，该行为具有不可替代性，必须由债务人亲自为之，否则债权人的权利即不能实现或不能完全实现。此种情况下，一般采用间接执行方式。间接执行，是指人民法院通过对债务人采取罚款、拘留等措施对其施加压力，促使其自觉履行。同时，损害赔偿和支付迟延履行金也是不可替代行为执行的基本方法。

2. 不作为请求权的强制执行。不作为请求权，是指债权人请求债务人容忍他人行为或禁止债务人为一定行为，前者是指对权利人实施的某项行为，债务人有容忍而不妨碍的义务，如土地所有权人或使用权人容忍他人从其土地上通行的义务；后者又称单纯的不作为，是指禁止债务人为一定积极行为，如禁止债务人排放污水、禁止债务人使用某一商号等。对于法律文书确定的不作为债务，只要债务人事实上没有为一定的积极行为，其义务即处于履行之中，债权人的权利即处于满足状态，不存在执行问题，只有当债务人实施一定的积极行为才产生债务不履行的问题，进而产生不作为义务的执行。不作为请求权与不可替代行为请求权一样具有不可替代性，故原则上也采用间接执行且需要消除被执行人积极行为产生的相关后果。

◆ **关联规定**

《最高人民法院关于适用〈中华人民共和国民事诉讼法〉的解释》（2022 年 4 月 1 日）

第五百零三条 被执行人不履行法律文书指定的行为，且该项行为只能由被执行人完成的，人民法院可以依照民事诉讼法第一百一十四条第一款第六项规定处理。

被执行人在人民法院确定的履行期间内仍不履行的，人民法院可以依照民事诉讼法第一百一十四条第一款第六项规定再次处理。

《最高人民法院关于人民法院执行工作若干问题的规定（试行）》（2020 年 12 月 29 日）

44. 被执行人拒不履行生效法律文书中指定的行为的，人民法院可以强制其履行。

对于可以替代履行的行为，可以委托有关单位或他人完成，因完成上述行为发生的费用由被执行人承担。

对于只能由被执行人完成的行为，经教育，被执行人仍拒不履行的，人民法院应当按照妨害执行行为的有关规定处理。

◆ **典型案例**

某太阳能公司与某工程技术公司执行复议案[①]

某太阳能公司与某工程技术公司建设工程施工合同纠纷一案，山东省高级人民法院作出（2015）鲁民一初字第 19 号民事调解书。某太阳能公司申请强制执行调解书第三项至第六项内容。进入执行程序后，山东省高级人民法院经审查认为调解书第三项至第六项没有明确给付内容，不具有可执行性，故作出（2017）鲁执 49 号执行裁定，驳回某太阳能公司的执行申请。某太阳能公司不服（2017）鲁执 49 号执行裁定，提出书面异议，山东省高级人民法院作出（2017）鲁执异 43 号执行裁定，驳回某太阳能公司的异议。后，某太阳能公司和某工程技术公司不服山东省高级人民法院（2017）鲁执异 43 号执行裁定，向最高人民法院申请复议。

最高人民法院经审查认为，对判决、裁定和其他法律文书指定的行为，被执

---

① 最高人民法院（2018）最高法执复 35 号、66 号执行裁定书。

行人未按执行通知履行的，人民法院可以强制执行或者委托有关单位或者其他人完成，费用由被执行人承担。本案调解书第三项至第六项内容主要为某工程技术公司自收到某太阳能公司支付的第一笔款项 1000 万元之日起 5 日内申请撤回上诉及起诉、申请解除股权质押、申请解除账户冻结、申请解除股权查封等。前述内容属于行为的给付，具有明确的给付内容，山东省高级人民法院（2017）鲁执49 号执行裁定及（2017）鲁执异 43 号执行裁定关于调解书第三项至第六项没有明确的给付内容、不具有可执行性的认定是错误的。

第二百六十四条　【迟延履行】被执行人未按判决、裁定和其他法律文书指定的期间履行给付金钱义务的，应当加倍支付迟延履行期间的债务利息。被执行人未按判决、裁定和其他法律文书指定的期间履行其他义务的，应当支付迟延履行金。

◆ **适用指引**

本条是关于迟延履行责任的规定。

债务利息，是指被执行人没有按期履行债务而应当向债权人支付的除债务本金之外的一定费用；迟延履行金，是指被执行人因迟延履行生效法律文书确定的义务而应当向权利人支付的除原债务以外的款项，具有弥补权利人损失和对义务人惩罚的双重功能。被执行人迟延履行，迟延履行期间的利息或者迟延履行金自判决、裁定和其他法律文书指定的履行期间届满之日起计算。被执行人在生效法律文书指定的履行期间内履行了部分义务，应承担相应迟延履行的责任，已在生效法律文书指定期间履行的部分，应排除在责任范围之外，被执行人无须再承担迟延履行的责任。被执行人未按判决、裁定和其他法律文书指定的期间履行非金钱给付义务，无论是否已给申请执行人造成损失，都应支付迟延履行金。已造成损失的，双倍补偿申请执行人已受到的损失；没有造成损失的，迟延履行金可由人民法院根据具体案件情况决定。实践中，应充分考虑被执行人的主观恶性、经济承受能力等各种因素，慎重确定迟延履行金的数额并保证被执行人的救济途径。

加倍计算之后的迟延履行期间的债务利息，包括迟延履行期间的一般债务利息和加倍部分债务利息。迟延履行期间的一般债务利息，根据生效法律文书确定的方法计算；生效法律文书未确定给付该利息的，不予计算。加倍部分债务利息的计算方法为：加倍部分债务利息＝债务人尚未清偿的生效法律文书确定的除一般债务利息之外的金钱债务×日万分之一点七五×迟延履行期间。加倍部分债务利息自生效法律文书确定的履行期间届满之日起计算，生效法律文书确定分期履行的，自每次履行期间届满之日起计算，生效法律文书未确定履行期间的，自法律文书生效之日起计算。加倍部分债务利息计算至被执行人履行完毕之日，被执行人分次履行的，相应部分的加倍部分债务利息计算至每次履行完毕之日。人民法院划拨、提取被执行人的存款、收入、股息、红利等财产的，相应部分的加倍部分债务利息计算至划拨、提取之日；人民法院对被执行人财产拍卖、变卖或者以物抵债的，计算至成交裁定或者抵债裁定生效之日；人民法院对被执行人财产通过其他方式变价的，计算至财产变价完成之日。非因被执行人的申请，对生效法律文书审查而中止或者暂缓执行的期间及再审中止执行的期间，不计算加倍部分债务利息。需要注意的是，当被执行人的财产不足以清偿全部债务的，应先清偿生效法律文书确定的金钱债务，再清偿加倍部分的债务利息，但当事人对清偿顺序另有约定的除外。

◆ **关联规定**

《最高人民法院关于适用〈中华人民共和国民事诉讼法〉的解释》（2022 年4 月1 日）

第五百零四条 被执行人迟延履行的，迟延履行期间的利息或者迟延履行金自判决、裁定和其他法律文书指定的履行期间届满之日起计算。

第五百零五条 被执行人未按判决、裁定和其他法律文书指定的期间履行非金钱给付义务的，无论是否已给申请执行人造成损失，都应当支付迟延履行金。已经造成损失的，双倍补偿申请执行人已经受到的损失；没有造成损失的，迟延履行金可以由人民法院根据具体案件情况决定。

《最高人民法院关于人民法院民事调解工作若干问题的规定》（2020 年12 月29 日）

第十五条 调解书确定的担保条款条件或者承担民事责任的条件成就时，当事人申请执行的，人民法院应当依法执行。

不履行调解协议的当事人按照前款规定承担了调解书确定的民事责任后，对方当事人又要求其承担民事诉讼法第二百五十三条①规定的迟延履行责任的，人民法院不予支持。

---

① 对应 2023 年《民事诉讼法》第 264 条。

《最高人民法院关于执行程序中计算迟延履行期间的债务利息适用法律若干问题的解释》（2014 年 7 月 7 日）

第一条 根据民事诉讼法第二百五十三条规定加倍计算之后的迟延履行期间的债务利息，包括迟延履行期间的一般债务利息和加倍部分债务利息。

迟延履行期间的一般债务利息，根据生效法律文书确定的方法计算；生效法律文书未确定给付该利息的，不予计算。

加倍部分债务利息的计算方法为：加倍部分债务利息＝债务人尚未清偿的生效法律文书确定的除一般债务利息之外的金钱债务×日万分之一点七五×迟延履行期间。

第二条 加倍部分债务利息自生效法律文书确定的履行期间届满之日起计算；生效法律文书确定分期履行的，自每次履行期间届满之日起计算；生效法律文书未确定履行期间的，自法律文书生效之日起计算。

第三条 加倍部分债务利息计算至被执行人履行完毕之日；被执行人分次履行的，相应部分的加倍部分债务利息计算至每次履行完毕之日。

人民法院划拨、提取被执行人的存款、收入、股息、红利等财产的，相应部分的加倍部分债务利息计算至划拨、提取之日；人民法院对被执行人财产拍卖、变卖或者以物抵债的，计算至成交裁定或者抵债裁定生效之日；人民法院对被执行人财产通过其他方式变价的，计算至财产变价完成之日。

非因被执行人的申请，对生效法律文书审查而中止或者暂缓执行的期间及再审中止执行的期间，不计算加倍部分债务利息。

第四条 被执行人的财产不足以清偿全部债务的，应当先清偿生效法律文书确定的金钱债务，再清偿加倍部分债务利息，但当事人对清偿顺序另有约定的除外。

第五条 生效法律文书确定给付外币的，执行时以该种外币按日万分之一点七五计算加倍部分债务利息，但申请执行人主张以人民币计算的，人民法院应予准许。

以人民币计算加倍部分债务利息的，应当先将生效法律文书确定的外币折算或者套算为人民币后再进行计算。

外币折算或者套算为人民币的，按照加倍部分债务利息起算之日的中国外汇交易中心或者中国人民银行授权机构公布的人民币对该外币的中间价折合成人民币计算；中国外汇交易中心或者中国人民银行授权机构未公布汇率中间价的外币，按照该日境内银行人民币对该外币的中间价折算成人民币，或者该外币在境内银行、国际外汇市场对美元汇率，与人民币对美元汇率中间价进行套算。

第六条 执行回转程序中，原申请执行人迟延履行金钱给付义务的，应当按照本解释的规定承担加倍部分债务利息。

◆ **典型案例**

某物流公司与 Z 建设公司、安徽 K 建设公司、
芜湖 K 建设公司执行监督案①

某物流公司与 Z 建设公司、安徽 K 建设公司、芜湖 K 建设公司等买卖合同纠纷一案，安徽省芜湖市中级人民法院作出（2014）芜中民二初字第00066号民事判决，判令 Z 建设公司于判决生效之日起十日内给付某物流公司钢材款及违约金等。后，某物流公司申请执行，安徽省芜湖市中级人民法院作出（2016）皖02执88号之一执行告知书并向 Z 建设公司和某物流公司送达。Z 建设公司、某物流公司对（2016）皖02执88号之一执行告知书均不服，提出异议，请求予以撤销。后，某物流公司、Z 建设公司不服安徽省高级人民法院（2021）皖执复106号执行裁定，向最高人民法院提出申诉。

最高人民法院经审查认为，对于迟延履行期间一般债务利息应严格按照法律、司法解释的规定和生效法律文书的主文内容进行计算。被执行人未按判决、裁定和其他法律文书指定的期间履行给付金钱义务的，应当加倍支付迟延履行期间的债务利息。被执行人未按判决、裁定和其他法律文书指定的期间履行其他义务的，应当支付迟延履行金。加倍计算之后的迟延履行期间的债务利息，包括迟延履行期间的一般债务利息和加倍部分债务利息。迟延履行期间的一般债务利息，根据生效法律文书确定的方法计算；生效法律文书未确定给付该利息的，不予计算。从前述规定可以看出，如果生效法律文书未确定给付迟延履行期间的一般债务利息的，则执行中不予计算。本案生效法律文书（2015）皖民二终字第00572号民事判决的判项载明，Z 建设公司于判决生效之日起十日内给付某物流公司钢材款4510769.8元及违约金（按照中国人民银行同期贷款基准利率的4倍自2011年10月7日起计算至判决确定之日）。该判项明确了本金及违约金的计算方法，但未确定一般债务利息。因此，本案计算迟延履行期间的债务利息时，应只计算加倍部分债务利息，某物流公司关于本案应计算迟延履行期间的一般债务利息、一般债务利息应计算至清偿日等主张，不符合法律规定和本案生效法律文书内容。

---

① 最高人民法院（2021）最高法执监413号执行裁定书。

第二百六十五条 【继续履行】人民法院采取本法第二百五十三条、第二百五十四条、第二百五十五条规定的执行措施后，被执行人仍不能偿还债务的，应当继续履行义务。债权人发现被执行人有其他财产的，可以随时请求人民法院执行。

◆ **适用指引**

本条是关于剩余债务应当继续履行以及债权人随时申请执行的规定。

◆ **关联规定**

《最高人民法院关于适用〈中华人民共和国民事诉讼法〉的解释》（2022 年4 月 1 日）

第五百一十五条 债权人根据民事诉讼法第二百六十一条①规定请求人民法院继续执行的，不受民事诉讼法第二百四十六条②规定申请执行时效期间的限制。

第二百六十六条 【对被执行人的限制措施】被执行人不履行法律文书确定的义务的，人民法院可以对其采取或者通知有关单位协助采取限制出境，在征信系统记录、通过媒体公布不履行义务信息以及法律规定的其他措施。

◆ **适用指引**

本条是关于对被执行人采取限制措施的规定。

1. 限制出境，指有权机关依法对入境的外国人、无国籍人或本国公民采取的阻止其离境的措施。限制出境可以采取口头或书面形式通知、留置当事人出入境证件、口岸阻止人员出境等方式。作为保障诉讼进程和执行的措施，人民法院可在民事诉讼过程和执行程序中对当事人和被执行人作出限制出境决定。限制出境的对象是被申请执行人，包括自然人、法人的法定代表人和其他组织的主要

---

① 对应 2023 年《民事诉讼法》第 265 条。
② 对应 2023 年《民事诉讼法》第 250 条。

负责人。被执行人为单位的，可以对其法定代表人、主要负责人或者影响债务履行的直接责任人员限制出境。被执行人为无民事行为能力人或者限制民事行为能力人的，可以对其法定代理人限制出境。对被执行人限制出境，应当由申请执行人向执行法院提出书面申请；必要时，执行法院可以依职权决定。限制出境期间，被执行人履行法律文书确定的全部义务，执行法院应及时解除限制出境措施；被执行人提供充分、有效担保或者申请执行人同意的，可以解除限制出境措施。

2. 在征信系统记录。将被执行人的案件信息纳入社会信用信息系统予以公开，是国家公共权力对被执行人私权的限制，体现司法权力的公共性，是对社会公众知情权的尊重。目前，我国征信系统是由中国人民银行征信中心负责建设、运行和维护的全国集中统一企业和个人征信系统，即金融信用信息基础数据库、人民法院记录拒不履行生效法律文书的被申请执行人的失信被执行人名单及限制消费系统等。这些系统均可通过公开途径进行查询，以提醒相关主体注意谨慎与其交易，防止合法权益受到损害。

3. 通过媒体公布不履行义务信息。人民法院通过媒体公布不履行义务信息，将拒不履行义务的被执行人名单通过电台、电视台、报刊、网络等新闻媒体，以公告形式公布，使义务人不履行义务的情况在一定范围内为社会公众所知晓，造成一定社会影响和压力，可以使被执行人因媒体公布或害怕媒体公布影响其个人名誉、信誉，从而促使其自动履行义务，达到有效实现债权人债权的目的。执行法院可依职权或者依申请执行人的申请，将被执行人不履行法律文书确定义务的信息，通过报纸、广播、电视、互联网等媒体公布，媒体公布的有关费用由被执行人负担；申请执行人申请在媒体公布的，应当垫付有关费用。

4. 法律规定的其他措施。只有法律明文规定，才能作为对拒不履行义务的被申请执行人的限制性措施，其他规范性文件不能规定这类限制性措施。

◆ **关联规定**

《最高人民法院关于适用〈中华人民共和国民事诉讼法〉的解释》（2022 年 4 月 1 日）

第五百一十六条 被执行人不履行法律文书确定的义务的，人民法院除对被执行人予以处罚外，还可以根据情节将其纳入失信被执行人名单，将被执行人不履行或者不完全履行义务的信息向其所在单位、征信机构以及其他相关机构通报。

《最高人民法院关于适用〈中华人民共和国民事诉讼法〉执行程序若干问题的解释》（2020 年 12 月 29 日）

第二十三条　依照民事诉讼法第二百五十五条①规定对被执行人限制出境的，应当由申请执行人向执行法院提出书面申请；必要时，执行法院可以依职权决定。

第二十四条　被执行人为单位的，可以对其法定代表人、主要负责人或者影响债务履行的直接责任人员限制出境。

被执行人为无民事行为能力人或者限制民事行为能力人的，可以对其法定代理人限制出境。

第二十五条　在限制出境期间，被执行人履行法律文书确定的全部债务的，执行法院应当及时解除限制出境措施；被执行人提供充分、有效的担保或者申请执行人同意的，可以解除限制出境措施。

第二十六条　依照民事诉讼法第二百五十五条的规定，执行法院可以依职权或者依申请执行人的申请，将被执行人不履行法律文书确定义务的信息，通过报纸、广播、电视、互联网等媒体公布。

媒体公布的有关费用，由被执行人负担；申请执行人申请在媒体公布的，应当垫付有关费用。

《最高人民法院关于限制被执行人高消费及有关消费的若干规定》（2015 年 7 月 20 日）

第三条　被执行人为自然人的，被采取限制消费措施后，不得有以下高消费及非生活和工作必需的消费行为：

（一）乘坐交通工具时，选择飞机、列车软卧、轮船二等以上舱位；

（二）在星级以上宾馆、酒店、夜总会、高尔夫球场等场所进行高消费；

（三）购买不动产或者新建、扩建、高档装修房屋；

（四）租赁高档写字楼、宾馆、公寓等场所办公；

（五）购买非经营必需车辆；

（六）旅游、度假；

（七）子女就读高收费私立学校；

（八）支付高额保费购买保险理财产品；

（九）乘坐 G 字头动车组列车全部座位、其他动车组列车一等以上座位等其他非生活和工作必需的消费行为。

---

①　对应 2023 年《民事诉讼法》第 266 条。

被执行人为单位的，被采取限制消费措施后，被执行人及其法定代表人、主要负责人、影响债务履行的直接责任人员、实际控制人不得实施前款规定的行为。因私消费以个人财产实施前款规定行为的，可以向执行法院提出申请。执行法院审查属实的，应予准许。

第十一条 被执行人违反限制消费令进行消费的行为属于拒不履行人民法院已经发生法律效力的判决、裁定的行为，经查证属实的，依照《中华人民共和国民事诉讼法》第一百一十一条①的规定，予以拘留、罚款；情节严重，构成犯罪的，追究其刑事责任。

有关单位在收到人民法院协助执行通知书后，仍允许被执行人进行高消费及非生活或者经营必需的有关消费的，人民法院可以依照《中华人民共和国民事诉讼法》第一百一十四条②的规定，追究其法律责任。

《最高人民法院关于公布失信被执行人名单信息的若干规定》（2017 年 2 月 28 日）

第一条 被执行人未履行生效法律文书确定的义务，并具有下列情形之一的，人民法院应当将其纳入失信被执行人名单，依法对其进行信用惩戒：

（一）有履行能力而拒不履行生效法律文书确定义务的；

（二）以伪造证据、暴力、威胁等方法妨碍、抗拒执行的；

（三）以虚假诉讼、虚假仲裁或者以隐匿、转移财产等方法规避执行的；

（四）违反财产报告制度的；

（五）违反限制消费令的；

（六）无正当理由拒不履行执行和解协议的。

第二条 被执行人具有本规定第一条第二项至第六项规定情形的，纳入失信被执行人名单的期限为二年。被执行人以暴力、威胁方法妨碍、抗拒执行情节严重或具有多项失信行为的，可以延长一至三年。

失信被执行人积极履行生效法律文书确定义务或主动纠正失信行为的，人民法院可以决定提前删除失信信息。

第三条 具有下列情形之一的，人民法院不得依据本规定第一条第一项的规定将被执行人纳入失信被执行人名单：

（一）提供了充分有效担保的；

（二）已被采取查封、扣押、冻结等措施的财产足以清偿生效法律文书确定

---

① 对应 2023 年《民事诉讼法》第 114 条。

② 对应 2023 年《民事诉讼法》第 117 条。

债务的;

（三）被执行人履行顺序在后，对其依法不应强制执行的;

（四）其他不属于有履行能力而拒不履行生效法律文书确定义务的情形。

第四条 被执行人为未成年人的，人民法院不得将其纳入失信被执行人名单。

第六条 记载和公布的失信被执行人名单信息应当包括:

（一）作为被执行人的法人或者其他组织的名称、统一社会信用代码（或组织机构代码）、法定代表人或者负责人姓名;

（二）作为被执行人的自然人的姓名、性别、年龄、身份证号码;

（三）生效法律文书确定的义务和被执行人的履行情况;

（四）被执行人失信行为的具体情形;

（五）执行依据的制作单位和文号、执行案号、立案时间、执行法院;

（六）人民法院认为应当记载和公布的不涉及国家秘密、商业秘密、个人隐私的其他事项。

第十条 具有下列情形之一的，人民法院应当在三个工作日内删除失信信息:

（一）被执行人已履行生效法律文书确定的义务或人民法院已执行完毕的;

（二）当事人达成执行和解协议且已履行完毕的;

（三）申请执行人书面申请删除失信信息，人民法院审查同意的;

（四）终结本次执行程序后，通过网络执行查控系统查询被执行人财产两次以上，未发现有可供执行财产，且申请执行人或者其他人未提供有效财产线索的;

（五）因审判监督或破产程序，人民法院依法裁定对失信被执行人中止执行的;

（六）人民法院依法裁定不予执行的;

（七）人民法院依法裁定终结执行的。

有纳入期限的，不适用前款规定。纳入期限届满后三个工作日内，人民法院应当删除失信信息。

依照本条第一款规定删除失信信息后，被执行人具有本规定第一条规定情形之一的，人民法院可以重新将其纳入失信被执行人名单。

依照本条第一款第三项规定删除失信信息后六个月内，申请执行人申请将该被执行人纳入失信被执行人名单的，人民法院不予支持。

第十一条 被纳入失信被执行人名单的公民、法人或其他组织认为有下列情形之一的，可以向执行法院申请纠正:

（一）不应将其纳入失信被执行人名单的；

（二）记载和公布的失信信息不准确的；

（三）失信信息应予删除的。

◆ 典型案例

某水产公司与某冷藏公司、某食品公司、侯某炘执行复议案①

某水产公司与某冷藏公司、某食品公司等国际货物买卖合同纠纷一案，山东省高级人民法院作出（2014）鲁民四初字第 8 号民事判决。判决生效并进入执行程序后，山东省高级人民法院向被执行人某冷藏公司发出执行通知书，责令其履行义务。因某冷藏公司未履行义务，某水产公司向山东省高级人民法院提出申请，请求限制某冷藏公司主要负责人、影响债务履行直接责任人侯某炘出境。山东省高级人民法院作出（2016）鲁执 53 号执行决定书，限制侯某炘出境。侯某炘不服前述决定，向最高人民法院申请复议，请求撤销（2016）鲁执 53 号执行决定书。

最高人民法院经审查认为，被执行人不履行法律文书确定的义务的，人民法院可以对其采取或者通知有关单位协助采取限制出境，在征信系统记录、通过媒体公布不履行义务信息以及法律规定的其他措施。被执行人为单位的，可以对其法定代表人、主要负责人或者影响债务履行的直接责任人员限制出境。因此，在被执行人不履行法律文书确定的义务的情况下，人民法院经审查认为确有必要的，可以对被执行人及其法定代表人、主要负责人或者影响债务履行的直接责任人员采取限制出境措施。本案中，侯某炘原为某冷藏公司法定代表人、股东及董事，某冷藏公司后将法定代表人变更为鞠某治，侯某炘本人也向执行法院表示其为某冷藏公司与某水产公司案涉贸易项目经办人，在本案执行中曾协调某冷藏公司关联公司代为清偿本案债务并实际负责与申请执行人沟通债务偿还方案。综合前述事实可以认定侯某炘仍实际负责某冷藏公司的管理运营并对该公司的债务清偿安排产生直接影响。此外，虽然侯某炘主张其积极配合法院执行工作，但其提出的债务偿还方案尚未得到申请执行人的认可，截至目前某冷藏公司尚未履行法律文书确定的义务且未与申请执行人达成执行和解，限制其出境有利于保障执行程序顺利进行，维护债权人合法权益。因此，山东省高级人民法院根据某水产公司申请，认定侯某炘为某冷藏公司的主要负责人、影响债务履行的直接责任人员，在本案执行中对其采取限制出境措施，具有事实和法律依据。

---

① 最高人民法院（2017）最高法执复 73 号执行决定书。

第二十二章 执行中止和终结

第二百六十七条 【执行中止】有下列情形之一的，人民法院应当裁定中止执行：

（一）申请人表示可以延期执行的；

（二）案外人对执行标的提出确有理由的异议的；

（三）作为一方当事人的公民死亡，需要等待继承人继承权利或者承担义务的；

（四）作为一方当事人的法人或者其他组织终止，尚未确定权利义务承受人的；

（五）人民法院认为应当中止执行的其他情形。

中止的情形消失后，恢复执行。

◆ **适用指引**

本条是关于中止执行与恢复执行的规定。中止执行，是指在执行程序开始后，由于发生特定事由而暂时停止执行程序，待中止执行情形消失后再恢复进行。中止执行主要适用于下列情形：（1）申请人表示可以延期执行的。（2）案外人对执行标的提出确有理由的异议的。（3）作为一方当事人的公民死亡，需要等待继承人继承权利或者承担义务的。（4）作为一方当事人的法人或者其他组织终止，尚未确定权利义务承受人的。（5）人民法院已受理以被执行人为债务人的破产申请或者执行法院将执行案件移送破产审查的。（6）被执行人申请撤销仲裁裁决并已由人民法院受理的，或者被执行人、案外人对仲裁裁决执行案件提出不予执行申请并提供适当担保的，但是申请执行人提供充分、有效的担保请求继续执行的除外。（7）执行依据按审判监督程序决定再审的，但属于法定情形可以不中止执行的除外。（8）人民法院受理第三人撤销之诉后，第三人提供相应担保并请求中止执行的。（9）申请执行人与被执行人达成和解协议后请求中止执行的。（10）被执行人提出不予执行公证债权文书案件审查期间、提出请求不予执行公证债权文书诉讼审理期间，利害关系人就公证债权文书涉及的民事权利义务争议提起诉讼审理期间，被执行人或者利害关系人提供充分、有效的担保并请求停止相应处分措施的，但是申请执行人提供充分、有效的担保请求继续执行的除外。（11）执行过程中发现有非法集资犯罪嫌疑或者执行标的属于非法集资刑事案件的涉案财物的。（12）人民法院认为可以中止执行的其他情形。

中止执行既可以依执行当事人、有关利害关系人的申请而启动，也可以由执行法院依职权启动。执行法院经审查符合中止执行条件的，应当制作裁定书，载明中止执行的事由和依据，裁定送达当事人后发生法律效力。中止执行的情形消失后，执行法院可以根据执行当事人的申请或者依职权恢复执行，恢复执行的，应当书面通知当事人。

中止执行的原因不同，其范围应当有所区别。第一，有多个被执行人的，如果中止执行的原因仅适用于部分被执行人，如作为被执行人之一的法人被裁定受理破产申请，在此情形下应当中止对该被执行人的执行，对其他被执行人应继续执行。第二，对于同一被执行人，如果中止执行的原因仅涉及其部分财产，如案外人仅对被执行人名下不动产提出异议，主张实体权利阻却执行，在此情形下应当中止案外人异议所针对的标的物的执行，对其他可供执行的财产应继续执行。因此，中止执行既有全案中止执行，也有部分中止执行，部分中止执行中既有对部分被执行人的中止执行，也有对被执行人部分财产的中止执行。

中止执行的法律效力有三个方面：（1）对执行措施的效力。裁定中止执行后，原则上应当维持作出裁定时执行措施的状态，确有必要为防止被执行人转移隐匿财产等逃避执行行为而需要继续采取执行措施的，应当仅限于采取查控类执行措施，既包括对被执行人的其他财产采取查封、扣押、冻结，也包括对已经采取措施的财产续行查封、扣押、冻结。对于处分类执行措施，除季节性、鲜活、易腐烂变质、不宜保存的动产以及保管困难或者保管费用过高的动产可以进行变价外，不得采取其他处分类执行措施。（2）对执行期限的效力。中止执行的期间原则上应当予以扣除。如果全案中止执行，中止执行期间应从执行期间中扣除，如果仅是部分被执行人或者部分财产中止执行，中止执行期间一律予以扣除不利于加强对执行期间的管理和申请执行人合法权益的保护。（3）对执行审查行为的效力。裁定中止执行，中止内容仅指执行实施行为，对于执行审查行为应依法进行，如执行当事人、利害关系人依法提出执行行为异议，案外人依法提出异议以及申请执行人或者其继承人、权利承受人依法申请变更、追加当事人，执行法院应依法进行审查并作出裁定。

关于中止执行和暂缓执行。暂缓执行的情形主要有：（1）执行措施或者执行程序违反法律规定的。（2）执行标的物存在权属争议的。（3）被执行人对申请执行人享有抵销权的。（4）上级人民法院已受理执行争议案件并正在处理的。（5）上级人民法院发现下级人民法院在执行中作出的裁定、决定、通知或具体执行行为不当或有错误的。（6）人民法院发现据以执行的生效法律文书确有错误并正在按照审判监督程序进行审查的。暂缓执行第 2 种和第 6 种与上述中止执行第 2 种和第 7 种有所重合。暂缓执行是对某一项或者某几项执行措施暂缓实施，这与中止执行对被执行人或者财产暂停采取执行措施相似。另外，暂缓执行的期间不得超过 3 个月，因特殊事由可以延长不得超过 3 个月。

◆ **关联规定**

《最高人民法院关于适用〈中华人民共和国民事诉讼法〉的解释》（2022 年 4 月 1 日）

第五百一十一条　在执行中，作为被执行人的企业法人符合企业破产法第二条第一款规定情形的，执行法院经申请执行人之一或者被执行人同意，应当裁定中止对该被执行人的执行，将执行案件相关材料移送被执行人住所地人民法院。

第五百一十二条　被执行人住所地人民法院应当自收到执行案件相关材料之日起三十日内，将是否受理破产案件的裁定告知执行法院。不予受理的，应当将相关案件材料退回执行法院。

第五百一十三条　被执行人住所地人民法院裁定受理破产案件的，执行法院应当解除对被执行人财产的保全措施。被执行人住所地人民法院裁定宣告被执行人破产的，执行法院应当裁定终结对该被执行人的执行。

被执行人住所地人民法院不受理破产案件的，执行法院应当恢复执行。

第五百一十四条　当事人不同意移送破产或者被执行人住所地人民法院不受理破产案件的，执行法院就执行变价所得财产，在扣除执行费用及清偿优先受偿的债权后，对于普通债权，按照财产保全和执行中查封、扣押、冻结财产的先后顺序清偿。

《最高人民法院关于人民法院执行工作若干问题的规定（试行）》（2020 年 12 月 29 日）

59. 按照审判监督程序提审或再审的案件，执行机构根据上级法院或本院作出的中止执行裁定书中止执行。

60. 中止执行的情形消失后，执行法院可以根据当事人的申请或依职权恢复执行。

恢复执行应当书面通知当事人。

◆ **典型案例**

某投资公司与某开发公司、蒋某松等执行复议案①

海南省高级人民法院执行申请执行人某投资公司与被执行人某开发公司、某实业公司、蒋某松等金融借款合同纠纷一案，林某青对该院裁定拍卖被执行人某开发公司名下十处国有土地使用权等行为不服，向海南省高级人民法院提出书面异议。后，林某青不服海南省高级人民法院（2019）琼执异226号执行裁定，向最高人民法院申请复议。

最高人民法院经审查认为，有下列情形之一的，人民法院应当裁定中止执行：（1）申请人表示可以延期执行的；（2）案外人对执行标的提出确有理由的异议的；（3）作为一方当事人的公民死亡，需要等待继承人继承权利或者承担义务的；（4）作为一方当事人的法人或者其他组织终止，尚未确定权利义务承受人的；（5）人民法院认为应当中止执行的其他情形。本案应着重审查是否具备法定中止执行情形。本案中，海南省高级人民法院在先查封涉案十处土地使用权并依法启动评估拍卖程序，林某青作为轮候查封案件的申请执行人，通过公告得知海南省高级人民法院在（2019）琼执11号案件执行过程中向某开发公司等被执行人公告送达拍卖涉案十处国有土地使用权的执行裁定书以及土地估价报告情况，其未在异议中主张可能影响涉案十处土地使用权评估结果的事由，未提出法律规定的中止执行具体事由，未提出证据证明海南省高级人民法院拍卖涉案十处国有土地使用权的执行行为对其轮候查封债权的受偿产生妨碍。因此，林某青仅以海南省高级人民法院未向其送达土地估计报告等文书为由申请中止拍卖，没有事实和法律依据。

第二百六十八条　【执行终结】有下列情形之一的，人民法院裁定终结执行：

（一）申请人撤销申请的；

（二）据以执行的法律文书被撤销的；

---

① 最高人民法院（2020）最高法执复62号执行裁定书。

（三）作为被执行人的公民死亡，无遗产可供执行，又无义务承担人的；

（四）追索赡养费、扶养费、抚养费案件的权利人死亡的；

（五）作为被执行人的公民因生活困难无力偿还借款，无收入来源，又丧失劳动能力的；

（六）人民法院认为应当终结执行的其他情形。

◆ **适用指引**

本条是关于终结执行的规定。

终结执行，是指在执行程序开始后，由于出现法定的特殊事由，使执行继续进行已无必要或者成为不可能时结束执行程序。终结执行主要适用于下列情形：（1）申请人撤销申请的。（2）当事人双方达成执行和解协议，申请执行人撤回执行申请的。（3）据以执行的法律文书被撤销的。（4）作为被执行人的公民死亡，无遗产可供执行，又无义务承担人的。（5）追索赡养费、扶养费、抚养费案件的权利人死亡的。（6）作为被执行人的公民因生活困难无力偿还借款，无收入来源，又丧失劳动能力的。（7）被执行人被人民法院裁定宣告破产的。（8）作为被执行人的企业法人或其他组织被撤销、注销、吊销营业执照或者歇业、终止后既无财产可供执行，又无义务承受人，也没有能够依法追加变更执行主体的。（9）公证债权文书进入执行程序后债权人就涉及的民事权利义务争议直接向有管辖权的人民法院提起诉讼且被立案受理的。（10）申请执行人就履行执行和解协议提起诉讼且被立案受理的。（11）执行标的物为特定物，原物确已毁损或者灭失，双方当事人对折价赔偿不能协商一致的。（12）人民法院认为应当终结执行的其他情形。如果有多个被执行人且终结执行的原因仅适用于部分被执行人，如作为被执行人之一的法人被裁定宣告破产的，在此情形下应终结对该被执行人的执行，对其他被执行人应继续执行。终结执行既可依执行当事人、有关利害关系人申请启动，也可由执行法院依职权启动。执行法院经审查符合终结执行条件的，应当制作裁定书，载明终结执行的事由和依据，裁定送达当事人后发生法律效力。

终结执行的法律效力体现在两个方面：（1）对执行措施的效力。终结执行是执行程序的彻底结束。因此，终结执行后已采取的执行措施，包括查封、扣押、冻结、拍卖、变卖等执行措施以及纳入失信被执行人名单、限制消费等惩戒措施，原则上都应予解除，执行当事人不申请解除的，执行法院应依职权解除。可以不解除执行措施的例外情形主要有两种：第一种情形是债权未全部实现时，申请执行人撤回申请而终结执行，第二种情形是执行当事人达成长期履行的执行和解协议后终结执行。（2）对再次申请执行的效力。一般认为，终结执行意味着执行程序结束，以后不再恢复执行，但本条规定的前五项适用情形中，除第 2 项之外，其他情形都有再次启动执行程序的可能。特定情形下，终结执行后可以再次申请执行。

关于终结本次执行程序。终结本次执行程序是在被执行人无可供执行的财产情形下，人民法院依法对本次执行程序终结执行的一种特殊形式。有观点认为，由于被执行人暂无财产可供执行，故终结本次执行程序实质上就是执行中止；另有观点认为，终结本次执行程序作为无财产可供执行案件的退出机制，应当将其理解为可以再执行的终结，属于本条规定的第 6 项情形。由于裁定中止执行的案件不能作结案处理，而裁定终结本次执行程序后可以作结案处理，故将终结本次执行程序作为终结执行情形之一较为合适，终结本次执行程序后，申请执行人如果发现被执行人有可供执行财产的，可以再次申请执行，再次申请执行不受申请执行时效期间限制。

◆ **关联规定**

《最高人民法院关于适用〈中华人民共和国民事诉讼法〉的解释》（2022 年 4 月 1 日）

第五百一十七条 经过财产调查未发现可供执行的财产，在申请执行人签字确认或者执行法院组成合议庭审查核实并经院长批准后，可以裁定终结本次执行程序。

依照前款规定终结执行后，申请执行人发现被执行人有可供执行财产的，可以再次申请执行。再次申请不受申请执行时效期间的限制。

第五百一十八条 因撤销申请而终结执行后，当事人在民事诉讼法第二百四十六条①规定的申请执行时效期间内再次申请执行的，人民法院应当受理。

第五百一十九条 在执行终结六个月内，被执行人或者其他人对已执行的标的有妨害行为的，人民法院可以依申请排除妨害，并可以依照民事诉讼法第一百一十四条规定进行处罚。因妨害行为给执行债权人或者其他人造成损失的，受害人可以另行起诉。

---

① 对应 2023 年《民事诉讼法》第 250 条。

《最高人民法院关于严格规范终结本次执行程序的规定（试行）》（2016 年
10 月 29 日）

第一条 人民法院终结本次执行程序，应当同时符合下列条件：

（一）已向被执行人发出执行通知、责令被执行人报告财产；

（二）已向被执行人发出限制消费令，并将符合条件的被执行人纳入失信被
执行人名单；

（三）已穷尽财产调查措施，未发现被执行人有可供执行的财产或者发现的
财产不能处置；

（四）自执行案件立案之日起已超过三个月；

（五）被执行人下落不明的，已依法予以查找；被执行人或者其他人妨害执
行的，已依法采取罚款、拘留等强制措施，构成犯罪的，已依法启动刑事责任追
究程序。

第二条 本规定第一条第一项中的"责令被执行人报告财产"，是指应当完
成下列事项：

（一）向被执行人发出报告财产令；

（二）对被执行人报告的财产情况予以核查；

（三）对逾期报告、拒绝报告或者虚假报告的被执行人或者相关人员，依法
采取罚款、拘留等强制措施，构成犯罪的，依法启动刑事责任追究程序。

人民法院应当将财产报告、核实及处罚的情况记录入卷。

第三条 本规定第一条第三项中的"已穷尽财产调查措施"，是指应当完成
下列调查事项：

（一）对申请执行人或者其他人提供的财产线索进行核查；

（二）通过网络执行查控系统对被执行人的存款、车辆及其他交通运输工
具、不动产、有价证券等财产情况进行查询；

（三）无法通过网络执行查控系统查询本款第二项规定的财产情况的，在被
执行人住所地或者可能隐匿、转移财产所在地进行必要调查；

（四）被执行人隐匿财产、会计账簿等资料且拒不交出的，依法采取搜查
措施；

（五）经申请执行人申请，根据案件实际情况，依法采取审计调查、公告悬
赏等调查措施；

（六）法律、司法解释规定的其他财产调查措施。

人民法院应当将财产调查情况记录入卷。

第四条 本规定第一条第三项中的"发现的财产不能处置",包括下列情形:

（一）被执行人的财产经法定程序拍卖、变卖未成交,申请执行人不接受抵债或者依法不能交付其抵债,又不能对该财产采取强制管理等其他执行措施的;

（二）人民法院在登记机关查封的被执行人车辆、船舶等财产,未能实际扣押的。

第五条 终结本次执行程序前,人民法院应当将案件执行情况、采取的财产调查措施、被执行人的财产情况、终结本次执行程序的依据及法律后果等信息告知申请执行人,并听取其对终结本次执行程序的意见。

人民法院应当将申请执行人的意见记录入卷。

第九条 终结本次执行程序后,申请执行人发现被执行人有可供执行财产的,可以向执行法院申请恢复执行。申请恢复执行不受申请执行时效期间的限制。执行法院核查属实的,应当恢复执行。

终结本次执行程序后的五年内,执行法院应当每六个月通过网络执行查控系统查询一次被执行人的财产,并将查询结果告知申请执行人。符合恢复执行条件的,执行法院应当及时恢复执行。

《最高人民法院关于人民法院执行工作若干问题的规定（试行）》（2020 年 12 月 29 日）

61. 在执行中,被执行人被人民法院裁定宣告破产的,执行法院应当依照民事诉讼法第二百五十七条[1]第六项的规定,裁定终结执行。

◆ **典型案例**

某投资公司与某建设公司执行监督案[2]

某投资公司与某建设公司借款合同纠纷一案,江苏省泰州市中级人民法院作出（2007）泰民二初字第 22 号民事调解书。调解书发生法律效力后,因某建设公司未自觉履行法律文书确定义务,某投资公司申请执行。后,江苏省泰州市中级人民法院作出（2007）泰执字第 197 号民事裁定,对本案终止执行。2016 年 12 月 14 日,江苏省泰州市中级人民法院作出（2016）苏 12 执恢 52 号执行裁定,将该案交由泰兴市人民法院执行。某建设公司提出异议,请求终结（2016）苏 12 执恢 52 号执行裁定书的执行。后,某建设公司不服江苏省高级人民法院（2018）苏执复 68 号执行裁定,向最高人民法院提出申诉。

---

① 对应 2023 年《民事诉讼法》第 268 条。
② 最高人民法院（2021）最高法执监 261 号执行裁定书。

最高人民法院经审查认为，公司依法清算结束并办理注销登记前，有关公司的民事诉讼，应当以公司的名义进行。公司清算程序终结但未注销的，并不丧失诉讼主体资格，应以公司名义参加诉讼。本案中，虽然北京市西城区人民法院于2015年12月10日在另案中裁定终结对某投资公司的强制清算程序，但因某投资公司尚未办理注销登记，故某投资公司仍有权以公司名义参加诉讼活动并申请恢复执行。况且，某建设公司作为本案被执行人，应当按照生效民事调解书的内容依法履行其法定义务。某投资公司在清算程序终结后申请恢复执行，并未加重某建设公司应承担的法定清偿责任。因此，某建设公司以另案裁定认为某投资公司民事主体资格已经消灭，无权申请恢复执行，故执行法院应当终结执行的主张，于法无据。

第二百六十九条　【中止、终结裁定效力】 中止和终结执行的裁定，送达当事人后立即生效。

◆ **适用指引**

本条是关于中止和终结执行裁定送达及效力的规定。人民法院作出的裁定在形式上有书面裁定和口头裁定，鉴于中止或者终结执行裁定需要送达当事人，故应采用书面形式。另外，根据《民事诉讼法》第157条的规定，除不予受理裁定、管辖权异议裁定与驳回起诉裁定外，其他裁定都不得提起上诉，故中止和终结执行的裁定送达后即发生法律效力。

关于中止和终结执行裁定送达当事人的范围。第一，本条规定的当事人并未限定为申请执行人，也未区分在同一执行案件中的不同被执行人。第二，中止和终结执行裁定可能仅与部分被执行人直接相关，但事实上也与其他被执行人有关，如中止对主债务人的执行将导致债务利息增加，或者终结对主债务人的执行，都会影响作为被执行人的一般保证人的责任承担。第三，大多数情况下，裁定中止或者终结执行主要影响申请执行人的权益，但被执行人的权益在特定情形下也可能因此受到影响，如被执行人的债务已经履行完毕，被不当裁定终结本次执行程序。因此，中止和终结执行的裁定应当向执行案件的全部当事人送达。

执行当事人、利害关系人认为中止或者终结执行裁定违反法律规定的，可以依法提出执行异议。对中止执行提出执行异议，应在执行程序终结前提出；对终结执行提出执行异议，应当自收到终结执行法律文书之日起60日内提出，未收到法律文书的，应当自知道或者应当知道终结执行之日起 60 日内提出，超出该期限提出执行异议的，不予受理。需要注意的是，前述 60 日执行异议期限为不变期间，不存在中止、中断等情形，执行法院在受理执行异议时应当主动审查。

关于终结本次执行程序的裁定。终结本次执行程序不仅应满足实体要件，还应满足程序要件。终结本次执行程序的裁定应当明确记载相关内容，具体包括：（1）申请执行的债权情况。（2）执行经过及采取的执行措施、强制措施。（3）查明的被执行人财产情况。（4）实现的债权情况。（5）申请执行人对终结本次执行程序的意见。（6）终结本次执行程序的理由。（7）申请执行人享有要求被执行人继续履行债务及依法向人民法院申请恢复执行的权利，被执行人负有继续向申请执行人履行债务的义务。（8）当事人、利害关系人对终结本次执行程序不服的救济途径等。

◆ **关联规定**

《最高人民法院关于人民法院执行工作若干问题的规定（试行）》（2020 年 12 月 29 日）

62. 中止执行和终结执行的裁定书应当写明中止或终结执行的理由和法律依据。

63. 人民法院执行生效法律文书，一般应当在立案之日起六个月内执行结案，但中止执行的期间应当扣除。确有特殊情况需要延长的，由本院院长批准。

64. 执行结案的方式为：

（1）执行完毕；

（2）终结本次执行程序；

（3）终结执行；

（4）销案；

（5）不予执行；

（6）驳回申请。

◆ **典型案例**

某房地产公司与某开发公司执行监督案[①]

某开发公司就北京市门头沟区人民法院在执行某房地产公司与其抵押担保合

[①] 北京市高级人民法院（2021）京执监 49 号执行裁定书。

同纠纷一案中的执行行为提出书面异议，请求撤销（2016）京 0109 执 2518 号案件及其裁定书。后，某开发公司不服北京市门头沟区人民法院（2021）京 0109 执异 30 号执行裁定，向北京市高级人民法院提出申诉。

北京市高级人民法院经审查认为，根据查明案件事实，（2016）京 0109 执 2518 号执行案件本质系（2004）门执字第 545 号执行案件的延续，虽然北京市门头沟区人民法院立"执"字案号强制执行，但本质为恢复执行案件。人民法院在首次执行时已经向被执行人发出执行通知的情况下，无须在恢复执行案件中重新发出执行通知。（2016）京 0109 执 2518 号执行裁定的内容与本案执行依据（2003）门民初字第 1239 号民事调解书基本一致，即便未向某开发公司送达，亦对其权利无实质影响，不构成执行程序严重违法。

第四编　涉外民事诉讼程序的特别规定

第二十三章　一般原则

第二百七十条　【适用本国法】在中华人民共和国领域内进行涉外民事诉讼，适用本编规定。本编没有规定的，适用本法其他有关规定。

◆ **适用指引**

本条是关于涉外民事诉讼法律适用的规定。

在本国领域内进行的民事诉讼，程序法适用法院地国家法律，是国际上公认准则。因此，在我国领域内进行涉外民事诉讼，适用我国民事诉讼法，是国家司法主权的重要体现。涉外民事诉讼程序编与民事诉讼法其他各编是特别规定与一般规定的关系，涉外民事诉讼程序有特别规定的，适用特别规定，没有特别规定的，适用其他各编的规定。民事案件存在下列情形之一，可以认定为涉外民事案件：（1）当事人一方或者双方是外国人、无国籍人、外国企业或者组织的。（2）当事人一方或者双方的经常居所地在中华人民共和国领域外的。（3）标的物在中华人民共和国领域外的。（4）产生、变更或者消灭民事关系的法律事实发生在中华人民共和国领域外的。（5）可以认定为涉外民事案件的其他情形。其中，自然人在涉外民事关系产生或者变更、终止时已经连续居住1年以上且作为其生活中心的地方，可以认定为自然人的经常居所地，但就医、劳务派遣、公务等情形除外；法人的经常居所地，为其主营业地。

需要注意的是，人民法院审理涉及我国香港特别行政区、我国澳门特别行政区和我国台湾地区的民事诉讼案件，可以参照适用涉外民事诉讼程序的特别规定。对此应从以下几个方面来把握：（1）认定案件系涉港澳台民事案件，应从主体、客体、内容三个方面考察，只要有一项涉及港澳台即可。（2）涉港澳台民事案件优先适用涉港澳台的特别规定。（3）涉港澳台案件的诉讼程序没有特别规定的，参照民事诉讼法关于涉外民事诉讼程序的规定，涉外民事诉讼程序没有规定的，就适用民事诉讼法其他各编的规定。

◆ **关联规定**

《最高人民法院关于适用〈中华人民共和国民事诉讼法〉的解释》（2022 年 4 月 1 日）

第五百二十条　有下列情形之一，人民法院可以认定为涉外民事案件：

（一）当事人一方或者双方是外国人、无国籍人、外国企业或者组织的；

（二）当事人一方或者双方的经常居所地在中华人民共和国领域外的；

（三）标的物在中华人民共和国领域外的；

（四）产生、变更或者消灭民事关系的法律事实发生在中华人民共和国领域外的；

（五）可以认定为涉外民事案件的其他情形。

第五百二十八条　涉外民事诉讼中，经调解双方达成协议，应当制发调解书。当事人要求发给判决书的，可以依协议的内容制作判决书送达当事人。

第五百四十九条　人民法院审理涉及香港、澳门特别行政区和台湾地区的民事诉讼案件，可以参照适用涉外民事诉讼程序的特别规定。

《最高人民法院关于适用〈中华人民共和国涉外民事关系法律适用法〉若干问题的解释（一）》（2020 年 12 月 29 日）

第一条　民事关系具有下列情形之一的，人民法院可以认定为涉外民事关系：

（一）当事人一方或双方是外国公民、外国法人或者其他组织、无国籍人；

（二）当事人一方或双方的经常居所地在中华人民共和国领域外；

（三）标的物在中华人民共和国领域外；

（四）产生、变更或者消灭民事关系的法律事实发生在中华人民共和国领域外；

（五）可以认定为涉外民事关系的其他情形。

第二百七十一条　【国际条约优先】中华人民共和国缔结或者参加的国际条约同本法有不同规定的，适用该国际条约的规定，但中华人民共和国声明保留的条款除外。

◆ **适用指引**

本条是关于涉外民事诉讼适用国际条约的规定。

国际条约是指国际法主体之间缔结的规定权利义务关系的书面协议。广义上的条约除以条约为名的协议文件外，还包括公约、宪章、盟约、规约、协定、议定书、换文、最后决定书、联合宣言等文件；狭义的条约仅指以条约为名称的国际协议文件，比如同盟条约、边界条约、通商航海条约等。凡是有效条约，对各签约当事国有拘束力，各国必须善意履行，缔约国违反条约义务时，应承担相应国际责任。本条规定的国际条约指的是和涉外民事诉讼程序有关的条约。另外，根据国际惯例，主权国家对国际条约有根据本国利益决定参加或者不参加的权利，还有对条约中部分条款声明保留的权利，对于被声明保留的条款，该主权国家不受其约束。我国在缔结或者参加国际条约中有声明保留条款的，该条款是我国未承认或者未接受的条款，在我国领域内不具有法律效力，在处理涉外民事案件时不予适用。比如，我国加入《关于向国外送达民事或商事司法文书和司法外文书公约》对采用邮寄方式在中国境内进行送达等条款作出了保留声明。

依据我国法律规定、司法实践和国际法原理，在我国适用国际条约包括以下几个条件：

（1）我国是条约缔约国。只有我国作为缔约方的条约才可能在我国适用，我国没有参加的国际条约对我国不具有约束力，我国法院没有义务适用该条约。我国对其缔结或参加的条约的某些条款有保留的，被保留的条款对我国没有约束力，也不应在我国适用。

（2）我国法院适用的条约应属于民商事条约。我国作为缔约方的所有条约并非都要在我国民事诉讼中适用，须在我国适用的主要是调整民商事法律关系的条约。

（3）我国适用的条约应属于未转化为国内法的条约，如果条约已被转化为国内法，则应适用转化后的国内法。

（4）适用国际条约还应满足该条约自身规定的条件。

◆ **关联规定**

《最高人民法院关于适用〈中华人民共和国涉外民事关系法律适用法〉若干问题的解释（一）》（2020年12月29日）

第七条 当事人在合同中援引尚未对中华人民共和国生效的国际条约的，人民法院可以根据该国际条约的内容确定当事人之间的权利义务，但违反中华人民共和国社会公共利益或中华人民共和国法律、行政法规强制性规定的除外。

◆ **典型案例**

某技术公司诉某国际货物公司国际货物买卖合同纠纷案①

某技术公司（买方）与某国际货物公司（卖方）签订《买卖合同》，后因合同履行产生纠纷。某技术公司向北京市丰台区人民法院提起诉讼，请求：（1）解除某技术公司与某国际货物公司签订的《买卖合同》。（2）某国际货物公司立即返还某技术公司货款，某技术公司将合同所涉货物两台探伤仪退还某国际货物公司。（3）某国际货物公司支付款项利息。后，某技术公司不服北京市第二中级人民法院（2019）京02民终12136号民事判决，向北京市高级人民法院申请再审。

北京市高级人民法院经审查认为，中华人民共和国缔结或者参加的国际条约同中华人民共和国的民事法律有不同规定的，适用国际条约的规定，但中华人民共和国声明保留的条款除外。中法两国均属《联合国国际货物销售合同公约》缔约国且本案双方当事人在涉案合同中未明确排除该公约适用。因此，本案应当适用《联合国国际货物销售合同公约》的有关规定。

第二百七十二条　【外交特权与豁免】 对享有外交特权与豁免的外国人、外国组织或者国际组织提起的民事诉讼，应当依照中华人民共和国有关法律和中华人民共和国缔结或者参加的国际条约的规定办理。

◆ **适用指引**

本条是关于外交特权与豁免的规定。

外交特权与豁免，是指为便于外交代表或者具有特殊身份的外交官员有效执行职务，各国根据其缔结或者参加的国际条约、国际惯例或者根据平等互惠原则给予驻在本国的外交代表和以外交官员的身份来本国执行职务的人员以特别权利和优惠待遇。外交特权与豁免包括民事上的司法豁免权，即外交代表和有特殊身

---

① 北京市高级人民法院（2020）京民申1019号民事裁定书。

份的外交官员的民事行为及其财产免受驻在国法院管辖，比如不受驻在国法院审判，不受强制执行以及没有以证人身份作证的义务等。民事司法豁免权包括管辖豁免、诉讼程序豁免和执行豁免。管辖豁免是指不能对享有司法豁免权的人提起民事诉讼；诉讼程序豁免是指享有司法豁免权的人即便同意法院受理案件，在诉讼过程中也不能对其采取强制措施；执行豁免是指享有司法豁免权的人即使参加诉讼且败诉，法院也不能对其强制执行。前述三种豁免相互独立，放弃何种豁免必须明确表示。

本条规定的享有外交特权与豁免的外国人，主要是外国驻在我国的外交代表，包括外国驻华使馆馆长和具有外交官衔的使馆工作人员，还包括来我国访问的外国国家元首、政府首脑、外交部长及其他具有同等身份的官员。此外，与外交代表共同生活的配偶及未成年子女、使馆行政技术人员及与其共同生活的配偶和未成年子女、来我国参加有关国际组织召开的国际会议代表、临时来我国的有关国际组织官员和专家以及途经我国的驻第三国外交代表等人员，在不同程度上享有司法管辖豁免。

◆ **关联规定**

《中华人民共和国外国国家豁免法》①（2023 年 9 月 1 日）

第二十条 本法规定不影响外国的外交代表机构、领事机构、特别使团、驻国际组织代表团、派往国际会议的代表团及上述机构的相关人员根据中华人民共和国的法律、中华人民共和国缔结或者参加的国际条约享有的特权与豁免。

本法规定不影响外国国家元首、政府首脑、外交部长及其他具有同等身份的官员根据中华人民共和国的法律、中华人民共和国缔结或者参加的国际条约以及国际习惯享有的特权与豁免。

《中华人民共和国外交特权与豁免条例》（1986 年 9 月 5 日）

第四条第二款 使馆的馆舍、设备及馆舍内其他财产和使馆交通工具免受搜查、征用、扣押或者强制执行。

第十四条第二款 外交代表享有民事管辖豁免和行政管辖豁免，但下列各项除外：

（一）外交代表以私人身份进行的遗产继承的诉讼；

（二）外交代表违反第二十五条第三项规定在中国境内从事公务范围以外的职业或者商业活动的诉讼。

---

① 本法自 2024 年 1 月 1 日起施行。

第十四条第三款　外交代表免受强制执行，但对前款所列情况，强制执行对其人身和寓所不构成侵犯的，不在此限。

第十五条　外交代表和第二十条规定享有豁免的人员的管辖豁免可以由派遣国政府明确表示放弃。

外交代表和第二十条规定享有豁免的人员如果主动提起诉讼，对与本诉直接有关的反诉，不得援用管辖豁免。

放弃民事管辖豁免或者行政管辖豁免，不包括对判决的执行也放弃豁免。放弃对判决执行的豁免须另作明确表示。

第二十条第一款　与外交代表共同生活的配偶及未成年子女，如果不是中国公民，享有第十二条至第十八条所规定的特权与豁免。

第二十条第二款　使馆行政技术人员和与其共同生活的配偶及未成年子女，如果不是中国公民并且不是在中国永久居留的，享有第十二条至第十七条所规定的特权与豁免，但民事管辖豁免和行政管辖豁免，仅限于执行公务的行为。使馆行政技术人员到任后半年内运进的安家物品享有第十八条第一款所规定的免税的特权。

第二十一条　外交代表如果是中国公民或者获得在中国永久居留资格的外国人，仅就其执行公务的行为，享有管辖豁免和不受侵犯。

第二十二条　下列人员享有在中国过境或者逗留期间所必需的豁免和不受侵犯：

（一）途经中国的外国驻第三国的外交代表和与其共同生活的配偶及未成年子女；

（二）持有中国外交签证或者持有外交护照（仅限互免签证的国家）来中国的外国官员；

（三）经中国政府同意给予本条所规定的特权与豁免的其他来中国访问的外国人士。

对途经中国的第三国外交信使及其所携带的外交邮袋，参照第十条、第十一条的规定办理。

第二十三条　来中国访问的外国国家元首、政府首脑、外交部长及其他具有同等身份的官员，享有本条例所规定的特权与豁免。

第二十四条　来中国参加联合国及其专门机构召开的国际会议的外国代表、临时来中国的联合国及其专门机构的官员和专家、联合国及其专门机构驻中国的代表机构和人员的待遇，按中国已加入的有关国际公约和中国与有关国际组织签订的协议办理。

第二十五条 享有外交特权与豁免的人员：

（一）应当尊重中国的法律、法规；

（二）不得干涉中国的内政；

（三）不得在中国境内为私人利益从事任何职业或者商业活动；

（四）不得将使馆馆舍和使馆工作人员寓所充作与使馆职务不相符合的用途。

第二十六条 如果外国给予中国驻该国使馆、使馆人员以及临时去该国的有关人员的外交特权与豁免，低于中国按本条例给予该国驻中国使馆、使馆人员以及临时来中国的有关人员的外交特权与豁免，中国政府根据对等原则，可以给予该国驻中国使馆、使馆人员以及临时来中国的有关人员以相应的外交特权与豁免。

《中华人民共和国领事特权与豁免条例》（1990 年 10 月 30 日）

第十四条 领事官员和领馆行政技术人员执行职务的行为享有司法和行政管辖豁免。领事官员执行职务以外的行为的管辖豁免，按照中国与外国签订的双边条约、协定或者根据对等原则办理。

领事官员和领馆行政技术人员享有的司法管辖豁免不适用于下列各项民事诉讼：

（一）涉及未明示以派遣国代表身份所订的契约的诉讼；

（二）涉及在中国境内的私有不动产的诉讼，但以派遣国代表身份所拥有的为领馆使用的不动产不在此限；

（三）以私人身份进行的遗产继承的诉讼；

（四）因车辆、船舶或者航空器在中国境内造成的事故涉及损害赔偿的诉讼。

第十五条 领馆成员可以被要求在司法或者行政程序中到场作证，但没有义务就其执行职务所涉及事项作证。领馆成员有权拒绝以鉴定人身份就派遣国的法律提出证词。

领事官员拒绝作证，不得对其采取强制措施或者给予处罚。

领馆行政技术人员和领馆服务人员除执行职务所涉及事项外，不得拒绝作证。

第十六条 本条例规定的有关人员所享有的管辖豁免可以由派遣国政府明确表示放弃。

依照本条例规定享有管辖豁免的人员如果主动提起诉讼，对与本诉直接有关的反诉，不得援用管辖豁免。

放弃民事管辖豁免或者行政管辖豁免，不包括对判决的执行也放弃豁免。放弃对判决执行的豁免须由派遣国政府另作明确表示。

第二十二条 领事官员如果是中国公民或者在中国永久居留的外国人，仅就其执行职务的行为，享有本条例规定的特权与豁免。

领馆行政技术人员或者领馆服务人员如果是中国公民或者在中国永久居留的外国人，除没有义务就其执行职务所涉及事项作证外，不享有本条例规定的特权与豁免。

私人服务人员不享有本条例规定的特权与豁免。

第二十三条　下列人员在中国过境或者逗留期间享有所必需的豁免和不受侵犯：

（一）途经中国的外国驻第三国的领事官员和与其共同生活的配偶及未成年子女；

（二）持有中国外交签证或者持有与中国互免签证国家外交护照的外国领事官员。

第二十四条　享有领事特权与豁免的人员：

（一）应当尊重中国的法律、法规；

（二）不得干涉中国的内政；

（三）不得将领馆馆舍和领馆成员的寓所充作与执行领事职务不相符合的用途。

第二十六条　如果外国给予中国驻该国领馆、领馆成员以及途经或者临时去该国的中国驻第三国领事官员的领事特权与豁免，不同于中国给予该国驻中国领馆、领馆成员以及途经或者临时来中国的该国驻第三国领事官员的领事特权与豁免，中国政府根据对等原则，可以给予该国驻中国领馆、领馆成员以及途经或者临时来中国的该国驻第三国领事官员以相应的领事特权与豁免。

第二十七条　中国缔结或者参加的国际条约对领事特权与豁免另有规定的，按照国际条约的规定办理，但中国声明保留的条款除外。

中国与外国签订的双边条约或者协定对领事特权与豁免另有规定的，按照条约或者协定的规定执行。

第二百七十三条　**【语言文字】**人民法院审理涉外民事案件，应当使用中华人民共和国通用的语言、文字。当事人要求提供翻译的，可以提供，费用由当事人承担。

◆ **适用指引**

本条是关于审理涉外民事案件使用语言文字的规定。

一国法院审理涉外民事案件使用本国语言和文字是国际通行做法，体现国家主权原则。为维护国家尊严和法院行使司法权的严肃性，人民法院审理涉外民事案件时应当使用我国的语言文字，包括人民法院的审理活动和发布的法律文书。外国当事人提供的诉讼材料是外文的，应当同时提交中文翻译件。当事人对中文翻译件有异议的，应当共同委托翻译机构提供翻译文本；当事人对翻译机构的选择不能达成一致的，由人民法院确定。外国当事人要求提供翻译的，人民法院可以提供，以方便外国当事人进行诉讼并便于人民法院审理案件。提供翻译所需费用，由要求提供翻译的当事人承担。需要注意的是，即使审判人员通晓外国语言文字，也不能使用外语对外国当事人进行询问和审判。人民法院在审理涉外案件，包括涉港澳台案件以及具有涉外因素民事案件过程中一律使用我国通用语言和文字。

◆ **关联规定**

《最高人民法院关于适用〈中华人民共和国民事诉讼法〉的解释》（2022 年 4 月 1 日）

第五百二十五条　当事人向人民法院提交的书面材料是外文的，应当同时向人民法院提交中文翻译件。

当事人对中文翻译件有异议的，应当共同委托翻译机构提供翻译文本；当事人对翻译机构的选择不能达成一致的，由人民法院确定。

◆ **典型案例**

朴某镕诉韩国某电子公司、某机电设备公司股权转让纠纷案①

某机电设备公司与天津 G 公司签订《出售收购合同书》，载明该合同为双方关于出售、收购天津 G 公司的合同。朴某镕与某机电设备公司签订《转让受让合同书》。后因合同履行产生纠纷，朴某镕向天津市第一中级人民法院提起诉讼，请求继续履行股权转让合同。后，韩国某电子公司不服（2015）一中民五初字第0139 号民事判决，向天津市高级人民法院提起上诉。

天津市高级人民法院经审查认为，人民法院审理涉外民事案件，应当使用中华人民共和国通用的语言、文字。当事人要求提供翻译的，可以提供，费用由当事人承担。本案中，韩国某电子公司或李某熙本人在李某熙出庭作证时并未要求提供翻译且李某熙与高某权的录音可以证明李某熙具备相当之中文听说能力，可以表

---

① 天津市高级人民法院（2017）津民终 25 号民事判决书。

达自己的真实意思，足以佐证一审法院对其进行询问未违反《中华人民共和国民事诉讼法》的规定。因此，韩国某电子公司关于一审程序瑕疵的主张，不予采纳。

第二百七十四条　**【中国律师代理】**外国人、无国籍人、外国企业和组织在人民法院起诉、应诉，需要委托律师代理诉讼的，必须委托中华人民共和国的律师。

◆ 适用指引

本条是关于外国当事人必须委托中国律师的规定。

外国当事人可以亲自在我国法院起诉或者应诉并参与诉讼活动，也可以委托他人代理诉讼。如果委托律师代理诉讼，只能委托中国律师，不能委托任何别国律师。一国司法制度只能适用于本国领域内，律师制度也是一国司法制度的组成部分，外国律师的律师资格由外国法律赋予，主权国家不能允许外国律师以律师身份出席本国法庭参加诉讼。因此，各国原则上禁止外国律师在本国法院以律师身份出庭参与诉讼。此外，当事人委托律师代理诉讼的目的在于让律师提供法律帮助，故委托非法院地国律师代理诉讼也不利于诉讼顺利进行。

◆ 关联规定

《外国律师事务所驻华代表机构管理条例》（2001 年 12 月 22 日）

第十五条　代表机构及其代表，只能从事不包括中国法律事务的下列活动：

（一）向当事人提供该外国律师事务所律师已获准从事律师执业业务的国家法律的咨询，以及有关国际条约、国际惯例的咨询；

（二）接受当事人或者中国律师事务所的委托，办理在该外国律师事务所律师已获准从事律师执业业务的国家的法律事务；

（三）代表外国当事人，委托中国律师事务所办理中国法律事务；

（四）通过订立合同与中国律师事务所保持长期的委托关系办理法律事务；

（五）提供有关中国法律环境影响的信息。

代表机构按照与中国律师事务所达成的协议约定，可以直接向受委托的中国律师事务所的律师提出要求。

代表机构及其代表不得从事本条第一款、第二款规定以外的其他法律服务活动或者其他营利活动。

《最高人民法院关于适用〈中华人民共和国民事诉讼法〉的解释》（2022 年 4 月 1 日）

第五百二十六条 涉外民事诉讼中的外籍当事人，可以委托本国人为诉讼代理人，也可以委托本国律师以非律师身份担任诉讼代理人；外国驻华使领馆官员，受本国公民的委托，可以以个人名义担任诉讼代理人，但在诉讼中不享有外交或者领事特权和豁免。

第五百二十七条 涉外民事诉讼中，外国驻华使领馆授权其本馆官员，在作为当事人的本国国民不在中华人民共和国领域内的情况下，可以以外交代表身份为其本国国民在中华人民共和国聘请中华人民共和国律师或者中华人民共和国公民代理民事诉讼。

第二百七十五条　【公证和认证】 在中华人民共和国领域内没有住所的外国人、无国籍人、外国企业和组织委托中华人民共和国律师或者其他人代理诉讼，从中华人民共和国领域外寄交或者托交的授权委托书，应当经所在国公证机关证明，并经中华人民共和国驻该国使领馆认证，或者履行中华人民共和国与该所在国订立的有关条约中规定的证明手续后，才具有效力。

◆ **适用指引**

本条是关于委托代理诉讼证明手续的规定。

民事诉讼授权委托书是民事诉讼当事人单方面出具的，明确代理人在代理委托人参加民事诉讼过程中的代理权限的法律文书。授权委托书必须具有真实性与合法性，本条规定在我国领域内没有住所的外国当事人从我国领域外寄交或者托交的授权委托书应当有必要的公证、认证手续。授权委托书的证明或者认证程序有两种方式：一是经所在国公证机关证明并经中华人民共和国驻该国使领馆认证；二是履行中华人民共和国与该所在国订立的有关条约规定的证明手续。需要注意的是，适用本条规定的条件是外国人、无国籍人、外国企业和组织在中华人民共和国领域内没有住所。对于在我国领域内有住所的外国当事人递交的授权委托书以及外国当事人在我国领域内虽无住所，但在我国领域内作短期停留，如旅行、探亲、讲学、经商时，在我国领域内递交的授权委托书，一般则无须履行本条规定的公证、认证手续。

◆　**关联规定**

《最高人民法院关于适用〈中华人民共和国民事诉讼法〉的解释》（2022 年 4 月 1 日）

第五百二十一条　外国人参加诉讼，应当向人民法院提交护照等用以证明自己身份的证件。

外国企业或者组织参加诉讼，向人民法院提交的身份证明文件，应当经所在国公证机关公证，并经中华人民共和国驻该国使领馆认证，或者履行中华人民共和国与该所在国订立的有关条约中规定的证明手续。

代表外国企业或者组织参加诉讼的人，应当向人民法院提交其有权作为代表人参加诉讼的证明，该证明应当经所在国公证机关公证，并经中华人民共和国驻该国使领馆认证，或者履行中华人民共和国与该所在国订立的有关条约中规定的证明手续。

本条所称的"所在国"，是指外国企业或者组织的设立登记地国，也可以是办理了营业登记手续的第三国。

第五百二十二条　依照民事诉讼法第二百七十一条[①]以及本解释第五百二十一条规定，需要办理公证、认证手续，而外国当事人所在国与中华人民共和国没有建立外交关系的，可以经该国公证机关公证，经与中华人民共和国有外交关系的第三国驻该国使领馆认证，再转由中华人民共和国驻该第三国使领馆认证。

第五百二十三条　外国人、外国企业或者组织的代表人在人民法院法官的见证下签署授权委托书，委托代理人进行民事诉讼的，人民法院应予认可。

第五百二十四条　外国人、外国企业或者组织的代表人在中华人民共和国境内签署授权委托书，委托代理人进行民事诉讼，经中华人民共和国公证机构公证的，人民法院应予认可。

《最高人民法院关于进一步做好边境地区涉外民商事案件审判工作的指导意见》（2010 年 12 月 8 日）

三、境外当事人到我国参加诉讼，人民法院应当要求其提供经过公证、认证的有效身份证明。境外当事人是法人时，对其法定代表人或者有权代表该法人参加诉讼的人的身份证明，亦应当要求办理公证、认证手续。如果境外当事人是自然人，其亲自到人民法院法官面前，出示护照等有效身份证明及入境证明，并提交上述材料的复印件的，可不再要求办理公证、认证手续。

---

①　对应 2023 年《民事诉讼法》第 275 条。

四、境外当事人在我国境外出具授权委托书，委托代理人参加诉讼，人民法院应当要求其就授权委托书办理公证、认证手续。如果境外当事人在我国境内出具授权委托书，经我国的公证机关公证后，则不再要求办理认证手续。境外当事人是自然人或法人时，该自然人或者有权代表该法人出具授权委托书的人亲自到人民法院法官面前签署授权委托书的，无需办理公证、认证手续。

第二十四章　管　　辖

　　第二百七十六条　【特殊地域管辖】因涉外民事纠纷，对在中华人民共和国领域内没有住所的被告提起除身份关系以外的诉讼，如果合同签订地、合同履行地、诉讼标的物所在地、可供扣押财产所在地、侵权行为地、代表机构住所地位于中华人民共和国领域内的，可以由合同签订地、合同履行地、诉讼标的物所在地、可供扣押财产所在地、侵权行为地、代表机构住所地人民法院管辖。

　　除前款规定外，涉外民事纠纷与中华人民共和国存在其他适当联系的，可以由人民法院管辖。

◆ **适用指引**

　　本条是关于涉外民事诉讼地域管辖的特殊规定。

　　涉外民事纠纷的管辖，是指我国法院有权受理涉外民事案件的范围以及我国法院内部受理第一审涉外民事案件的分工和权限。牵连管辖是根据涉外民事诉讼与法院所在地之间存在的实际联系确定管辖的制度。本条以合同签订地、合同履行地、诉讼标的物所在地、可供扣押财产所在地、侵权行为地、代表机构住所地作为确定涉外民事纠纷管辖权的依据，只要前述地点中的任何一个在我国领域内，我国法院就可以依法行使管辖权。涉外民事诉讼的管辖是国家主权的体现，直接影响我国当事人的合法权益。根据本条规定，对在我国领域内没有住所的被告适用牵连管辖的前提条件主要包括两个方面：

　　1. 本条针对的是在中华人民共和国领域内没有住所的被告提起的诉讼，如果被告在我国境内有住所，则不论其国籍如何，我国法院均有管辖权；被告住所地与经常居住地不一致的，只要其经常居住地在我国领域内，我国法院就可以行使管辖权。

　　2. 本条所涉纠纷种类不包括关于身份关系的纠纷。需要注意的是，涉外民事纠纷的普通管辖可以根据《民事诉讼法》第二章的规定予以确定；同时，根据本条第 2 款的规定，如果涉外民事纠纷与我国存在其他适当联系，则也可以由我国法院管辖，由此进一步扩大了我国法院对涉外民事案件的管辖权，进一步确立法院的适当联系原则。实践中应谨慎把握对适当联系的理解。适当联系原则应具有适当性，应区别于无限扩张的长臂管辖原则或最低限度联系原则。"适当联系"应与前款规定的合同签订地、合同履行地、诉讼标的物所在地、可供扣押财产所在地、侵权行为地、代表机构住所地等管辖连接点具有一定的相当性。

◆ **关联规定**

《最高人民法院关于适用〈中华人民共和国民事诉讼法〉的解释》（2022 年 4 月 1 日）

第五百二十九条第一款 涉外合同或者其他财产权益纠纷的当事人，可以书面协议选择被告住所地、合同履行地、合同签订地、原告住所地、标的物所在地、侵权行为地等与争议有实际联系地点的外国法院管辖。

◆ **典型案例**

某医药进出口公司诉某制药公司合同纠纷案[①]

某医药进出口公司与某制药公司签订《合约书》，因合同履行产生纠纷，某医药进出口公司向河北省石家庄市中级人民法院提起诉讼，请求：（1）某制药公司继续履行《合约书》并确认某医药进出口公司为某制药公司在中国大陆境内唯一总代理授权。（2）某制药公司赔偿因违约给某医药进出口公司造成的损失。后，某医药进出口公司不服河北省高级人民法院作出的（2020）冀民辖终 76 号民事裁定，向最高人民法院申请再审。

最高人民法院经审查认为，《最高人民法院关于适用〈中华人民共和国民事诉讼法〉的解释》（2022 年修正）第五百四十九条规定，人民法院审理涉及香港、澳门特别行政区和台湾地区的民事诉讼案件，可以参照适用涉外民事诉讼程序的特别规定。因此，本案可以参照适用涉外民事诉讼程序的特别规定。根据《中华人民共和国民事诉讼法》（2021 年修正）第二百七十二条的规定，因合同纠纷或者其他财产权益纠纷，对在中华人民共和国领域内没有住所的被告提起的诉讼，如果合同在中华人民共和国领域内签订或者履行，或者诉讼标的物在中华人民共和国领域内，

---

① 最高人民法院（2021）最高法民再 343 号民事裁定书。

或者被告在中华人民共和国领域内有可供扣押的财产，或者被告在中华人民共和国领域内设有代表机构，可以由合同签订地、合同履行地、诉讼标的物所在地、可供扣押财产所在地、侵权行为地或者代表机构住所地人民法院管辖。本案中，某医药进出口公司诉讼请求为判令某制药公司继续履行《合约书》并确认其为某制药公司在中国大陆境内唯一总代理。《合约书》主要内容是某制药公司同意授权某医药进出口公司为中国大陆地区独家代理出售某制药公司产品泛生舒复注射剂以及产品价格、代理责任额等相关具体事项。因双方约定的授权代理销售药品的范围为中国大陆，某医药进出口公司住所地河北省石家庄市属于授权代理销售范围，可以认定为《中华人民共和国民事诉讼法》（2021年修正）第二百七十二条规定的合同履行地。因此，河北省石家庄市中级人民法院对本案具有管辖权。

第二百七十七条　【协议管辖】涉外民事纠纷的当事人书面协议选择人民法院管辖的，可以由人民法院管辖。

◆ **适用指引**

本条是关于涉外民事诉讼协议管辖的规定。

2017年9月，我国签署《选择法院协议公约》。该公约旨在构建国际民商事诉讼管辖与判决承认和执行的全球性统一规则。该公约第5条第1款对被选择法院的管辖权作出规定：排他性选择法院协议中指定的某缔约国的一个或者多个法院对于该协议适用的争议享有管辖权，除非依据该国法律该协议是无效的。本条规定对当事人协议选择法院有效性的确认体现了我国立法对于公约规则的吸纳。协议管辖是指当事人在纠纷发生之前或者之后，以书面形式协议选择管辖法院。本条规定的协议管辖体现了尊重当事人意思自治的原则。当今国际交往日益紧密，国家通过国内立法或国际社会通过国际立法来确定涉外民事诉讼管辖规则存在一定局限，相关规则是确定涉外民事诉讼管辖的基准，并非固定僵化的硬性规则，应当充分发挥涉外民事纠纷当事人自己在确定管辖权上的主动性和积极能动性，允许其通过书面协议确定管辖符合处理特定案件的实际需要，不仅便利内国法院行使审判权和执行权，而且便利涉外民事诉讼当事人经济高效地进行涉外诉讼活动，避免诉讼迟延以及执行僵局。本条规定的目的在于鼓励涉外民事纠纷当事人通过书面协议的形式选择由我国法院对案件进行管辖。

第二百七十八条 **【应诉管辖】**当事人未提出管辖异议，并应诉答辩或者提出反诉的，视为人民法院有管辖权。

◆ **适用指引**

本条是关于涉外民事诉讼应诉管辖的规定。

应诉管辖又称默认管辖、默示管辖、拟制合意管辖，是指原告起诉后，被告没有提出管辖权异议并应诉答辩或者提出反诉的，视为受诉法院具有管辖权。确立应诉管辖制度主要是基于两个方面因素的考虑，一是尊重当事人的意愿，二是确保诉讼效率。涉外民事诉讼与国内民事诉讼的应诉管辖制度既有同步性又有区别性。一方面，应诉管辖不限于应诉答辩，还包括提出反诉；另一方面，《民事诉讼法》第 130 条第 2 款解决的是无管辖权的受诉法院行使审判权的合法性问题，本条指向的是我国法院的管辖权依据，并不限于受诉法院。需要注意的是，应诉管辖规定的应诉答辩是指当事人到受诉法院参加诉讼并就案件实体问题进行答辩、陈述。

第二百七十九条 **【专属管辖】**下列民事案件，由人民法院专属管辖：

（一）因在中华人民共和国领域内设立的法人或者其他组织的设立、解散、清算，以及该法人或者其他组织作出的决议的效力等纠纷提起的诉讼；

（二）因与在中华人民共和国领域内审查授予的知识产权的有效性有关的纠纷提起的诉讼；

（三）因在中华人民共和国领域内履行中外合资经营企业合同、中外合作经营企业合同、中外合作勘探开发自然资源合同发生纠纷提起的诉讼。

◆ **适用指引**

本条是关于我国法院专属管辖相关纠纷的规定。

涉外民事诉讼专属管辖，是指法律规定某些特定类型的涉外案件必须由我国法院管辖，具有强制性和排他性，当事人不能以协议方式变更。根据《民法典》

第 467 条第 2 款的规定，在中华人民共和国境内履行的中外合资经营企业合同、中外合作经营企业合同、中外合作勘探开发自然资源合同，适用中华人民共和国法律。该条规定的适用我国法律，包括我国法律中的实体法和程序法。本条规定在程序法中明确在我国履行前述涉外合同发生纠纷提起的诉讼，由我国法院专属管辖，排除其他任何国家的法院对这类案件的管辖权。专属管辖具有优先性、排他性与强制性，即便当事人突破专属管辖取得其他地区无权管辖法院或其他司法机关的裁判，也无法获得我国法院的承认与执行。

需要注意的是，除本条规定的三类诉讼外，根据我国相关法律规定，下列案件也由我国法院专属管辖：1. 因不动产纠纷提起的诉讼，不动产所在地在我国境内的，由不动产所在地人民法院管辖。2. 因我国港口作业纠纷提起的诉讼，由港口所在地法院管辖，因沿海港口作业纠纷提起的诉讼，由港口所在地海事法院管辖。3. 因继承遗产纠纷提起的诉讼，被继承人死亡时住所地或者主要遗产所在地在我国境内的，由被继承人死亡时住所地或者主要遗产所在地人民法院管辖。4. 因船舶排放、泄漏、倾倒油类或者其他有害物质，海上生产、作业或者拆船、修船作业造成海域污染损害提起的诉讼，污染发生地、损害结果地或者采取预防污染措施地在我国境内的，由污染发生地、损害结果地或者采取预防污染措施地海事法院管辖。5. 因在中华人民共和国领域和有管辖权的海域履行海洋勘探开发合同纠纷提起的诉讼，由合同履行地海事法院管辖。前述规定未排除在履行这些合同发生争议时双方当事人可以根据合同中的仲裁条款或者以其他方式达成的书面仲裁协议向我国仲裁机构或者国外仲裁机构申请以仲裁方式解决纠纷。

◆ **关联规定**

《最高人民法院关于适用〈中华人民共和国民事诉讼法〉的解释》（2022 年 4 月 1 日）

第五百二十九条第二款 根据民事诉讼法第三十四条①和第二百七十三条② 规定，属于中华人民共和国法院专属管辖的案件，当事人不得协议选择外国法院管辖，但协议选择仲裁的除外。

---

① 对应 2023 年《民事诉讼法》第 238 条。
② 对应 2023 年《民事诉讼法》第 279 条。

◆ **典型案例**

某投资公司诉某生物工程公司、A 区政府、A 区某粮食局合同纠纷案①

A 区政府（甲方）与某投资公司（乙方）签订《合资合作合同书》，某生物工程公司（甲方）与某投资公司（乙方）另行签订《中外合资经营企业合同》《补充合同》。因合同履行产生纠纷，某投资公司向山西省高级人民法院提起诉讼，请求判令某生物工程公司、A 区政府、A 区某粮食局赔偿投资及损失。后，某投资公司不服山西省高级人民法院（2015）晋民初字第 59 号民事判决，向最高人民法院提起上诉。

最高人民法院经审查认为，因某投资公司是中国香港特别行政区的公司，本案系涉港案件，应当参照涉外案件处理。本案当事人在《中外合资经营企业合同》中约定合同的订立、效力、解释、履行和争议的解决受中华人民共和国法律的管辖，所以本案适用中华人民共和国法律审理。关于《中外合资经营企业合同》是否有效和生效。该合同一方当事人某投资公司登记注册地在香港，另一方当事人某生物工程公司系在内地登记注册的公司，故《中外合资经营企业合同》属于内地公司和香港公司之间的合营合同。就该类合营合同适用法律问题，2020年 1 月 1 日施行的《最高人民法院关于适用〈中华人民共和国外商投资法〉若干问题的解释》第六条规定，人民法院审理香港特别行政区投资者在内地投资产生的相关纠纷案件，可以参照适用该解释。该司法解释第二条第二款规定，投资合同签订于外商投资法施行前，但人民法院在外商投资法施行时尚未作出生效裁判的，适用前款规定认定合同的效力。这里所指的"前款规定"，系该司法解释第二条第一款之规定，即对外商投资法第四条所指的外商投资准入负面清单之外的领域形成的投资合同，当事人以合同未经有关行政主管部门批准、登记为由主张合同无效或者未生效的，人民法院不予支持。所以，只要合营合同不属于外商投资准入负面清单领域，那么即便合营合同需要有关行政主管部门审批，在未审批的情形下合同也并非无效或未生效。本案中，因无证据证明某投资公司与某生物工程公司签订的《中外合资经营企业合同》属于外商投资准入负面清单领域，该合同在获得批准前某投资公司已实际投资建设相关设施设备，某生物工程公司还与某投资公司签订《补充合同》持续推进该合同的履行，故某生物工程公司以该合同未经有关审批进而不符合法律规定和合同约定为由，主张该合同未生效，缺乏法律依据。

---

① 最高人民法院（2020）最高法民终 679 号民事判决书。

第二百八十条　**【平行诉讼】**当事人之间的同一纠纷，一方当事人向外国法院起诉，另一方当事人向人民法院起诉，或者一方当事人既向外国法院起诉，又向人民法院起诉，人民法院依照本法有管辖权的，可以受理。当事人订立排他性管辖协议选择外国法院管辖且不违反本法对专属管辖的规定，不涉及中华人民共和国主权、安全或者社会公共利益的，人民法院可以裁定不予受理；已经受理的，裁定驳回起诉。

◆ 适用指引

本条是关于平行诉讼的规定。

平行诉讼又称双重起诉，是指相同当事人就同一争议基于相同事实以及相同目的同时在两个或两个以上国家的法院进行诉讼的现象。平行诉讼涉及不同国家当事人的多重利益，引发各国当事人利益、法院利益以及政府利益的冲突，处理平行诉讼中的冲突问题需要从利益衡量角度予以考量并获得相对合理的处理结果。

根据本条规定，对同一纠纷，只要我国法院依照《民事诉讼法》规定具有管辖权，则不论当事人是否先向外国法院或并行外国法院及我国法院起诉，我国法院均有权受理。根据《选择法院协议公约》的定义，排他性管辖协议是指由双方或者多方当事人签订的，符合形式要求的，为解决与某一特定法律关系有关的已经发生或者可能发生的争议而指定某个缔约国的法院或者某个缔约国的一个或者多个特定法院以排除任何其他法院管辖权的协议。本条规定体现了在不违反专属管辖原则情形下对于当事人意思自治的尊重，是我国积极落实国际公约要求并加强国际司法合作的体现。

◆ 关联规定

《最高人民法院关于适用〈中华人民共和国民事诉讼法〉的解释》（2022年4月1日）

第五百三十一条第一款　中华人民共和国法院和外国法院都有管辖权的案件，一方当事人向外国法院起诉，而另一方当事人向中华人民共和国法院起诉的，人民法院可予受理。判决后，外国法院申请或者当事人请求人民法院承认和执行外国法院对本案作出的判决、裁定的，不予准许；但双方共同缔结或者参加的国际条约另有规定的除外。

第二百八十一条 【诉讼中止与恢复】人民法院依据前条规定受理案件后，当事人以外国法院已经先于人民法院受理为由，书面申请人民法院中止诉讼的，人民法院可以裁定中止诉讼，但是存在下列情形之一的除外：

（一）当事人协议选择人民法院管辖，或者纠纷属于人民法院专属管辖；

（二）由人民法院审理明显更为方便。

外国法院未采取必要措施审理案件，或者未在合理期限内审结的，依当事人的书面申请，人民法院应当恢复诉讼。

外国法院作出的发生法律效力的判决、裁定，已经被人民法院全部或者部分承认，当事人对已经获得承认的部分又向人民法院起诉的，裁定不予受理；已经受理的，裁定驳回起诉。

◆ **适用指引**

本条是关于平行诉讼情形下诉讼中止与恢复的规定。

在平行诉讼情形下，对于我国法院依法受理的涉外民事案件，如果外国法院已先于我国法院受理该案且当事人据此向我国法院提出申请，我国法院可以裁定中止诉讼。需要注意的是，如果当事人就该案已经协议选择由我国法院管辖，或者该案所涉纠纷属于我国法院专属管辖，即使外国法院已先于我国法院受理该案，我国法院也不中止该案诉讼；同时，如果该案由我国法院审理明显更为方便，该案也不中止诉讼。根据本条第 2 款的规定，如果我国法院中止诉讼后，外国法院未采取必要措施审理案件或者未在合理期限内审结的，依当事人的书面申请，我国法院应当恢复诉讼。本条规定的诉讼中止机制避免了平行诉讼情形下我国法院重复审理外国法院受理在先的案件，诉讼恢复机制平衡了我国法院和外国法院在管辖权方面的消极冲突，避免出现因外国法院处理不力、我国法院不予处理导致当事人权益得不到充分救济的情况。

另外，为限制涉外民事诉讼当事人滥用诉权，根据本条第 3 款的规定，如果外国法院作出的发生法律效力的判决、裁定已经被我国法院全部或者部分承认，就已获得承认的部分，当事人不得再行起诉。

◆ **关联规定**

《最高人民法院关于适用〈中华人民共和国民事诉讼法〉的解释》（2022 年
4 月 1 日）

第五百三十一条第二款 外国法院判决、裁定已经被人民法院承认，当事人
就同一争议向人民法院起诉的，人民法院不予受理。

第二百八十二条 **【不方便法院原则】**人民法院受理的涉外民
事案件，被告提出管辖异议，且同时有下列情形的，可以裁定驳回
起诉，告知原告向更为方便的外国法院提起诉讼：

（一）案件争议的基本事实不是发生在中华人民共和国领域内，
人民法院审理案件和当事人参加诉讼均明显不方便；

（二）当事人之间不存在选择人民法院管辖的协议；

（三）案件不属于人民法院专属管辖；

（四）案件不涉及中华人民共和国主权、安全或者社会公共
利益；

（五）外国法院审理案件更为方便。

裁定驳回起诉后，外国法院对纠纷拒绝行使管辖权，或者未采
取必要措施审理案件，或者未在合理期限内审结，当事人又向人民
法院起诉的，人民法院应当受理。

◆ **适用指引**

本条是关于不方便法院原则的规定。

不方便法院原则又称非方便法院原则、不便法院管辖原则，是指在涉外民事
活动中，原告自由选择法院时选择了对于当事人及司法带来明显不便的法院，即
便法院具有管辖权，但考虑到不利于保障司法工作、影响争议解决效率的客观情
况，法院可以以属于不方便法院为由，告知原告向更方便的外国法院起诉。

不方便法院原则是涉外民事案件管辖问题的重要协调机制，在扩大管辖根据
的背景下，该原则的确立有利于我国法院对涉外民事案件的审理。同时，作为管
辖权冲突的解决原则，不方便法院原则体现了司法权的审慎行使。根据本条规
定，我国法院适用不方便管辖原则要以被告提出管辖异议为前提，同时需要满足

法律规定的五种情形。我国法院依据不方便法院原则裁定驳回原告起诉后,如果外国法院拒绝管辖、未采取必要措施审理案件或者未在合理期限内审结案件,当事人再次向我国法院起诉,我国法院应当受理。因此,本条规定在确立不方便法院原则的同时也保障了涉外民事纠纷当事人的诉权,使当事人对于我国法院的管辖权有相对确定的预测性。

◆ **关联规定**

《最高人民法院关于适用〈中华人民共和国民事诉讼法〉的解释》（2022 年 4 月 1 日）

第五百三十条 涉外民事案件同时符合下列情形的,人民法院可以裁定驳回原告的起诉,告知其向更方便的外国法院提起诉讼:

（一）被告提出案件应由更方便外国法院管辖的请求,或者提出管辖异议;

（二）当事人之间不存在选择中华人民共和国法院管辖的协议;

（三）案件不属于中华人民共和国法院专属管辖;

（四）案件不涉及中华人民共和国国家、公民、法人或者其他组织的利益;

（五）案件争议的主要事实不是发生在中华人民共和国境内,且案件不适用中华人民共和国法律,人民法院审理案件在认定事实和适用法律方面存在重大困难;

（六）外国法院对案件享有管辖权,且审理该案件更加方便。

第二十五章　送达、调查取证、期间

第二百八十三条　【送达方式】人民法院对在中华人民共和国领域内没有住所的当事人送达诉讼文书，可以采用下列方式：

（一）依照受送达人所在国与中华人民共和国缔结或者共同参加的国际条约中规定的方式送达；

（二）通过外交途径送达；

（三）对具有中华人民共和国国籍的受送达人，可以委托中华人民共和国驻受送达人所在国的使领馆代为送达；

（四）向受送达人在本案中委托的诉讼代理人送达；

（五）向受送达人在中华人民共和国领域内设立的独资企业、代表机构、分支机构或者有权接受送达的业务代办人送达；

（六）受送达人为外国人、无国籍人，其在中华人民共和国领域内设立的法人或者其他组织担任法定代表人或者主要负责人，且与该法人或者其他组织为共同被告的，向该法人或者其他组织送达；

（七）受送达人为外国法人或者其他组织，其法定代表人或者主要负责人在中华人民共和国领域内的，向其法定代表人或者主要负责人送达；

（八）受送达人所在国的法律允许邮寄送达的，可以邮寄送达，自邮寄之日起满三个月，送达回证没有退回，但根据各种情况足以认定已经送达的，期间届满之日视为送达；

（九）采用能够确认受送达人收悉的电子方式送达，但是受送达人所在国法律禁止的除外；

（十）以受送达人同意的其他方式送达，但是受送达人所在国法律禁止的除外。

不能用上述方式送达的，公告送达，自发出公告之日起，经过六十日，即视为送达。

◆ **适用指引**

本条是关于域外送达的规定。

本条规定的送达方式只在当事人在我国领域内没有住所时采用，如果当事人在我国领域内有住所，即使是外国当事人，也应按照《民事诉讼法》规定的一般送达方式送达。当然，如果当事人是中国籍人，但在我国领域内没有住所而居住国外，也需适用本条规定的特殊送达方式。根据本条规定，人民法院向我国领域外送达传票、判决书、裁定书以及起诉状和答辩状副本等诉讼文书，可以采用以下方式：

1. 依照受送达人所在国与我国缔结或者共同参加的国际条约中规定的方式送达。这一方式是首先应当考虑采用的方式。按照国际条约规定的方式送达诉讼文书在手续上一般比通过外交途径送达简单。我国加入的《海牙送达公约》对缔约国之间相互送达诉讼文书规定了以下主要方式：（1）由文书发出国的主管机关或者司法协理员将文书直接送交文书发往国的中央机关，请求协助送达；（2）由文书发出国的主管机关直接请求文书发往国的主管机关协助送达；（3）由文书发出国的驻外领事机构将文书送交驻在国的中央机关，请求协助送达。

2. 通过外交途径送达。在两国没有国际条约关系的情况下，可采用这种方式。一般的做法是，需要送达的诉讼文书经高级人民法院审查后，交由外交部转递受送达人所在国驻我国的外交机构，再由其转交该国外交机关，该国外交机关再转交该国司法机关，由该国司法机关送交受送达人。

3. 对具有中国国籍的受送达人，可以委托我国驻受送达人所在国的使领馆代为送达。采用这种送达方式，限于向在我国领域内没有住所的中国籍受送达人送达并且须在该中国籍受送达人驻在国允许我国使领馆直接送达的前提下，才可以委托我国驻该国使领馆送达。

4. 向受送达人在本案中委托的诉讼代理人送达。一般情况下，人民法院将需要送达的诉讼文书交给受送达人的委托诉讼代理人即为送达完成。实践中，有当事人在授权委托书中载明不包括接收司法文书以逃避送达。根据本条规定，只要是受送达人在本案中委托的诉讼代理人都应当接受送达，避免逃避送达。

5. 向受送达人在中华人民共和国领域内设立的独资企业、代表机构、分支机构或者有权接受送达的业务代办人送达。代表机构一般理解为外国企业依照《外国企业常驻代表机构登记管理条例》规定在中国境内设立的从事与该外国企业业务有关的非营利性活动的办事机构，不具有法人资格。对于外国公司而言，分支机构是指依据我国公司法在境内经审批通过后设立的分支机构，不具有法人资格。为应对实践中境外企业在我国不设代表机构和分支机构，导致送达难并拖延诉讼程序的问题，本条还规定了可以向受送达人在中华人民共和国领域内设立的独资企业送达。如果作为受送达人的外国企业或者组织在我国领域内设有独资企业、代表机构、分支机构或者其业务代办人有权接受送达，我国法院把诉讼文书送至该外国企业或者组织在我国领域内设立的独资企业、代表机构、分支机构或者业务代办人即为送达完成。

6. 向受送达人担任法定代表人或者主要负责人的法人或者其他组织送达。实践中，境外自然人作为被告时，往往存在外国自然人不入境、不委托代理人等消极应诉等情形。《全国法院涉外商事海事审判工作座谈会会议纪要》第12条指出，人民法院对外国自然人采用下列方式送达，能够确认受送达人收悉的，为有效送达：（一）向其在境内设立的外商独资企业转交送达；（二）向其在境内担任法定代表人、公司董事、监事和高级管理人员的企业转交送达；（三）向其同住成年家属转交送达；（四）通过能够确认受送达人收悉的其他方式送达。《全国法院涉外商事海事审判工作座谈会会议纪要》规定的前述送达方式增加了送达便利性，缩短了送达时间，向外国自然人在境内设立的外商独资企业以及外国自然人在境内担任高管的企业进行送达在一定程度上有效地应对了外国自然人不入境、不委托代理人等消极应诉等情形。根据本条规定，对外国自然人的境内送达的条件有二，一是该自然人担任境内法人或者其他组织的法定代表人或者主要负责人，二是该境内法人或者其他组织是案件的共同被告。

7. 向受送达人的法定代表人或者主要负责人送达。《最高人民法院关于涉外民事或商事案件司法文书送达问题若干规定》第3条规定，作为受送达人的自然人或者企业、其他组织的法定代表人、主要负责人在中华人民共和国领域内的，人民法院可以向该自然人或者法定代表人、主要负责人送达。《最高人民法院关于适用〈中华人民共和国民事诉讼法〉的解释》第533条规定，外国人或者外国企业、组织的代表人、主要负责人在中华人民共和国领域内的，人民法院可以向该自然人或者外国企业、组织的代表人、主要负责人送达。外国企业、组织的主要负责人包括该企业、组织的董事、监事、高级管理人员等。需要注意的是，本条规定的主要负责人，应当包括该企业、组织的董事、监事、高级管理人员等。

8. 受送达人所在国法律允许邮寄送达的，可以邮寄送达。由于邮寄送达方式有时难以确认诉讼文书于何时送达，故本条规定自邮寄之日起满 3 个月，送达回证没有退回，但根据各种情况足以认定已经送达的，期间届满之日视为送达。

9. 电子方式送达。本条规定的电子送达方式既包括传真、电子邮件等方式，也包括其他电子方式，但受送达人所在国的法律禁止电子送达的除外；同时，本条规定的电子方式应为能够确认受送达人收悉的电子方式。

10. 其他方式送达。采用受送达人同意的其他方式送达的前提是该方式不违反受送达人所在国法律，体现了尊重当事人意思自治原则。当事人可以根据具体情况选择最便捷的送达方式，为送达提供了更大灵活性，有利于提高送达成功率，但也明确排除了违反受送达人所在国法律的送达方式，体现了对受送达人所在国司法主权的尊重。

11. 不能用上述方式送达的，公告送达，自公告发出之日起经过 60 日即视为送达。需要注意的是，一审法院已对当事人进行公告送达，二审法院原则上可以直接对该当事人公告送达。例外是二审法院发现可以适用公告之外的其他方式对该当事人进行有效送达，则应首先适用其他有效送达方式。如果一审法院公告送达存在问题或者瑕疵，可能侵害当事人的诉讼权利，则二审法院不能直接对该当事人公告送达。

◆ **关联规定**

《最高人民法院关于适用〈中华人民共和国民事诉讼法〉的解释》（2022 年 4 月 1 日）

第五百三十二条 对在中华人民共和国领域内没有住所的当事人，经用公告方式送达诉讼文书，公告期满不应诉，人民法院缺席判决后，仍应当将裁判文书依照民事诉讼法第二百七十四条①第八项规定公告送达。自公告送达裁判文书满三个月之日起，经过三十日的上诉期当事人没有上诉的，一审判决即发生法律效力。

第五百三十三条 外国人或者外国企业、组织的代表人、主要负责人在中华人民共和国领域内的，人民法院可以向该自然人或者外国企业、组织的代表人、主要负责人送达。

外国企业、组织的主要负责人包括该企业、组织的董事、监事、高级管理人

---

① 对应 2023 年《民事诉讼法》第 283 条。

员等。

第五百三十四条　受送达人所在国允许邮寄送达的，人民法院可以邮寄送达。

邮寄送达时应当附有送达回证。受送达人未在送达回证上签收但在邮件回执上签收的，视为送达，签收日期为送达日期。

自邮寄之日起满三个月，如果未收到送达的证明文件，且根据各种情况不足以认定已经送达的，视为不能用邮寄方式送达。

第五百三十五条　人民法院一审时采取公告方式向当事人送达诉讼文书的，二审时可径行采取公告方式向其送达诉讼文书，但人民法院能够采取公告方式之外的其他方式送达的除外。

《最高人民法院关于涉外民事或商事案件司法文书送达问题若干规定》
（2020 年 12 月 29 日）

第三条　作为受送达人的自然人或者企业、其他组织的法定代表人、主要负责人在中华人民共和国领域内的，人民法院可以向该自然人或者法定代表人、主要负责人送达。

第四条　除受送达人在授权委托书中明确表明其诉讼代理人无权代为接收有关司法文书外，其委托的诉讼代理人为民事诉讼法第二百六十七条①第（四）项规定的有权代其接受送达的诉讼代理人，人民法院可以向该诉讼代理人送达。

第五条　人民法院向受送达人送达司法文书，可以送达给其在中华人民共和国领域内设立的代表机构。

受送达人在中华人民共和国领域内有分支机构或者业务代办人的，经该受送达人授权，人民法院可以向其分支机构或者业务代办人送达。

第六条　人民法院向在中华人民共和国领域内没有住所的受送达人送达司法文书时，若该受送达人所在国与中华人民共和国签订有司法协助协定，可以依照司法协助协定规定的方式送达；若该受送达人所在国是《关于向国外送达民事或商事司法文书和司法外文书公约》的成员国，可以依照该公约规定的方式送达。

依照受送达人所在国与中华人民共和国缔结或者共同参加的国际条约中规定的方式送达的，根据《最高人民法院关于依据国际公约和双边司法协助条约办理民商事案件司法文书送达和调查取证司法协助请求的规定》办理。

第七条　按照司法协助协定、《关于向国外送达民事或商事司法文书和司法

---

① 　对应 2023 年《民事诉讼法》第 283 条。

外文书公约》或者外交途径送达司法文书，自我国有关机关将司法文书转递受送达人所在国有关机关之日起满六个月，如果未能收到送达与否的证明文件，且根据各种情况不足以认定已经送达的，视为不能用该种方式送达。

第八条 受送达人所在国允许邮寄送达的，人民法院可以邮寄送达。

邮寄送达时应附有送达回证。受送达人未在送达回证上签收但在邮件回执上签收的，视为送达，签收日期为送达日期。

自邮寄之日起满三个月，如果未能收到送达与否的证明文件，且根据各种情况不足以认定已经送达的，视为不能用邮寄方式送达。

第九条 人民法院依照民事诉讼法第二百六十七条第（八）项规定的公告方式送达时，公告内容应在国内外公开发行的报刊上刊登。

第十条 除本规定上述送达方式外，人民法院可以通过传真、电子邮件等能够确认收悉的其他适当方式向受送达人送达。

第十一条 除公告送达方式外，人民法院可以同时采取多种方式向受送达人进行送达，但应根据最先实现送达的方式确定送达日期。

第十二条 人民法院向受送达人在中华人民共和国领域内的法定代表人、主要负责人、诉讼代理人、代表机构以及有权接受送达的分支机构、业务代办人送达司法文书，可以适用留置送达的方式。

第十三条 受送达人未对人民法院送达的司法文书履行签收手续，但存在以下情形之一的，视为送达：

（一）受送达人书面向人民法院提及了所送达司法文书的内容；

（二）受送达人已经按照所送达司法文书的内容履行；

（三）其他可以视为已经送达的情形。

第十四条 人民法院送达司法文书，根据有关规定需要通过上级人民法院转递的，应附申请转递函。

上级人民法院收到下级人民法院申请转递的司法文书，应在七个工作日内予以转递。

上级人民法院认为下级人民法院申请转递的司法文书不符合有关规定需要补正的，应在七个工作日内退回申请转递的人民法院。

第十五条 人民法院送达司法文书，根据有关规定需要提供翻译件的，应由受理案件的人民法院委托中华人民共和国领域内的翻译机构进行翻译。

翻译件不加盖人民法院印章，但应由翻译机构或翻译人员签名或盖章证明译文与原文一致。

《最高人民法院、外交部、司法部关于执行〈关于向国外送达民事或商事司法文书和司法外文书公约〉有关程序的通知》（1992 年 3 月 4 日）

一、凡公约成员国驻华使、领馆转送该国法院或其他机关请求我国送达的民事或商事司法文书，应直接送交司法部，由司法部转递给最高人民法院，再由最高人民法院交有关人民法院送达给当事人。送达证明由有关人民法院交最高人民法院退司法部，再由司法部送交该国驻华使、领馆。

二、凡公约成员国有权送交文书的主管当局或司法助理人员直接送交司法部请求我国送达的民事或商事司法文书，由司法部转递给最高人民法院，再由最高人民法院交有关人民法院送达给当事人。送达证明由有关人民法院交最高人民法院退司法部，再由司法部送交该国主管当局或司法助理人员。

三、对公约成员国驻华使、领馆直接向其在华的本国公民送达民事或商事司法文书，如不违反我国法律，可不表示异议。

四、我国法院若请求公约成员国向该国公民或第三国公民或无国籍人送达民事或商事司法文书，有关中级人民法院或专门人民法院将请求书和所送达司法文书送有关高级人民法院转最高人民法院，由最高人民法院送司法部转送给该国指定的中央机关；必要时，也可由最高人民法院送我国驻该国使馆转送给该国指定的中央机关。

五、我国法院欲向在公约成员国的中国公民送达民事或商事司法文书，可委托我国驻该国的使、领馆代为送达。委托书和所送司法文书应由有关中级人民法院或专门人民法院送有关高级人民法院转最高人民法院，由最高人民法院径送或经司法部转送我国驻该国使、领馆送达给当事人。送达证明按原途径退有关法院。

六、非公约成员国通过外交途径委托我国法院送达的司法文书按最高人民法院、外交部、司法部 1986 年 6 月 14 日联名颁发的外发（1986）47 号《关于我国法院和外国法院通过外交途径相互委托送达法律文书若干问题的通知》办理。公约成员国在特殊情况下通过外交途径请求我国法院送达的司法文书，也按上述文件办理。

《最高人民法院、外交部、司法部关于我国法院和外国法院通过外交途径相互委托送达法律文书若干问题的通知》（1986 年 8 月 14 日）

一、凡已同我国建交国家的法院，通过外交途径委托我国法院向我国公民或法人以及在华的第三国或无国籍当事人送达法律文书，除该国同我国已订有协议的按协议处理外，一般根据互惠原则按下列程序和要求办理：

1. 由该国驻华使馆将法律文书交外交部领事司转递给有关高级人民法院，

再由该高级人民法院指定有关中级人民法院送达给当事人。当事人在所附送达回证上签字后，中级人民法院将送达回证退高级人民法院，再通过外交部领事司转退给对方；如未附送达回证，则由有关中级人民法院出具送达证明交有关高级人民法院，再通过外交部领事司转给对方。

2. 委托送达法律文书须用委托书。委托书和所送法律文书须附有中文译本。

3. 法律文书的内容有损我国主权和安全的，予以驳回；如受送达人享有外交特权和豁免，一般不予送达；不属于我国法院职权范围或因地址不明或其他原因不能送达的，由有关高级人民法院提出处理意见或注明妨碍送达的原因，由外交部领事司向对方说明理由，予以退回。

二、外国驻华使、领馆可以直接向其在华的本国国民送达法律文书，但不得损害我国主权和安全，不得采取强制措施。如对方通过外交途径委托我方向其在华的该国国民送达法律文书，亦可按第一条的规定予以送达。

四、我国法院通过外交途径向国外当事人送达法律文书，应按下列程序和要求办理：

1. 要求送达的法律文书须经省、自治区、直辖市高级人民法院审查，由外交部领事司负责转递。

2. 须准确注明受送达人姓名、性别、年龄、国籍及其在国外的详细外文地址，并将该案的基本情况函告外交部领事司，以便转递。

3. 须附有送达委托书。如对方法院名称不明，可委托当事人所在地区主管法院。委托书和所送法律文书还须附有该国文字或该国同意使用的第三国文字译本。如该国对委托书及法律文书有公证、认证等特殊要求，将由外交部领事司逐案通知。

五、我国法院向在外国领域内的中国籍当事人送达法律文书，如该国允许我使、领馆直接送达，可委托我驻该国使、领馆送达。此类法律文书可不必附有外文译本。

六、我国法院和外国法院通过外交途径相互委托送达法律文书的收费，一般按对等原则办理。外国法院支付我国法院代为送达法律文书的费用，由外交部领事司转交有关高级人民法院；我国法院支付外国法院代为送达法律文书的费用，由有关高级人民法院交外部领事司转递。但应委托一方要求用特殊方式送达法律文书引起的费用，由委托一方负担。

八、我国法院和外国法院通过外交途径相互委托代为调查或取证，参照以上有关规定办理。

◆ **典型案例**

某财产保险公司诉某海运公司海上货物运输合同纠纷案①

被保险人某酒业公司自泰国购入散装木薯干，由某海运公司所有的某轮承运。涉案货物运抵连云港后，经中联检验会同船方检验，发现货物短量。某财产保险公司向被保险人赔付后取得代位求偿权，故某财产保险公司向上海海事法院提起诉讼，请求判令某海运公司赔偿货物短少损失及利息。后，某海运公司不服上海海事法院（2017）沪72民初2411号民事判决，向上海市高级人民法院提起上诉。

上海市高级人民法院经审查认为，根据《中华人民共和国民事诉讼法》《最高人民法院关于适用〈中华人民共和国民事诉讼法〉的解释》的规定，涉外民事诉讼程序中，人民法院对在中华人民共和国领域内没有住所的当事人送达诉讼文书，受送达人所在国的法律允许邮寄送达的，可以邮寄送达。我国香港特别行政区、我国澳门特别行政区和我国台湾地区的民事诉讼案件，可以参照适用涉外民事诉讼程序的特别规定。本案中，某海运公司系注册在香港的企业，一审法院通过邮政快递向某海运公司的登记住所地邮寄举证通知书、传票等诉讼材料，快递回单显示均妥投，故一审法院送达程序合法。根据前述法律和司法解释的规定，外国企业参加诉讼，应当向法院提交身份证明文件，该身份证明文件及其从域外寄交或者托交的授权委托书，应当经所在国公证机关证明，并经中华人民共和国驻该国使领馆认证，才具有效力。本案中，某海运公司虽委托律师出庭应诉，但其提供的公司注册登记材料和授权委托书均未办理公证手续，故一审法院依法未允许律师出庭应诉，但一审法院对某海运公司提供的证据材料进行了质证认证，同时也允许某海运公司在一审庭审结束后提供书面答辩意见。因此，一审法院不存在程序违法。

第二百八十四条　【域外调查取证】 当事人申请人民法院调查收集的证据位于中华人民共和国领域外，人民法院可以依照证据所在国与中华人民共和国缔结或者共同参加的国际条约中规定的方式，或者通过外交途径调查收集。

在所在国法律不禁止的情况下，人民法院可以采用下列方式调

---

① 上海市高级人民法院（2018）沪民终431号民事判决书。

查收集：

（一）对具有中华人民共和国国籍的当事人、证人，可以委托中华人民共和国驻当事人、证人所在国的使领馆代为取证；

（二）经双方当事人同意，通过即时通讯工具取证；

（三）以双方当事人同意的其他方式取证。

◆ **适用指引**

本条是关于域外调查收集证据的规定。

在以往的司法实践中，我国法院向域外调查收集证据按照《海牙民商事案件国外调取证据公约》以及相关双边司法协助条约或者互惠原则进行，导致域外调查收集证据的积极性不高且历时较长，对涉外民事诉讼效率产生较大影响。

本条规定一方面延续了我国法院依照国际条约或者外交途径进行域外调查取证的要求，另一方面规定我国法院可以通过替代性方式进行域外调查取证，如果所在国法律不禁止，对具有中华人民共和国国籍的当事人、证人，我国法院可以委托中华人民共和国驻当事人、证人所在国的使领馆代为取证，或者经双方当事人同意，通过即时通讯工具取证，如果双方当事人同意，我国法院也可以按照双方当事人同意的其他方式取证。本条规定丰富了我国法院域外调查收集证据的方式，为涉外民事诉讼中的域外调查取证工作带来更多便利。

第二百八十五条　【答辩期间】 被告在中华人民共和国领域内没有住所的，人民法院应当将起诉状副本送达被告，并通知被告在收到起诉状副本后三十日内提出答辩状。被告申请延期的，是否准许，由人民法院决定。

◆ **适用指引**

本条是关于域外答辩期间的规定。涉外民事诉讼中，由于当事人在我国领域内没有住所，故诉讼文书往来、办理委托他人代为诉讼等事项往往需要较长时间，故本条参照国际通行做法对涉外民事诉讼的答辩期间作出特别规定。

　　第二百八十六条　【上诉期间】在中华人民共和国领域内没有住所的当事人，不服第一审人民法院判决、裁定的，有权在判决书、裁定书送达之日起三十日内提起上诉。被上诉人在收到上诉状副本后，应当在三十日内提出答辩状。当事人不能在法定期间提起上诉或者提出答辩状，申请延期的，是否准许，由人民法院决定。

◆ **适用指引**

　　本条是关于域外当事人上诉期间的规定。

　　与域外答辩期间的规定类似，本条规定在我国领域内没有住所的当事人不服第一审判决、裁定的上诉期限为 30 日。当事人不能在法定期间内提出答辩状或者提起上诉而申请延期的，经人民法院准许，还可以延长法定期间。需要注意的是，申请延长期间，必须在法定期间届满前提出，并说明申请延长的理由以及申请延长的具体期间。

◆ **关联规定**

　　《最高人民法院关于适用〈中华人民共和国民事诉讼法〉的解释》（2022 年 4 月 1 日）

　　第五百三十六条　不服第一审人民法院判决、裁定的上诉期，对在中华人民共和国领域内有住所的当事人，适用民事诉讼法第一百七十一条规定的期限；对在中华人民共和国领域内没有住所的当事人，适用民事诉讼法第二百七十六条[①]规定的期限。当事人的上诉期均已届满没有上诉的，第一审人民法院的判决、裁定即发生法律效力。

　　第二百八十七条　【审理期限】人民法院审理涉外民事案件的期间，不受本法第一百五十二条、第一百八十三条规定的限制。

◆ **适用指引**

　　本条是关于涉外民事案件审理期限的规定。

---

　　①　对应 2023 年《民事诉讼法》第 286 条。

为保证人民法院及时审理民事案件，民事诉讼法对一审普通程序、简易程序以及二审程序审理期限都有明确规定。对于涉外民事案件，考虑到当事人一方或者双方在域外，人民法院和当事人难以在短时间内处理诉讼事项，审理涉外案件时间相应较长且不易确定，故民事诉讼法没有对人民法院审理此类案件的期限作出限制。需要注意的是，本条规定并不等于审理涉外民事案件可以无限期拖延，仍应依照《民事诉讼法》对各程序阶段的规定期间进行，尽可能使案件及早审结。

第二十六章　仲　　裁

第二百八十八条　【涉外仲裁与诉讼关系】 涉外经济贸易、运输和海事中发生的纠纷，当事人在合同中订有仲裁条款或者事后达成书面仲裁协议，提交中华人民共和国涉外仲裁机构或者其他仲裁机构仲裁的，当事人不得向人民法院起诉。

当事人在合同中没有订有仲裁条款或者事后没有达成书面仲裁协议的，可以向人民法院起诉。

◆ **适用指引**

本条是关于涉外仲裁与诉讼关系的规定。根据本条规定，涉外经济贸易、运输和海事中发生的纠纷，依据双方当事人的意愿，可以选择仲裁机构裁决，也可以选择向法院提起诉讼。人民法院判断是否应当受理该类涉外纠纷，首先要审查当事人在合同中是否订有仲裁条款或者事后达成书面仲裁协议。本条规定的中华人民共和国涉外仲裁机构是指我国专门受理涉外纠纷案件的常设仲裁机构。我国涉外仲裁机构通常是指中国国际经济贸易仲裁委员会与中国海事仲裁委员会。另外，根据《仲裁法》设立或者重新组建的仲裁机构，如北京仲裁委员会、上海仲裁委员会等，在涉外仲裁案件的当事人自愿选择其进行仲裁时，其对该涉外仲裁案件具有管辖权。当事人选择我国涉外仲裁机构仲裁，必须以书面形式约定，包括合同中的仲裁条款与书面仲裁协议。

◆ **关联规定**

《最高人民法院关于为自由贸易试验区建设提供司法保障的意见》（2016 年12 月 30 日）

9. 正确认定仲裁协议效力，规范仲裁案件的司法审查。在自贸试验区内注册的外商独资企业相互之间约定商事争议提交域外仲裁的，不应仅以其争议不具有涉外因素为由认定相关仲裁协议无效。

一方或者双方均为在自贸试验区内注册的外商投资企业，约定将商事争议提交域外仲裁，发生纠纷后，当事人将争议提交域外仲裁，相关裁决做出后，其又以仲裁协议无效为由主张拒绝承认、认可或执行的，人民法院不予支持；另一方当事人在仲裁程序中未对仲裁协议效力提出异议，相关裁决作出后，又以有关争议不具有涉外因素为由主张仲裁协议无效，并以此主张拒绝承认、认可或执行的，人民法院不予支持。

在自贸试验区内注册的企业相互之间约定在内地特定地点、按照特定仲裁规则、由特定人员对有关争议进行仲裁的，可以认定该仲裁协议有效。人民法院认为该仲裁协议无效的，应报请上一级法院进行审查。上级法院同意下级法院意见的，应将其审查意见层报最高人民法院，待最高人民法院答复后作出裁定。

◆ **典型案例**

广州飞机维修公司诉泰国某航空公司留置权纠纷案①

广州飞机维修公司与泰国某航空公司签订《通用条款协议（GTA）》，合同签订后，广州飞机维修公司已对泰国某航空公司送修的六架飞机进行维修。因泰国某航空公司拖欠维修费、材料费、停场费与代垫费，广州飞机维修公司起诉请求：（1）确认其对泰国某航空公司停放在其场地，交由其维修的四架飞机享有留置权，对该四架飞机留置合法。（2）对四架飞机拍卖、变卖的价款优先用于清偿泰国某航空公司拖欠其维修费、材料费、停场费及代垫费等费用。后，泰国某航空公司对管辖权提出异议，主张本案应由中国国际经济贸易仲裁委员会仲裁。

最高人民法院经审查认为，涉外经济贸易、运输和海事中发生的纠纷，当事人在合同中订有仲裁条款或者事后达成书面仲裁协议，提交中华人民共和国涉外仲裁机构或者其他仲裁机构仲裁的，当事人不得向人民法院起诉。前述规定明确了当事人负有不得违反仲裁协议向法院起诉的合同义务，同时明确了有效仲裁协议排除法院管辖权原则，人民法院对有效仲裁协议应予尊重并执行。本案中，广州飞机维修公司与泰国某航空公司签订的《通用条款协议（GTA）》第19.1条约定："凡因本协议引起的或与本协议有关的任何争议，均应提交中国国际经济贸易仲裁委员会仲裁。"当事人对该仲裁条款有效并无异议，有争议的是留置权纠纷是否属于仲裁条款约定的仲裁事项，故涉及对仲裁条款的解释问题。仲裁条款是当事人就纠纷解决方式订立的合同，应当依照合同解释的一般原则进行解释，即按照仲裁条款所使用的措辞、上下文、目

---

① 最高人民法院（2020）最高法商初4号民事裁定书。

的、交易习惯以及诚实信用原则，确定条款的真实意思。当事人在前述仲裁条款中没有区分合同争议或物权争议，也未将仲裁事项限定为合同纠纷，而是约定"凡因本协议引起的或与本协议有关的任何争议，均应提交中国国际经济贸易仲裁委员会仲裁"，系概括性地宽泛约定仲裁事项，依对措辞文义的通常理解，应当包括因《通用条款协议（GTA）》即维修合同的成立、效力、变更、转让、履行、违约、解释、解除等引起的合同争议、侵权争议、物权争议或与维修合同有关的其他争议。广州飞机维修公司向广东省广州市中级人民法院提起本案诉讼，主张泰国某航空公司拖欠维修合同项下维修费等费用，故请求确认其对该公司送修的四架飞机享有留置权，有权就该四架飞机拍卖、变卖的价款优先受偿。本案虽然是留置权纠纷，但所涉争议系因当事人履行维修合同引起，属于仲裁条款约定的"因本协议引起的或与本协议有关的"争议。因此，该争议应提交中国国际经济贸易仲裁委员会仲裁解决，广州飞机维修公司主张仲裁条款约定的仲裁事项仅限于合同争议，不包括留置权争议，与双方约定的仲裁条款的文义不符，没有事实依据。

第二百八十九条　【涉外仲裁保全】 当事人申请采取保全的，中华人民共和国的涉外仲裁机构应当将当事人的申请，提交被申请人住所地或者财产所在地的中级人民法院裁定。

◆ 适用指引

本条是关于涉外仲裁保全的规定。需要指出的是，本条规定的保全申请包括财产保全、行为保全和证据保全。涉外仲裁案件的当事人申请财产保全，应当向人民法院提供明确的被保全财产信息，当事人确因客观原因不能提供明确的被保全财产信息，应该提供具体财产线索并向人民法院申请通过网络执行查控系统查询被保全人的财产。基于申请保全人的查询申请，人民法院可以对裁定保全的财产或者保全数额范围内的财产进行查询并采取相应查封、扣押、冻结措施。仲裁过程中，当事人申请财产保全，应当通过仲裁机构向人民法院提交申请书及仲裁案件受理通知书等相关材料。人民法院裁定采取保全措施或者裁定驳回申请的，应当将裁定书送达当事人并通知仲裁机构。涉外仲裁程序中，人民法院只能依据当事人的申请采取保全措施，不能依职权采取保全措施。因当事人申请原因发生保全错误，应当由申请人赔偿被申请人的损失。

◆ **关联规定**

《最高人民法院关于适用〈中华人民共和国民事诉讼法〉的解释》（2022 年
4 月 1 日）

第五百四十条 依照民事诉讼法第二百七十九条①规定，中华人民共和国涉
外仲裁机构将当事人的保全申请提交人民法院裁定的，人民法院可以进行审查，
裁定是否进行保全。裁定保全的，应当责令申请人提供担保，申请人不提供担保
的，裁定驳回申请。

当事人申请证据保全，人民法院经审查认为无需提供担保的，申请人可以不
提供担保。

第二百九十条 【涉外仲裁效力】 经中华人民共和国涉外仲裁
机构裁决的，当事人不得向人民法院起诉。一方当事人不履行仲裁
裁决的，对方当事人可以向被申请人住所地或者财产所在地的中级
人民法院申请执行。

◆ **适用指引**

本条是关于涉外仲裁裁决的效力的规定。

中华人民共和国涉外仲裁机构作出的仲裁裁决是生效裁决，当事人不得上
诉，也不能再行起诉。当事人应当自觉履行仲裁裁决确定的义务。如果一方当事
人不按照仲裁裁决履行义务，对方当事人可以申请执行。申请人向人民法院申请
执行中华人民共和国涉外仲裁机构的裁决，应当提出书面申请并附裁决书正本。
如申请人为外国当事人，其申请书应当用中文文本提出。涉外仲裁裁决的执行，
包括仲裁机构作出的仲裁裁决或者仲裁调解书。当事人申请执行涉外仲裁裁决的
具体程序主要依据《最高人民法院关于人民法院办理仲裁裁决执行案件若干问题
的规定》处理。

---

① 对应 2023 年《民事诉讼法》第 289 条。

◆ **关联规定**

《最高人民法院关于适用〈中华人民共和国民事诉讼法〉的解释》（2022 年 4 月 1 日）

第五百三十八条　申请人向人民法院申请执行中华人民共和国涉外仲裁机构的裁决，应当提出书面申请，并附裁决书正本。如申请人为外国当事人，其申请书应当用中文文本提出。

◆ **典型案例**

某太阳能系统公司与某光电公司执行复议案①

中国国际经济贸易仲裁委员会作出（2013）中国贸仲京裁字第 0090 号裁决书。因某光电公司未履行仲裁裁决确定的义务，某太阳能系统公司向江苏省南京市中级人民法院申请强制执行。后，某太阳能系统公司不服江苏省南京市中级人民法院（2013）宁执异字第 22 号执行裁定，向江苏省高级人民法院申请复议。

江苏省高级人民法院经审查认为，经中华人民共和国涉外仲裁机构裁决的，当事人不得向人民法院起诉。一方当事人不履行仲裁裁决的，对方当事人可以向被申请人住所地或者财产所在地的中级人民法院申请执行。法人的住所地是指法人的主要营业地或者主要办事机构所在地。本案中，因某光电公司的主要营业地在南京，故南京中院对本案执行具有管辖权，理由如下：（1）听证过程中，某太阳能系统公司与某光电公司均确认某光电公司系离岸公司。某光电公司作为离岸公司，其营业地必须在我国香港特别行政区之外，故我国香港特别行政区显然并非某光电公司的主要营业地。（2）关于某太阳能系统公司与某光电公司的合同纠纷，中国国际经济贸易仲裁委员会作出的（2010）中国贸仲京裁字第 0271 号仲裁裁决亦由江苏省南京市中级人民法院执行。该案执行中，某光电公司提供的境内联系地址及（2010）宁执字第 297 号裁定载明的某光电公司境内联系地址均为南京市山西路 7 号。（3）本案的仲裁及执行中，某光电公司的有效送达地址均在南京。（2013）中国贸仲京裁字第 0090 号裁决书载明某光电公司的地址为江苏省南京市山西路 7 号。某光电公司在执行异议及复议程序中的委托代理人在江苏省南京市中级人民法院谈话时称某光电公司刚搬至南京万达广场。无论是山西路还是万达广场，均在南京市内，某光电公司只有在上述地址有办公地点

---

① 江苏省高级人民法院（2014）苏执复字第 0021 号执行裁定书。

及工作人员的情况下，才可能签收相关法律文书。（4）网页内容与某光电公司授权委托书相互印证，进一步证明某光电公司的主要营业地在南京。因此，某光电公司的注册地虽在我国香港特别行政区，但其作为离岸公司，不可能在我国香港特别行政区境内营业，某光电公司曾在南京开设离岸账户，尽管相关账户业已关户，但有充分证据表明某光电公司的主要营业地在南京，为保障已经生效的法律文书得以执行，本案应由江苏省南京市中级人民法院继续执行。

第二百九十一条 【涉外仲裁裁决不予执行】对中华人民共和国涉外仲裁机构作出的裁决，被申请人提出证据证明仲裁裁决有下列情形之一的，经人民法院组成合议庭审查核实，裁定不予执行：

（一）当事人在合同中没有订有仲裁条款或者事后没有达成书面仲裁协议的；

（二）被申请人没有得到指定仲裁员或者进行仲裁程序的通知，或者由于其他不属于被申请人负责的原因未能陈述意见的；

（三）仲裁庭的组成或者仲裁的程序与仲裁规则不符的；

（四）裁决的事项不属于仲裁协议的范围或者仲裁机构无权仲裁的。

人民法院认定执行该裁决违背社会公共利益的，裁定不予执行。

◆ **适用指引**

本条是关于不予执行涉外仲裁裁决的规定。本条规定了不予执行涉外仲裁裁决的情形，第 1 款是关于四种法定情形的规定：

1. 当事人在合同中没有订有仲裁条款或者事后没有达成书面仲裁协议的。当事人事前在合同中订立仲裁条款或者事后达成书面仲裁协议是选择仲裁的前提条件。

2. 被申请人没有得到指定仲裁员或者进行仲裁程序的通知，或者由于其他不属于被申请人负责的原因未能陈述意见的。该情形属于仲裁程序错误，仲裁机构在被申请人缺席的情况下作出仲裁裁决，会损害被申请人的利益。

3. 仲裁庭的组成或者仲裁的程序与仲裁规则不符的。违反仲裁程序、当事人选择的仲裁规则或者当事人对仲裁程序的特别约定，可能影响案件公正裁决，经人民法院审查属实的，应当认定为仲裁庭的组成或者仲裁的程序违反法定程序的情形。当事人主张未按照仲裁法或仲裁规则规定方式送达法律文书导致其未能参与仲裁，或者仲裁员根据仲裁法或仲裁规则的规定应当回避而未回避，可能影响公正裁决，经审查属实的，人民法院应当支持。

4. 裁决的事项不属于仲裁协议的范围或者仲裁机构无权仲裁的。裁决事项超出仲裁协议约定的范围；裁决事项属于依照法律规定或者当事人选择的仲裁规则规定的不可仲裁事项；裁决内容超出当事人仲裁请求的范围；作出裁决的仲裁机构非仲裁协议所约定。

对于第 2 款规定的仲裁裁决"违背社会公共利益的"，人民法院可以依职权主动审查。

◆ **关联规定**

《最高人民法院关于适用〈中华人民共和国民事诉讼法〉的解释》（2022 年 4 月 1 日）

第五百三十九条　人民法院强制执行涉外仲裁机构的仲裁裁决时，被执行人以有民事诉讼法第二百八十一条①第一款规定的情形为由提出抗辩的，人民法院应当对被执行人的抗辩进行审查，并根据审查结果裁定执行或者不予执行。

◆ **典型案例**

某工程公司与 Z 公司申请撤销仲裁裁决案②

某工程公司依据《关于某工程公司针对三个项目相关费用问题与我司发生争议进行商谈的程序性方案》中的仲裁条款，以 Z 公司为被申请人，向北京仲裁委员会提交仲裁申请。2022 年 8 月 1 日，北京仲裁委员会作出（2022）京仲裁字第 0234 号仲裁裁决。后，某工程公司起诉请求：（1）撤销北京仲裁委员会（2022）京仲裁字第 0234 号仲裁裁决书。（2）某工程公司不再相信仲裁庭所谓公正，请求允许某工程公司就本案实际事实向人民法院提起民事诉讼。

北京市第四中级人民法院经审查认为，对中华人民共和国涉外仲裁机构作出的裁决，被申请人提出证据证明仲裁裁决有下列情形之一的，经人民法院组成合议庭审查核实，裁定不予执行：（1）当事人在合同中没有订有仲裁条款或者事后没有达成书面仲裁协议的；（2）被申请人没有得到指定仲裁员或者进行仲裁程序的通知，或者由于其他不属于被申请人负责的原因未能陈述意见的；

---

① 对应 2023 年《民事诉讼法》第 291 条。
② 北京市第四中级人民法院（2023）京 04 民特 376 号民事裁定书。

（3）仲裁庭的组成或者仲裁的程序与仲裁规则不符的；（4）裁决的事项不属于仲裁协议的范围或者仲裁机构无权仲裁的。人民法院认定执行该裁决违背社会公共利益的，裁定不予执行。前述规定是人民法院撤销涉外仲裁裁决的法定事由，对于当事人提出的不符合前述规定的申请理由，不能作为撤销涉外仲裁裁决的依据。本案中，根据《北京仲裁委员会仲裁规则》第十二条的规定，当事人对仲裁请求或者反请求变更过于延迟从而可能影响仲裁程序正常进行的，北京仲裁委员会或仲裁庭有权拒绝接受其变更。前述规则第四十七条规定，有特殊情况需要延长仲裁期限的，由首席仲裁员提请秘书长批准，可以适当延长。因此，仲裁庭拒绝接受某工程公司变更仲裁请求的申请、延长审限不构成违反仲裁程序或仲裁规则。某工程公司提出Z公司选择的仲裁员张某波与Z公司主要管理人员和代理人李某梅系师生关系，仲裁庭没有披露该等信息，属于仲裁庭组成违反法定程序的主张。某工程公司提交的关于仲裁员张某波的信息显示张某波1995年7月至2001年5月期间曾任大学讲师，提交的所在大学管理与经济学部公众号上关于Z公司仲裁代理人李某梅简介显示李某梅系同一大学1999级工程管理专业本科生。根据《北京仲裁委员会仲裁规则》第二十二条的规定，仲裁员知悉与案件当事人或者代理人存在可能导致当事人对其独立性、公正性产生合理怀疑的情形的，应当书面披露。因此，在某工程公司未能证明仲裁员张某波知晓李某梅前述身份信息的情况下，张某波未披露上述信息不构成对仲裁规则的违反。

第二百九十二条　【救济途径】 仲裁裁决被人民法院裁定不予执行的，当事人可以根据双方达成的书面仲裁协议重新申请仲裁，也可以向人民法院起诉。

◆ **适用指引**

本条是关于仲裁裁决不予执行救济途径的规定。根据本条规定，涉外仲裁裁决被人民法院裁定不予执行后，当事人可以根据双方达成的书面仲裁协议重新申请仲裁，也可以向人民法院起诉。本条规定的"双方达成的书面仲裁协议"指的是重新达成的仲裁协议，不是原有的仲裁协议，也不限于原来约定的仲裁机构。需要注意的是，人民法院裁定不予执行仲裁裁决、驳回或者不予受理不予执行仲裁裁决申请后，当事人对该裁定提出执行异议或者申请复议的，人民法院不予受理。

第二十七章　司法协助

第二百九十三条　【协助原则】根据中华人民共和国缔结或者
参加的国际条约，或者按照互惠原则，人民法院和外国法院可以相
互请求，代为送达文书、调查取证以及进行其他诉讼行为。

外国法院请求协助的事项有损于中华人民共和国的主权、安全
或者社会公共利益的，人民法院不予执行。

◆ **适用指引**

本条是关于国际司法协助依据和原则的规定。国际司法协助是两国法院之间
根据两国签订的条约、共同缔结或者参加的国际公约或者在互惠关系基础上进行
司法方面的协助，包括代为送达文书、调查取证以及相互承认和执行对方作出的
民事判决等。司法协助的依据包括国家之间缔结的双边协定或者协议、两国共同
缔结或参加的有关司法协助的多边国际条约以及互惠关系。需要注意的是，本条
第 2 款是关于公共秩序保留条款的规定。根据该规定，即使两国缔结了司法协助
条约或者共同加入了司法协助公约或者存在互惠关系，也不意味着被请求国法院
对请求国法院请求协助的事项一概提供协助。如果被请求国认为给请求国法院提
供协助将危害本国国家主权、安全或者社会公共利益，请求国将拒绝提供协助。
另外，如果外国法院请求协助的事项不属于我国法院的职权范围，我国法院也不
予协助。

◆ **关联规定**

**《最高人民法院关于依据国际公约和双边司法协助条约办理民商事案件司法
文书送达和调查取证司法协助请求的规定》**（2020 年 12 月 29 日）

第一条　人民法院应当根据便捷、高效的原则确定依据海牙送达公约、海牙
取证公约，或者双边民事司法协助条约，对外提出民商事案件司法文书送达和调
查取证请求。

第二条 人民法院协助外国办理民商事案件司法文书送达和调查取证请求，适用对等原则。

第三条 人民法院协助外国办理民商事案件司法文书送达和调查取证请求，应当进行审查。外国提出的司法协助请求，具有海牙送达公约、海牙取证公约或双边民事司法协助条约规定的拒绝提供协助的情形，人民法院应当拒绝提供协助。

第四条 人民法院协助外国办理民商事案件司法文书送达和调查取证请求，应当按照民事诉讼法和相关司法解释规定的方式办理。

请求方要求按照请求书中列明的特殊方式办理的，如果该方式与我国法律不相抵触，且在实践中不存在无法办理或者办理困难的情形，应当按照该特殊方式办理。

第五条 人民法院委托外国送达民商事案件司法文书和进行民商事案件调查取证，需要提供译文的，应当委托中华人民共和国领域内的翻译机构进行翻译。

翻译件不加盖人民法院印章，但应由翻译机构或翻译人员签名或盖章证明译文与原文一致。

第六条 最高人民法院统一管理全国各级人民法院的国际司法协助工作。高级人民法院应当确定一个部门统一管理本辖区各级人民法院的国际司法协助工作并指定专人负责。中级人民法院、基层人民法院和有权受理涉外案件的专门法院，应当指定专人管理国际司法协助工作；有条件的，可以同时确定一个部门管理国际司法协助工作。

第七条 人民法院应当建立独立的国际司法协助登记制度。

第八条 人民法院应当建立国际司法协助档案制度。办理民商事案件司法文书送达的送达回证、送达证明在各个转递环节应当以适当方式保存。办理民商事案件调查取证的材料应当作为档案保存。

第九条 经最高人民法院授权的高级人民法院，可以依据海牙送达公约、海牙取证公约直接对外发出本辖区各级人民法院提出的民商事案件司法文书送达和调查取证请求。

第十条 通过外交途径办理民商事案件司法文书送达和调查取证，不适用本规定。

《最高人民法院关于人民法院为"一带一路"建设提供司法服务和保障的若干意见》（2015年6月16日）

6. 加强与"一带一路"沿线各国的国际司法协助，切实保障中外当事人合法权益。要积极探讨加强区域司法协助，配合有关部门适时推出新型司法协助协定范本，推动缔结双边或者多边司法协助协定，促进沿线各国司法判决的相互承认与执行。要在沿线一些国家尚未与我国缔结司法协助协定的情况下，根据国际司法合作交流意向、对方国家承诺将给予我国司法互惠等情况，可以考虑由我国法院先行给予对方国家当事人司法协助，积极促成形成互惠关系，积极倡导并逐步扩大国际司法协助范围。要严格依照我国与沿线国家缔结或者共同参加的国际条约，积极办理司法文书送达、调查取证、承认与执行外国法院判决等司法协助请求，为中外当事人合法权益提供高效、快捷的司法救济。

◆ **典型案例**

某银行诉郑某森、傅某林保证合同纠纷案[①]

某银行诉郑某森、傅某林保证合同纠纷一案，郑某森不服广东省高级人民法院（2020）粤民终 249 号民事判决，向最高人民法院申请再审。

最高人民法院经审查认为，关于某银行是否可以在内地起诉郑某森属程序性问题，应当适用内地相关程序性规则。当事人在《担保书》中明确约定适用中华人民共和国香港特别行政区法律，且不违反我国法律的强制性规定及社会公共利益，因此，香港特别行政区法律应作为解决本案实体争议的准据法。涉港纠纷参照涉外纠纷处理，诉讼程序适用程序地法是国际私法及区际私法的基本原则，也是司法实践一贯做法。郑某森被中华人民共和国香港特别行政区高等法院宣告破产后，某银行能否在中华人民共和国内地起诉郑某森，系诉讼与破产程序的衔接问题，为程序性问题，应适用内地有关诉讼程序的规则。当事人约定适用的准据法，对此不应产生影响。根据《中华人民共和国企业破产法》第五条的规定，依照本法开始的破产程序，对债务人在中华人民共和国领域外的财产发生效力。对外国法院作出的发生法律效力的破产案件的判决、裁定，涉及债务人在中华人民共和国领域内的财产，申请或者请求人民法院承认和执行的，人民法院依照中华人民共和国缔结或者参加的国际条约，或者按照互惠原则进行审查，认为不违反中华人民共和国法律的基本原则，不损害国家主权、安全和社会公共利益，不损害中华人民共和国领域内债权人的合法权益的，裁定承认和执行。参照该规定，中华人民共和国香港特别行政区法院作出的个人破产令应依据与内地签订的司法协助安排认可和执行才能具有在内地适用的法律效力。中华人民共和国内地和中华人民共和国香港特别行政区未就依据香港特别行政区《破产条例》进行

[①] 最高人民法院（2021）最高法民申 3789 号民事裁定书。

的个人破产程序相互认可和执行签署相关司法协助的安排，《最高人民法院关于开展认可和协助香港特别行政区破产程序试点工作的意见》不适用于个人破产且目前仅在上海、厦门、深圳三地人民法院开展试点工作。本案中，中华人民共和国香港特别行政区高等法院原讼法庭于 2018 年 7 月 25 日对郑某森作出的破产令不具有内地适用的法律效力，应当维护某银行在内地起诉郑某森的权利。且郑某森在内地的财产也无法被纳入个人破产财产，允许其债权人在内地提起诉讼，有利于保护债权人合法权益。因此，某银行可在内地起诉要求郑某森就案涉公司所负的债务承担保证责任。

第二百九十四条 【协助途径】 请求和提供司法协助，应当依照中华人民共和国缔结或者参加的国际条约所规定的途径进行；没有条约关系的，通过外交途径进行。

外国驻中华人民共和国的使领馆可以向该国公民送达文书和调查取证，但不得违反中华人民共和国的法律，并不得采取强制措施。

除前款规定的情况外，未经中华人民共和国主管机关准许，任何外国机关或者个人不得在中华人民共和国领域内送达文书、调查取证。

◆ 适用指引

本条是关于司法协助途径的规定。根据本条规定，请求和提供司法协助的途径主要有两种。一是通过公约或者双边条约规定的途径开展司法协助，中华人民共和国司法部为中央机关和有权接收外国通过领事途径转递的文书的机关。二是外交途径，在两国没有条约关系的情况下，请求和提供司法协助的，通过外交途径开展。需要说明的是，外国驻华使领馆可以直接向其在华的本国国民送达法律文书或调查取证，也可以依据本条第 1 款规定的外交途径委托我方向其在华的该国国民送达法律文书。外国驻华使领馆只能直接向其本国国民送达文书或调查取证，不得向我国公民或者第三国公民送达文书或调查取证。除了外国驻华使领馆，其他任何外国机关、组织以及个人，均不得擅自在我国领域内送达文书和调查取证。外国驻华使领馆在我国领域内向其本国国民送达文书或调查取证的行为，除了不得违反我国法律外，还不得通过采取强制措施的方式完成。

◆ **关联规定**

《全国人大常委会关于批准加入〈关于向国外送达民事或商事司法文书和司法外文书公约〉的决定》（1991 年 3 月 2 日）

一、根据公约第二条和第九条规定，指定中华人民共和国司法部为中央机关和有权接收外国通过领事途径转递的文书的机关。

二、根据公约第八条第二款声明，只在文书须送达给文书发出国国民时，才能采用该条第一款所规定的方式在中华人民共和国境内进行送达。

三、反对采用公约第十条所规定的方式在中华人民共和国境内进行送达。

四、根据公约第十五条第二款声明，在符合该款规定的各项条件的情况下，即使未收到任何送达或交付的证明书，法官仍可不顾该条第一款的规定，作出判决。

五、根据第十六条第三款声明，被告要求免除丧失上诉权效果的申请只能在自判决之日起的一年内提出，否则不予受理。

《最高人民法院关于适用〈中华人民共和国民事诉讼法〉的解释》（2022 年 4 月 1 日）

第五百四十七条　与中华人民共和国没有司法协助条约又无互惠关系的国家的法院，未通过外交途径，直接请求人民法院提供司法协助的，人民法院应予退回，并说明理由。

第二百九十五条　**【文字要求】**外国法院请求人民法院提供司法协助的请求书及其所附文件，应当附有中文译本或者国际条约规定的其他文字文本。

人民法院请求外国法院提供司法协助的请求书及其所附文件，应当附有该国文字译本或者国际条约规定的其他文字文本。

◆ **适用指引**

本条是关于司法协助文字要求的规定。人民法院审判、执行部门向国际司法协助专办员、国际司法协助统一管理部门报送民商事案件司法文书送达请求时，应当制作给国际司法协助专办员或者国际司法协助统一管理部门的转递函并按照下列要求办理：

1. 向在国外的法人和非中国籍公民送达：送达的各项文书应当附有被请求国官方文字的译文，对于不同地区使用不同官方文字的国家，如加拿大、瑞士等，应当附有该地区所使用的官方文字的译文。翻译为被请求国官方文字确有困难的，可以依据双边民事司法协助条约提出司法文书送达请求，并附双边民事司法协助条约中规定的第三方文字的译文。被请求国不接受双边民事司法协助条约中规定的第三方文字译文的，所送达的各项文书应当附有被请求国官方文字的译文。人民法院向在国外的法人和非中国籍公民送达民商事案件司法文书无须附送达回证及译文。但是，所送达的文书不能反映准确送达地址的，应当通过附送达回证及译文的方式说明准确的送达地址。

2. 向在国外的中国籍公民送达：（1）转递函中列明受送达人为中国国籍。（2）所送达的文书应当一式两份，无须译文，分别装订为两套文书。每套文书应当独立成册，参照下列顺序装订：起诉状；应诉通知书；传票；合议庭组成人员通知书；举证通知书；其他材料；证据；送达回证。其中，送达回证应当打印受送达人准确的所在国官方文字送达地址；不便打印的，手写地址应当清晰、可明确辨认；受送达人如有外文姓名，应在送达回证中注明外文姓名。

我国法院委托外国协助送达的司法文书附有双边民事司法协助条约规定的第三方文字译文，但被请求国要求必须附有该国官方文字译文的，按照对等原则，该国委托我国协助送达的司法文书也应当附有中文译文。

第二百九十六条　【协助程序】人民法院提供司法协助，依照中华人民共和国法律规定的程序进行。外国法院请求采用特殊方式的，也可以按照其请求的特殊方式进行，但请求采用的特殊方式不得违反中华人民共和国法律。

◆ **适用指引**

本条是关于司法协助程序的规定。人民法院对外提供司法协助时，我国为被请求国，应当依照中华人民共和国法律规定程序进行。外国法院请求采用特殊方式的，也可以按照其请求的特殊方式进行，但请求采用的特殊方式不得违反中华人民共和国法律。例如，在取证程序中，有的国家要求证人宣誓，有的国家要求双方当面对质，有的国家还要求对取证过程进行录音录像或对所取得的证据格式有特殊要求等，如果不符合这些要求，可能会影响证据效力。因此,《海牙取证公约》规定执行请求书的司法机关在须遵循的方法和程序方面应适用其本国法,但是该机关应采纳请求机关提出的采用特殊方法或程序的请求,除非其与执行国的国内法相抵触或因其国内惯例和程序或因存在实际困难而不可能执行。特殊方法或程序一般是指请求国的法律中一些与被请求国法律所不同的规定。

第二百九十七条　【申请外国法院承认和执行】人民法院作出的发生法律效力的判决、裁定,如果被执行人或者其财产不在中华人民共和国领域内,当事人请求执行的,可以由当事人直接向有管辖权的外国法院申请承认和执行,也可以由人民法院依照中华人民共和国缔结或者参加的国际条约的规定,或者按照互惠原则,请求外国法院承认和执行。

在中华人民共和国领域内依法作出的发生法律效力的仲裁裁决,当事人请求执行的,如果被执行人或者其财产不在中华人民共和国领域内,当事人可以直接向有管辖权的外国法院申请承认和执行。

◆ **适用指引**

本条是关于申请外国法院承认执行我国判决、裁定以及仲裁裁决的规定。请求外国法院承认和执行的人民法院判决、裁定,必须是已经发生法律效力的判决、裁定且被执行人或者其财产不在中华人民共和国领域内。程序上,可以由当事人直接向有管辖权的外国法院提出,也可以由人民法院依照中华人民共和国缔结或者参加的国际条约的规定或者按照互惠原则,请求外国法院承认和执行。

当事人请求外国法院承认和执行我国涉外仲裁裁决的,该仲裁裁决必须已发生法律效力且被执行人或者其财产不在中华人民共和国领域内。程序上,可以由当事人直接向有管辖权的外国法院申请承认和执行。涉外仲裁裁决作出后,是否向外国法院申请承认与执行是当事人的权利而非义务。需要注意的是,人民法院作出的判决、裁定以及内地仲裁机构作出的仲裁裁决需要请求我国香港特别行政区、我国澳门特别行政区法院认可和执行的,不适用本条规定,应适用我国内地与我国香港特别行政区、我国澳门特别行政区签署的一系列司法协助安排。

◆ **关联规定**

《最高人民法院关于适用〈中华人民共和国民事诉讼法〉的解释》（2022 年 4 月 1 日）

第五百四十八条 当事人在中华人民共和国领域外使用中华人民共和国法院的判决书、裁定书，要求中华人民共和国法院证明其法律效力的，或者外国法院要求中华人民共和国法院证明判决书、裁定书的法律效力的，作出判决、裁定的中华人民共和国法院，可以本法院的名义出具证明。

第二百九十八条 **【申请对外国法院判决的承认和执行】** 外国法院作出的发生法律效力的判决、裁定，需要人民法院承认和执行的，可以由当事人直接向有管辖权的中级人民法院申请承认和执行，也可以由外国法院依照该国与中华人民共和国缔结或者参加的国际条约的规定，或者按照互惠原则，请求人民法院承认和执行。

◆ **适用指引**

本条是关于申请人民法院承认执行外国法院判决、裁定的规定。根据本条规定，外国法院生效判决、裁定需要我国人民法院承认和执行，有两种途径：一是由当事人直接向有管辖权的中级人民法院申请承认和执行；二是由外国法院依据该国与我国缔结或者参加的国际条约的规定或者按照互惠原则请求人民法院承认和执行。需要注意的是，外国法院生效判决、裁定，应作广义解释，是指法院对实体争议所作的终局裁决，既包括判决书、裁定书，也包括调解书、命令、决定等，但不包括财产保全等临时措施以及中间判决性质的裁决。

申请人向人民法院申请承认和执行外国法院作出的发生法律效力的判决、裁定，应当提交以下材料：（1）申请书。申请书应当记载申请人和被申请人的姓名、住址、联系方式等基本情况，请求事项及理由，包括外国法院裁决文号、作出法院、作出时间、生效时间、被申请人财产所在地和财产状况等。（2）外国法院作出的发生法律效力的判决、裁定正本或者经证明无误的副本以及中文译本。（3）缺席当事人的传唤证明。外国法院判决、裁定为缺席判决、裁定的，申请人应当提交该外国法院已经合法传唤的证明文件，但判决、裁定已对此予以明确说明的除外。需要注意的是，如果我国缔结或者参加的国际条约对提交文件有规定的，按照相关规定办理。

◆ **关联规定**

《最高人民法院关于适用〈中华人民共和国民事诉讼法〉的解释》（2022 年
4 月 1 日）

第五百四十一条 申请人向人民法院申请承认和执行外国法院作出的发生法
律效力的判决、裁定，应当提交申请书，并附外国法院作出的发生法律效力的判
决、裁定正本或者经证明无误的副本以及中文译本。外国法院判决、裁定为缺席
判决、裁定的，申请人应当同时提交该外国法院已经合法传唤的证明文件，但判
决、裁定已经对此予以明确说明的除外。

中华人民共和国缔结或者参加的国际条约对提交文件有规定的，按照规定
办理。

第五百四十四条 对外国法院作出的发生法律效力的判决、裁定或者外国仲
裁裁决，需要中华人民共和国法院执行的，当事人应当先向人民法院申请承认。
人民法院经审查，裁定承认后，再根据民事诉讼法第三编的规定予以执行。

当事人仅申请承认而未同时申请执行的，人民法院仅对应否承认进行审查并
作出裁定。

第五百四十五条 当事人申请承认和执行外国法院作出的发生法律效力的判
决、裁定或者外国仲裁裁决的期间，适用民事诉讼法第二百四十六条①的规定。

当事人仅申请承认而未同时申请执行的，申请执行的期间自人民法院对承认
申请作出的裁定生效之日起重新计算。

《最高人民法院关于中国公民申请承认外国法院离婚判决程序问题的规定》
（2020 年 12 月 29 日）

第二条 外国法院离婚判决中的夫妻财产分割、生活费负担、子女抚养方面
判决的承认执行，不适用本规定。

第三条 向人民法院申请承认外国法院的离婚判决，申请人应提出书面申请
书，并须附有外国法院离婚判决书正本及经证明无误的中文译本。否则，不予受理。

第四条 申请书应记明以下事项：

（一）申请人姓名、性别、年龄、工作单位和住址；

（二）判决由何国法院作出，判结果、时间；

（三）受传唤及应诉的情况；

---

① 对应 2023 年《民事诉讼法》第 250 条。

（四）申请理由及请求；

（五）其他需要说明的情况。

第七条 人民法院审查承认外国法院离婚判决的申请，由三名审判员组成合议庭进行，作出的裁定不得上诉。

第十二条 经审查，外国法院的离婚判决具有下列情形之一的，不予承认：

（一）判决尚未发生法律效力；

（二）作出判决的外国法院对案件没有管辖权；

（三）判决是在被告缺席且未得到合法传唤情况下作出的；

（四）该当事人之间的离婚案件，我国法院正在审理或已作出判决，或者第三国法院对该当事人之间作出的离婚案件判决已为我国法院所承认；

（五）判决违反我国法律的基本原则或者危害我国国家主权、安全和社会公共利益。

第十三条 对外国法院的离婚判决的承认，以裁定方式作出。没有第十二条规定的情形的，裁定承认其法律效力；具有第十二条规定的情形之一的，裁定驳回申请人的申请。

第十七条 申请承认外国法院的离婚判决，委托他人代理的，必须向人民法院提交由委托人签名或盖章的授权委托书。委托人在国外出具的委托书，必须经我国驻该国的使、领馆证明，或者履行中华人民共和国与该所在国订立的有关条约中规定的证明手续。

第二百九十九条 【承认、执行外国法院裁判】人民法院对申请或者请求承认和执行的外国法院作出的发生法律效力的判决、裁定，依照中华人民共和国缔结或者参加的国际条约，或者按照互惠原则进行审查后，认为不违反中华人民共和国法律的基本原则且不损害国家主权、安全、社会公共利益的，裁定承认其效力；需要执行的，发出执行令，依照本法的有关规定执行。

◆ **适用指引**

本条是关于承认和执行外国法院裁判的规定。

根据本条规定，人民法院对申请或者请求承认和执行的外国法院作出的发生法律效力的判决、裁定，依照我国缔结或者参加的国际条约或者按照互惠原则进行审查，认为该裁判不违反我国法律的基本原则且不损害国家主权、安全、社会公共利益的，以裁定的方式承认其效力，需要执行的，发出执行令，按照《民事诉讼法》关于执行的规定予以执行。与我国没有司法协助条约又无互惠关系的国家的法院，未通过外交途径，直接请求人民法院提供司法协助的，人民法院应予退回并说明理由。需要注意的是，人民法院对外国法院裁判的审查仅限于审查是否符合我国法律规定的承认和执行外国法院裁判的条件，对其裁判中的事实认定和法律适用问题不予审查。对于外国法院裁判，承认是执行的前提，但是承认不一定必然伴随执行，当事人可以仅申请承认而不申请执行。另外，外国法院裁判一旦获得人民法院承认，人民法院不得再受理当事人就同一争议的起诉。需要注意的是，当事人申请认可和执行我国香港特别行政区、我国澳门特别行政区和我国台湾地区法院判决，不适用本条规定。

◆ **关联规定**

《最高人民法院关于适用〈中华人民共和国民事诉讼法〉的解释》（2022 年 4 月 1 日）

第五百四十二条　当事人向中华人民共和国有管辖权的中级人民法院申请承认和执行外国法院作出的发生法律效力的判决、裁定的，如果该法院所在国与中华人民共和国没有缔结或者共同参加国际条约，也没有互惠关系的，裁定驳回申请，但当事人向人民法院申请承认外国法院作出的发生法律效力的离婚判决的除外。

承认和执行申请被裁定驳回的，当事人可以向人民法院起诉。

第五百四十六条　承认和执行外国法院作出的发生法律效力的判决、裁定或者外国仲裁裁决的案件，人民法院应当组成合议庭进行审查。

人民法院应当将申请书送达被申请人。被申请人可以陈述意见。

人民法院经审查作出的裁定，一经送达即发生法律效力。

◆ **典型案例**

徐某申请承认外国法院作出的离婚判决案[①]

徐某与被申请人郭某离婚纠纷一案由美国加利福尼亚州圣马特奥县高等法院立案，根据双方达成的离婚协议，美国加利福尼亚州圣马特奥县高等法院于2022 年 1 月 5 日作出 21-FAM-00683 号离婚判决，判定两人结束婚姻关系。该判决已

---

① 天津市第二中级人民法院（2023）津 02 协外认 1 号民事裁定书。

发生法律效力。徐某向天津市第二中级人民法院申请承认前述离婚判决的效力。

天津市第二中级人民法院经审查认为，人民法院对申请或者请求承认和执行外国法院作出的发生法律效力的判决、裁定，依照中华人民共和国缔结或者参加的国际条约，或者按照互惠原则进行审查后，认为不违反中华人民共和国法律的基本原则或者不损害国家主权、安全、社会公共利益的，裁定承认其效力，需要执行的，发出执行令，依照本法的有关规定执行。违反中华人民共和国法律的基本原则或者损害国家主权、安全、社会公共利益的，不予承认和执行。本案中，徐某申请承认美国加利福尼亚州圣马特奥县高等法院作出的离婚判决其中载明"判决离婚……婚姻或家庭伴侣关系结束日期：2022 年 1 月 3 日"的内容效力，不违反前述法律规定，应予承认其效力。

第三百条　【不予承认、执行外国法院裁判】 对申请或者请求承认和执行的外国法院作出的发生法律效力的判决、裁定，人民法院经审查，有下列情形之一的，裁定不予承认和执行：

（一）依据本法第三百零一条的规定，外国法院对案件无管辖权；

（二）被申请人未得到合法传唤或者虽经合法传唤但未获得合理的陈述、辩论机会，或者无诉讼行为能力的当事人未得到适当代理；

（三）判决、裁定是通过欺诈方式取得；

（四）人民法院已对同一纠纷作出判决、裁定，或者已经承认第三国法院对同一纠纷作出的判决、裁定；

（五）违反中华人民共和国法律的基本原则或者损害国家主权、安全、社会公共利益。

◆ **适用指引**

本条是关于对外国法院裁判不予承认和执行的规定。

本条规定明确了我国法院不予承认和执行外国法院生效裁判的事由。根据本条规定，如果作出裁判的外国法院对案件无管辖权、对方当事人未得到合法传唤或者虽经合法传唤但未获得合理的陈述辩论机会或者无诉讼行为能力的当事人未得到适当代理、申请人通过欺诈方式获得外国法院的裁判、我国法院已对同一纠纷作出裁判或者已经承认第三国法院对同一纠纷作出的裁判、外国法院作出的裁判违反我国法律的基本原则或者损害国家主权、安全、社会公共利益，我国法院经审查后作出不予承认和执行的裁定。

◆ **关联规定**

《全国法院涉外商事海事审判工作座谈会会议纪要》（2021 年 12 月 31 日）

46.【**不予承认和执行的事由**】对外国法院作出的发生法律效力的判决、裁定，人民法院按照互惠原则进行审查后，认定有下列情形之一的，裁定不予承认和执行：

（一）根据中华人民共和国法律，判决作出国法院对案件无管辖权；

（二）被申请人未得到合法传唤或者虽经合法传唤但未获得合理的陈述、辩论机会，或者无诉讼能力的当事人未得到适当代理；

（三）判决通过欺诈方式取得；

（四）人民法院已对同一纠纷作出判决，或者已经承认和执行第三国就同一纠纷做出的判决或者仲裁裁决。

外国法院作出的发生法律效力的判决、裁定违反中华人民共和国法律的基本原则或者国家主权、安全、社会公共利益的，不予承认和执行。

第三百零一条 【认定外国法院无管辖权】有下列情形之一的，人民法院应当认定该外国法院对案件无管辖权：

（一）外国法院依照其法律对案件没有管辖权，或者虽然依照其法律有管辖权但与案件所涉纠纷无适当联系；

（二）违反本法对专属管辖的规定；

（三）违反当事人排他性选择法院管辖的协议。

◆ **适用指引**

本条是关于认定外国法院对案件无管辖权的规定。

根据《民事诉讼法》第 300 条第 1 项的规定，如果经我国法院审查，外国法院对案件无管辖权，则其作出的裁判将不被我国法院承认和执行。根据本条规定，认定外国法院对案件无管辖权的情形有三，一是外国法院依照其法律对案件没有管辖权或者虽然依照其法律有管辖权但与案件所涉纠纷无适当联系；二是违反《民事诉讼法》对专属管辖的规定；三是违反当事人排他性选择法院管辖的协议。理解本条规定的适当联系，可以参照《民事诉讼法》第 276 条第 2 款的规定，具体包括合同签订地、合同履行地、诉讼标的物所在地、可供扣押财产所在地、侵权行为地、代表机构住所地等管辖连接点。

第三百零二条 **【与承认、执行外国法院裁判属于同一纠纷的处理】** 当事人向人民法院申请承认和执行外国法院作出的发生法律效力的判决、裁定，该判决、裁定涉及的纠纷与人民法院正在审理的纠纷属于同一纠纷的，人民法院可以裁定中止诉讼。

外国法院作出的发生法律效力的判决、裁定不符合本法规定的承认条件的，人民法院裁定不予承认和执行，并恢复已经中止的诉讼；符合本法规定的承认条件的，人民法院裁定承认其效力；需要执行的，发出执行令，依照本法的有关规定执行；对已经中止的诉讼，裁定驳回起诉。

◆ **适用指引**

本条是关于人民法院正在审理的纠纷与承认、执行外国法院裁判属于同一纠纷应如何处理的规定。

本条规定所涉情形不同于《民事诉讼法》第 280 条、第 281 条关于平行诉讼的规定。平行诉讼是指相同当事人就同一争议基于相同事实以及相同目的同时在我国法院和外国法院进行诉讼，本条规定是指当事人向我国法院申请承认、执行外国法院裁判所涉纠纷与我国法院正在审理的案件属于同一纠纷。此种情形下，我国法院正在审理的案件可以因此裁定中止诉讼，等待处理当事人关于承认、执行外国法院裁判的申请。经审查，如果对于当事人的申请裁定不予承认、执行，则对前述中止诉讼案件恢复审理；对于当事人的申请裁定予以承认、发出执行令，则对前述中止诉讼案件裁定驳回原告起诉。

第三百零三条 **【承认、执行外国法院裁判的救济】** 当事人对承认和执行或者不予承认和执行的裁定不服的，可以自裁定送达之日起十日内向上一级人民法院申请复议。

◆ **适用指引**

本条是关于承认、执行外国法院裁判救济程序的规定。

根据本条规定，当事人对于承认、执行的裁定或者不予承认、执行的裁定均可申请救济，救济方式为向作出裁定人民法院的上一级人民法院申请复议，申请时效为自裁定送达之日起 10 日内。需要注意的是，本条规定的送达，应当根据受送达人的实际情况分别适用《民事诉讼法》第 7 章第 2 节与第 283 条关于送达的规定；同时，因《民事诉讼法》第 298 条规定当事人应向有管辖权的中级人民法院申请承认和执行外国法院裁判，故当事人应向相应的高级人民法院申请复议。

第三百零四条　【外国仲裁裁决的承认与执行】在中华人民共和国领域外作出的发生法律效力的仲裁裁决，需要人民法院承认和执行的，当事人可以直接向被执行人住所地或者其财产所在地的中级人民法院申请。被执行人住所地或者其财产不在中华人民共和国领域内的，当事人可以向申请人住所地或者与裁决的纠纷有适当联系的地点的中级人民法院申请。人民法院应当依照中华人民共和国缔结或者参加的国际条约，或者按照互惠原则办理。

◆ **适用指引**

本条是关于承认执行外国仲裁裁决的规定。当事人可以向人民法院申请承认和执行在中华人民共和国领域外作出的仲裁裁决，基本前提是该仲裁裁决已发生法律效力。申请承认和执行外国仲裁裁决的案件由被执行人住所地或者其财产所在地的中级人民法院管辖。如果被执行人住所地或者其财产不在我国领域内，也可以由申请人住所地或者与该仲裁裁决所涉纠纷有适当联系的地点的中级人民法院管辖。外国仲裁裁决与我国内地仲裁机构审理的案件存在关联，被申请人住所地、被申请人财产所在地均不在我国内地，申请人申请承认外国仲裁裁决的，由受理关联案件的仲裁机构所在地的中级人民法院管辖。申请人向两个以上有管辖权的人民法院提出申请的，由最先立案的人民法院管辖。申请人向对案件不具有管辖权的人民法院提出申请，人民法院应当告知其向有管辖权的人民法院提出申请，申请人仍不变更申请的，裁定不予受理。申请人对不予受理的裁定不服的，可以提起上诉。人民法院立案后发现不符合受理条件的，裁定驳回申请。对于裁定驳回申请的案件，申请人再次申请并符合受理条件的，人民法院应予受理。当事人对驳回申请的裁定不服的，可以提起上诉。

申请承认和执行外国仲裁裁决，属于国际司法协助的范畴。当事人向我国法院请求司法协助，应当依照中华人民共和国缔结或者参加的国际条约所规定的途径进行；没有条约关系的，通过外交途径进行。当事人申请承认和执行外国仲裁裁决的，人民法院应当依照《承认及执行外国仲裁裁决公约》或者按照互惠原则办理并作出是否予以承认和执行的裁定。需要注意的是，根据我国加入该公约时所作商事保留声明，我国仅对按照我国法律属于契约性和非契约性商事法律关系所引起的争议适用该公约，不包括外国投资者与东道国政府之间的争端。对外国仲裁裁决，需要我国法院执行的，当事人应当先向人民法院申请承认。当事人向人民法院申请认可和执行我国港澳台地区仲裁裁决的，不适用本条规定。

◆ **关联规定**

《最高人民法院关于适用〈中华人民共和国民事诉讼法〉的解释》（2022 年 4 月 1 日）

第五百四十三条　对临时仲裁庭在中华人民共和国领域外作出的仲裁裁决，一方当事人向人民法院申请承认和执行的，人民法院应当依照民事诉讼法第二百九十条①规定处理。

《最高人民法院关于审理仲裁司法审查案件若干问题的规定》（2017 年 12 月 26 日）

第三条　外国仲裁裁决与人民法院审理的案件存在关联，被申请人住所地、被申请人财产所在地均不在我国内地，申请人申请承认外国仲裁裁决的，由受理关联案件的人民法院管辖。受理关联案件的人民法院为基层人民法院的，申请承认外国仲裁裁决的案件应当由该基层人民法院的上一级人民法院管辖。受理关联案件的人民法院是高级人民法院或者最高人民法院的，由上述法院决定自行审查或者指定中级人民法院审查。

外国仲裁裁决与我国内地仲裁机构审理的案件存在关联，被申请人住所地、被申请人财产所在地均不在我国内地，申请人申请承认外国仲裁裁决的，由受理关联案件的仲裁机构所在地的中级人民法院管辖。

第六条　申请人向人民法院申请执行或者撤销我国内地仲裁机构的仲裁裁

---

①　对应 2023 年《民事诉讼法》第 304 条。

决、申请承认和执行外国仲裁裁决的，应当提交申请书及裁决书正本或者经证明无误的副本。

申请书应当载明下列事项：

（一）申请人或者被申请人为自然人的，应当载明其姓名、性别、出生日期、国籍及住所；为法人或者其他组织的，应当载明其名称、住所以及法定代表人或者代表人的姓名和职务；

（二）裁决书的主要内容及生效日期；

（三）具体的请求和理由。

当事人提交的外文申请书、裁决书及其他文件，应当附有中文译本。

第十六条 人民法院适用《承认及执行外国仲裁裁决公约》审查当事人申请承认和执行外国仲裁裁决案件时，被申请人以仲裁协议无效为由提出抗辩的，人民法院应当依照该公约第五条第一款（甲）项的规定，确定确认仲裁协议效力应当适用的法律。

◆ **典型案例**

某航运公司申请承认涉外仲裁裁决案①

某航运公司不服天津市高级人民法院（2015）津高立民终字第0221号民事裁定，向最高人民法院申请再审。

最高人民法院经审查认为，我国系《纽约公约》成员国，负有依《纽约公约》第三条承认涉案裁决的公约义务，除非存在公约第五条规定的不予承认的情形。但是，《中华人民共和国民事诉讼法》规定，国外仲裁机构的裁决，需要中华人民共和国人民法院承认和执行的，应当由当事人向被执行人住所地或者其财产所在地的中级人民法院申请，人民法院应当依照中华人民共和国缔结或者参加的国际条约或者按照互惠原则办理。《中华人民共和国海事诉讼特别程序法》规定，当事人申请执行海事仲裁裁决，申请承认和执行外国法院判决、裁定以及国外海事仲裁裁决的，向被执行人财产所在地或者被执行人住所地的海事法院提出。本案中，天津市高级人民法院以 LMJ 公司住所地不在一审法院辖区，一审法院以辖区无 LMJ 公司可供执行的财产为由对某航运公司的申请不予受理，并无不当。

---

① 最高人民法院（2015）民申字第3170号民事裁定书。

第三百零五条 **【涉及外国国家的民事诉讼法律适用】** 涉及外国国家的民事诉讼，适用中华人民共和国有关外国国家豁免的法律规定；有关法律没有规定的，适用本法。

◆ **适用指引**

本条是关于涉及外国国家的民事诉讼法律适用的规定。

国家豁免也称国家主权豁免或国家管辖豁免，是指一国的行为和财产不受另一国的立法、司法和行政等方面的管辖，即非经一国同意，该国的行为免受所在国法院审判，其财产免受所在国法院扣押和强制执行。2023年9月1日，第十四届全国人民代表大会常务委员会第五次会议表决通过了我国第一部全面规定外国国家豁免制度的《外国国家豁免法》。这部法律为我国法院管辖、审判以外国国家为被告的民事案件提供了法律依据。根据本条规定，涉及外国国家的民事诉讼应首先适用《外国国家豁免法》的规定，该法没有规定的，适用《民事诉讼法》的规定。《外国国家豁免法》体现了国家主权平等的国际法基本原则并兼顾中国司法主权和外国国家主权平等。一方面，我国法院依据领土主权原则依法行使司法权，保护我国当事人合法权益；另一方面，我国法院充分尊重外国国家的主权平等，对外国国家的主权行为及其主权财产给予豁免，促进对外友好交往。

◆ **关联规定**

《中华人民共和国外国国家豁免法》（2023年9月1日）

第一条 为了健全外国国家豁免制度，明确中华人民共和国的法院对涉及外国国家及其财产民事案件的管辖，保护当事人合法权益，维护国家主权平等，促进对外友好交往，根据宪法，制定本法。

第十六条 对于外国国家及其财产民事案件的审判和执行程序，本法没有规定的，适用中华人民共和国的民事诉讼法律以及其他相关法律的规定。

第三百零六条 **【施行日期】** 本法自公布之日起施行，《中华人民共和国民事诉讼法（试行）》同时废止。

◆ **适用指引**

本条是《民事诉讼法》施行日期的规定。

《民事诉讼法》自 1991 年公布以来，经历了 5 次修订。2023 年 9 月 1 日，第十四届全国人民代表大会常务委员会第五次会议通过全国人民代表大会常务委员会关于修改《中华人民共和国民事诉讼法》的决定，确定本次（2023 年）修订《民事诉讼法》自 2024 年 1 月 1 日起施行。亦即自 2024 年 1 月 1 日起生效，全部民事诉讼程序均适用 2023 年修改《民事诉讼法》的规定。

图书在版编目（CIP）数据

民事诉讼法适用指引与典型案例／尚晓茜，刘衍编
著 . —北京：中国法制出版社，2023.9
（法律注释书系列）
ISBN 978-7-5216-3768-7

Ⅰ.①民… Ⅱ.①尚… ②刘… Ⅲ.①中华人民共和
国民事诉讼法-法律适用 Ⅳ.①D925.105

中国国家版本馆 CIP 数据核字（2023）第 138582 号

策划编辑/责任编辑：孙静（bnusunjing@163.com） 封面设计：杨泽江

民事诉讼法适用指引与典型案例
MINSHI SUSONGFA SHIYONG ZHIYIN YU DIANXING ANLI

编著/尚晓茜，刘衍
经销/新华书店
印刷/河北华商印刷有限公司
开本/710 毫米×1000 毫米 16 开 印张/ 43.75 字数/ 750 千
版次/2023 年 9 月第 1 版 2023 年 9 月第 1 次印刷

中 国 法 制 出 版 社 出 版
书号 ISBN 978-7-5216-3768-7 定价：128.00 元

北京市西城区西便门西里甲 16 号西便门办公区
邮政编码：100053 传真：010-63141600
网址：http：//www.zgfzs.com 编辑部电话：010-63141787
市场营销部电话：010-63141612 印务部电话：010-63141606

（如有印装质量问题，请与本社印务部联系。）